高等医药院校创新教材

供医学美容技术专业使用

# 美容外科学概论

（第2版）

主　　编　顾劲松　刘林嶓　杨加峰
副 主 编　禹连胜　黎　冻　曹志明　吴　彤
编　　委　（按姓氏汉语拼音排序）
曹　川（第三军医大学附属第一医院）
曹志明（江西护理职业技术学院）
崔　扬（宁波卫生职业技术学院）
高俊明（杭州连天美医疗美容医院）
顾劲松（大连医科大学美容医学院）
禹连胜（遵义医学院附属医院）
黎　冻（广西医科大学第一附属医院）
李广帅（郑州大学第一附属医院）
李文鹏（浙江大学医学部附属第二医院）
刘林嶓（郑州大学第一附属医院）
钱永琴（遵义医学院附属医院）
石　悦（大连医科大学公共卫生事业管理学院）
史静娴（沈阳百嘉丽整形美容医院）
吴　彤（遵义医学院附属医院）
肖敏勤（昆明医科大学第二附属医院）
杨加峰（宁波卫生职业技术学院）
赵敬国（解放军403医院美容整形中心）
钟爱姗（天津润嘉丽格整形美容医院）
编写秘书　孙　音（大连医科大学美容医学院）
魏国茜（大连医科大学美容医学院）
顾洛莎（郑州大学医学院）

科学出版社
北　京

## 内　容　简　介

全书分为总论和各论两大篇。总论主要讲述美容外科的基本知识、基础理论和基本技能,以及美容外科临床咨询、美容外科摄影及资料收集以及医事法学等相关知识。各论分别叙述了各部位相关美容手术的适应证、禁忌证、术前设计、手术方法、术后并发症及其处理以及各种手术围术期护理目标及护理措施。

本教材适用于医学美容技术专业、美容医学专业专科和本科教学。也可供从事美容外科临床、教学与管理的医务人员参考。

**图书在版编目(CIP)数据**

美容外科学概论／顾劲松,刘林嶓,杨加峰主编. —2 版. —北京:科学出版社,2015. 1

高等医药院校创新教材

ISBN 978-7-03-043045-8

Ⅰ. ①美…　Ⅱ. ①顾…　②刘…　③杨…　Ⅲ. ①美容术-医学院校-教材　Ⅳ. ①R622

中国版本图书馆 CIP 数据核字(2015)第 011447 号

责任编辑:秦致中　格桑罗布 ／ 责任校对:胡小洁
责任印制:赵　博 ／ 封面设计:范璧合



科学出版社出版
北京东黄城根北街 16 号
邮政编码: 100717
http://www.sciencep.com
三河市骏杰印刷有限公司印刷
科学出版社发行　各地新华书店经销
*
2006 年 8 月第　一　版　开本:787×1092　1/16
2015 年 1 月第　二　版　印张:23
2025 年 8 月第十五次印刷　字数:549 000

**定价: 59. 80 元**

(如有印装质量问题,我社负责调换)

# 高等医药院校医学美容技术专业
# 教材建设专家委员会名单

# 前　言

党的二十大报告指出:“人民健康是民族昌盛和国家强盛的重要标志。把保障人民健康放在优先发展的战略位置,完善人民健康促进政策。”贯彻落实党的二十大决策部署,积极推动健康事业发展,离不开人才队伍建设。党的二十大报告指出:“培养造就大批德才兼备的高素质人才,是国家和民族长远发展大计。”教材是教学内容的重要载体,是教学的重要依据、培养人才的重要保障。本次教材修订旨在贯彻党的二十大报告精神和党的教育方针,落实立德树人根本任务,坚持为党育人、为国育才。

本书是由高等医药院校医学美容技术专业教材建设专家委员会、科学出版社共同组织对科学出版社于2006年出版的21世纪高等医学院校教材——《美容外科与护理技术概论》的修订版。供医学美容技术专业、美容医学专业专科和本科教学用书,也可供从事美容外科临床、教学与管理的医务人员参考。

医学美容技术专业自2004年被教育部正式纳入本、专科招生目录至今刚好10个年头,上版教材紧随其后于2006年诞生,8年过去,这一教材为美容医学人才培养做出了巨大贡献。但随着科学技术不断发展,新理论、新知识、新技术、新材料不断涌现,因此,我们启动了本轮教材的修订,将原版书名更名为《美容外科学概论》。

本书的修订,得到14家开展美容医学和医学美容技术专业的高等医学(职业技术)院校及国内具有一定规模和影响力的医疗美容机构或企业18位专家的通力合作和支持,参阅了国内外大量新书籍、新文献,结合目前国内外行业需求,对原版教材,从框架结构及内容方面进行了较大幅度的修订。新版教材全书分为总论(11章)和各论(8章)两大篇,共19章,约60万字。总论主要讲述美容外科的基本知识、基础理论和基本技能;各论分别叙述了各部位相关美容手术的适应证、禁忌证、术前设计、手术方法、术后并发症及其处理以及各种手术围术期护理目标及护理措施。针对医学美容技术专业侧重实践技能的特点,总论部分增加了美容外科临床咨询、美容外科摄影及资料收集以及医事法学等相关知识。本书修订本着“实用、够用、好用”原则,理论与实践相结合,基础理论、基本知识和基本技能力求覆盖美容外科各领域,循序渐进,由浅入深,结构清晰,内容丰富,图文并茂,通俗易懂。

针对医学美容技术专业专科层次的教学,教育部医学美容技术专业教学指导委员会安排的教学时数为64学时(含24学时实践),较第一版教材的100学时(实践另行安排)大大缩减。教学中,各院校可根据各自实际情况在总学时不变情况下对教学内容进行有针对性的选择讲授。如果在规定学时数内不能完成全部内容教学,可选择主要内容进行讲授,其他内容可引导学生自学。部分较深奥、专业性极强的理论知识可供学生在今后临床实践中自行查阅。

本书经过高等医药院校医学美容技术专业教材建设专家委员会、教育部医学美容技术专业教学指导委员会、科学出版社精心筹备,组织编写人员,制定编写计划,按照标准化、规范化要求,经过初稿、互审、主编和副主编审稿及定稿四个阶段,历时大半年,最后由顾劲松、刘林嶓两位教授进行通审,孙音、魏国茜及顾洛莎三位秘书整合、排版、绘图、统一格式、进一步勘误及统稿。本书在修订过程中,得到了大连医科大学、郑州大学、遵义医学院、江西护理职业技术学院等单位及众多美容医学界同仁的大力支持和鼎力帮助,在此表示衷心感谢!

由于编者水平所限,加之时间仓促,本教材修订后可能尚存不少缺点和错误,恳请广大师生和同仁在使用过程中予以批评指正,以便将来进一步修改、充实、完善和提高。

编　者

2023 年 5 月

# 目　录

## 第2篇 各 论

# 第1篇 总　论

# 第1章
## 绪　论

学习目标

1. 掌握美容外科学的概念、特点和诊疗范围。
2. 熟悉美容外科与整形外科等相关学科的联系与区别。
3. 了解中外美容外科的发展历史。

## 第一节　美容外科学的定义、特点和范畴

### 一、美容外科学的定义

美容外科学(aesthetic surgery),曾称整形美容外科学(aesthetic plastic surgery)、美容整形外科学、美容成形外科学等。2002年经全国科学技术名词审定委员会审定而规范为现用名(见《医学名词7》,科学出版社2002年出版)。现已被大多数学者认同。

美容外科学是一门用外科手术方法,改善或增进人体容貌美与体形美的一门学科,它是以医学人体美学理论为基础,运用医学审美与外科技术相结合的手段,对人体生理解剖正常范围内的缺陷加以修复和塑造,或对一些损容性疾病施以美容手术治疗,在保持功能完好的基础上增进其形态之美感为目的的一门新兴医学学科。

美容外科学既是整形外科学的重要分支,又是当代美容医学整体学科的重要组成部分。它是从整形外科学分化出来的一支新兴临床学科。从学科发展趋向看,它是循着"外科学→整形外科学→美容外科学"的学科分化阶段而逐渐成长起来的一门新兴医学学科。在我国,随着当代医学美学理论的渗透和美容医学整体学科的形成,美容外科学的范围不断扩展,不仅极大地丰富了整形外科学的范围,而且广泛地继承、融合和发展了整形外科、眼科、耳鼻咽喉科、口腔科、妇科、泌尿外科、皮肤科等医学学科的相关内容。在美容医学整体学科体系内,美容外科学的姊妹学科包括美容皮肤科学、美容牙科学、美容中医学等学科。随着美容医学整体学科体系的不断完善和发展,以及人们的美容需求日益提高,更多的相关学科,如美容内科学等也会在不远的将来出现在人们的视野中。

当代美容外科学的特殊内涵强调:以医学人体美学理论为基础,运用医学审美和外科技术相结合的手段,对人体属于正常解剖与生理限度内的缺陷加以修整和塑造,以增进人体形态之完美和功能之美感为目的。

## 二、美容外科学的特点

著名整形外科教授、中国工程院院士张涤生指出："如今美容外科由于社会进步而得以飞速发展，异军突起、锦上添花，形成了一门新兴的医学学科——美容外科学。这是一门崭新的、与时尚结合的、以美学和人体艺术为基础的医学专业，也是一门新的综合型专业，它是和生活美容、化妆技术、美容化妆品、新技术、新药物、生物制品、材料学等科技新发展，以及体疗、理疗等相结合的综合性医疗工程。"当代我国的许多学者对美容外科学的学科特点作了系统分析，一般认为其基本学科特点如下。

1. 以医学美学理论为指导，以维护、修复和塑造人体美为目的，是运用医学审美技能与整形外科技术相结合的当代新兴医学学科之一

当代美容外科学要求其专业工作者由受过医学美学系统训练，受过整形外科学系统专业训练的医护人员担任。要求精确设计、精巧细致、轻柔准确的技术操作，要尽量减轻术后反应和并发症的发生，力争使美容手术达到最佳效果。

2. 研究和实施的对象是具有生命活力，符合正常生理解剖或在其限度内有缺欠的人体美

医学研究和实施的对象是人，是对人的生老病死问题的研究，是如何做好救死扶伤治病救人的问题。美容外科学研究和实施的对象也是人，但不是笼统地指说"人"，而应具体地认为是人的形体之美，即对人的形体美的研究，研究如何维护、塑造和美化人的形体。而在美容外科以外的整形外科技术项目则重点在于研究对各种先天性或后天性畸形及组织缺损的整形，对创伤、肿瘤等损坏的修复，通过整形、修复与再造，将其病态的形态和功能转为正常态。

通俗地讲，整形外科和其他临床各学科的特点可谓是"雪中送炭"，而美容外科的特点则是在正常形态基础上的"锦上添花"，即将正常状态的人的形体升华为更美的状态。因此，美容外科比任何"传统"医学学科需要更精湛的技术，更严瑾的作风，更准确精细的操作，更高的艺术创造水平及成功率，更需要高度的审美能力与技艺实践紧密揉合而融为一体。

3. 以医学人体美学理论为基础，实施外科医学审美

医学人体美学理论是医学美学的核心理论部分。医学人体美学理论认为，人体的自然形态之美，是人类在自然进化与生产劳动的历史进程中，逐渐发展形成的一种美，它是一种"无与伦比之美"，是"大自然中最美的东西"，也是社会存在物中最高层次的"美的形态"。医学美学认为：人体美必须力求符合对称、匀称、均衡、和谐、主从、整体性、黄金律和多样统一等形式美法则，以达到"健与美"相统一的目标。美容外科学的临床实践是维护、修复和塑造人的形体美的一种医学实践，务必遵循"人体形式美法则"进行整体设计和实施美容外科技术于每一个美容受术者身上，力求达到医学审美的更高境界。

4. 其目的是使美容就医者达到容貌或形体的美化、年轻化，使其心理上得到美的满足和自信的增强

为了达到这一目的，除了美容外科医务人员要具有较高的审美素质、较好的解释沟通能力和精湛的美容外科医疗技术外，美容受术者也应同时具备相应的审美素质和心理学知识。

## 三、美容外科的诊疗范围

在我国，当代学者普遍认识到，随着当代医学美学理论的兴起和美容医学整体学科的形成，美容外科的实施范围继承并拓展了整形外科的相关实施范围，许多美容外科手术来源于颌面外科、眼科、耳鼻喉科和皮肤外科等兄弟临床学科，如重睑成形术、睑袋成形术、隆

鼻术、鼻部美容术、面部美容术、颌部美容术等。总之,凡是以外科手段为主,增进人体外在美的内容均属美容外科的实施范围。

美容外科手术按其手术的目的大致可以分为两大类。一类以美化人体形态为目的的美容外科手术,包括重睑成形术、隆鼻术、鞍鼻整复术、酒窝成形术、穿耳术、面部轮廓美容术、隆乳术、乳房缩小成形术、乳房再造术、乳头凹陷矫正术、处女膜修补术等。另一类是以容貌年轻化为目的的美容外科手术,包括眼袋成形术、瘢痕秃发整复术、除皱术、吸脂术、切脂术、脂肪移植术、皮肤磨削术、阴道缩紧术等。

也有人按照实施美容外科手术的解剖部位分类:①面部轮廓的美容手术。②五官(包括眼眉、口、鼻、耳)美容手术。③头面部其他美容手术。④乳房美容手术。⑤形体雕塑美容手术。⑥会阴部美容手术等。

## 第二节 古代美容简史

"爱美之心,人皆有之,古而有之"。美容外科的起源可追溯到远古时代,最初远古时期原始人佩戴耳环、鼻环以及文身图案等形体装饰是美的起源。在我国,公元3世纪《晋书》记载有唇裂修补术的案例,魏咏之生而兔缺,医曰:"可割而补之,但须百日进粥,不得语笑。"可见当时的手术和术后护理水平都是比较高的。明代的《疡医准绳》、清代的《疡医大全》等医书中有关于唇裂修补的记载增多。国外最早有文字记载的整形美容术是公元前6世纪印度瓦匠用额部皮瓣进行的鼻再造术。古罗马著名医学家塞鲁沙(Celsus)也曾用滑行皮瓣施行尿道下裂的修复术。

文艺复兴时期,意大利巴罗纳(Bologna)大学著名解剖学家、外科教授塔利亚奇氏(Gaspar Tagliacocci,1546~1599年)用上臂单蒂皮瓣为缺鼻者再造了一个新鼻,这是首例上臂皮瓣鼻再造术。被西方医学家称之为"整形外科之父"。

17~18世纪开展美容成形术较少。进入19世纪以后,特别是中后期,由于人体解剖学的发展,麻醉和无菌术的发明,外科学迅速发展分化为医学中的一门独立学科,整形外科技术也相应的从鼻再造术向外扩展。著名外科医师卡皮欧氏(Carpul)用印度的方法再造一个新鼻。柏林大学外科教授狄芬巴赫氏(Dieffenbach,1792~1847年)和继承人、外科教授朗金柏克氏(Von Langenbeck,1810~1887年)都不仅对鼻再造产生了兴趣,还对眼睑、口唇和颊部的再造外科做出了很多有价值的贡献。当然,这些有才华的著名外科大师从事的工作仍然是对缺损器官的再造,还不是对正常器官进行的美容成形手术。

19世纪发明皮肤移植术,Bsronio(1804年)报道运用羊进行皮肤移植的动物实验,Cooper(1817年)首次用截指的皮肤覆盖断指残端,Bünger(1823年)取大腿皮肤移植于鼻部,Reverdin(1869年)用表皮移植覆盖肉芽创面。Ollier(1872年)首次应用4cm×8cm面积断层皮片,Wolfe(1876年)和Krause(1893年)分别用全厚皮片移植矫正眼睑外翻,后人称全厚皮片移植为Wolfe-Krause氏植皮。这是很大的进步,为现代整形外科的学科形成奠定了良好的基础。

## 第三节 近代美容外科发展简史

一般认为,现代整形外科始于第一次世界大战,彼时大批颌面外伤伤员需要整形修复,普通外科、骨科、口腔科、耳鼻喉科等专业的医生纷纷开始开展整形外科手术,促进了整形外科技术的迅速发展,使之逐渐成为一门独立的临床学科。其间造就了一批著名整形外科专家如英国的 Gillies、法国的 Morestin、德国的 Lexer 和 Ganzer、俄国的 Filatov、美国的 Davis 和 Blair 等。其中以 Davis 和 Blair 最负盛名,在他们的领导下形成了现代整形外科的基本概念和基本技术。Davis 于 1919 年出版了专著《Plastic Surgery - Its Principle and Practice》,Gollie 于 1920 年出版了《Plastic Surgery of Face》,Smith 于 1928 年出版了《Reconstructive Surgery》。Blair 设计了徒手取皮刀,1939 年派杰特(Padgett)和候德(Hood)发明了鼓式取皮机,可谓是皮肤移植史上的重大技术革命。

第二次世界大战爆发后,由于新式武器的应用,伤员战伤遍及全身,而且伤情复杂,整形外科治疗范围不断扩大,其间又由整形外科分化出手外科、烧伤外科和颌面外科等专业学科。第二次世界大战结束后,各国经济迅速发展,人们生活富裕后,普遍希望提高生活质量,整形外科除治疗创伤、感染、烧伤、肿瘤切除等所致组织缺损和畸形以及各种先天性畸形外,美容整形外科的技术项目也随之萌芽和增加,并迅速发展,呈现出旺盛的活力。1946 年创刊了目前在整形外科业内最有影响的专业杂志《Plastic and Reconstructive Surgery》。一些相关的专业学会、协会也陆续成立。

尽管文献中有早年外国传教士在我国开展整形外科手术的记载。但总的说来,我国现代整形外科起步较晚,自 20 世纪 40 年代前后,我国老一辈整形外科专家开创并发展了整形外科,为我国整形外科事业做出了巨大贡献。自 1978 年我国实行改革开放以来,整形外科空前发展,许多技术和手术效果达到甚至超过世界水平。1985 年中华医学会整形外科学会成立。并创办《中华整形烧伤外科》杂志。

美容外科是在整形外科不断发展的基础上逐渐形成的。1907 年,Miller 出版了第一部美容外科专著《The Correction of Featural Imperfections》;1911 年,相继出版了 Koole 的专著《Plastic and Cosmetic Surgery》。这些美容外科的先驱们根据临床经验撰写的专著为美容外科的形成奠定了深厚的基础。因为美容(cosmetic)原意为面部化妆,在医学界曾受到轻视和歧视。因此,现代美容外科多使用 Aesthetic Surgery,而较少使用 Cosmetic Surgery。20 世纪 60 年代以后,随着社会经济的发展,生活水平的提高,人群审美观念的解放,要求美容者越来越多,从而推动了美容外科大步前进和日益完善。

## 第四节　我国现代美容外科的兴起与发展

我国美容外科形成的历史较短,起步较晚,但发展很快。由于历史的原因,美容外科在我国曾经被限制,甚至是被禁止。自 20 世纪 80 代年改革开放以来,美容外科从无到有,从小到大,得以迅速发展。1990 年中华医学会医学美学与美容学会正式成立,此后多年广泛进行了多次学术交流、专业培训和美容医学教育等,美容外科的专业技术队伍不断壮大,各级各类医疗美容机构如雨后春笋般地遍布全国各大中小城市,蓬勃发展,并逐步步入正轨,促进了美容医学整体学科体系的逐渐形成和发展,形势喜人。

1992 年中华医学会医学美学与美容学会在厦门举办了第一次全国美容外科学术交流会,随后多次召开全国美容外科学术交流会,全国学者就美容外科的基础研究和临床经验进行了广泛、认真、深入的研讨,先后有众多美容外科专著及刊物出版,从此美容外科在我国打下了较为坚实的基础,并逐渐有序地发展与完善。我国学者还多次参加国际学术交流会并在我国西安、北京、上海等地也举办了多次国际性的学术交流会。各级各类的专业学会、协会也相继成立,部分学会、协会还成立了较为细化的专业学组(分委员会),对相对细化的美容外科专业领域的基础与临床研究，发挥了较好的推进作用。

《中华医学美学美容杂志》、《中国美容整形外科杂志》和《中国美容医学杂志》三个专业期刊的相继创办，一大批与美容外科相关的学术专著、译著、教材和科普读物的相继出版，还有日新月异的互联网网络传播技术，大大促进了美容外科学的学科建设和发展。

由于我国社会人群中接受重睑成形术者的地域最广，其受术者数量大大多于其他部位的美容受术者，故我国各地的美容外科手术往往从重睑成形术起步；隆鼻美容术居第二位；睑袋整形术、颜面部除皱术、皮肤磨削术、颌面部美容术、隆乳术、巨乳缩小成形术、腹壁美容成形术、脂肪抽吸术、颅颌面部的轮廓美容术等逐步广泛开展。

美容外科手术具有高精度、高标准、高满意度的特点，属于"锦上添花"的手术，务求万无一失。尽管美容外科在我国已开展多年时间，但还是一个较为年轻的临床学科。今后，还需要根据我国各民族的特点，在医学美学与美容医学理论的指导下，深入进行基础与临床相关研究，用精湛的操作技巧和审美艺术修养，并注意分析求美者的心理精神状态，严格选择手术适应证，努力提高手术效果。随着医学模式的转变和组织工程学的发展，美容外科也会突飞猛进的发展。在手术方法、手术技巧和手术器械等方面都会不断地改进和完善。各种高科技的新产品也会不断的发明创新研制，各种新的生物代用品、组织充填物、肉毒素等广泛地应用于美容外科。尤其是近来对脂肪移植和干细胞等领域的研究突飞猛进，将会给美容外科的发展带来新的飞跃。全国广大美容外科工作者正积极努力工作，努力为美化人们生活，提高人们的生命活力和美感做出贡献。

## 第五节 医学美学理论与美容医学

### 一、医学美学的兴起

20世纪80年代后期，中国出现了一门新兴的学科——医学美学(medical aesthetics)。医学美研究认为，美容医学的学科对象是健康的人体美，即医学人体美，其核心是人的生命活力美及其美感。医学美学还认为，美容医学的学科目标是维护与塑造人体的形态美、功能美及其生命活力美感。经过我国广大理论医学工作者和应用医学工作者以及一部分现代美学家的共同努力，在医学美学理论方面取得重大进步。1988年，邱琳枝、彭庆星主编出版中外第一部医学美学理论著作《医学美学》，该书具有医学美学理论与应用美容医学实践相结合的特色。它关于医学美学和医学美容学的定义、对象、任务和体系结构的研究，关于医学审美心理学和美容心理学的研究，关于医学美容和医务工作人员审美修养的研究等，为当代我国的医学美学与美容医学的整体学科研究打下了坚实的基础，使其逐步走上了系统化、规范化和科学化的轨道，并从不同角度指导医学美容的临床实践和医学审美实施。

医学美学丰富了美容医学的学科内容，完善了医学的学科体系。而维护人体健康美的相关学科中的分支学科——美容医学学科。长期以来都依附在相关的学科中，如美容外科源于整形外科，美容皮肤科源于皮肤科，美容牙科源于口腔科，中医美容源于中医药学，美容医疗技术源于理疗科等。后来这些美容分支学科有机地组合形成了具有中国特色的美容医学学科。而医学美学理论又促进了当代中国美容医学整体学科的形成和发展。

### 二、医学美学理论与美容医学

1. 医学美学在当代美容医学临床实践中得到应用，特别是指明了美容医学的临床目标是追求健康的人体美与生命活力美，要求实施各项美容技术时都必须遵循的基本美学原则。许多美容外科医师自觉地将其应用于临床实践中，美容外科具有独特美学原则，它与传统的外科相比，显著的区别在于它不是采用外科手段最大限度地切除病灶，而是采用创伤最小化的原则，应用手术创造人体形态、功能、活力美。美容外科应尽可能减少创伤，切口小而隐蔽以获取最佳美容效果，即使同一类美容手术，在效果相同的情况下尽量选择创伤最小的术式，切不可追求美容外科手术做大、做深、做广，切记巨大的创伤将可能对人体健康带来长久的损害，造成组织的加速衰老。美容外科医生因此而设计了各种简单有效的手术方法，如各种小切口美容术、内窥镜美容术及注射填充法美容术等。

2. 医学美学理论研究者与美容外科实践者在实施美容手术过程中证明了美容就医者不仅是医学审美的客体，重要的他们又是医学审美的主体。要知道美容就医者不仅仅是身体形态上的异常或不协调、不完善，更重要的是精神上的苦恼和心理上不正常，美容就医者的态度与心理状态与美容手术成功与否关系密切。美容受术者对美容手术效果的接受程度，受他们对施术者的信任度的影响，还有受术者对施术者的心理定势的影响，如果受术者对施术者的心理定势是否定的，即使医师手术效果客观上良好，而受术者对手术效果可能是否定或不完全肯定。不少美容就医者对美容手术存在一种幻想，似乎美容手术无所不能，能将一切丑陋转化为美丽。因此，要求美容医师应特别注意科学与真实地宣传美容外科的实际效果，纠正美容就医者不切合实际的幻想。有些美容就医者对美容医师过分信任，受术者可能对手术并发症以及一些其他意外缺乏足够的认识和心理准备，一旦出现手术效果不理想，反过来对曾信任的医师万分抱怨，有时甚至于纠缠不休。因此，美容医师在接诊时，必须充分沟通，对手术有关情况进行说明，术前受术者须办理同意手术方案协议书签字，术前照相，并理解手术可能发生的并发症，方能手术。

3. 由于当代医学美学与美容医学研究的深入发展，在我国美容医学教育和美容临床专科建设已初具规模，尤其是美容外科专业队伍有了很大的发展，美容外科的基础研究和外科技艺已达国际先进水平。自 20 世纪 90 年代起，美容外科的现状已为全世界接受和重视，具有现代标准的美容外科已在我们社会中赢得显著的地位，不少整形外科医师熟练而富有艺术性的实践了美容外科，培养了一支年轻的美容外科专业队伍，他们既有整形外科一般医师的基础知识和基本技能，又有人体造型方面的艺术和雕塑知识，努力探索美容外科与艺术的重要关系。美容外科是一门交叉性新兴学科，美容外科手术范围较广泛，每一种手术的变化又是多样化的。美容外科实践是以医学美学理论为指导的更高层次的临床实践，要求正确设计、轻柔细致、精雕细琢的技术操作，要尽量减少组织损伤，减轻术后反应和并发症的发生，使美容外科手术达到最佳效果，真正做到“锦上添花”。美容外科医务工作者必须树立科学的态度，掌握扎实的医学基础知识和基本理论，还要深入学习美容医学理论，用理论指导实践，提高基本技能。做每一种美容外科手术、每一项美容技术操作都要有一定的医学美学理论根据，美容外科医务工作者必须有一定的医学美学审美能力和有熟练的临床操作技术，这样才能保证塑造出健美的人体形态，给人带来生命活力和美感。

（曹志明　刘林嶓）

# 第2章 美容外科医务工作者应具备的素养

学习目标

1. 掌握美容外科医务工作者应具备的素养。
2. 熟悉美容外科医务工作者应具备的审美修养。

案例

小王原本是一家较大的整形美容医院的网络咨询师，刚刚成为一名现场咨询师。一天她接待了一位慕名而来的40岁的女性求美者，面对对方连珠炮似的问题，小王有点紧张。好多问题不知道该如何应对，咨询陷入被动，医院马上更换了一名有经验的咨询师——张老师。张老师详细询问了对方的求美要求，然后围绕她关心的问题给予引导和解答，并为她介绍相关的专业知识。求美者感到非常满意，接受了张老师提出的治疗方案，术后获得了满意效果。这位求美者后来又带了几个朋友来这家医院手术。

该求美者为何拒绝小王而接受张老师的咨询？为什么该求美者又带朋友来医院手术？想成为一名优秀的美容外科医务工作者，小王今后还要学习哪些知识？该怎么做？

## 第一节 具有良好的道德修养

万事德为先。健康所系、性命相托的崇高事业，要求医务人员具有良好的道德修养，要有高尚的道德情操。面对不同心态的美容就医者，应该充满爱心，设身处地为她们解除心理上的压抑和烦恼。应用掌握的医学和心理学知识，用平等、关切、同情的语言与美容就医者进行充分交流和沟通，了解其求美动机，答惑解疑，解除其思想顾虑并对他们的诉求和个人隐私予以严格保密。要权衡预期的效果和美容就医者的期望值，对手术效果的估计和预测要实事求是，不要夸大其词。对一些不适宜做某些美容手术的人也应直言相告。绝不能受利益驱使违心、违规鼓动不适宜手术的求美者接受手术。要坚守诚信准则，对自己说的话要负责任；要秉持一颗白衣天使之心，为求美者解除心理困扰，竭力为她们塑造一个美的体形或容貌。

美容外科医务工作者还应该内外兼修，培养自己良好的仪态美，服饰整洁、面容亲切自然、大方可敬，树立一个从事高尚职业者的形象，给美容就医者以信心与安全感。工作中，始终贯穿美容外科的科学性和严谨性精神。

## 第二节 具有良好的人文素养

随着现代社会各项事业的快速发展，国家大力发展健康产业，医疗作为服务业的一部分，对医务工作者的各项素养提出了新的要求。

医务工作者的素养关系到人的生命和生活质量，无论是在校医学生，还是在职医务人员，都应当在学习广博自然科学知识的同时，通过学习文、史、哲、艺术等人文社会科学，提高自身人文素养，促进自身素质全面提升。

在人类宝贵的历史文化遗产中蕴涵着大量如何做事、做人之道。善于学习和继承民族优秀文化传统，学习和借鉴世界各国文化优秀成果，培养深厚的人文知识功底，是当代医学人才必须具备的素质。英国哲学家培根曾说："读史使人明智，读诗使人聪明，演算使人精明，哲理使人深刻，伦理学使人有修养。总之，知识能塑造人的品格。"

哲学作为世界观系统化、理论化的学说，在自然观、认识论、发展论和方法论等方面，都对科学研究起着重要的指导作用。唯物辩证法是最根本的科学方法，科技工作者学习和掌握唯物辩证法，是学习和研究一般科学方法和一切具体方法的前提。用辩证唯物主义的世界观和方法论来指导科技活动是我国医务工作者的重要修养。努力具备这种素养，有利于医务工作者透过纷繁的表面现象把握隐藏在后面的客观规律，而这种洞察力正是医学科学进步的关键。

## 第三节　具有良好的审美修养

作为一名美容外科医务工作者，本身就担负着维护、修复、创造美的任务。如果自身没有良好的审美修养，就不能更好地为求美者进行审美、创美。

审美观是一个哲学概念。所谓审美，指的是主体人对客观事物的审美意识，是人们在社会实践中逐步形成和积累起来的审美的情感、认识和能力的总和。它包括审美感受、审美趣味、审美观念、审美能力和审美理想等范畴。客观事物的美或丑是审美的现实基础，没有事物的美丑差别也就谈不上审美。审美是人类社会生活的重要方面。

美容外科医务工作者首先必须有一个正确的审美观，必须树立以下观念。

**1. 人体美是万物美之极**　意大利著名画家、解剖学家达·芬奇就说过"人体是大自然中最完美的东西"。

**2. 健康是美的基础**　人体美是建立在健康基础上的形象美。中国古代和近代，以"病态美"为代表的"病西施"和林黛玉式的病态美已成为历史。现代人追求的是健康（包括躯体、心理和社会适应性）、积极向上、充满青春朝气、活泼多样的现代美。

**3. 和谐、统一是美的前提**　传统的和谐即为对称，认为绝对的对称就是美。这一观念不仅在人体，在各个方面均有体现，如建筑的中轴美、服饰的对称美皆如此，人体也要求左右对称。但现代的审美观却主张不对称美，认为绝对的对称是呆板，而不对称才生动，在服饰上就出现了左右高低裙或左右异色的短裤等。

这种观念甚至在人体审美和创美中也有所体现，如文身、酒窝，有的人就追求左右不对称，或一边有，一边无。但这种不对称美也是建立在大和谐和大统一基础上的美。一个人如果上身穿西服，下身着短裤，首先就破坏了大的和谐和统一，即便短裤的材质再精美，价钱再昂贵也丝毫不能给人美的感受。同样，人体面部五官在符合正常生理、解剖结构的大和谐和统一基础上，在个别次要部位表现出一定的不对称，如不对称的酒窝，确实给人一种生动的美感。没有人去追求双眼不对称的形态美，因为它已超出了和谐和统一这一美的前提。

**4. 变化是美的灵魂**　美的标准不是一成不变的，或者说没有一个固定的公式化标准适合于任何人、任何地域、任何时代。一个人、一个民族，在不同的国家或地区，甚至在同一个国家或地区的不同人、不同民族之间，在不同的时代，审美的观念都在发生着不断的变化。因此，美没有一个统一的标准或公式，要强调“动态美”的观念，它是美的灵魂。

## 第四节　具有丰富的基础与临床知识和基本技能

美容外科学有其外科的属性，又有其美学的属性，美容外科医务工作者应该具有相关学科方面的知识和素养。

### 一、必须理论知识牢固，基本技术过硬

在美国等发达国家实行的是专科医师制，从事美容外科的医生必须在医学院校毕业之后，先学习三到五年的普通（基本）外科和三年的整形外科，并在美容外科进修一至二年，最后通过全国性专业考试，方可获得美容外科行医执照。我国目前缺乏这方面的规章制度，专科医师制度正处于试点阶段。

卫生部于2002年以19号部长令的形式发布《医疗美容服务管理办法》。在我国医疗美容行业实行主诊医师制度，目前已在多个省（市、区）施行，取得了较好效果。当然，美容外科医师是美容外科的技术主力军，对他们严格要求无可厚非。作为美容外科医务工作者，无论从事医疗、护理、行政管理，还是网络咨询或现场咨询工作，都应具有广阔临床学科基本知识，如普通外科、整形外科、骨科、泌尿外科、颅面外科、五官科、眼科、妇产科等专科基本知识、基本技术及与之相关的解剖、生理等知识及医疗技术常规。还需结合人体绘画、摄影、雕塑、服饰美学等知识，以美学的基础理论指导美容外科实践，实施人体美的雕塑及塑造，以达美化人体的目的。

### 二、具备严格的无菌观念

美容外科手术与普通手术一样，必须在严格的无菌手术室进行。国家对手术室有严格的规定，严格无菌操作的目的是防止伤口感染和疾病传播，像乙型肝炎和艾滋病（AIDS）等微量血液传播疾病，如果医疗器械消毒不彻底很容易造成交叉感染。

### 三、掌握基本急救、复苏知识和技术

美容外科手术是针对健康人群实施的“锦上添花”的美容手术，容不得半点疏忽和失误。但人体的复杂性决定了病情变化的不可预测性，对因麻醉意外、大量出血、脂肪栓塞等造成的严重后果更是难以接受。因此，美容外科医务工作者必须掌握一定的急救和复苏知识和技能，在这些严重情况发生时，能够及时处理，避免严重后果的出现。

## 第五节　掌握美容外科心理学的基本知识

现代医学模式（生物—心理—社会）已强调了社会心理因素在治疗中的作用。要重视美容就医者的心理状态，并贯彻于美容外科术前、术中、术后康复等整个治疗过程中。人们的社会地位、文化素养、周围环境决定了其心理状态，要对每个美容就医者进行临床心理分析。在所有美容外科美容就医者中，60%的人求美动机都存在着不同程度的心理问题或异常，甚至精神疾病。因此，与其说美容医学是重塑人体形态，还不如说是重建良好心态和心理感觉。要达到这个目的，单靠手术刀并不能解决问题。心理医学、精神医学配合美容手

术治疗或单独运用于美容就医者的治疗均不可忽视。判断与掌握求美者心理已经成为美容外科医务工作者的必修课,甚至有人认为,心理咨询与治疗是美容医学的必要手段。

美容外科医务工作者应学习和掌握必备的美容外科心理学知识,并用之对美容就医者有如下心理异常者进行甄别。

1. 要求做成与画报图片中明星人物一样的形态者。
2. 着装不整,头不梳理,仪表不佳,没有美的基本素养者。
3. 自身无追求,亲友迫使其求术者。
4. 对同一问题反复追问,表现出对医师不信任者。
5. 对医师满口不真诚的夸奖和过高的奉承者。
6. 过分挑剔,对轻微的瘢痕都显出极端苛求的态度者。
7. 对接诊医务人员粗暴无理,缺乏教养者。
8. 对医师的治疗方案不接受者。
9. 拒绝术前照相者。
10. 多次不按约定时间就诊或手术,对手术犹豫不决者。

如发现以上情况,轻者,接诊医务工作者应用所掌握心理学知识为其进行心理疏导;严重者建议其找心理专科医师进行治疗。如无改善,就应果断拒绝为其手术。

另外,美容受术者在术前、术中和术后均可能产生一些心理问题,美容外科医务工作者应及时对其进行必要的心理疏导和心理调适,帮助受术者积极配合手术及术后康复。

## 第六节　熟悉伦理、法理相关知识

### 一、遵循一定的医学伦理学原则

由于美容外科工作本身的特殊性,美容外科工作中必须遵循一定的医学伦理学原则:①整体上的不伤害原则,任何医疗美容技术操作都不能伤害美容就医者的整体健康,更不能危及其生命安全。②局部微创原则,在实施医疗美容技术操作的过程中应尽量达到创伤最小、美学效果最佳的目的。③知情同意原则,美容就医者对所实施的医疗美容技术操作方法的优缺点、局限性、并发症等有知情权。美容外科医生与美容就医者应就此达成共识,并双方签订知情同意书。④尊重和保密原则,医疗美容技术操作者应尊重美容就医者的隐私权和肖像权。要把美容外科的安全性作为首要原则。

### 二、熟悉相关法律、法规

随着人民生活水平不断提高和美容观念的更新,接受整形美容手术者也逐年增加,伴随着美容医学事业的发展,美容医疗纠纷也越来越多,给医患双方带来了极大困扰。为维护就医者和医务人员的正当权益,规范医疗服务行业秩序,保障医疗卫生事业的健康发展,为全体人民的身心健康服务。国家和相关管理机构出台很多相关的法律、法规和管理条例。美容外科医务工作者应熟悉《中华人民共和国医师法》、《医疗美容服务管理办法》、《美容医疗机构、医疗美容科(室)基本标准(试行)》、《临床技术操作规范 · 美容医学分册》等相关法律、法规和各种相关管理条例并严格遵照执行。这样,才能保证美容外科工作的顺利进行和有效防范不应有的医疗纠纷产生。

(杨加峰　顾劲松)

# 第3章

## 美容外科求美者心理

学习目标

1. 掌握求美者的求美动机及美容手术后受术者情绪反应过程。
2. 熟悉美容手术失败后受术者心理反应和护理。
3. 了解美容受术者心理状态的类型。

案例

随着青春期的到来，婷婷对自己的容貌越来越不满意，总认为自己鼻梁太低，脸型太宽，感到自己与漂亮女孩差距甚大。婷婷越来越不自信，越来越自卑，很少出门，与同学交往、交流的机会也越来越少，放学回家就把自己封闭起来，话都不愿和父母多说一句，有时拿着镜子一照就是大半天。学习成绩一天天在下降，眼看下学期就到高三了，距离高考也越来越近。不仅自己着急，父母也寝食难安。

经老师提醒，父母找来心理医师，在与心理医师交流中，婷婷道出了自己的苦恼。在心理医师指导和帮助下，婷婷到一家正规美容整形医院进行了美容手术，鼻梁变挺了，脸型也改成了瓜子脸。看着自己美丽的容貌，婷婷恢复了自信，像变了个人似的，显得阳光靓丽、青春活泼，学习成绩也迅速提高，高中毕业考上了自己心仪的大学。

婷婷遇到了什么问题？为何容貌会对人的心理和行为产生巨大影响？为何美容手术能解决心理问题？美容外科和心理学有什么关联？

### 第一节　美容外科与心理学的关系

英国整形外科专家曼彻斯特说："美容整形与心理学有着密切的关系，因为美容整形外科是要处理人们的情感、心理、社会需要以及渴望，美容整形在很大程度上是一个心理和社会的问题。"

俗话说，人有"七情六欲"。人们常说的欲望有食欲、物欲、权欲、性欲、情欲。实际人们还有美欲，它是求美者的心理学核心。美欲即"爱美之心，人皆有之"。人们所爱之美，一是客观世界之美，二是人类自身之美。从美容心理学角度上说，人的爱美之心，主要是指人对自身容貌美化的心理需求，是人最基本精神需要，是求美行为的原动力。人一旦获得美的需要，就获得了美的享受，表现为满足感、快乐感、自豪感、自信感。美容整形可实现人们对美的需求。

### 第二节　美容外科求美者的求美动机

求美动机产生的原因以人的需要为基础，同时又受到人的理想、信念、世界观、人格特征等因素的影响。求美动机还受到外界环境的影响。随着经济的快速发展和人民生活水平的提高，人们对美的追求，对美的需要越来越强烈。研究人们对美容手术的需求及美容就医者的心理特点与表现极为重要。

（一）社会活动的需要

随着社会的进步，市场经济的发展，每一个人都要进行广泛的社交活动，在社交活动中，自身形体美已成为自身价值的一部分。

（二）恋爱、婚姻的需要

恋爱，寻找配偶的时候，青年人因容貌不美而无异性求爱，将会竭力求助于美容外科手术改观容貌。中老年人往往借助美容手术使自己容貌尽可能显得年轻，以利于更好地融入社会、维护婚姻。

（三）就业及适应环境的需要

礼仪小姐职业对容貌有一定的要求；部分电影、戏剧等文艺工作者为了永葆艺术青春，也希望借助于美容外科手术使自己显得更美、更年轻。

（四）心理需要

随着医学模式的转变，人们越来越重视心理因素对健康的影响，而一个人的容貌与体形，对其本人的心理情绪时刻会产生若隐若现的影响，尤其是女人，更容易受容貌和外形的影响，有时会因此产生自卑心理，影响事业的发展。中国人的寿命已从过去的平均30岁，延长到现在的70余岁，许多老年人为了减少容颜衰老带来的精神压力，也希望借助美容外科使自己更年轻、更幸福、更愉快地度过晚年。

（五）精神治疗的需要

要求美容手术的人们，其心理极其复杂，有许多问题还需要社会学、伦理学及心理学共同来解决。每个人的容貌和形象，都会对其内心产生影响，受此影响，将使人的个性行为发生重大改变。一旦人们由于形体上的缺陷对自己的体像产生偏离，他们的精神、情绪、生活就会陷于困境，甚至形成精神抑郁症。常表现为孤僻、悲观甚至绝望。一旦施行美容外科手术将其缺陷修复，多数人精神异常随之消失，表现为积极、乐观、上进，与手术前判若两人。美容手术最终目的不是治疗疾病，而是改善其心理状态，增加自信心。

## 第三节　美容求美者的心理状态

由于人们审美心理十分复杂，美容手术涉及非常复杂的心理问题。研究美容受术者的心理状态，很好地与美容就医者（受术者）沟通，可事半功倍地提高医疗效果。

美容受术者心理状态的类型如下。

**1. 单纯美容型**　这类受术者自身条件较好，无明显缺陷。

**2. 顺应环境型**　这类受术者虽自身条件不十分好，但无明显缺陷，无发自内心的美容要求，而是在从众心理支配下走进医疗美容机构。

**3. 缺陷障碍型**　这类受术者有缺陷存在，影响社交和工作及生活。

**4. 心理障碍型**　这类受术者夸大自身缺陷，体格检查结果与其主诉不符。

**5. 期望过高型**　这类受术者虽存在一定缺陷，但对美容手术期望值过高。期望通过美容手术在容貌上超过他人。

**6. 恋爱婚姻型** 这类受术者在恋爱、婚姻上可能曾因容貌方面的因素，有过挫折。或自我感觉改善容貌后能得到异性的青睐，获得更好的爱情。

**7. 迷信心理型** 受占卜、算命等封建迷信因素影响而要求接受美容手术，以期改善自己的命运。

**8. 精神病态型** 受病态的精神因素影响要求接受美容手术。

总而言之，研究美容就医者的心理状态，是为了通过美容外科手术而改善其心理状态，增强自信，焕发生命活力。

## 第四节 美容手术后的心理反应

由于受术者对术后不适及恢复情况十分敏感，因此，他们判定手术是否成功往往凭主观臆断。如果他们认为手术恢复不良，效果不好，则对心理打击非常大。很多情况是受术者对术后的一些正常生理反应没有正确认识，误认为手术失败，或某种功能受到了影响，从而导致心身疾患。整形美容手术后的心理反应一般有以下五方面。

（一）美容受术者的术后心理反应

**1. 较一般手术后患者心理复杂** 一般来说，手术后是受术者心理问题较为集中和重要的阶段。术后的各种实际问题在较长恢复期内将不时地出现。一是疼痛和不适；二是手术效果。必须反复强调，美容手术过程中及术后，受术者的心理要比一般手术的患者更为复杂。

**2. 美容受术者的情绪反应过程**

（1）不安阶段：不少受术者在术后1周内由于不能确定术后容貌究竟如何，常伴有焦虑、忧郁等不稳定情绪。

（2）恍惚阶段：一般来说，美容手术后，如受术者对手术效果满意，会产生相应的美感愉悦。然而，许多美容受术者尽管认定手术是成功的，但也会因为容貌发生突然改变而产生一段情绪恍惚的特殊心理过程。

（3）稳定阶段：对一个成功的美容手术，受术者在经历了以上两个心理过程之后，随着时间推移，逐渐对周围环境有了新的适应和协调，心理得到平衡，解除了长期被压抑的情绪障碍，为达到美的满足而感到欣慰。

（二）美容受术者康复期心态

在美容术后康复期，大部分美容受术者心绪平静，表现为正常的期待、静候，积极配合康复，但也有相当一部分的受术者，情绪不稳定，康复过渡的心理准备不充分。心态表现如下。

**1. 消极心理** 多表现为焦虑、疑虑、恐惧、失望。

**2. 心理调适** 即使美容手术客观效果很好，受术者本人也认可，但并不一定为此感到满意，这是一种十分复杂的心理反应，主要是容貌的改变带来了心理的不适应。

（三）美容受术者对手术失败不满意

**1. 美容手术失败** 分两种情况，一是客观性手术失败（真正手术失败）；二是主观性手术失败（受术者主观臆断）。

**2. 手术失败对受术者的心理影响** 更加自卑、心理闭锁、精神抑郁、术后综合心理症加强等。

（四）美容受术者对手术不满意的原因

一般来说，受术者对成功的美容手术效果是满意的。但是在临床工作中，也常常会遇到一些成功的美容整形手术可能招致受术者不满意。术后对手术效果不满的原因，与受术者对手术的期望、自身的美学修养、人格等有关。

**1. 美容受术者方面的原因** 主要表现为受术者对手术效果的期望值过高；受术者的医学美学知识匮乏；中年人容易对手术不满意；受术者之间的相互攀比；受术者存在人格问题。

**2. 美容医师方面的原因** 少数医师为了炫耀自己或为了经济利益，术前夸大手术效果，而不把客观的结果说出来，甚至隐瞒发生并发症的可能性。尽管手术成功，但稍不尽如人意，受术者也会因此不满意。

（五）美容手术失败后的心理和护理

**1. 客观性美容手术失败者的心理与护理** 手术失败后，受术者往往悲观失望，焦虑重重，迫切求医。遇此情况，应给予同情与安慰，鼓励其树立再次手术的信心，消除恐惧心理。

**2. 主观性美容手术失败者的心理护理** 客观上手术很成功，但受术者主观臆断，认为手术失败，主观感觉异常、敏感，多疑多虑，四处求医。对这类受术者，应积极帮助其树立正确审美观，消除疑虑心理，必要时请专业心理医师给予心理调适和治疗。

（医疗部分：崔　扬　杨加峰；护理部分：钱永琴）

# 第 4 章

# 美容外科护理学基本技能

学习目标

1. 掌握

(1) 无菌技术的概念、操作原则及基本操作方法。

(2) 青霉素过敏试验药液的配制方法、操作流程、试验结果的判断。

(3) 单侧鼻导管吸氧的操作流程,氧气装置的安装及检测方法,用氧安全原则。

(4) 吸痰法的操作方法及原理。

(5) 男、女性尿道的解剖特点及男、女导尿的操作方法及注意事项。

(6) 外科拆线、换药、清创、包扎固定基本技能流程。

2. 熟悉

(1) 缺氧程度的判断指标。

(2) 发生青霉素过敏反应的抢救程序。

(3) 紧急状态下保持呼吸道通畅方法及护理。

**案例**

郭丽今年护校毕业分配到一家二甲医院呼吸内科工作,这本是很多人都羡慕的岗位,然而郭丽不这么想。学习护理专业本身自己就嫌脏、嫌累,根本无心学习,三年过去,浑浑噩噩勉强混到毕业。本想毕业后通过家里关系另择高就,当地工作不好找,最后还是从事了护理工作。

一天晚上郭丽值班,收治了一位老年男性肺心病病人。夜间病人小便尿不出来,痛苦不堪,经热敷、按摩等处理仍然不见效,再不及时处理病人可能有膀胱破裂危险。眼看必须立即导尿,可是郭丽从来没有亲自操作过,情急之中,到隔壁病房请来了自己的同班同学帮忙才解决了问题。一波刚平,一波又起,这时病人痰鸣音变得很重,呼吸困难,本来这时立即给病人翻身叩背,让病人自己将痰咳出即可。可郭丽的叩背手法根本不得要领,不一会儿病人呼吸更加困难。这时应该果断采取吸痰措施,可是郭丽打开负压吸引器后居然不知道如何将吸痰管插入病人气管抽吸,几番折腾,病人憋得满面青紫,半天喘不过气。病人家属气愤之下对郭丽很不客气。幸亏值班医师及时赶到解决了问题,使病人转危为安。

郭丽为什么抢救病人时手足无措?为什么病人家属着急?这是一个值得深思的问题。

基础护理学是护理实践中重要的组成部分之一,对培养具有扎实基本知识和娴熟基本技能的合格护理学专业人才起着举足轻重的作用。

# 第一节　基础护理学基本技能

## 一、无 菌 技 术

无菌技术是预防医院感染的一项基本而重要的技术，其基本操作方法根据科学原则制定，任何一个环节都不能违反，每个医务人员都必须熟练掌握并严格遵守。

（一）概念

**1. 无菌技术**（aseptic technique）　指在医疗、护理操作过程中，防止一切微生物侵入人体和防止无菌物品、无菌区域被污染的技术。

**2. 无菌区**（aseptic area）　指经灭菌处理且未被污染的区域。

**3. 非无菌区**（non-aseptic area）　指未经灭菌处理，或经灭菌处理但又被污染的区域。

**4. 无菌物品**（aseptic supplies）　指通过灭菌处理后保持无菌状态的物品。

**5. 非无菌物品**（non-aseptic supplies）　指未经灭菌处理，或虽经灭菌处理后又被污染的物品。

（二）无菌技术操作原则

**1. 操作环境清洁且宽敞**　操作室定期消毒，无菌操作前半小时停止清扫、减少走动，避免尘埃飞扬，物品布局合理。

**2. 工作人员仪表符合规范**　无菌操作前，工作人员应着装整洁、修剪指甲、洗手、戴口罩，必要时穿无菌衣、戴无菌手套。

**3. 无菌物品管理有序规范**　无菌物品存放于无菌包或无菌容器内，保证适宜的环境（温度低于24℃，相对湿度＜70%）；标识清楚，无菌包或无菌容器需标明物品名称、灭菌日期，无菌物品与非无菌物品必须分开放置，且有明显标志；无菌物品按失效期的先后顺序摆放使用，可疑污染、污染或过期应重新灭菌。

**4. 操作过程中加强无菌观念**　明确分区，操作者身体与无菌区保持一定距离，取、放无菌物品时，应面向无菌区；取用无菌物品时应使用无菌持物钳；无菌物品一经取出，即使未使用，亦不可放回无菌容器内；不可跨越无菌区，避免在无菌区谈笑、打喷嚏、咳嗽。

5. 一套无菌物品仅供一位患者使用。

（三）无菌技术基本操作方法

**1. 无菌持物钳/镊使用法**（图1-4-1）

（1）每个容器只放一把无菌持物钳，湿式保存法有效期为每周更换消毒液2次，干式保存法有效期为4h。

（2）使用前检查并核对名称、有效期及灭菌标识。

（3）取钳：打开盛放无菌持物钳的容器盖，手持无菌持物钳上1/3处，闭合钳端，将钳移至容器中央，垂直取出，关闭容器盖。

（4）使用：保持钳端向下，在腰部以上视线范围内活动，不可倒转向上。

（5）放钳：用后闭合钳端，打开容器盖，快速垂直放回容器，关闭容器盖。

**2. 无菌容器使用法**（图1-4-2）

（1）查对：检查并核对无菌容器名称、灭菌日期、失效期及灭菌标识。

（2）开盖：取物时，打开容器盖，内面置于稳妥处或拿在手中。

（3）取物：用无菌持物钳从无菌容器内夹取无菌物品，无菌持物钳及物品不可触及容器边缘。

（4）关盖：取物后，立即将盖盖严，避免容器内无菌物品在空气中暴露过久。

（5）手持容器（如治疗碗）时，应托住容器底部，第一次使用，应记录开启日期、时间并签名，24h 有效。

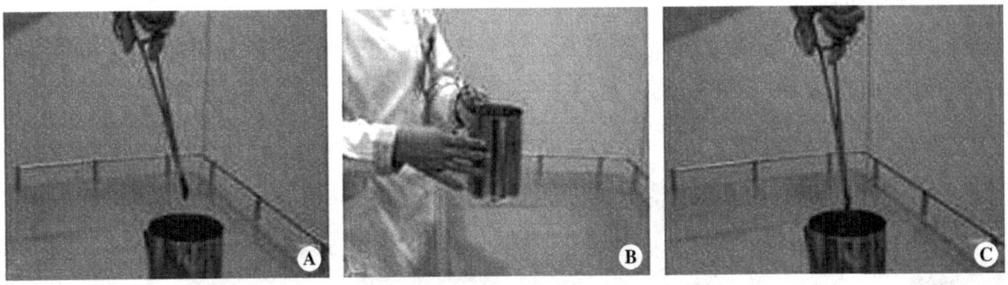

图 1-4-1　无菌持物钳的使用方法

A. 取钳；B. 用钳；C. 放钳

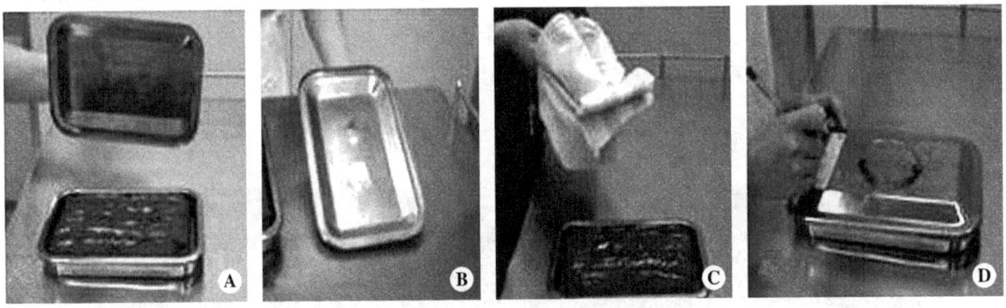

图 1-4-2　无菌容器使用方法

A. 查对；B. 开盖；C. 取物；D. 关盖

**3. 无菌包使用法**（图 1-4-3）

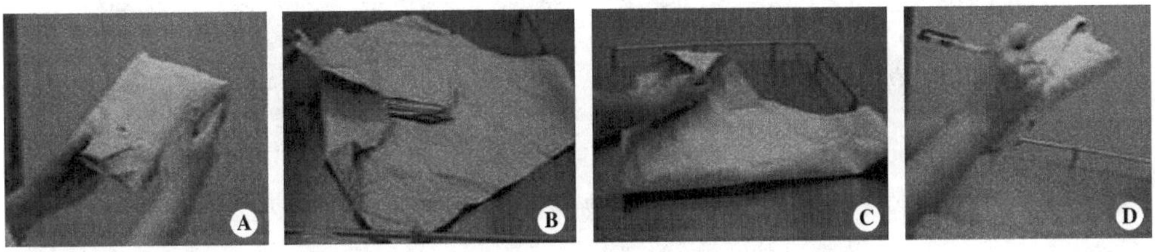

图 1-4-3　无菌包使用方法

A. 查对；B. 开包；C. 回包；D. 注明日期

（1）查对：检查并核对无菌包名称、灭菌日期、有效期、灭菌标识，有无潮湿或破损。

（2）开包：无菌包平放在清洁、干燥、平坦处，手接触包布四角外面，一次揭开四角。

（3）用无菌钳夹取所需物品，放在备妥的无菌区，不可跨越无菌面。

（4）回包：按原折痕包盖，注明开包日期及时间并签名，有效期为 24h。

**4. 铺无菌盘法**（图 1-4-4）

（1）查对：检查并核对无菌包名称、灭菌日期、有效期、灭菌标识，有无潮湿或破损。

(2) 取巾:打开无菌包,用无菌持物钳取一块治疗巾置于治疗盘内。

(3) 铺盘

1) 单层铺盘法:双手捏住无菌巾外面两角,轻轻抖开,双折平铺于治疗盘上,将上层呈扇形折至对侧,开口向外。

2) 双层铺盘法:双手捏住无菌巾外面两角,轻轻抖开,从远到近3折成双层底,上层呈扇形折叠,开口向外。

(4) 放入无菌物品,拉平扇形折叠层,盖于物品上,对齐上下层边缘,将开口处向上翻折两次,两侧边缘分别向下折一次,露出治疗盘边缘。

(5) 注明铺盘日期及时间并签名,有效期为4h。

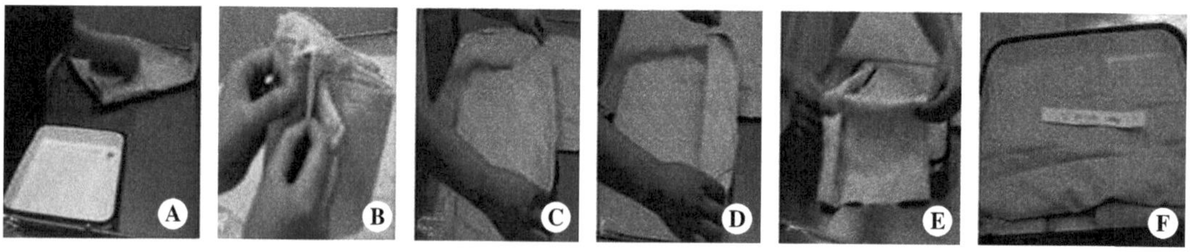

图 1-4-4 铺无菌盘法

A. 查对开包;B. 取巾;C. 铺盘;D. 扇形三折;E. 开口向上两折两边向下折;F. 注明日期

**5. 倒取无菌溶液法**(图 1-4-5)

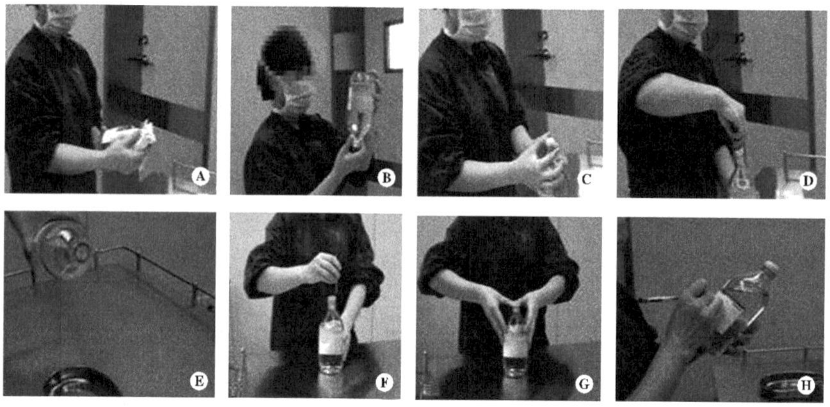

图 1-4-5 倒取无菌液法

A. 清洁;B. 查对;C. 开瓶;D. 取塞;E. 倒液;F. 消毒;G. 盖塞;H. 注明日期

(1) 清洁:取盛有无菌溶液的密封瓶,擦净瓶外灰尘。

(2) 查对:药名、剂量、浓度、有效期、瓶盖、瓶身、药质。

(3) 开瓶:用开瓶器撬开瓶盖,消毒瓶塞,待干后打开瓶塞。

(4) 倒液:手持溶液瓶,瓶签朝向掌心,倒出少量溶液旋转冲洗瓶口,再由原处倒出溶液至无菌容器中。

(5) 盖塞:倒出溶液后立即塞好瓶塞。

(6) 记录:在瓶签上注明开瓶日期及时间并签名,有效期24h。

**6. 戴、脱无菌手套**(图1-4-6)

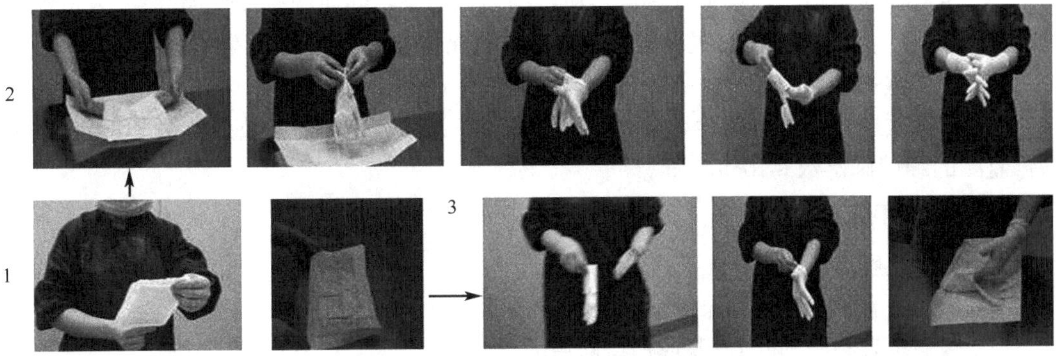


图1-4-6　戴无菌手套法(单、双手提取)

1. 查对无误后打开手套袋;2. 双手提取法;3. 单手提取法

(1) 查对:检查并核对无菌手套号码、灭菌日期,包装是否完整、干燥。

(2) 将手套袋平放于清洁、干燥的桌面上打开,滑石粉涂擦双手。

(3) 取、戴手套

1) 单手提取法:一手掀开手套袋开口处,另一手捏住一只手套反折部分(手套内面)取出手套,对准五指戴上;再用戴好手套的手指插入另一手套的反折内面(手套外面),取出手套,同法戴好。

2) 双手提取法:两手同时掀开手套袋开口处,用一手拇指和食指同时捏住两指手套的反折部分,取出手套;将两手套五指对准,先戴一只手,再以戴好手套的手指插入另一只手套的反折内面,同法戴好。

(4) 调整:将手套的翻边扣套在工作衣袖外面,双手对合交叉检查是否漏气,并调整手套位置。

(5) 脱手套:用戴着手套的手捏住另一手套腕部外面,翻转脱下;再将脱下手套的手伸入另一手套内,捏住内面边缘将手套向下翻转脱下。

## 二、手卫生——七步洗手法

有效的洗手可清除手上99%以上的暂住菌,是防止医院感染传播最重要的措施之一。其目的是清除手部皮肤污垢和大部分暂住菌,切断通过手传播感染的途径。

(一) 概念

**1. 手卫生**(hand hygiene)　是医务人员洗手、卫生手消毒和外科手消毒的总称。

**2. 洗手**(handwashing)　指医务人员用肥皂(或皂液)和流动水洗手,去除手部皮肤污垢、碎屑和部分致病菌的过程。

(二) 手卫生的管理制度

《医务人员手卫生规范》是医疗机构在医疗活动中管理和规范医务人员手卫生的行动指南。

**1. 制定管理制度**　手卫生是控制医院感染的重要措施,医院应制定相应的手卫生管理制度,并严格执行。

**2. 配备必要的设施**　如流动水洗手实施、清洁皂、干手物品、速干手消毒剂等,为医务人员执行手卫生措施提供必要条件。

**3. 定期开展培训** 培训形式和内容应根据培训对象不同而调整,使广大医务人员能掌握必要的手卫生知识和技能,提高无菌观念和自我保护意识,保证手卫生的效果。

**4. 加强监督指导** 提高医务人员手卫生的依从性。

**5. 开展效果监测** 定期对重点部门工作的医务人员进行手消毒效果监测,卫生手消毒后,监测的细菌菌落数≤$10cfu/cm^2$。

(三) 洗手指征

1. 直接接触患者前后。
2. 从同一患者身体的污染部分移动到清洁部分时。
3. 接触患者黏膜、破损皮肤或伤口前后。
4. 接触患者血液、体液、分泌物、伤口敷料等之后。
5. 接触患者周围环境及物品后。
6. 穿脱隔离衣前后,脱手套之后。
7. 进行无菌操作、接触清洁、无菌物品之前。
8. 处理药品或配餐前。

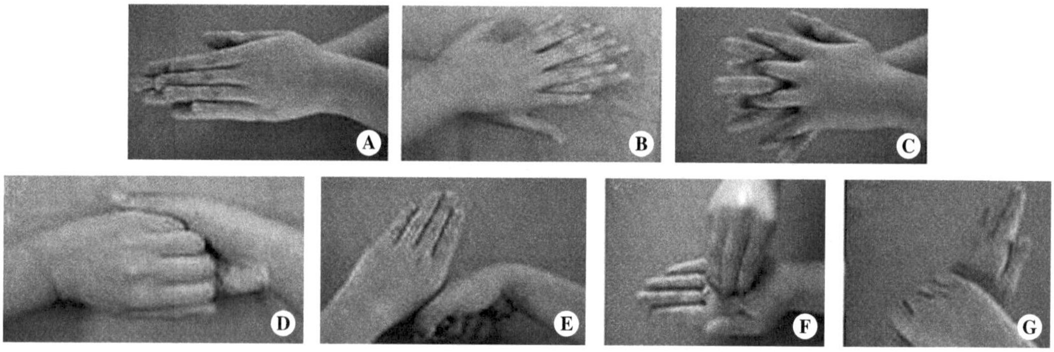


图 1-4-7 七步洗手操作方法

A. 掌心对掌心;B. 掌心对手背;C. 掌心相对;D. 掌心旋转揉搓;
E. 大拇指旋转揉搓;F. 掌心中旋转揉搓;G. 腕部及腕上 10cm,回旋揉搓

(四) 七步洗手操作方法(图 1-4-7)

口诀:内外夹攻大立腕

**1. 准备** 打开水龙头,调节合适水流和水温。

**2. 湿手** 在流动水下,使双手充分湿润,水流不可过大以防溅湿工作服。

**3. 涂剂** 关上水龙头并取清洁剂均匀涂抹至整个手掌、手背、手指和指缝。

**4. 洗手** 认真揉搓双手至少 15s,步骤为:① 掌心对掌心,手指并拢相互揉搓。②掌心对手背沿指缝相互揉搓,交换进行。③掌心相对,双手交叉指缝相互揉搓。④弯曲手指时关节在另一掌心旋转揉搓,交换进行。⑤一手握另一手大拇指旋转揉搓,交换进行。⑥五个手指并拢在另一掌心中旋转揉搓,交换进行。⑦一手握住另一手腕部及腕上 10cm,回旋揉搓,交换进行。

**5. 冲净** 打开水龙头,在流动水下彻底冲净双手,注意指尖朝下。

**6. 干手** 关闭水龙头,以擦手纸或毛巾擦干双手,干毛巾保持清洁干燥,一用一消毒。

## 三、青霉素过敏试验及过敏反应的处理

青霉素主要用于敏感的革兰氏阳性球菌、阴性球菌和螺旋体感染。青霉素毒性较低，最常见的不良反应是过敏反应，属 I 型变态反应，其发生、发展迅猛，可因抢救不及时而死于严重的呼吸困难和循环衰竭。

### （一）目的

通过青霉素过敏试验，确定患者对青霉素是否过敏，以作为临床应用青霉素治疗的依据。

### （二）概念

皮内注射（intradermal injection）是将少量药液或生物制品注射于表皮与真皮之间的方法。

### （三）操作方法

**1. 核对与评估**　核对患者床号、姓名；评估患者“三史”，即用药史、过敏史和家族史，如有青霉素过敏史应停止该项试验；评估注射部位皮肤情况。

**2. 备齐用物**　注射盘（棉签、消毒液）、1ml 注射器、2～5ml 注射器、青霉素 G（80 万 U）、生理盐水、急救车（内备常用抢救药物及物品）、启瓶器。

**3. 青霉素皮试液的配制**（图 1-4-8）

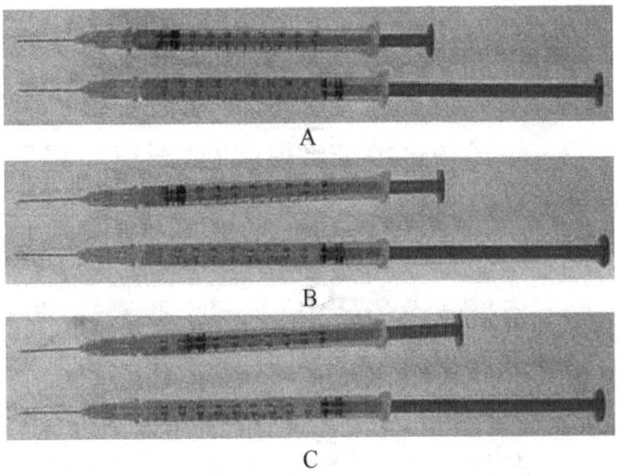

图 1-4-8　青霉素皮试液的配制

A. 青霉素 8 万 U/瓶+生理盐水 4ml＝20 万 U/ml，取 20 万 U/ml 液 0. 1ml+生理盐水至 1ml＝2 万 U/ml，混匀；B. 取 2 万 U/ml 液 0. 1ml+生理盐水至 1ml＝2000U/ml，混匀；C. 取 2000U/ml 液 0. 1ml+生理盐水至 1ml＝200U/ml，混匀。

**4. 试验方法**

（1）按皮内注射法在病人前臂掌侧下段处注入青霉素试验液 0. 1ml（含 20 单位）（图 1-4-9）。

（2）注射后 20min 观察结果。

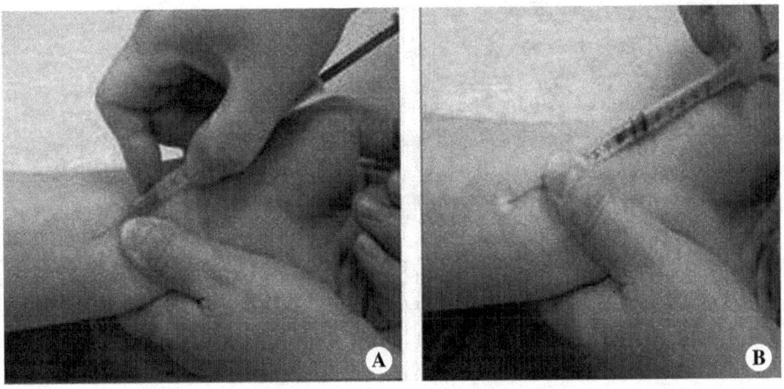

图 1-4-9　青霉素皮试液皮内注射

A. 5°角进针；B. 注入药液 0. 1ml

**5. 试验结果判断**(表 1-4-1)

**表 1-4-1　青霉素皮肤试验结果的判断**

| 结果 | 局部皮丘反应 | 全身症状 |
|---|---|---|
| 阴性 | 无改变,周围无红肿,无红晕 | 无自觉症状,无不适表现 |
| 阳性 | 皮丘隆起增大,出现红晕,直径大于 1cm,周围有伪足伴局部痒感 | 可有头晕、心慌、恶心,甚至发生过敏性休克 |

**6. 试验结果的记录**

(1) 阴性:“青霉素(-)”。

(2) 阳性:“青霉素(+)”(红色)。

阳性需将结果报告医生,停用青霉素;并在体温单、医嘱单、病历卡、床头卡、门诊卡、注射卡上醒目地标明“青霉素(+)”;将结果告知病人及家属,不可再使用。

**7. 注意事项**

(1) 严格执行查对制度(三查七对:操作前中后查对床号、姓名、药名、浓度、剂量、用法、时间)和无菌操作。

(2) 做药物过敏试验前询问“三史”,患者对所注射的药物过敏不可做皮试,应及时告知医生,更换药物。

(3) 做药物过敏试验禁用碘酊、碘伏,以免影响对局部皮肤反应的观察。

(4) 备好急救药品,0.1%肾上腺素,以防意外发生。

(5) 进针角度不宜过深(呈 5°角),以防刺入皮下,影响结果判断。

(6) 注入药物剂量准确,勿按压,揉挤皮丘。

(7) 药物过敏试验结果为阳性反应,告知患者或家属,不能再次用该药,并记录于病历中。

(四) 青霉素过敏性休克的处理

1. 立即停药,协助患者平卧,报告医生,就地抢救。
2. 立即皮下注射 0.1%盐酸肾上腺素 1ml,小儿剂量酌减。
3. 立即给予氧气吸入,改善缺氧症状。
4. 根据医嘱注射抗组胺类药物及扩容治疗。
5. 若发生呼吸心跳骤停,立即进行心肺复苏抢救。
6. 密切观察病情,及时记录生命体征、神志和尿量等病情变化。

## 四、单侧鼻导管吸氧法

氧是生命活动所必需的物质,如果组织得不到足够的氧或不能充分利用氧,组织的代谢、功能、甚至形态结构都有可能发生异常改变,导致缺氧。

(一) 概念

**氧气疗法**(oxygenic therapy)　指通过给氧,提高动脉氧分压($PaO_2$)和动脉血氧饱和度($SaO_2$),增加动脉血氧含量($CaO_2$),纠正各种原因造成的缺氧状态,促进组织的新陈代谢,维持机体生命活动的一种治疗方法。

（二）缺氧程度的分类

**1. 低张性缺氧**　其特点为动脉氧分压降低，使动脉血氧含量减少，组织供氧不足。常见于高山病、慢性阻塞性肺部疾病、先天性心脏病等。

**2. 血液性缺氧**　由于血红蛋白数量减少或性质改变，造成血氧含量降低或血红蛋白结合的氧不易释放所致。常见于贫血、一氧化碳中毒，高血红蛋白血症等。

**3. 循环性缺氧**　由于组织血流量减少使组织供氧量减少所致，常见于休克、心力衰竭、栓塞等。

**4. 组织性缺氧**　由于组织细胞利用氧异常所致。常见于氰化物中毒、大量放射线照射等。

（三）缺氧程度的判断（表 1-4-2）

**表 1-4-2　缺氧程度的判断**

| 程度 | 发绀 | 呼吸困难 | 神志 | 血气分析 | |
|---|---|---|---|---|---|
| | | | | 动脉氧分压（$PaO_2$）mmHg | 动脉氧饱和度（$SaO_2$）% |
| 轻度 | 不明显 | 不明显 | 清楚 | >50 | >80 |
| 中度 | 明显 | 明显 | 正常/烦躁不安 | 30~50 | 60~80 |
| 重度 | 显著 | 三凹征 | 昏迷/半昏迷 | <30 | <60 |

（四）装表方法

**1. 氧气筒及压力表装置**　将氧气筒置于氧气架上，打开总开关（逆时针转 1/4 周），使少量气体从气门处流出，遂即迅速关上（顺时针），达到吹尘、清洁气门的目的；然后将氧气表稍向后倾置于氧气筒气门上，用手初步旋紧，再用扳手拧紧，使氧气表直立于氧气筒旁；连接湿化瓶；确认流量开关呈关闭状态，打开总开关，再打开流量开关，检查氧气装置无漏气、流出通畅，关紧流量开关，推至床旁待用。

**2. 中心供氧装置**　将流量表安装在中心供氧管道氧气流出处，接上湿化瓶；打开流量开关，调节流量，检查指示浮标能达到既定流量（刻度），全套装置无漏气后备用（图 1-4-10）。

（五）操作流程

1. 核对床号、姓名，评估患者病情，向患者及家属解释吸氧的目的及配合要点。

**2. 准备洗手、戴口罩，用物**　小药杯（内盛冷开水）、纱布、弯盘、吸氧管、棉签、扳手、管道吸氧装置或氧气筒及压力表装置、用氧记录单、笔、标志。

3. 携用物至床旁，再次核对，用湿棉签清洁鼻腔，检查鼻腔是否通畅。

4. 安装管道吸氧装置或氧气筒及压力表装置，连接吸氧管。

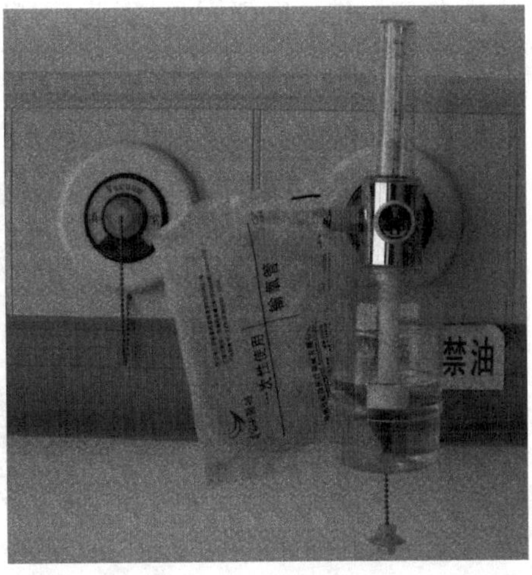


图 1-4-10　中心供氧装置

5. 根据病情调节氧流量，并将吸氧管前端放入小药杯内湿润，检查吸氧管是否通畅。

6. 将吸氧管插入鼻孔 1cm,动作应轻柔,以免引起黏膜损伤。

7. 固定吸氧管,松紧适宜。

8. 记录各样的时间、氧流量、患者的反应。

9. 告知患者及家属用氧注意事项,切实做好四防(防火、防震、防热、防油)。

10. 用氧期间观察患者缺氧症状、实验室指标、氧气装置无漏气并通畅、有无氧疗副作用。

11. 停止用氧应先取下吸氧管,防止操作不当,引起肺部组织损伤。

12. 安置患者,整理床单位。按要求进行用物处理。

## 五、吸 痰 法

呼吸是维持机体新陈代谢和生命活动所必需的基本生理过程之一,一旦呼吸停止,生命也将终结。所以在临床护理工作中保持患者呼吸道通畅至关重要。

(一) 概念

**吸痰法**(aspiration of sputum) 指经口、鼻腔、人工气道将呼吸道的分泌物吸出,以保持呼吸道通畅,预防吸入性肺炎、肺不张、窒息等并发症的一种方法。常用于年老体弱、危重、昏迷、麻醉未清醒前等各种原因引起的不能有效咳嗽、排痰者。

(二) 清除呼吸道分泌物的护理技术

**1. 有效咳嗽** 其措施有:①改变患者姿势,使分泌物流入大气道内便于咳出。②鼓励患者做缩唇呼吸,以引发咳嗽反射。③在病情许可情况下,增加患者活动量,有利于痰液的松动。④双手稳定地按压胸壁下侧,提供一个坚实的力量,有助于咳嗽。

**2. 叩击** 患者取坐位或侧卧位,操作者将手背隆起,手掌中空,手指弯曲,拇指紧靠示指,有节奏地从肺底部自下而上,由外向内轻轻叩打。边扣边鼓励患者咳嗽。

**3. 体位引流** 置患者于特殊体位,将肺与支气管所积存的分泌物,借助重力作用咳出体外。

**4. 机械吸痰法** 利用负压原理,连接导管吸出痰液。

(三) 吸痰法操作流程

**1. 备齐用物** 吸痰管、吸痰液(两瓶)、纱布、无菌手套、弯盘、电动吸引或中心吸引装置。必要时备压舌板、开口器、舌钳、电插板等(图 1-4-11)。

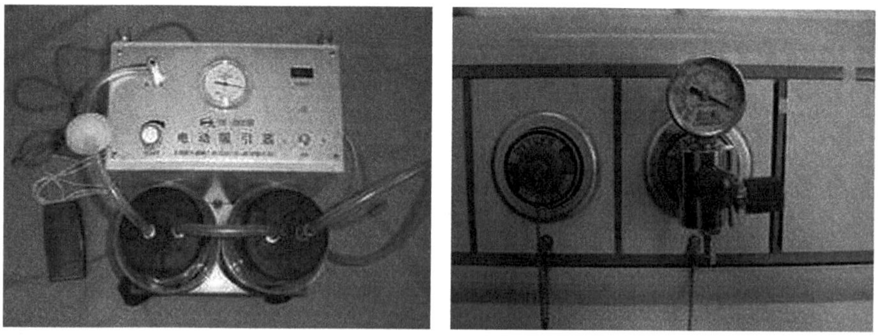

图 1-4-11 吸引装置

2. 携用物到床旁,核对床号、姓名,向患者或家属解释吸痰的目的、配合要点。

3. 接通电源,打开开关,检查吸引器性能,调节负压(成人 40.0~53.3kPa,儿童<40.0 kPa)。

4. 检查口、鼻腔，取下活动义齿，患者头偏向操作者。

5. 戴无菌手套，连接吸痰管，试吸少量生理盐水，检查吸痰管是否通畅，同时润滑导管前端。

6. 将吸痰管插入口咽部(10～15cm)，插管时不能有负压，以免损伤呼吸道黏膜，采取左右旋转并向上提拉手法，充分吸净分泌物，吸痰顺序为先气管切开处，再吸口鼻部。每次吸痰时间 $< 15s$。反复吸痰需间隔3～5min。

7. 吸痰管退出后，用生理盐水冲洗，一根吸痰管只能使用一次。

8. 动态评估患者的反应、吸出液的色、质、量及气道是否通畅。

9. 安置患者，整理床单位及用物处理。

10. 洗手，记录。

（四）在紧急状态下保持呼吸道通畅方法及护理

1. 用大号注射器(50～100ml)连接导管进行抽吸。

2. 由操作者托起患者下颌，使其头后仰并捏住患者鼻孔，口对口吸出呼吸道分泌物，解除呼吸道梗阻症状。

## 六、导　尿　术

正常排尿可将人体新陈代谢的最终产物、过剩盐类、有毒物质和药物排出体外，同时调节水、电解质及酸碱平衡，维持人体内环境的相对稳定。

（一）概念

**导尿术**(catheterization)　是指在严格无菌操作下，用导尿管经尿道插入膀胱引流尿液的方法。根据男女泌尿生殖系统解剖结构的不同(图1-4-12)，方法略有不同。

（二）操作方法

**1. 用物准备**

(1) 治疗车上层：一次性导尿包(包括初步消毒、再次消毒和导尿用物)，手消毒液。

(2) 治疗车下层：便盆及便盆巾。

(3) 其他：根据情况备屏风。

2. 携用物至床旁，核对床号、姓名，解释导尿的目的及配合要点。

3. 协助患者取仰卧屈膝位，两腿略外展，暴露外阴，垫橡胶单及治疗巾。

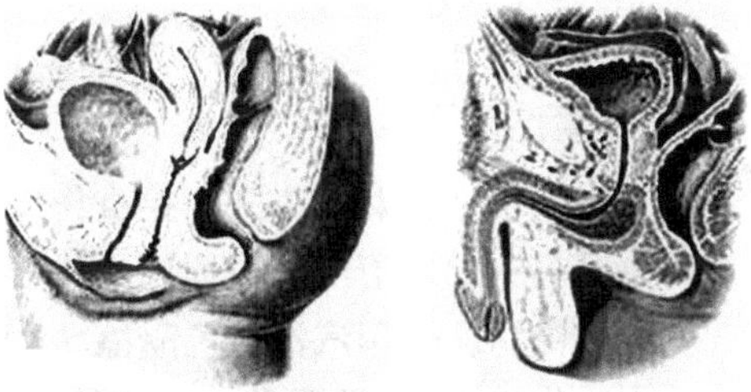

A　　B

图1-4-12　男女泌尿生殖系统结构

A. 女性；B. 男性

**4. 初步消毒**

(1) 女性患者：一手持镊子夹取消毒液棉球初步消毒阴阜、大阴唇，另一戴手套的手分开大阴唇，消毒小阴唇、尿道口，每个棉球限用一个部位，消毒顺序是由外向内，自上而下。

(2) 男性患者：一手持镊子夹取消毒液棉球初步消毒，依次为阴阜、阴茎、阴囊。另一戴手套的手取无菌纱布裹住阴茎将包皮向后推暴露尿道口，自尿道口向外向后旋转擦拭尿道口、龟头及冠状沟。每个棉球限用一个部位，消毒顺序是自阴茎根部向尿道口消毒。

5. 消毒完毕，脱下手套，将污手套、污棉球、纱布置弯盘内，弯盘、小方盘移至床尾。

6. 先用消毒液消毒双手后，将导尿包放于患者两腿之间，按无菌操作原则打开导尿包。

7. 戴无菌手套，铺孔巾，整理用物，检查润滑尿管前端。

**8. 再次消毒**

(1) 女性患者：一手分开固定小阴唇，一手持镊子夹取消毒液棉球，分别消毒尿道口，两侧小阴唇、尿道口，顺序为内-外-内，自上而下。每个棉球限用一次。

(2) 男性患者：一手用纱布包住阴茎将包皮向后推，暴露尿道口，另一手持镊子夹取消毒液棉球再次消毒尿道口、龟头、冠状沟。顺序为由内向外，每个棉球限用一次。

**9. 导尿**

(1)女性患者：将方盘置于孔巾旁，嘱患者张口呼吸，用镊子夹持尿管对准尿道口轻轻插入 4~6cm，见尿液流出再插入 1cm 左右，松开固定小阴唇的手下移固定导尿管，将尿液引入集尿袋或方盘内。

(2)男性患者：一手继续持无菌纱布固定阴茎并提起，使之与腹壁成 60°，将方盘置于孔巾口旁，嘱患者张口呼吸，用另一镊子夹持导尿管对准尿道口轻轻插入尿道 20~22cm，见尿液流出再插入 1~2cm，将尿液引入集尿袋或方盘内。

10. 若需做尿培养，用无菌标本瓶取中段尿 5ml，盖好瓶盖，放置合适处。

11. 导尿完毕，轻轻拔出导尿管，撤下孔巾、橡胶单、治疗巾、便盆及便盆巾放于治疗车的下层。协助患者穿好裤子，整理床单位及用物。

12. 消毒双手，记录导尿时间、导出尿量，患者的情况及反应。

## 第二节　外科护理学基本技能

### 一、清　创　术

（一）清洁创面

1. 根据伤情选择麻醉方式。检查伤口及周围组织情况，无菌纱布覆盖伤口。

2. 用肥皂水棉球清洗伤口周围皮肤上污物，剔除伤口周围毛发。

3. 若有油污应先用汽油或乙醚擦净，再用生理盐水洗净皮肤。

4. 去除伤口纱布，暴露伤口，检查创腔。

5. 用大量无菌等渗生理盐水、3%过氧化氢溶液及 0.05%碘伏反复冲洗伤口，将污染及碎屑冲净。

6. 有活动性出血者，血管钳夹住止血，擦干伤口周围皮肤，用无菌纱布覆盖伤口。

（二）清理伤口

1. 术者洗手，戴口罩、帽子，穿手术衣，戴无菌手套，消毒伤口周围皮肤，铺无菌巾。

2. 由浅入深地分层检查伤口深部，适当扩大伤口切开筋膜，切开的范围以充分暴露为度。

3. 取出创面内血块、异物、脱落的骨膜、小的游离骨片，切除坏死、半游离及受污染、无活力的软组织。

4. 整修皮缘，尽量少切除；神经肌腱缝黑线作标记；断离大血管去除外膜后吻合。

5. 再次冲洗创面，暴露血液循环较好的组织，并彻底止血。

6. 对颜面、手指、关节附近的组织,不宜切除过多,以免影响缝合和功能。

（三）充分引流、缝合伤口

1. 再次消毒伤口及周围皮肤,用无菌生理盐水反复冲洗伤口,进一步止血。
2. 按组织层次缝合,必要时摆放引流条。
3. 根据病情使用抗生素。

## 二、换药的护理

（一）换药方法

1. 按无菌操作原则戴口罩、帽子,七步洗手法洗净双手。
2. 按需准备用物,关闭门窗,调节室温。
3. 向患者解释换药的目的及配合要点。
4. 协助患者取舒适体位,充分暴露创面,便于操作。
5. 按压伤口周围组织,轻轻揭开胶布,用手揭去外层敷料,无菌持物镊除去内层,如最内层敷料与创面粘贴紧密时,另持镊夹取无菌生理盐水棉球湿润,沿伤口长轴方向慢慢夹取敷料,污面向上放入换药盘中。
6. 0.5%碘伏棉球自内向外消毒伤口、缝线和周围皮肤2次,缝线未拆除时,针眼周围发红,可能为缝线反应所致,拆线后即可修复。若切口继发感染,切口周围明显红肿时,应拆除该处缝线,敞开引流脓液。
7. 创面盖药物纱布条或凡士林纱布。
8. 盖无菌纱布,胶布粘贴固定。

（二）注意事项

1. 严格无菌操作,保证换药用物一人一用一换。
2. 换药物品摆放有序、合理。
3. 取用换药物品有计划,换药所剩敷料不得放回敷料罐。
4. 污物按医疗垃圾和生活垃圾分类放置。
5. 创面只能轻沾不能擦拭,消毒棉球不能过湿。
6. 如1天内有多个换药,应按无菌→污染→感染创面的顺序进行。

## 三、包扎固定

（一）常用包扎材料

常用包扎材料有胶布、绷带、弹力网、四头带、腹带和胸带等。固定材料有:钢丝、夹板、石膏托及记忆合金或塑料等。

（二）包扎固定方法

**1. 胶布包扎法**　胶布是最常用的材料。四肢及手指包扎固定时,不应用胶布环绕肢体并相互连接,以免形成环形卡压,影响血液循环;关节部位应顺与肢体长轴垂直的方向粘贴;手指及阴茎粘贴胶布时应呈螺旋状缠绕。

**2. 绷带包扎固定法**　绷带包扎可加强敷料的固定,起到加压、止血的作用。胸部、背部、手背及踝部用“8”字形包扎;小腿和前臂采用螺旋状缠绕包扎固定;手指和足趾末端用三角形纱布包裹暴露指(趾)端,以便观察血运。

**3. 弹力网包扎固定法** 用不同型号、不同部位的弹力网包扎固定。

**4. 四头带包扎固定法** 包扎时将四头带中间部分置于伤口敷料处，适当加压系紧即可。多用于头面部的包扎固定。

**5. 腹带和胸带的包扎固定法** 使用设计好的腹带和胸带进行相应的包扎固定。常用于腰腹部吸脂术后的包扎固定。

（三）注意事项与技巧

**1. 包扎范围应大于整个创面** 一般伤口包扎敷料边缘应在创口边缘周围5～8cm；若有剥离的创面，包扎范围应大于剥离范围。

2. 包扎敷料要有一定的厚度与弹性，并施以均匀压力。

**3. 包扎固定应有良好的制动作用** 如耳再造、鼻再造，需依靠包扎固定来保持器官的位置和形态；隆乳术后则用弹力绷带包扎固定，防止假体移位。

**4. 正确掌握包扎时机** 如植皮术、耳畸形矫正术等，在包扎完整的情况下，若患者无特殊不适，无需更换敷料；如包扎敷料有渗血、渗液，局部有疼痛及切口附近可闻及异味时应及时打开作处理。

### 四、拆　　线

1. 先用0.05%碘伏或75%乙醇溶液消毒伤口。

2. 若伤口表面结痂使线头粘贴于皮肤上，应用无菌生理盐水棉球浸湿后再用镊子夹住线头，轻轻牵起，以剪刀的一叶尖端伸入缝线之下，稍下压皮肤，在靠近皮面处剪断缝线。

3. 抽出缝线时将线头向剪断侧牵出，防止伤口拉裂。

4. 正确把握拆线时机：头、面、颈部术后5～7d拆线，四肢12～14d拆线，胸背部9～12d拆线，腹部7～9d拆线。

## 第三节　美容外科护理学基本技能

### 一、手术室洗手

（一）医务人员准备

1. 修剪指甲，不带饰物及手表。
2. 卷袖过肘。
3. 穿专用洗手衣、裤及鞋。
4. 戴专用帽子、口罩。
5. 仪表大方，举止端庄。
6. 手或臂部皮肤无破损及化脓性感染。

（二）环境准备

1. 清洁、宽敞、明亮。
2. 物品放置合理，取用方便。

（三）物品准备

1. 洗手池设备。

2. 消毒剂或消毒液、盛放消毒液的容器。
3. 无菌小毛巾、盛污染小毛巾的容器。
4. 消毒液纱布、盛污染纱布的容器。
5. 装有75%乙醇的浸泡容器。

（四）刷手及消毒

**1. 肥皂水刷手法**

（1）用普通洗手法洗净双手及前臂。

（2）消毒毛刷蘸取消毒肥皂液分区刷洗双手及前臂（指尖至肘上10cm）。方法：每侧手臂分成指尖到手腕、手腕到肘节、肘上臂3个区域一次刷洗，左右交替。刷完一遍，指尖朝上肘朝下冲净，换毛刷同法刷第二遍。共约10min。

（3）每侧一块无菌毛巾擦干双手及前臂（指尖到肘部）。

（4）将双手及前臂浸泡在75%乙醇里5min（肘上6cm）。

（5）拱手姿势待干。

**2. 碘伏刷手法**

（1）传统肥皂水刷手法刷洗双手及前臂（至肘上10cm），约3min。

（2）清水冲净，无菌小毛巾擦干。

（3）0.5%碘伏纱布涂擦消毒（指尖至肘上6cm）约3min。换碘伏纱布同法再擦一遍。

（4）拱手姿势待干。

**3. 灭菌王刷手法**

（1）用普通洗手法洗净双手及前臂（至肘上10cm），清水冲净。

（2）毛刷蘸灭菌王3~5ml刷手（至肘上10cm）3min，流水冲净无菌纱布擦干。

（3）用灭菌王涂擦消毒（指尖至肘上6cm）。

（4）自然待干。

（五）评价

1. 刷手、消毒完毕，手未下垂，没有接触未消毒物品。
2. 卫生学检查达标。

## 二、生命体征测量

（一）护士素质要求

1. 服装、鞋帽整洁。
2. 仪表大方，举止端庄。
3. 微笑服务，语言柔和恰当，态度和蔼可亲。

（二）四准备

**1. 核对** 确认患者，向患者解释测量的目的，评估患者病情、测量部位及合作程度。

**2. 物品** 体温计、血压计、听诊器、纱布、记录纸、笔。

**3. 环境** 整洁、安全、安静。

**4. 患者** 理解目的，愿意配合，体位舒适、情绪平稳，测量前20~30min无剧烈运动。

（三）测体温（图1-4-13）

**1. 口温** 将口表水银端放舌下，紧闭口唇，用鼻呼吸，测量3min，取出检视，读数。

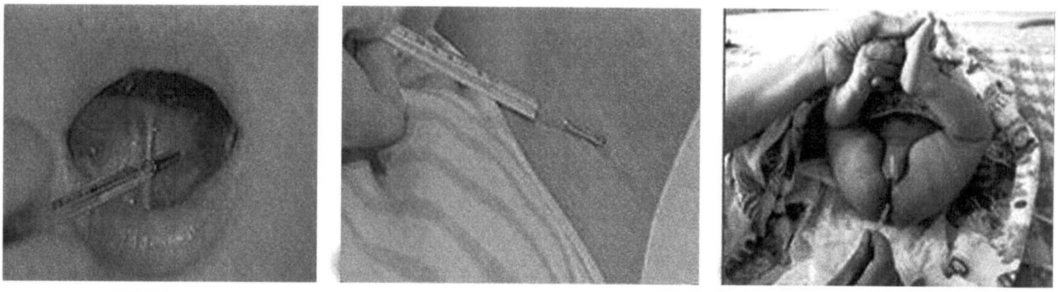

口温测量　　腋温测量　　肛温测量

图 1-4-13　体温测量

**2. 腋温**　擦干汗液，将腋表水银端放于腋窝深处，屈臂过胸，夹紧，测量 10min，取出检视，读数。

**3. 肛温**　露臀，润滑肛表，插入肛门 3～4cm，测量 3min，取出，拭净肛门，擦拭肛表，读数。

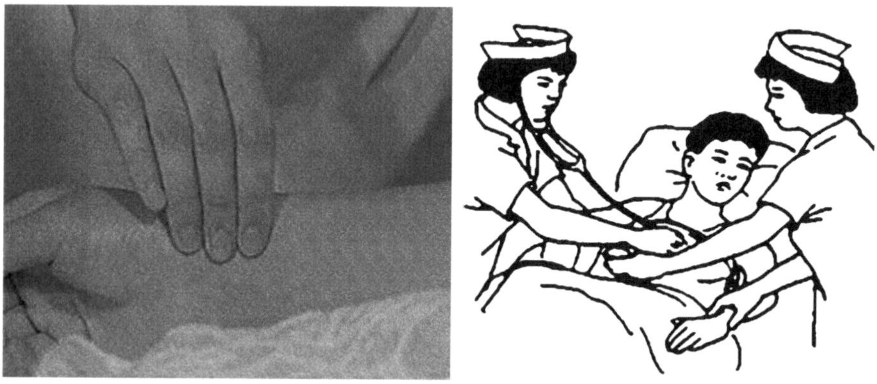

图 1-4-14　测脉搏

（四）测脉搏（图 1-4-14）

1. 患者手腕伸直，护士示指、中指、环指指端按压桡动脉处，记数 30s，乘以 2。

2. 脉搏短绌应由两名护士同时测量，一人听心率，另一人测脉搏，由听心率者发出“开始”和“停止”的口令，计时 1min。

（五）测呼吸

1. 将测量脉搏的收仍放于桡动脉处似诊脉状，眼观胸部或腹部起伏（一起一伏为 1 次呼吸），记数 30s，乘以 2（异常呼吸测量 1min）。

2. 危重患者呼吸微弱时，可用棉絮置于患者鼻孔前观察，计时 1min。

（六）测血压（图 1-4-15）

1. 将患者手臂（肱动脉）与心脏放于同一水平（卧位平腋中线，坐位平第四肋）。

2. 打开血压计，开启水银槽开关，驱尽袖带内空气。

3. 卷袖露臂，肘部伸直，手掌向上，将袖带平整地缠绕于上臂中部，距肘窝 2～3cm，松紧以插入一指为宜。

4. 戴好听诊器，触摸肱动脉，将胸件置于肱动脉搏动最明显处，一手稍加固定。

5. 注气至肱动脉搏动消失再升高20~30mmHg，缓慢放气（4mmHg/s为宜），听肱动脉搏动声音变化的同时观察水银柱所指刻度（读数）。

6. 取下听诊器及袖带，排尽袖带余气，关闭气门，关闭水银槽开关（向右倾斜45°），整理，关盒。

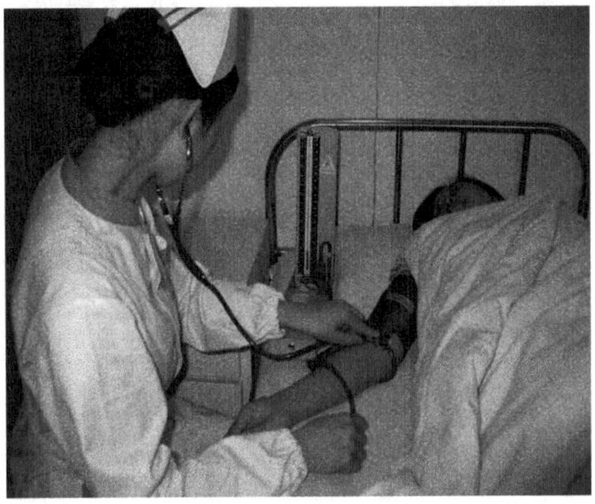

图1-4-15　测血压

（七）记录并并绘制

**1. 体温**（T）××℃　蓝色●，腋温蓝×，肛温蓝○

**2. 脉搏**（P）××次/min　心率/脉搏/min　红色●

**3. 呼吸**（R）××次/min　阿拉伯数字书写

**4. 血压**（BP）　收缩压/舒张压 mmHg

**5. 患者主诉**（便于随时了解病情）

## 三、口腔护理

（一）护士素质要求

1. 服装鞋帽整齐。

2. 仪表大方，举止端庄。

3. 微笑服务、态度和蔼、语言得体。

（二）四准备

**1. 核对**　核对床号、姓名，评估并解释，洗手，戴口罩。

**2. 物品**　治疗碗两个（一个内盛棉球若干，另一个盛漱口液）、弯盘、弯血管钳、棉签、手电筒、压舌板、吸管、治疗巾、液状石蜡油，必要时被开口器、舌钳、吸痰器。

**3. 环境**　清洁、安全、安静、整齐。

**4. 患者**　理解目的，愿意配合，建立安全感。

（三）观察口腔

1. 协助患者取侧卧或仰卧位，头偏向一侧，面向护士，颌下铺治疗巾，弯盘置于口角边。

2. 湿润口唇，检查口腔，清水漱口，护士一手持手电筒，另一手持压舌板观察口腔有无出血、溃疡等。

3. 如有活动性义齿应取下，用冷开水冲刷干净。

（四）擦洗口腔

**1. 外侧面**　嘱患者咬合上下齿，用压舌板轻轻撑开左侧颊部，以弯血管钳夹取棉球擦洗牙齿外侧面纵向擦洗（上牙向下擦，下牙向上擦），由臼齿擦向门齿。同法擦洗右侧牙齿外侧面。

**2. 内侧面、咬合面及颊部**　嘱患者张开上下齿，擦洗牙齿左上内侧面、左上咬合面、左下内侧面、左下咬合面，以弧形擦洗左侧颊部。以同法擦洗右侧。

**3. 硬腭部** 横向擦洗硬腭部，勿触咽部，以免引起恶心。

**4. 舌面、舌下** 纵向擦洗舌面及舌下等口腔黏膜。

5. 擦洗完毕，帮助患者用吸水管吸漱口水漱口，将漱口水吐入弯盘内，用纱布擦净嘴唇。

6. 口腔黏膜有溃疡者，可涂1%甲紫或冰硼散，取下治疗巾。口唇干燥者涂液状石蜡油。

7. 拆下用物，协助患者取舒适体位。

（五）整理床单位及用物处理，评价效果并记录

## 四、静脉留置针输液法

（一）护士素质要求

1. 服装鞋帽整齐。

2. 仪表大方，举止端庄。

3. 微笑服务、态度和蔼、语言得体。

（二）四准备

**1. 核对** 核对确认患者，评估并解释，洗手，戴口罩。

**2. 物品**

（1）治疗盘内：按医嘱准备的药液、注射器、输液器、无菌纱布、止血带、棉签、胶布、砂轮、瓶套、开瓶器、静脉留置针。

（2）治疗盘外：输液卡、小垫枕、弯盘、喷手壶。

**3. 环境** 整洁、安静、安全。

**4. 患者** 理解目的，愿意合作，体位舒适，排尿。

（三）选静脉

1. 撕留置针、肝素帽、敷贴包装备用。

2. 选择静脉，肢体下垫小枕，再穿刺点上方10～15cm出扎止血带，皮肤消毒（0.5%碘伏以穿刺点为中心由内向外螺旋式消毒2次），范围为8cm×10cm。

（四）静脉穿刺

1. 再次核对床号、姓名。

2. 嘱患者握拳，绷紧皮肤，以15～30°角进针，见回血后固定针栓，顺血管送软管至静脉，松止血带，松拳，用中指、无名指按压留置针上方（防回血），示指固定针栓，右手抽出针芯后立即接肝素帽，用敷贴固定留置针。

3. 再次核对，连接输液管头皮针，正确调节滴速，敷贴上注明留置时间。

（五）观察留置针通畅情况，周围皮肤情况及患者主诉

（六）若停止输液、针堵塞、留置时间到期、药液外渗时，应拔出留置针

（七）整理床单位及用物，洗手，记录

（吴　彤）

# 第 5 章

# 美容外科手术麻醉及护理

学习目标

1. 掌握美容外科手术常用的麻醉方法,麻醉前的估计和准备,选择的原则。
2. 熟悉美容外科手术麻醉的特点,美容外科手术麻醉的并发症及处理。
3. 了解椎管内麻醉的操作过程。

案例

患者,女,25岁,右侧面部黑痣十余年,未变大,无明显疼痛、出血等,为求美观就诊。既往病史无特殊。体格检查显示:右侧面部见一黑痣,大小约1.0cm×1.5cm,边界清楚,压之不褪色,突出于皮肤,无水泡,无渗出,无破溃,心肺腹未见确切阳性体征。诊断为右侧面部色素痣。

如为该患者行右侧面部色素痣切除术,应该选择什么方式麻醉?可以选择局部麻醉吗?如注射局麻药物后患者出现荨麻疹、急性呼吸困难,是何种并发症,如何处理?

麻醉是实施外科手术必要的前提,美容手术也需在良好的麻醉下才能完成。求美者在美容术前常常对手术麻醉以及手术疼痛存有疑虑甚至恐惧,这就要求美容外科医生和麻醉医生向求美者进行解释和沟通,为其制定安全有效的个性化麻醉方案。由于大部分美容手术仅需局麻,麻醉是由术者来实施的,这就要求美容外科医生对局部麻醉技术熟练掌握;此外,美容外科医生也需熟悉和了解椎管内麻醉、全身麻醉等方法,才能更好地配合麻醉医师完成较大的美容手术。安全、完善是美容手术麻醉应遵循的原则。

## 第一节 美容手术麻醉的特点

美容外科手术麻醉和其他外科手术麻醉有一定的共同之处,但也有自己的一些专业特点。

(一) 年龄特点

受术者年龄分布范围广,从小儿到老人均有可能接受美容手术。其中以中青年居多数。大多数身体条件良好,没有严重的器质病变,对麻药的耐受性较好。

(二) 性别特点

美容手术者男女均有,但以女性居多。女性对疼痛的耐受性较高,常规的面部美容手术在局麻下就可以完成，但女性对麻醉和手术的恐惧与忧虑也较多。强化麻醉后实施局部麻醉更能达到“无痛”的效果，更能为求美者所接受。

（三）体质特点

求美者以体质健康人群为主，对麻醉药物的耐受性较好，在一般安全剂量范围内异常反应较少。但对于老人和小儿局麻药的剂量应严格控制。

（四）心理特点

受术者术前均有不同程度的焦虑，其强度因受术者的年龄不同、文化背景不同、社会背景不同、宗教信仰不同而不同。术前美容外科医生和麻醉医生应尽可能详细地告知受术者有关麻醉、围手术期治疗及疼痛处理的事项，增加对麻醉和手术的信心，减轻焦虑，缓解紧张情绪。此外，要求接受美容整形的求美者本身就有一定的心理偏差和复杂性，对于有明显心理障碍者应提前予以心理治疗。

（五）手术特点

美容外科手术范围涉及范围较广，但多以体表为主，深部手术较少，要求麻醉有完善的镇痛效果，但对肌肉松弛效果要求较低。门诊日间手术一般都采用清醒镇痛麻醉或局部麻醉完成。

（六）局部麻醉可以完成大多数美容外科手术

大部分美容手术都可采用局部麻醉完成，由手术医师完成，这就要求美容外科医生需熟悉各种局麻药的特性、剂量及副作用等；熟练掌握神经阻滞麻醉相关解剖知识，这样才能“打得准、快、稳”，起到良好的麻醉效果。

## 第二节　麻醉前的估计和准备

尽管大多数整形美容受术者的身体健康，而且以中青年居多，他们常无器质性、系统的严重疾患。但正规、系统的麻醉前的评估和准备是降低麻醉风险，安全成功实施手术的前提和必要的保证。

### 一、麻醉前访视

麻醉前对美容受术者的访视是实施麻醉前的一个重要环节。通过询问病史、系统的体格检查、分析各项化验资料和相关检查，对麻醉的风险做出评估，对麻醉方式做出选择。同时通过访视和受术者进行沟通与交流，消除受术者对麻醉的疑虑。

（一）收集相关病历的信息

包括阅读病历资料，辅助检查结果数据，对各个主要器官脏器功能，如肝肾功能、心肺功能等有清楚的了解。

（二）询问病史

了解受术者以往的身体状况；对运动及体力劳动的胜任情况；有无出血倾向；有无烟、酒嗜好；有无药物依赖或成瘾；有无糖尿病病史；有无手术史和麻醉史。尤其是要询问有无药物过敏史。

（三）体格检查

除了常规的体检程序步骤外，应重点检查以下部位：口、鼻、咽喉、牙齿、扁桃体。有无义齿；脖子是否短粗，气管是否异位；胸廓有无畸形，呼吸动度是否正常；心音是否正常；四肢静脉情况，有无穿刺困难。

（四）辅助检查

常规辅助检查应包括血常规、出血时间、凝血时间；较大手术还应做胸部X线透视、心电图、肝肾功能、血电解质、HbsAg、HIV、HCV等检查。

（五）沟通与交流

麻醉师在访视时应告知受术者手术所采用的麻醉方式、基本过程，以消除受术者对麻醉的焦虑与恐惧，赢得受术者的信任与配合。同时，耐心听取受术者对麻醉的需求与意见，共同制定一套人性化、个体化的麻醉方案。

（六）签署麻醉同意书

签署麻醉同意书的意义和签署手术同意书的意义是同等重要的。

## 二、麻醉危险性评估

美国麻醉医师协会（ASA）将病情分为5级。

Ⅰ级：体格健康，发育营养良好，各器官功能正常。

Ⅱ级：除有轻度或中度疾病外，无功能障碍，如轻度糖尿病、贫血、<6岁小儿或>80岁老人。

Ⅲ级：有较严重的并存病，体力活动受限，但尚能应付日常生活。

Ⅳ级：并存严重疾病，丧失工作能力，经常面对生命危险。

Ⅴ级：无论手术与否，生命难以维持24h的濒死者。

美容受术者多为Ⅰ~Ⅱ级者，也有对麻醉有一定风险的Ⅲ级者。对于后者，如求美者要求实施较小的美容手术是可以的，但术前应做全身调理，待各项指标基本正常方能手术。对手术麻醉评估风险较大者应劝说其放弃手术。

## 三、麻醉前准备

麻醉前准备（主要是指全身麻醉或椎管内麻醉）是手术前准备的总结与细节的补充。包括：

1. 常规准备成人术前禁食12h，禁饮4h；小儿禁食4~8h，禁饮3h。
2. 称体重。
3. 去除义齿及其他饰物。
4. 排大小便。
5. 较大手术前需留置尿管。

此外，需再次核实受术者Hb>8g/L，出凝血时间正常，心电图基本正常，患有糖尿病者血糖需<8.3~11.0mmol/L，尿糖（-）~（++），尿酮（-），高血压者用药后血压应降至140/90mmHg，术前1周内禁烟是有必要的。对于手术大可能失血较多的手术应备血。

## 四、麻醉前用药

麻醉前用药的目的是减少和缓解受术者的紧张和焦虑，减少麻醉药物的不良反应，抑制呼吸道腺体分泌，提高对疼痛和麻醉的耐受力，消除不良神经反射。常用术前用药包括以下几种。

（一）催眠镇静药

具有镇静、催眠和抗惊厥作用，以及对抗和预防局麻药的毒性作用。常用药物苯巴比妥（鲁米那），在手术前一晚睡前口服 30~60mg 或 0.1~0.2g 术前 1h 肌内注射。

（二）安定镇静药

具有镇静、催眠、抗焦虑和抗惊厥作用，用后以利于顺利诱导和进入麻醉状态，对抗局麻药的毒性作用。常用药物为地西泮（安定），在手术前一晚睡前口服 2.5~5mg。

（三）抗胆碱药

M 型胆碱能受体阻断剂，能减少口腔、气道分泌物及呕吐反应。常用药物为阿托品，成人剂量为 0.5mg，术前 30min 肌内注射。

（四）镇痛药

具有镇痛、镇静与协同全麻药的作用，可以提高痛阈，减少麻醉药用量。常用药物有：吗啡，成人剂量为 5~10mg，术前 30min 肌内注射。哌替啶，成人剂量为 25~100mg，术前 30min 肌内注射。

## 第三节　麻醉的方法和选择

美容手术麻醉常用的方法有局部麻醉、肿胀麻醉、强化麻醉、椎管内麻醉、全身麻醉以及复合麻醉。

### 一、常用麻醉方法介绍

（一）局部麻醉

局部麻醉是在保持意识、神志清楚的情况下，将局麻药注射于手术部位，产生麻醉作用，达到局部痛觉消失的效果，从而完成手术。其特点是：受术者神志清楚能与手术医生配合，不产生组织损害，并发症少，是美容手术最常用的麻醉方法。实施局部麻醉时应熟悉局部解剖和局麻药的药理作用，使用规范的操作技术。局部麻醉药常常和肾上腺素配合使用。局部麻醉药里加入肾上腺素后可以使局部的血管收缩，使局麻药吸收缓慢，延长麻醉作用时间，减少局麻药的用量，减少局麻药物全身中毒危险，通常按 1/20 万的比例配置。局部浸润麻醉时推注加有肾上腺素的局麻药可以减少切口的出血，有利于美容外科的精细解剖操作。需要注意的是：由于肾上腺素浸润和起效需一段时间，一般不要在注射完局麻药后马上下刀手术，需等待 7min 左右后再行手术止血效果最佳。

（二）表面麻醉

表面麻醉，又称表面浸润麻醉，是指利用穿透性强的局部麻醉剂与黏膜或皮肤直接接触产生局部麻醉作用，常用的表面麻醉药有：0.5%~1% 丁卡因，2%~4% 利多卡因。近年来，随着新型运载系统的发展，表面麻醉药的麻醉效果较前有了更广泛的使用。目前的产品使用更方便，效果更好。常用的表面麻醉方法有：滴入法、涂抹法、棉条贴敷法、填充法和喷雾法等。

（三）局部浸润麻醉

局部浸润麻醉是将麻醉药注入局部组织内，以麻醉神经末梢，使局部神经末梢失去传导痛觉的功能,从而产生局部麻醉效果。局部浸润麻醉是美容手术中最常用的麻醉方法。常用的方法有以下几种。

**1. 点式浸润麻醉**　做皮肤 1.0cm 以内的微小良性病灶切除,从病灶旁进针,直接到达病灶中央下方真皮下层,缓慢推药,使皮丘形成。范围应稍超过病灶边缘,拔针后轻轻按摩局部,使药液扩散后产生麻醉效果。

**2. 线形浸润麻醉**　做皮丘后沿切口线进针,均匀推注麻药形成线形皮肤隆起。推注完后轻轻按摩皮肤。线形浸润也可直接进针到真皮下切口线的顶端,边推麻药边退针。

**3. 深部浸润麻醉**　在皮下浸润麻醉的基础上,切开皮肤后边做浸润麻醉边切开深部组织。

**4. 肿胀麻醉**　1987 年由 Klein 发明并应用肿胀麻醉于吸脂术。肿胀麻醉技术是将超低浓度、大剂量、大容积的局麻药(利多卡因)注入皮下组织中,使组织水肿、发硬,便于脂肪抽吸、脂肪移植等手术的操作。肿胀麻醉技术是美容外科较为特殊的麻醉方式。

(四) 区域阻滞

区域阻滞是局部区域阻滞麻醉的简称,是美容手术常用的麻醉方法之一。其原理是注射局麻药包围手术区域,在其四周和底部注射局麻药,阻滞进入手术区的神经纤维,从而达到麻醉的作用。具体来说有以下几种操作方法。

**1. 环形浸润**　操作时先采用局部浸润麻醉的方法形成多个条形皮丘,然后将条形皮丘包围所需麻醉区域,可形成三角形、四边形或圆形的麻醉区域。

**2. 间接式浸润**　操作时先做皮下环形浸润,然后在已做好的条形皮丘上进针,向深部注射麻药,形成完整的麻醉阻隔。

**3. 神经阻滞麻醉**　神经阻滞麻醉是将局麻药注射在神经干、神经丛、神经节的周围,阻滞神经冲动传导,使相应神经所支配的区域产生麻醉作用。其麻醉区域比局部浸润麻醉大,麻醉效果较好。操作者在实施神经阻滞麻醉前,应熟悉神经的局部解剖、体表标志点以及神经的支配区域。

## 二、美容手术常用的神经阻滞麻醉方法介绍

(一) 眶上神经和滑车神经阻滞

**1. 解剖标志**　眶上神经从眶上切迹(或眶上孔)穿出支配前额部的感觉,眶上切迹(或眶上孔)位于眶缘中内 1/3 交界处。滑车上神经在眼眶上鼻角处出眶,协同支配前额部感觉。

**2. 操作方法**　于眶缘的中内 1/3 处扪及眶上切迹,垂直进针至额骨表面,有异感或感觉进入眶上孔时,回抽无血后推注局麻药 1~1.5ml 阻滞眶上神经,随后退针至皮下,转向内侧至眶上鼻角处,同样回抽无血后推注局麻药 1ml 阻滞滑车上神经。

**3. 麻醉范围及适用手术**　单侧阻滞可麻醉单侧前额部,双侧可麻醉大部分额部。适用于额部包块切除、疤痕切除改形、额部皮瓣转移等手术。

(二) 眶下神经阻滞

**1. 解剖标志**　眶下神经经眶下管由眶下孔出眶,眶下神经孔位于眶下缘中点下 0.6~0.8cm 处。

**2. 操作方法**　左手置于眶下缘中点,右手持注射器于鼻翼缘外侧 0.5~1cm 处进针,刺

向眶下孔，感觉进入眶下孔，回抽无血后推注局麻药 1ml。

**3. 麻醉范围及适用手术** 单侧眶下神经阻滞后可使一侧上唇和鼻部产生麻醉作用。双侧眶下神经阻滞可以满足唇裂修补手术及其他唇颊部美容手术的麻醉需要。

（三）鼻旁神经和滑车下神经阻滞

**1. 解剖标志** 鼻旁神经在鼻骨下缘近中线的凹陷部与鼻上软骨交界处穿出至皮下层。滑车下神经在内眦偏上的眶缘处出眼眶至皮下层。

**2. 操作方法** 扪及鼻骨下缘凹陷处，在鼻侧面鼻翼上方进针，针在皮下上行至鼻旁神经穿出点，回抽无血后推注麻药 0.5ml 阻滞鼻旁神经，稍退针后继续上行至内眦部偏上的眶缘处，回抽无血后推注麻药 0.5ml，阻滞滑车下神经。

**3. 麻醉范围及适应手术** 麻醉鼻旁神经和滑车下神经可以麻醉鼻背部，满足鼻背手术的需求。

（四）耳颞神经阻滞

**1. 解剖标志** 在耳轮上脚旁，触及到颞浅动脉搏动。耳颞神经由腮腺上缘发出，在颞浅筋膜下层与颞浅动脉伴行。

**2. 操作方法** 扪及到颞浅动脉后进针，于颞浅筋膜层下，回抽无血后推注麻药 1ml。

**3. 麻醉范围及适用手术** 可阻滞颞区、部分外耳组织感觉。与耳部环形阻滞麻醉配合可完成对整个外耳的麻醉。常用于耳部美容手术，如：杯状耳畸形矫正。

（五）颏神经阻滞

**1. 解剖标志** 颏神经由下颌骨的颏孔穿出，支配下唇的感觉。颏孔位于下颌第 1、2 前磨牙牙槽突缘与下颌骨下缘间中点。

**2. 操作方法** 经口内，于下颌第 1、2 前磨牙与下颌下缘中间点进针，刺入颏孔，回抽无血后推注麻药 1ml。

**3. 麻醉范围及适应手术** 双侧颏神经阻滞可以麻醉颏部及下唇，常用于下唇美容手术及隆颏术。

（六）肋间神经阻滞

**1. 解剖标志** 肋间神经发自于胸段脊神经的后支与前支，于椎间孔离开进入相应肋骨下的沟内，与肋间动脉和肋间静脉相伴行。支配背侧中线至腹侧中线对应区的感觉。穿刺标志点是腋中线与各肋骨下缘的交点。

**2. 操作方法** 受术者仰卧或侧卧。双手抱头，以腋中线与各肋骨下缘交点作为穿刺点，用 22～25 号穿刺针垂直进针至肋骨下缘的骨面，并逐步向下移动，直至滑过肋骨下缘。穿刺针在肋骨下方推进 0.3～0.5cm，回抽无血或气体后，推注麻药 3～5ml。

**3. 麻醉范围及适应手术** 肋间神经支配背侧中线至腹侧中线相应肋间神经对应区的感觉。隆乳术时可做第 3～6 肋间神经阻滞。操作时应防止气胸的发生，防止局麻药的过量。

（七）颈丛神经阻滞

**1. 解剖标志** 颈神经丛由 C1～C4 脊神经组成，分为颈浅丛、颈深丛，支配颈部肌肉组织和皮肤。深丛在斜角肌间与臂丛神经处于同一水平，并同为椎前筋膜所覆盖。浅丛沿胸锁乳突肌后缘从筋膜下浅出至表面，分出多个分支支配皮肤和浅表组织。

**2. 操作方法**　颈深丛阻滞仰卧位，头偏向对侧。由乳突尖至C6横突做连线，于胸锁乳突肌与颈外静脉交叉点处用手摸到C4横突，在此点进针，深度约3cm，触及横突骨质，回抽无血及脑脊液后缓慢推注麻药10ml。颈浅丛阻滞体位同上，穿刺点位于胸锁乳突肌后缘中点，注射1%利多卡因6~8ml。

**3. 麻醉范围及适应手术**　麻醉范围为颈部皮肤软组织及甲状腺，适应颈部手术，如甲状腺手术和颈部疤痕整形等手术。

（八）臂丛神经阻滞

**1. 解剖标志**　臂丛神经主要由C5~C8，和T1脊神经的前支组成，支配上肢的感觉和运动。臂丛神经阻滞可在肌间沟、锁骨上和腋窝三处进行。

**2. 操作方法**

（1）肌间沟入路：仰卧位，嘱抬头并偏向对侧，显露胸锁乳突肌肉的锁骨头，于其后缘可扪及前斜角肌。前斜角肌肉与中斜角肌之间的凹陷即位肌间沟。自环状软骨做一水平线与肌间沟的交点即为穿刺点。垂直进针，当有突破感或有异感时，回抽无血或脑脊液后推注麻药25~30ml。

（2）锁骨上入路：仰卧位，患侧肩下垫枕，于锁骨中点上1cm处进针，寻找异感，当有放射到手指、腕、前臂的异感时停针，回抽无血及空气后推注麻药。

（3）腋窝入路：仰卧位，患肢外展90°，前臂再向上屈曲90°。在胸大肌下缘与臂内侧相接处摸到腋动脉搏动，并向腋窝顶部摸到搏动的最高点。用左手食指和中指固定皮肤和动脉，右手持穿刺针紧贴腋动脉垂直刺入，当进入腋鞘时会有突破感。此时，停止穿刺，松开右手，当针头随动脉搏动而跳动时，表示针尖在腋鞘内。接上注射器回抽无血后缓慢推注麻药25~30ml。

**3. 麻醉范围和适应手术**　臂丛神经阻滞麻醉范围为肩、上肢、手。常用于上肢手术麻醉。由于入路不同，麻醉范围也有一定的差异。肌间沟入路可用于肩部手术，腋窝入路对前臂和手的麻醉效果较好。

## 三、椎管内麻醉

椎管内麻醉是通过穿刺针选择性穿透进入不同的椎管内腔隙，注入麻药，使涉及的神经根受到阻滞或暂时麻痹，从而使所支配的区域组织、器官产生麻醉作用。椎管内有两个可用于麻醉的间隙，即蛛网膜下隙和硬脊膜外间隙。蛛网膜下隙阻滞、硬脊膜外间隙阻滞和骶管阻滞统称为“椎管内麻醉”。可以单次给药实施，也可以经导管给药。

（一）脊柱的基本解剖

脊柱是由33块脊椎骨头组成的，其中：颈椎7块、胸椎12块、腰椎5、骶椎5块、尾椎1块。正常脊柱存在有4个生理弯曲，即颈曲、胸曲、腰曲和骶曲。脊柱之间由外向内由3层韧带相连接，依次为棘上韧带、棘间韧带、黄韧带。椎管内有2层间隙，分别是：蛛网膜下腔和硬膜外腔。脊髓在椎管内由硬脊膜包裹，脊神经根共有31对，即8对颈神经、12对胸神经、5对腰神经、5对骶神经和1对尾神经。

（二）作用机制

椎管内阻滞的主要部位是脊神经根。将局麻药注射到脑脊液（蛛网膜下隙麻醉）或硬脊膜外间隙（硬脊膜外间隙麻醉或骶管麻醉）中，分别麻醉蛛网膜下间隙或硬脊膜外间隙的脊神经根。

（三）蛛网膜下隙阻滞的操作基本要点

将局麻药注到蛛网膜下隙，阻断部分脊神经的传导功能而引起相应的支配区域的麻醉作用称为蛛网膜下隙阻滞，又称为腰麻。其基本操作如下：穿刺时嘱病人侧卧位，屈髋屈膝，头颈向胸部屈曲，腰背尽量后突。这种体位使脊突间隙开大便于穿刺。穿刺点一般选在L3~L4之间穿刺时先在穿刺点用局麻药做一小皮丘，并垂直皮肤向深部进针，逐层浸润麻醉皮下组织和脊间韧带。换用腰椎穿刺针从原先浸润麻醉时的入路缓慢进针，穿刺针穿过皮下组织时会有轻微的阻力感，继续向前进针，穿刺针将进入棘上韧带和棘间韧带，能感到组织密度明显增加，穿刺针能固定于背部。当穿刺针进入黄韧带时，通常会感到阻力明显加大，继续进针，当刺破黄韧带进入硬脊膜外间隙时会有明显的落空感。再继续进针，当针刺破硬脊膜和蛛网膜时，会出现第二次落空感。嘱病人保持体位，拔出穿刺针针芯可见有脑脊液溢出，然后缓慢推注配好的麻醉药物。拔针后用无菌敷料包封穿刺点，并将体位转换位平卧位。接下来的重要步骤是根据手术对麻醉平面的要求，改变病人的体位使麻醉平面符合手术区域麻醉和安全的要求。蛛网膜下隙阻滞常用于生殖器部位整形以及妇科整形手术。

（四）硬脊膜外间隙阻滞的操作基本要点

硬脊膜外间隙阻滞也称硬膜外麻醉。硬脊膜外间隙阻滞是通过穿刺技术将局麻药推注到硬脊膜外间隙，麻醉相应的脊神经根，使其支配的区域产生麻醉效果。硬膜外麻醉技术广泛应用于手术麻醉、产科镇痛、术后疼痛和慢性疼痛治疗。它既可以单次使用，也可以经导管间断注射或连续输注。其基本操作如下：穿刺体位同蛛网膜下隙阻滞。硬膜外穿刺点因手术区域的不同而不同，一般选择手术区域中央的相应棘突间隙穿刺。进针后依次穿过皮肤、皮下组织、棘上韧带、棘间韧带，当刺入黄韧带时阻力明显增大，突破黄韧带时有明显的落空感。当穿刺针尖穿过黄韧带即达硬脊膜外间隙。此时，可以用以下方法来判断穿刺针针尖是否在硬脊膜外间隙：在穿刺针穿透黄韧带前，其针尾端接玻璃接管（其内含有生理盐水），当针尖穿透黄韧带进入硬脊膜外间隙时，玻璃接管内的液体可被吸入。穿刺成功后将专用硬膜外导管经穿刺针置入硬脊膜外间隙3~4cm，然后一手退针，另一手固定导管，将穿刺针退出，导管置于硬脊膜外间隙。查看导管长度及导管置于体内的长度后包封固定。转换体位于平卧位。随后，先推注实验剂量3~5ml，观察5~10min。如确认无腰麻现象则根据实验剂量的效果决定追加剂量，然后根据手术需要调节麻醉平面。硬膜外阻滞的麻醉平面是节段性的，影响平面的主要因素有：麻醉药容积、穿刺间隙、导管方向、注药方式和病人情况等。高位硬膜外麻醉可用于隆胸手术，由于存在一定的危险和并发症，现隆胸手术常采用全身麻醉的方法。

（五）椎管内麻醉的并发症

**1. 蛛网膜下隙阻滞的并发症** 推药后可能引起血压、心率快速下降、呼吸抑制或停止、恶心、呕吐等。麻醉阻滞平面越高，生理扰乱越重，甚至心跳骤停。其次，术后病常出现头痛、尿潴留。

**2. 硬脊膜外间隙阻滞的并发症** 硬脊膜外间隙阻滞有时会出现阻滞不全或无效的问题，导致病人疼痛，肌肉松弛不足，致使手术无法进行，此种情况则需改换全身麻醉。除了可能出现血压、心率骤降、呼吸抑制外，还有可能出现全脊麻、局麻药中毒、导管折断等风险。如有出现需即时正确处理，否则后果很严重，乃至病人死亡。

## 四、全身麻醉

全身麻醉是将麻醉药物经静脉、呼吸道、肌肉等不同途径进入机体，作用于中枢神经系统，产生抑制，使受术者意识和全身痛觉丧失，反射抑制和一定程度的肌肉松弛，以满足手术需求的一种麻醉方式。麻醉的深度与麻醉药物的血药浓度有关，是可以调控的。

**1. 静脉全身麻醉**　静脉全身麻醉是指将一种或几种药物注入静脉，通过血循环作用于中枢神经系统而产生全身麻醉的方法。其优点是诱导迅速、对呼吸道无刺激、病人舒适无痛苦、一般苏醒较快，无环境污染，所用药物无燃烧爆炸的危险。但静脉全身麻醉也存在着一些局限，如一些静脉麻醉药物对血管和皮下组织有刺激性，会引起局部疼痛。静脉麻醉药可控性不如吸入麻醉药明显，一旦出现循环及呼吸系统问题，常不能迅速减浅麻醉，以消除不良反应等。对麻醉深度的估计往往依赖病人的临床表现和麻醉医师的用药经验。药物的代谢受到肝、肾功能的影响较大。因此，麻醉医师必须熟悉各种药物的药理特点，才能取得安全、良好的麻醉效果。

**2. 吸入麻醉**　吸入麻醉将挥发性麻醉药或麻醉气体经呼吸系统吸收入血，抑制中枢神经系统而产生全身麻醉的方法。一般用于全身麻醉的维持，也用于麻醉的诱导。吸入麻醉是应用最早的麻醉方法，也是现在实施全身麻醉的主要方法之一。吸入麻醉药在体内代谢分解少，大部分以原形从肺排出体外，因而有较高的可控性、安全性和有效性。吸入麻醉在静脉通路难以建立的小儿患者非常有用。近年来，常用的吸入麻醉药有氧化亚氮、氟烷、异氟烷、地氟烷和七氟烷。由于毒性和易燃性，氯仿、乙醚、氧氟烷、恩氟烷在美国已不再使用。

**3. 静—吸复合全身麻醉**　同时或先后实施静脉全麻技术和吸入全麻技术的麻醉方法，称为静脉—吸入复合全身麻醉。该方法是充分利用静脉麻醉药和吸入麻醉药的各自优点，具有减少麻醉药用量，降低不良反应，使麻醉易于控制，促使麻醉更为平稳，术后意识清醒迅速等优点。

## 五、美容外科手术麻醉选择的原则

正确适当的麻醉方法的选择是一个美容手术必需和重要的保障，所选择的麻醉方式应当是病人和手术医生都乐于接受的方式。它必须保证病人安全、无痛。同时，对于医生的操作来说也是最为方便、舒适的，以满足美容外科的精细操作要求。美容手术大多为门诊日间手术，这就要求麻醉方式有利于受术者从麻醉状态中快速恢复，避免多种并发症和不良反应发生。

麻醉选择的应该围绕着求美者安全、无痛、适应手术操作的大原则进行。此外，以下因素可作为参考依据。

**1. 年龄**　美容外科的受术者年龄跨度较大，以中青年居多。对于成年受术者来说，大都能较好的和医护人员配合。门诊美容手术大都可以用局部麻醉来完成。如：重睑术，隆鼻术以及一些体表手术。如受术者配合，也可完成一些较大的手术。由于小儿及部分少年对医院环境及手术有较大的恐惧感，手术过程中不易和医护人员配合，常有哭闹，影响手术操作，即便勉强完成手术，术后会遗留较大的恐惧感，对其心理产生不良后果。因此，对于小儿及少年美容受术者应多选择全身麻醉方式。对于部分少年受术者，如在术前与其沟通、鼓励，消除顾虑及恐惧，把麻醉及手术步骤予以讲解，在其表示愿意合作的前提下，可以在局部麻醉下进行一些简单、手术时间不长的手术。对于时间长、手术范围较大、操作复杂的手术应选用全身麻醉或椎管内麻醉。

**2. 受术者的意愿及精神状态** 麻醉前访视时了解受术者对麻醉方式的意愿也是非常重要的。尊重和配合受术者的意愿,对于术中配合、术后恢复及受术者术后对手术效果满意程度评价都有着积极的影响。有些受术者希望整个麻醉及手术过程如同睡一觉醒来的感觉,则应选择全身麻醉。对于有一定程度焦虑和恐惧的受术者,可以配合镇静剂和镇痛剂的使用,用局部麻醉方式完成手术。对于精神过于紧张、过分恐惧疼痛、不愿意听到手术时的任何声音者应选择全身麻醉。

**3. 手术操作的要求** 麻醉的方式应满足手术操作的要求,方便手术操作。有些美容手术要求受术者在术中做一些配合性的动作,以利于一些指标的判断,此时就需要采用局部麻醉的方法。如:重睑术中需要通过睁闭眼的动作来判断重睑的高度、弧度是否合适,松弛的多余皮肤去除量是否恰当等。在下睑袋修复术时要通过眼睛的向上直视运动来估计去除的皮肤量。在唇裂修复手术时则多使用眶下神经阻滞的方法,因为较多的局部麻醉药使会使局部肿胀,组织移位,解剖标志不明显,不利于精细对合,从而影响手术效果。

**4. 手术部位及创伤程度** 虽然大多数美容手术可以用局部麻醉的方法来解决,但一些颌面整形美容手术、颈部较大整形手术,可能影响呼吸道的通畅,则必须采用全麻方式,便于管理与控制循环和呼吸道,掌握主动,避免严重并发症的发生。如:正颌手术、颈部疤痕松解植皮手术。此外,对于手术时间较长、手术范围较大、创伤较大的手术也应选用全麻方式。如巨乳缩小术等。

**5. 手术区情况** 如果手术区有感染灶,则应避免局部浸润麻醉,一则麻醉效果不佳、二则易感染扩散。对于恶性皮肤病变的切除,应避免手术区域直接注射麻药,造成种植和扩散。

**6. 医疗机构的条件** 不同的医疗机构其设备配置和麻醉师水平差异较大,应根据具体情况区别对待。首先应量力而行,保证病人安全是最高原则。麻醉师和手术医生应选择自己擅长的麻醉方式来实施手术麻醉。如果没有专职麻醉师或必要的呼吸机等设备,应以局部麻醉或神经阻滞麻醉为主。在用局部麻醉方式实施较大手术时应特别注意局麻药物用量,避免局麻药物中毒反应。对于有条件的单位,较大的美容手术以全麻为妥。

## 第四节 麻醉并发症及处理

麻醉药物和麻醉操作都可能对人体的生理功能产生不同程度的影响,如麻醉药物使用不当或操作失误常引起一些并发症的发生。同时,存在发生药物过敏反应的可能性,也会导致一些并发症的发生。麻醉并发症可分为可预防的麻醉并发症和不可预防的麻醉并发症,可预防的麻醉并发症大多与人为操作失误有关,而不可预防的麻醉并发症大多与病人机体本身或药物有关,如药物过敏反应。

不同的麻醉方式有不同的并发症,观察时应重点突出。

### 一、局部麻醉的并发症及处理

(一) 局麻的并发症

**1. 局麻药物毒性反应** 大多由于局麻药物浓度或剂量过大、注射速度过快、药液直接被注入血管内、病人肝肾功能不全,造成血液中局麻药物浓度过高,超过机体的耐受能力而出现的一系列中毒症状。轻者口唇麻木、头晕、耳鸣、视力模糊，重者精神错乱、惊厥，最严重者呼吸停止、血压下降、心律失常，甚至心跳骤停。

**2. 过敏反应**　在正常操作、正常剂量使用局麻药物后迅速出现一些异常表现，如：荨麻疹、呼吸道黏膜水肿、气管痉挛、呼吸困难、休克等，应考虑为过敏反应。

**3. 高敏反应**　极少数病人即使应用很少剂量局麻药即出现强烈、迅猛的毒性反应，常危及生命。

（二）局麻并发症处理

**1. 发生局麻药中毒反应**　首先应控制呼吸道，给予面罩吸氧或呼吸支持；开放静脉通路输液，保证静脉输液的通畅，确保抢救药物能及时输入。

**2. 使用拮抗药物**　常用的有：地西泮、咪达唑仑，主要对抗惊厥，保护脑功能。

**3. 使用糖皮质激素**　地塞米松5～10mg静脉推注。

4. 当病人发生严重呼吸困难或呼吸停止，应立刻实施气管插管予以呼吸支持，心脏骤停者应予以快速心肺复苏。

## 二、蛛网膜下隙阻滞的并发症及处理

（一）术中并发症及处理

**1. 血压下降、心率减慢**　因脊神经被阻滞后，麻醉区域的血管扩张，回心血量减少，心排量降低所致。麻醉平面越高，阻滞范围越广，血压下降越明显。若麻醉平面控制不好，麻醉平面过高，当麻醉平面超过T4会出现心动过缓。血压明显下降时应加快输液的速度，以补充血容量，或静注麻黄素15～30mg，将收缩压维持在80mmHg以上。心率过慢时可静注阿托品。

**2. 呼吸抑制**　常见于麻醉平面过高，因胸段脊神经阻滞、肋间肌麻痹，出现胸闷、吸气无力、发绀等征象，应面罩吸氧或行辅助呼吸，如呼吸停止应立即行气管插管，行人工呼吸及对症处理。

**3. 恶心、呕吐**　常由于麻醉平面过高、迷走神经亢进、牵拉腹腔内脏等原因，可使用阿托品预防治疗。

（二）术后并发症及处理

**1. 头痛**　与脑脊液漏出有关，多发生在术后1～3d，抬头或坐位时加重，平卧时减轻，一般在4d左右逐渐自行消失。

**2. 尿潴留**　因脊神经阻滞，膀胱张力丧失所造成。可行留置尿管导尿处理。一般会逐渐自行缓解。

## 三、硬脊膜外间隙阻滞的并发症及处理

（一）术中并发症及处理

**1. 全脊椎麻醉**　由于在硬脊膜外间隙阻滞操作时误入蛛网膜下隙并使局麻药物进入到蛛网膜下隙，使全部脊神经被阻滞所产生的严重危急的并发症。病人在注药后短时间内发生呼吸困难、血压下降、意识障碍及呼吸停止等危急情况。一旦发生全脊椎麻醉，应果断给予面罩加压吸氧并紧急做气管内插管，进行人工辅助呼吸；加快输液，维持血容量；给予血管加压药维持循环稳定。

**2. 局麻药毒性反应**　因导管擦破血管或误入血管，局麻药吸收过快所致。操作时应注

意回吸,确认无血方可推药。处理同局麻药物毒性反应处理。

**3. 血压下降** 主要因为交感神经被阻滞,阻力血管和容量血管扩张所致。多见中、高位硬脊膜外间隙阻滞。处理:补充维持血容量,给予血管加压药物。

**4. 呼吸抑制** 因麻醉平面过高,影响肋间肌和膈肌运动,导致呼吸功能降低。处理:面罩辅助呼吸。

**5. 恶心、呕吐** 麻醉平面过高、内脏牵拉可导致恶心、呕吐。可给予阿托品治疗。

(二) 术后并发症及处理

**1. 导管拔管困难或折断** 拔管时应避免快速用力,适当弯曲脊柱,均匀用力拔管。

**2. 神经损伤** 可因穿刺过程中穿刺针或导管损伤脊神经或脊髓引起。应给予神经营养药物及对症治疗,密切随访。

**3. 硬膜外血肿** 麻醉后出现麻醉作用持续不退,或术后肌无力、截瘫等现象,应考虑有硬膜外血肿发生可能。CT 和核磁(MRI)检查对明确诊断有较大帮助。一旦诊断明确应在 8h 内行椎板切开减压术,清除血肿,彻底止血,否则愈后不佳。

## 四、全身麻醉的并发症及处理

**1. 喉痉挛** 喉痉挛是由于喉上神经感受刺激,支配声带或喉腔肌肉发生强烈的反射收缩,导致声门部分或完全关闭,或会厌遮盖声门,出现突发性呼吸困难,严重者可危及病人的生命。导致喉痉挛的原因有很多,主要可能与药物过敏、刺激咽喉有关。主要表现为突发性吸气性呼吸困难,痉挛性喘鸣,“三凹征”,口唇与面部发绀。喉痉挛常见于小儿。出现喉痉挛应紧急处理。在全麻操作时应减少对咽喉的刺激。发生轻度喉痉挛时应托好下颌,防止舌后坠;扣好面罩持续纯氧辅助呼吸。通常短时间可自行缓解。中度喉痉挛时除了面罩吸氧外,还应做好气管插管准备,同时给予静脉注射地塞米松 10mg。发生重度喉痉挛时,应在面罩加压给氧通气的前提下,静脉推注短效肌松剂如:琥珀胆碱,消除喉部肌肉收缩。紧急时做环甲膜穿刺或紧急环甲膜切开插管。

**2. 全麻术后苏醒延迟** 全身麻醉停止使用麻醉药物后,病人一般在 10~30min 后可获得清醒,如能做呼之睁眼或按麻醉医师的指令做点头与摇头动作。若超过 30min 仍然不能睁眼或神志不清者,可认为全麻苏醒延迟。全麻苏醒延迟现象在临床上并非少见,主要和麻醉药物的残余作用有关。其他还与病人个体差异,代谢功能障碍有关。处理时应根据不同的原因做出相应处理。如:(删?)使用拮抗药物催醒等方法。

**3. 躁动** 全身麻醉结束后,病人出现躁动不安等神志障碍,常需强行制动。躁动发生的机制尚未完全清楚。躁动很容易使手术创面出血,使输液管、气管内插管脱出。剧烈的躁动是极其危险的,必须予以制止。病人一旦发生躁动,首先可静脉注射 20~40mg 丙泊酚,然后给予 10~30mg 哌替啶。

**4. 气道损伤** 麻醉过程中,插入气管内导管、喉罩、口咽通气道都有损伤气道可能;而紧急情况下建立气道特别容易发生气道损伤。喉部溃疡和吞咽困难是最常见的并发症;牙齿损伤也时有发生。气道损伤特别是在困难插管的情况下发生率更高。在麻醉操作时应避免过度用力,选择管径适当的气管内导管。在困难插管时可用纤维支气管镜辅助插管。

# 第五节 美容外科手术麻醉护理

## 一、护理目标

1. 提高受术者对麻醉的耐受力。

2. 减轻对麻醉的恐惧、担心及焦虑。

3. 让受术者了解有关麻醉及配合的相关知识。

## 二、护理措施

(一) 局部麻醉

**【麻醉前护理】**

**1. 饮食** 一般小手术可不必禁食。

**2. 局部麻醉药物过敏试验** 普鲁卡因、丁卡因使用前需作皮肤过敏试验,皮试阳性或有过敏史者,宜改用利多卡因或其他麻醉方法。

3. 评估受术者心理状态,了解其心理活动,鼓励受术者表达其害怕及担心的事项,以通俗易懂的语言,深入浅出地讲解与手术有关的知识、麻醉方式及术中配合要点,让受术者对手术心中有数,减轻或消除对麻醉和手术的恐惧及焦虑。

**【麻醉后护理】**

1. 局部麻醉药对机体影响较小,一般不需特殊护理。

2. 如果术中出现毒性反应或过敏反应,即使恢复,也有精神萎靡、软弱、不安或嗜睡等表现,血压偏低,应注意观察到患者状态完全恢复为止。

3. 对于门诊手术受术者,如果术中用药较多者,应嘱咐患者留院观察,无异常反应方可离去。

(二) 蛛网膜下腔阻滞麻醉

**【一般护理】**

**1. 麻醉前** 禁食8~12h,禁饮4~6h,以防止麻醉后呼吸道误吸或呕吐。局麻药过敏试验,检查脊柱有无畸形及穿刺部位有无皮肤感染灶。

**2. 麻醉后** 常规去枕平卧6~8h;监测生命体征直到平稳;吸氧;预防麻醉后并发症的发生。

3. 评估受术者心理状态,了解其心理活动,鼓励受术者表达其害怕及担心的事项,以通俗易懂的语言,深入浅出地讲解与麻醉有关的知识、麻醉方式及配合要点,让受术者对麻醉有一定的了解,能更好地配合麻醉,同时减轻或消除对麻醉和手术的恐惧及焦虑。

**【常见并发症的护理】**

**1. 低血压** 腰麻病人的部分交感神经受抑制,迷走神经相对亢进,故可出现血压下降,同时伴有恶心、呕吐。防治措施:加快输液速度,增加血容量,必要时应用升压药,以收缩血管,维持血压。

**2. 恶心、呕吐** 可由低血压、迷走神经功能亢进、手术牵拉内脏等因素所致。恶心常是血压下降引起脑缺氧的症状。防治措施:吸氧、升压、暂停手术以减少迷走刺激。

**3. 呼吸抑制** 常见于胸段脊神经阻滞,表现为肋间肌麻痹,胸式呼吸减弱,潮气量减少,咳嗽无力,甚至发绀。防治措施:谨慎用药,吸氧,维持循环,紧急时气管插管、人工呼吸。

**4. 头痛** 发生率为3%~30%,主要因为腰椎穿刺时刺破硬脊膜和蛛网膜,致使脊柱液流失,颅内压下降,颅内血管扩张所致。典型头痛可发生在穿刺后6~12h、病人术后第一次抬头或起床活动时,疼痛常位于枕部、顶部或颞部,抬头或坐起时加重。约75%病人在4d内症状消失,多数不超过1w。防止措施:术后6h内禁止垫枕头、抬头和起床活动。

**5. 尿潴留** 主要因支配膀胱的第2、3、4骶神经受阻滞后恢复较迟,下腹部、肛门或会阴部手术后切口疼痛,下腹部手术时膀胱的直接刺激以及病人不习惯床上排尿体位所致。暗示治疗无效者应行导尿。

(三)硬脊膜外阻滞麻醉

**【一般护理】**

1. 硬膜外麻醉穿刺时不穿透蛛网膜,不会引起头痛,但因交感神经阻滞后,血压多受影响,故术后需要平卧4~6h,但不必去枕,麻醉后血压、脉搏平稳后即可按手术本身需要采取适当体位。

2. 观察生命体征直到平稳,吸氧,预防麻醉后并发症的发生。

3. 评估受术者心理状态,了解其心理活动,鼓励受术者表达其害怕及担心的事项,以通俗易懂的语言,深入浅出地讲解与麻醉有关的知识、麻醉方式及配合要点,让受术者对麻醉有一定的了解,能更好地配合麻醉,同时减轻或消除对麻醉和手术的恐惧及焦虑。

**【常见并发症的护理】**

**1. 全脊麻** 表现为注药后迅速出现低血压、意识丧失、呼吸、循环停止,全部脊神经支配区域无痛觉。如未及时发现和正确处理,可发生心脏骤停而死亡。防治措施:给予面罩加压吸氧并紧急做气管内插管,进行人工辅助呼吸;加快输液,维持血容量。

**2. 局麻药毒性反应** 轻度毒性反应可出现精神紧张、心跳过速、头晕、耳鸣等症状;严重毒性反应较为稀少,表现为心动过缓、外周循环迟滞、呼吸抑制,甚至停止。静脉注射麻黄碱及阿托品,病情可缓解。

**3. 穿刺异感** 穿刺时挫伤神经组织,病人出现肢体电击样异感,麻醉师在穿刺过程中护士应随时询问受术者的反应,如数分钟消失,可继续注药,否则改变麻醉方式。

**4. 恶心、呕吐** 麻醉平面过高、内脏牵拉可导致恶心、呕吐,应协助受术者头偏向一侧,保持呼吸道通畅,遵医嘱予阿托品治疗。

(四)全身麻醉

全身麻醉是临床麻醉中使用的主要方法,可控制、无时间限制。较安全、舒适。按给药的不同可分为吸入麻醉、静脉麻醉和静脉复合麻醉。

**【麻醉前护理】**

**1. 评估受术者心理状态,了解其心理活动,鼓励受术者表达其害怕及担心的事项,以通俗易懂的语言,深入浅出地讲解与麻醉有关的知识、麻醉方式及配合要点,让受术者对麻醉有一定的了解,能更好地配合麻醉,同时减轻或消除对麻醉和手术的恐惧及焦虑。**

**2. 禁食8~12h,禁饮4~6h,以防止麻醉后呼吸道误吸或呕吐。**

**3. 局麻药过敏试验** 普鲁卡因皮试。

**4. 术前用药** 在术前30min应用。

**【麻醉后护理】**

**1. 一般护理**

(1)体位:常规去枕平卧6~8h,头偏向一侧。床旁备麻醉护理盘、吸痰装置、抢救箱。

（2）生命体征：接心电监护仪，吸氧，监测血压、脉搏、呼吸、血氧饱和度，预防麻醉后并发症的发生。

（3）保持呼吸道通畅：因全麻后即使病人清醒，残留的药物对机体的影响仍将持续一段时间，因此在药物未完全代谢之前，随时可出现循环、呼吸等方面的异常，特别是苏醒前病人易发生舌后坠、喉痉挛、呼吸道黏液堵塞、呕吐物窒息等，引起呼吸道梗阻。及时清除呼吸道及口腔内分泌物，鼓励受术者咳嗽，排出分泌物。

（4）预防导管脱落：保证输液部位无外渗、红肿、堵塞，及时排除输液障碍。清晰标识管道名称，妥善固定，保持各种引流管道通畅，无扭曲、反折和受压。

（5）防止意外发生：病人在苏醒过程中常出现躁动不安和幻觉，应拉上床栏加以保护，必要时加以约束，防止病人不自觉地拔除静脉输液管和各种引流导管。

（6）皮肤护理：保持床单平整干燥，按时变换体位，保护骨突出及受压部位，预防压疮的发生。

（7）排尿情况：观察尿液的颜色、量及性质并及时记录，对膀胱过度充盈且不能自行排出，经诱导排尿无效者行留置导尿。

**2. 常见并发症的防治及护理**

（1）呼吸系统：占麻醉总并发症的70%。

1）呼吸暂停：多见于未行气管插管的静脉全身麻醉者。临床表现为胸腹部无呼吸动作，发绀。预防：麻醉中加强监测，备好各项急救物品和药品。若一旦发生，立即行人工呼吸。

2）上呼吸道梗阻：见于气管内插管失败、极度肥胖、静脉麻醉行气管内插管、胃内容物误吸及喉痉挛等。表现为自主呼吸时出现三凹征，人工呼吸时呼吸囊阻力大，无胸廓起伏，短期内可致死。务必做好预防。若一旦发生立即置入口咽或鼻咽通气管，立即人工呼吸。舌后坠所致的梗阻者托起下颌，头偏向一侧。

3）急性支气管痉挛：好发于既往有哮喘或对某些麻醉药过敏者。表现为呼吸阻力大，两肺下叶或全肺布满哮鸣音。发生后应立即告知麻醉医生处理。

4）肺不张：多见于胸腔及上腹部术后病人。表现为持续低氧血症。术后指导患者做深呼吸和用力咳嗽。

5）肺脂肪栓塞：常见于大手术的老年患者。表现为发绀、血压急剧下降、心搏停止等。术后早期指导受术者床上或下床活动。

（2）循环系统

1）高血压：多与麻醉浅、镇痛药用量不足、未能及时控制手术刺激引起的强力应急反应有关。故术中应加强观察记录。当病人血压 > 140/90mmHg 时，即应告知麻醉医生处理。

2）低血压：术中当血压 < 80/50mmHg 时，应告知麻醉医生处理。

3）室性心律失常、心搏停止：术中严密监测，出现后立即配合医生处理。

4）恶心、呕吐：发生率自26%~70%不等。全麻术后发生恶心、呕吐，应立即告知医生进行相应的处理。

（医疗部分：肖敏勤；护理部分：吴　彤）

# 第6章 美容外科手术室管理及无菌技术

学习目标

1. 掌握术前、术中人员、物品的无菌原则。
2. 熟悉手术室的管理。
3. 了解手术室的布置。

**案例**

临床实习开始了，童冰被分配到上海一家大型整形美容医院实习。今天是实习的第一天，跟随着带教老师来到手术室，老师说："今天我们要做一台去下颌角手术，你的任务主要是看，为了不时之需，你也洗手进去吧"。童冰答道："好"。刚刚来到一个陌生的城市、陌生的环境，再通过玻璃窗看到安静、肃穆的手术室内大家都身着手术服，帽子、口罩捂得严严实实，每个人都只露出一双眼睛，各自井然有序穿梭忙碌进行着自己的工作，童冰非常胆怯地进到更衣室更衣。刚刚要进入刷手间，突然一位护士高声严厉地喊道"那位同学，赶紧出去戴好帽子、口罩再进来"，童冰吓得出了一头汗。戴好帽子、口罩回来开始洗手、刷手，这时，旁边的护士老师厉声问道："你的洗手、刷手方法、范围对吗?"。童冰一时愣住了不知所措，头上汗液大滴地滴落下来。护士看他确实不懂，耐心给他指出了问题并教给了他正确方法。好不容易洗刷完手进入到手术室，病人已经平躺在手术台上，带教老师也做好准备马上要开始手术。童冰努力回想着当初学习过的无菌技术知识，可是当初就没好好学，现在脑子里一片空白，怎么也想不起来在手术室应该怎么做才对。这时，正在整理器械台的护士不小心把手术剪掉落到地上，童冰不假思索赶紧弯腰拾起手术剪放到器械台上，本以为自己做了件好事，突然，器械护士怒目圆睁，生气地警告童冰："谁教你这么干的? 你给我出去!!!"。童冰顿感全身毛孔张开，汗液湿透了前胸后背，手脚不住地发抖。这时带教老师开口了："小王，别这么冲动，这位同学今天是第一次进手术室实习的，不要把孩子吓坏了。来，童冰，到我身后站着不要乱动，什么也不要你做，好好站着看。回去后要把无菌技术那个章节内容好好复习、理解、吃透。不然你的实习是没法进行的。"器械护士马上叫巡回护士拿来新的敷料开始撤换器械台。童冰在带教老师身后像一根电线杆一样直直地竖着，丝毫不敢乱动，脑子里总是回荡着那一声声严厉的呵斥，虽在看手术，却什么也没看见。

# 第一节 手术室及其管理

## 一、手术室布置

（一）手术室的位置及要求

手术室一般应设在医院的顶层，较为安静、清洁。手术室应与手术科室、监护室、血库、病理科、放射科邻近，以便接送病人及术中化验取血检查。手术间的方向应朝北为宜，避免阳光的直接照射。如方向朝南，则可采用特种玻璃窗户，如采用茶色玻璃或变色玻璃等，以防止强烈阳光刺眼。手术室可根据医疗机构大小设立大、中、小手术室一间或数间。手术室的设计要考虑到符合消毒隔离要求，窗户需宽大，有双层玻璃，应有专用的供电、供水系统及隔音、排气、空气滤过及温湿度调节的装置。为了缓解求美者的紧张情绪，手术室可选择性安装音乐播放设备。一般美容外科手术室温度宜维持 24～26℃，湿度应控制在40%～60%。

（二）手术室内部的布局

手术室应严格划分为三个区域，即无菌区、清洁区、污染区。

**1. 无菌区** 无菌区包括无菌手术间、一般手术间及隔离手术间，设在内侧。隔离手术间可放于无菌区的最外侧。准备间可位于手术间之间，备有术中所需的消毒锅、常用盐水、标本袋等物。工作人员进入无菌区应在清洁区着装、戴口罩，凡患急性上呼吸道感染者，不得进入手术间。

**2. 清洁区** 清洁区应设有更衣和更鞋室、值班室、休息室、办公室、示教室、术前准备室、麻醉恢复室、石膏室、设备储藏室等。工作人员及受术者通道应分开设置，工作人员及病人进出清洁区则需要更换手术衣裤、鞋帽。

**3. 污染区** 污染区为工作人员或外来人员及非更衣者因工作或其他原因需要进入的区域，设在最外侧。

（三）手术间内物品的配备

手术室布置力求简洁，以便物品移动及全面清洁，必需的常用物品要有固定存放位置，各手术间布局应统一，便于取用。手术间的基本配备有：万能手术台、器械桌、转凳、无影灯、敷料柜、药品柜、读片灯、吸引器、氧气装置、麻醉机、麻醉桌、输液架、垫脚凳、污物桶、挂钟、温度计及各种扶托固定受术者的物品，如：头架、肩档、臂架、固定带等，以保持受术者不同的手术体位。现代化大型手术室应设置中心供应系统、中心负压吸引、中心压缩空气等设施，配备各种监护仪、X 线摄影、闭路电视等装置。

## 二、手术室的管理

（一）手术室一般管理制度

1. 手术室应设专人管理进出人员，未经许可不准擅自进入手术室。凡进入手术室的工作人员必须更换衣、帽、裤、鞋，戴好口罩，离开手术室时交还。

2. 各种择期较大手术，应在手术前 1 日上午 10 时前将手术通知单送至手术室。若是肝炎、结核或其他病原体感染者需注明。

3. 有菌、无菌手术应分室进行。当1个手术室需连续做数个手术时,应先做无菌手术,后做污染或感染手术。

4. 手术室应常备各种抢救器材。对器械、物品及各类设备等应定期清点、维修、报损、补充,手术器械不得外借。

5. 无菌物品必须定点、定位、按灭菌日期先后顺序排列,标记清楚。有效期为7d,梅雨季为5d,细菌检测每月1次,无菌包一经打开或无菌盐水开瓶后超过12h不能使用。无菌器械台准备后不得超过4h,否则重新灭菌。

6. 无菌包不应超过30cm×30cm×40cm,包布大小适宜,无破损。

（二）手术室清洁、隔离、消毒制度

1. 每次手术完毕后和每项工作结束时,都应彻底擦拭地面,清除污液、敷料和杂物等。每周彻底大扫除1次,每日空气消毒2次。

2. 术前巡回护士应做好充分准备,术中尽量减少外出与走动,手术间门尽量少开启,更不能敞开。

3. 特殊感染如破伤风、气性坏疽等手术应在有菌手术间进行。具体要求如下:①手术期间巡回护士一人专在房间,需要物品由他人传递。②尽可能用一次性物品,术后敷料应焚烧处理。③接触伤口器械用高效消毒液浸泡30min后再清洁,连同未用器械,连续高压灭菌3次。④手术结束后,严格处理物品表面、地面、手术间空气等,经细菌培养监测符合标准后方可启用。

4. HbsAg阳性受术者手术应在专用手术间进行手术,房间门口应挂红色隔离标志,具体要求如下:①工作人员在手术间应穿隔离衣、鞋套,无特殊紧急情况,不可离开手术间,如需添加物品,可请室外人员传递。②工作人员加强自我保护意识,如手套破损应立即更换。妥善放置针、刀等尖锐器械,避免损伤。工作人员离开手术间时应用高效消毒剂浸泡消毒双手。③建议使用一次性物品,术后敷料应焚烧处理。④手术间未被污染的敷料、器械则重新包好,待高压灭菌后方可使用。⑤术后已沾有血迹的器械、吸引管、吸引瓶、布类、污物桶等应用专用桶行高效消毒液浸泡,然后将器械清洗干净,擦干后再行高压灭菌。布类则封闭包装后送洗衣房。废弃物需置入有标志的塑料袋内,封闭运送,作无害化处理。⑥手术间地面、手术床、输液架等用高效消毒液擦拭。

## 第二节 手术物品准备及无菌处理

### 一、布类用品

手术室的布类用品较多,主要有用于制成铺盖手术野或建立无菌区的布单或手术衣,各种布类用品应选择厚实的棉布。

（一）手术衣

手术衣用于遮盖参加手术人员未经消毒的手臂和衣着。手术衣可分为大、中、小三号,以适应不同身材的需要,要求穿上后能遮住膝下,前襟至腰部为双层,可以插入双手,并防止手术时血水浸透。前腰部缝一根长160cm腰带。袖口用纯棉针织品制成松紧口,便于手套腕部盖于袖口之上。折叠时衣面向里,领子在最外侧,取用时不致污染无菌面。消毒方法:每包1~4件,高压蒸汽消毒。

（二）手术单

手术单有大单、中单、手术巾。各种手术单均有各自的规格尺寸和一定的折叠方法。各种布单可根据不同的手术需要包成手术包。所有布类用品均经高压蒸汽灭菌，灭菌后分别存放于无菌柜内，保存时间为1周，过期应重新灭菌。目前，无纺布代替棉制品的一次性手术衣帽及布单类，由工厂制作灭菌，可以直接使用于手术中，免去了清洁、折叠、消毒所需的人力、物力和时间，但不能完全替代布类物品。

## 二、敷　料　类

敷料包括纱布和棉花类，用吸水性强的脱脂纱布、脱脂棉花制作，用于手术止血、拭血及压迫、包扎等。

（一）纱布类

常用的纱布敷料有：①纱布垫：用于手术中覆盖较大术野创面、保护切口及较大手术部位拭血。②纱布块：用于术野皮肤消毒，手术中拭血及小手术术后包扎及切口换药。可根据需要制成各种大小规格。③纱布球及纱布条：纱布球主要用于手术中的拭血及组织分离；纱布条主要用于耳鼻腔内手术拭血及填塞。

（二）棉花类

棉花类有棉花垫、棉花球、棉签及带线棉片，主要用于洗涤伤口、涂拭药物。棉签为采集培养标本或涂擦药物用。纱布、棉花类敷料均可放入手术敷料包中或装入贮槽内经高压灭菌后备用。

## 三、缝线及缝针

（一）缝线类

各类缝线在手术中为缝合各类组织和脏器，以促进手术伤口愈合。缝线可分为可吸收及不可吸收两类，各种缝线的粗细以号码表明，号码越大表示越粗。常用1~10号线。细线则以0表明，0数越多，缝线越细。整形美容外科以3-0~7-0线最为常用，选用时尽可能选择细且拉力大，对组织反应小的缝线。

**1. 可吸收线**　肠线为可吸收线，用于缝合黏膜、胸壁、阴道等组织。一般肠线上注明“可煮”或“不可煮”字样，可煮表示可热力消毒，不可煮则用化学消毒液浸泡消毒。目前美容外科常用于皮内缝合的较高强度的可吸收线大都为厂家已经消毒好，开包装即可使用，使用时须注意消毒灭菌日期。

**2. 不可吸收线**　不可吸收缝线主要包括丝线和尼龙线，可由生产厂家包装与灭菌在手术中直接使用，也可根据手术需要将缝线绕于线板上，高压灭菌后备用，或用甲醛熏蒸。急用时也可临时煮沸灭菌。

（二）缝针

缝针的分类及使用参见本篇第十章第三节 美容外科手术器械和设备。缝针可用高压灭菌也可用化学灭菌剂浸泡。

## 四、器　械　类

手术器械多为不锈钢制成，打包时要仔细检查功能是否完好。术后将器械用清水洗涮干净，煮沸消毒，烘干上石蜡油保护，特别注意轴关节部位，然后按种类分放于器械柜内。术前按手术需要准备器械，打包后进行高压灭菌，紧急情况下，也可煮沸灭菌。物品在水中煮沸至100℃后维持15~20min，可杀灭一般细菌，1h可杀灭带芽孢的细菌。锐利器械不宜煮沸或高压灭菌，因加热后锐器变钝，可采用化学灭菌剂浸泡。常用2%戊二醛浸泡20min以上可达到消毒效果，4~10h可达到灭菌效果，因戊二醛对组织有刺激性，使用前浸泡过的器械应用灭菌水冲洗。

### 五、无菌器械台的使用

（一）无菌器械台的结构要求

无菌器械台要求结构简单、轻便及易于清洁消毒，有轮可推动，台边四周有栏边，栏高4~5cm，以防手术器械滑下。一般分为大小两种；大号器械台桌长110cm，宽60cm，高90cm（颅脑手术桌高120cm）；小号器械台长80cm，宽40cm，高90cm。准备无菌台时，应根据手术的性质及范围，选择不同规格的器械台。

（二）铺器械台的步骤

1. 巡回护士把无菌包放于器械台上，用手打开包布，只接触包布的外面，由里向外展开，保持手臂不穿过无菌区。

2. 用无菌持物钳打开桌布，然后铺双层大单，先铺对侧，后铺身侧，垫在桌下的无菌巾共厚6层，铺无菌单应下垂30cm。

3. 器械护士穿好无菌手术衣及戴无菌手套后，将器械按使用先后次序及类别整齐排列在器械台上。

（三）无菌器械台使用原则

1. 铺好备用的器械台超过4h不能再用。

2. 凡垂落台缘平面以下物品，应视为已污染，不能再使用。

3. 术中污染的器械物品不能放回原处，如术中接触相对不洁区域的器械应放于弯盘等容器内，勿与其他器械接触。

4. 在铺好的无菌器械台上摆放的无菌器械不可伸出台缘外，湿纱布敷料应放在无菌盘内，桌面如被水或血浸湿，应及时加盖无菌巾以保持无菌效果。

5. 手术开始后，该器械台仅对该受术者是无菌的，而对其他受术者则是污染的。

6. 器械护士应及时清理器械台上的器械及物品，以保持器械台清洁、整齐、有序，及时供应手术人员所需。

## 第三节　手术人员的准备

### 一、一般准备

为保持手术室环境清洁和空气洁净，凡进入手术室的人员都需更鞋、更衣、戴帽子和口罩。帽子要盖住全部头发，口罩盖住鼻孔，上衣的下摆放在裤腰内，避免衣领、袖外露。患有呼吸道感染者不能进入手术室，更不应参加手术。手和臂部皮肤有化脓性感染时，也不能参加手术。

## 二、手臂消毒

通过机械性刷洗及化学消毒的办法，尽可能刷除双手及手臂的暂存菌和部分居留菌，以预防病人术后感染。

（一）肥皂水刷手法

肥皂水刷手法是一种已沿用多年的手臂消毒法，分刷手与浸泡两个过程。其过程如下。

1. 刷手前去除饰物及手表，剪短指甲，用肥皂做一般的洗手。

2. 用无菌毛刷蘸消毒肥皂水洗手和臂，从指甲到肘上10cm处，两臂交替刷洗。特别注意甲缘、甲沟、指蹼及肘部的刷洗。刷完一次后，指尖朝上肘朝下，用清水冲洗手臂上的肥皂水，避免水流向手部。然后，另换一消毒毛刷，同法进行第2、3遍刷洗，刷洗3遍，共约10min。

3. 用灭菌毛巾从手到肘部擦干手和臂，擦过肘部的毛巾不可再擦手部。

4. 将双手和前臂浸泡在75%乙醇内5min，浸泡范围到肘上6cm处。

5. 乙醇过敏者，可用苯扎溴铵（新洁尔灭）代替乙醇，且刷手时间减为5min。应注意彻底冲净肥皂水，因苯扎溴铵是一种阳离子除污剂，肥皂是阴离子除污剂，带入肥皂将明显影响苯扎溴铵的杀菌效力，一桶苯扎溴铵溶液限用40人次。

6. 浸泡消毒后，双手不能下垂，应保持拱手姿势，不能接触未经消毒的物品和其他部位，否则要重新洗手。

（二）灭菌王刷手法

灭菌王是不含碘的高效复合型消毒液，先用肥皂水洗擦双手，前臂至肘上10cm，用清水冲净（灭菌王忌与肥皂合用），用无菌毛刷蘸灭菌王3～5ml刷手和臂，从指尖到肘上10cm处，共3min，清水冲净，用无菌纱布擦干，再取吸足灭菌王的纱布球涂擦手和前臂，待干后穿无菌手术衣和戴无菌手套。

## 三、穿手术衣及戴手套

（一）穿手术衣

1. 双手消毒后取无菌手术衣1件，在手术间内较宽的空间，提起衣领，抖开无菌手术衣。注意勿使手术衣触碰到其他物品或地面。

2. 两手插入衣袖内，两臂前伸，由巡回护士从身后协助提拉手术衣，并系好领口带子。

3. 术者双手交叉，身体稍向前倾，提起腰带，递向后方，由背后的巡回护士接住并系好。

4. 穿好手术衣后，手术衣只有两袖及腰上视为无菌，手应举在胸前。

（二）戴无菌手套

1. 取出无菌手套包内的滑石粉袋，用滑石粉涂撒在双手指及指间。

2. 从包内取出无菌手套，左手捏住手套的折返处（手套内面），右手对准手套内的五指插入戴上。

3. 用戴上手套的右手，插入左手套的翻转面（手套外面），左手对准手套内五指插入。

4. 将戴好手套的反折部分翻向上，盖住手术衣袖口。

5. 戴好手套后，用无菌盐水冲净手套外面的滑石粉，以免滑石粉落入伤口。

## 第四节 受术者的准备

### 一、一般准备

受术者由护士送到手术室的具体时间按麻醉方法和准备工作的复杂程度而定。如全身麻醉及硬脊膜外腔阻滞麻醉者，应在术前45min到达，局部麻醉者应在术前30min到达。受术者到达手术室后，手术室巡回护士应热情接待，仔细核对其姓名、性别、年龄、病区、床号、拟行手术名称、手术部位等，并点收随带物品，为其做好麻醉前的一切准备。

### 二、手术体位

受术者的手术体位按手术部位而定，由巡回护士安置。巡回护士必须熟悉各种手术体位，并用枕垫、沙袋、固定架等物固定受术者的体位。

（一）总的要求

1. 最大限度地保证受术者的舒适和安全。
2. 充分暴露术野，同时减少不必要的裸露。
3. 保证呼吸和循环畅通。
4. 避免神经血管受压。

（二）常用体位

**1. 一般仰卧位** 适用于头、面、胸、腹及四肢等部位的手术，它是美容外科手术中最常用的体位。方法：受术者平卧于手术床上，胸腹部下横垫中单，双臂垂放在身体两侧中单下，将中单两端塞入床垫下，要妥善固定双上肢于床垫上，膝关节用约束带固定于手术床上。

**2. 腭裂修补术的仰卧位** 适用于腭裂修补手术时的体位固定。方法为在一般平卧位的基础上，麻醉后在其背部齐肩下垫中长方垫，颈下垫圆枕，使头部充分后仰。这一体位可使上腭向上前方显露，便于术者进行操作。由于咽后部低于喉头水平，可减少术中血液被误吸入呼吸道的危险。

**3. 颈部手术的仰卧位** 适用于气管切开、颈部肿瘤、颈部除皱术及颈部瘢痕松解术。方法：在腭裂修补卧位基础上，头部垫小枕。颈部瘢痕切除过程中，需去掉头部的小枕和颈下的圆枕，并摇低手术床的头段，使头部尽量后仰，从而使颈部的瘢痕得到最大限度的松懈。

**4. 侧卧位** 适用于背部、臀部、腘窝部位的手术，如背阔肌转移术、肩胛皮瓣游离移植术等。方法：受术者侧卧90°，患侧向上，双臂置双层手搁板上，两侧用骨盆固定架固定，固定架用海绵垫衬垫，两下肢之间垫一软枕。行躯干手术时，应使位于上方的下肢髋部屈曲120°，膝关节屈曲90°。

**5. 俯卧位** 适用于背、臀及腘窝部手术，如背、臀部脂肪抽吸术，背部神经纤维瘤切除植皮术，腘窝瘢痕切除植皮术等。方法：受术者俯卧于手术床上，在受术者锁骨、耻骨下及髂嵴上各放大小适合的软枕，使受术者腹部不接触床面，保持腹肌及膈肌正常活动。膝关节、小腿、踝部及足背部各垫一软枕，并用下肢约束带固定双下肢。头偏向一侧，双上肢呈曲肘状置于头两侧。

**6. 截石位**　适用于会阴部、尿道、肛门部手术。如阴道再造术、阴道紧缩术、处女膜修补术等。方法为将手术床下段摇下90°,两侧插入支腿架,并调节好高度,固定,在床下端垫橡皮布及治疗巾各1块。使受术者仰卧,臀部齐床下端,两腿分开放在支腿架上,腘窝下垫棉垫,用约束带固定。必要时在臀部的橡皮布下垫入软枕,便于手术操作。

### 三、手术区皮肤的消毒

手术区皮肤消毒的目的是杀灭切口及其周围皮肤上的细菌。如皮肤上有较多的油脂或胶布粘贴的残迹,可选用汽油或松节油拭去,然后用2.5%~3%碘酊涂擦皮肤,待碘酊干后,以75%乙醇涂擦两遍,将碘酊擦净。或用碘伏涂擦两次,对婴儿面部皮肤、口腔、肛门、外生殖器等部位,可选用刺激性小,作用持久的0.75%吡咯烷酮碘消毒。在植皮时,供皮区的消毒可用75%乙醇涂擦2~3次。

手术区消毒时的注意事项:①涂擦上述药液时,应由手术区中心部向四周涂擦,如为感染伤口,或为肛门区手术,则应自手术区外周涂向感染伤口或会阴、肛门处,已经接触污染部位的药液纱布,不应再擦清洁区。②手术区皮肤消毒范围要包括手术切口周围15cm的区域。如手术有延长切口的可能,应事先扩大皮肤消毒范围。③消毒者的手切勿接触病人的皮肤或其他物品,否则双手应再浸泡乙醇3min或涂擦灭菌王,然后穿手术衣戴手套。

### 四、手术区铺单

手术区消毒后,铺无菌布单,其目的是除显露手术切口所必需的最小皮肤区以外,其他部位均需予以遮盖,以避免和尽量减少手术中的污染。在手术区的皮肤粘贴无菌塑料薄膜的方法也很常用,皮肤切开后薄膜黏附在伤口边缘,可防止皮肤尚存的细菌在术中进入伤口。小手术仅盖1块孔巾即可,对较大手术需铺盖无菌巾和其他必要的布单。原则是除手术视野野外,至少要有两层无菌布单遮盖。一般的铺巾方法如下:用四块无菌巾,每块的一边双折少许,在切口每侧铺盖1块无菌巾,盖住手术切口周围。通常先铺操作者的对面,或铺相对不洁区(如下腹部、会阴部)最后铺靠近操作者的一侧,并用布巾钳将交角处夹住,以防止移动。无菌巾铺下后,不可随便移动,如果位置不准确,只能由手术区向外移,而不能向内移动。根据手术部位的具体情况,再铺中单或大单,大单的头端应盖过麻醉架,两侧和足端部应垂下超过手术台边30cm。肢体近端手术常用双层无菌巾将手、足部包裹。手、足部手术需在其肢体近端用无菌巾包绕。

## 第五节　手术中的配合

在手术进行中,医护人员必须密切配合,以保证在最短时间内成功地完成手术。手术中护士的配合分为器械护士的配合及巡回护士的配合。

### 一、器械护士的配合

器械护士必须严格执行无菌原则,了解手术过程和手术者术中的需要,熟悉各种器械的用途和用法。其工作内容如下。

(一) 手术前的工作内容

1. 详细核对受术者,术前1天访视,了解病情及需要。

2. 根据受术者的具体情况、手术方式及医师习惯，与巡回护士共同准备手术所需的器械及物品。

3. 刷手、穿无菌手术衣和戴无菌手套。

4. 铺无菌器械台，并将器械排列整齐。

5. 与巡回护士、手术医师一起计数纱布，缝针及器械。尤其是对需要打开体腔或深而大的伤口手术时，如胃次全切除瘦身，取骨塑型术，都要计数纱布，以防止遗留在受术者体内。

6. 协助医师铺手术单。

（二）手术中的工作内容

1. 手术过程中，保持无菌区的整齐干燥及维护其无菌状态，并监督手术人员的无菌操作。

2. 手术开始，根据手术常规进展情况向手术者及助手传递器械及纱布等物品。

3. 递器械时，须以柄部朝向手术医师手掌，并将器械端露出，传递手术刀时应刀锋朝上，弯剪与弯钳之类应将弯曲部向上。递予医生的缝线必须保持潮湿，并用手托住以免脱落。传递时要平衡、准确、及时，不可在背后传递器械。

4. 保持器械台面干燥整洁。使用过的器械应随时用湿纱布将血渍擦净，用于不洁部位的器械要分开放置、浸入药液中或交给巡回护士。

5. 将器械分类排放整齐，暂时不用的可放在器械台一角，做到快递、快收，缝针、线圈、纱布等容易遗落在体腔内的物品，要随时收回并点数。

6. 手术过程中，凡医师从病人身上取下的组织，须小心收集，并放置好。

7. 随时注意术中的进展情况，若出现大出血，心搏骤停等意外时，应沉着果断，积极配合医生抢救。

8. 关闭体腔或深而大的伤口手术前后，与巡回护士及医生核对纱布、缝针、器械并记录。

9. 皮肤缝合后，以湿纱布擦净皮肤上的血渍，并协助医师包扎伤口。

（三）手术后的工作内容

1. 处理器械及其他物品，精密、锐利手术器械要小心处理，以防损坏。

2. 清洁整理手术间，补充物品，准备下一台手术。

## 二、巡回护士的配合

巡回护士的主要任务是做好有关手术的准备，全面负责受术者出入手术室的安全，供应手术中需要的物品及与外界部门的联络。其工作内容如下。

（一）手术前的工作内容

（1）手术开始前，检查手术间各种药品、物品是否齐全，室内各种手术灯、吸引器、供氧系统、电刀等功能是否良好，调节好室温及手术野光线。选择好与求美者适合的音乐播放。

（2）与器械护士共同准备手术所需的器械及物品。

（3）热情迎接受术者，消除其恐惧、焦虑心理，建立轻松良好的护理氛围。

（4）详细核对受术者，检查其假牙、饰品等是否取下，是否已禁食禁饮及皮肤准备情况等。

（5）协助手术医生进行术前拍照，以便术后对比。

（6）协助受术者上手术台，协助摆放受术者手术体位，尽可能保证其安全舒适。

（7）给手术人员提供无菌物品，协助器械护士、手术医生穿无菌手术衣。协助器械护士铺无菌器械台。

(8) 与器械护士、手术医师计数纱布、缝针、器械并记录。

(9) 连接各种电刀、吸引器，必要时提供手术人员脚凳。

(10) 监督手术人员遵守无菌原则，如有违反，立即纠正。

（二）手术中的工作内容

1. 坚守岗位，不可擅离手术间，随时提供术中所需物品。密切观察病情变化，随时做好抢救准备。

2. 观察受术者受压部位和受约束部位的皮肤情况和血运情况。

3. 负责术中输液输血及手术台上取下标本的保存和处理，负责与外界的联络。

4. 关闭较深伤口及体腔前后，与器械护士、手术医生共同计数纱布、缝针和器械并记录。

（三）手术后的工作内容

1. 协助手术医生包扎伤口，妥善固定引流管。

2. 向护送受术者的人员交班，并清点交接受术者所携带的物品。

3. 清理手术间并准备下一台手术。

## 第六节　手术中的无菌原则

在手术过程中，虽然器械和物品都已灭菌、消毒，手术人员也已洗手并穿戴灭菌手术衣和灭菌手套，手术区已消毒和铺盖无菌布单，为手术提供一个无菌操作的环境。如果不保持这种无菌环境，切口有可能感染。因此参加手术的人员必须严格执行无菌操作的规则。若发现有人违反，必须予以立即纠正。无菌操作规则包括以下几项。

1. 手术人员穿无菌手术衣和戴无菌手套之后，手不可触及背部、腰部以下、肩部以上的部位及手术台边缘以下的布单，这些区域属于有菌地带。双手应保持在腰部以上，双肘内收紧靠体侧，避免双手交叉抱于胸前或放于腋下。

2. 不可在手术人员的背后传递手术器械及用品。坠落到无菌巾和手术台边缘以外的器械物品不能拾回再用。

3. 手术过程中，手术人员的无菌手套若被器械戳破，必须立即更换。前臂或肘部碰触非无菌区，应更换手术衣或加戴无菌袖套。如无菌巾、布单等物被湿透时，应加盖干的无菌布单。

4. 在手术过程中，同侧手术人员如需调换位置，一人应先退后一步，背对背地转身到达另一位置，以防触及对方背部不洁区。

5. 做皮肤切口以及缝合皮肤之前，需用75%乙醇溶液再涂擦消毒皮肤1次。

6. 切开空腔脏器前，要先用纱布垫保护周围组织，以防止或减少污染。

7. 倒无菌溶液时，应先冲洗一下瓶口，冲洗瓶口的药液应弃去，保证无菌及防止瓶口杂质及玻璃碎屑掉入无菌容器。

8. 手术参观者，不能太靠近手术人员，也不能在手术间内频繁走动，减少污染的机会。

9. 如需要连续进行手术时，应按下述步骤更换手套和手术衣：①术毕手术人员自己洗净手套上的血渍，先脱手术衣、后脱手套，脱手套时，手部皮肤不可触及手套外面。②洗手消毒5min或用络合碘擦手1~2遍。③另穿手术衣，戴无菌手套。

（顾劲松）

# 第 7 章

# 瘢痕及其防治与护理

学习目标

1. 掌握瘢痕疙瘩与增生性瘢痕的异同点。
2. 熟悉瘢痕的分类。
3. 了解瘢痕治疗方法的选择。

**案例**

患者王某，男，25 岁，本科毕业 1 年，学习成绩优秀。5 年前因车祸致面部组织缺损，后瘢痕形成并挛缩，导致口角歪斜，影响美观。女朋友提出分手，毕业后多次求职失败，自卑心理严重。半年前在家人的帮助下到医院就诊，主治医师实施了瘢痕松解加连续“Z”成形术，术后恢复良好，4 个月前找到了心仪的工作，由于工作出色现已成为部门的业务骨干。

该患者为何伤后形成瘢痕？瘢痕为何发生挛缩导致严重畸形？有无办法预防瘢痕的发生？瘢痕发生后应该如何治疗？

瘢痕是机体修复创伤的必然产物，任何深及真皮网状层的创伤愈合后都会有不同程度的瘢痕形成。适度的瘢痕形成，是机体修复创伤的必然过程。经手术缝合的皮肤创口，或因外伤或化脓性感染所形成的开放性创腔创面，最终都需依靠瘢痕组织的形成而完成愈合过程。瘢痕的形成受多种全身因素和局部因素的影响。过度的瘢痕增生、挛缩则影响机体的外观和功能。

## 第一节　瘢痕形成及转归

### 一、瘢痕的形成过程

瘢痕的形成过程是一个复杂的过程，可因有无皮肤软组织缺损而不同。

（一）可直接闭合的创口

一般无皮肤软组织缺损，或缺损不多，经剥离松动创缘后能直接缝合，其愈合历经三个阶段。

**1. 炎症阶段**　主要为急性炎症的表现。伤后早期创面上有血清纤维蛋白和凝血块出现，创口部有血浆、淋巴液、白细胞、吞噬细胞等渗出。通过吞噬、移除、吸收等作用及受损细胞释放的酶所引起的自溶过程，清除坏死组织和沾染的细菌、异物等，并由纤维素形成的网状结构将创口的表层和深层初步黏合在一起。临床表现为轻度红肿。

**2. 增生阶段**　随着组织的炎性渗出，约 24h 以后，创面内毛细血管内皮细胞向凝血块内长入形成新的毛细血管，3d 后成纤维细胞和毛细血管增殖，形成肉芽组织，并逐渐把创腔填塞，5～6d 时出现胶原纤维，神经末梢长入，创口边缘的上皮组织向中心生长，覆盖了肉芽组织，瘢痕形成,使创面愈合。此阶段成纤维细胞按一定模板产生以甘氨酸、羟脯氨酸、羟赖氨酸为基本成分的,以 3 条肽链互成螺旋状盘绕逐级聚合而形成的胶原纤维。胶原纤维有高度的韧性,使创口的抗张强度增加。临床表现为创口愈合,瘢痕色淡红,平整或稍隆起,常有痒痛,触之质硬韧。

**3. 塑型阶段**　创面愈合胶原纤维不断合成的同时,由于创口组织内所含胶原酶的作用,胶原纤维也在不停地进行分解。许多因素可影响这一过程,一般地讲,创面愈合早期胶原纤维合成大于分解,约 21~28d 或更长时间以后,合成代谢与分解代谢渐趋平衡,成纤维细胞转变为纤维细胞,胶原纤维逐渐成为排列整齐有序的束状,毛细血管闭塞,数量减少,瘢痕渐渐退化。瘢痕呈淡褐色,或淡白色,较平坦,痒痛症状逐渐缓解,触之质柔韧,基底松动。但部分病人临床表现为创面愈合后 1~3 个月内瘢痕开始由淡红色转为鲜红色,表面变粗燥,出现硬结,轻度痒痛;随着时间的推移,增生加剧,到创面愈合后约 3~6 个月达到高峰,瘢痕厚度可达数毫米,质地坚硬,无弹性,颜色由鲜红转为紫红,表面毛细血管显露,易受外力作用而损伤,痒痛症状明显,尤以夜间为重。瘢痕可出现挛缩,导致关节畸形及功能障碍。瘢痕增生达到高峰后,无论是否治疗,均开始逐渐成熟而软化,胶原纤维分解大于合成。瘢痕成熟通常需要 6~24 个月或更长,临床表现为厚度变薄,质地变软,弹性增加,表面毛细血管消失,肤色由紫红变为淡褐色,最后与邻近肤色接近,痒痛症状减轻至消失。

（二）皮肤缺损性创口

由于创缘互相远离,不能直接对合,其创面愈合过程比较复杂,病理组织变化过程除与可直接闭合的创口基本相同外,突出特点如下。

**1. 肉芽组织的形成显著**　创伤部位由于成纤维细胞和毛细血管芽的增殖,形成大量肉芽组织,将创腔逐渐填满,创面铺垫平整,为从四周皮肤表皮新生的上皮向创面中心生长提供条件。

**2. 创缘的向心性聚缩显著**　皮肤具有弹性,破损后创缘退缩,呈现较实际皮肤缺损为大的创面,其后经渗出阶段,由于纤维的作用使创缘与创面基底组织黏合固定,创缘的向心性聚缩随即进行。在创缘的真皮下组织内,出现从成纤维细胞分化生成的成肌纤维细胞,因其收缩,牵拉四周正常皮肤向内移动,使创缘互相聚拢接近,创面随之日趋缩小。这是完成皮肤缺损修复过程中极为重要的步骤,但也会因此导致皮肤的过度紧缩,引起瘢痕挛缩畸形。

**3. 上皮再生明显**　随着肉芽的形成,创缘的向心性聚缩,源于创缘皮肤表皮的新生上皮向创面中心爬行推进,逐渐覆盖肉芽组织,形成瘢痕皮肤,创面最终愈合。

## 二、瘢痕形成机制

目前尚未完全清楚。一般认为瘢痕的形成是由于机体炎症反应,胶原的合成与降解不平衡所致。当机体组织特别是皮肤组织受到一定深度的损伤后,创面首先出现炎症反应,白细胞、巨噬细胞、肥大细胞等浸润,释放出多种细胞因子(生长因子),成纤维细胞和成肌纤维细胞大量增生并合成大量的胶原等基质,造成胶原代谢与排列的异常,异常基质的沉着,加上微循环和自由基等因素的影响,促进了瘢痕的形成。增生性瘢痕中淋巴回流减少,局部水肿,可导致瘢痕的肥厚。目前已知成纤维细胞、成肌纤维细胞、肥大细胞、中性粒细胞、巨噬细胞、血小板等细胞成分,胶原的代谢与排列失常、纤维粘连蛋白的改变、黏多糖的改变等基质成分,微循环因素、免疫因素、生长因子因素、基因表达因素、自由基因素等均参与了瘢痕的形成和转归过程。如何调节这些因素之间的适度协同作用,使瘢痕增生控制于理想的程度,是目前研究的重点。

## 三、瘢痕的转归

由于机体创面修复的复杂性,目前人们尚不能控制瘢痕增生于理想的程度。瘢痕一旦形成以后，受机体内外因素的影响，随着时间的推移，可向以下三个方面转归。

（一）瘢痕软化

多数瘢痕到后期阶段，瘢痕组织成熟，成纤维细胞、毛细血管的成分逐渐减少，胶原纤维呈互相平行和较有规律的束状排列，硫酸软骨素 A 含量也显著减少。此时临床所见的瘢痕组织充血消退，色泽变淡或呈淡褐色，外形也渐趋平整，质地变软，基底日渐松动，痒痛感觉也随之减轻或消失。但这种退行性变化，由于个体的差别和治疗因素的影响，时间的长短不一，由几个月到数年不等。但总的趋势是稳定、变薄和软化。

（二）瘢痕挛缩

主要见于Ⅲ度烧伤、毒蛇咬伤、严重创伤所致的瘢痕，或是发生在关节部位的瘢痕。这类瘢痕收缩性大，使正常组织变形，邻近组织、器官受牵拉可造成功能障碍、器官移位，也可影响到骨骼、肌肉、血管、神经等组织的发育。临床上常见的因瘢痕挛缩引起的畸形有睑外翻、唇外翻、颏胸粘连，爪形手、足部瘢痕挛缩畸形等，此类畸形应尽早行手术矫治。

（三）瘢痕恶变

瘢痕恶变多发生于不稳定性瘢痕，尤其是当瘢痕因摩擦、牵拉等原因发生破溃后，产生经久不愈的溃疡时。应加以重视，及时切除，妥善修复创面，以预防瘢痕癌变的发生。

## 四、瘢痕形成与转归的影响因素

皮肤创伤愈合过程中，瘢痕的形成与转归受许多因素的影响，但从根本上讲可分为内在因素和外部因素两个方面。

（一）内在因素

影响瘢痕形成的内在因素可分为全身因素和局部因素。

**1. 全身因素**

（1）种族：增生性瘢痕和瘢痕疙瘩在各种人种都会发生，但有色人种发生率高，如在黑人中瘢痕疙瘩的发生率为白种人的 6~18 倍，这可能与遗传因素有关。

（2）年龄：胎儿创伤愈合后一般无增生性瘢痕与瘢痕疙瘩发生，青年人创伤愈合后瘢痕与瘢痕疙瘩发生率较老年人高，且同一部位年轻增生性瘢痕与瘢痕疙瘩增生的厚度较老年人厚，如据统计 10~20 岁人群瘢痕的发生率最高，占 64.4%。

（3）一般状况：如营养不良、贫血、维生素缺乏、微量元素平衡失调、糖尿病等全身因素，都不利于伤口愈合，使伤口愈合的时间延长，利于瘢痕的发生。

（4）个体体质：瘢痕疙瘩常呈家族性发生，同一个体在不同部位、不同时期发生的瘢痕均是瘢痕疙瘩，这说明瘢痕疙瘩的发生可能与个体体质有关。

（5）代谢状态：增生性瘢痕和瘢痕疙瘩多发生于青少年和怀孕的妇女，这可能与其代谢旺盛，垂体功能状态好，雌激素、黑色素细胞刺激激素、甲状腺素等激素分泌旺盛有关。

（6）药物因素：如激素，乙酰基水杨酸、异维 A 酸、苯丙香豆醇等药物，也起着重要的作用。

（7）家族性因素。

（8）其他因素：如吸烟、辐射也会促使病理性瘢痕的形成，可能还与生物化学因素、免疫因素、生长因子有关。

**2. 局部因素**

（1）部位：机体任何深及皮肤网状层的损伤均可形成瘢痕，但同一个体的不同部位，增生性瘢痕与瘢痕疙瘩的发生情况是不同的，有些部位，如眼睑、前额、背部下方、外生殖器等处瘢痕与瘢痕疙瘩发生率较低；有些部位如下颌、胸前、三角肌、上背部、肘部、髋部、膝部、踝部与足背等处则易于发生增生性瘢痕与瘢痕疙瘩。后者可称为瘢痕易发部位，在这些部位手术，应特别重视瘢痕的防治。

(2)皮肤张力线影响：切口或伤口与皮肤张力线平行，创缘所受张力小，创面愈合后瘢痕较小，反之瘢痕则较大。临床上可根据此线方向作"Z"成形术，改变瘢痕的张力，减少瘢痕的复发。

(3)皮肤色素情况：如人体瘢痕疙瘩常发生在色素较集中的部位，而很少发生于含色素较少的手掌或足底，去炎松是色素激素的阻滞剂，可使色素减少，也可使胶原降解，使增生性瘢痕与瘢痕疙瘩萎缩消退。

（二）外在因素

影响瘢痕形成的外在因素较多，常见的有以下几个方面。

**1. 伤口与手术切口** ①研究表明皮肤有张力松弛线(郎格氏线)，凡伤口与手术切口平行于该线者，所受的张力就小，瘢痕的发生率就低。凡切口垂直于该线者，所受的张力就大，瘢痕的发生率就高。②手术切口垂直于皮肤表面切开，愈合后瘢痕最细，切开时刀片在皮肤表面的倾斜度越大，真皮的瘢痕就越宽，愈合后瘢痕就粗大明显。③手术关闭伤口或切口时，皮缘对合严密，张力适度，针线细小，均有利于预防瘢痕的增生。

**2. 感染** 创面感染后易发生瘢痕。因创面感染后炎性细胞浸润，细菌毒素能抑制上皮细胞的移行和增殖，组织蛋白和真皮的多糖被消耗，成肌纤维细胞和成纤维细胞迅速增多，肉芽组织增生过度，易于形成增生性瘢痕与瘢痕疙瘩组织。一般情况下，感染越久，则形成瘢痕的程度越严重，感染的伤口如不充分引流和清除坏死组织，伤口难以愈合，即使能愈合，愈后也会形成严重的瘢痕。

**3. 创面异物** 若创面有灰尘、滑石粉、棉花纤维、线结、含渣外用药物等异物，可刺激瘢痕组织增生，引起增生性瘢痕或瘢痕疙瘩。

**4. 创面血肿** 创面血肿为感染创造了条件，对伤口愈合产生不良影响，利于增生性瘢痕与瘢痕疙瘩的形成。

**5. 损伤的深度** 若损伤平面仅伤及真皮浅层，愈合后创面呈淡红色，约3个月左右自行消退，不留瘢痕；若损伤平面达真皮网状层，伤口愈合后可产生瘢痕。如浅Ⅱ度烧伤和刃厚皮片供区，损伤仅限于真皮浅层，创面愈合后瘢痕大多不很明显；深Ⅱ度创面伤及真皮深层，创面愈合后将有瘢痕形成。

**6. 创面修复的时间** 创面愈合时间越早，瘢痕的发生率越低；否则瘢痕的发生率就升高。如Deitch临床观察100例245处瘢痕，发现创面在伤后10d愈合就可能出现瘢痕，其发生率为0～6%；若创面在伤后10～14d愈合，瘢痕的发生率为4%～19%；若创面在伤后14～21d愈合，瘢痕的发生率为30%～35%，且多是增生性瘢痕；若创面在伤后21d后愈合，瘢痕的发生率可高达50%～83%。有人报道创面暴露2～4周，肌成纤维细胞占成纤维细胞的40%～50%，瘢痕形成明显。

**7. 创面修复的方法** 创面较小时，以直接缝合对齐创缘为好。创面较大时采用皮瓣修复创面较皮片移植效果好，若让其自行愈合，必定要有瘢痕增生。用自体或异体培养的表皮细胞移植于Ⅲ度烧伤创面，因缺乏真皮层，创面易趋向瘢痕化。若给予断层皮片移植，创面收缩减轻，肌成纤维细胞减少，瘢痕增生减少。若给予全厚皮移植，创面收缩最小，肌成纤维细胞消退最迅速，瘢痕增生最不明显，这是防止瘢痕增生及挛缩的有效措施。

**8. 慢性刺激** 伤口瘢痕可因反复摩擦、搔抓、日光照射等慢性刺激而增生。

**9. 其他** 如包扎固定不妥,植皮时机延误,创面愈合后未进行适当的功能锻炼和康复治疗等治疗失误,可引起或加重瘢痕增生。

# 第二节 瘢痕的分类、诊断

## 一、瘢痕的分类方法

瘢痕的分类在目前尚无统一的方法。临床上常根据瘢痕的形态和治疗方法上的特点采用以下几种分类方法。

**1. 按瘢痕组织是否牢固分类** 可分为稳定性瘢痕与不稳定性瘢痕。前者瘢痕组织较牢固,不易发生破损,多见于瘢痕时间较长者;后者瘢痕组织脆弱,容易破损,多见于新形成瘢痕及萎缩性瘢痕。不稳定性瘢痕容易形成慢性溃疡,进而发生恶变,形成瘢痕癌。

**2. 按瘢痕有无疼痛症状分类** 可分为疼痛性瘢痕和非疼痛性瘢痕。前者无痛,后者有疼痛症状。大多数瘢痕没有疼痛,只有少数瘢痕有疼痛,如部分扁平瘢痕有刺痛,深的凹陷性瘢痕累及神经干具有放射性疼痛等。

**3. 按瘢痕的性质不同分类** 可分为普通(一般性)瘢痕和病理性瘢痕(瘢痕疙瘩和瘢痕癌)。普通(一般性)瘢痕又可分为萎缩性、挛缩性等类型。病理性瘢痕中的增生性瘢痕与瘢痕疙瘩应进行鉴别。

**4. 按瘢痕表面形态不同分类** 可分为凹陷性瘢痕、扁平瘢痕和增生性(肥厚性,或隆起性)瘢痕;碟状、线状、蹼状、桥状、赘状、圆形、椭圆形、不规则形瘢痕等。

**5. 按瘢痕对机体功能状态的影响分类** 可分为挛缩性瘢痕和非挛缩性瘢痕。前者瘢痕发生挛缩,可造成关节部位的功能障碍,腔道部位的变形,外观和功能受到影响。非挛缩性瘢痕虽然也有瘢痕组织的收缩,但没有造成机体的功能障碍。

**6. 按组织学及临床特点不同分类** 可分为扁平(表浅性)瘢痕、增生性瘢痕、萎缩性瘢痕、瘢痕疙瘩和瘢痕癌。

**7. 根据瘢痕面积分类** 可分为小面积瘢痕与大面积瘢痕:能直接切除缝合者称小面积瘢痕,否则可称为大面积瘢痕。

## 二、常见的瘢痕类型及其特征

### (一) 扁平瘢痕

为皮肤浅表瘢痕,由于皮肤受轻度损伤,或浅二度烧伤,或表浅的感染所引起(图 1-7-1)。特点是除外表稍异于正常皮肤、表面粗糙、有色素沉着外,一般都无功能障碍,多不需要处理,少数有碍美观,可行磨削术或其他治疗。

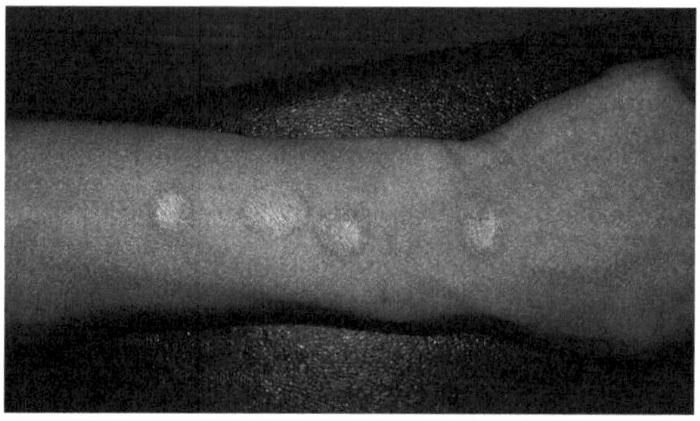

图 1-7-1 前臂烧伤后扁平瘢痕

### (二) 萎缩性瘢痕

是一种不稳定的瘢痕组织,也称不稳定性瘢痕。常发生于较大面积的Ⅲ度烧伤,特别是深达脂肪层的创面,没有经过植皮治疗,仅依靠边缘上皮生长而使创面愈合者。小腿、足底等处慢性溃疡愈合后的瘢痕也是萎缩性瘢痕。这种瘢痕组织很薄,表面平坦,色素减退,质地坚硬,局部血液循环极差,浅表仅覆盖一层萎缩的上皮细胞,易受外力作用而破裂出现溃疡，经久不愈，晚期有发生恶变的可能。瘢痕基底层含有大量的胶原纤维，与深部组织粘连紧密；具有很大的收缩性，常牵拉周围正常的组织造成严重的功能障碍。

（三）挛缩性瘢痕

挛缩瘢痕是以瘢痕所引起的功能障碍特征而命名的，多见于深度烧伤愈合后。由于瘢痕收缩，常导致组织外形改变、关节等功能障碍(图1-7-2)。由挛缩性瘢痕所引起的功能障碍和形态改变等畸形，称为瘢痕挛缩畸形。长期的瘢痕挛缩畸形可影响骨骼、肌肉、血管、神经等组织的发育，应及早处理。不同部位的挛缩性瘢痕所引起的功能障碍和形态改变的程度是不同的，如在皮面宽阔的躯干部位程度较轻，在四肢屈侧和器官聚集的面部程度较重。临床上常见的因瘢痕挛缩造成的畸形有睑外翻、唇外翻、颏胸粘连、手部瘢痕挛缩畸形及各关节的屈侧或伸侧挛缩畸形等。其中在关节屈面的条索状瘢痕挛缩，如经较长时间，挛缩瘢痕两侧的皮肤及皮下组织可以逐渐伸长，成为蹼状的瘢痕挛缩，称蹼状挛缩瘢痕。此种蹼状瘢痕较大者常见于颈前侧、腋窝、肘窝、踝关节等处，较小者可见于内眦角、外眦角、鼻唇沟、口角、指蹼等部位，部分在体表孔道的开口处呈环状出现，造成其口径狭窄，影响正常功能。蹼状的挛缩瘢痕多可采用Z成形术原理进行手术修复。

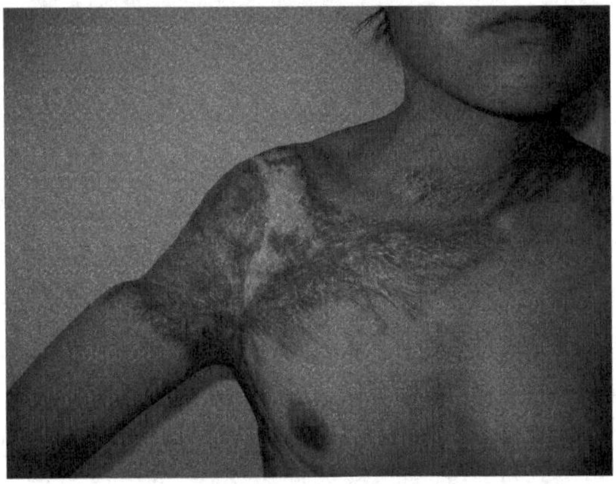

图1-7-2　挛缩性瘢痕，肩关节活动受限

（四）凹陷性瘢痕

当瘢痕组织在体表造成凹陷畸形时，称之为凹陷瘢痕。简单的凹陷性瘢痕仅是线状瘢痕及其区域的低陷，广泛的凹陷性瘢痕则可合并有皮下组织、肌肉或骨骼组织的缺损，要纠正这种畸形不但要处理皮肤上的瘢痕，而且还要按照凹陷程度的轻重采用不同的方法来修复缺损，以恢复正常外形。

（五）增生性瘢痕

**1. 增生性瘢痕及其特点**　增生性瘢痕，也称增殖性瘢痕、肥厚性瘢痕、肥大性瘢痕或隆起性瘢痕，通常出现于深Ⅱ度以上烧伤愈合后、大多数切口缝合愈合后、较厚的中厚皮片供皮区愈合后。皮肤损伤愈合后，瘢痕仍继续增殖，逐渐发展成增生性瘢痕。

增生性瘢痕各年龄均可发生，发生部位不定，病变局限于创口范围内，早期灼痛奇痒、色红质硬，常呈过度角化、溃疡和挛缩。一般于1年后变萎缩、稳定。

**2. 增生性瘢痕流行病学**　任何年龄均可发生，以青少年多见。可发于皮肤损害的任何部位，手术切除治疗后不复发或复发程度明显减轻。

**3. 增生性瘢痕的临床表现**　增生性瘢痕通常出现于深Ⅱ度以上烧伤愈合后、大多数切口缝合愈合后、较厚的中厚皮片供皮区愈合后。皮肤损伤愈合后，瘢痕仍继续增殖，逐渐发展成增生性瘢痕。增生一般发生于瘢痕形成的早期阶段，瘢痕充血水肿，色泽鲜红或暗红。早期痒痛难忍，常有抓痕，表皮易发生水疱破溃，6~12个月后有自然衰退趋势，周围正常组织不受侵犯。

组织学显示，早期瘢痕表面为一层萎缩的上皮细胞覆盖，底层为大量的结缔组织增生、血管扩张及炎性细胞浸润。后期其局部增厚，高出体表，突出表面，外形不规则，毛细血管极度充血，表面呈红色，质实韧。

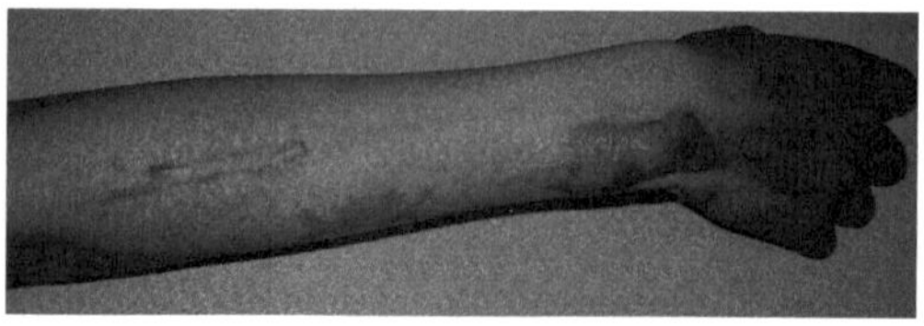

图 1-7-3　前臂增生性瘢痕

显微镜下可见胶原纤维方向与瘢痕长轴平行，排列整齐，胶原结节较少，缺乏胶原纤维透明样变，成纤维细胞及黏液性基质较少。

大面积的增生性瘢痕肥厚而硬，可厚达2cm以上，但其与深部组织不粘连，可以推动（图 1-7-3）。

（六）瘢痕疙瘩

**1. 瘢痕疙瘩及其特点**　瘢痕疙瘩是一种治疗困难的特殊类型瘢痕，与其他瘢痕存在相同之处，但又有明显差异。

许多作者都对瘢痕疙瘩从不同角度下过定义或做过描述。Peacock（1970）将其定义为"已经愈合的人体皮肤创伤"，以超过原始损害边缘向周围正常组织扩展和过度的胶原沉积为特征。瘢痕疙瘩单纯施行切除缝合手术治疗，术后极易复发，且范围较原有瘢痕更大，增长速度也快。

实质上，瘢痕疙瘩是外伤刺激引起，发生于皮肤的一种纤维组织肿瘤。是以具有持续性强大增生力为特点的瘢痕，主要病理表现为瘢痕组织内胶原及基质成分的大量沉积，侵犯周围正常皮肤，且短期内无自愈倾向（图 1-7-4，图 1-7-5）。最易出现在前胸、上颈部、耳朵、肩部及上臂等部位，有特定部位多发倾向，且可以在身体的不同部位同时出现。瘢痕疙瘩常与皮肤损伤的轻重程度无明显关系，甚至轻微外伤，如蚊虫叮咬，预防接种等针刺伤都可引起。

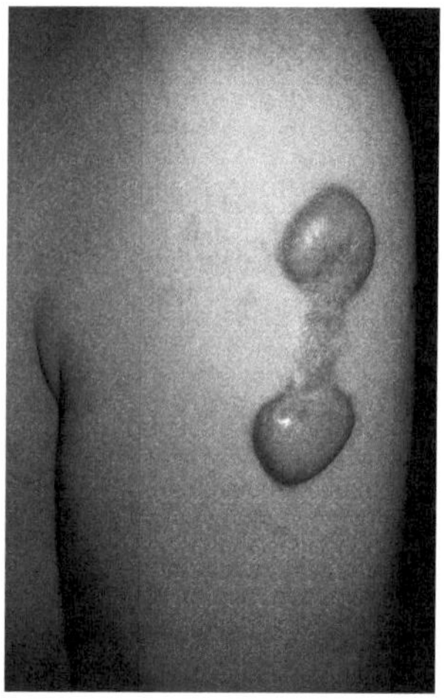

图 1-7-5　上臂瘢痕疙瘩

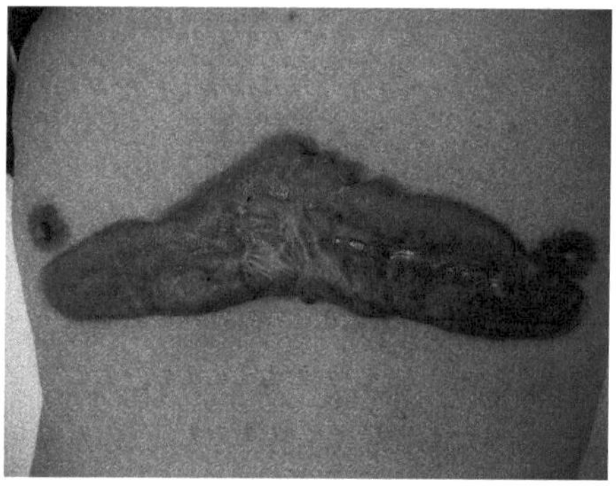

图 1-7-4　躯干瘢痕疙瘩

**2. 瘢痕疙瘩流行病学**　瘢痕疙瘩多见于30岁以下的青壮年，色红，坚硬，突出皮肤表面，有时成蟹足状，故又名为蟹足肿；可发生于任何种族，其中黑人最常见；具有明显的家族遗传性；发生部位有明显的区域易感性，胸骨前、背部、项部是最易受感区，这些部位可形成严重的瘢痕疙瘩。耳、三角肌区、前胸壁和颈部属中度易感区。腹部、前臂、面部等其他部位是轻度易感区。皮肤非常松弛的部位，如眼睑、阴茎、阴囊和乳头、乳晕皮肤很少发生，另外手背和足底的瘢痕疙瘩也非常罕见。瘢痕疙瘩常继发于皮肤损害、外伤、感染（寻常狼疮、皮肤瘰疬、痤疮、带状疱疹、梅毒性溃疡）、手术缝合、烧伤后，甚至注射、接种、搔抓、蚊叮虫咬等均可导致瘢痕疙瘩形成。

**3. 瘢痕疙瘩的临床表现**　瘢痕疙瘩是一种不规则形的肥厚性赘生物。开始时瘢痕组织呈粉红或暗红色，以后逐渐形成坚硬、界限欠规则、表面光滑发亮、毛细血管扩张的橡皮样斑块，隆起于皮肤表面，呈蟹足状生长。患者可有程度不同的痒、痛、针刺感，少数病例症状很明显。

瘢痕疙瘩的形态、大小因损伤的情况不同而异：手术切口常为条状；搔抓、注射后引起可为条索状、小块状；在前胸部多为横条状，常有典型的蟹足状分枝，有人称之为蝴蝶斑；烫伤或灼伤后发生者，其大小厚度与损伤的面积、深度密切相关，损伤越深则瘢痕疙瘩越厚；大面积损害可因瘢痕挛缩而致运动功能障碍；发生在关节部位可使肢体挛缩、活动受限，甚至影响正常工作和生活；发生在面部可毁容。

显微镜下可见较多的幼稚成纤维细胞增生，胶原纤维粗大、排列紊乱，明显透明样变性，有丰富的黏液性基质。

有的作者根据瘢痕疙瘩的形态特点不同将其分为两种类型：一种是肿瘤型，瘢痕突起显著，顶部较基底膨大而形如蕈状，表面有皱纹或皱褶或呈结节状；另一种是浸润型，瘢痕较为扁平，呈匍匐状向四周邻近皮肤扩张浸润，边缘不规则，此型瘢痕的增生力较肿瘤型更强。

瘢痕疙瘩有明显的特异性身体素质，即瘢痕体质，有显著的身体好发部位，如胸骨柄部、肩三角肌处、下颌、耳郭等处。随病程进展，瘢痕超出原有损伤范围，逐渐向周围正常皮肤浸润，病程漫长，长势多年不衰，有时发展到一定程度后可停止生长，但极难自行消退，日久以后，颜色变淡呈肤色或苍白色。

（七）瘢痕癌变

瘢痕组织可以发生恶变成为瘢痕癌，多发生于不稳定性瘢痕，尤其是瘢痕溃破，经久不愈时（图 1-7-6）。本病也可发生于放射线溃疡、慢性骨髓炎窦道的瘢痕组织。临床特点为瘢痕发生恶变的时间长短不一，短者 3 个月，长者可达 60 年以上；一般发生于中老年人，平均年龄在 50 岁以上；好发于下肢，也可见于躯干等部位；瘢痕癌变前一般都有较长的慢性溃疡病史和奇痒的症状，病程缓慢；瘢痕癌变后多不发生扩散转移；组织学检查多为鳞状细胞癌，少数为基底细胞癌。目前主张对慢性不愈合的溃疡应多次、多部位、反复切取深部组织进行病理检查以及早确诊其是否癌变。对慢性不愈合的溃疡宜早期切除以防止癌变。瘢痕癌变一旦确诊后，应及早手术切除病变，必要时术后配合放疗或化疗。

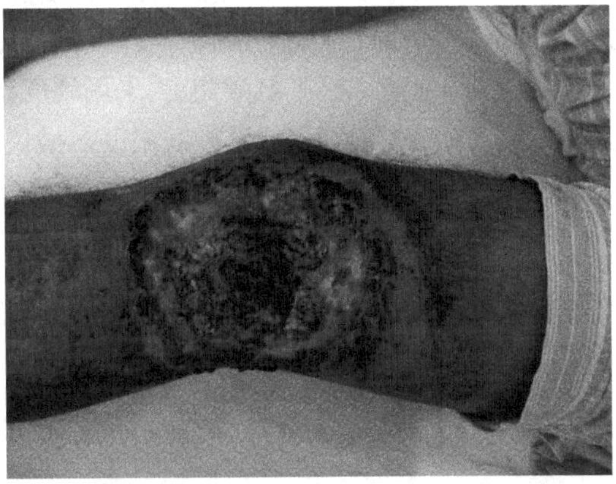

图 1-7-6 左下肢瘢痕癌

## 三、瘢痕的诊断与鉴别诊断

（一）诊断方法

**1. 询问病史** 应注意以下几个方面。

（1）自觉症状：瘢痕在增生活跃期多表现为瘙痒和疼痛症状，部分病人在阴雨天自觉症状表现为加重，部分病人在进食辛辣等刺激性食物后加剧。

（2）心理状态：瘢痕有不适症状。在暴露部位，特别是面、颈部的瘢痕和瘢痕疙瘩，影响美观，造成容貌损害。瘢痕可引起患者机体功能障碍，可发生破溃和癌变，均会给患者造成严重的心理负担。

（3）发病原因：瘢痕疙瘩常继发于外伤、手术，还多见于预防接种、虫咬、痤疮及不明原因所致的皮肤损伤。

（4）病程与转归：瘢痕发生的时间，瘢痕发生后的改变，瘢痕发生后1~2年内有无自发萎缩消退现象，既往做过何种治疗，效果如何等，有助于确定瘢痕的种类。

（5）对机体功能的影响：发生于功能部位的瘢痕、挛缩性瘢痕等对机体功能有一定的影响，询问病史时要问仔细。

**2. 体格检查** 除细致的全身检查外，对瘢痕局部的检查应注意以下几个方面，并做好记录。

（1）瘢痕形态：如条状、圆形或不规则形。

（2）瘢痕数目：1个或多个。

（3）瘢痕颜色：如稍红、粉红、红、紫红、深紫红等类型。

（4）瘢痕质地：如很软、软、稍硬、硬、坚硬、或起水疱等类型。

（5）瘢痕厚度：如很薄、薄、稍厚、厚、明显增厚等类型。

（6）发生部位：注意1个或多个部位可同时发生。

（7）病损范围：注意观察瘢痕是否超过原损伤范围。

（8）体温改变：大面积增生性瘢痕可降低皮肤的散热效应，影响体温调节功能，出现体温升高。

（9）畸形状态：详细检查并记录瘢痕给机体造成的畸形状态及其造成的机体功能丧失情况。

（10）并发症情况：如有无感染、溃疡、窦道及隐窝等。为了使瘢痕在治疗前后有比较客观的比较，可采用照相技术，在同一姿势、同一距离、同样的光线下留下病变部位的照片。

**3. 实验室检查** 羟脯氨酸测定；采用硬度计，行瘢痕硬度测定；采用B型超声，行瘢痕厚度测定；采用半导体温度仪或红外线温度扫描仪，行瘢痕表面温度测定；经皮氧分压测定；血管热刺激舒张指数测定等，对瘢痕进行客观、无创伤、定量测定，对各种疗法进行客观评价。

### （二）诊断内容

瘢痕的诊断一般应包括以下内容。

1. 明确瘢痕的部位、大小及类型。

2. 明确瘢痕对机体功能的影响。造成机体功能障碍者，称之为挛缩性瘢痕，反之称非挛缩性瘢痕。

3. 明确瘢痕特殊的形状。如瘢痕具有线状、碟状、蹼状、桥状、圆形、椭圆形或不规则等特殊形状时，可以注明修饰瘢痕的类型。

4. 明确瘢痕有无不适的感觉。如有无疼痛、瘙痒等自觉症状。

5. 明确瘢痕是处于增生期还是处于成熟期。①瘢痕增生期：颜色始为淡红，逐渐为鲜红，再转为深红或紫红，瘢痕表面可见扩张的毛细血管；厚度不一，表面粗糙，高低不平，可达数毫米到数厘米；质地早期软，后坚硬无弹性；可伴紧缩感，关节活动受限，畸形出现。②瘢痕成熟期：瘢痕成熟时间由伤后半年至数年不等；颜色由深红或紫红渐变为紫色、褐色，淡紫色、淡褐色，最后与周围皮肤颜色近似，瘢痕表面不见扩张的毛细血管；厚度渐变薄，与邻近皮肤在一个平面，表面变光滑；质地渐变软，较正常皮肤偏硬且弹性差；不适症状减轻和消失。

### （三）鉴别诊断

瘢痕的诊断比较明确，一般可以根据其症状、表面形态、对机体功能的影响状况等不同而有不同的命名，无需进行鉴别诊断。临床工作中，有以下几种情况常需进行鉴别诊断。

**1. 增生性瘢痕与瘢痕疙瘩**　增生性瘢痕(hypertrophic scar)与瘢痕疙瘩(keloid),二者既有区别又有相同之处,其鉴别要点见表 1-7-1。其病理机制目前都尚不清楚,二者的诊断通过病理检查也难以区分,故这两种病变的区别主要是依靠临床表现。早期的瘢痕疙瘩与增生性瘢痕在临床特征上难以区别,应引起注意。可通过详细询问病史,包括致病原因、演变过程、局部刺激因素、对各种治疗的反应,做出排除或肯定瘢痕疙瘩的诊断。

**表 1-7-1　增生性瘢痕与瘢痕疙瘩鉴别要点**

| 项目 | 增生性瘢痕 | 瘢痕疙瘩 |
|---|---|---|
| 发病年龄 | 任何年龄,以青少年多见 | 多见于 3 岁以上儿童和青少年 |
| 形态质地 | 瘢痕充血水肿,色泽鲜红或暗红 | 暗紫色质硬肿块,高出皮面,体大蒂小,呈蘑菇状,或超出损伤范围,呈蟹足状生长,边界明确 |
| 生长趋势 | 一般为瘢痕形成的早期阶段,6~12 个月后有自然衰退趋势,周围正常组织不受侵犯 | 持续生长,并向正常组织侵犯,一般无自行消退趋势 |
| 症状 | 早期痒痛难忍,常有抓痕,表皮易发生水疱破溃 | 红色部分痒并时有疼痛,患者心理负担重 |
| 好发部位 | 可发于皮肤损害的任何部位 | 常发于上半身,以胸骨部、肩、上臂、颏、项、耳等处好发 |
| 病理检查 | 胶原纤维排列整齐,与瘢痕长轴平行,到周围正常皮肤逐渐消失,很少有较厚的胶原纤维,黏液间质不足 | 成纤维细胞很多,并有分裂相,后期为致密的较厚的破碎样胶原纤维,纤维方向不规则,与周围正常皮肤分界清除,有黏液样间质 |
| 细胞培养 | 无Ⅱ型细胞,无黏液 | 5%~10%为Ⅱ型细胞,细胞大,活动,有黏液 |
| 加压治疗 | 持续加压数月,效果好 | 多无效 |
| 手术切除 | 很少复发 | 易于复发,范围较原病变范围更大 |

**2. 瘢痕溃疡与瘢痕癌变**　萎缩性瘢痕受到外力作用易于发生溃破,增生性瘢痕早期易于发生水疱,水疱感染等易形成瘢痕溃疡。瘢痕癌变发病率较低,男性多于女性,多见于成人,好发于肢体(特别是下肢和血液供应不足、易受创伤的部位),有奇痒症状,多经过反复溃破、经久不愈的慢性溃疡阶段,这与瘢痕溃疡容易混淆,需要进行鉴别诊断。二者鉴别的最客观依据是病理活检。

# 第三节　瘢痕的预防和治疗

## 一、瘢痕的预防

### (一)瘢痕预防的意义和概念

瘢痕的预防胜于治疗,由于目前人们对瘢痕发生的确切机制尚不清楚,对瘢痕发生后的治疗尚无理想方法,所以对瘢痕的预防就有着极其重要的意义。

对瘢痕的预防主要是在瘢痕形成前和形成过程中,尽量去除各种造成瘢痕增生的因素,减少瘢痕的生长,预防瘢痕对机体造成的各种畸形和功能障碍。

### (二)瘢痕形成前的预防

包括治疗因素性瘢痕的预防和非治疗因素性瘢痕的预防。

治疗因素性瘢痕的预防:这类瘢痕形成的原因主要是手术引起,预防的具体措施是“五无加两适当”,即无菌原则、无创技术、无张力、无异物、无死腔,手术方法得当与手术时机合适。①手术方法选择得当:如磨削治疗面部痤疮扁平瘢痕,深度烧伤宜早期手术并大张植皮修复创面，皮肤软组织扩张术治疗头皮瘢痕性秃发，伤口使用减张胶带提高伤口愈合质量而预防瘢痕增生等。②手术时机合适：一般瘢痕待成熟（半年~2年）后手术；挛缩性瘢痕造成组织器官畸形，影响功能和机体发育者，手术时机提前；深度烧伤创面尽早切削痂植皮治疗；肉芽创面尽早手术促进愈合。

非治疗因素性瘢痕的预防：非治疗因素性瘢痕主要是指外伤、烧伤引起的瘢痕，这类损伤往往较重，且均伴有不同程度的感染。所以对这类损伤瘢痕预防的重点是预防和控制感染，给创面愈合创造良好的条件，尽早封闭创面。

（三）瘢痕形成期的预防

瘢痕虽已形成，但此时采取一些措施对瘢痕的生长仍会有一定的抑制作用，可减轻瘢痕形成的程度，减少瘢痕对机体造成的危害。主要方法有：加压疗法、药物疗法、放射疗法和功能康复综合疗法。

加压疗法：自20世纪70年代应用以来，应用海绵、塑料甲板、弹力衣（套）、弹力绷带等材料局部加压一直作为烧伤后增殖性瘢痕的首选预防和治疗方法。原则：一早（创面愈合后）、二紧（压力为24~30mmHg）、三持久（每天除洗澡外24h加压，持续6~12个月）。效果：一般情况下，加压治疗2周可见效，表现为瘢痕痒痛症状减轻，1个月瘢痕变扁平，1年可软化。

药物疗法：分为外用药物和瘢痕内注射药物。比较常用的瘢痕内注射药物是去炎舒松（尚有曲安缩松、康宁克通-A、去炎松-A、去炎松缩丙酮、确炎舒松-A曲安奈德等别称）或以其为主的多种药物，该法自20世纪60年代已用于临床，效果确切。一般用去炎舒松每次80~120mg，1~4周瘢痕内注射1次，6~8次为一个疗程。比较常用的外用药物是各种具有软化瘢痕和抑制瘢痕增生作用的膏、霜制剂和硅酮凝胶制品，后者目前有喷雾制剂和外敷制剂—自黏性的瘢痕贴膜等；自从20世纪80年代早期被应用至今，并取得安全、有效的良好效果，对儿童及不能耐受其他治疗之痛的患者特别适用。

放射疗法：有$^{90}Sr$等同位素敷贴、X线和电子线照射等方法，其中以电子线照射为最好。目前主张术后早期，在2周内给予1500~2000拉德（rad）。对不成熟的增生性瘢痕和瘢痕疙瘩应加大剂量。

功能康复综合疗法：包括早期体育疗法、保持功能位与妥善固定、物理疗法等。对烧伤患者来讲，待其一般情况好转，创面开始愈合时，即可开始进行缓慢的主动与被动活动，如关节屈、伸、外展、内收、外旋与内旋等活动，每日进行2~3次。当创面完全愈合后可采用可塑性夹板、各种器械、按摩、浸浴、家务训练等综合康复措施，保持各关节于功能位和对抗瘢痕挛缩，预防肢体功能障碍，促进病人心身健康的恢复。

## 二、瘢痕的治疗

目前尚无一种确切、高效的治疗方法可独立应用于瘢痕及瘢痕疙瘩的治疗，任何有效的治疗方法都应以去除现存的病变为目的，并通过抑制成纤维细胞的增殖及胶原的合成预防其复发。根据不同情况，可采取手术与非手术方法，或两者结合的方法对瘢痕及瘢痕疙瘩进行治疗。采用综合治疗的疗效常优于单一方法。

（一）非手术治疗

前述用于瘢痕预防的加压疗法、药物注射疗法、放射疗法、硅胶膜贴敷疗法、功能康复综合疗法均可应用。另外尚有激光烧灼疗法、冷冻疗法、直流电离子导入、等幅中频正弦电流、超声波、紫外线、激光、蜡疗等多种物理疗法可以选用。具体方法在此不做赘述,请参见本套教材美容药物学、美容皮肤科学及美容皮肤治疗技术等相关章节。

(二)手术治疗

手术切除是治疗成熟性瘢痕或瘢痕疙瘩的主要手段,常用的手术方法有瘢痕切除缝合、皮片移植、皮瓣移植、磨削术、皮肤软组织扩张术、显微外科手术等。以瘢痕切除缝合、皮片移植和皮瓣移植最为常用。皮肤软组织扩张术尽管有一些缺点,但由于其治疗效果优于传统方法,因此颇受病人及医生的欢迎,成为常用的治疗手段之一。

**1. 适应证** 主要适应证为:①发生挛缩,造成畸形,影像功能。②影响外观。③感觉异常,有疼痛、瘙痒等不适症状。④发生溃疡,有癌变趋势。⑤出现心理障碍,影响心理健康。

**2. 手术时机** 增生性瘢痕一般在6个月~2年后渐趋成熟,变软而平坦,充血消退。故增生性瘢痕最好在6个月或1年之后,待瘢痕软化、稳定之后再行手术。但影响功能的部位则应及时切除瘢痕,松解周围组织并进行皮片或皮瓣移植修复。眼睑瘢痕挛缩可导致眼睑外翻,结膜外露,使角膜失去保护,如长期不纠正,多继发慢性结膜炎、睑板和结膜肥厚、角膜溃疡、白斑,严重者可导致失明。手烧伤或外伤,创面愈合后形成增生性瘢痕,常不能维持正常功能位,尤其是手背瘢痕,挛缩后可牵拉掌指关节背曲,甚至引起关节脱位,应及早处理。

**3. 常用手术方法** 各种皮片、皮瓣移植,皮肤软组织扩张术,其他组织移植和组织代用品的应用等为瘢痕的手术修复提供了多种选择。

(1)直接切除缝合:是瘢痕最理想的手术方式。此法适用于形状规则的线状、椭圆形、三角形等较窄的瘢痕,且其周围组织较松弛者。

(2)分次切除缝合:瘢痕范围较大,一次全部切除既不能直接缝合,又不宜植皮时,如在面、颈等暴露部位,分次切除常为切实可行的办法。

(3)皮肤游离移植:对于一般瘢痕畸形,在瘢痕切除、周围组织复位、畸形纠正后,所遗留的皮肤缺损均可用游离植皮的方法修复。此种手术操作较简便,一次手术即可满足要求,需时较短,为较大面积切除、瘢痕挛缩畸形等修复时最常采用的方法。但该方法因植入的皮片颜色、质地与植皮周围区域的皮肤差距较大,美观效果较差,故较少用于瘢痕的美容修复。

(4)皮瓣移植:瘢痕组织累及深部组织,在切除瘢痕后造成深部组织如肌肉、肌腱、骨、关节、神经、血管等外露,需要应用皮瓣移植。在某些部位,如面部瘢痕、手部瘢痕等,为了获得皮肤色泽、质地优良的外形和满意的功能效果,也应视具体情况选择皮瓣移植。对于贴近骨面的不稳定瘢痕组织,可利用皮瓣移植以补充含有较丰富血供的软组织来达到增强血运、改善局部组织营养的目的。在进行含有头发的组织移植时,亦必须在组织中含有完整的毛囊(如头皮和眉毛的修复),这类移植采用带蒂的皮瓣移植较佳。

皮瓣移植后,因带有全层皮肤和皮下丰富的脂肪组织,故其收缩性远较游离皮片为小,能耐受外力摩擦及负重,抵抗感染的能力亦较强,皮肤色泽变化亦较少,美观效果好,因此皮瓣移植应用较为广泛。注意皮瓣移植亦有其不足之处,应根据患者的年龄、性别、职业、全身情况、局部缺损组织情况和患者的主观意愿等具体情况选择应用。

(5)皮肤软组织扩张术:皮肤组织扩张术是利用组织扩张器的扩张作用获得额外皮肤软组织进行皮肤缺损修复和器官再造的一种外科方法,是整形外科领域的一项革命性成果,在瘢痕治疗中,应用最为广泛,不仅提高了整形外科的治疗质量,而且减轻了手术损伤,解决了临床上的许多疑难问题,取代了一些皮片和皮瓣移植术。

皮肤扩张术可以诱导组织生长,可以增加皮肤面积,为皮肤缺损的修复提供良好的皮源，适合于全身各部位瘢痕等体表病变的治疗，尤其是瘢痕性秃发和体表器官再造。凡体表各部需要修复或再造而局部皮瓣供区不足、周围有可扩张的正常皮肤时，均可考虑应用。禁用于有出血倾向、严重营养不良、拟扩张区近期有放射治疗史、有全身性感染或手术部位有急性感染性病灶者及有精神病障碍而不能合作者。皮肤扩张术优点是能提供与受区完全匹配的皮肤软组织，扩张皮瓣转移后供区无后遗畸形和严重瘢痕，治疗效果好、代价低；缺点是需要二次手术，治疗周期较长。随着其临床应用经验的增多，目前已经成为瘢痕常规治疗的手段，对于修复功能的同时又最好修复美观效果的患者是良好的选择。

皮肤组织扩张术基本步骤包括三个阶段：第一阶段是根据瘢痕及其周围皮肤的情况，选择皮肤扩张区和扩张器的大小形状，将选用的扩张器埋置于要扩张的皮肤深面。第二阶段是定期向埋植的扩张器内注水，使扩张器扩张，扩张器表面的皮肤软组织得以扩张和延展。向扩张器内注水扩张通常需要 2~6 个月，一般是每周注水 1~2 次，每次注水量至患者感到痛胀为止。达到一定程度，预测能够满足治疗需要时进行第三阶段治疗。第三阶段是切除瘢痕等病变、制备皮瓣受区，扩张后的皮瓣转移修复皮肤缺损区。详见本书相关章节。

（6）皮瓣磨削术：磨削术是一种治疗浅表凹陷性瘢痕的有效方法，其原理是磨去病变处的表皮，必要时可达真皮的乳头层，靠毛囊，皮脂腺和汗腺等皮肤附件的新生上皮修复创面。

目前皮肤磨削术多用于治疗天花，水痘，痤疮等皮肤病遗留下的小的凹陷性瘢痕，去掉扁平瘢痕的色素沉着，磨低已达稳定状态的小的增生性瘢痕。如适应证选择适当，操作细致，磨削深度适当，一般能获满意效果，不会形成新的瘢痕。常见的并发症为皮肤色素沉着，粟丘疹，创面感染或（和）瘢痕增生。

**4. 常见瘢痕的手术疗法**

（1）表浅性瘢痕的治疗：大部分表浅性瘢痕一般无需治疗。但如果发生在面部有碍外貌时，首先可考虑用化妆遮盖的方法掩饰。如患者缺乏化妆能力，可慎重考虑手术切除。如瘢痕面积较小于 2cm，可以在一次手术中切除并直接拉拢缝合；面积较大者，可应用分期切除和直接缝合。对于痤疮、天花、水痘、带状疱疹、湿疹、外伤、烧伤或手术后遗留的表浅瘢痕还可采用皮肤磨削术治疗。

（2）凹陷性瘢痕的手术治疗：凹陷性瘢痕在体表造成凹陷畸形时，常有皮下组织、肌肉或骨骼的缺损。简单的凹陷性瘢痕仅是线状瘢痕及局部区域的低陷；广泛的凹陷则波及范围较广，深度也更深。要纠正这种畸形不但要处理皮肤上的瘢痕，而且还要按照凹陷的程度采用不同方法来充填缺损，以恢复正常外形。充填的组织可依据局部的需要而定，如真皮、筋膜、脂肪、软骨、或骨骼均可采用。有时也可以应用真皮带脂肪或筋膜带脂肪等复合组织进行移植。对大片的凹陷畸形，可以设计皮管或应用皮肤扩张术进行带蒂的脂肪组织移植以充填皮下缺损。一般由于骨骼缺损而造成的凹陷，可以应用软骨或骨骼移植。非生物材料如羟基磷灰石、硅橡胶等均可考虑使用。

（3）线状瘢痕的治疗：线状瘢痕常出现于创伤或外科手术切口缝合后。临床上常见到一些缝合后的切口瘢痕，不仅中间有一条宽阔的增生行瘢痕，而且两侧还各有一排显著而突出的“蜈蚣脚”样点状瘢痕。这种瘢痕有时仅遗留外形缺陷，但有时也由于直线瘢痕而引起挛缩。在瘢痕增生期还有痒、痛等难以忍受的症状。处理方法通常是将线状瘢痕切除，然后应用“Z”成形术原则形成一个或几个“Z”字瓣，这样解除了挛缩，而且预防了创口愈合后产生新的挛缩瘢痕。如瘢痕两侧伴有凸出的点状瘢痕，可以用多个“W”成形术修复。

（4）蹼状瘢痕挛缩的治疗：在关节的屈面索条状瘢痕挛缩，如经过较长时间，则挛缩瘢痕两侧的皮肤和皮下组织可以逐渐伸长，形成像“鸭脚蹼样”的蹼状瘢痕。此种蹼状瘢痕有大有小，大的蹼状瘢痕常见于颈前侧、腋窝、肘窝、踝关节前部以及其他部位；小的蹼状瘢痕可见于内外眦角、鼻唇沟、口角、手指掌面、指蹼等部位。有的蹼状瘢痕也呈环状出现，在体表孔道开口处，如口角、尿道口、阴道外口、气管内、前鼻孔等处，主要症状是造成所在孔道的口径狭窄、影响正常功能。蹼状瘢痕一般均可采用“Z”成形术原则来解除挛缩，手术操作简单而且效果良好。“Z”形切口的设计充分利用已被拉长的皮肤和皮下组织交错互换位子，使蹼消失，并同时解除了挛缩。术后创缘缝合线不成直角，从而防止了再度挛缩。一般来说，两个三角皮瓣交换位置后，即可完全消灭创面；但如果挛缩较严重，瘢痕松解后缺损较大，可取中厚皮片移植或局部皮瓣转移修复。如烧伤后的前鼻孔瘢痕挛缩还可考虑应用耳郭复合组织移植的方法修复。

(5) 大片瘢痕挛缩的治疗：治疗大面积瘢痕挛缩的原则是将该部位的瘢痕部分或全部切除，待挛缩解除后，即在创面上进行皮片移植或应用皮瓣转移修复。一般挛缩较轻、瘢痕不深的情况以采用游离植皮为宜。但如挛缩严重，瘢痕紧贴深部组如肌肉、肌腱、或骨骼者，则以采用皮瓣为佳。皮瓣可以来自邻近组织，或采用远处皮管或游离皮瓣转移。

(6) 增生性瘢痕的治疗：手术治疗只用于有功能障碍或形态改变时。手术原则为切除瘢痕，充分松解，矫正畸形，以皮片或皮瓣覆盖创面。对瘢痕面积大、皮源缺乏的病例，可只切开或部分切除瘢痕，只求彻底松解挛缩，以皮片修复缺损；残余的增生性瘢痕因张力消失，可逐渐自行软化。

(7) 瘢痕疙瘩的治疗：瘢痕疙瘩的手术治疗要非常慎重，应避免单纯手术，采取以手术为主的综合治疗措施效果会更好。常采用术前放射治疗+手术切除；手术切除+术后放疗；手术切除+术后药物注射治疗等方法。手术切除后应把切缘张力降低到最低限度，为达此目的，必要时可采用皮片移植或皮肤扩张术获得额外皮瓣移植修复。

(8) 瘢痕癌的治疗：瘢痕癌又称马乔林溃疡，对慢性迁延不愈的溃疡性瘢痕，应多次多部位切取深部组织进行病理检查，以及早确诊是否癌变。一旦确诊癌变，应及早手术切除病变。手术时沿病变边缘2cm彻底切除癌变溃疡及其深部受累组织，根据情况选择皮片或皮瓣移植修复创面。术后必要时配合放疗和化疗。

(三) 综合疗法

综合治疗将手术与非手术疗法结合在一起应用，是瘢痕治疗的常用方法和总的指导思想，对一般瘢痕和瘢痕疙瘩的治疗都十分重要。比如瘢痕疙瘩应采用手术和药物注射疗法或放射疗法等方法综合应用，也可单纯选用药物注射疗法或放射疗法，但不宜单纯采用手术治疗。文献报道单纯手术切除瘢痕疙瘩，其结果是45%～100%复发，若同时联合应用皮质类固醇注射可使复发率降低到50%，若手术并行放疗则可使复发率降低到10%。

鉴于对瘢痕的基础研究尚无突破性的进展，临床防治尚无成熟的方案，根据目前对瘢痕形成机理和发展过程的认识，中国医学科学院整形外科医院蔡景龙教授提出了“瘢痕防治动态疗法”，其指导思想是防治结合。要点如下：①促进创面的早期愈合是预防瘢痕增生的第一步。②创面愈合后积极采取预防措施，是防治瘢痕增生的第二步。③瘢痕成熟后可根据不同的情况采用不同的方法进行治疗，这是防治瘢痕的第三步。④按以上方法进行动态治疗，循环往复，直到获得满意疗效。

# 第四节　瘢痕治疗的护理

## 一、护理目标

1. 增加受术者对瘢痕治疗的信心,降低对手术的期望值。
2. 减轻对手术与治疗的恐惧、担心及焦虑,稳定情绪。
3. 了解术后自我护理方法。

## 二、护理措施

**【术前护理】**

（一）心理护理

**1. 心理评估**　大部分患者多由于烧伤、烫伤、创伤而致面、颈、四肢等外露部位发生瘢痕,形态功能遭到不同程度的破坏,给患者生活、工作带来极大困难。他(她)们曾经拥有美的过去,此时心理上、情感上极其期待恢复从前的容貌,但手术不能完全改善,从而导致大多数患者表现为情绪障碍,如易怒、悲观、急躁、抑郁等。

**2.** 了解患者瘢痕发生的原因、程度及心理状态后,护士应主动热情接待患者,安置舒适安静安全的环境,耐心倾听患者的主诉与需求,疏导患者接受现实,鼓励患者表达自己对其外表改变的想法,鼓励参加适合的活动。向患者讲解手术的目的、方法及效果,降低对手术的期望值。

（二）术前准备

**1. 完成各项检查**　血常规、凝血功能、肝肾功能、血糖、心电图、胸片等。

**2. 皮肤准备**　清洁瘢痕内凹凸不平积垢,剪除凹陷处的毛发,注意不要刮伤瘢痕组织。

**3.** 术前药物过敏试验,全麻手术需禁食 8~12h,禁饮 4h。

**【术后护理】**

1. 根据麻醉方式,采取相应的护理措施。
2. 保持引流通畅,勿扭曲、打折,及时倾倒引流液并记录。
3. 抗炎、活血治疗,保持敷料清洁干燥,预防感染。
4. 保持室温在 22~24℃,预防植皮及皮瓣痉挛,影响皮瓣的存活。观察皮瓣的颜色、血供、肿胀情况。防冻伤及烫伤。
5. 局部制动,防止水肿,拆线后戴弹力套持续压迫半年以上,防止瘢痕增生。
6. 加强自我保护意识,避免挤压、碰撞、揉搓等。

## 三、出院指导

1. 移植皮瓣早期不能分泌皮脂、汗液,局部涂抹油膏保持滋润。
2. 皮瓣、皮管感觉差,注意保暖、防止冻伤和烫伤。
3. 加强功能锻炼,睑外翻、口外翻植皮后应进行局部按摩,防止皮片收缩;颈部手术肩部垫软枕,使头保持后仰,颈部展开;四肢手术后晚间固定于功能位,加强肢体最大限度的功能锻炼。
4. 加压疗法:是预防瘢痕增生的常规方法,具体方法如前所述。
5. 硅胶疗法:可减轻瘢痕局部的瘙痒与疼痛,促使瘢痕软化。适用于任何年龄及各个时期的瘢痕增生预防,局部无感染和破溃。常用有硅凝胶贴膜、喷雾制剂和软膏等。

（医疗部分:杨加峰　顾劲松;护理部分:吴　彤）

# 第 8 章

# 美容外科临床咨询

**学习目标**

1. 掌握美容外科临床咨询的基本内容与要求及就医者术前常见心理状态。
2. 熟悉美容外科术前设计的基本要求及求美者手术失败的心理状态。
3. 了解审美诊断的概念及美容外科心理调整的常用方法。

**案例**

某女,23 岁,手捧着印有女明星 A 头像的画册来医院咨询,要求把她做得像女明星 A 一样漂亮。咨询过程中,她不断地照镜子,数落着自己脸上这里那里的缺点,并从手机中翻出很多女明星 A 不同角度的照片给咨询师看。咨询师试着打断她的话题,和她谈点别的,如工作、朋友、家庭的话题,但她不感兴趣,又绕回到她的脸上,问咨询师能否达到这样或那样效果。面对这样的求美者,应该如何为她咨询、设计手术项目呢?通过这章内容的学习,为求美者顺利进行咨询、设计就比较容易了。

## 第一节　美容外科临床咨询的内容与要求

美容外科临床咨询是指美容外科医生或咨询师运用美容外科学、人体美学、美容心理学、沟通营销学等知识与技能,向求美者做美容外科手术的介绍,信息的收集,并了解其手术动机和期望值,对其进行美学及心理诊断,设计手术项目和方法,提供具有亲和力和诚信力的服务。为美容外科医生下一步实施手术等后续工作做好准备。

### 一、美容外科临床咨询的基本内容

**1. 迎宾礼仪**　微笑大方,热情接待,亲切关爱,目光自然,态度和蔼。

**2. 收集资料**　包括三方面:一是就医者的自然情况,包括其性格、爱好、年龄、职业、生活环境等,要尽量完备;二是就医者的健康状况;三是心理咨询的必要资料。

**3. 分析判断**　根据收集的资料及目测结果,结合美容外科手术的适应证与禁忌证、美学评价及初步心理诊断,判断其是否可以进行美容外科手术。对于审美观不正确或者轻微心理异常的就医者,可给予适当的引导调节,如符合手术适应证可进行下一步的咨询;如其存在较严重的心理障碍应建议其接受系统性的心理治疗。

**4. 美容外科设计**　对生理、心理等方面条件符合美容外科手术要求的求美者做进一步的美学测量,为其介绍手术的术式,帮助其进行术式初选,并为其描述术后预期效果。也可为求美者提供相关资料及效果图片等,树立其信心,增加其对美容机构的信任感,但是切忌夸大术后效果,以免引起纠纷。

**5. 手术介绍** 为求美者介绍手术的基本操作流程、材料及可能的术后并发症。考虑到求美者大多无医学背景,故在讲解手术流程时应注意使用通俗易懂而又科学的语言进行讲解,少用或不用术语;但又忌"大白话",否则容易使求美者产生不专业的感觉。如手术涉及医用生物材料,需要对该美容外科机构所使用的相关医用生物材料的样品及医疗用品的"三证资料"予以出示,对医用生物材料的性能、特点及价格等进行介绍,供求美者选择。

**6. 其他** 如为求美者介绍优惠活动、本机构具有该项手术特长的医生,解答就医者提出的其他相关问题。

## 二、美容外科咨询的基本能力要求

1. 社交沟通能力 美容外科咨询师应具有良好沟通能力、语言表达能力、心理分析指导能力及良好的交往、营销、管理等方面的能力。

2. 广阔、适度的美容医学基本知识 包括美容解剖学、组织学、生理学、病理学、免疫与微生物学、美容药物学等医学基础知识,具有美容牙科、美容皮肤科、美容营养、美容中医等美容医学临床学科基本知识,以及具有医学美学、形象设计、美容心理学、美容医学伦理学等美容医学人文基础知识。

3. 具有艺术鉴赏能力和艺术修养。

4. 掌握各种常见美容外科手术适应证、禁忌证、并发症,术式类型及选择、手术操作过程等相关知识。

## 三、美容外科咨询的伦理要求

**1. 平等热情** 无论对待什么类型的就医者,都应对其一视同仁,微笑面对,热情接待,认真倾听,耐心解答;绝对禁止嘲笑、讽刺、猎奇、冷眼对待求美者。

**2. 保护求美者隐私** 美容外科咨询人员要妥善保管求美者的个人信息、资料等,保守其隐私及秘密。即使因特殊工作原因需要引用咨询事例,应对材料进行适当处理,不得公开求美者的真实姓名、住址、就医信息与资料。

**3. 公平自愿** 美容外科就医者在完全自愿的前提下确立咨询与治疗关系,咨询师应做到不夸张,不强求。

**4. 正确把握求美者心理** 通过细致的心理咨询,初步判断就医者心理状态,如心理问题严重,需要进一步进行专业心理咨询或治疗,要向就医者提出建议,在其认同的前提下,由心理专业医生对其进行心理咨询与治疗。

# 第二节　美容外科求美者心理

## 一、美容外科就医者术前心理

**1. 合理要求型** 此型求美者认为自身在局部存在一些不足,希望通过美容外科手术达到改善,要求较切合实际。

**2. 过高要求型** 此型求美者把容貌看得很重,常夸大自己容貌的一些"不足",视美容外科手术是"神术",可以达到完美。如术后效果不佳,易引起医疗纠纷。

**3. 适应环境型** 此型求美者主要为适应工作环境、职业要求、社会活动等而就医。又可分为主动型和被动型两种，主动型求美者主动要求接受美容手术，对手术的局限性和可能发生的并发症有较充分思想准备，对手术问题能提出自己的看法，但又很重视医生的意见，能与医生达成共识；被动型求美者对美容手术的效果显得过分担心，是否实施手术显得犹豫不决，最后因耐不住别人的议论和劝说，抱着豁出去的态度接受手术。

**4. 取悦他人型** 此型求美者因想取悦恋人、爱人等而要求实施美容外科手术，术后如未能达到取悦目的，即使手术本身很成功，他们也会十分后悔，甚至纠缠手术医师以发泄自己的失望。

**5. 畸形自卑型** 因先天性或后天性容貌畸形而产生自卑感和情绪低落，非常渴望得到美容外科手术治疗。

**6. 思维波动型** 求美者对自己的形体和容貌特点认识不甚清楚，受从众心理影响，认为做美容外科手术是一种时尚，对自己应接受哪项美容外科手术毫无主见，手术后一旦被人评头论足，常会出现悲喜无常的情绪。研究表明，美容外科手术术前期待与术后满意度呈反比，术前期待越高，术后满意度越低。

## 二、美容外科就医者术后心理

一般情况下，美容外科手术后常经历以下情绪反应过程：不安阶段、恍惚阶段、稳定阶段。

**1. 不安阶段** 大多出现在美容外科手术后1周内。一般外科疾病手术后，患者心理上会产生轻松感，而美容外科手术后的就医者会表现出疼痛、不适和担心手术效果等不安心理，常伴有忧郁、焦虑等不稳定情绪。当术区因肿胀等原因表现出术后比术前更难看时，就医者会更加担心、烦恼。

**2. 恍惚阶段** 部分美容外科就医者可能因为体像的改变而产生情绪恍惚的特殊心理过程，即丧失反应。人的行为心理与社会存在有着一个相适应的环境定势，当体像突然改变，将以崭新的面目公之于众时，常难以适应。此时，医护人员应帮助求美者顺利度过这个时期，调整心态，尽快适应自身体像的改变，重新建立心理平衡。

**3. 稳定阶段** 当求美者经历了以上两个心路历程后，渐渐对环境有了重新的适应和协调，长期被压抑的情绪障碍得到解除，并为达到美的满足而感到欣慰，自信心增强，对自己的容貌满意，并能积极投身于工作与学习之中，对生活充满热爱，身心健康地回到社会。

## 三、美容外科就医者手术失败后心理

美容外科就医者手术失败后的常见心理有：

**1. 自卑心理加重** 美容外科就医者因其容貌、体型等先天或后天因素造成的体像缺陷，使其长期以来心情被压抑，多数人有自卑心理，对美容外科手术能够矫正其体像缺陷寄予厚望。一旦手术失败，必然使其希望破灭，心灰意冷，自卑心理越发严重。

**2. 心理闭锁** 美容外科就医者往往会受到自身体像缺陷的影响，自卑心理作祟，心里上将自己与他人分隔开来，行为上表现退缩、不合群。美容外科手术是其敞开心扉的唯一途径，一旦手术失败，就医者将更加悲观、失望，封闭自己的大门将更加紧闭。

**3. 抑郁** 美容外科手术失败会使求美者产生悲观情绪，自我谴责，对生活失去信心，失败的手术甚至会成为严重的应激事件，导致反应性抑郁的发生，就医者情绪极端消沉、沮丧,终日沉浸在自我创伤体验中。

**4. 愤怒** 求美者在术前对手术效果期望值过高,或者认为此手术是“神术”,可以随意改变自己的容貌,一旦手术效果与其预期不一致,则产生极端愤怒的心理,轻者抱怨手术不佳,医生技术不好,重者会反复纠缠,无理取闹,给就医者及医生都带来巨大的伤害。

### 四、美容外科就医者异常心理

异常心理亦称变态心理或病理心理,它是指人们的心理活动,包括思想、情感、行为、态度、个性心理特征等方面偏离正常人心理活动规律而产生变态或接近变态,从而出现各种各样的心理活动异常(精神活动异常)。人的异常心理可以通过求助于美容外科手术的客观行为表现出来。在美容外科医疗过程中,因某些因素的介入或情况的发生,也可使求美者出现神经症、人格障碍、性心理障碍、体像障碍与躯体变形障碍等异常心理(详见美容心理学)。

## 第三节　美容外科术前设计

### 一、美容外科术前设计的审美诊断

审美诊断,是指美容医生或专业人员根据科学的人体审美标准,通过具有专业性的主观感受和客观测量手段对人体部位进行审美后得出的美学缺欠的判断与结论。审美诊断的方法包括主观感受与客观测量。

审美诊断是美容医学的诊断基础,是美容医学区别于其他医学的关键所在。审美诊断与疾病诊断的方式常有不同:疾病诊断是按照疾病的发生、发展规律及其一系列症状、体征而得出的结论。其诊断方式是:从一系列具有个性的症状与体征中,综合分析得到一个疾病的结论。可理解为从众多个性特点中找到一个结论。例如,发热、腹痛、呕吐都是一些个性化的症状,通过归纳、总结和综合分析,可能就会得出一个有共性的结论——急性胃肠炎。

而审美诊断是按照审美的规律,对某一个部位从宏观向微观的方向,细化到每个亚单位层次得出其不同的个性特征。可理解为从一个结论中寻找到它的不同的个性。例如,对鼻部的审美诊断,同样是塌鼻子,有的是鼻根塌,有的是鼻尖塌,有的是两者都塌等等。可见审美诊断是个性化的。

### 二、医学美学设计

医学美学设计,是指审美主体根据对审美客体的审美诊断及主客体双方沟通后达成的美学需求,是依据美学与医学技术群相结合的规律,以达到将美容技术群最优化的应用在美容临床中的一种具有艺术性和个性的设计。医学美学设计包括医学设计和美学设计,并将他们两者有效的融为一体。首先,美学设计是医学美学设计的前提、目的与条件,是根据审美诊断并通过对现有形式美的改变,达到一个新型美的目标。美学设计既可以是来自于审美主体,也可以是来自审美客体,在美容实践中应该更多地关注求美者的美学设计,因为这能反应求美者的意愿与要求,但作为医务人员应该尊重并引导求美者进行正确的美学设计,并领悟其意愿与要求。其次,医学设计是实现美学设计的手段,决定着美学设计的最后结果。但不是每项美学设计都能用医学设计来实现。在进行医学美学设计的过程中,必须清楚每一项医学设计所带来的美学变化,同时,还必须兼顾到美容心理以及规避相应的医学与美学并发症等问题。

求美者的术前审美诊断个性化,决定了医学美学设计的个性化。世界上没有两个完全相同的人,所以,世界就没有完全相同的审美诊断,即便是有两个相同的审美诊断,对于不同的医生而言,其设计方法也会不尽一样。如鼻部美容术,从材料选择上,就有硅胶假体、膨体、自体软骨、人工软骨及其组合运用。从切口方法上,又有鼻翼缘切口、鼻小柱切口、蝶形切口等;对于鼻部的鼻翼软骨、鼻中隔软骨、鼻骨、还有软组织的处理又是千差万别;对于不同的医生其选择的设计方案自然各不相同,当然其手术效果也肯定会有差异。所以,设计方案的选择将意味着手术的成败与优劣。

### 三、美容外科术前设计的基本要求

运用外科手段为求美者进行美学设计,称为美容外科设计。理想的美容外科设计标准应符合如下几点。

1. 基本达到科学的审美标准及医患双方沟通的美学效果,满足求美者的美学需求。

2. 美容术创伤最小,术后恢复时间最快,痛苦最小。

3. 能有效减轻或者排除求美者心理困扰。

另外,在进行美容外科设计过程中还应注意以下几个问题。

1. 设计时应避免“想当然”,因为美容手术的原理有时很简单。但是一旦违背某些原则,将产生不可挽回的后果。

2. 医学美学设计不应迎合商业炒作的某些手段,如鼓吹所谓韩式双眼皮、日式除皱纹等;这些提法只是商业炒作中为了获得更大利润,在专业上不规范,故不应该在美容临床设计方法中加以应用与宣扬。

3. 医学美学设计必须明确审美诊断,而审美诊断是个性化的、全方位的。例如对一个单睑的审美诊断,应从十几个亚单位来诊断,这些亚单位的诊断应在在美容病历中得到具体描述,并且从照片或影像等媒体中尽然体现。当然,有些审美诊断不一定是求美者考虑到或者要求改善的;而有些需要改善的部位,可能又不属于诊断范围。所以,在设计前,还必须要有充分的沟通,也就是说,一个好的美容外科设计绝对离不开充分的沟通。

## 第四节　美容外科求美者的心理调整

### 一、术前需要进行心理调整的求美者

每一个受术者在接受美容整形手术后都不可避免地会产生各种各样的心理困扰。若不及时调整,就可能造成心理障碍。需要进行心理调整的求美心理通常有:

**1. 受术者对手术期望值过高**　有的受术者对手术有不切实际的幻想。以为手术万能,可以将外貌彻底改观,手术后永葆青春;或认为手术后一点痕迹也没有,会变成一个漂亮的明星。这种人对于即使是成功的手术结果也会不满意,术后容易导致手术纠纷。因此,对这样的受术者应该给予正确引导和解释。

**2. 受术者缺乏正确的审美心理**　人的审美观有差异,是正常现象。但有的人缺乏最基

本的审美意识，做重睑术要求做成欧式的宽大眼睑，却不知道这种眼睑与东方人平面脸型并不般配。又如有的人文眉要求文得又黑又粗，好让人看得见，而对本来文得很自然的眉毛，则反复要求修改涂黑。这种源于审美意识低下的奇特审美观要引起注意。

**3. 受术者缺乏基本的医学知识** 有的人把美容整形手术当做随意雕刻的技艺，没有认识到美容整形手术和外科手术一样，有一定局限性，受机体的生理约束。例如，手术后的切口疤痕软化和色泽减退需要一定的愈合恢复过程。手术后都可能有创伤水肿出现，有些受术者对这些情况缺乏必要的心理准备。又如一些低平鼻的人要求隆鼻术后鼻子变得高而挺直，他们不知道人体组织的延伸性有限，只能在一定范围内增高，否则就要穿破皮肤。因此，术前应对受术者进行必要的基本医学知识教育。

**4. 受术者之间相互攀比** 美容整形的受术者，往往将手术效果与他人进行比较，常常得出“我为什么没有别人好”的想法。

**5. 中老年人的敏感和挑剔** 此类求美者容易对手术效果不满意，甚至对成功的美容手术也不满意。特别是对于隆鼻手术，因为她们在几十年生活中对自身的相貌已经习惯和适应，因此，对改变后的形象反而会产生不适应。只要听人议论，他们就会对手术结果感到不满意。

另外，在咨询过程中，若遇下列情况则不宜盲目实施手术，需先进行心理调整：

1. 他们把婚恋、仕途、工作上的挫折及人际关系的紧张均错误地归咎于自己的容貌，希望手术能改变一切。

2. 文化素养低、审美观奇特，一味追求奇特形态美者。

3. 过分挑剔者，这种人即使手术成功也会招来纠纷。

4. 反复追问手术效果，对医生毫无信任感者。

5. 亲属或夫妻一方坚决反对手术者。

6. 医生对受术者要求的美容效果无确切把握者。

7. 过于讨价还价的求美者。

对于心理问题较轻的只需医务人员给予适当的疏导，使其认识到解决有关容貌体像问题的主体应是其本身，充分调动其积极性与主动性，使之回到正常的美容心理状态中。对于存在较严重心理障碍的，应在其本人或家属的认同下，请心理专科医师对其进行系统而专业的咨询和治疗。

## 二、存有心理问题求美者的心理治疗

美容外科心理治疗的主要程序为收集资料、分析资料、初步拟订方案和实施阶段。美容外科心理治疗的常用方法种类繁多，方法各异，概括起来可以分为 4 大类，即行为疗法、精神分析疗法、人本主义疗法和认知疗法。

### （一）行为疗法

行为疗法主要方法有系统脱敏法、冲击疗法、放松疗法、示范法、厌恶法、行为塑造法、生物反馈疗法等。以下简介前三种。

**1. 系统脱敏法** 系统脱敏疗法是将原来可以引起微弱焦虑的刺激，在就医者面前反复暴露，同时让就医者放松并与之对抗，从而使这一刺激逐渐失去引起焦虑的作用，达到系统脱敏。大体可分 3 个方面：①渐进刺激。②放松训练。③脱敏训练。

**2. 冲击疗法** 是通过直接使患者处于他所恐惧的情景之中，以达物极必反之效，从而消除恐惧。

**3. 放松疗法** 又称为松弛疗法，它是按一定的练习程序，学习有意识地控制或调节自身心理、生理活动，以达到降低机体唤醒水平，调整那些因紧张刺激而紊乱的功能。

（二）精神分析疗法

精神分析疗法的目的是经过对患者的心理分析，将其压抑在内心深处的冲突和痛苦释放出来，使其彻底领悟自己以往行为之所以异于别人的原因。

（三）人本主义疗法

人本主义疗法以人本主义心理学理论为基础，通过为就医者创造无条件支持与鼓励的氛围，使其能够深化自我认识，发现自我潜能并回归本我。患者通过改善"自知"或自我意识来充分发挥积极向上、自我肯定、无限成长和自我实现的潜力，以改变自我适应不良的行为，矫正自身心理问题。人本主义治疗的实质就是重塑真实的自我，达到自我概念与经验的协调统一。治疗的目的是帮助患者去除那些为了适应社会和他人需要而偏离自我经验的思想及行为，使其找回真实的自我。能够为自我价值而活，而不再为迎合他人而生。

（四）认知疗法

认知疗法是根据人的认知过程，影响其情绪和行为的理论假设，通过认知和行为技术来改变就医者不良认知，从而矫正不良行为的心理治疗方法。其主要着眼点放在患者非功能性的认知问题上，试图通过改变患者对己、对人或对事的看法与态度来改变所呈现的心理问题。

（曹志明）

# 第9章

# 美容外科医疗纠纷及其防范

**学习目标**

1. 掌握美容外科医疗纠纷的概念和特点；美容外科医用生物材料损害责任的构成要件；美容外科病历的证据属性、书写规范及法律责任。

2. 熟悉美容外科法律关系及责任认定；美容外科医用生物材料责任承担；美容外科医疗纠纷防范的手段和方法。

3. 了解美容外科相关的法律法规。

**案例**

某年6月王某前往北京A医疗美容医院进行面部皱纹整形、隆下颏、下眼袋整形手术，支付26200元医疗费。同年7月A美容医院承诺给王某进行下颌缘松弛和眉峰不高的免费治疗，并于10月对王某进行了针对眉峰偏低、下颌缘脂肪少量堆积伴松弛的眉上切口提眉术、下颌缘吸脂术。次年12月王某起诉到法院，认为手术失败需修复，要求A美容医院返还手术费26200元、赔偿误工费损失12000元、修复费用18000元、鉴定费2350元。审理中经原、被告双方共同选择中国科协司法鉴定中心对被告为原告进行的手术是否存在损害后果、被告的诊疗行为是否存在过错、损害后果是否可以修复、修复需要费用等项目进行司法鉴定。鉴定结论认为被告诊疗行为存在的问题有，被告术前检查不全面，术前谈话内容不够具体明确、手术记录不详细等不足。对原告主张的损害后果，鉴定结论认为，“下颌缘吸脂高低不平”与术前照片对比，可见双侧下颌缘有凹陷，稍见不平整，“整体搭配不协调”无法评价。关于修复费用，鉴定结论认为“下颌缘吸脂高低不平”项目中可修复，自体脂肪移植需3次，每次费用6000元、注册人工填充材料费用因医院而异，费用较高。鉴定费用共1万元，原告支付了2350元，被告支付了7650元。

经审理，一审法院判决，北京A医疗美容医院返还王某医疗费20000元并赔偿原告后续手术费18000元、误工费6000元。一审判决后，北京A医疗美容医院不服，上诉至二审法院，后北京某医疗美容医院又申请撤回上诉。法院裁定准许撤回上诉，双方按一审判决执行。

该案中，体现出医疗美容与生活美容的区别是什么？美容外科手术中医疗文书的特殊要求是怎样的？被告北京A医疗美容医院是否存在过错？是否需要承担赔偿责任？为什么？

随着人们对生活质量要求的逐渐提高和美容观念的更新，接受整形美容手术者也逐年增加，美容外科手术越来越受到人们的青睐，从而极大促进了美容医学事业的发展。同时，随着市场需求的飞速增长，美容医疗纠纷也越来越多，给医患双方带来困扰。本章将重点介绍美容手术医疗纠纷及防范。

# 第一节　美容外科医疗纠纷

## 一、医疗纠纷的概念和特点

（一）医疗纠纷的概念

医疗纠纷有广义和狭义两种解释，广义的医疗纠纷是指医患双方之间发生的一切纠葛，这种纠纷可以根据医疗纠纷的原因分为两大类：一类是医源性纠纷，这类纠纷有的与医务人员工作中的失误有关，如直接或间接造成病人伤残或死亡；有的与医务人员的其他错误有关，如治疗时态度生硬、乱收费、多收费、乱开诊断证明等；另一类是非医疗性纠纷，来源于患者、家属或其他单位方面，如缺乏医学知识的人对意外死亡的误解、有意嫁祸医院等。狭义的医疗纠纷是指医患双方之间，因对诊疗护理过程中发生的不良后果及其产生的原因认识不一致而导致的分歧或争议。由于双方认识的不同，医疗纠纷就其内容来说，可分为有过失的医疗纠纷和无过失的医疗纠纷。所谓有过失的医疗纠纷，是指患者的死亡或伤残等不良后果的发生是由于医务人员的诊疗护理过失所致，但患者及其家属与医疗机构对这种不良后果的性质、程度以及处理后果等存在不同的看法引起的纠纷。所谓无过失的医疗纠纷，是指虽然在诊疗护理过程中发生了患者死亡或伤残等不良后果，但这种不良后果的发生并非由医务人员的过失所致，而患者或其家属认为医务人员有过失，属于医疗事故，以致发生纠纷。

（二）医疗纠纷的特点

1. 医疗纠纷只能发生在患者到医疗机构就诊，并由医务人员代表医疗机构对其提供诊疗服务的过程中。

如果某患者不是到医疗机构，而是私下里找自己熟悉的医师诊疗，医师不是代表医疗机构，即使造成了患者伤残或死亡等不良后果，且双方对这一后果及原因有不同的认识，这仍不属于医疗纠纷，而是属于普通的民事纠纷。这种区分的现实意义在于处理纠纷的法律依据不同，如果医师对患者的治疗行为是基于双方的私人关系，而不是代表医疗机构，那么双方发生纠纷后只能依据民法中有关损害赔偿的规定去处理。只有在医师作为医疗机构履行医疗职责的具体执行者时，双方的纠纷才能按有关医疗纠纷的法律法规处理。

2. 诊疗护理活动本身内容的广泛性，决定了医疗纠纷表现形式和原因的多样性。

诊疗护理活动的对象是文化素质、心理素质、技能素质等方面不同的人。因此，医疗纠纷的表现形式和原因多种多样，有的可能确实由于医疗有过失，有的则可能是由于无法避免的原因造成等。由于不同类型的纠纷决定着不同的处理方式，也决定着当时的医疗机构及其医师是否承担责任和如何承担责任等问题。

## 二、美容外科医疗纠纷的特点

美容外科手术种类繁多，几乎涉及全身各部位，但主要手术部位以头、面、五官、躯干、四肢及会阴部为主，是医疗美容机构为了达到就医者追求美的目的而发生医疗行为，由于其医疗行为的特殊性导致其医疗纠纷的特殊性。

（一）美容外科受术者的特殊性

美容外科受术者是求美者，从解剖结构和生理功能上来说是健康人，或者说是正常人，无生命危机，手术的时机是可选择的，并有相当充足的准备时间，也可走访多家医院和拜访多位医师。与病人手术不一样，尤其是急诊手术，无可选择，必须争分夺秒，否则会危及生命。

（二）美容外科手术要求特殊性

美容外科就医者对手术的要求要比一般手术高，一般性的手术重点在于疾病的救治，而美容外科手术的重点却是在健康机体上的锦上添花，精细化、完美化是美容外科手术的要求，就医者和医师理解程度不同都易引起纠纷，可见美容外科手术要求极高。

（三）美容外科手术效果评价主体特殊性

一般手术效果评价的主体是医务人员，而美容外科手术的效果评价主体却是就医者。就医者为了求美来医院实施美容外科手术，往往有美容的盲目性，术前对自身容貌不够满意，但也说不出或说不准身体某部位需做什么样的手术，有的受周围人影响而来，术后自身或受周围人影响，总有这样那样的不满意，因此，美容外科受术者对手术效果的评价常常不满意，极易引起医疗纠纷。

## 三、美容外科医疗纠纷的主要原因

（一）美容外科医生专业知识和技能良莠不齐

目前社会上从事美容外科的工作人员来自不同人群，我国大型医疗机构中的整形美容外科医生通常经过正规训练，并有一整套手术前、中、后的规章制度，一般来说，因医生操作失误所致医疗纠纷的可能性很小。但一些小型医疗美容机构的少数医生是由其他专业改行，没有接受过正规系统教育而是通过短期培训或其他不正规不系统的学习后操刀上阵，很容易导致手术操作失误，引起不应出现的并发症。这一类所谓的“美容医生”往往是医疗事故的主体，常导致就医者毁容，甚至致伤、致残、致死，使美容外科医师的社会形象受到严重损害。

（二）美容外科医生缺乏美学与艺术修养

临床外科是治病救人，而美容手术则是对结构和功能正常的机体进行形体重塑，属于锦上添花。后者客观上要求美容医生要有丰富的人体美学知识和较高的审美能力。对称、协调、节奏、黄金分割律等美学原理在美容手术的设计、实施、术后护理与功能锻炼中具有重要的理论指导意义。美容外科医生如缺乏美学和艺术修养，手术效果往往难以令人满意。例如，隆鼻术置入的假体鼻根部高出“黄金点”，给人一种固执凶恶的感觉。因此，美容手术者自身美学修养和审美能力不足，手术时未能充分运用美学原理，也是美容手术纠纷的重要原因之一。

（三）求美者期望值过高、心理承受能力过低

美容手术因其本身的专业特性决定了其分析和评价的特殊性，总体上我国国民对医学知识的了解远远低于发达国家国民的水平，有些受术者因缺乏起码的医疗常识，没有基本的美学素养，其期望达到的效果往往是目前医学水平无法实现的，或是不考虑自己的外貌基础，而对手术效果有过于完美的幻想等，均是导致术后纠纷的常见原因。同时，术前心理

准备不足或自身心理承受能力较差者往往难以接受正常人群所能承受的结果，部分求美者术后对周围人群的评价很在意，即使多数人赞同，但稍有不同看法即会对术后效果产生异议，不少医疗纠纷也由此产生。

（四）美容外科医护人员忽视闺蜜现象的存在

在美容外科临床实践中，就医者往往是与闺蜜结伴而行，在手术方式的选择、手术效果的评价方面往往都夹杂着闺蜜的意见和看法，甚至起到决定性的作用，与就医者闺蜜的沟通和交流就显得尤为重要，而在美容外科临床中，医护人员往往忽视就医者闺蜜的存在，由于沟通不畅，闺蜜提出不满意的看法而引起纠纷的现象时常发生。

（五）相关法律法规不健全

我国医疗美容事业飞速发展的前十几年间，基本处于无法可依的状态，医疗美容纠纷呈多发态势。直到2002年为了整顿美容市场秩序，国家卫生部颁布了《医疗美容服务管理办法》才使医疗美容行业有了初步的法律依据。尽管后来相继出台了一些法律法规，如《医疗美容机构、医疗美容科（室）基本标准（试行）》、《医疗美容项目（试行）》、《临床技术操作规范·美容医学》等，但依然没有一部健全的法律法规来规定医方和就医方的权利、义务，以及发生医疗损害如何赔偿，各政策和法规因颁布时间间断或存在冲突而使术后医疗纠纷处理难上加难。

（六）部分医疗美容机构利欲熏心

对于美容手术的就医者，大多经济收入良好，追求高质量生活，故相当一部分的整形美容手术收费偏高本无可厚非，但一些医疗美容机构无视国家规定，一味追求经济效益，利用广告等形式，不切实际地夸大自己的医疗水平，用一些足以吸引人、打动人的溢美之词诱使爱美人士上当受骗。利用爱美者对美容手术表现出的怕痛、担心以及一些崇洋媚外特别是目前一些对韩国明星的追崇心理，打出所谓“无痛”、“无创”、“最先进的”、“进口材料”、“引进韩国技术”等夸大效果招揽生意，而对手术风险或者并发症轻描淡写或者只字不提，极易引起医疗纠纷。

（七）新闻媒体的不合理炒作

一些媒体记者因缺乏基本的医疗常识或不明真相，或受利益驱使，报道被扭曲的事件，使医务人员倍感压力，将医院或医疗机构推向舆论的风口浪尖。一些误导性比较明显的新闻报道，往往使医疗纠纷升级。新闻媒体应站在客观、公正的立场上，对医疗纠纷的来龙去脉，对正反双方都要做实事求是的报道，而不应误导消费者，让事态更严重。医院方面应转变观念，主动与新闻媒体合作，充分发挥新闻媒体的正面宣传作用。

（八）就医者及家属的法律意识渐强

生命权和健康权是公民的最基本权利。随着人们法律意识逐渐增强，公民对自身权益的保护越来越重视。就医者能够正确应用法律武器对医疗机构的违规，甚至违法行为进行斗争。但有的就医者片面理解和不适当或过度使用法律，导致医疗纠纷发生率增高。

## 四、医疗美容法律关系及损害赔偿责任的认定

（一）医疗美容法律关系

任何法律关系都由主体、客体、内容三要素构成。医疗美容法律关系是指医疗美容机

构和就医者之间在医疗美容诊疗服务过程中形成的权利义务关系。

**1. 医疗美容法律关系主体** 医疗美容法律关系主体是指在医疗美容法律关系中享有权利和承担义务的民事主体,具体包括医疗美容机构和就医者。

(1) 医疗美容机构:医疗美容机构的设立必须是以专门开办医疗美容服务为目的,具有相应的从业人员,并在卫生行政部门备案。我国《医疗美容服务管理办法》第5条规定:“举办美容医疗机构或医疗机构设置医疗美容科室必须符合《医疗机构基本标准(试行)》及省级以上人民政府卫生行政部门规定的其他条件且应当具有承担民事责任的能力和有明确的医疗美容诊疗服务范围。”另外,对医疗美容机构中的医师的条件要求比普通医疗的医师更高,不仅对医师的专业有更严格的要求,还规定必须有相应的工作经验,并取得相应的资格,接受过专业培训。我国《医疗美容服务管理办法》中规定:“主诊医师要求具有相关临床学科工作经历,其中负责实施美容牙科项目的医师应当具有5年以上从事美容牙科或口腔科专业临床工作经历;负责实施美容中医科和美容皮肤科项目的医师应分别具有3年以上从事中医专业和皮肤病专业临床工作经历。从事医疗美容护理工作的人员也要求具有两年以上护理工作经历、经过护士注册机关注册具有护士资格、经过医疗美容护理专业培训或进修并合格或已从事医疗美容临床护理工作6个月以上。”因此可以看出,在医疗美容法律关系中对医疗美容机构限制的条件更加严格,只有符合相关法律规定注册的医疗机构且该机构的执业医师必须具备相应法律要求资质的医疗美容机构才能成为医疗法律关系的主体,否则可能会构成非法行医。同时医疗美容机构对外承担赔偿责任,其执业人员的医疗行为只能归属于医疗美容机构,不能作为责任的承担者。

(2) 就医者:在医疗美容服务中,就医者就是求美者,不包括亲属及其利害关系人。因为医疗美容行为具有很强的人身属性,只能是就医者本人作为享受权利和承担义务的主体。即使就医者在医疗过程中死亡后其近亲属和利害关系人成为了赔偿当事人,但是仍然不是医疗美容法律关系的主体。

**2. 医疗美容法律关系客体** 所谓法律关系的客体是指法律关系主体的权利和义务所共同指向的对象,它是联系法律关系主体间的权利和义务的中介,包括物、行为、智力成果和人身利益。医疗美容法律关系作为民事法律关系的一种,是就医者为了塑造自身美好的容貌,满足对美丽的理想需求向医方寻求医疗美容服务,双方在平等自愿的基础上达成医疗美容服务协议而形成的权利义务关系。在这个关系协中医疗美容机构和就医者的权利和义务共同指向的对象是医疗美容行为及其结果,这就是医疗美容法律关系的客体。

**3. 医疗美容法律关系内容** 法律关系的内容是指主体所享有的权利和承担的义务,在医疗美容服务合同中,法律关系的内容就是医疗美容机构所享有的权利、承担的义务和就医者享有的权利、承担的义务。医方的权利主要包括医疗费用的请求权、依其专门知识对就业者诊疗的自由裁量权;就医者的义务主要包括支付费用义务、协助配合治疗义务、损害赔偿义务等。不难看出,医方的权利就是就医者的义务,相反,医方的义务就是就医者的权利。因此,医方义务的履行是医疗行为的关键,医方的义务主要包括:

(1) 诊疗义务:与医疗美容机构的诊疗义务相对的就是就医者的诊疗权。在医疗美容服务中,医疗美容机构所承担主要义务是整形美容的诊疗,医疗美容机构根据就医者的要求,依据就医者身体特征,运用现代美容医疗技术,使就医者实现形态美。在医疗美容服务过程中,如果是因为医疗美容机构的执业人员没有尽到法律规定或协议约定的诊疗义务,给就医者的人身造成伤害的,那么医疗美容机构就应当承担赔偿责任。《侵权责任法》第57

条规定:“医务人员在诊疗活动中未尽到与当时的医疗水平相应的诊疗义务,造成患者损害的,医疗机构应当承担赔偿责任。”因此医疗美容机构的诊疗义务应遵循最小伤害原则,即医疗美容行为不能伤害到就医者的身体健康,基本上要达到安全和无伤害要求。人们对美的需求往往以健康的身体为前提,无论就医者对医疗美容程度做何要求,医疗美容机构所实施的医疗美容技术都要建立在对就医者的生命健康无损害的基础之上,不能以牺牲就医者的健康来换取预期的美容效果。

(2) 注意义务:在提供医疗美容服务过程中,医疗美容机构要本着对就医者高度负责任的态度,在医疗美容过程中要保持高度注意,尽到医疗过程应有的注意义务,去实施医疗美容服务。主要包括四个方面:一是时刻观察就医者在诊疗过程中出现的新情况,并及时采取合理的措施;二是依照最大利益化原则,以就医者的利益为出发点,结合就医者身心特征,做出最好的医疗美容方案;三是注意遵守法律法规和具体操作规程;四是本着对就医者健康负责的态度,在医疗美容服务中使用质量合格的医疗器械和物品。

(3) 告知义务:告知义务是指在医疗美容服务中,在涉及就医者的重大服务事项,并且关系到就医者切身利益的事项均应告知就医者。医方的告知义务相对应的就是患者的知情同意权。医疗美容告知的主要内容包括:①术前谈话,充分了解就医者的心理和情感需求,了解就医者为什么手术和想要达到什么目的,做到充分沟通和交流,并要详细告知美容不是万能的,不能解决心理疾病和情感问题,同时告知就医者手术风险和可能出现的不良后果。术前了解是实施医疗美容手术不可忽视的重要环节,也是解决医学美容纠纷的关键。②医疗手术性质的告知,术前要明确告知就医者及其家属,医疗美容手术属于外科手术的一部分,具有医学手术的一般特点和风险,包括麻醉风险、外科感染、切口延期愈合、个体差异引起的瘢痕增生等。③告知就医者判定医疗美容手术效果的标准具有不确定性。由于手术效果的通常标准与就医者的个体特性密切相关,而不同的人有不同的审美观,因而,判断手术的标准具有不确定性。如果医院已经制定了相应的客观判断标准,应当在知情同意书中明确注明,有就医者及其家属履行签字手续。④告知美容手术的具体方案,包括手术方式和替代方案。⑤告知美容手术的特殊风险,包括手术失败的风险、人工替代物的风险以及其他难以预料的并发症。⑥告知应当采用书面形式。《医疗美容服务管理办法》第二十条规定,执业医师对就医者实施治疗前,必须向就医者本人或亲属书面告知治疗的适应证、禁忌证、医疗风险和注意事项等,并取得就医者本人或监护人的签字同意,不得为无行为能力或限制行为能力人实施医疗美容项目。《侵权责任法》第五十五条规定,医务人员在诊疗活动中应当向患者说明病情和医疗措施。需要实施手术、特殊检查、特殊治疗的,医务人员应当及时向患者说明医疗风险、替代医疗方案等情况,并取得其书面同意;不宜向患者说明的,应当向患者的近亲属说明,并取得其书面同意。医务人员未尽到前款义务,造成患者损害的,医疗机构应当承担赔偿责任。此外,我国法律没有规范美容手术的评价标准,在司法实践中,法官审理此类案件只能通过术前和术后的照片进行比较,来判断该手术是否对就医者的容貌造成影响,因此,医院应当建立术前术后照相制度,以达到双方对美容效果的统一认定。

(4) 保护隐私义务:隐私是指有关个人生活领域的一切不愿为人所知的事情,保护隐私权为现代各国民法所认可。由于医疗关系的特殊性,医方因工作关系而知悉就医者的秘密及不愿被人知悉的美容情况,医方除履行法定义务而不得不说的情形外,对就医者的该信息负有保密义务。《执业医师法》第二十二条规定,医师在执业活动中,要关心、爱护、尊重患者,保护患者的隐私。《医疗美容服务管理办法》第二十一条规定,美容医疗机构和医疗美容科室的从业人员要尊重就医者的隐私权,未经就医者本人或监护人同意,不得向第三方披露就医者病情及病历资料。可见医师在美容服务的过程中,要关爱和尊重就医者的隐私权。同时,《侵权责任法》第六十二条规定,医疗机构及其医务人员应当对患者的隐私保密。泄露患者隐私或者未经患者同意公开其病历资料,造成患者损害的,应当承担侵权责任。这一系列法律法规明确规定了医方在美容过程中应承担保护就医者隐私的义务及责任,如果仅是为了科研教学的需要,需要在一定范围内公开就医者的病历资料时,必须取得就医者明确的书面同意,同时可适当支付一定的报酬。

(5) 保护就医者肖像权义务:肖像权是指自然人对自己的肖像享有再现、使用并排斥他人侵害的权利。它是一种公民对自己的肖像上体现的精神利益和物质利益所享有的人格权。侵犯肖像权的行为是指以营利为目的,未经公民同意利用其肖像做广告、商标、装饰橱窗等的行为。在医疗活动中,医疗机构及其医务人员由于工作的缘故,经常会对患者的肖像权产生潜在的危害,尤其是医疗美容服务,往往会涉及就医者的肖像问题,保护就医者的肖像权成为医方的法定义务。

(二) 医疗美容损害赔偿责任的认定

医疗美容机构是否需要承担医疗责任,需要一个完善的标准,根据医疗美容过程中出现的具体问题具体分析,但一般医疗美容损害责任的构成均需要符合四方面的要素:违法行为,损害后果,因果关系,主观过错。只有在这四方面要素同时具备的情况下,医疗损害赔偿责任才能成立,医疗机构才需承担赔偿责任。

**1. 医疗机构及其医务人员在整形美容过程中存在违法行为** 医疗美容机构及其医务人员在诊疗活动中存在违法行为是构成医疗美容损害责任的必备条件,也是医疗美容损害责任成立必不可少的要件之一。这一要件事实上包括三方面的要素:主体必须是医疗美容机构及其医护人员;须发生在医疗美容诊疗活动过程中,即检查诊断、治疗和复查阶段;须存在违法行为。违法行为是指医疗美容机构或者其医护人员在对就医者实施诊疗活动时存在违反相关医疗卫生法律法规、行政规章以及其他有关诊疗规范的规定行为。医疗美容机构及其医护人员在对患者实施诊疗行为过程中必须遵守相关规定,遵守《执业医师法》、《传染病防治法》、《献血法》、《医疗机构管理条例》、《侵权责任法》、《医疗美容服务管理办法》、《病历书写基本规范》等法律法规、规章制度的规定,严格执行无菌操作、病历书写、病历管理等方面的规定,从而为就医者实施诊疗行为。然而,现实中存在某些医疗美容机构或医护人员无视上述规范,在诊疗实践中肆意违反相关规定,违反操作常规,就构成了此处所称的违法行为,在同时符合其他要件的情况下,医疗机构就需要承担责任。

**2. 必须对就医者造成了损害后果** "无损害则无责任",只有在损害后果发生的情况下,才需要考虑医疗美容机构及其医护人员是否存在过错,是否要由医疗美容机构承担医疗美容损害责任,损害后果必须是法律明确规定的后果,必须是侵害了患者的受法律保护的合法权利。根据《侵权责任法》第二条的规定,侵权责任法所保护的民事权益包括生命权、健康权、姓名权、名誉权、荣誉权、肖像权、隐私权、婚姻自主权、监护权、所有权、用益物权、担保物权、著作权、专利权、商标专用权、发现权、股权、继承权等人身、财产权益。而医疗美容损害责任主要侵害就医者的权利包括生命权、健康权、财产权益,在一定情况下还会侵害就医者的隐私权、肖像权、监护权等权利。也就是说,医疗美容机构及其医护人员的行为必须侵害了就医者的上述合法权利,产生了一定的损害后果,才可能构成医疗损害责任。

这种损害后果既包括实际的医疗美容损害，也包括未来一段时间出现的医疗美容损害，不仅是身体上的也包括精神上的损害。

**3. 医疗美容机构及其医护人员的违法行为和就医者的损害后果之间存在因果关系**
因果关系是侵权责任构成中非常重要的一个方面，其所反映的是违法行为与损害后果之间的引起与被引起的关系，是医疗美容机构及其医护人员的违法行为和就医者的损失后果之间客观上存在的联系。其中，医疗美容机构及其医护人员的违法行为发生在前，就医者的损害后果在后，前者是后者发生的原因，后者是前者引起的结果。实践中对医疗纠纷中因果关系的判定是专业性极强的问题，很多情况下必须借助医学会、司法鉴定机构等专业鉴定机构的鉴定才能确定。在医疗美容的发展演变过程中，很少存在简单的一因一果的情形，较多存在的情况是多因一果，一因多果，甚至有多因多果的情况存在，就医者多次接受医疗整形和其他诊疗行为，以及自身机体特异性等因素之间存在错综复杂的关系，并共同作用最终引起了损害结果的发生。若在医疗美容的过程中，医疗美容机构及其执业人员，由于没有尽到合理的医疗义务，导致就医者人身健康受到损害，甚至出现毁容和死亡后果。违法的医疗行为与就医者的损害结果之间必然存在直接的因果关系，医疗美容机构就必须承担损害行为所引起的各种赔偿责任。

**4. 医疗美容机构及其医护人员主观上存在过错**　这是医疗美容损害责任构成的主观要件，表现了医疗美容机构及其医护人员的侵害行为在主观上的应受责难性。过错是指行为人通过侵权行为所表现出来的在法律上和道德上应受非难的故意和过失状态。故意分为直接故意和间接故意，直接故意指明知损害结果会发生，并且希望损害结果发生的心理状态；间接故意指能够预见到损害后果发生的结果，并放任这种损害后果发生的心理状态。过失分为疏忽大意的过失和过于自信的过失，疏忽大意的过失指行为人应当预见到自己的行为会引起损害后果的发生，因为疏忽大意而没有预见，最终导致损害后果发生的心理状态；过于自信的过失指已经预见到损害后果的发生，但是轻信能够避免，结果导致损害后果的心理状态。按照侵权责任法的有关规定，医疗机构及其医务人员存在过错需要由患者一方承担举证责任，即由患者一方提供证据证明医疗机构及其医务人员的行为存在主观过错。当然，考虑到患者一方证明医疗机构主观过错的困难性，《侵权责任法》第五十八条规定，根据以下三种情况可推定医疗机构有过错：一是违反法律、行政法规、规章以及其他有关诊疗规范的规定；二是隐匿或者拒绝提供与纠纷有关的病历资料；三是伪造、篡改或者销毁病历资料。其目的在于减轻患者的举证责任，平衡医患双方的力量对比。目前司法实践还是运用证据规则中举证责任倒置的情形，只要患者证明存在医疗关系，证明有损害结果，则由医院证明自己无过错，若不能证明自己没有过错，则认定医疗机构具有过错。医疗美容常见的过错包括，没有完善和完整的术前、术后检查和治疗的病历；有明显的诊疗不当或者违反医疗规范的诊疗行为；存在美容药品、生物材料的质量问题；未告知或未完全告知等。

## 第二节　美容外科医用生物材料损害责任

### 一、美容外科医用生物材料损害责任概念

#### （一）美容外科医用生物材料概念

医用生物材料是用于对生物体进行诊断、治疗、修复或替换其病损组织、器官或增进其

功能的新型高技术材料，更多表现为置(植)入到人体内而不易取出，广泛用于美容外科中。美容外科医用生物材料，它是指侧重于美容、整形外科修复、重建、塑型、填充、除皱，以完善或增进机体功能和形态美感的医用生物材料。

（二）美容外科医用生物材料损害责任

美容外科医用生物材料损害责任，是指医疗美容机构在医疗美容过程中使用有缺陷的医疗美容生物材料，因此造成就医者人身损害，医疗美容机构或产品生产者、销售者应当承担的医疗损害赔偿责任。

有缺陷的医疗美容生物材料是指在经过制作、加工并流入流通领域且以产生经济利益为目的的美容外科医用生物材料，在其设计、制造、指示及跟踪观察过程中存在危及人身及他人财产的不合理危险。

## 二、美容外科医用生物材料损害责任的构成要件

（一）须存在缺陷

缺陷，按照《产品质量法》第四十六条关于“本法所称缺陷，是指产品存在危及人身、他人财产安全的不合理的危险；产品有保障人体健康和人身、财产安全的国家标准、行业标准的，是指不符合该标准”的规定，其含义是：其一，缺陷是一种不合理的危险，合理的危险不是缺陷，例如医用生物材料的标示不明确一般不属于不合理危险，只有标示不明确导致就医者对医用生物材料的性能和操作方法产生错误认识的，才构成不合理危险，如美容外科医生将医用生物材料的毒副作用全部或部分隐瞒，导致就医者身体严重过敏就属于不合理的危险；其二，这种危险危及人身和他人财产安全，其他危险不认为是缺陷的内容；其三，判断危险的合理与否或者判断某一产品是否存在缺陷的标准分为一般标准和法定标准，一般标准是人们有权期待的安全性，即一个善良人在正常情况下对一件产品所应具备的安全性的期望；法定标准是国家和行业对某些产品制定的保障人体健康、人身和财产安全的专门标准，有法定标准的适用法定标准，无法定标准的适用一般标准。

造成美容外科医用生物材料缺陷的主要原因包括产品厂商在设计上的缺陷、制造上的缺陷、警示上的缺陷、跟踪观察的缺陷；医疗美容机构的储存缺陷和使用缺陷；就医者使用中由于自身原因未能合理履行谨慎注意义务造成的缺陷等。

美容外科医用生物材料损害赔偿案件往往讼争焦点是生物材料是否存在质量缺陷，一般需要进行科学的鉴定。如果由于置(植)入的生物材料在体内无法取出，无法进行科学的分析和鉴定，人民法院可以查明如下事实：首先，就医者置(植)入的生物材料是否达到一般同类产品的使用年限，由此证明该生物材料是否存在质量缺陷；其次，被告(生产者、销售者或医疗机构)能否证明该生物材料未达到一般同类产品使用年限是原告原因造成的。如果被告无法举证证明，即视为该生物材料存在质量缺陷。

（二）须有就医者人身损害事实

构成美容外科医用生物材料损害责任，必须具备就医者的人身损害事实，这是发生损害赔偿请求权的事实依据。这种人身损害的特点是有些损害后果在受害当时即可发现，有的则要受害之后很长时间才能出现后果，特别是美容外科医用生物材料造成的损害，由于置(植)入人体具有隐蔽性，通常都是经过一段时间才发生。损害事实的类型包括致人伤残和致人死亡，同时，还会伴随着精神损害。因此，在美容外科医用生物材料损害责任的人身

损害事实要件中包括精神损害，应当予以抚慰金赔偿。

（三）须有因果关系

美容外科医用生物材料损害责任中的因果关系，是指美容外科医用生物材料的缺陷与受害人的损害事实之间存在引起与被引起的关系，美容外科医用生物材料的缺陷是原因，损害事实是结果。确认美容外科医用生物材料损害责任的因果关系，要由受害人证明，证明损害是由使用或消费有缺陷的美容外科医用生物材料所致。受害人证明损害时，首先要证明缺陷美容外科医用生物材料曾经被使用或消费，其次要证明使用或消费该有缺陷的美容外科医用生物材料是损害发生的原因。

（四）医疗机构和销售者有过失

这里的过失是指作为美容外科医用生物材料的销售者之一，医疗机构在美容外科医用生物材料的购销和对就医者使用的环节中未尽到合理的注意义务。这里的注意义务包括：①严格执行进货检查验收制度，验明产品合格证明和其他标识。②统一进货渠道，避免购进“三无产品”或者伪劣产品。③不得施用禁止使用的产品和过期淘汰产品。④不得伪造产地、冒用他人的厂名、厂址、认证标志、名优标志等质量标志。⑤不得在产品中掺假、以假充真、以次充好、以不合格产品冒充合格产品。⑥正确使用医用产品。⑦建立购货档案以及严格的“进、销、调、存”和施用管理制度。⑧建立医疗美容产品证据保全支付和事故调查制度。

## 三、美容外科医用生物材料损害责任的承担

（一）美容外科医用生物材料生产者的责任

《产品质量法》第四十一条规定：“因产品存在缺陷造成人身、缺陷产品以外的其他财产（以下简称他人财产）损害的，生产者应当承担赔偿责任。”可见美容外科生物材料损害赔偿案件能构成产品侵权责任，必须具备以下要件：①生物材料存在缺陷，即不能提供人们有权期待的安全性或者生物材料存在不合理的安全性。不符合大众期待的安全要求则是生物材料存在着“不合理的危险”。②存在人身伤害、财产损害的事实。③缺陷与损害事实间存在因果关系。

但按照《产品质量法》第四十一条第二款的规定，生产者能够证明有下列情形之一的，不承担赔偿责任：①未将产品投入流通的。②产品投入流通时，引起损害的缺陷尚不存在的。③将产品投入流通时科学技术水平上不能发现缺陷的存在。

因此，在下列情形下，生产者、医疗机构可以主张免责：①生产者未将美容外科医疗生物材料投入流通的，这里指具有缺陷的医疗生物材料尚未出厂、销售，发生了损害，不适用《产品质量法》的规定。②美容外科生物材料投入流通时，引起损害的缺陷尚不存在的。美容外科生物材料在出厂、销售时，不存在缺陷，其缺陷是在生产者脱离对产品的控制后，在流通领域或者消费过程等其他环节中，由其他人造成的。③生产者将美容外科生物材料投入流通时科学技术水平尚不能发现缺陷的存在。判定生产者是否知道或者应当知道产品投入流通时是否存在产品缺陷，并不是依据生产者所掌握的科学技术为依据，而是以当时社会所具有的科学技术水平为依据。只有当时社会的科学技术水平尚不能发现产品缺陷时，才能免除生产商的侵权赔偿责任。

《侵权责任法》第四十一条进一步规定了上述原则，因产品存在缺陷造成他人损害，生

产者应当承担赔偿责任。法律规定不承担责任或者减轻责任的,依照其规定。

（二）医疗美容产品销售者的责任

《侵权责任法》第四十二条规定,因销售者的过错使产品存在缺陷,造成他人损害,销售者应当承担赔偿责任。销售者不能指明缺陷产品的生产者也不能指明缺陷产品的供货者,销售者承担赔偿责任。销售者承担责任有两种形式:①有明确的生产者和供货者的,构成侵权需具备过失要件,即销售者存在过错。②销售者不能指明缺陷产品的生产者也不能指明缺陷产品的供货者的,即使没有过失,销售者应当承担赔偿责任。按照这样的规则,在美容外科医用生物材料中,如果受害一方追究医疗机构以及医疗美容产品销售者的侵权责任的,必须证明医疗机构或者销售者具有过失的要件,没有过失,就没有责任;如果医疗机构或者销售者不能指明缺陷美容外科医用生物材料的生产者也不能指明缺陷美容外科医用生物材料的供货者的,受害一方请求赔偿,无须证明其有过失,医疗机构或者销售者也应当承担赔偿责任。

## 四、美容外科医用生物材料审核批准和监督管理

（一）美容外科医用生物材料审核批准

**1. 临床研究的审核批准** 生物材料进行临床研究前,研制单位必须向所在省级卫生行政部门提出申请,经初审后报国家卫生计生委审核。经审查合格的由国家卫生计生委批准临床研究。

申请临床研究的单位应提交以下资料:①国内外文献资料。②研制概述、制品的功能原理说明。③使用要求说明。④性能指标及性能检测报告。⑤质量标准和起草报告。⑥安全性评价报告。⑦动物模拟试用报告。

新生物材料的临床研究应在两个以上医疗机构进行,总病例数一般不少于100例。长期介入和置(植)入体内的生物材料的随访时间不得少于1年,一般生物材料随访时间不得少于实际使用时间的1/3。

**2. 生产的审核标准** 生产生物材料的单位,必须向所在省级卫生行政部门提出申请,经初审后报国家卫生计生委审核,经审查合格的由国家卫生计生委核发批准文号。

在提出申请时,应报送下列资料和检验样品:①申报临床研究资料。②临床研究批准书。③临床研究总结报告。④产品说明书。⑤产品质量标准和起草说明。⑥质量体系管理规定资料。⑦产品自检报告。

**3. 进口生物材料的审核批准** 进口生物材料必须向国家卫生计生委提出申请并报送检验样品和下列有关材料,经中国药品生物制品鉴定所检验合格后,报国家卫生计生委审核批准,核发批准文号,申请时需提交:①生产国卫生行政部门的批准文件。②产品说明书。③研制报告和安全新评价报告。④临床研究报告。⑤产品质量标准和起草说明。⑥质量体系管理规定资料。⑦产品自检报告。

（二）监督和管理

**1. 监督管理机构** 国家卫生计生委员会制定生物材料的卫生标准,颁布技术要求,批准临床研究,审核生物材料并核发批准文号。省级卫生行政部门负责对生物材料临床研究和批准文号的初审,县级以上卫生行政部门对所辖区域内的生物材料进行卫生监督。

国家卫生计生委定期发布质量公告。对疗效不确切、不良反应大或者其他危害人民健

康的生物材料，注销其批准文号。禁止进口疗效不确切、不良反应大或者其他危害人民健康的生物材料。未经国家卫生计生委批准的，不符合质量标准的以及国家卫生计生委命令禁止使用的生物材料和医疗器材不得上市和临床使用。医疗卫生机构不得使用没有国家卫生计生委批准文号的生物材料。

**2. 处罚**　对未经批准和不在指定医疗机构进行临床研究的；未取得批准文号的；擅自进行生产、经营的；生产、经营的产品经国家卫生计生委两次公告后，仍不符合质量标准要求的，由省级以上卫生行政部门给予警告，情节严重的处以违法所得的1~3倍的罚款（最高不得超过3万元）；无违法所得的，处以1000元以上1万元以下罚款。

医疗卫生机构违反有关规定使用没有国家卫生计生委批准文号的生物材料和医疗器材的，由县级以上卫生行政部门给予警告，对其责任人可处以1000元以下的罚款。

违反有关规定造成严重伤亡后果的，依法追究当事人的法律责任。

## 第三节　美容外科医疗文书的证据学特征及规范要求

### 一、医疗文书的含义、类型及其证据地位

医疗文书是指医疗机构和医务人员在医疗活动过程中，依据有关法律法规和专业技术规范要求制作的反映医疗服务关系、患者健康状况和医疗措施、诊疗过程及其结果等方面信息资料的规范文件。一般而言，医疗文书包含医疗民事文书、医疗证明文件或医学意见书和病历资料三大类。

（一）医疗民事文书

医疗民事文书的表现形式很多，在实践中主要有门诊挂号单、住院单、医疗合同、病人授权委托书、知情同意书、医疗告知书、病危通知书、术前谈话及手术同意书和特殊检查同意书等。这类文书涉及民事权利的处分，具有反映医患之间是否有效设立、变更、终止特定民事法律关系的意义，可作为民事处分性书证来证明某项医疗民事行为属于无效行为、可变更可撤销行为，还是属于违约、侵权行为。

（二）医疗证明文件或医学意见书

医疗证明文件或医学意见书，通常有出生证明、死亡证明、伤残证明、病假证明、疾病诊断意见、暂缓结婚意见书、终止妊娠意见书等，这类文书具有行政公文性质，对行政法律关系具有重大意义，能够给患者产生赋予权利或限制、剥夺权利的行政法律后果作为公文性书证，医疗证明文件或医学意见书在法律上具有较强的证明力。

（三）病历资料

病历资料主要包括门诊病历、住院志、体验单、医嘱单、化验单（检查报告）、医学影像检查资料、手术及麻醉记录单、病理资料、护理记录、死亡病例讨论记录、疑难病例讨论记录、上级医师查房记录、会诊意见、病程记录等。病历资料是医学技术类文书，反映着医学科学规律和医疗活动的过程，虽然其内容不直接反映医患之间的权利义务关系，但作为报道性书证，却能依此来证明医疗行为的科学性、正当性和合法性，从而确定医疗行为是否存在过失。

由于医疗文书记载着医疗服务过程中的各种信息资料，能够反映医疗活动的事实，因

而可以作为法律上的证据使用。如果医学文书是原始事实记录,则成为真实事实的证明材料,具有原始事实的证明力;如果医学文书是经篡改或伪造的,则成为虚假事实的证明材料,具有证明虚假事实的证明力。因此,从证据学角度,医学文书具有证明原始事实的价值,是一种证据材料,属于书证的证据形式,是直接证据。

## 二、病历资料的医学价值、证据学意义和要求

### (一)病历资料的医学价值、证据学意义

病历资料是最重要的医疗文书,它是以诊断、治疗疾病为目的,对就诊人的健康状况、患病情况、检查情况、诊断方法以及医务人员对病情发生、发展、转归的分析治疗方法、治疗护理过程和治疗效果等全部医疗活动的全面而真实的记录。它是经医务人员、医疗信息管理人员收集、整理、加工后形成的具有科学性、逻辑性、真实性的医疗档案和医学文书。因此,病历资料是医疗质量、技术水平、管理水平综合评价的依据;是医学科学的教学与科研的第一手资料,对于医学科学的教学与科研具有重要的参考价值。在法律上,由于病历资料反映着医疗机构和医务人员对患者进行医疗活动的原始情况,一旦产生医疗纠纷和医疗事故,病历资料就是解决医疗纠纷、进行医疗事故鉴定、判断医务人员过错和医疗行为与损害后果之间因果关系的重要证据。准确认定医疗事故、正确判断医疗机构和医务人员在医疗损害发生过程中是否有过失,主要依据的是医疗过程中的病历资料。因此,对于医疗事故责任的认定和医疗保险的理赔,病历资料具有极其重要的法律地位和证明作用。

### (二)医疗文书的证据属性要求

证据的证明效力是指证据具有可被法庭采信作为裁判依据的法律资格,一个证据能够得到法律上的认可就具有了证据效力,得不到法律上的认可即不具有证据效力。证据是否具有证明效力必须经过法庭对证据的真实性、关联性与合法性进行审查和质证,鉴于医疗文书是患者在门急诊、住院期间全部的医疗资料,具备法定证据之书证的特征,其证据属性要求病案必须满足客观性、合法性、关联性的证据标准。

**1. 合法性要求** 证据的合法性有两方面含义。

一是当法律对证据形式有特定要求时,必须用符合法律规定的证据形式来证明,不符合法律规定形式的证据材料不能作为证据使用。

二是对证据材料的收集和审查必须符合法律要求,否则不得作为证据来使用。根据卫生部颁布的《病历书写基本规范》、《医疗机构管理条例》等文件规定,要求医疗机构必须依法真实地记录其完整的医疗活动,并经医疗信息管理人员整理加工后形成具有科学性、逻辑性、真实性的医疗档案和医学文书。结合合法性的要求,病历必须由医务人员依照法定的程序和方法收集;病历必须具备合法的形式;病历记载的内容须有合法来源。

**2. 关联性要求** 关联性是事实材料作为证据的必要条件,关联性要求证据必须与证明对象之间存在着内在联系,能够说明证明对象的真实情况。因此,医疗文书必须真实记录医疗活动的全过程,即对就诊人的健康状况、检查情况、患病情况、诊断方法,医务人员对病情发生、发展、转归的分析、治疗方法、护理过程和治疗效果等全部医疗活动都须进行记录,从而实现病历记载内容与待证医疗行为事实之间的关联性验证,进而通过病历证明医疗行为是否存在过错。

**3. 客观性要求** 客观性是指排除主观的想象、猜测和臆断,即从书证的角度,要求医疗

文书不能由医务人员主观想象形成，而必须是医疗过程中患者病情发展变化的客观真实性记录。这就要求病历、书写必须保证客观、真实、准确。实际上，强调病案客观性的主旨在于强调病案的真实性，即病案必须是真实的，而不能是虚假的、伪造的。否则，必会造成采证失误，影响事实的认定和案件的公正处理。

由此可见，病案必须具有较强的可靠性和对案件事实的强证明力，方能实现其对医疗事实的证明价值，这对实践中病案的书写和管理提出了较高要求。

## 三、美容外科医疗文书的记录要求

医疗美容机构及其医务人员应当遵循客观、真实、准确、及时和完整的原则，严格按照《病历书写基本规范》的要求书写和建立病历，美容外科医疗文书除具备一般医疗文书的特点外，还应具备以下功能：①记录就医者的一般身体状况。②评价就医者的个人情况和社会关系。③分析就医者的术前心理状态及制定相应的治疗方案。④客观记录并评价就医者的美学条件及据此进行的相应手术设计。⑤记载全部医疗过程。⑥签署向就医者交代有关手术的注意事项和医疗风险并取得就医者同意的文件。⑦以照片记录手术前、中、后的形象。

### （一）住院病历

住院病历除常规内容外，还需结合美容外科的特点，最大程度地了解就医者心理状况，审美倾向及其他影响手术后就医者体象的因素，以及各部位的美学解剖分析，记录应尽可能详尽。主要包括以下内容。

**1. 基本情况** 姓名、性别、年龄、民族、职业、入院日期、病史采集时间、病史叙述、可靠程度等。

**2. 主诉** 就医者对身体体象不满要求改变的基本愿望、自我评价及持续时间。从主诉的问诊中可以了解就医者接受手术最直接的动机和最基本的要求。

**3. 现在史** 包括出现体象心理障碍时间，院外咨询情况和同部位同类手术效果，体象障碍对生活工作造成的影响，要求改善的迫切程度，此次手术的直接促成原因和希望达到的效果等。在现在史的询问过程中，通过观察其言行表现，还可以从中间接了解其心理状态。

**4. 既往史** 对已接受过的其他部位和其他类美容手术的术后满意度，有无过敏史及过敏药物名称，全身性疾病如出凝血障碍、心脏病、高血压、糖尿病、血液病、甲亢、精神疾病等及治疗情况、现有药物服用史、有无传染病史、其他外伤及手术史、瘢痕及治疗情况等。

**5. 个人史** 出生地、迁移过程、教育背景、收入情况、婚育情况、月经史、烟酒等不良嗜好。婚姻情况，如单身、已婚、已婚但已分居、离婚等状况下就医者美容的心态均不完全一致，需区别对待。平均月收入的高低也会使就医者对手术本身及手术价格认同度不同。教育背景的差异对美的判断标准和审美取向也不相同。

**6. 家族史** 家族中有无精神病史、遗传病史、传染病史。

**7. 一般体格检查** 首先，要观察项目包括营养状况、发育情况及衣着、化妆、装饰、步态、语调语速、注意力等。衣着、化妆、装饰异于常人的需了解其审美倾向，而表现步态异常、语调语速过高过慢、注意力涣散者，需警惕有无心理障碍。其次，按临床顺序检查生命指征以及心、肺、肝、肾、腹部、脊柱、四肢情况。了解其对手术的耐受程度，避免术后并发症的发生。

**8. 专科检查** 主要包括心理门诊和各部位美学检查。心理问诊，要充分了解就医者的心理状态和体象缺陷的程度。应主要采用倾听的方法，可以用标准提问和非标准提问的方法，穿插在病史的询问中。主要包括求美动机、求美背景、求美的促成因素、对身体体象不满的持续时间、就医者自认体象缺陷对自身造成的影响和压力大小、就医者对手术过程的了解程度、对手术效果的期望、如果手术效果不满意就医者的解决办法、对主诊医生的信任情况、家庭教育背景有无相关体象缺陷带来的痛苦经历、有无受印象深刻的书籍、言语等不良刺激的社会因素等。各部位美学检查，应包括皮肤状况、脂肪分布、五官美学观察、下颌、颏颈部、乳房、皱纹等。

**9. 手术记录** 美容外科手术记录是整个美容外科病历中最为核心的内容，应包括：术前小结、术前讨论记录、麻醉术前访视记录、麻醉记录、手术安全核查记录、手术清点记录、术后首次病程记录、麻醉术后访视记录等，并与手术过程即时完成。

**10. 告知记录** 医师在手术前、中、后对就医者的告知在美容外科手术中更为重要，将禁忌证、术前和术后须注意的事项、医疗风险等，以书面形式告知就医者，充分保障就医者的知情权和决定权，同时要求就医者签字，以实现告知的法律证明力，常见美容外科手术告知记录包括：手术知情同意书、麻醉知情同意书、输血知情同意书等，这在很大程度上可以减少术后纠纷发生的可能性。

（二）门诊病历

美容外科以门诊手术数量居多，接受门诊手术的就医者有流动性大、咨询时间较短等特点。如何在门诊较快地完成了解就医者心理状态，判断就医者的手术适应证，消除对手术的恐惧心理，通过心理辅导降低其对手术过高的期望值，是每一个美容外科医生应掌握的技巧。在门诊可采用表格式病历，在住院病历系统检查的基础上有所侧重，快速了解就医者的心理和生理条件，并初步记录所进行的心理辅导和术前释疑。

（三）术前、术中、术后照片记录

相片作为医疗文件的重要组成部分，术前、术后相片起着非常重要的作用，有评定手术效果、记录治疗过程等功能。许多医院和医生因为不重视保存资料，使很好的手术方法不能得到推广和学术界的认可，或是不能通过相片充分展示手术的效果，其后果或是流失宝贵资料，或是使医生在医疗纠纷发生时处于不利地位；还有的医院和医生，对手术相片进行造假，欺世盗名，带来的后果是让虚假的“成果”充斥学术界，混淆视听。因此，照片的拍摄、留存、使用方面应有严格的要求，具体要求可参见本篇第十章第二节美容外科摄影及资料收集。

在相片使用上要真实客观，不修改、不抄袭。不可在相片上随意涂画。遵守法律法规，保护被拍摄者的合法权利，在拍摄前要与被拍摄者签订协议书，获得使用相片的权利。未经被拍摄者同意，不能向第三方提供其资料。如要将相片用于公共交流，则需考虑保护其肖像权和隐私权，可做某些技术处理，尽量不要让他人可辨认出被拍摄者。

此外，在医疗文书书写过程中，还需要注意特殊检查同意书、手术前谈话及手术同意书等有关民事文书必须在就医者具有行为能力且真实知情前提下由本人签署，此外，制作各类医疗证明文件或医学意见书属于职务行为，应当特别注意公文的规范性与特殊性要求，医疗机构和医务人员必须按照有关卫生法律、行政法规、部门规章的规定，严格依据法定职权和程序出具，否则也将不具有法律效力。

## 四、美容外科病历管理

按照病历记录形式不同，可区分为纸质病历和电子病历，两种病历具有同等效力。美容外科医疗机构应当建立健全病历管理制度，设置病案管理部门或者配备专（兼）职人员，负责病历和病案管理工作。医疗机构及其医务人员应当严格保护患者隐私，禁止以非医疗、教学、研究目的泄露患者的病历资料。

（一）病历的建立

1. 医疗机构应当建立门诊病历和住院病历编号制度，为同一患者建立唯一的标识号码。已建立电子病历的医疗机构，应当将病历标识号码与患者身份证明编号相关联，使用标识号码和身份证明编号均能对病历进行检索。门诊病历和住院病历应当标注页码或者电子页码。

2. 住院病历应当按照以下顺序排序：体温单、医嘱单、入院记录、病程记录、术前讨论记录、手术同意书、麻醉同意书、麻醉术前访视记录、手术安全核查记录、手术清点记录、麻醉记录、手术记录、麻醉术后访视记录、术后病程记录、病重（病危）患者护理记录、出院记录、死亡记录、输血治疗知情同意书、特殊检查（特殊治疗）同意书、会诊记录、病危（重）通知书、病理资料、辅助检查报告单、医学影像检查资料。

病案应当按照以下顺序装订保存：住院病案首页、入院记录、病程记录、术前讨论记录、手术同意书、麻醉同意书、麻醉术前访视记录、手术安全核查记录、手术清点记录、麻醉记录、手术记录、麻醉术后访视记录、术后病程记录、出院记录、死亡记录、死亡病例讨论记录、输血治疗知情同意书、特殊检查（特殊治疗）同意书、会诊记录、病危（重）通知书、病理资料、辅助检查报告单、医学影像检查资料、体温单、医嘱单、病重（病危）患者护理记录。

（二）病历的保管

门诊病历原则上由患者负责保管。医疗机构建有门诊病历档案室或者已建立门诊电子病历的，经患者或者其法定代理人同意，其门诊病历可以由医疗机构负责保管。住院病历由医疗机构负责保管。

门诊病历由患者保管的，医疗机构应当将检查检验结果及时交由患者保管。门诊病历由医疗机构保管的，医疗机构应当在收到检查检验结果后24h内，将检查检验结果归入或者录入门诊病历，并在每次诊疗活动结束后首个工作日内将门（急）诊病历归档。

患者住院期间，住院病历由所在病区统一保管。因医疗活动或者工作需要，须将住院病历带离病区时，应当由病区指定的专门人员负责携带和保管。

医疗机构应当在收到住院患者检查检验结果和相关资料后24h内归入或者录入住院病历。患者出院后，住院病历由病案管理部门或者专（兼）职人员统一保存、管理。

医疗机构应当严格病历管理，任何人不得随意涂改病历，严禁伪造、隐匿、销毁、抢夺、窃取病历。

（三）病历的借阅与复制

除为患者提供诊疗服务的医务人员，以及经卫生计生行政部门、中医药管理部门或者医疗机构授权的负责病案管理、医疗管理的部门或者人员外，其他任何机构和个人不得擅自查阅患者病历。

其他医疗机构及医务人员因科研、教学需要查阅、借阅病历的，应当向患者就诊医疗机构提出申请，经同意并办理相应手续后方可查阅、借阅。查阅后应当立即归还，借阅病历应当在3个工作日内归还。查阅的病历资料不得带离患者就诊医疗机构。

医疗机构应当受理下列人员和机构复制或者查阅病历资料的申请，并依规定提供病历复制或者查阅服务:①患者本人或者其委托代理人。②死亡患者法定继承人或者其代理人。

医疗机构应当指定部门或者专(兼)职人员负责受理复制病历资料的申请。受理申请时,应当要求申请人提供有关证明材料,并对申请材料的形式进行审核。医疗机构可以为申请人复制门(急)诊病历和住院病历中的体温单、医嘱单、住院志(入院记录)、手术同意书、麻醉同意书、麻醉记录、手术记录、病重(病危)患者护理记录、出院记录、输血治疗知情同意书、特殊检查(特殊治疗)同意书、病理报告、检验报告等辅助检查报告单、医学影像检查资料等病历资料。

公安、司法、人力资源社会保障、保险以及负责医疗事故技术鉴定的部门,因办理案件、依法实施专业技术鉴定、医疗保险审核或仲裁、商业保险审核等需要,提出审核、查阅或者复制病历资料要求的,经办人员提供以下证明材料后,医疗机构可以根据需要提供患者部分或全部病历:①该行政机关、司法机关、保险或者负责医疗事故技术鉴定部门出具的调取病历的法定证明。②经办人本人有效身份证明。③经办人本人有效工作证明(需与该行政机关、司法机关、保险或者负责医疗事故技术鉴定部门一致)。

保险机构因商业保险审核等需要,提出审核、查阅或者复制病历资料要求的,还应当提供保险合同复印件、患者本人或者其代理人同意的法定证明材料;患者死亡的,应当提供保险合同复印件、死亡患者法定继承人或者其代理人同意的法定证明材料。合同或者法律另有规定的除外。

医疗机构受理复制病历资料申请后,由指定部门或者专(兼)职人员通知病案管理部门或专(兼)职人员,在规定时间内将需要复制的病历资料送至指定地点,并在申请人在场的情况下复制;复制的病历资料经申请人和医疗机构双方确认无误后,加盖医疗机构证明印记。医疗机构复制病历资料,可以按照规定收取工本费。

### (四)病历的封存与启封

依法需要封存病历时,应当在医疗机构或者其委托代理人、患者或者其代理人在场的情况下,对病历共同进行确认,签封病历复制件。

医疗机构申请封存病历时,医疗机构应当告知患者或者其代理人共同实施病历封存;但患者或者其代理人拒绝或者放弃实施病历封存的,医疗机构可以在公证机构公证的情况下,对病历进行确认,由公证机构签封病历复制件。

医疗机构负责封存病历复制件的保管。封存后病历的原件可以继续记录和使用。按照《病历书写基本规范》和《中医病历书写基本规范》要求,病历尚未完成,需要封存病历时,可以对已完成病历先行封存,当医师按照规定完成病历后,再对新完成部分进行封存。

开启封存病历应当在签封各方在场的情况下实施。

### (五)病历的保存

医疗机构可以采用符合档案管理要求的缩微技术等对纸质病历进行处理后保存。门诊病历由医疗机构保管的,保存时间自患者最后一次就诊之日起不少于15年;住院病历保存时间自患者最后一次住院出院之日起不少于30年。

医疗机构变更名称时,所保管的病历应当由变更后医疗机构继续保管。

医疗机构撤销后,所保管的病历可以由省级卫生计生行政部门、中医药管理部门或者其指定的机构按照规定妥善保管。

综上所述,病历书写与医疗技术是完整医疗行为的两个面,病历书写是表,医疗技术是里，表里互为因果，相互映衬，互相促进，辩证统一。只有将医疗文书的记载、管理提升到法律层面来认识，才能引起机构和医务人员的足够重视，从而得以有效防范医疗纠纷的发生。

## 五、美容外科病历资料法律责任

（一）隐匿或者拒绝提供与纠纷有关的病历资料责任

根据《侵权责任法》第六十一条规定，医疗机构及其医务人员应当按照规定填写并妥善保管住院志、医嘱单、检验报告、手术及麻醉记录、病理资料、护理记录、医疗费用等病历资料。患者要求查阅、复制前款规定的病历资料的，医疗机构应当提供。因此，医疗机构有保管病历资料的义务，患者有查阅、复制病历资料的权利。病历资料是认定案件事实、明确责任的最重要证据，而且病历资料主要掌握在医疗机构手里，如果医疗机构隐匿或者拒绝提供与医疗纠纷有关的病历资料，可以推定医疗机构有过错。《民事诉讼证据规定》第七十五条规定，有证据证明一方当事人持有证据无正当理由拒不提供，如果对方当事人 主张该证据的内容不利于证据持有人，可以推定该主张成立。《侵权责任法》第五十八条规定推定医疗机构有过错的情形之一是隐匿或者拒绝提供与纠纷有关的病历资料，只要出现上述情形医疗机构就要承当损害赔偿责任。

（二）伪造、篡改或者销毁病历资料责任

伪造、篡改或者销毁病历资料的行为性质比隐匿或者拒绝提供病历资料的行为性质更加严重和恶劣，当然推定医疗机构存在过错。《执业医师法》第二十三条规定："医师实施医疗、预防、保健措施、签署有关医学证明文件，必须亲自检查、调查，并按照规定及时填写病历资料，不得隐匿、伪造或者销毁病历资料及有关资料。"第三十七条规定，医师在职业活动中，隐匿、伪造或者擅自销毁病历资料及有关资料的，由县级以上人民政府卫生行政部门给予警告或者责任暂停六个月以上一年以下执业活动；情节严重的，吊销其执业证书；构成犯罪的，依法追究刑事责任。同时伪造、篡改或者销毁病历资料也是《侵权责任法》第五十八条规定推定医疗机构有过错的情形之一。

# 第四节　美容外科医疗纠纷的防范

## 一、医疗机构的防范措施

（一）恪守医疗技术操作常规

质量与安全是一个医院的立足之本，过硬的专业技术水平与扎实的理论基础是一个医生赖以生存的基础。医护人员要严格遵守各项诊疗护理常规和操作规范。手术成功之后的后续治疗与护理，需要医护人员的密切配合。妥善处理手术并发症和手术意外，发现隐患应及时处理，化纠纷于萌芽状态。

严格执行美容主诊医师上岗制，没有美容主诊医生资格证书的或者证书已过期的医生不得独立从事美容外科手术，只有在主诊医师指导下才能实施，同时严格执行手术分级制度，不越级手术，以保证手术质量。

重视收集各种证明医疗行为必要性、合理性和安全性的资料，包括：①病历的书写。②手术方案的制订和手术操作的实施。③手术同意书的签署。④手术记录及术后注意事项。⑤术前、术后照相。⑥注入物、置入物（假体）使用应注意的问题。

（二）尊重就医者的隐私权和知情同意权

美容外科涉及人体的各个部位，乳房及妇科整形等涉及就医者私处。即使是头面部的美容，绝大多数的就医者也不希望自己接受手术的事实被别人知道，都希望以自然的面貌出现在众人面前。所以尊重就医者的隐私权是美容医师的职业操守，不得向第三方透露就医者的资料。更不能未经就医者同意，把就医者术前与术后的照片放在橱窗里做广告。就医者在美容手术前有决定是否手术的权利，医者和医疗机构有详细告知的义务。为了保护自身权益，对于医患双方来说，术前签订知情同意书非常重要。一旦发生纠纷，对于医患双方来说，都是法律依据。

（三）严格掌握适应证和禁忌证

如遇下列情况，不宜贸然进行美容手术。

1. 对医务人员不礼貌且与医生意见不一致的就医者。
2. 审美心理异常者。他们把工作、前途、婚恋的挫折，错误地归咎于自己的容貌。
3. 审美素养过低者。他们文化素养低，举止粗鲁，轻信他人见解，手术目的不明确，盲目崇尚时髦与西方奇特的形态美。
4. 过分挑剔者。对手术要求极高，并对恢复过程缺乏信心的人群极易产生手术效果的不满。
5. 对美容手术期望过高，视美容为“神术”者。满口都是不切实际的夸奖之词或明显的奉承。前者是对医生估计过高，术后将感到失望；后者是伪善。
6. 拒绝与医务人员合理配合并不信守诺言者。
7. 亲属及闺蜜反对做手术并对医生缺乏信心的就医者。
8. 行为诡秘、有精神或心理障碍的就医者。

（四）转变服务理念，加强医患沟通

工作中应不断提高服务质量，改善服务态度，变被动为主动，术后做到定期、热情、周到、细致的随访。常规美容手术1周内伤口肿胀、充血等不适是手术后的正常现象。一般术后7~15d，70%~80%的肿胀即可消退，完全消肿要到术后1~3个月，就医者虽有心理准备，但医务人员适时电话，甚至亲临探访，询问恢复情况，并提醒注意事项，会让就医者感受到医院和医务人员对她（他）的关心。另外，医务人员还应高度重视术前的“心理”咨询工作，与就医者进行有效的沟通，充分了解求医者的就医动机以及家属的态度，对一些不适合做某些美容手术的要直言相告，对有心理障碍者医生要拒绝手术。

（五）严格遵守国家和各级地方相关法规

除2002年卫生部颁布的《医疗美容服务管理办法》外，还出台了其配套文件《医疗美容机构、医疗美容科（室）基本标准（试行）》、《医疗美容项目（试行）》、《临床技术操作规范·美容医学》分册等。这些法律法规对于医务人员以及医疗机构都有严格的资质要求，从法律层面上对遏制医疗美容纠纷起到积极作用。此外，《侵权责任法》第七章医疗损害责任一章的相关内容同时也适用美容外科的医疗纠纷，医务人员要严格遵守并认真学习，做到执法懂法避免不必要的医疗纠纷发生。

## 二、就医者可预防的措施

美容外科医疗纠纷的预防不仅仅是医疗机构和医务人员的义务，也是就医者的义务，如果就医者在诊疗过程中能够做到谨慎的注意义务，不必要的医疗纠纷也会避免发生。

（一）医疗美容机构的选择

目前我国的医疗美容机构鳞次栉比，美容诊所、民营美容医院、公立医院并驾齐驱。有的生活美容院也超范围经营，搞起了医疗美容。各机构水平参差不齐、执业医生也鱼龙混杂。就医者要正确区分媒体广告，选择正规的医疗美容机构。不要被无证无照无美容主诊医师的三无“黑医院”所欺骗，一旦发生意外，“黑医院”关门大吉，就医者将损失惨重。

（二）美容医师的选择

有的美容诊所、民营美容医院美容医师是不固定的，上半年是这个医师，下半年就换了一个，有的干脆就是临时受聘。手术做完了医师也走了。所以美容医生的选择也是非常重要的，最好找有固定美容医师的正规医疗机构。在接受美容手术前，必须直接与医师沟通，就自己不明白的问题直接向手术医师咨询，包括手术费用、手术方式、可能达到的效果、术前、术后应注意的事项，以及可能会出现的并发症或意外。就医者如果能做到这一点，诸如因费用问题、手术效果、知情权等引起的纠纷就会大大降低。

（三）保存每次就医的书面和影像资料

决定进行手术后，就医者一定要留下每次的就医资料，例如收据、挂号单、病历、手术协议书等书面就医记录及术前照片等。这也是一旦纠纷发生时，就医者可以申诉维护个人权益的基本证明。

## 法律评析

北京A医疗美容医院为王某施行面部皱纹整形、隆下巴、下眼袋整形手术，这是典型的医疗行为。因此，双方之间发生的是医疗美容行为而不是生活美容行为，而双方因手术效果发生纠纷，便是一起典型的医疗损害赔偿纠纷。原告在被告处进行整形美容手术，双方形成了医疗服务合同关系，此法律关系中原告应对存在诊疗行为和损害后果承担举证责任，被告应对医疗行为符合诊疗规范、诊疗行为与损害后果没有因果关系承担举证责任。司法鉴定意见书确认被告在术前告知、检查、手术记录方面存在不足。而上述不足正是影响原告决定是否缔结合同、合同内容以及术后如何保养避免不利后果的重要因素，并非与原告的损害后果没有关系，属于医疗过错。因此，本案已构成医疗侵权，被告北京某医疗美容医院需承担赔偿责任。故一审法院参照鉴定结论和本案具体情况判决北京某医疗美容医院退还王某手术费并赔偿后续治疗费、误工费是正确的。

（石　悦）

# 第 10 章

# 美容外科基本知识和基本技术

**案例**

大鹏今年刚从一所高职院校毕业，所学专业正是医学美容技术。他一直认为男孩子学这个专业没有出息，没有前途，所以三年的大学生活浑浑噩噩就过来了。好不容易通过亲戚朋友联系，介绍他到一家民营美容整形医院工作。

今天是上班第一天，院长让大鹏接待一位求美者的咨询。这位美女嫌自己下颌角太大，脸盘太宽，想改脸型。她问大鹏什么是“三庭五眼”，面部五官的黄金比例，下颌角手术怎么做，术前、术后需要做什么准备？大鹏一问三不知，气得这位美女拂袖而去。转脸一看院长的脸也拉得老长。院长叫大鹏去给另外一位签约求美者拍几张术前照片存档，结果照片拍出来一塌糊涂，院长只好叫别人去完成。这时，外科主任看大鹏没事，叫他帮忙去供应室领两把蚊式钳、一把持针器、两根 3/8 弧度三角针，大鹏像根本不知道这些东西是什么样的。他不得不告诉外科主任自己不知道这些东西。外科主任很生气！大鹏的这份工作还能保得住吗？他将来怎么办？

## 第一节　医学人体美学

**学习目标**

1. 掌握黄金律及其医学审美价值。
2. 熟悉人体美学观察和测量相关知识。
3. 了解人体个性美与综合美。

医学人体美学是医学美学的重要组成部分，是医学美学中形式美学的最集中体现。形式美学认为，任何事物的美都有一定的承载形式，即形式美。对称性、和谐性、均衡性、整体性、多样统一性、节奏性、黄金分割律等特性和法则是形式美的具体表现。凡符合这些特性和法则的事物都具有美感。

### 一、黄金律及其医学审美价值

古希腊数学家毕达哥拉斯有一句名言：“凡是美的东西都具有共同的特征，就是部分与部分及部分与整体之间的协调一致性。”据《几何原本》记载，古希腊数学家欧多克斯（公元前 408～前 355 年）创立了比例理论并发现了一组奇特的数据，其任何两个相邻数的数值之比都接近 1∶1.618，如 2、3、5、8、13、21……。同理，把一条直线一分为二，短段与长段之比为 0.618，大致为 4∶6。1 除 1.618 恰巧等于 0.618，1 与 0.618 之差 0.382 比 0.618 也等于

0.618，而其他任何数字均无此特征。以此比例构成的几何图形或物体总是给人以美的感受，因此这种比例关系被称作“黄金分割律”，即黄金律。

按黄金分割比例关系组成的任何事物都表现为有变化的统一，显示出其内部关系的和谐与均衡，充分体现了自然界比例、均衡与和谐的规律，是形式美的典范。千百年来，黄金律已广泛应用于建筑艺术、摄影绘画、服饰美学、医学人体美学以及投资理财等多个领域。

人体结构中有14个“黄金点”，如肚脐为头顶—足底之分割点；12个“黄金矩形”，如以肩宽与臀宽的平均数为宽，肩峰至臀底的高度为长即构成一个黄金矩形；还有6个“黄金指数”，如四肢指数，即肩峰至中指尖间距为上肢长，髂嵴至足底间距为下肢长，两者之比近似0.618。凡符合这些指标的人体结构，都具有极强的美感。

一个身材匀称富有美感的人，其体重与身高、腰围与胸围、腰围与臀围的理想比例，都接近于黄金分割律。国际审美委员会多次强调将胸围90cm、腰围60cm、髋围90cm作为现代女性体型美的标准，而腰围与胸围、髋围的比值正好都是0.618的近似值。

## 二、人体美学观察

### （一）面部美学观察

从正面观，面部应有明显的性别特征。男性以方形脸或国字型脸为美；女性以卵圆形脸或甲字型脸为美。面部五官位置对称，大小匀称和谐，各器官的形态均符合各自的美学标准。头部的高（颅顶点至颏下点）与面宽（两颧点间宽）的比例为1.618∶1。面部比例应符合“三庭五眼”标准。“三庭”即将人脸的长度区分为三等份，额发际缘至眉间连线的距离为一等份；眉间连线至鼻基底的距离为一等份；鼻基底至颏下点的距离为一等份。“五眼”是将脸在眼水平线上的面宽分为五等份，每份为一只眼的长度，即除了两眼外，两内眦之间的距离与外眦至同侧耳部的距离也为一只眼的长度（图1-10-1）。

面部五官是以中线结构为中轴线高度对称分布的。这些中线结构包括鼻根点、鼻尖点、鼻下点、上唇点、下唇点、颏下点。正常人群中线结构偏差平均小于2mm，即中线结构偏差在2mm范围内的不对称现象是可以接受的。睑裂略向上倾斜，外眦较内眦高2～3mm。内眦角间距和左右眼裂宽度三者相等。鼻宽（鼻翼两侧间距）略大于内眦间距，为面宽的1/4。当直立位并且向前凝视时，口角位于虹膜内缘垂线上。口裂宽度为面宽的1/3。

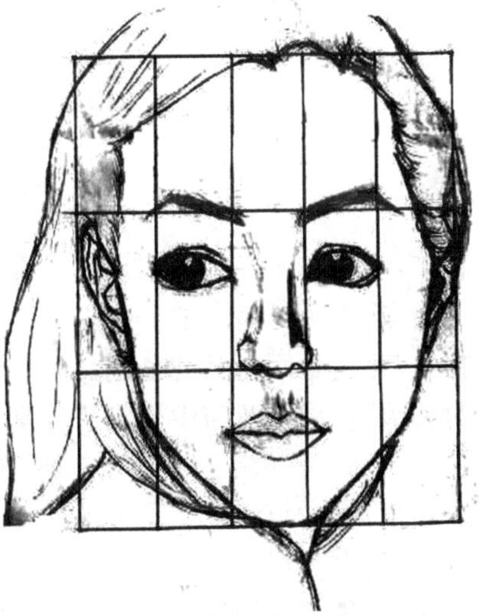
图1-10-1　“三庭五眼”

在各面部特征中，鼻、唇、颏的形态结构对面部轮廓的影响最为突出。鼻位于面部的中心，恰位于面部的中1/3，解剖位置突出、醒目。中国人颜面较纤巧清秀，鼻梁较为小巧细窄，鼻背挺直（女性略呈弧形），鼻尖圆润（女性微翘），鼻翼呈半球形，鼻孔呈卵圆形，鼻梁线位于正中，鼻两侧对称。两侧鼻基底宽度与鼻高之比约为0.618，在标准姿势时，两瞳孔与鼻下点围成等边三角或以两瞳孔连线的中点为圆心，圆心至外眦的长度为半径画圆，其圆经过鼻翼及鼻柱点。

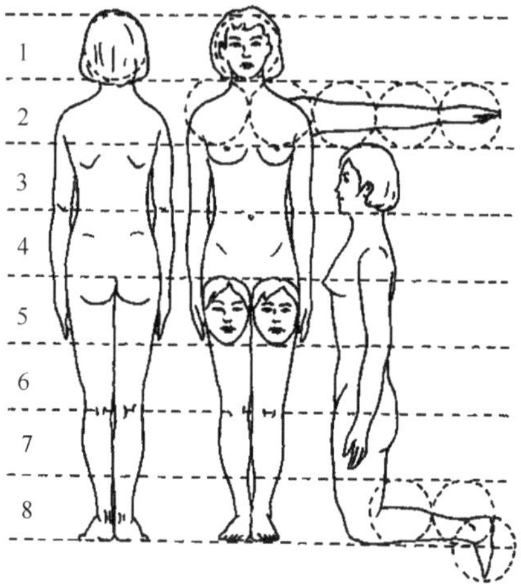

图 1-10-2　健美人体比例

（二）形体美学观察

**1. 健美体型的基本标准**　骨骼和肌肉发育匀称,皮下脂肪适量,头部与躯干四肢的比例协调,双肩等宽对称,男性宽厚,女性圆润。脊柱正面观与躯干纵轴平行,侧面观呈现生理弯曲。男性胸廓挺拔,胸大肌发达;女性乳房丰满前突不下垂。男性腹肌明显、分节,腹部平坦,腰部壮实,臀部圆润厚实;女性腰肢细柔,臀部圆润微微上翘,勾画出女性特有的曲线美。男女四肢比例匀称、线条柔和,侧面观小腿腓侧稍突出。从整个身体的比例来看,头长是身高的 1∶8,肩宽是身高的 1∶4,跪高是身高的 3∶4。一侧大腿正面宽等于面宽(图 1-10-2)。

人体美学观察中,身体短段与长段之比等于或近似于 0.618 的分割点有(图 1-10-3):

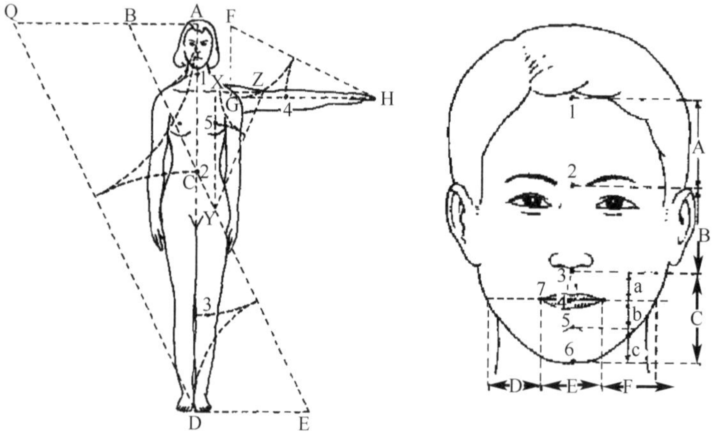

图 1-10-3　人体部分黄金分割点

脐点:头顶与足底的分割点。
喉结点:头顶与脐点的分割点。
膝关节点:足底与脐的分割点。
肘关节点:肩关节与中指尖的分割点。
乳头点:乳头垂线上锁骨与腹股沟的分割点。
眉间点:发际与颏底之间上 1/3 与中下 2/3 的分割点。
鼻下点:发际与颏底之间下 1/3 与上中 2/3 的分割点。
唇珠点:鼻底与颏底之间上 1/3 与中下 2/3 的分割点。
颏唇沟正中点:鼻底与颏底之间下 1/3 与上中 2/3 的分割点。
左(右)口角点:口裂水平线左(右)1/3 与右(左)2/3 的分割点,即口裂平面的面宽约等于 3 个口裂长。

**2. 体重**　按照美学原则,身高与体重的比例关系也应符合黄金比,即体重(kg)= 身高(cm)×(1-0.618)或体重(kg)=[身高(cm)-105]±10%。但在我国由于南北方地理、气候等环境因素造成了个体生长发育的差异,故在衡量体重标准时南北方个体应有所差异。南方人标准体重(kg)=(身高-150)×0.6+48;北方人标准体重=(身高-150)×0.6+50。实际体重超过标准体重10kg即视为肥胖;超过10~20kg为轻度肥胖;超过20~30kg为中度肥胖;超过30kg以上为重度肥胖。

### 三、人体美学测量

研究人体美的目的主要在于发现和揭示富有美感容貌的解剖、生理特征,寻找其形态学规律,从而运用各种医学和美学手段来维护、修复和塑造容貌美,以增进人的生命活力美感。人体测量可以为美容医学提供人体形态特征的数据。人体测量包括骨骼测量和活体测量。根据测量部位不同,分为头面部测量和体部测量,有直线测量、弧线测量及角度测量等方法。常用测量方法和项目参见《美容应用解剖学》(第2版)第一篇第三章人体各部位美的观测。

### 四、人体美的个性美与综合美

评价人体美是一个非常复杂的系统工程,因为人类不仅具有自然属性,同时还具有社会属性。人类在漫长的进化和发展过程中也一直在致力于寻找出一个统一的标准,试图用科学的方法来制定一个统一标准,如前所述,应用黄金律,以及通过黄金律所作出的美学观察、美学测量等确实也对人体美学评价做出了一些标准,但这些都属于自然属性标准,却不能用它去衡量社会属性之美。所以至今世界上没有一个评价人体美的统一标准。衡量人体美的自然属性标准本来就存在着个体差异,加上又没有统一的社会属性标准,所以,人体美学评价中出现了个性美与综合美的概念。

不同的民族,不同的个体,由于文化背景不同,民风、民俗相异,受教育程度参差不齐,从事的工作行业千差万别,对美的认识和追求就会不同,加上衡量美的自然属性标准上的个体差异,使得我们人体美百花齐放,千姿百态,每个个体都呈现出独一无二的美,甚至是不可复制、前无古人、后无来者的美。即使他们各自可能存在着解剖结构和形态上的微小缺陷或瑕疵,也呈现出一种特别的美。他们的美和缺陷共同组成它们各自独特的个性,如美国著名影星玛丽莲·梦露,她脸上的痣在别人脸上可能是一种瑕疵,而在她脸上却与她独特的容貌搭配得天衣无缝,给人一种生动的独特美。这就是人体美中的个性美。

拥有了自然属性的美并不一定就等于美,一个人的美,如果脱离了他(她)的民族文化、民风、民俗、职业、教育背景、言谈举止和接人待物的个性特征、服饰、化妆、时代等这些社会属性,也谈不上美。他(她)的自然属性美必须和这些社会属性结合起来,才能达到一种对称、和谐、均衡、多样统一并富有节奏感的统一美,也就是人体美的综合美。

因此,我们在审美、创美过程中,必须将个性美与综合美结合起来,多侧面、多视角地欣赏才能获得一种充满生命活力之美感。

## 第二节　美容外科摄影及资料收集

**学习目标**

1. 掌握美容外科摄影的重要意义及摄影技术。
2. 熟悉美容外科摄影要求和器材;美容外科摄影资料收集、整理和保存。
3. 了解美容外科摄影体位。

任何语言和文字描述都不能像摄影那样真实、客观、全面、忠实的反映出事物的真实面目及现存状态。因此，摄影在医学领域，特别是在美容外科的地位和作用就显得尤为突出和重要。美容外科摄影就是要真实、客观、全面、忠实的记录求美者就诊前后或术前、术后的状态，通过分门别类的收集整理，长此以往，即可积累下大量珍贵的资料，以期总结经验、汲取教训，为教学、科研及临床工作积累全面、丰富的宝贵资料，同时也为今后一旦产生医疗纠纷提供强有力的法律依据。

## 一、美容外科摄影

### （一）美容外科摄影的重要意义

**1. 留存求美者宝贵的原始形象资料** 求美者就诊往往因为面容或形体方面存在某种缺陷、瑕疵或畸形，一旦经过手术矫正，将不复存在。这些缺陷、瑕疵或畸形存在于何部位，大小、形态、程度、范围如何，术后改善程度、改善效果如何都要在术前、术后通过摄影全面、真实、准确地进行详细记录。

**2. 为术后效果评价提供客观依据** 美容手术是否成功，术后效果如何，用任何语言表述都难以令人信服。俗话说“耳听为虚，眼见为实”，只要将求美者术前、术后的一组照片摆放在一起即可让人一目了然，其手术效果和价值不言而喻。

**3. 为教学、科研、远程会诊及学术交流提供直观翔实资料** 在教学工作中，教师或上级医师为了描述求美者的某种缺陷、瑕疵或畸形，在没有直观的挂图或照片的情况下，往往费尽口舌也难以讲解清楚。如果有了直观清晰的术前、术后照片，一切问题就迎刃而解了。教师容易讲解，且生动、深刻、效果显著；学生容易听懂。经常性的回顾和对比分析图像资料，可不断的总结经验，汲取教训，将成功的手术经验总结成完善的新理论，指导今后的教学和临床工作，使今后的手术设计、手术操作更加成熟和熟练。对于失败的手术，对其术前诊断、术前设计以及手术过程的各个环节、失败的原因应该进行认真总结，汲取教训，警示后人。

遇疑难手术或本地、国内难以解决的技术问题时，为解决实际问题，减轻求美者经济负担，可通过计算机远程会诊系统，将反映求美者真实情况的图像资料传给国内或国际上的同行专家进行远程会诊，在他们的指导下现场解决问题或手术。

在学术交流中，如果能为大家呈现出一套完整、清晰、规范的术前、术中和术后照片可显著提高报告水平，任你千言万语也难达此事半功倍之效。

**4. 有利于提升求美者对自我形象的认识** 当一套完整、清晰的术前、术后照片呈现在求美者眼前，原来的缺陷或瑕疵或畸形不翼而飞，代之以一副崭新、美丽的容貌时，他(她)们会对自我新形象更加自信。对于严重毁容，难以完全恢复的受术者，照片有助于受术者明了多次手术所获得的成就，也能使他们对自己的未来充满信心和自信。

**5. 为日后可能发生的医疗纠纷提供法律依据** 由于医学摄影真实、全面地记录了术前、中、后的实际情况，作为法律凭证可以客观地反映手术前后的情况，因此，可作为解决美容手术纠纷的重要依据。

### （二）美容外科摄影要求

**1. 确保真实、准确** 美容外科摄影与人物艺术摄影截然不一样，不容任何化妆、修饰，也不允许采用任何艺术夸张手法。必须客观、真实、准确的反映拍摄部位的形态。被摄者仪表自然端庄，需显露的部位必须暴露，充分敞开，以能完整显示缺陷、瑕疵或畸形为原则。

**2. 突出主体**　拍照部位及其周围必须整洁，去除饰物。皮肤、毛发应事先清洗干净。背景清晰，照明光源、相机与拍照部位应相对固定，避免背景杂乱无章。主体突出，最大限度显示主体的形象，准确表达畸形、缺陷或瑕疵，清晰显示皮肤表面形态特征。术中摄影时，为确保被摄部位鲜明、突出，被摄部位周边应进行适当清洗或用清洁敷料遮盖，必须显示术者手部时，也应清洗手套上的污渍和血迹，移除所有与拍照无关物品，确保被摄部位和背景清洁、整齐、鲜明、突出。

**3. 对比鲜明、协调一致**　术前、术后均采用一致的体位、拍摄距离、角度、背景和照明光源、照明强度、拍摄模式或拍摄参数、照片尺寸和横、竖幅选择，确保拍摄效果术前、术后具有鲜明对比，协调一致。尽量避免使用自然光照明，避免某些部位出现阴影，造成被摄部位的歪曲和失真。另外，如拍摄头面部，术前、术后被摄者都应保持一致的自然表情，不能出现一张"愁眉苦脸"，另一张"阳光灿烂"的现象，否则将失去严谨、科学、真实的对比性。

**4. 资料齐全**　美容外科摄影应与病历书写一样给予高度重视，且要把它视为病历的一个重要组成部分，作为一项常规工作来做。被摄对象术前、术中、术后的照片必须完整成套，绝不能疏忽或放弃每一次拍摄机会，否则将会造成永远无法弥补的遗憾。必须将术前拍照列为术前准备中的重要项目。术后拆线结束也应立即拍照存档，否则有的受术者会因种种原因提前出院而致拍照遗漏。

（三）摄影器材

**1. 照相机**　随着科学技术日新月异的发展，医学摄影所用器材也发生了翻天覆地的变化。现今影像数字化是大势所趋，医学摄影工作中也越来越多地应用到数码相机。

在美容外科摄影中，一般选用500万像素以上；28mm广角、3～6倍光学变焦镜头；1/1.8英寸以上CCD；具有微距模式、多种程序模式、全手动模式、光圈优先、速度优先模式的数码相机或数码单反相机即可满足常规应用。

**2. 光源**　摄影中一般需要主光、辅光及背景光三种光源。碘钨灯或相机机顶同步闪光灯常用作主光源，其光照亮度强，色温高。白炽灯用作辅光或背景光，当主光、辅光、背景光三者搭配比例和投射角度恰当时，可获得立体感强，层次丰富的高质量照片。

**3. 三脚架**　为了获得高清晰照片，防止拍摄过程中相机抖动，宜用三脚架进行拍摄。市售各种牢固稳定的折叠式三脚架均可选用。

**4. 背景材料**　美容外科摄影中常采用浅灰色或淡蓝色布料作为背景材料，可与拍摄主体形成鲜明对比，突出拍摄主体。

（四）摄影技术要求

**1. 真实性、科学性和可比性是美容外科摄影的灵魂**　为了能将被摄主体的缺陷、瑕疵、畸形或病变客观真实地反映出来，应严格选择最佳角度，细致观察，通过形态、大小、颜色的对比，以及背景、陪衬物的衬托等方法将异常与正常部位的不同真实刻画出来。

**2. 建立专用摄影室**　尽管数码相机已经很普及，但临床上很多医学摄影资料并不尽如人意。许多书籍和学术报告中所用照片术前、术后五花八门，丧失了美容外科摄影的灵魂——真实性、科学性和可比性。很大的原因就是因为临床医师在病房内就地摄影。日常生活中，进入房间的自然光线受很多因素的影响，诸如房间的高矮、大小；房间门窗的多少和大小；房间内陈设多少和颜色；室外的阴晴、雨雪、太阳位置；自然光线投射进入房间的角度等都会严重影响室内光线的强度和方向，如果再有灯光的参与将会使得房间内光线更为复杂。在这种情况下要想获得高质量的照片是不可能的。因此,应建立专用摄影室,除了术中拍摄,术前、术后都应在统一的条件和参数下摄影,这样方可获得具有真实性、科学性和可比性的照片。

摄影室应距门诊和病房较近,大小适宜,一般有2.5m×4m大小即可,天花板和墙壁粉刷成白色,窗户用黑色窗帘遮盖,关闭其他杂光源。设置卷帘式淡蓝色布料作为背景,被摄主体距离背景90cm以上,避免产生阴影。室内配置主光、侧光及背景光三组光源,每组光源的位置、角度、强度均可在一定范围内进行调节。配备一把稳定、舒适、高度可调的椅子以备不时之需。

摄影室应建立严格的登记制度,设立相应的能够快速、便利进行登记的表格,内容涵盖被摄者就诊或住院ID号、姓名、性别、年龄、联系方式、诊断、手术名称、拍摄日期、拍摄部位、拍摄体位、拍摄距离、拍摄张数、拍摄者、记录者、所用相机名称和型号、拍摄参数(光源及数量、距离;拍摄模式或光圈、速度、感光度、曝光补偿、白平衡调整、取景方式、是否包围曝光或连拍等)、保存方式、保存介质及名称、地址等。

**3. 注重光线的运用** 通过恰当的光线运用,力求表现出被摄体的真实性、立体感、质感以及色彩还原。正面用光,色彩还原最为准确,但却会削弱拍摄体的立体感,这时就要适当应用辅光或背光了。拍摄时给予前侧光或侧光为主加辅助光,便能使被摄体产生生动的立体感。适当配置背景光,如从被摄体侧后方或后方照射过来的侧逆光或逆光,能使被摄体表面的凹凸呈现出明确的阴影,不仅能勾画出被摄对象的形状,在其边缘形成明亮的粗细线条,而且能很好地与背景分离,极大地突出了被摄主体的立体感。背景光的运用要照顾到背景的色彩、距离和照明的角度等,需要对背景光进行反复调整才能用得恰到好处。应当注意的是,侧光、背景光的照明强度应弱于主光,否则就会喧宾夺主。一般情况下,辅光和背景光应比主光弱2~3档。

**4. 正确使用数码相机的感光度**(ISO) 所有数码相机都有感光度指标,而且数码相机上感光度的作用与胶卷感光度的作用和标度都是完全一样,数码相机能调节ISO值以适应不同光照条件下的拍摄场合。数码相机的ISO值通常有50,100,200,400,800,1600。感光度低表示对光的敏感度相对弱,需要的曝光时间相对长;感光度高表示对光的敏感度高,需要的曝光时间相对短。但是高感光度容易带来的是噪点,就是画面上会出现很多粗糙的颗粒。感光度值越大,速度越快,所需曝光时间越短,可以用更短的曝光时间来防手抖,但噪点也随之增加,噪点越多图质越差;值越小速度越慢,曝光时间要更长,但噪点越小,图质越细腻。所以能设定ISO的数码相机较为实用。在拍摄时要充分利用数码相机感光度可变的特性,最好将感光度处于最低值上拍摄。

**5. 灵活选用曝光方式** 数码相机上的曝光方式有手动曝光、程序曝光、光圈优先式自动曝光、快门速度优先式自动曝光和图标式程序曝光之分。若对拍摄没有特殊要求时,宜选择程序自动曝光(P),在不同图标下照相机会选择适宜题材表现的光圈系数和快门速度的组合,即将光圈、快门的选择权交给数码相机而实现全自动曝光。若对景深有特殊要求时,如拍摄手术、局部特写等画面时,宜选择光圈优先式曝光拍摄。如要表现局部形态特征的细微变化,可选用微距模式,该模式可允许1cm以上距离的近距离拍摄。此时如能选用带环形闪光灯的数码相机效果更好。环形闪光灯是直接安装在相机镜头上,发光管呈环形,功率较小,多配有效果灯,光线均匀没有阴影,非常适合微距摄影,在医学和科研领域非常有用。

**6. 正确选择取景方式** 目前多数数码相机都配有电子取景和光学取景两种取景方式。电子取景,即通过液晶显示屏取景,这种方式使用方便,应用灵活,但取景姿势必须是双手前伸，与眼睛保持一定距离，此时相机无法获得稳定支撑，用低速快门很难拍出稳定清晰的相片。且液晶显示屏上显示的画面色彩、对比度与实际误差较大，画面粗糙，无法观察拍摄体细节，很难判断所摄照片是否符合要求。

光学取景，这是最常见的传统取景方式，因为取景时双手持机紧贴面部，有着较好的稳定性，所见景象画面较为清晰，色彩和对比度也比较真实。唯一的缺点就是取景误差大。普通数码相机的光学取景器在近距离拍摄时，上下左右位置误差与实际拍摄景象的误差很大（远距离不是特别明显），一般说来，光学取景器看到的景象约占实际拍摄景象的 85%。因此，用光学取景时，取景大小应比所需景象大出约 15% 方可满足实际需要。否则就会造成部分重要形态特征等重要信息的丢失。

数码单反相机可有效避免以上缺陷，单反式取景是真正没有误差的光学取景方式，取景范围可达实拍画面的 95% 以上。唯一缺点就是如果镜头过小，取景器会很暗，影响手动对焦。但现在多数相机的自动对焦功能可克服这一缺点。

**7. 正确使用曝光补偿**　现在的数码相机都能通过自己的内部程序，对环境光线进行计算，自动调整光圈、快门甚至 ISO 值。但在复杂的光线及强对比高反差环境下，P 档（程序自动曝光）拍出的照片往往不尽如人意，效果不理想。这时就需要拍摄者手工对设备进行相应的曝光参数调整，这就是曝光补偿（expose value，EV）。

光的补偿途径和手段很多，如闪光灯、摄影灯、反光板的外源光线补偿；光圈值、曝光时间的调整等。对于现在普及的数码相机来说，最常用到的手法是通过 EV 调整进行曝光补偿。数码相机大多具备±2.0～3.0EV 调节范围，一般以 0.3 或 0.5 为级别渐进调整。当被摄体亮部的区域较多，如逆光、强光下的被摄体，使用 EV+；在被摄体暗部的区域较多，如阴影中的被摄体、黑色被摄体的特写时使用 EV-。简单通俗地说就是“白加黑减、亮加暗减”。调整级差越小越能满足拍摄者的创作意图。

需要注意的是，数码相机无论在程序自动曝光（P）档，还是速度优先（S）/光圈优先（A）档下，当对 EV 值进行调整时，相机的光圈/快门参数也会有相应的变化。P 档下 EV 调整时，相机光圈、快门都会做出自动调整；A 档下光圈固定，EV 调整会联动使快门的速度变化；S 档下快门固定，EV 调整会联动光圈变化。但是这些光圈、快门的变化不会影响到最终成像后的曝光补偿效果。

**8. 正确使用白平衡以达到最佳色彩还原**　用数码相机拍摄时，经常会发现数码照片景物和用眼观察到的景物颜色不一致，偏红或偏蓝，这就是白平衡不当之故。所谓白平衡，就是在不同的光线条件下，调整好红、绿、蓝三原色的比例，使其混合后成为白色，使摄影系统能在不同的光照条件下得到准确的色彩还原。数码相机白平衡的调整通常有 3 种模式：自动白平衡、分档设定白平衡、精确设定白平衡（手动设定模式）。一般普及型数码相机大都采用自动白平衡。准专业数码相机大都设有分档设定白平衡及自动白平衡。专业数码相机既有自动白平衡、分档设定白平衡，还设有手动模式精确白平衡三种模式。

自动白平衡，是依赖数码相机的测色温系统，测出红光和蓝光的相对比例，再依据此数据调整曝光，产生红、绿、蓝电信号的增益。其最大的优势是简单、快捷。但光线复杂时色彩还原会有些偏差。

分档设定白平衡，是按光源种类和色温值分为两类，目前大多数数码相机都按前者分类。在相机上分别设有日光、阴天、日光灯、白炽灯、闪光灯的图标档位。拍摄时只需将拍摄时的光源种类和相机上白平衡档位相吻合就可拍出较为准确的色彩。但由于分设档位少，精度不高，在一些特殊光照条件下拍摄仍有色彩还原欠佳现象。

精确白平衡（手动设定模式），是在拍摄现场光的条件下，用白纸或白色物体充满镜头视野进行白平衡调节。经过这样的调试再拍摄，色彩还原非常准确。

**9. 充分利用包围曝光、连拍和及时反馈功能** 有的相机有包围曝光方式，即相机能自动以加曝光、正常曝光、减曝光的设置连续拍三张相片。当你不想错过某些场景，但对自己的曝光控制没信心时可以用这个功能，三档不同的曝光值，总有一张比较理想。有连拍功能的相机能以相同的设置连续拍摄三张甚至是五张相片，可不失时机地捕捉到宝贵的拍摄瞬间，这在手术过程中拍摄极为有用。用数码相机拍摄有得天独厚的优势，拍摄效果立竿见影，有利于及时发现问题、找准问题，如果拍摄效果不理想，可立即纠正或重新设置后再拍摄，确保拍摄效果。

（五）美容外科摄影体位

目前我国对美容外科手术必须拍摄哪些体位照片尚无统一规定。临床上头面部摄影时常采用正位、正侧位、3/4 前侧位或仰视位等体位以突出被摄部位缺陷、瑕疵、畸形的全部形态特征。为了获得术前、术后对比鲜明，极具说服力的照片，应采用较为通用的标准体位进行拍摄。

**1. 头面部正位像** 画面应包括头部全部边缘及胸锁关节，照片上部边缘与头顶间留出少许空间，被摄者两眼平视镜头，脸部应位于法兰克福（Frankfort）平面（水平方向）和中位矢状平面。镜头聚焦于眼、鼻之间。

**2. 头面部正侧位像** 以面部正中线为一侧轮廓线，余同正位像。务使面部和耳郭全部暴露。

**3. 头面部 3/4 侧位像、4/5 侧位像** 将头部略偏转，显露对侧全部眉毛为 3/4 侧位；将头部偏转至鼻尖与面颊部轮廓线重叠为 4/5 侧位。

**4. 鼻底像** 面对镜头，颏部抬起至鼻尖与两眉上缘连线相吻合，使鼻底完全暴露，画面包括上、下唇在内。

**5. 鼻部正侧位像** 画面包括眉部及上、下唇，镜头以鼻为中心聚焦。

**6. 眼部正位像** 画面包括前额中部、鼻尖及颞区。

**7. 嘴唇部像** 画面包括鼻尖、颏部、颊部边缘。

**8. 耳部像** 正侧位像应包括周围发际，但头发不得遮挡耳之任何部位。

美容外科常见手术拍照体位可参考以下体位进行选择（表 1-10-1）。

**表 1-10-1 常见美容外科手术拍照部分体位选择**

| 手术类型 | 术前、后拍照体位、状态 |
|---|---|
| 眼睑部手术 | 眼部正位、侧位睁眼和闭眼像；正位睁眼静态和微笑像 |
| 鼻部手术 | 头面正位、侧位鼻像，必要时加拍鼻底像 |
| 耳部手术 | 头面正、侧位及后位像 |
| 唇部手术 | 面部正、侧位开口和闭口像 |
| 隆颌术 | 头面正、侧位像 |
| 酒窝成形术 | 头面正、侧位静态和微笑像 |
| 面部联合美容术 | 头面正、侧位、3/4 侧位静态和微笑像 |
| 乳房手术 | 胸部正、侧位、3/4 侧位像 |
| 腹部手术 | 腹部正、侧位像 |
| 四肢手术（以手部为例） | 手掌面、背面像；必要时桡前侧位像、尺前侧位像及各种功能位像 |
| 体表肿瘤切除术 | 肿瘤切除前后正侧位像 |

## 二、美容外科摄影资料的收集、整理和保存

美容外科摄影资料是为日后能够准确查找,充分应用于教学、科研、学术交流以及临床工作经验、教训的总结。但随着时间的流逝,照片日渐增多,如不及时分门别类、编号定位,精心整理,日久之后,必陷于混乱而难于查找,失去了摄影资料收集的意义。因此,作为美容外科临床医师或专业摄影师都应高度重视摄影资料的收集整理工作。

随着数码技术在各领域的广泛应用,给医学摄影带来了全新的理念,在数码技术的快速发展带动下,医学摄影发生了质的变化,与传统摄影相比,数码技术在医学摄影中显示了其独特的优势。因此,摄影资料的收集、整理也与传统光学摄影有着天壤之别。过去胶片拍摄后需要在暗室内费时费力进行冲印、冲洗方能获得直观照片;现今拍摄后效果立即可见,甚至在宽敞明亮、舒适的"电子暗室"借助相关程序半小时内即可见到满意照片,不仅可以用纸质材料洗印保存,也可作为电子文档保存。这给摄影资料的收集、整理带来了极大便利。

(一) 收集资料及时完整

每个病例或求术者,常常需要收集包括术前、术后和必要的术中以及辅助诊断(如X线片、病理组织切片)等照片方能成为一套完整无缺的形象资料,才有充分的科研和保存价值。随着数码技术的普及和应用,美容外科临床医师均应掌握常用数码摄影技术,这样即可在不依赖专业摄影师的情况下随时进行拍照,防止遗漏。拍照后立即将所摄照片及时输入专用电脑(防止受病毒或黑客攻击),以拍摄日期和时间为名称建立根文件夹,如201408060830(2014年8月6日8:30),以被摄对象的住院或就诊ID号-姓名-性别或手术名称为名建立子文件夹,并在其中再分别建立二级子文件夹存放术前、术后、术中的照片。需要查找时用电脑的"搜索"功能便可快速查找到所需资料。存放后应如前所述进行详细登记,如有专用电子登记系统更好,否则应该建立或在已建立的Excel电子表格登记簿上进行详细登记。登记项目包括被摄者就诊或住院ID号、姓名、性别、年龄、联系方式、诊断、手术名称、拍摄日期、拍摄部位、拍摄体位、拍摄距离、拍摄张数、拍摄者、记录者、所用相机名称和型号、拍摄参数(光源及数量、距离;拍摄模式或光圈、速度、感光度、曝光补偿、白平衡调整、取景方式、是否包围曝光或连拍等)、保存方式、保存介质及名称、地址等。以便日后能够进行及时准确的查找、筛选、排序等统计工作。

(二) 摄影资料的保存

传统光学摄影资料需待一卷胶卷拍摄完毕后冲洗、洗印成纸质照片再分类归档与胶片一起保存起来,要耗费大量的人力、物力和存放空间,且不便于传输、查找和应用。而数码摄影即拍即得,设备轻便小巧,操作简便易行,传输快捷便利,存储容易,千万张照片可以存于小巧的U盘、硬盘、光盘等磁性材料上,既不占空间又便于存取、调用。数码照片既可以像传统光学摄影照片一样洗印出来贴附于病志存放于病案室,也可仅把拍摄的图像数据保存下来无须打印或洗印成纸质照片。为了节省大量人力、物力和存放空间,各领域普遍采取后一种方式保存。只要归档、登记准确,需要时可立即调出阅读或打印。但数码图像数据保存应注意以下问题。

**1. 选择什么图像格式存储**　图像格式即图像文件存放在储存介质上的格式,存储格式决定着记录下来的图像精度、大小、色彩的保真和输出时图像的质量。现在使用的存储格式比较多,但常用的有以下几种。

（1）JPEG 图像格式：扩展名是 JPG，它利用一种失真式的图像压缩方式将图像压缩在很小的储存空间中，所以很适合应用在网页的图像中。由于经过压缩，它有可能引起色彩的失真，故不适合打印高质量的图像。

（2）TIFF 图像格式：扩展名是 TIF，它是一种非失真的压缩格式，能保持原有图像的颜色及层次，但占用空间却很大。故 TIFF 常被应用于较专业的用途，如书籍出版、海报等。

（3）RAW 图像格式：扩展名是 RAW。RAW 是一种无损压缩格式，它的数据是没有经过相机处理的原文件，因此它的大小要比 TIFF 格式略小。由于存储的是影像传感器记录的原始数据，而各品牌数码相机使用的是各自生产的影像传感器，所以记录的 RAW 格式的文件需要用各自的软件来处理。

（4）BMP 图像格式：中文意思是比特图格式。它可被多种图像处理软件所支持。它的特点和适用范围与 TIF 格式差不多。但是它在 Photoshop 里不支持多通道。

鉴于以上图像格式的特点，要想保存高质量的图像数据，应选择 TIFF 和 RAW 图像格式，因为它们是非失真压缩格式和无损压缩格式文件，图像数据损失很少或没有损失，保存下来的照片质量高，缺点就是占用存储空间大。

另外要注意，JPEG 图像格式是一种失真式的压缩格式，其压缩比率通常在 10∶1～40∶1，虽然占用空间极小，但其色彩失真可能性增大。故 JPEG 格式的照片拍摄后应原版、原格式保存。如经编辑后再保存，图像数据将进一步丢失，反复保存次数越多，数据丢失越严重。

**2. 选择什么存储介质** 数码摄影资料的存储介质主要分 3 大类：①以硬盘、软盘为代表的磁性材料。②以内存为代表的储存芯片。③以 CD-ROM 为代表的光盘。数码相机现在的存储介质主要是芯片和磁性材料，如内存卡，它包括 CF（Flash memory）卡、SM（Smart Media）卡、记忆棒（Memory Stick）和硬盘，少数数码相机还可用可擦写光盘。这些存储介质容量从数十 M 到数十 G，但数码相机内的存储介质容量不宜过大，1G 左右即可，否则如果操作不当将会带来极大损失。

用于长时间存储大量图像数据的介质可选择硬盘，硬盘是电脑中最重要的外存储器，容量大，目前市售硬盘可达单块 4TB（4000G），速度快，备份上百 G 的数据只需要几十分钟，还可以随机访问，且价格适中，性价比高，可选择硬盘作为备份存储介质。

以 CD-ROM 为代表的光盘材料目前已经普及为 DVD 光盘，容量是 4.37G，有可复写和不可复写两种，作为长久性存储介质，应选择不可复写光盘，防止操作不当覆盖原数据。质量好的 DVD 盘片设计寿命可达 30 年以上，一般的盘片寿命也不会低于 10～15 年。为保险起见，同样内容应双备份，两张盘片分开放置。

Blu-ray Disc，中文译为蓝光光盘，是继 DVD 光盘后的新一代光盘格式。一个单层的蓝光光盘的容量为 25 或 27GB，双层更可以达到 46 或 54GB 容量，而容量为 100 或 200GB 的，分别是 4 层及 8 层。可用以存储高画质的影音以及大容量的资料存储。但蓝光光盘目前尚未普及，价格较高，如非海量数据，选择 DVD 盘片即可。

选择好存储介质后，重要的就是将所有资料分类整理、按照硬盘或光盘大小打包进行转存或刻录，并同时做好保存或刻录详细登记、编号，以备将来能够准确、便捷查找。附于光盘的相关信息不能直接写于或贴附于光盘背面，只能贴于装光盘的外包装盒上。

无论硬盘和光盘均应保存在阴凉、干燥、无放射、无强光、无灰尘、无震动的环境中。要注意跟踪科技的发展，如有新的存储介质诞生，应该及时将原数据转存，否则一段时间后原来的数据就可能无法打开。

## 第三节　美容外科手术器械和设备

学习目标

熟悉常用美容外科手术器械的种类、名称和用途。

手术器械是外科医生的基本工具。美容外科手术是精细的外科手术,其使用的器械也必然小巧而精密。随着美容外科手术范围的不断扩大及手术方法的不断改良和优化,各种不同类型和规格的美容外科手术器械也在不断产生。

### 一、美容外科手术器械的特点

美容外科手术所使用的器械,除了具备一般外科器械的特点外,还具有其自身的专科特点。

(一)小巧精密,操作难度大

美容外科手术多以颜面部手术为主,尤其是眼、耳、口、鼻等体表器官体积小巧精细,操作空间狭窄,切口短小且隐蔽,这就要求所使用的器械也相应的小巧而精密,切开时以小的11号尖刀和15号圆刀片最为常用,缝合时多采用无损伤的缝针,缝线则以精细的3-0~5-0丝线、单股尼龙线或5-0~8-0可吸收线常用。剪刀也多用小巧而锋利的眼科剪。必要时还要借助显微外科手术器械。因为术区狭窄,器械小巧,手术操作的难度相应加大,所消耗的时间也较长。显微外科器械的使用还要经过长期严格的训练方可胜任。

(二)功率适度,组织损伤少

美容外科手术中常使用一些特殊的声、光、电仪器,如单极或双极电凝器、高频电刀、激光刀等,使用前要将功率调节到合适的范围,以防止功率过高而损伤周围正常的组织。使用电凝器时,强度不宜过大,否则烧灼面广,创伤大,不利于组织移植物的成活,影响手术效果。电凝器的选择以双极电凝器较好,使用时夹持的组织量应尽量少。使用高频电刀时还要注意勿伤及切口边缘的正常皮肤。手术刀要锋利,切忌反复拉锯式的切割。

(三)博采众长,涉及学科广

美容外科手术范围涉及面广,几乎包括所有较表浅的器官和组织,与其他专科常有交叉,所以在行某个部位的美容手术时,除了使用常规的器械外,多借鉴其他相关专科的器械。有时可作适当的调整和改良,甚至发明创造出全新的器械。如鼻部美容手术所使用的器械,鼻骨锯,鼻骨凿等多经骨科器械改良而成,传统的擦皮机是借用牙科台式钻机充当的,口唇部美容手术则直接使用口腔科的某些器械。

(四)品种繁多,更新速度快

美容外科不仅借鉴、改进、使用相关医学学科的常用器械,还常使用其他非医学专业的器械,如切口设计使用的钢尺、两脚规和画笔等。美容外科的专用器械也是多种多样,如皮片的切取器械有滚轴式取皮刀、鼓式取皮机和电动、气动取皮机等。此外,还有擦皮美容器械、吸脂专用器械、文眉机等种类,这些器械随着科学技术的进步而不断的更新换代。皮肤磨削术在历史上曾有锉、刷子、砂纸和磨头等不断改进的多种工具；脂肪抽吸术也经历了从针管吸脂到负压吸脂，以及目前常用的超声吸脂和电子吸脂的演变，所使用的器械也做了相应的改进和提高。

## 二、常用美容外科手术器械和设备

美容外科器械的种类繁多，规格各异，按其功用不同可分为基本手术器械和专用手术器械两大类。

### （一）基本手术器械

基本手术器械是指手术中必须具备的器械，如手术刀、剪、钳、镊、持针器、缝针、牵开器等。

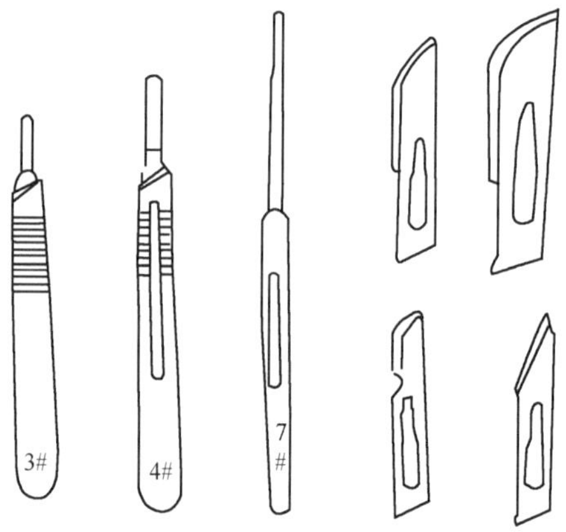

图 1-10-4　刀片和刀柄

**【手术刀】**

**1. 手术刀分类**　手术刀是手术中用来切开和解剖组织的工具。可根据手术部位和性质的不同，选用不同的类型，如普通刀、电刀和激光刀等。

（1）普通手术刀：由可装卸的刀片和刀柄组成（图 1-10-4）。刀柄根据长短和大小来分型，常用者为 3 号刀柄，为小刀柄，最为常用；4 号刀柄为大刀柄，用于大型切口；7 号刀柄，长而纤细，用于深部切割。一把刀柄可搭配几种不同的刀片。刀片按形状可分为圆刃、尖刃、弯刃和球头等；按大小又可分为大刀片、中刀片和小刀片等。整形美容外科最常用的是 11 号尖刀片和 15 号圆刀片，另外，10、12 号的大圆刀、尖刀、弯钩刀、小圆刀也常用，同时配以相应的刀柄。刀片和刀柄末端均刻有相应号码，手术者可根据不同的需要做选择。

（2）高频电刀：高频电刀是一种特制的电热装置，可用作切割、解剖、间接或直接的电凝，使用它可大大减少术中的出血量，但因操作的过程中对组织的损伤较大，故不宜用于精细的美容外科手术中。

（3）激光刀：如国产的红宝石激光刀，具有锐利、快速、可控性好和组织损伤少的特点，在操作时一定要注意安全，切勿伤及眼睛等重要器官。

**2. 手术刀的使用**　本节主要介绍普通手术刀的使用。手术刀的使用分为刀刃和刀柄的使用法。刀柄多用于组织的钝性剥离；刀刃多用于组织切割。

（1）刀片的安装和拆卸：拆装刀片必须用持针器或血管钳夹持，以免割伤手指（图 1-10-5）。

（2）执刀方法：常用方法有以下五种（图 1-10-6）。

1）执弓法：又称琴弓法，动作幅度大而灵活，多用于较大的皮肤切口的切开，特别适用于胸腹部和四肢等。

2）抓持法：用力大，切割面广，常用于大块组织的切割，如截肢等。

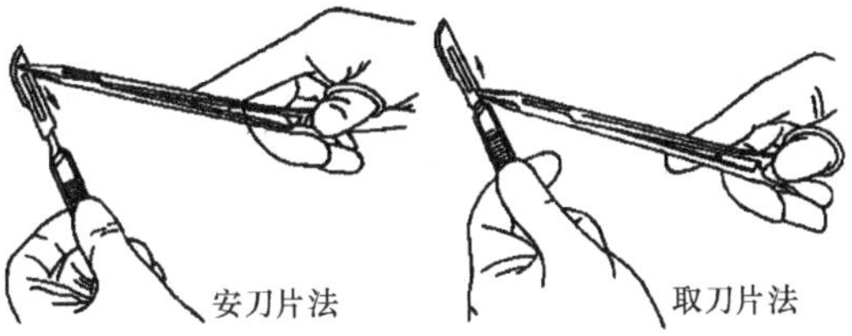


图1-10-5　刀片安装方法

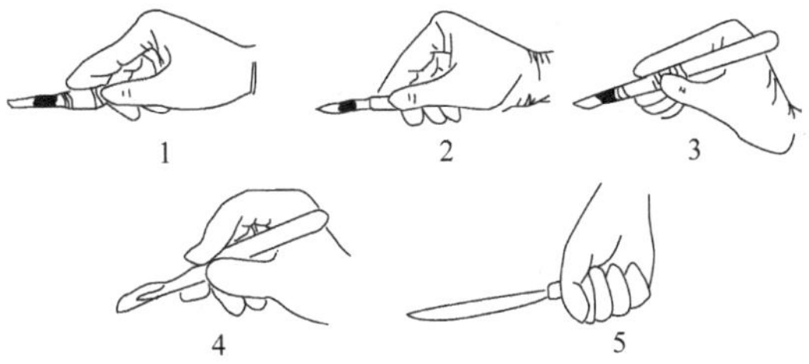


图1-10-6　常用执刀方法

1. 持弓式；2. 抓持式；3. 执笔式；4. 反挑式；5. 握拳式

3）执笔法：动作轻巧细致，常用于血管、神经等的细微解剖，尚可用于短小皮肤切口的切开，如头面部皮肤的切开等。

4）反挑法：用于切开管道器官，如鼻孔内切开，也可用于浅表脓肿的切开引流，可避免伤及深部组织，操作时刀尖端先插入组织，然后向上反挑。运刀切割时，应遵循“先竖、中平、后竖”的原则，起刀及收刀均应垂直于切口平面，运刀时将刀转平，以刀腹切割组织。刀法应准确，切口要整齐，且应随切口部位、走向的变化而随时调整执刀法。切开皮肤时应一气呵成，切忌来回拉锯式的切割。

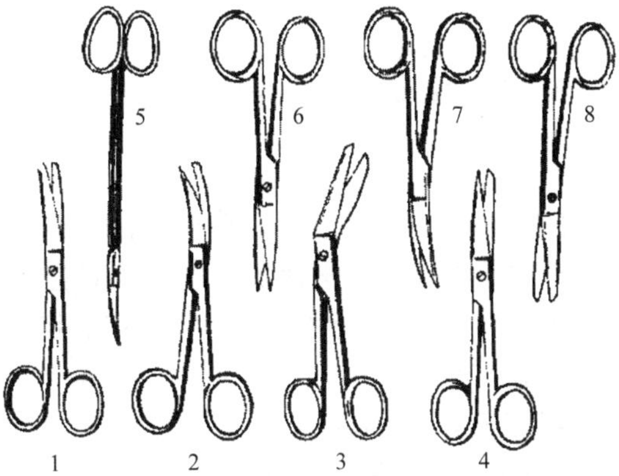


图1-10-7　手术剪

1. 双圆头弯剪；2. 尖圆头弯剪；3. 旁剪；4. 尖圆头直剪；5. 神经节剪；6. 双尖头直剪；7. 双尖头弯剪；8. 双圆头直剪

5）握拳式：用于握截肢刀环形切断肢体软组织。

**【手术剪】**　手术剪是外科手术中用于剪断缝线、组织、敷料及引流物等的一类器械（图1-10-7），有弯、直、长、短及大小的区别，又可按其头部的形状不同分为尖头剪、钝头剪、剪线剪和角形剪等；根据作用的不同可分为普通组织剪、精细组织剪、眼科剪和拆线剪等。美容外科中多用小巧锋利的眼科剪进行精细的操作，而较大面积的皮肤剥离、较厚组织的剪切一般选用厚刃的普通组织剪，在行小切口深部较疏松组织的剥离时，则常选用柄长而刃薄的扁桃体剪或脑膜剪。

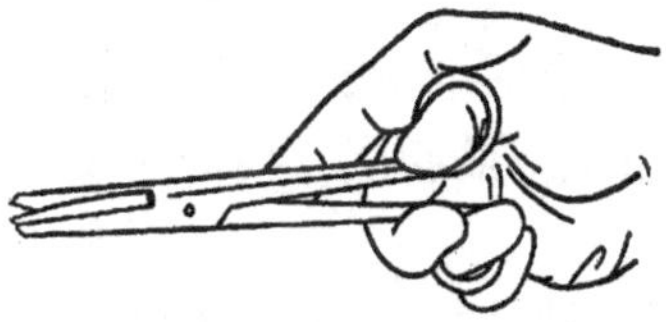

图1-10-8　手术剪的使用

手术剪的使用方法较多（图1-10-8），正确的执剪方法应具有三角稳定作用，一般以两指套进剪刀的柄环，另一指扶住轴节部位，即为指套法。为了增加稳定性还可采用以另一手的手指扶住轴节的扶剪法。剪线时微张刀口，顺线尾向下滑至线结上缘，再将剪刀向上倾斜45°，然后剪断。为了便于操作，还可携剪同时行其他操作。

**【血管钳和组织钳】**　血管钳是主要用于止血的器械，所以也称止血钳（图1-10-9），但因其前端细而平滑，易进入筋膜内而不易刺破血管，也可供分离组织之用。血管钳有直、弯两大类，各类中又有大、中、小不同的规格。尖端带齿者为有齿血管钳，型号最小者为蚊式血管钳；另一类血管钳齿槽浅、齿低平，用于钳夹血管时对血管壁的损伤轻，称为无损伤性血管钳。夹持皮下及浅层血管用直血管钳。深部血管及组织用弯钳。做组织分离时用头

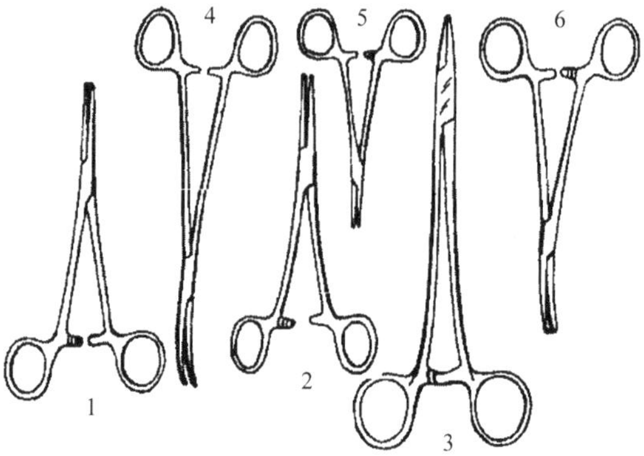

图 1-10-9　血管钳、持针器

1. 有钩直血管钳;2. 中号直血管钳;3. 持针器;4. 大号弯血管钳;5. 蚊式直血管钳;6. 中号弯血管钳

较尖的半齿血管钳。钳夹较大的血管及较厚的组织则需用全齿血管钳。美容外科手术中常需做微细的解剖或止血,故以轻巧细密的蚊式血管钳最为常用。

组织钳也称鼠齿钳、爱立斯(Allis)钳,用于夹持组织或钳夹纱布垫,有时还用于皮下组织的固定。结构与血管钳相似,尖端有一排细齿,弹性好也有大小之分,可酌情选用。

止血钳的执钳方法与执剪方法基本相同,有时还可采用握持法和掌指法,甚至携钳进行其他操作,以便于加快速度。弯血管钳用于一般止血时,其尖端要朝下,如用于缝扎或结扎止血时,应使尖端朝上,便于松钳结扎或缝扎。松钳可有右手松钳和左手松钳两种,右手松时将套进柄环的两指相对捏紧挤压,继而错开;左手松钳时,拇指及示指捏持一柄环,第三、四指顶住另一柄环,相对挤压并向前推挤柄环,即可松开。组织钳的使用和血管钳相似。

**【手术镊】**　手术镊是用于夹持敷料、缝针和组织等的器械,可分有齿、无齿等不同类别,又有长、短、粗、细之分,有齿镊用于夹持较坚硬的组织,如筋膜等,虽较为牢靠不易滑脱,但损伤也大;无齿镊用于夹持较脆弱的组织,如黏膜等。长镊子用于深部操作,短镊子适用于浅表部位的操作。在美容外科中,常选用眼科镊,现已有专用的整形镊,因其齿小而锐利,柄宽而富弹性,损伤少,且夹持牢靠,所以也最为常用(图 1-10-10)。

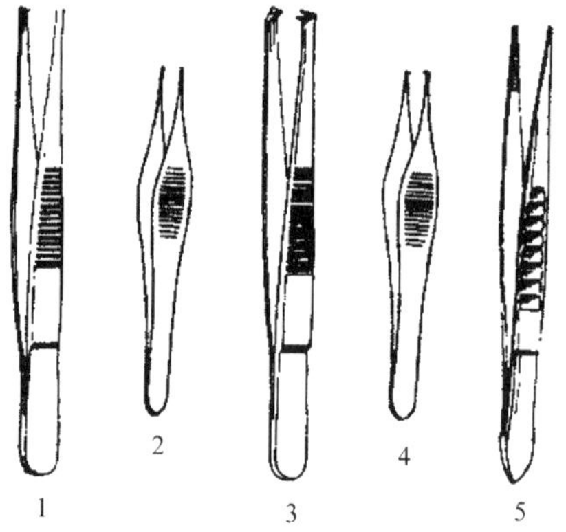

图 1-10-10　手术镊

1、3. 组织镊;2. 眼科镊;4. 整形镊;5. 外科镊

一般以左手持镊,夹持、固定并提起组织,右手使用其他器械进行各项操作。镊子的使用有三指执镊法和两指执镊法,镊子的握持根据握持镊子的手指不同分为拇指握持法与无名指和小指握持法,美容外科特别强调组织的保护,故在使用镊子的时候最好不要直接夹持皮肤,而仅用其尖端夹持皮下组织或筋膜层。换药时镊子的尖端应始终朝下。

**【持针器】**　持针器又称针持,用于夹持缝针,有时也可用作器械打结,其基本结构与血管钳相似(图 1-10-9),但其轴节以前部分较粗短,相对面有交错细纹。可分为大、中、小三种规格。可与缝针的大小搭配使用,若用大持针器夹持小缝针,可能使缝针折断,反之用小持针器夹持较大的缝针,不仅不易夹牢,还容易损伤持针器。夹持缝针时,缝针应夹在靠近钳头端,以夹住缝针的中后 1/3 交界处为宜,且常将缝线的重叠部分放在持针器的钳嘴内,以免操作时拽脱缝线。

临床上通用的有三种执持针器方法:指套法、掌握法和掌拇法。前二者同止血钳的使用法,掌拇法则是用食指压在持针器的前半部,拇指及其余三指压住一柄环固定于掌中,此法关闭、松钳较易而进针稳妥。用持针器打结可较徒手打结省时省力，减少穿针的劳作，打结时应注意线结的方向，避免滑结。

**【缝针】** 缝针是用于各种组织缝合的器械，它由三个基本部分组成：针尖、针体和针眼。根据缝针前端的形状分为：圆形、三角形和铲形三大类（图 1-10-11）；缝针还有直弯之分，其中弯针又根据其弧度的大小分为 1/2、1/4、3/8、5/8 等弧度（按照每根弧形针围成正圆所占比例确定）针（图 1-10-12）。圆针细而无锐缘，损伤较小，用于缝合一般的软组织，如肌肉和血管等；三角针有三角形锐缘，能穿透坚韧的组织，适用于缝合皮肤、软骨和瘢痕组织等，但其损伤也大，较大规格的三角针不适合于面部皮肤的缝合；铲针是尖端为扁刃的缝合针，锋利且组织损伤小，可用于皮肤的缝合。直针用于宽敞区域的操作，临床上较为少用；3/8 缝合针的针体弧度和手腕的用力方向相符，缝合时持针器的旋转运动少，操作方便，临床也最常用；1/2 弧度针缝合时，虽然持针器要作较大的旋转，但它缝合深，操作时所需的空间小，适用于小而深的部位的缝合，如鼻孔内、口内切口的缝合。

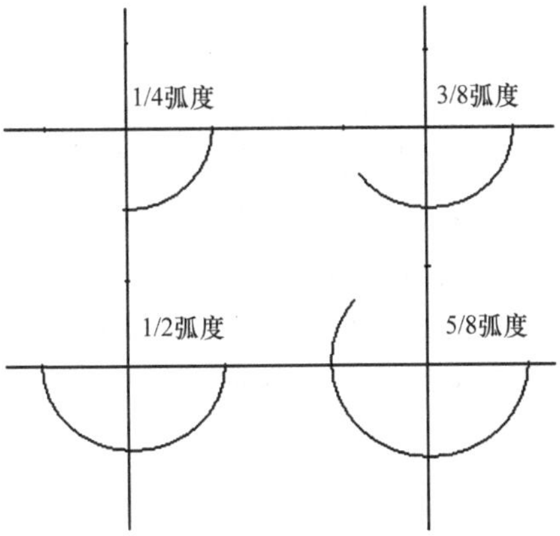


图 1-10-11　手术缝针弧度分类

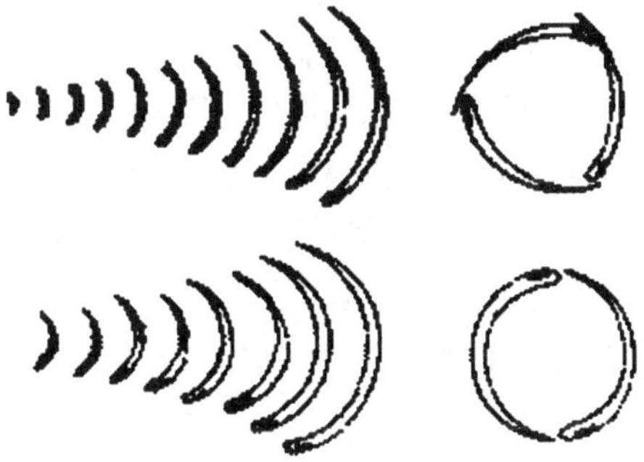

图 1-10-12　各种手术缝针

**【牵开器】** 牵开器主要用于手术野的暴露，也有各种不同的形状和大小不同的规格（图 1-10-13），有头部为齿状的皮肤拉钩，如单齿、双齿和多齿皮肤拉钩等；有头部为板片状的拉钩，如甲状腺拉钩、静脉拉钩，腹腔平头拉钩和“S”形拉钩等；还有一些特殊拉钩，如自动拉钩等。有齿皮肤拉钩多用于头面部的手术，组织损伤少，操作方便，在美容外科中也最为常用。腹腔平头拉钩及“S”形拉钩则多用于腹腔手术。

**【测量仪与画笔】** 美容外科的术前设计将直接影响到手术的效果。设计时常需做精确的测量和描记。常用的测量仪器有：不锈钢尺、两脚规、游标卡尺、睑测量仪等（图 1-10-14）。画笔通常使用细的吸水笔，以亚甲蓝液和甲紫为颜料。

**【负压吸引器】** 负压吸引器用于手术中积血和积液的吸除，保持手术野的清晰，便于止血和其他操作。有时也可用来吸取电切后产生的有害烟气，它同时也是吸脂术必备的仪器之一。

**【电凝器】** 电凝器是用于止血的特制电热装置。现在常用的一般为集电凝、电切为一体的仪器。可分为单极电凝和双极电凝器两种。双极电凝器止血迅速、可靠，所以备受美容医师的喜爱，术中夹持的组织应尽可能少，以达到既有效止血，又防止过多地损伤组织的效果。

（二）特殊手术器械

美容外科除使用上述基本器械外，涉及具体部位手术时还常借助于一些特殊的器械，以达完美效果。

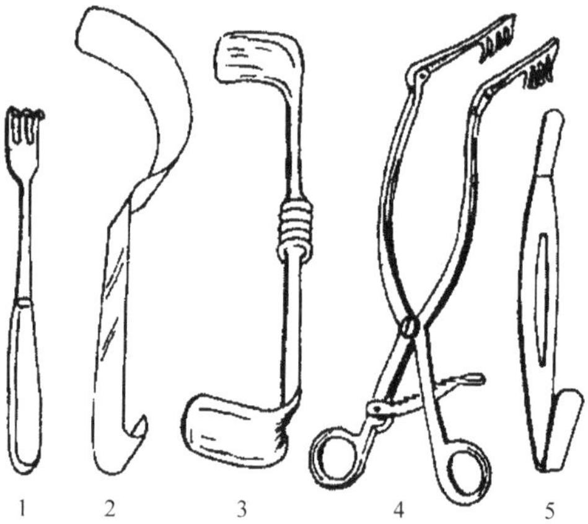


图 1-10-13　牵开器

1. 皮肤拉钩(耙钩);2. S 形拉钩;3. 腹腔平头拉钩;4. 自动拉钩;5. 甲状腺拉钩

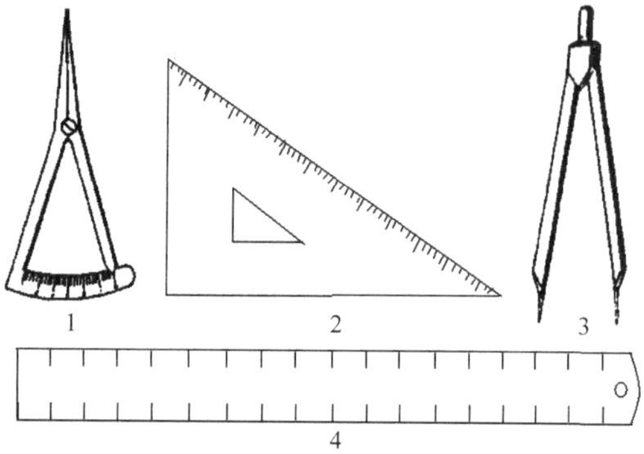


图 1-10-14　测量仪器

1. 睑测量器;2. 三角尺;3. 圆规;4. 直尺

**【眼部美容手术专用器械】**　常用眼部美容手术专用器械有:眼科用无齿镊、睫毛镊、固定镊、眼科剪、开睑器、眼睑拉钩、睑板固定夹、角膜保护镜片或垫板等(图 1-10-15)。

**【鼻部美容专用器械】**　常用的鼻部美容专用器械有:鼻骨锉、鼻中隔剥离子、鼻中隔回旋刀,全鼻整形用的剥离子,驼峰鼻美容时用的鼻骨凿、鼻骨锯等(图 1-10-16)。

**【显微外科专用器械】**　美容外科中有些精细的操作常需借助于显微外科器械来完成,如肌皮瓣的远位转移和器官的再造都要对相应的血管和神经等行显微吻合。常用的器械包括:光学放大设备、手术器械和辅助设备等。

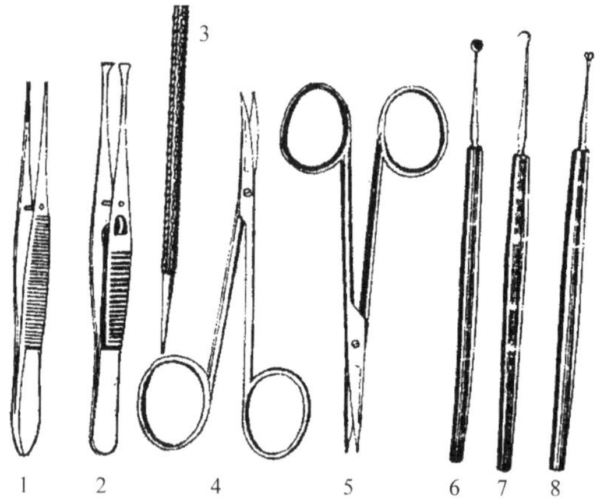


图 1-10-15　眼部手术器械

1. 眼科镊;2. 固定镊;3. 泪点扩张器;4、5. 眼科剪;6. 刮匙;7. 斜视钩;8. 固定钩

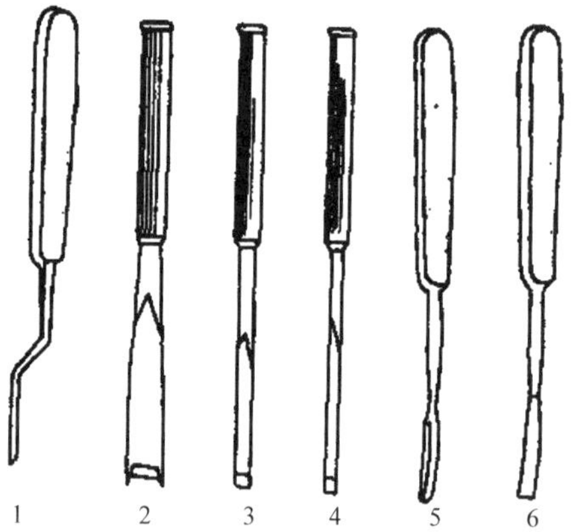


图 1-10-16　鼻部手术器械

1. 鼻骨锯;2. 双保护头骨凿;3、4. 骨凿;5. 鼻锉;6. 鼻骨膜剥离器

**1. 光学放大设备**　光学放大设备有手术显微镜和放大镜之分(图 1-10-17)。手术显微镜是显微外科中最重要的精密光学仪器。临床上常见的是双人双目手术显微镜,一般有主、副两套双筒双目镜,而且可各自调节屈光度及瞳距,放大倍数在 6～40 倍,可随意改变倍数。用手或电动脚踏调节放大倍数、焦距和位置等。手术放大镜,可与手术显微镜配合使用,单人的有额戴式放大镜、眼镜式放大镜等。均是用镜片打磨而成安装在额带或眼镜上,

可放大1～8倍。

**2. 手术器械**　手术器械有显微组织镊、手术剪、持针器、合拢器、对抗器、血管夹、扩张器和扩张镊子等(图1-10-18)。这些器械的共同特点是:小巧、尖细、不反光、无磁性,但也较易损坏,所以应单独存放在特制的盒子里,常用的器械要固定位置,以便于取用,防止损坏,同时要经常维修。显微外科使用的缝合针线多以两头带针的单股尼龙线为主,有7-0～9-0等不同规格。可根据缝合的不同组织灵活选用。

**3. 辅助设备**　常用的辅助设备有:微型电凝器、小型低压吸引器、电子体温计及多普勒血流探测仪等。

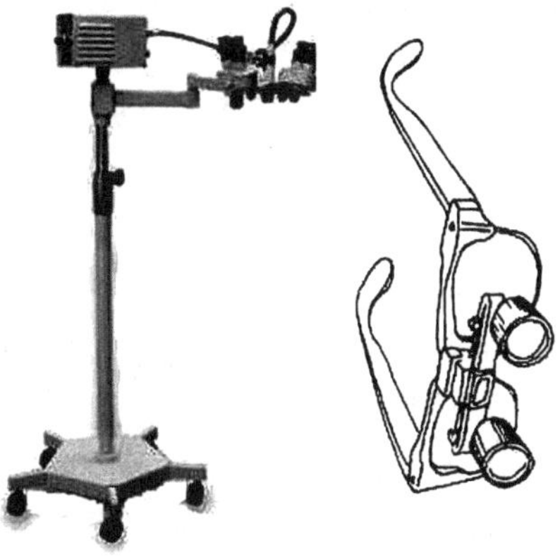


图1-10-17　显微手术镜和放大镜

1. 落地式手术显微镜;2. 镜筒式手术放大镜

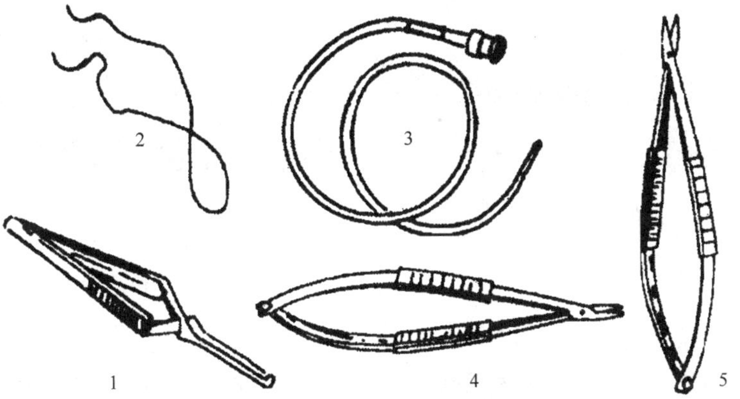


图1-10-18　显微手术器械

1. 血管夹;2. 显微缝针线;3. 冲洗针管;4. 显微组织钳;5. 显微组织剪

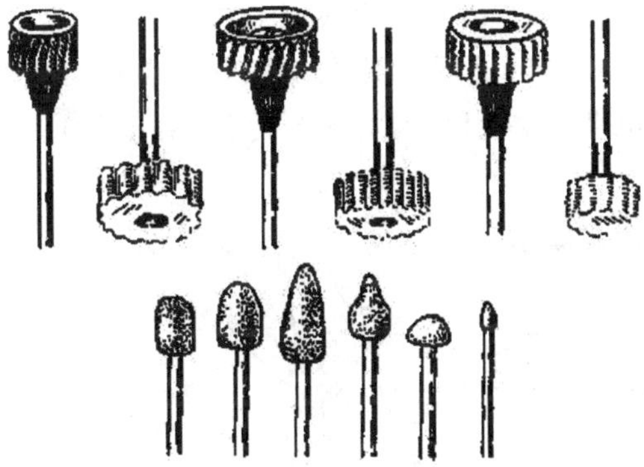

图1-10-19　不同形状磨头

**【擦皮美容专用器械】**　擦皮美容专用器械主要包括擦皮机和磨头两部分,还有一些辅助器械。以往的擦皮机多借用牙科电动机,但因其功率小,不能满足大面积磨削的需要,目前已有国产的专用擦皮机,其有效功率多在100～300W,有效转速每分钟1万～1.5万转,效果较好,多能满足需要。磨头根据其材料的不同有碳化硅磨头、金刚石磨头和不锈钢磨头;根据不同的需要制成大小不同的圆锥形或圆柱形。圆锥形磨头具轻便灵活,便于消毒和经久耐用等优点,实际操作中较常用。磨头根据大小可分为大、中、小三种不同的规格。常用磨头见图1-10-19)。

皮肤磨削术中还用到一些如:挑刀、砂轮防护罩和眼睑保护勺等辅助材料,过去有人采用市售的水砂纸经消毒后作擦皮美容手术之用,现在已极少使用。目前,有条件的单位常使用更为先进的微晶磨削仪进行皮肤磨削。

**【吸脂专用器械】** 吸脂专器械有针管负压吸脂器械及机械负压吸脂器，前者所用的是通常使用的普通注射器和针头。注射器常用 50ml 和 100ml 规格，12～20 号针头。针管吸脂的速度慢，抽吸量少，且劳动强度大，多用于颗粒脂肪的移植或小部位的去脂塑型。后者是由负压吸脂机，导管及脂肪抽吸器三部分组成。一般真空负压达到 750mmHg(100kPa)的负压吸引器均可使用；导管多采用透明的硬质硅胶管或塑料管且具有一定的弹性；脂肪抽吸器由吸头、吸管和手柄组成(图 1-10-20，图 1-10-21)，吸管为连接吸头与手柄的空心金属管或高强度硬塑管，目前通常使用的为 4～6mm 直径的吸管。这种吸脂器械的特点是：结构简单，效果可靠、迅速，但由于术中多采用盲性的刮拉等操作，可能误伤血管和神经，造成出血、局部麻木及组织凹凸不平等，存在着被超声吸脂器械取代的趋势。

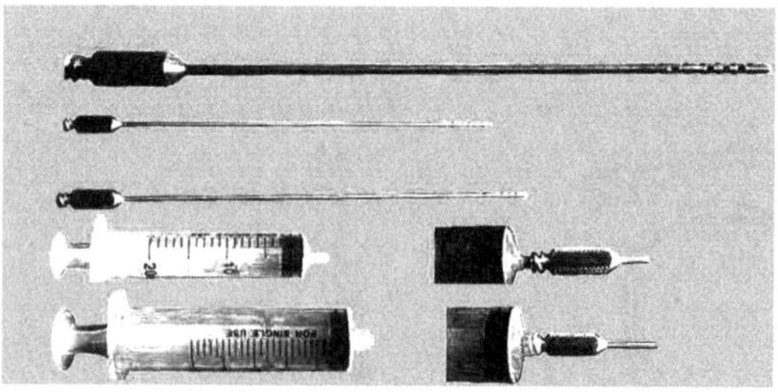

图 1-10-20　吸脂针管和注射器

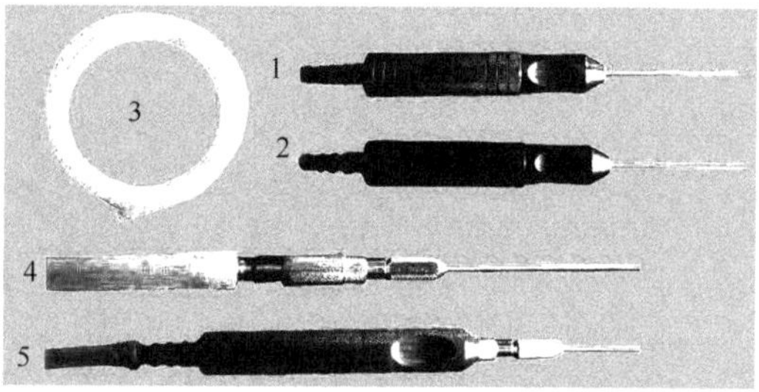


图 1-10-21　吸脂针管、手柄和硅胶管

1、2. 吸脂针与手柄连接；3. 硅胶管；

4、5. 手柄、针与硅胶管连接

超声吸脂器械是根据人体脂肪组织有与液体相似的低密度性质，通过特定的装置将一定强度(20～40kHz)的超声波作用于脂肪组织，借助其振动、冲击速度、正负压和热效应等破坏组织，导致脂肪细胞膜破裂，细胞间连接松散、分离，经小的引流切口排出体外，达到去脂的目的。主要由超声生发器、超声传感器、连接器和钛金属头组成，并辅以一定的负压吸引器等抽吸设备。超声吸脂器具有选择性高、损伤少、脂肪去除均匀和操作省力等优点，越来越被广泛地运用于美容手术中，但其速度慢，价格昂贵的特点也限制了它的迅速推广。

**【取皮专用器械】** 美容外科常用取皮器械取一定大小和厚度的皮片来修复病变部位的皮肤。取皮器械有滚轴式取皮刀、鼓式取皮机、电动取皮机和气动取皮机等(图 1-10-22)。

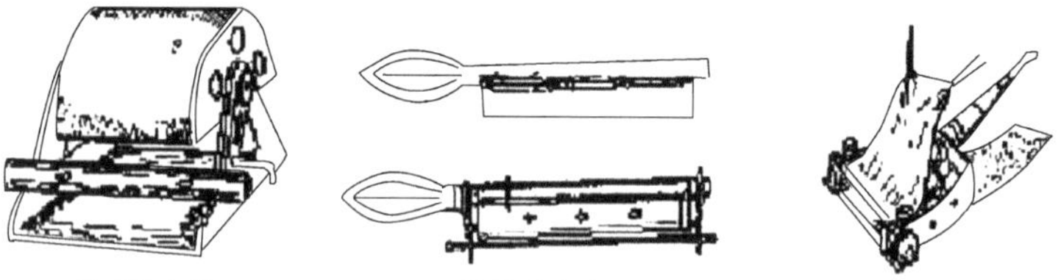

鼓式取皮机　　滚轴式取皮刀　　电动取皮刀

图 1-10-22　取皮器械

**【其他专用器械】** 激光美容手术中常用二氧化碳($CO_2$)激光、氩离子激光、氦-氖(He-Ne)激光及钕-钇铝石榴石(Nd-YAG)激光器等；冷冻美容手术中液氮的存储及输出设备；文饰手术中使用的文眉机；用作皮肤组织扩张用的扩张器；内镜美容术中使用的内镜及其辅助设备等(图 1-10-23，图 1-10-24)。

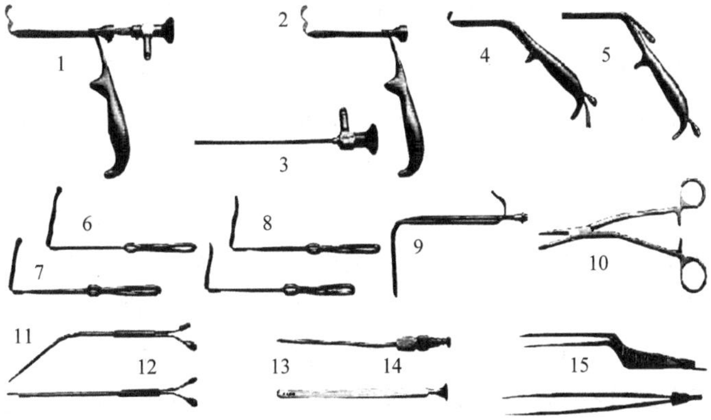


图1-10-23　内窥镜下颌角器械

1. 内窥镜及提拉器整合；2. 提拉器；3. 内窥镜；4、5. 下颌角拉钩；6～9. 软组织拉钩；10. 髁突把持钳；11～14. 吸引管；15. 双极电凝镊

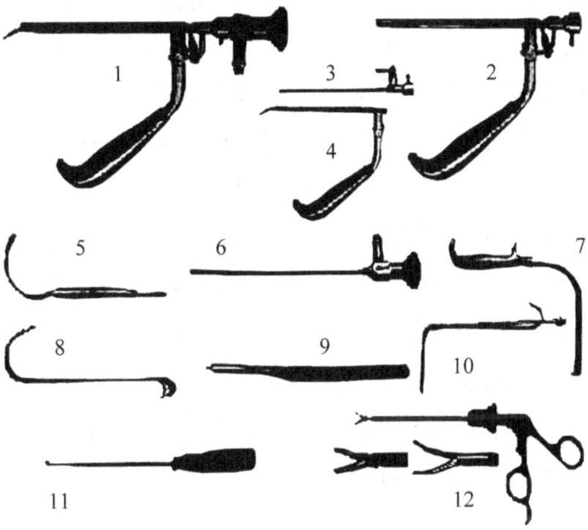


图1-10-24　内窥镜乳晕入路隆胸器械

1. 内窥镜及提拉器整合；2～4. 乳晕提拉器；6. 内窥镜；5、7、8、10. 乳房拉钩；9、11. 剥离子；12. 双动分离钳和剪刀

## 第四节　美容手术的基本原则和手术方法

**学习目标**

1. 掌握手术方案的设计和选择原则及包扎、固定、拆线的原则、方法、步骤和操作注意事项。

2. 熟悉美容外科切开、剥离、止血、引流的原则、方法、步骤和操作注意事项。

3. 了解美容外科常用手术技巧。

美容外科手术范围涉及人体各个部位，手术种类繁多，术式复杂，必须熟练掌握其基本技术和原则才能为做好手术奠定坚实基础，在此基础上融会贯通，灵活运用，再进行一定的发明创造，方可获得完美的手术效果。

## 一、美容外科基本操作技术

美容外科是一门集外科学与美学为一体的学科，因此一名好的美容外科医师一方面要具备一定的美学艺术修养，另一方面要熟练掌握本专科手术的基本操作技术，重视各种基本操作的学习和训练，这样才能在工作中应用自如。

（一）手术方案的设计

手术方案的设计和选择对术后局部的外形和功能影响较大，必须在充分掌握切口设计原则基础上，合理设计和选择切口位置与走向，才能达到良好的美容效果。与普通外科有固定的术式不同，美容手术因求美者的具体情况不同，对手术效果的期望各异，加上手术者个人的审美观点和术式选择习惯的差异，几乎没有固定的模式，手术时只能根据具体情况进行设计，因此术前设计对美容手术术后的效果起到重要的作用。手术方案的设计和选择应遵循以下原则。

**1. 切口设计原则**

（1）美学原则：这是美容手术根本目的的体现，也是美容就医者所追求的目标，所以在手术设计时要遵循面部五官比例的"三庭五眼"规律，"黄金分割"定理等，手术的设计要与年龄相适应，讲究整体性与和谐性，注意对称与均衡，应与民俗、时尚相结合。

（2）整体性原则：每个人都是一个有机完整的个体，如果仅仅对某个部位手术而忽略了对其整体外貌进行观察和设计，往往会弄巧成拙，所以对于那些要求做局部手术的求美者，一定要从整体出发，以便确定该手术对其整体有无明显的改善，使其"锦上添花"。如下颌后缩畸形合并鞍鼻的受术者，若仅矫正其下颌后缩畸形，则鼻背更显低矮。若同时行隆鼻手术，整个面部曲线即可大为改观。如整体有几个缺陷同时存在，条件许可时可同时做几种不同的美容手术，若一次无法完成，可分次进行。

（3）安全性原则：任何手术都要首先考虑到求美者的安全问题。切口设计和手术剥离时要避免损伤重要的神经和血管。另外手术的时间、求美者的体质及承受能力均应列入安全性考虑中。

（4）留有余地原则：无创操作要求在手术过程中要爱护任何有活力的组织，任何部位的组织或器官都有其固有的形态和功能，一旦用其他部位的组织或器官来替代，其效果均不如原有的好，所以在手术设计和组织调整时一定要留有余地，不能轻易去除，否则将难以复原。在去除组织时如无把握，宁少勿多或不去除，留待以后再作调整。例如在睑袋整形术中若切除皮肤过多，则可出现下睑外翻的不良后果。

**2. 切口选择原则**

（1）尽可能选择在隐蔽处：为了达到美容的目的，尽量减少手术瘢痕，将切口设计在隐蔽处非常重要。如隆乳术，选择腋窝顶部切口，愈合后瘢痕最为隐蔽。面部除皱术时，选择发际内切口，则更不易为外人所觉察，也不影响以后的发型设计。此外，经口内切口面部轮廓整形术，鼻孔内切口行假体置入隆鼻术，耳后切口行耳畸形矫正术等都是美容外科经常采用的术式。

（2）切口方向应与生理性皱纹、皮纹一致：Langer 皮纹（图 1-10-25）切口是最常用的皮肤切口，沿皮纹走向切开缝合后皮肤张力小，形成的瘢痕也小。当切口与之相垂直时，切口分裂大，缝合后张力也随之增大，愈合后的瘢痕宽且大（图 1-10-26）。皮肤还有其自然曲线，即通常所说的皮肤皱纹（图 1-10-27），沿此线作切口愈合后瘢痕与皮肤皱纹重叠而多不明显,如鱼尾纹切口等。美容外科中还有一种较隐蔽的切口线——轮廓线,常见的有:眉周、耳根、鼻唇沟、红唇缘、重睑线、发际线和乳房下皱襞线等。然而并不是所有的部位均可见上述的纹理线,在皮肤松软的部位有时难以判断最佳切口线,此时可用拇、示指推挤皮肤,所显示的平行细纹理线即为较理想的切口线,这就是通常所说的推挤试验。

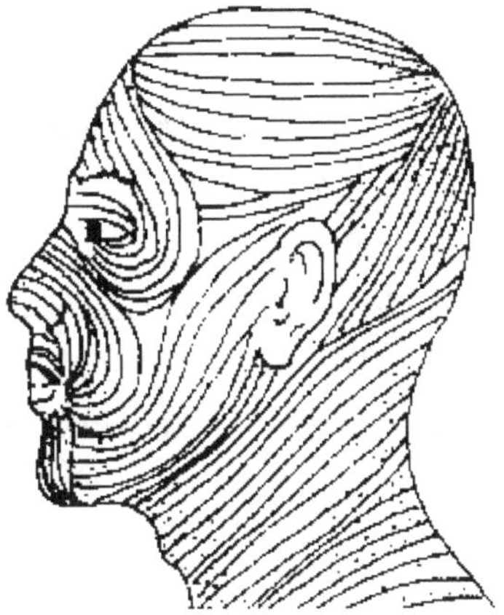

图 1-10-25　面部 Langer 线

图 1-10-26　切口与皮纹关系

(3) 避免引起功能障碍:全身活动度大的关节部位,面部表情肌丰富部位的切口尽量不选或少选。在四肢关节附近作切口时,不得从垂直方向跨越关节平面,而应与关节平面平行,这样形成的水平瘢痕即使挛缩对关节的功能影响也不大。若不得不跨越关节平面时,应经关节正中线,采用弧形、“S”形或“Z”形切口,以防止纵形直线瘢痕挛缩而影响关节的运动。

(4) 远离重要血管和神经:选择乳晕切口行隆乳术时切口多偏向外侧,以避开进入乳晕的主要血管和神经。面部手术时剥离组织要注意面神经分支走行方向,以免造成面神经的损伤而导致面瘫。

图 1-10-27　面部皮肤皱纹

**3. 皮肤切开方法**　美容手术遵循一定原则前提下,切开方法也很重要。刀片必须锋利,一次垂直切透皮肤全层,切忌反复拉锯式切开,以免切口线参差不齐。刀口应与皮面垂直,否则愈合后将形成不平整的表面,易出现瘢痕增生,影响美容手术效果。

(1) 美容外科手术切口的基本要求:①切口边缘对合密切,即要求缝合后皮缘准确对合,无卷曲及内翻。②无张力,良好的皮下或真皮下缝合可消除表皮张力。③轻度外翻,轻度外翻缝合会随时间的推移产生平坦的瘢痕。④防止损伤周围正常组织,小儿及体形偏瘦的受术者,切开皮肤时避免用力过大,以防切入过深而伤及深部组织和器官,重要部位更要仔细切割,防止“滑刀”和“偏刀”。⑤刀刃应与毛发生长方向平行,切开头皮或眉毛部的皮肤时应顺毛根方向切入,以减少对毛根和毛囊的损伤,防止术后脱发。在用头皮瓣转移修复耳颞部的毛发缺损时,切口的设计应保证转移后毛发的生长方向与原有的毛发方向一致,以免术后因毛发逆向生长而影响外观。

(2) 美容外科手术切口的分类及效果:通常,外科手术的皮肤切口方式是使手术刀与皮肤表面呈90°角垂直切开皮肤，而一些体表肿物的手术切除方式为刀刃倾斜的“V”形（楔形）切口。近年来，美容整形外科医生又提出了刀刃向外倾斜的梯形皮肤切口。

1）楔形切口：刀刃与皮肤平面呈75°角左右，被切除组织及切除后创面是上宽下窄的楔形，横断面呈“V”形。此类切口皮下组织多于皮肤，由于皮下组织的占位，缝合皮下时不能很好地起到减小张力的作用，需要较大张力才能将皮肤切口边缘对拢，结果表面张力大于皮下张力，愈合时容易形成瘢痕，从而影响美容手术效果。

2）垂直切口：刀刃与皮肤平面呈90°角，切除组织及创面上下相等，横断面呈矩形。皮肤与皮下组织处于同一垂直面上，缝合时皮下组织与皮肤张力基本相等，皮下组织能起到一定的减张作用，但表皮仍承受一定的张力，愈合时仍有形成瘢痕的趋势。

3）梯形切口：刀刃与皮肤平面呈110°～115°角，切除组织及创面上窄下宽，横断面呈梯形，皮肤多于皮下组织，皮下组织缝合后，表皮张力小于皮下组织，故表皮对合最为紧密，甚至可略有隆起，愈合时瘢痕明显小于上述两种切口，是目前美容外科手术中最为常见的皮肤切开方法（图1-10-28）。

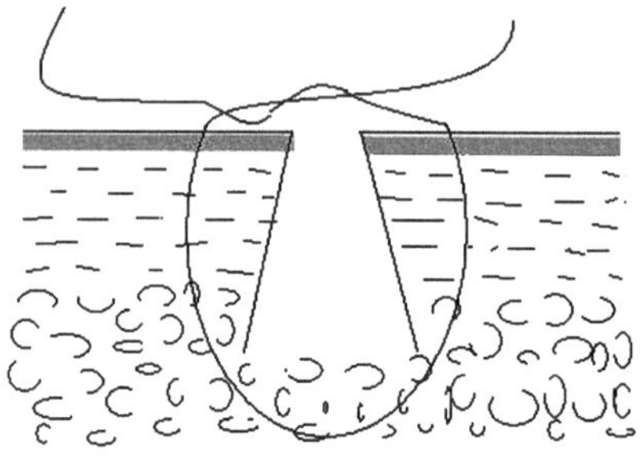


图1-10-28　梯形皮肤切口

A. 切口设计；B. 缝合后创缘轻度外翻

（二）剥离、止血

**1. 剥离**　为了充分暴露或切除组织，有时要进行必要的剥离，使得剥离后皮肤的活动度增加，张力减少，有利于切除，而且缝合时对合良好，可减少术后瘢痕的形成。

（1）剥离方法：基本的剥离方法有两种：锐性剥离和钝性剥离。

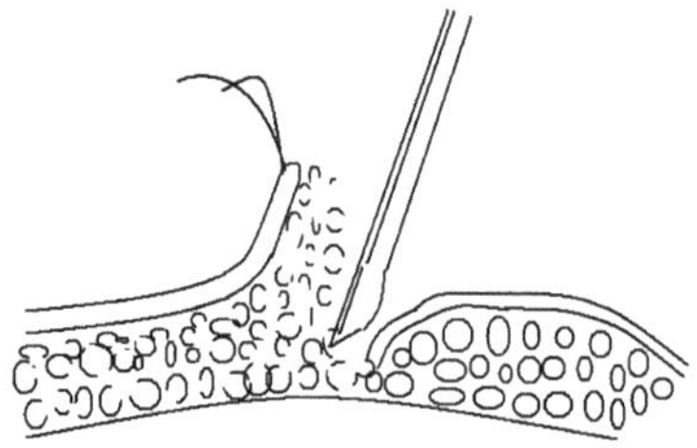

图1-10-29　推剥示意图

1）锐性剥离：是用手术刀或手术剪在直视下作准确而又细致的剪切而分离组织的方法。操作时刀片要与剥离面呈垂直并推剥分离（图1-10-29）。分离较为疏松的组织时，一般可用剪刀，将组织剪闭合后伸入组织间隙，然后张开，使组织分离，观察无重要的血管和神经后剪开组织，并逐步轻轻向前推进。由于锐性剥离是在直视下进行的，层次清，出血少，较易分开或切断组织，组织损伤轻，术后的瘢痕也少。常用于分离瘢痕组织或较为致密的组织，如肌腱、韧带和鞘膜等。

2）钝性剥离：是用手指、刀柄、剥离子或其他特殊用途的剥离器，如骨膜剥离器、脑膜剥离器、乳房剥离器等在非直视下分离组织的方法。用手指分离时，可借助其触觉的灵敏性，以边试探，边分离，边转向，边前进的方式直达满意的部位，不易分离处，切忌强行分离，以免造成意外。钝性剥离因其视野受限，且对皮下、肌肉、筋膜等组织的损伤较重，一般只用于分离正常的解剖间隙、疏松的粘连、有完整包膜的良性肿瘤和囊肿。美容外科中用于隆乳术、除皱术、大型皮瓣的制作等较大而深的剥离。

（2）操作技巧

1）熟悉局部解剖：组织剥离过程中除了要了解正常的组织结构及其毗邻关系外，还要熟知组织的一些常用的间隙。操作时如果沿着这些解剖间隙进行，则剥离时不仅出血少，速度快，可避免损伤周围的正常组织，而且分离后术野也清晰，易于辨认正常的结构，有利于手术安全。重要的器官要在直视下操作，方可保证安全可靠。

2）锐性剥离和钝性剥离相结合：美容手术涉及的位置往往比较表浅，面积一般不大，多可在直视下完成，所以多以锐性剥离为主，但是临床实践中常常把两者结合使用。经腋前皱襞切口的隆乳术中，可先在直视下锐性分离达胸大肌外侧缘，而后在胸大肌后间隙用手指或剥离子作钝性剥离形成腔隙供假体置入。

3）选择适当的剥离范围：一般来说剥离范围的大小要根据所切除病变组织的面积、拉拢后皮肤的张力以及所需皮瓣大小及其血运来确定。若缝合后皮肤张力大，创缘发白，说明剥离范围不足，须扩大剥离范围，如果经再次剥离后张力仍嫌过大，就不可勉强拉拢缝合，否则将造成愈合不良及缝线的切割性瘢痕。在眼角、口角和鼻孔等部位的剥离应注意保持缝合后器官的正常形态。

4）确定正确的剥离深度：剥离的深度没有确定的标准，可根据不同的手术、剥离部位的解剖层次而定。除皱术时可在帽状腱膜下间隙进行，这是因为支配头皮的重要血管和神经都走行于帽状腱膜层中，在该间隙剥离极少引起头皮的坏死。同样因为颞浅动、静脉及面神经颞支走行于颞浅筋膜及颞中筋膜层内，故颞部的剥离应在颞中筋膜深层或颞深筋膜浅层。颈部在颈阔肌前方的筋膜层中进行剥离，切忌剥离过深，否则可能损伤颈部的血管和神经。隆乳术时可根据假体拟置入的部位在乳腺下、深筋膜上间隙剥离和胸大肌下间隙剥离。躯干和四肢一般在深筋膜上进行。

5）遵循剥离的一般规律：剥离时一般应遵循由简到繁，由易到难，由近及远，由浅入深，由周围到中央的原则。

**2. 止血**　及时有效的止血可防止严重失血及血肿或血清肿的形成，保证手术安全进行及术后组织器官的存活。

（1）常用止血方法

1）局部药物止血：局部麻醉药中加入肾上腺素（1/10 万）可使局部血管收缩，减少毛细血管的渗血。局部喷洒凝血酶，如巴曲酶（立止血）等生物活性物质也是一种行之有效的止血措施。

2）压迫止血：对于手术过程中较为广泛的毛细血管渗血，一般采用纱布直接按压创面数分钟即可止血。渗血较多时可将纱布浸于 50～60℃的温热生理盐水中，拧干后填塞压迫 3～5min，可较快地控制出血。截骨术后，在骨面涂以骨蜡，也可压迫骨面而止血。

3）钳夹止血：对于表浅部位的小血管的活动性出血，压迫止血一般无效，可用血管钳迅速、准确地钳夹出血部位，一般数分钟后可止血。操作时止血钳的尖端要朝下，夹持的周围正常组织要尽可能地少。

4）电凝止血：毛细血管，小动脉和小静脉的出血除了上述的止血方法外，还可以用高频电流凝固止血。对于毛细血管的渗血可用单极电凝直接烧灼止血；对于小血管的出血，首先要用止血钳钳夹出血点，再通电止血。双极电凝因其损伤少、效果确切，几乎对机体无影响而备受美容外科医师的青睐。

5）结扎止血：钳夹或电凝止血效果不佳的大血管的出血可用结扎的办法止血。单纯结扎止血时，先用止血钳尖端朝下钳夹出血点，然后翻转止血钳尖端，用丝线绕过血管钳下的血管及少许组织，结扎即可。较大的血管或重要部位的血管出血，为了防止因结扎线的滑脱而致严重出血，钳夹后，再用缝针穿过血管端和组织并结扎，可单纯缝扎，也可行“8”字缝扎。

6）止血带止血：手、前臂或足部的手术有时要求阻断整个肢体的血流，以减少出血，保证手术野清晰，此时可考虑使用止血带止血。使用前先在适当的位置垫以纱布数层，然后在其上缠绕袖带，用驱血带从远端向近端驱除大部分血液后，充气加压到 30 ~ 40kPa（下肢充气至 50 ~ 80kPa），夹紧橡皮管，持续维持一定的压力，同时记录开始加压的时间并开始手术。无充气止血带时，可用橡皮驱血带缠至适当位置后，将剩余的驱血橡皮带直接重叠于该部位，并用绷带扎紧，再从远心端起松解直至缠纱布处，记录时间后就可开始手术。

（2）注意点与技巧

1）止血务求迅速、准确、完全而彻底，否则易引起血肿或血清肿的形成，影响皮片成活，严重时导致组织感染和坏死。

2）温热生理盐水纱布压迫止血时，温度不能太高，以免烫伤组织。

3）钳夹止血松钳后要注意观察是否存在活动性出血，不满意时要改用其他更确切的方法止血。

4）电凝止血时切勿伤及周围正常的皮肤，双极电凝器夹持的组织量要尽可能地少。

5）止血带止血时一定要记录开始充气的时间，每隔 60 ~ 90min 要排气数分钟，待循环恢复后，重新充气加压。

6）止血带的解除要在输液、输血和准备好有效的止血手段后，在密切观察下放松止血带。

7）止血带不可直接缠在皮肤上，上止血带的相应部位要有衬垫，如三角巾、纱布垫。

8）无数血的教训告诫我们，手术结束后第一件事就是马上撤出止血带。如遗忘将造成止血带远端组织的缺血坏死，严重者需截肢致残。

（三）缝合技术

缝合是将已经切开或断裂的组织对合靠拢，再使用各种缝合材料贯穿结扎，以达到闭合伤口恢复组织连续性的目的，是外科手术操作之一。不同的器官，不同的部位，不同的组织，均有不同的缝合方式和方法。正确的缝合方式，理想的缝合器械和材料，加上良好的缝合技术，方可使得创口或组织顺利闭合，否则组织可能愈合不良，甚至导致手术失败。

**1. 缝合方法**　缝合方法分类繁多，而且各种分类方法相互交叉。按缝线的走行与切口线之间的位置关系可分为水平褥式缝合和垂直褥式缝合；按缝合材料的连续与否可分为连续缝合和间断缝合；按缝合的形态可分为毯边缝合、“8”字缝合、荷包缝合与半荷包缝合等。还有一些特殊的缝合方法，如三角形创口缝合法，“T”形创口缝合法等。

（1）间断缝合法：这是最常用的缝合方法，适用于各个解剖层次的缝合，操作时缝线从切口一侧组织进入，穿透组织全层，经对侧组织下方穿透对侧全层，在相应的对称部位穿出，打结，这样可缝合较多组织，皮缘对合良好（图 1-10-30）。

（2）连续缝合法：多用于皮肤的缝合，进针和出针与间断缝合相同，在打完第一个结后，不剪断缝线，然后按照对侧进针，同侧出针或相反顺序继续进行缝合操作，直至缝合完毕打结，则为单纯连续缝合；如每缝合一针均锁扣一次，直至最后一针再打结，即为连续毯边缝合（图1-10-31）。此法可以节约时间，加快缝合速度，并可起到压迫止血的作用，在皮片移植时可采用，但其缺点是一旦有一针断裂则可能致伤口全部裂开。

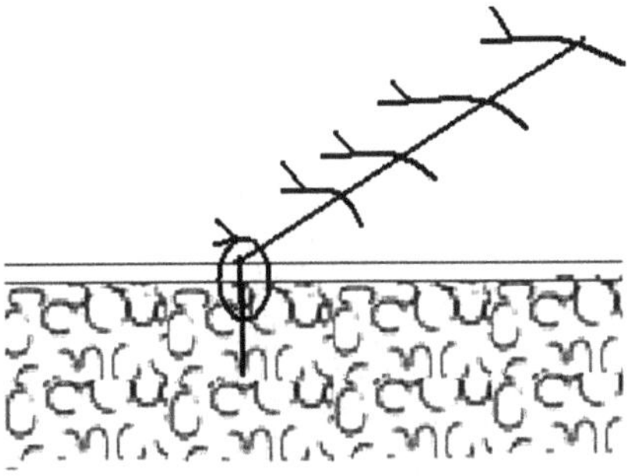

图1-10-30　间断缝合法

（3）褥式缝合法：水平褥式缝合实际上是由两个间断缝合组成的，第一针按间断缝合法穿出后不打结，再于出针侧进针，经皮下组织，从对侧出针，打结（图1-10-32）。垂直褥式缝合是浅深两层缝线缝合在同一个垂直面上（图1-10-33），在一定范围内，浅层缝线越靠近皮缘，对合越好。这两种方法均可有效减轻切口张力，使创口边缘轻度外翻，对合整齐，常用于皮肤创缘易内卷的部位，如阴囊、手部以及凹陷处的创口边缘的缝合，可与间断缝合相结合使用。但水平褥式缝合可影响切口缘血运，故血运较差的切口尽量不用水平褥式缝合。

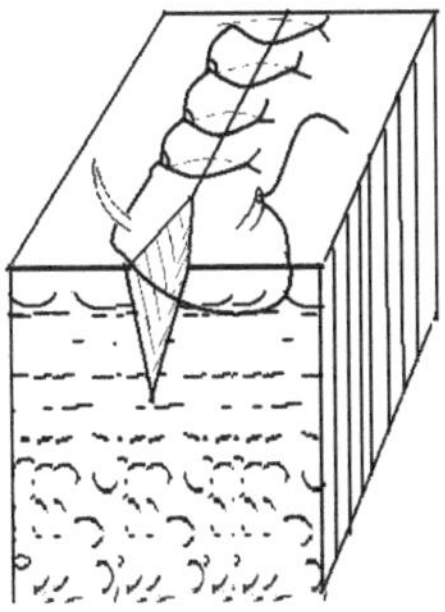

图1-10-31　连续毯边缝合

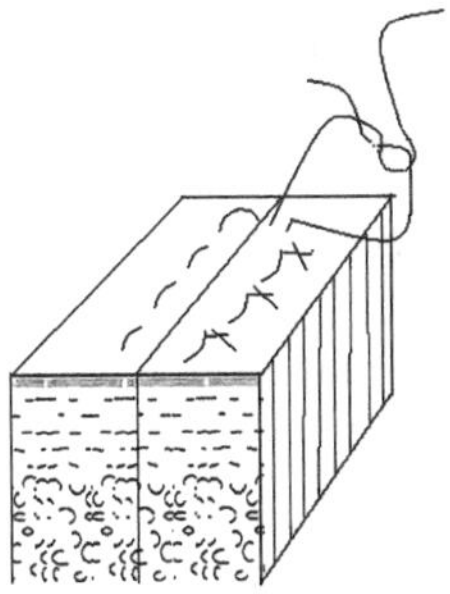

图1-10-32　水平褥式缝合

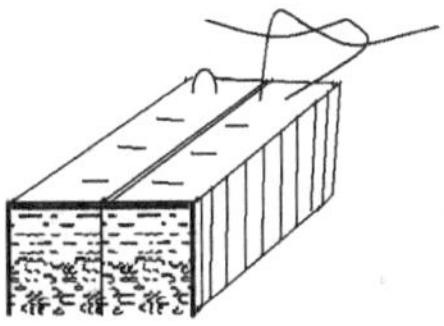

图1-10-33　垂直褥式缝合

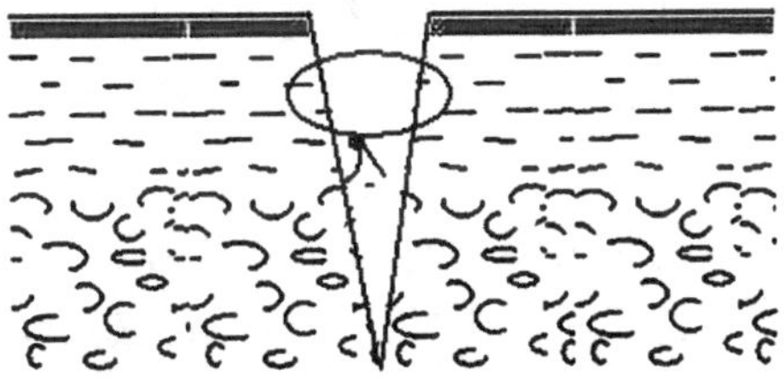

图1-10-34　间断皮内缝合法

（4）皮内缝合法：按缝合是否连续可分为间断皮内缝合法和连续皮内缝合法两种。间断皮内缝合法（图1-10-34）可用于面、颈等皮肤较厚的部位，可减轻表面皮肤的张力。操作时先从一侧真皮下进针，真皮上方出针，再从对侧真皮上方进针，下方出针，然后打结，这样打的结就在缝线的下方，以免由于线结反应，突出皮面而影响外观。连续皮内缝合法（图1-10-35）是在创口一端进针，于创口内穿出后，横向地在真皮内穿过，随即再横向地穿过对侧真皮层，如此直至创口末端穿出皮肤，拉紧缝线，对合整齐。尼龙线光滑且易于抽除，合成可吸收缝线可被逐渐吸收而无须拆线，两者均为皮内连续缝合常用缝合材料。此法因无皮肤缝合痕迹，故多用于面部的美容缝合。

（5）不规则形状切口的缝合：美容外科常常会遇到一些不规则形的切口，如何正确缝合，保证缝合后创缘对合整齐，尖端不会因缺血而坏死，是美容医师应特别注意的问题。在缝合“L”形皮瓣尖端时，若按普通的方法缝合，尖端常因缝线压迫而导致血液循环障碍，较好的方法是将尖端下方两侧的皮缘作一般的皮肤缝合，而将缝合线同时穿过皮瓣尖端的真皮层，即可预防因受缝线压迫而发生坏死（图1-10-36）。

此外常用的还有如“三角形”切口缝合法(图1-10-37)、“T”形切口缝合法(图1-10-38)等。

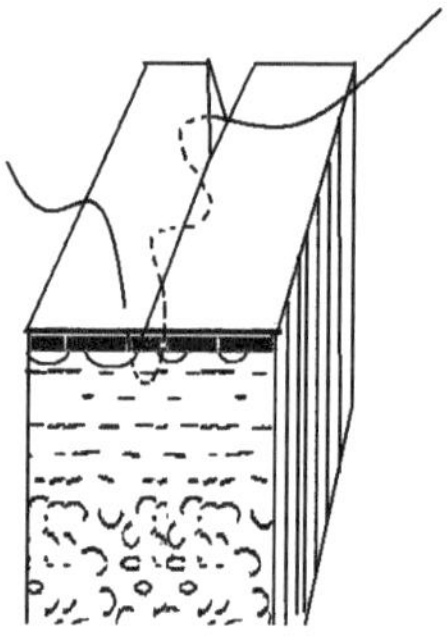

图1-10-35　连续皮内缝合法

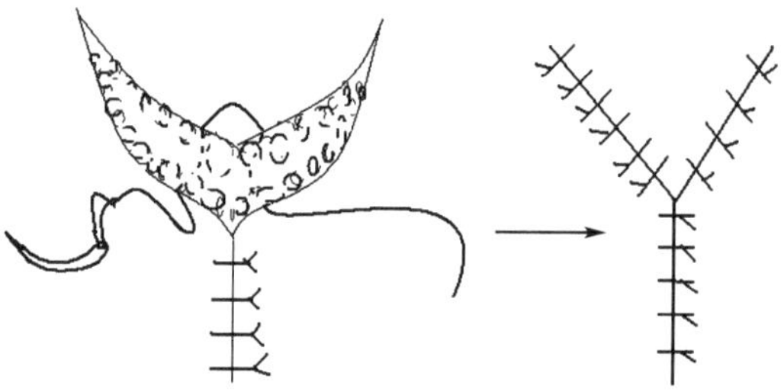

图1-10-36　“L”形皮瓣缝合法

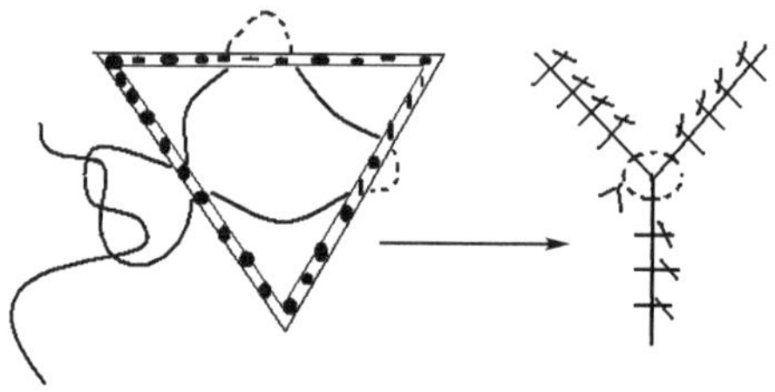

图1-10-37　三角形切口缝合法

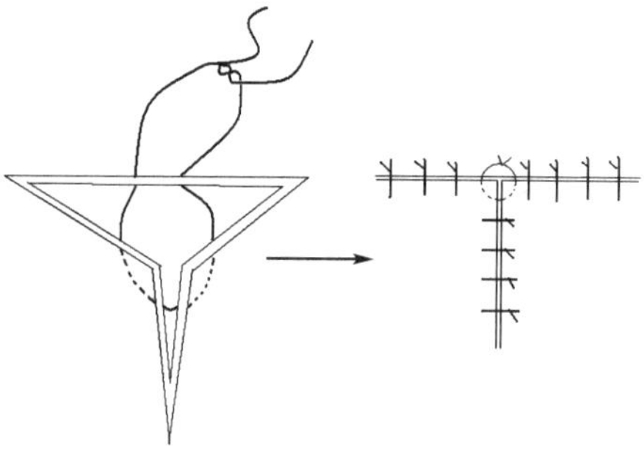

图1-10-38　“T”形切口缝合法

**2. 注意点与技巧**

(1) 美容手术涉及的多为表浅部位的皮肤,故宜选用三角针缝合,眼部要选用细小的三角针,较小而深的瘢痕或组织的缝合,应选用短而略粗的三角针,以便易于穿透组织;面部一般选用较细的三角针缝合。进针时针要与被缝合组织呈直角方向,沿针体弧度推进使针体穿出组织。

(2) 美容手术的皮下缝合与结扎通常使用3-0丝线,张力不大时面部手术选用5-0丝线,过细则容易折断。面部皮肤缝合及埋线法重睑术可选用6-0或7-0尼龙线,因其组织反应较丝线小,但线结易于滑脱,故应打3～4个结。每条缝线不宜太长,以尺许为度,在缝合神经、血管及肌腱时每条缝线长度只要求能缝合一次即可。

(3) 为防止产生普通外科缝合后形成的“蜈蚣”状瘢痕,美容外科的缝合针距应尽可能地短小,但也不能太密,否则会增加缝线瘢痕。对于面部的缝合,在无张力的条件下,针距一般为3～5mm为宜,边距以与针距相近为好。在不需要拆线的部位,如口腔黏膜,边距可适当减小,以利于丝线的自然脱落。

(4) 进针的顺序应从不稳定侧向稳定侧穿过,在皮片移植时缝针先从皮片进入,再从受区皮缘出针并打结。

(5) 对于较长的创口,可先将其两端和中间定位缝合数针,再进行小距离的缝合。这样缝合后可保证两侧皮肤不会因缝合而出现长短不等的现象。连续缝合时可先作几针的间断缝合固定,以免创缘扭曲,连续缝合完成后再拆除固定线。

（6）伤口必须在无张力的情况下缝合，若张力过大必须采用减张缝合，或作附加切口进行适当减张，不可勉强拉拢缝合，必要时可另外移植组织来修复。

（四）包扎固定，拆线

**1. 包扎固定**　与一般外科不同，美容外科手术不仅仅是单纯的病变组织的切除，而是要作进一步的器官再造或功能恢复。所以术后的包扎、固定应被视为手术的一部分。良好的包扎和固定不仅可防止伤口因过多的暴露而感染，而且有加压止血及塑型的作用，如有不妥，将影响手术效果，甚至造成整个手术失败。

（1）包扎固定材料：常用的包扎材料有胶布、弹力网、绷带、四头带、腹带和胸带等。固定材料有钢丝、夹板、石膏托及记忆合金或塑料等。

（2）包扎固定方法

1）胶布包扎法：胶布是最常用的固定材料，可用作一般的伤口外层敷料的固定，通常将胶布制成约1cm宽的条带状，根据需要截取一定的长度将敷料固定于伤口之上即可。四肢及手指包扎固定时，不应用胶布环绕肢体并相互连接，以免形成环行卡压，影响血液循环；关节部位应沿与肢体长轴垂直的方向粘贴；手指及阴茎粘贴胶布时应呈螺旋状缠绕。

2）弹力网包扎固定法：手术部位用敷料包扎后外用弹力网固定，具有加压、止血的作用。有不同的型号供头面部、躯干、四肢等部位美容整形手术之需，使用方便，操作简单。在吸脂手术后还可用弹力裤和弹力套进行包扎固定。

3）绷带包扎固定法：在伤口外加用绷带包扎可加强敷料的固定，还可起到加压、止血的作用，不同部位采用的方法不同。胸部及背部可用绷带“8”字形包扎；四肢不同位置包扎固定方法也各异，小腿和前臂采用螺旋状缠绕包扎固定方法；手背、踝部可用“8”字形缠绕包扎固定方法；手指和足趾末端则多用三角形纱布包裹。

4）四头带包扎：包扎时将四头带的中间部分置于伤口敷料处，适当加压系紧即可。多用于头面部的包扎固定，注意尽量减少对面部五官功能的影响。

5）腹带和胸带的包扎固定法：使用设计好的腹带和胸带进行相应的包扎固定。

此外，石膏托、铁丝、钢板及可塑型材料的包扎固定多在已用绷带或纱布等包扎固定的肢体部位加强制动效果，避免因肢体的活动引起伤口的愈合不良。美容外科中常用于肢体植皮手术后的固定，基本上与骨科外固定方法相似。

（3）注意点与技巧

1）包扎固定范围应大于整个创面：一般的伤口包扎敷料边缘应在创口边缘周围5～8cm，以防止敷料移位而致伤口污染。对于术中有剥离的创面，术毕包扎范围应大于剥离范围。中厚以上皮片或皮瓣移植后在植皮区四周可留长线头，填塞纱布条后相对结扎加压固定，称“缝线包压法”。然后在打好的包外加适当的敷料包扎，既可使移植物与受区紧密结合，起到有效止血、消除死腔、保证营养，还可减少感染机会。

2）包扎的敷料要有一定的厚度与弹性，并施以均匀的压力：进行加压包扎时，可使用松软的纱布块、棉垫等，外加弹力绷带，须使得包扎后应有3～5cm厚度，压力一般以30mmHg左右为妥，适当的压力不但能消灭死腔，防止渗液与出血，同时又能减少水肿，利于静脉回流，从而促进创面愈合。但是，在肢体近端包扎时，为防止其远端发生肿胀，应从远端向近端包扎，并且要暴露指（趾）端，以备检查肢体的循环状况。

3）包扎固定应有良好的制动作用：软组织在愈合过程中也同样需要制动，以免影响移植组织的血运重建。美容外科涉及器官再造和塑型的手术，如鼻再造，全耳再造等，术后都要依靠包扎固定来保持器官的位置和形状。在关节附近的植皮术中可用石膏托同时固定该关节及其上下两相应的关节。隆乳术时则须用弹力绷带包扎固定,以防止假体的移位。

4）美容手术并不都需要包扎固定:在假体置入法隆鼻术中一般不主张包扎,这样可便于观察其效果,对于轻微的假体偏斜可及时发现并纠正。切开重睑术术后为更好地形成重睑线需要上睑提肌的活动,故术后一般不予包扎,即使包扎,最多也只需包扎24h,次日便应去除外包扎物并嘱受术者做正常的睁眼运动。

5）正确掌握包扎固定时机:较大的美容手术,特别是涉及器官成形的手术,如植皮术、耳畸形矫正术等,包扎完整的情况下,若受术者未诉特殊不适,一般无需更换敷料,可等到拆线时再进行第一次换药,但如果出现包扎的敷料有渗血、渗液,局部有疼痛及伤口附近可闻及异味时应及时打开,并作适当处理。

**2. 拆线** 拆线前要先用1%活力碘或75%乙醇溶液消毒伤口,若伤口表面结痂而使得线头粘贴于皮肤上时,应先用生理盐水等浸湿后再用镊子夹住线头,轻轻牵起,以剪刀的一叶尖端伸入缝线之下,稍下压皮肤,在靠近皮面处剪断缝线,以免皮肤上方过多的缝线经过组织内部而造成污染。在抽除缝线时应将线头向剪断侧牵出,如此则不易将伤口拉裂。在两侧组织稳定性不一的伤口,如植皮区的拆线时,应在不稳定皮片侧剪断缝线,缝线抽除时应将线头朝不稳定的皮片侧牵出,以防止拉脱皮片。拆线时机的把握可直接影响手术的效果,过早伤口尚未愈合,有可能裂开,过晚则易形成缝线瘢痕。普通的伤口可在7d左右拆线;面颈部的伤口,若无张力,可在术后3～5d拆线;有张力伤口应在术后10d左右拆线;游离移植的全厚皮片一般于术后2周拆线,若受区位于活动度较大的部位可作适当延长。同一手术不同部位,甚至同一部位,可在不同时间拆线。此外医生要随时观察伤口情况,如出现因缝合过紧而影响血运或伤口内有积液、积脓时,应及时拆除部分或全部缝线,并作相应处理。医生还要根据受术者的年龄及营养等全身情况进行适当的调整。

## 二、美容外科常用手术技巧

美容外科是一门技巧性很强的学科,每一种美容手术都有一定的手术技巧,这些内容在相关的章节中会有详细的讲述,本节主要介绍一些基本的手术技巧。

### (一)切除与缝合

美容外科往往涉及瘢痕的手术治疗,对于面积较小(宽度1cm以下)的扁平瘢痕或萎缩性瘢痕,局部增生性瘢痕以及形状规则的线状、近似圆形或椭圆形的病变或瘢痕组织可一次全部切除,边缘松解后直接缝合,然而对于瘢痕疙瘩,单纯的切除缝合常被视为是手术禁忌证。对于切口的设计与选择前文已有详述,现将常用的几种切除缝合方法介绍如下。

**1. 梭形切除缝合** 圆形或近似圆形的病变可顺皮纹或皮肤皱褶线方向作梭形切除后,将两侧创缘皮下稍加剥离后直接缝合,这样缝合后的瘢痕为线状而不明显。若切口设计时长轴线过短,两创缘弧度过大,缝合后切口两端易突起形成“狗耳朵”(图1-10-39),且中央部下陷,外观欠佳。

**2. “S”形切除缝合** 为消除梭形切除缝合后两端形成的“狗耳朵”突起及中央凹陷,可向两端沿不同的方向延伸,两端各切除一块三角形的皮肤,则整个切口变为“S”形,设计时应使“S”形与皮肤皱褶接近,使得术后形成的瘢痕最小。

**3. 圆形切除缝合**　圆形或类似圆形的病变切除后，可在其一侧设计一局部旋转皮瓣，稍加分离旋转后即可修复该病灶，继发性创面可皮下松解后直接拉拢缝合，若无法直接缝合时可考虑另取皮片移植或作双叶皮瓣法闭合创面（图 1-10-40）。

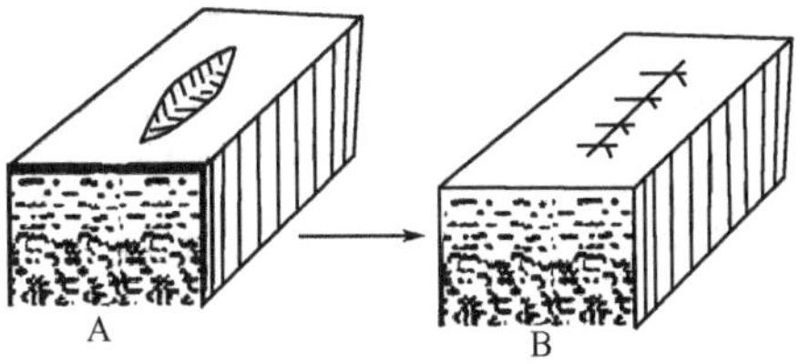


图 1-10-39　小面积病变的梭形切除和缝合

A. 切口过短，缝合后两端出现“狗耳朵”；B. 切口适宜，缝合后平整

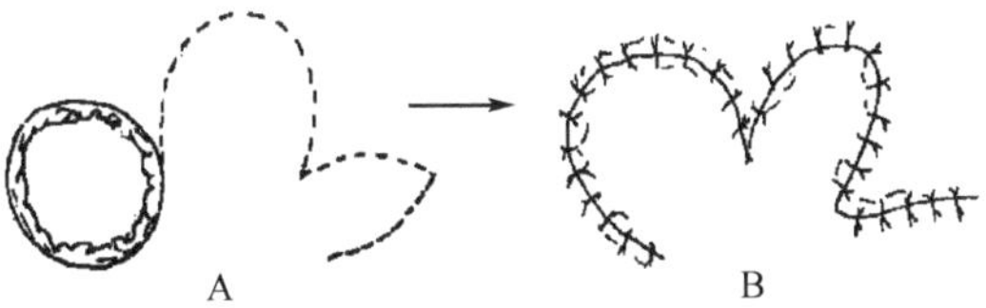


图 1-10-40　双叶皮瓣法修复圆形创面

A. 设计双叶皮瓣；B. 缝合后

**4. 楔形切除缝合**　眼睑、耳部、鼻翼及口唇等边缘的全层病变，切除后难以直接拉拢缝合或无法缝合平整时，应以其边缘为底作楔形切除，分层缝合。要求缝合后边缘对合整齐，不可留有凹陷。有时也可设计锯齿状而非直线缝合。

（二）辅助性切口

在缝合体表伤口时，除梭形创口可直接拉拢或在作松弛性切口后进行缝合外，如遇缺损较大，或其他形状的创口，则可在创口的一侧、双侧或邻近，设计延续辅助性切口。然后作充分的皮下组织剥离松弛，形成宽蒂的皮瓣，再运用皮瓣的滑行，推进或旋转等方式进行创面覆盖，使缝合线呈一定形状的几何图形。临床上常见的三角形、矩形或半圆形等缺损的创面，均可按此法灵活应用进行修复（图 1-10-41）。运用这种辅助性切口除可以封闭较大的缺损伤口外，还可使创缘得到良好的愈合。使创缘平坦、整齐，并可避免产生过多瘢痕组织。

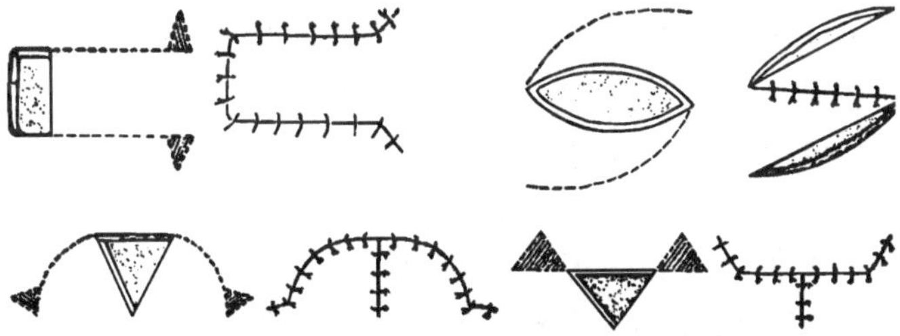

图 1-10-41　各种辅助性切口

（三）分次切除与缝合

分次切除是利用皮肤被牵拉后可因其本身的弹性而逐渐松弛的特点，将体表面积较大、不能一次全部切除，或勉强切除后缝合有明显张力的色素痣或瘢痕采用分两次或多次将病变全部切除的方法。这种方法处理的病变组织虽然原来面积较大，但是经过几次的手术后可完全切除而仅留一条线状瘢痕。具体的方法是：在病变组织内顺皮纹方向作梭形切除，切除面积的大小应以创面经适当松解后可以直接拉拢缝合为宜，病变组织过宽时，常分两次或多次切除。第一次手术后 3 ~ 6 个月，待皮肤恢复原有的松弛度后，再行切除剩余病变组织。这种方法因为要多次手术，部分受术者难以接受。近年来由于皮肤扩张器的广泛

使用，此法已大大减少。

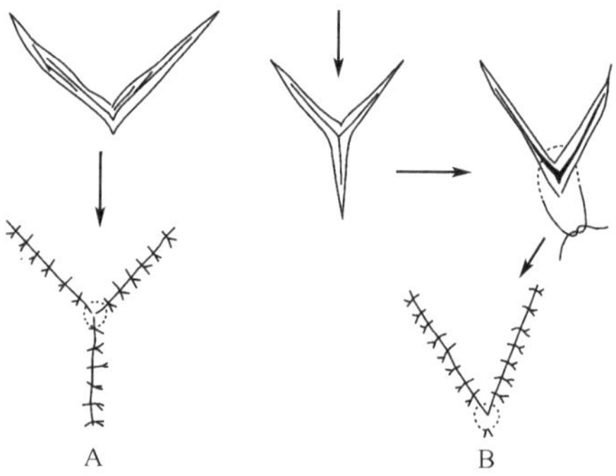


图 1-10-42 “V-Y”成形术
A. “V-Y”成形法；B. “Y-V”成形法

（四）“V-Y”成形术

这种方法是利用组织的松弛性，在拟延长的部位作“V”形切口，形成三角形皮瓣，稍加剥离后，将皮瓣纵向推进到预期的位置缝合，使得缝合后的痕迹呈“Y”形而得名。常用于口唇、眼睑、颈部及鼻小柱等部位的组织延长或瘢痕的松解。同理也可做“Y-V”成形术，在相应的部位作“Y”形切口，皮瓣推行缝合后成“V”形，以增加该部位的宽度，修复创面（图 1-10-42）。

（五）“Z”成形术

“Z”成形术又称对偶三角形皮瓣成形术或对偶三角形皮瓣易位术，在美容整形外科中是一种应用最广的基本操作方法，也是美容医生必须熟练掌握的基本技能之一。

**1. 基本原理** “Z”成形术（图 1-10-43）是利用皮肤组织的松弛性，在轴的两侧分别向相反方向设计两个三角形切口，形成两个对偶三角形皮瓣，将两个皮瓣交换位置后缝合，以改变组织的牵拉方向，增加轴线上两点间的距离，从而解除瘢痕挛缩，减少组织张力或使得错位的组织器官复位的手术。“Z”的长轴越长，沿长轴的皮肤松解度越大，两个三角形的角度越大，皮肤沿长轴的松解度也越大。如角度为 30°时，中轴线皮肤延长约为 25%；45°时约为 50%；60°时约为 75%；75°时可达 100%。角度过小可能导致皮瓣尖端缺血坏死，过大不易转移。临床常用为 30°~60°。

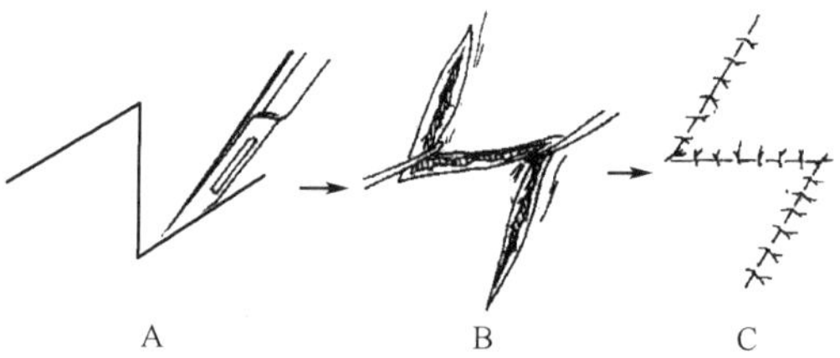


图 1-10-43 “Z”成形术
A. 切口设计；B. 皮瓣交换；C. 缝合后

**2. 适应证** “Z”成形术广泛应用于美容手术，先天性及后天性的体表病变或畸形的矫正。

（1）内眦赘皮矫正术、眉异位矫正术及乳头内陷的矫正等。

（2）先天性唇裂、先天性肢体环形挛缩、巨口症的修复等。

（3）由于外伤、手术、烧伤等原因造成的畸形，如条索状、蹼状瘢痕挛缩畸形的矫正，面部线状、小条状瘢痕的修复，体表软组织缺损或错位的修复，肢体或管状器官的环行瘢痕松解等。正确选用“Z”成形术可获得很好的效果。

**3. 操作方法** 以瘢痕挛缩张力线或需延长的组织轴线为中轴，用测量仪测出适宜的长度和角度，再用画笔划出“Z”形切口，沿设计线切开，剥离形成两个三角形皮瓣，交换位置后缝合即可。

**4. 注意点与技巧**

（1）“Z”的中轴应设计在挛缩张力线或需延长的轴线上，且长度要与两端的辅助性切口相近或相等。

(2)“Z”中轴两端的两个辅助性切口线即“臂”在缝合后要尽量与皮肤的自然皱纹平行,这样既可延长纵轴长度,又可减少瘢痕的形成。

(3)“Z”的臂与中轴的角度在30°~60°为宜,但以60°~70°最为常用,在这范围内,皮瓣易于交换位置,且交换后血运也较好,张力适宜,很少出现缝合后皮肤局部凸起即所谓的“狗耳朵”。角度大于70°时不易旋转,小于30°时则皮瓣尖端血运往往不足,容易坏死,交换后瘢痕也得不到充分的松解,此时可将皮瓣尖端修成钝圆形,可避免坏死。

(4)“Z”成形术后所获得的理论延长长度可由经中轴中点的垂线与两臂交点间的长度减去中轴的长度而得。在中轴长度一定的情况下,延长的长度与夹角大小成正比;同样角度相同时,纵轴越长,所获得的理论延长长度也越大,具体运用时要根据实际设计合适的长度及角度,以获得满意的延长长度。

(5)手术时,切缘要整齐,剥离面要一致,皮瓣尖端在分离及转移过程中要保持良好的血供,严禁用血管钳、组织钳夹持,最好用单钩牵拉或缝线牵引。缝合时要求无张力,边距要小,尖端的缝合可采用前述的“L”形切口的缝合方法,以免坏死。

(6)皮瓣下不可留有瘢痕,否则影响皮瓣成活,瘢痕皮肤区不宜行“Z”成形术,因为缺乏松动性,难以旋转和延长,而且血运也差,不易成活。较长的线状瘢痕可采用多个连续“Z”成形术,以分散皮肤张力。蹼状、条索状瘢痕也是“Z”成形术的适应证。

(六)其他类型的“Z”成形术

“Z”成形术虽然可广泛运用于美容整形外科中,但也不是万能的,所以应在掌握基本原则的前提下,灵活运用。

**1. 两端角度不等的“Z”成形术**　当尖端的角度不允许相等而又非得做延长时,两端的角度可以不同,至于皮瓣交换后形成的小皱褶,日后多可自行恢复,大的皱褶可以做二期修复。

**2. 不等长的“Z”成形术**　当一侧的皮肤正常,另一侧为挛缩的瘢痕组织时,瘢痕组织的松动性差,所以该侧的辅助性切口可适当延长一些,这样形成皮瓣后易于旋转。至于皮瓣旋转后形成的皱褶,可酌情另作切除修复。

**3. 多个连续的“Z”成形术**　较长的线状或蹼状挛缩瘢痕如采用单个大的“Z”成形术缝合后张力大而集中,易导致瘢痕增加,同时切口太长,术后瘢痕明显,影响美观。此时可做多个连续的“Z”成形术,这样既可切除瘢痕,又可使新的切口痕迹不太明显(图1-10-44)。

**4. 四瓣“Z”成形术**　一般在需要延长长度较大的部位,如虎口、腋窝及指蹼等,可先设计一个夹角为90°~120°的“Z”形皮瓣,再将两个夹角一分为二,成为四个三角形皮瓣,再分别交换位置缝合。这种成形术实际上是一种较大的“Z”成形术,总的“Z”角大,成形后延长长度较大,效果也可靠(图1-10-45)。

**5. 五瓣“Z”成形术**　Mustarde法矫正内眦赘皮采用的就是这种方法,其实可以看成是旁边两个“Z”成形和中间一个“Y-V”成形的组合(图1-10-46)。在设计时其长轴要做在瘢痕或赘皮的长轴上,松解时要有一个大皮瓣设计在正常的皮肤上,这样可改变瘢痕中胶原纤维的排列方向,延长的长度也长,手术也不复杂。

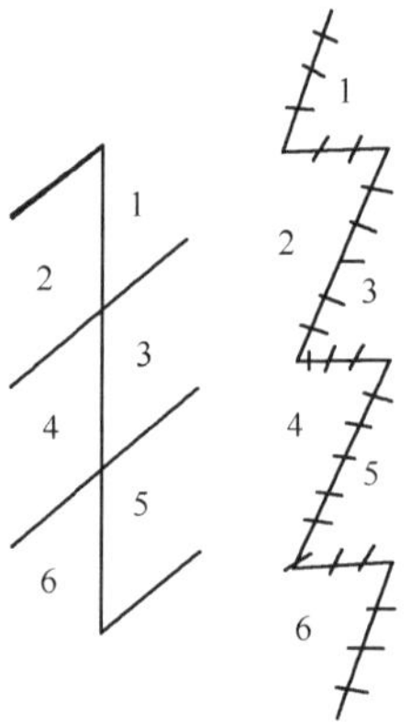


图 1-10-44　连续多个“Z”成形术

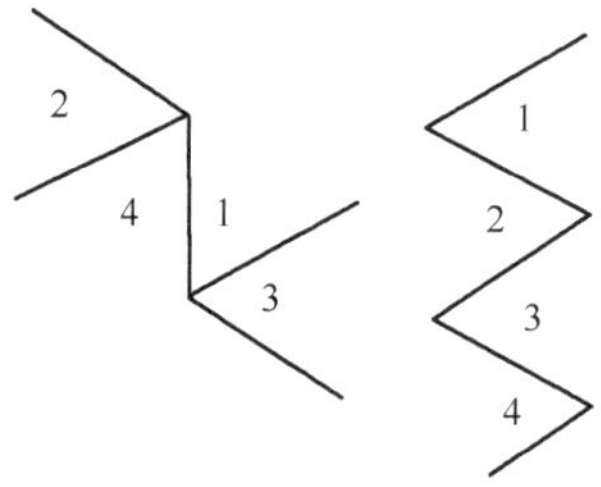


图 1-10-45　四瓣法“Z”成形术

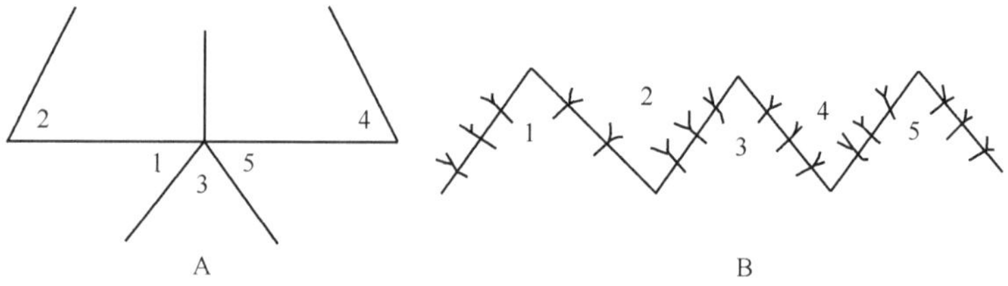


图 1-10-46　五瓣法“Z”成形术

A. 切口设计；B. 缝合后

### （七）“W”成形术

“W”成形术实际上是由“Z”成形术演化而来的，它可视为多个“Z”成形术的连续操作，常用于头面部处理外伤性条索状瘢痕，可避免因单纯切除缝合后形成的较为明显的直线瘢痕，美容效果更佳。

**1. 基本原理**　将长而直的瘢痕分解为小而曲折的瘢痕，使得与皮纹交叉的大瘢痕转变为部分顺皮纹方向的小瘢痕，利用光线反差的错觉使瘢痕变得不明显。

**2. 适应证**　适用于颜面部狭长的局限性、凹陷性或条索性线性瘢痕的修复。

**3. 操作方法**　根据病变组织的长度和宽度，用画笔沿其纵轴方向，在病变的两侧绘出连续“W”形的切口设计线，将两侧切口线间的病变组织连同正常组织一起切除，充分松解，形成皮瓣，再将创缘的三角形皮瓣互相嵌插缝合即可。

**4. 注意点与技巧**

（1）设计的“W”形切口线，要求切口缘必须在正常的皮肤上，否则将影响伤口的愈合，即使愈合外观也不平整。

（2）切口设计时，应充分考虑皮肤的纹路问题，使尽可能多的斜形切口线与皮纹走向一致，方可达到化整为零，瘢痕不明显的目的。

（3）三角形皮瓣的长臂一般为 5～8mm，皮瓣的夹角以 60°～90°为佳，实际运用时可根据具体情况调整，当皮瓣两臂长度相等时，易于操作，否则要求两侧皮瓣的形状要相互对应，以免难以准确嵌插对合，创缘形成的小三角形之间的间距以 5mm 最好，过小时皮瓣尖端不易存活，过大则达不到美容的目的。

（4）皮瓣在形成时须充分松解，使之在无张力情况下对合。

**5. 常用的几种"W"成形术及其应用**　"W"成形术大致可分为：山形、叠瓦形、波浪形、菱形和混合形等（图1-10-47）。山形和叠瓦形最为常用，在额部及面颊部的纵形瘢痕的修复中经常采用；波浪形适用于前额的水平状瘢痕；菱形多用于手术后合并有缝线瘢痕的条索状瘢痕的修复；对于穿过皮肤自然皱襞的瘢痕，可采用两端的"W"形与中间的"Z"形结合的混合型。

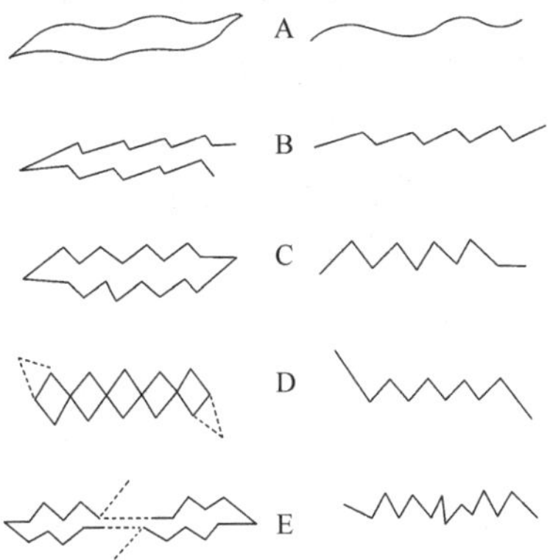


图1-10-47　各种"W"成形术

A. 波浪形；B. 叠瓦形；C. 山形；D. 菱形；E. 混合形

**6. 不足之处**　"W"成形术时不可避免地要切除两侧切口间的部分正常组织。小三角瓣越多，切除的正常组织也就越多，这在一些组织松动性较小的部位难以采用，此外虽然可通过小三角皮瓣使得切口与皮纹尽可能一致，但实际上与皮纹相交角度较大者仍占有一半，美容效果仍嫌不足，这些都限制了它在实际临床工作中的运用。美容外科医生要根据具体情况灵活地选择使用。

## 三、美容外科手术操作原则

美容就医者追求的是更为完美的面容体貌，这就要求美容医师不仅要考虑到功能的恢复，更要考虑到术后的外观改善。虽然影响手术效果的因素甚多，但对手术本身而言与手术的操作有着密切的关系。术中操作不规范可造成创口的感染、血肿、坏死、裂开、愈合延迟，甚至因术后瘢痕增生引发畸形而影响手术效果，所以在手术操作方面必须遵循以下原则，方能取得满意的效果。

### （一）无菌原则

无菌技术作为外科操作所要遵循的共同原则在美容外科中更为重要。一名合格的美容外科医生首先必须具备严格的无菌观念：从术前的洗手、消毒、穿衣、戴手套，术中器械的使用和传递、术者位置的转换，到术后的换药和拆线等，均要严格无菌操作。美容外科手术因其操作复杂，手术时间长，创面暴露范围广等，增加其感染的机会，一旦感染必将影响愈合，严重者术后瘢痕增生影响形态及功能，这在血供欠佳的组织区域（如软骨），以及因手术而尚未建立血供的部位（如移植的组织）尤为重要。抗生素的使用虽然可在预防和控制感染方面起一定的作用，但它并不能替代无菌技术，整个手术过程中执行无菌操作技术仍然是防止伤口感染的最有效的方法。

### （二）无创原则

无创原则的要求是手术的每一步骤都要尽可能地减少不必要的损伤，不但要求做到每一个动作都具有一定的意义，同时还要爱护组织，不可轻易去除。然而手术本身必然造成一定的组织损伤，所以美容外科的无创是相对的。手术过程中如因动作粗暴组织损伤过多，势必影响组织活力，轻则影响创口愈合，重则影响外观，甚至引起功能障碍。因此手术时要选用精细的器械，如小针、细线及锋利的刀剪；手法要轻柔、迅速、准确，尽量减少不必要的操作，严禁对组织过度牵扯、挤压及扭转。手术时间较长时，要防止创面长时间暴露于空气中，避免用过热的生理盐水纱布覆盖创面，力争对组织的损伤减少到最低程度。

### （三）无出血原则

与无创原则相似，要使得手术过程中完全不出血是不可能的，无出血要求是从术前准备到术后处理的全过程都要做到尽可能地减少出血。术前要作相关的检查，如出、凝血时间和血小板计数等；术中止血要仔细、彻底，切口闭合时要按正常的解剖层次正确对合，防止遗留死腔；术后要给予适当加压包扎，必要时还要放置引流物。如果术后有死腔存在或未予适当加压包扎容易形成血肿或血清肿，一旦形成，可导致感染或吸收后因机化而形成硬结，影响创口愈合质量。特别是在植皮术后若皮下存在血肿，可造成皮片坏死、感染，导致手术失败。

（四）无张力原则

任何伤口在有张力的情况下缝合，都易产生不良的后果，如局部供血不足，组织坏死，创口愈合延迟，甚至裂开及愈合后瘢痕变宽或增生。所以术前应做精密的切口设计，不能一次切除的病变组织可分次切除，当切口张力较大时要做局部松解或皮瓣转移，必要时需植皮以覆盖创面。若在有张力的情况下勉强缝合，往往会得不偿失。

（五）无痛原则

美容受术者对其自身的缺陷多有不同程度的心理负担，有的还曾接受过多次手术，心情紧张、复杂，顾虑多，要求高，痛觉敏感，甚至有心态的异常，而且多数受术者是女性和儿童，对手术和麻醉的要求远较普通病人高，所以手术时应根据受术者的全身情况，操作的难易程度，施术者的技术水平和现有的设备条件综合考虑，选择安全有效、迅速可靠的麻醉方法。一般而言，当受术者安静、合作，且手术不大，时间不长时，局部麻醉可作为首选；但是对于那些有解剖、机能和心理异常或经历多次手术和麻醉，对手术期望较高者，局部麻醉往往难以奏效，此时可考虑采用全身麻醉。此外，全身麻醉辅以局部麻醉也为越来越多的医师所采用。总之，在安全的前提下，施与适当的麻醉镇痛，将受术者的疼痛减少到最低程度，使得手术效果更为完美。

## 第五节　美容手术的术前准备、术后处理

**学习目标**

掌握术前准备、术后处理的内容和方法。

充分的术前准备和完善的术后处理是每次手术成功的保障。

### 一、术前准备

（一）精神准备

术前应向受术者详细介绍手术方法、手术所需时间、手术中可能出现的问题、术后可能出现的各种反应、何时拆线及手术刀口的恢复过程、可能出现的并发症和发生率等，让受术者做到心中有数，决定是否做手术并愿意承担可能的手术风险，打消受术者的恐惧心理，双方签署手术协议书。

（二）全身准备

大、中型手术应于术前进行系统查体，进行系统的血液及肝、肾、心、肺功能的化验和辅助检查，估计术中需输血者，术前应做血型鉴定及交叉配血试验，配好适量血液备用。术前要纠正贫血、电解质紊乱或低蛋白血症等，给予高营养饮食，适当给予抗生素预防术后感染。小型手术至少要化验出、凝血时间。

（三）局部准备（术区准备）

术前日应清洗毛发，应用 1∶1000 的苯扎溴铵（新洁尔灭）溶液清洗。发区手术前应用 1∶1000 苯扎溴铵溶液清洗后，用无菌巾包裹送手术室。术区原则上不剃毛（除非影响手术操作的局部区域），眼部手术于术前 3d 每日用生理盐水冲洗结膜腔，或滴氯霉素眼药水，每日 3 次，无需剃除眉毛、睫毛。

（四）术前用药

大、中型手术应于术前适当应用抗生素或止血剂，配合应用苯巴比妥（鲁米那）、阿托品。

（五）病史及影像资料

美容外科病史采集中，一般资料重点应放在既往有无美容手术史，有无影响手术的禁忌证、药物过敏史、出、凝血情况。家族中有无先天性畸形遗传病史，有无瘢痕增生倾向等。对本次求术的真实动机、外貌缺陷所致心理负担程度、家庭成员对其接受美容手术的意见和求术者对手术结果的期望值等应做详细了解。术前应常规照相。

## 二、术后处理

（一）体位

保持舒适体位，术区勿受压，情况允许可适当抬高，必要时需加外固定，如上肢手术后必要时可用夹板固定、悬吊。要适当变换体位防褥疮。全麻受术者术后应保持侧头无枕仰卧位 6h。

（二）止痛

非因血肿压迫或肢位不当等造成的疼痛，可用止痛剂止痛。否则应查明原因，及时予以相应处理。

（三）消炎

抗生素应用不应作为常规，应有针对性使用，对有感染或污染可能的手术，可应用 3 ~ 7d。

（四）换药

一般情况下美容手术可不换药直至拆线为止，这样可保护切口并防止术后局部污染。术后首次换药必须是术者或手术组成员，不宜让不了解手术过程的人换药。换药时应严格遵守无菌原则。包扎稳固、外形整洁美观。留置引流在引流物已不多时（<20ml/d）应于术后 24 ~ 48h 撤除。

（五）拆线

拆线的时间应视手术部位和切口的张力而定，头面部张力小者可于 4 ~ 5d 拆线，四肢或张力大者应适当延长至 10 ~ 14d 拆线。为减轻手术切口瘢痕增生，拆线后局部可继续应用透气透明的医用胶带 2 ~ 3 个月及软化瘢痕的综合治疗，如外用瘢痕软化膏、硅胶膜，戴弹力绷带，离子导入等措施。

全麻术后，受术者清醒前应有专人陪护，并在床旁备吸氧设备、吸引器、气管切开包、急救盘和急救药品等，以备应急。

（顾劲松）

# 第 11 章 美容外科常用技术

**案例** 婉琼是一位非常漂亮而又爱美的女孩,从小就梦想着把自己打扮得更加美丽,并通过自己的双手使周围的姐妹们改变自己,美化自己,美化生活,实现梦想! 让自己的妈妈变得越来越年轻漂亮! 高考后毅然选择了学习医学美容技术专业。尽管自己崇尚这个专业,但在开始专业学习之前,对这个专业还是感到很陌生,很神秘。脑子里面总在想,为什么那些对身材、容貌不满意的女孩从美容医院出来后,就能旧貌换新颜,宛如脱胎换骨,丑的变美,胖的变瘦、变匀称,扁平的胸部变得高高隆起,粗壮的小腿变得纤细,国字脸变成瓜子脸,胳膊和小腿上粗黑的汗毛没有了。有的皮肤肿瘤或者瘢痕切除后几乎看不出来。有的手指被机器轧断了却恢复如初,真是太神奇了! 要掌握什么知识,通过什么技术、方法和材料才能达到这样神奇的效果? 这不仅仅是婉琼的困惑,也是许许多多非美容医学专业学生和受术者的困惑。学习完这一章,婉琼顿感豁然开朗,庆幸自己选对了专业,学习动力大大增强,对将来的事业和前途也充满了信心。

## 第一节 皮肤及其他组织移植术及护理

**学习目标**

1. 掌握皮肤移植的分类、皮片和皮瓣的概念及其分类、特点、用途和护理。
2. 熟悉其他组织移植的种类、用途和护理。
3. 了解皮肤和其他组织移植的手术设计和方法、注意事项。

皮肤覆盖在人体表面,是人体最大的器官。成人皮肤面积约为 1.5～2m$^2$,约占其自身体重的 16%。不同部位皮肤厚薄不一,一般为 0.5～4mm,眼睑部皮肤最薄,仅 0.5～0.6mm(不含皮下组织)。皮肤由表皮、真皮及皮下组织三部分构成。美容外科常常要用到皮肤组织移植,包括皮片移植和皮瓣移植。其他组织移植常用的有真皮、筋膜、脂肪、黏膜、软骨、骨、复合组织及毛发移植。皮肤及其他组织移植按组织来源不同可分为自体移植(来源于自身)、同种异体移植(来源于他人)及异种移植(来源于其他动物),但目前主要应用的是自体皮肤及其他组织移植。

### 一、皮肤移植

皮肤组织移植,包括皮片移植和皮瓣移植。

（一）皮片移植

皮片是指含有表皮加上部分真皮或全层真皮，甚至包括薄层真皮下血管网构成的皮肤组织片。由身体某一部位取皮片移植到另一部位，称为皮片移植。供皮的部位称为供皮区，受皮的部位称为受皮区。

**1. 皮片分类及特点** 临床常用的皮片按切取厚度分为刃厚皮片（表层皮片）、中厚皮片和全厚皮片及带真皮下血管网皮片四类（图1-11-1）。

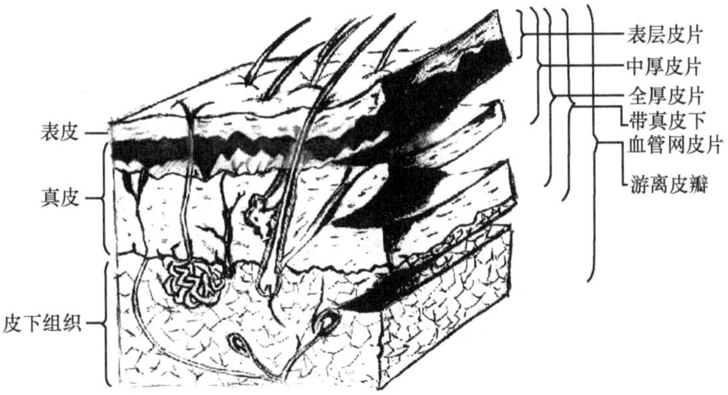


图1-11-1 皮片分类

（1）刃厚皮片：刃厚皮片包括表皮层和极少的真皮乳头层，是最薄的皮片，厚度一般为0.2～0.3mm。它的主要优点是生命力强，能依靠血浆渗透维持生存，故在血运不良的创面或有轻度感染的肉芽创面上容易成活，切取容易，供皮区不受限制，且在同一供皮区可以反复切取。供皮区愈合迅速，不遗留瘢痕，以头皮最为理想。但其缺点是质地脆弱，缺乏弹性，不耐磨压。后期常皱缩，色泽深暗，外形不佳。

（2）全厚皮片：全厚皮片包括表皮和真皮全层。全厚皮片富含真皮层内的弹力纤维、腺体和毛细血管等组织结构，其优点为成活后收缩少，色泽好，坚固柔韧，能耐磨压和负重，但成活条件要求较高。

（3）中厚皮片：中厚皮片包括表皮和部分真皮，平均厚度为0.3～0.6mm。据包含真皮多少不同又分为厚中厚、薄中厚两种，前者约含1/3真皮，后者约含3/4真皮。中厚皮片的厚度界（介）于全厚和刃厚皮片之间，兼有两者的优点，易于成活，功能较好，应用范围广泛，为临床外科最常用的皮片。缺点是供皮区常遗留增厚性瘢痕。

（4）带真皮下血管网皮片：有人也称之为超全厚皮片，包括表皮、全层真皮和真皮下血管网，厚度约为1～6.5mm。带真皮下血管网皮片移植后，通过血管网与受区的毛细血管间自行吻合而建立血运。移植皮片的颜色、弹性、柔软度和感觉恢复等方面，均较中厚或全厚皮片为优，且不进行血管吻合。

**2. 适应证** 表层皮片移植主要用于修复皮肤软组织的浅层缺损，如闭合三度烧伤创面、切取全厚皮片或因各种创伤所致的皮肤缺损创面等，也可用于闭合血运极差以及细菌感染的皮肤缺损创面。全厚皮片通常用于颜面、颈部、手掌、足跖及关节等易受磨压和负重多的部位。中厚皮片广泛运用在各类新鲜创面和肉芽创面，根据受皮区的部位决定中厚皮片的厚薄。带真皮下血管网皮片一般仅用于新鲜无菌创面，适用于颜面、颈部、手、足及关节等部位的修复。

**3. 术前准备** 如病人有贫血、血浆蛋白过低、脱水等情况,须先行治疗。供区应尽量选择在不易受污染、隐蔽的区域,且皮面宽阔、平坦,如大腿内侧、后外侧、腹壁及胸壁等处,取皮后不影响日后局部的功能。肢体远端植皮时,尽量不选在同侧的近端,以免绷带压迫,造成远端充血,影响皮片成活。颜面植皮还应注意选用色泽相近的皮片,需要皮片小者可取自耳后部或锁骨上窝,需要皮片大者可取自上臂内侧或侧胸壁。

植皮时,新鲜创面要保证无活动性出血和坏死组织,边缘修剪整齐。肉芽创面要彻底清创至肉芽色泽新鲜红润,有点状出血并充分止血后方能进行植皮。

**4. 手术方法** 一般植皮面积大者,多用全身麻醉;面积较小者,可用局部麻醉、硬膜外或椎管内麻醉,或其他神经阻滞麻醉。病人体位依供皮区和受皮区的部位而定,以便于操作为原则,常取仰卧位。手术人员分为两组,一组负责皮片切取,另一组负责受皮区创面准备,两组同时进行,力争皮片切取后立即进行移植。

(1) 皮片切取:既可手法切取,即用直钳夹持剃须刀片切取,也可用器械取皮,即用鼓式取皮机、辊轴式取皮刀或电动取皮机切取。供皮区的创面可直接缝合或植皮覆盖。

(2) 皮片移植固定:将切取的皮片植于已做好术前准备的创面上固定包扎。固定方法分为缝合固定和非缝合固定两种。表层皮片一般无需缝合固定,常将皮片切成邮票状或大片皮片,直接贴在创面上,皮片间保持一定间距,便于分泌物的引流。皮片要舒展平坦,紧贴创面。中厚及全厚皮片常常需要打包缝合固定(图 1-11-2)。

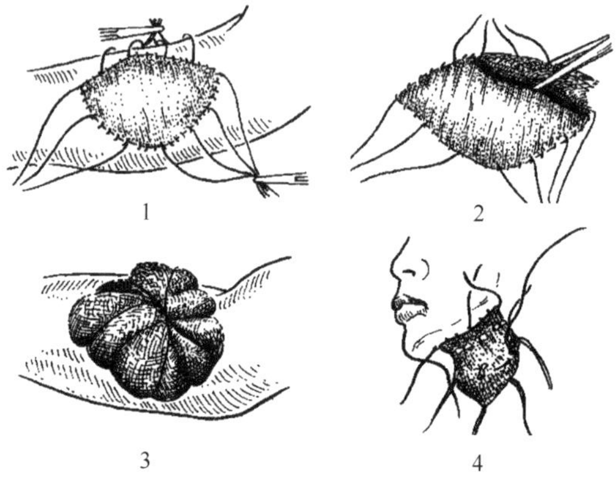


图 1-11-2 皮片打包缝合固定

1. 缝合皮片边缘,预置打包线;2、4. 用整张纱布包裹,碎纱布压平皮片边缘;3. 打包、结扎缝线

(3) 术后处理:与一般手术相同,适当给予抗生素和止痛剂及营养支持。抬高植皮区,保持静脉回流通畅,防止水肿。无菌创面植皮后,一般 8 ~ 10d 首次更换敷料,观察皮片生长情况,皮片成活者颜色红润。但术后每日仍应密切观察局部情况,如受术者诉异常肿胀疼痛,局部渗出过多,或发现有血肿、水疱等,应立即拆除缝线予以清除和引流,再持续加压包扎 10 ~ 14d。肉芽创面植皮应于术后 3d 更换敷料,如脓液不多,可不动接触创面的一层纱布,使皮片不至移动或脱落,待 1 周后皮片生长稳定,方可除去底层纱布。如有脓液,应在泡湿底层纱布后小心轻轻去除,重新更换。供皮区一般可在 2 周后更换敷料,观察愈合情况。切取刃厚皮片者,7 ~ 10d 后(中厚皮片者 2 周后)可见上皮重新覆盖创面。如无感染征象,不宜过早更换敷料。

**5. 皮片移植术的护理**

**【护理目标】**

1. 受术者对麻醉及手术的焦虑、恐惧减轻。
2. 受术者了解有关麻醉及手术前后的配合知识。
3. 受术者对麻醉及手术的耐受力得到提高,生命体征平稳。
4. 受术者掌握缓解或减轻疼痛的方法。
5. 伤口愈合良好,移植组织成活良好,瘢痕无明显增生。

6. 受术者畸形改善及功能恢复良好。

【护理措施】

**1. 术前护理** 皮片移植的术前护理、涉及各部位的术前护理参照各有关章节。

**2. 术后护理**

（1）妨碍皮片成活的因素及预防措施

1）皮片下血肿：因血肿隔离了皮片与创面良好的贴附，妨碍了皮片血运的建立而导致皮片坏死。预防措施：手术时注意彻底止血，术后受区做好压力包扎和制动，术后视情况给予止血药物。

2）包扎制动不良：包扎时应使皮片表面受压均匀，避免切线应力，植皮区包扎的最适压力为20～25mmHg(4～6.6kPa)。包扎压力过大不利于毛细血管的生长，包扎压力过小则皮下易发生渗血、渗液；切线应力会导致皮片移位，破坏受区与皮片间新生血管的连接，均会影响皮片的正常成活。预防措施：妥善的加压包扎，在皮片上用松散成团的多层粗网眼纱布打包，打包线张力均匀适中，可外加棉垫并辅用弹性绷带或绷带加压包扎；有时还需要在包扎后再用石膏制动，限制临近关节的活动，以免皮片移位。

3）受术部位感染：新鲜的创面移植后感染机会较少，但易被污染的部位（肛门、会阴部）较易发生感染。皮片下积血、积液也会给细菌的繁殖提供良好的条件，导致继发感染。预防措施：肉芽创面应于术前1周开始充分浸洗、湿敷换药，术前3d起以生理盐水纱布湿敷，1日2次；适当应用抗生素（局部或全身），待感染控制后再行植皮手术。切除瘢痕或病变组织中应严格按无菌技术操作，彻底止血，防止形成血肿和死腔。术后合理应用抗生素，并防止植皮区敷料的污染。

4）其他影响植皮成活的因素：①适应证选择不当，在血运贫乏的部位植皮（如肌腱表面）。②全身营养状态不佳（如贫血）。③受术者合并糖尿病等影响创面愈合的疾患。预防措施：①皮片移植前先改善植皮床的血运，如应用局部肌肉或筋膜瓣转移覆盖受区血运贫乏的组织或改为皮瓣移植修复。②加强营养，改善受术者全身状况，纠正贫血。③有糖尿病者，应先控制病情再择期进行植皮术。

（2）植皮区的护理：术后注意体位、镇静止痛及抗生素药物的应用和一般术后及麻醉后的护理外，还应注意：①保持敷料整洁、干燥，防止松脱及污染。②注意肢端血运，观察局部是否渗血、渗液，应及时处理。③局部制动，抬高患肢，防止水肿，以利于皮片成活。④无菌创面植皮术后10d可初次换药并酌情拆线。待皮片成活、创面完全愈合后，即使用弹性织物持续压迫6个月，以利于保持皮片平整，减轻后期挛缩，预防创缘瘢痕发生。手部植皮者，术后应包扎固定在功能位或抗挛缩位，并加强功能锻炼。

（3）供皮区的护理：由于所取皮片的面积大小、厚度以及部位不同，术中对供皮区处理的方法也各不相同。如全厚皮片取皮面积小，一般用直接缝合，术后只是视缝合张力的大小决定拆线时间。取刃厚皮片的供皮区，创面容易愈合，一般术后加压包扎7～10d即可愈合，打开供皮区敷料后不需特殊处理。取中厚皮片的供皮区创面，2周后才开始首次更换敷料，与创面黏着的纱布勿强行撕拉，应保持供区创面湿润，无医嘱不可用热风烘干创面，在愈合期应注意制动，卧床休息，避免供皮区敷料受到污染，当供皮区愈合后，为了防止局部擦伤和瘢痕增生，仍需使用弹性敷料加压包扎或用弹性护腿压迫至少6个月。

（4）出院前的指导：移植愈合后的皮片在相当长的一段时期内没有分泌皮脂、汗液的能力，在干燥寒冷的条件下极易发生皲裂，因此，嘱受术者经常保持局部清洁，并施一层薄油性护肤膏加以保护。皮片移植后多有颜色加深的表现，日光照射加重，故应告知避免日光直接照射植皮区。关于周围皮片移植手术仅是为功能恢复提供了可能的条件，而要获得良好的功能恢复，受术者还需在医护人员正确的指导和帮助下进行持久的功能锻炼，早期以患肢的主要活动为主，后期则应以较多的被动活动，最好辅以理疗和体疗，并鼓励受术者在日常生活和工作中尽量多地使用患肢。

（二）皮瓣移植

皮瓣是由皮肤全层（表皮、真皮、皮下组织）或皮肤全层加上部分筋膜、肌肉、骨骼构成，并借其一端或两端的组织蒂与供体相连，或虽游离但带有可供吻合血管网的复合皮肤组织块。

皮瓣可根据其血供方式分为带蒂皮瓣与游离皮瓣两种。带蒂皮瓣，即皮瓣基底虽与供体分离，但其借自身一端或两端的皮肤组织蒂与供体相连，用于相邻部位皮肤缺损修复，或分期转移修复远处皮肤缺损。游离皮瓣是带有可供吻合血管网、与供体完全分离的皮瓣，可立即离断从一个部位转移到远处另一个部位修复皮肤缺损或进行器官再造，但需要进行血管吻合。根据皮瓣所含组织成分不同又可分为单纯皮瓣、筋膜皮瓣、肌皮瓣、神经肌皮瓣、肌骨皮瓣等类型。

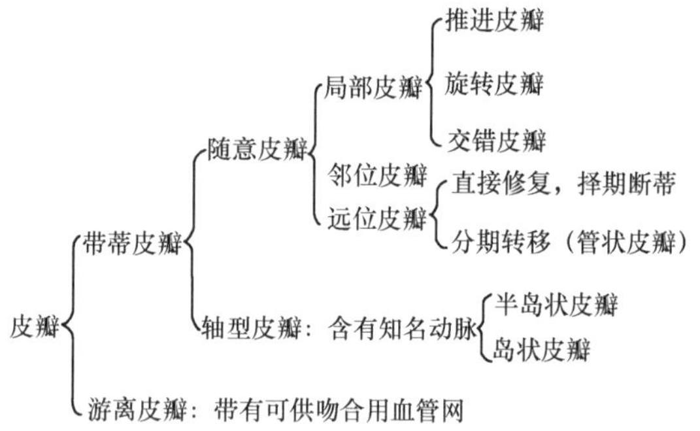


图 1-11-3　按血供方式的皮瓣分类

**1. 皮瓣移植分类**　皮瓣的分类方法很多，但临床常按其血供方式分类（图 1-11-3）。常将皮瓣分为带蒂皮瓣和游离皮瓣两大类。

**【带蒂皮瓣】**　通常按照 1.5∶1 的长宽比例切取皮肤组织块，在其一端或两端保留蒂部，移位修复皮肤组织缺损，以改善外形、功能重建，移位组织的血液供应由保留的蒂部组织提供。带蒂皮瓣又常分为随意皮瓣和轴型皮瓣两类。

（1）随意皮瓣：皮瓣没有直接皮动脉供血，由肌皮动脉穿支或邻近皮肤的交通血管供血。由于无直接皮动脉供血，为避免皮瓣缺血，一般以 1.5∶1 的长宽比例设计带蒂皮瓣。随意皮瓣又可分为局部皮瓣、邻位皮瓣和远位皮瓣。

1）局部皮瓣：顾名思义，即在邻接皮肤缺损区周围正常皮肤上形成的皮瓣，皮瓣与缺损区往往有一共同侧缘。①推进皮瓣：可在邻接皮肤缺损区周围正常皮肤上根据需要设计不同形状的推进皮瓣，如矩形、三角形、“V”或“Y”字形等皮瓣。②旋转皮瓣：根据实际需要设计不同形状皮瓣并将皮瓣做顺时针或逆时针方向旋转移位，但旋转幅度一般不超过 90°。皮瓣旋转后留下的缺损区可直接拉拢缝合，或用游离皮片移植覆盖。③交错皮瓣：又称对偶三角瓣或称“Z”成形术。常通过相对三角形皮瓣易位的方法，用以松解挛缩性瘢痕。手术时切除条索状瘢痕组织，形成一狭长创面，在此创面两侧充分剥离，各形成一个或多个大小、形状相同的三角形皮瓣，然后将各三角瓣交错互换位置后缝合。松解的长度与皮瓣顶角大小成正比，一般以 60°左右为宜。

2）邻位皮瓣：这种皮瓣不同于局部皮瓣，形成的皮瓣与缺损区没有共同的侧缘，中间有正常皮肤间隔。常设计一个较长的蒂部，卷曲成管状，携带皮瓣经过旋转移位修复皮肤缺损。蒂部在皮肤愈合后切断。也可用皮下组织为蒂，经隧道移位修复缺损，则不需要断蒂处理。这种皮瓣的优点是在离皮肤缺损区外的一定范围内的正常皮肤设计皮瓣，特别适用于创周条件较差的病例（图1-11-4）。

3）远位皮瓣：如果受术者情况不允许设计局部或邻位皮瓣，可在腹部、肩胸部设计带蒂皮瓣修复手、前臂皮肤缺损。皮瓣转移有两种方式：①直接移位：可在腹部、肩胸部等部位设计皮瓣，受皮区创面清创后，将供区皮瓣与受皮区创面直接缝合，暂时固定于一定体位，约于2～3周后，待供区皮瓣与受皮区建立良好血运后，切断蒂部，解除肢体固定，断蒂后皮瓣可作适当修整。②过渡移位：为了修复头颈部或上肢皮肤缺损或行器官再造，常以前臂或手作为中间站，将胸腹部远位皮瓣经过过渡转移至头、颈、面部。此时，需要转移的皮瓣往往制作成管形皮瓣，即在供皮区设计一定宽度的皮瓣，将皮下层向内卷曲缝制成管状（图1-11-5），待皮管建立充分血运并成活后切断远端蒂部并与前臂或手部进行吻合，待其重新建立血运后切断其供区蒂部，由前臂或手将皮瓣带至受区吻合，再次建立血运，成活后切断前臂或手部的蒂，同时将皮管展开修复受区或进行器官再造。留下的供区缺损直接拉拢缝合。

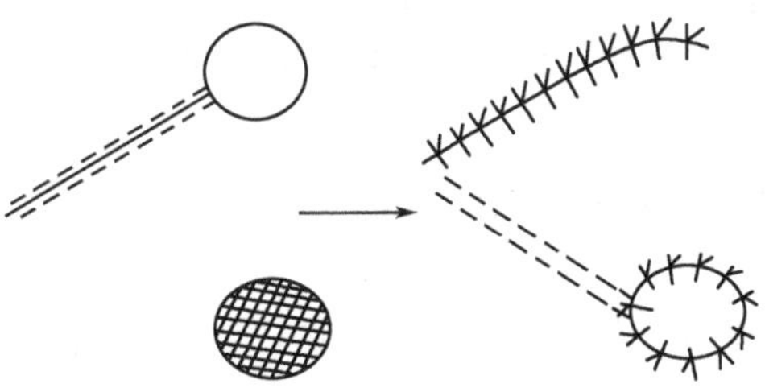

图1-11-4　邻位皮瓣

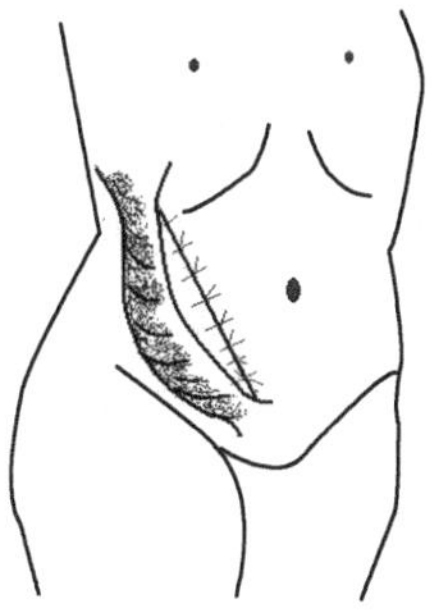

图1-11-5　管形皮瓣

在皮肤组织扩张术广泛应用的今天，远位皮瓣，特别是管形皮瓣已很少应用。

（2）轴型皮瓣：皮瓣内含有与皮瓣长轴平行的知名动静脉血管，并以这些血管为轴形成皮瓣。轴型皮瓣又因蒂部所含内容不同分为半岛状皮瓣和岛状皮瓣。半岛状皮瓣蒂部除含有知名营养血管外，还带有部分脂肪、筋膜等软组织。岛状皮瓣蒂部只含有知名营养血管。皮瓣分离后往往经过皮下隧道转移至受区。轴型皮瓣血供可靠，运用灵活，如带神经吻合，移植后外观好，有一定感觉，成活率高，广泛用于皮肤组织缺损修复和器官再造，如眉再造、阴茎再造等。设计轴型皮瓣时需要考虑的问题是轴心血管的供应范围，而无需考虑长宽比例。

**【游离皮瓣】**　即皮瓣内含有可供吻合用的血管网，实际上就是断蒂移植的轴型皮瓣。这类皮瓣的移植称为游离皮瓣移植。游离皮瓣移植时，应用显微外科技术将皮瓣内的小血管和受皮区的小血管进行吻合再通，从而使皮瓣的营养立即由受皮区供应，血供可靠，皮瓣切取大小不受长宽比例的限制，可转移到机体任何部位，且可一次性完成手术，大大拓宽了治疗范围，提高了手术成功率，减轻了病人痛苦和经济负担。但手术难度高，需依赖于显微外科设备、器材和娴熟的显微外科技术，供区选择要求也较高，供、受区都必须有可供吻合的血管，供皮区颜色、质地要与受皮区相宜。

**2. 皮瓣移植适应证**　由于皮瓣有自身的血液供应，可以连带移植皮下组织，厚度也较游离皮片厚，移植后收缩小，色泽变化少，对外力的抗冲击性较强，故整形外科常用皮瓣修复有深部组织暴露的缺损(如肌腱、神经、大血管、骨及关节等裸露的创面)、洞穿性缺损等。对局部血运差的病损(如褥疮、下肢慢性溃疡或放射性溃疡等),也必须用皮瓣修复,以改善局部营养状态,避免复发。皮瓣移植也用于瘢痕挛缩的整形,或是松解挛缩瘢痕,或是取代瘢痕、改善外形和功能。对先天性或后天性泌尿生殖器官的畸形或缺损,常常采用皮瓣加上其他组织(如肋骨、肋软骨)移植进行再造术。也可用于外耳、鼻、舌等的再造。

**3. 皮瓣移植的并发症及处理** 皮瓣移植的成败取决于很多因素,包括术前供区的选择、受区的准备、术后护理及并发症的防治。常见的皮瓣移植并发症包括循环危象、感染、瘢痕挛缩等。

(1) 循环危象:循环危象是指皮瓣移植后发生皮瓣组织的血循环障碍,从而威胁移植皮瓣的成活或造成皮瓣坏死的现象,是皮瓣移植常见的并发症之一。循环危象的主要原因是血管痉挛、血栓形成、感染、压迫因素等。循环危象可分为动脉危象和静脉危象。动脉危象时移植皮瓣的皮温迅速下降、苍白、弹性下降、毛细血管充盈反应减慢;静脉危象时移植皮瓣发绀、肿胀、张力增高及皮温逐渐下降,毛细血管反应仍可存在。

发生循环危象时,早期可能是血管痉挛,若不及时纠正,栓塞不可避免,最终发展为整个血管床栓塞,移植皮瓣坏死,手术失败。

一旦发现循环危象应立即按血管痉挛处理,采取血管解痉措施。若半小时后仍无好转,排除体位、压迫等其他因素后应再次手术探查,解除引起痉挛的因素,或切除栓塞的吻合口,重做血管吻合。

游离皮瓣移植后,为了有效防止循环危象,应常规采取“三抗”治疗,即抗感染、抗痉挛、抗凝治疗。

(2) 感染:移植皮瓣如发生感染即可波及皮瓣血管,导致血管持续痉挛、管壁肿胀,管腔闭塞,最终移植失败。

因此,预防感染应贯彻始终。术前对已有感染的创面进行彻底清创,保证创面肉芽新鲜,将感染控制在最低限度。同时术前应作细菌培养及药物敏感试验。术中严格无菌操作,术前半小时静脉滴注抗生素,术中用抗生素盐水反复冲洗创面。术后放置引流物,避免血肿。加强护理,密切观察,发现情况及时处理。

(3) 瘢痕挛缩及增生:发生瘢痕挛缩或增生的主要原因是移植皮瓣设计不当,切取面积太小,勉强张力下缝合,愈合差,感染等,也与个体因素有关。肌肉移植后,若血供不良或肌肉内广泛血肿,可使肌肉发生纤维化,形成瘢痕,影响肌肉、肌腱的滑动和收缩功能,导致关节僵硬、脱位或变形等。

在手术设计时应注意皮肤、肌肉的收缩性,比实际缺损放大1～2cm,防止张力下缝合和愈合;注意保护组织的血供和高质量吻合血管,减少缺血时间;术前、中、后采取积极措施防止感染;术后早期进行功能训练,配合良好的康复治疗,可减少这一并发症的发生。

(4) 失神经支配:皮瓣移植若不吻合神经,则会出现失神经支配的一系列改变,包括皮肤皱纹消失,表面光滑无张力,无汗,皮温降低,对冷、热、触、痛等感觉消失,容易受伤而不易愈合,形成慢性溃疡等。

若需要重建感觉功能时应选用带感觉神经的皮瓣修复组织缺损并重建感觉功能。

**4. 皮瓣移植的护理**

**【护理目标】**

参见皮片移植术护理目标。

【护理措施】

(1) 术前护理

1) 皮瓣成型的术前护理:除按一般手术前护理外,有些带蒂皮肤移植手术次数多、疗程长,要经过成形或延迟→转移→断蒂等阶段,且术后常需要姿势固定,给受术者造成痛苦和生活的不便。因此,术前需做好解释工作,使受术者能充分了解手术方案和术后固定姿势导致的不适,协助受术者模拟固定姿势,提高术后的生活适应能力。

2) 断蒂术前的护理

血运的测定及训练:皮瓣或皮管在转移或断蒂前需进行血运测定,以保证在转移或断蒂后有充足的血运。血运训练可促进另一端血运的重新建立。护士应准备需用的工具(如肠钳、橡皮筋、气囊止血带或血压计等),并进行测试和训练。具体的方法如下:①肠钳阻断法:对扁平皮瓣可用套有乳胶管的肠钳夹住蒂部。训练的时间从首次15min开始,每日1~2次,逐渐增加至2h(亦可1次夹小时测定),注意观察皮瓣的颜色和温度。如阻断2h后皮瓣无发绀,松开肠钳后无显著的反应性充血,即可行断蒂术。也可用两根圆形筷子套上乳胶管,两端缠绕橡皮筋形成弹性压力以代替肠钳。②橡皮筋阻断法:对于皮管,可用橡皮筋或细乳胶管,套在拟转移或断蒂的皮管一端(应以纱布均匀衬垫,以防损伤皮肤),拉紧橡皮筋,用止血钳夹住,其训练时间同上。③气囊止血带或血压计法:用于四肢携带皮管转移,方法是将气囊止血带束缚于携带皮管肢体近端,充气至压力高于动脉压即可,观察皮管的颜色和温度,训练时间可逐渐增加,但不宜超过1h。

断蒂术前的皮肤准备:皮肤准备应仔细、彻底,尤其是皮瓣皮管的根部,在清洗时注意勿擦伤或烫伤皮瓣皮管,对有用石膏行姿势固定的受术者,备皮时应在几个关键部位剪断并掰开石膏,移去时应保持石膏结构的完整性,以便备皮完成后重新用石膏固定,使受术者在手术前夜能安心入睡,不必担心撕裂或损失皮瓣。

(2) 术后护理:除按一般术后及麻醉后的护理外,其重点是:①严密观察血运。②保证有效的姿势固定。③防止损伤皮管、皮瓣(如撕脱伤、烫伤、冻伤等)。具体如下:

1) 严密观察血运:室温保持在25~28℃。护士必须掌握如何观察血运,以及排除血运障碍的一些应急措施,保证皮瓣的成活。①观察部位:观察的部位应是皮瓣的远端,单蒂皮瓣的远端是距离蒂部最远的边缘;而双蒂皮管的远端则应是皮管的中段。②观察方法:观察时应与临近的正常皮肤作为对照,根据皮肤的温度、颜色、指压反应及张力的进行性变化判断血运是否充分。出现静脉回流不畅或动脉供血不足的任何一种情况时,首先应检查固定位置错位、敷料压迫不当、皮瓣皮管扭折等问题,及时纠正并立即报告主管医生作进一步检查处理。除因皮瓣皮管设计比例不当导致血运障碍外,由于血肿、蒂部受压、折叠、扭转、牵拉过紧、血管痉挛(可因疼痛、寒冷或受术者紧张情绪等引起)以及患肢抬高不当等因素引起的血运障碍都可以通过及时发现处理而纠正。③纠正血运障碍的措施:静脉回流不畅可抬高患肢,做向心性按摩;动脉供血不足应放平或放低肢体;血管痉挛应按医嘱给予解痉、止痛、镇静或扩张血管等药物并注意保暖;有条件可给予高压氧治疗;血肿应及时清除,蒂部受压、牵拉等应及时纠正,使血运得以改善。

2) 姿势固定护理:姿势固定,是供瓣部位与受瓣部位维持在非功能位的一种固定方法(如头臂固定、体臂固定、臂腿固定及交腿、交臂固定等),称为姿势固定。固定时间需3~4周,要求准确牢固,在保证姿势固定确实无错位的前提下,应尽量减少受术者痛苦。术后应妥善安置好体位(如用支架悬吊或以软枕枕支垫),使之处于较舒适的位置。可用甲紫在受区和供区之间的石膏或绷带上做出标志,及时发现固定位置有无错位,避免发生蒂部扭曲或牵拉。姿势固定后第一周内,受术者被固定的相连关节常酸痛难忍,护士应主动关心,给予热敷、按摩及针灸,必要时按医嘱给镇静止痛剂。

3)预防损伤:皮瓣皮管移植后,局部感觉迟钝,应提醒受术者加强自我保护,防止烫伤、冻伤或撕裂伤;尤应注意保持病房和洗手间地面干燥,防止受术者滑倒而导致皮瓣撕脱。

4)预防感染:除按医嘱给予抗生素外,局部应保持清洁干燥,尤其是暑热季节,固定范围内皮肤相接触的部位易被汗液浸渍,开放性皮瓣的蒂部常有渗出物,易潮湿糜烂,应经常更换衬垫敷料,防止继发感染。

## 二、其他组织移植

整形美容外科除了皮肤移植外,还常常会用到其他组织移植,常用的有真皮、筋膜、脂肪、黏膜、软骨、骨、复合组织及毛发移植。

### (一)真皮移植

将皮肤的表皮层和皮下组织去除,留下的即为真皮。将真皮移植到受区即为真皮移植。真皮分为乳头层和网状层,乳头层距皮肤表面近且含有大量毛细血管。网状层较厚,由致密结缔组织构成。网状层内除了汗腺、毛囊、皮脂腺外,还有较大的血管,这是真皮移植后容易成活的主要条件。

真皮移植后,其内的毛囊、皮脂腺、汗腺是否继续生长发挥生理功能?有资料研究发现,真皮移植后皮脂腺一般在2周内消失;毛囊一般2个月左右退化;汗腺及其导管可永久存活,并可能保持正常分泌功能,但不形成囊肿。分泌的汗液被汗腺导管再吸收,进入附近的毛细血管网及淋巴管或细胞外液。

**1. 真皮移植的适应证** 真皮移植主要用于植入皮下填充体表较小缺损,恢复外形和形状,特别适用于修复面颊、眼睑、鼻唇、眶上等部位的软组织缺损或畸形。近年来临床上常用自体真皮和人工真皮植入进行鼻部美容手术。

**2. 自体真皮移植的手术方法**

(1)麻醉:一般采用局部麻醉。

(2)术前设计

1)真皮供区的选择:一般选择毛发稀少、皮肤较厚的部位作供区,常用部位有侧臀部、腹部和大腿外侧。

2)供区的标记:用龙胆紫标记需填充的范围,在离填充范围较近的轮廓线部位、隐蔽部位或沿皮纹方向画出切口线。

3)真皮切取的范围:根据面部凹陷的程度和大小,用龙胆紫在供区标记真皮切取的范围。

(3)真皮切取、塑型和植入

1)麻醉取皮区后,按术前设计用辊轴刀或鼓式取皮机在真皮供区切取薄中厚皮片,皮片的蒂部不要切断,然后用手术刀或辊轴刀切取真皮。真皮切取后,彻底止血,将薄中厚皮片按原位缝合,然后加压包扎或打包包扎。

2)修剪并去除真皮表面的脂肪组织、根据凹陷的形状裁剪真皮。按手术需要将2~3层真皮用细丝线缝合在一起,将缝合后的真皮组织块放在需填充的部位,模拟并观察填充效果,适当调整,直至效果满意。

3）用利多卡因行植入区局部麻醉,按术前设计的切口,切开皮肤及皮下组织,游离真皮填充腔隙,彻底止血备用。

4）将已塑型的真皮组织块植入腔隙,用丝线与腔缘缝合并穿出皮肤固定真皮组织块,在穿出皮肤的两线之间放置 1 个棉球后将丝线拉紧并打结固定。这样,真皮便固定在凹陷区。

5）缝合切口,将真皮填充区加压包扎。

**3. 真皮移植术后处理**

（1）持续加压包扎 10d。

（2）常规静脉滴注抗生素 3～5d。

（3）术后 7d 拆除缝合线,10～14d 拆除固定线。

（4）如一次填充不满意,于术后 6 个月进行二次填充。

**4. 术后并发症的防治**

（1）真皮坏死:主要表现为真皮填充处持续红肿,随着炎症的消退,填充物逐渐吸收变小。真皮填充的层次越多,真皮坏死的可能性就越大。故真皮填充的层次不宜超过 3 层。一旦术后真皮坏死被吸收,待 3 个月后进行二次填充。

（2）切口感染:主要与无菌操作不严格有关。故术中应加强无菌操作,术后预防性应用抗生素。一旦出现切口感染,应及时引流,必要时取出真皮移植物。

（3）移植后吸收变小:真皮埋置体内后,有 15%～20% 吸收现象,术前应有充分准备,适当过度矫正。

**5. 真皮移植的护理**

**【护理措施】**

（1）术前护理:同一般游离皮片移植前护理。

（2）术后护理

1）局部护理:①保证有效的制动。如对于面部植皮者,应尽量限制受术者说话与咀嚼,饮食应严格按医嘱给予流质或口腔半流质(管喂)饮食或鼻饲混合奶,直至拆线。②观察敷料是否干燥整洁、有无异味。当发现外层敷料被污染或被渗液浸透时,应及时告知医生,协助更换敷料,防止植皮区感染。③如植皮区位于上肢,在移植皮片尚未成完全成活前,不可在该肢体测量血压或扎止血带取血,以免引起植皮区的血运障碍。

2）对移植皮片上的水疱处理:如发现皮片上有水疱形成后的痂皮,切勿强行撕脱,可涂少许抗生素眼膏保护,待其痂皮愈合后自行脱落;对尚存的水疱,可用无菌针头将其刺破或用注射器抽出渗液(不可撕破表皮),然后再加压包扎固定。

3）拆线:为保证皮片上完全愈合,拆线时间比一般移植拆线时间晚,一般在术后 12d 左右拆线,拆线后还需继续加压包扎固定 2 周,在位置低垂或活动度较大的部位还需戴弹性织物 3～6 个月。

4）其他护理:参见一般皮片移植后的护理。

（二）筋膜移植

筋膜组织细密而薄,是富有弹性的结缔组织,抗感染能力强,移植后反应少,容易成活。自体筋膜移植后,不被吸收,并能保持原有的结构和性能。因而是经常应用的移植材料之一。

**1. 筋膜移植的适应证** 筋膜移植临床应用较广泛，包括以筋膜条作吊带牵引修复面神经麻痹所致畸形；矫治先天性上睑下垂；用筋膜片修补疝口，闭合胸壁或腹壁缺损；小片折叠筋膜也可用于小面积软组织轻度凹陷的填充；还可用于因关节强直行截骨术后覆盖两侧骨端，防止断端重新愈合。

**2. 筋膜的切取和移植方法** 供移植用的筋膜一般取自大腿外侧的阔筋膜，它是人体最坚韧且面积很大的一层深筋膜组织。在大腿外侧切取阔筋膜时，膝关节稍作屈曲，髋部也稍屈并内旋，即可扪出筋膜部位。局部浸润麻醉，如需大片筋膜，则在大腿外侧作纵形切口，将皮下脂肪在阔筋膜上分离后，即可切取大片的筋膜组织，优点是直视下切取，安全可靠，损伤小；缺点是切口大，愈后瘢痕明显。如只需束条状筋膜，使用筋膜抽取器切取则较为方便，并可避免在大腿上造成大的切口瘢痕。切取时先在大腿外侧髂前上棘与胫骨外侧髁连线中点作一个小的横切口，暴露阔筋膜并稍向上、下分离。切出所需的宽度并切断其远侧端，将筋膜束条分离出 2 ~ 3cm 长度，将此断端塞入筋膜抽取器内套管口并从小窗中穿出，用止血钳夹住后紧紧向远侧方牵拉，然后将抽取器沿着阔筋膜的纵方向近侧推进。当达到所需长度时即将抽取器外套管向近侧推紧，同时作旋转动作，即可将筋膜束条的近侧端割断并抽出。最后缝合皮肤切口，大腿自上而下加压包扎，预防发生皮下血肿。

筋膜束条和筋膜片切取后，可行游离移植。在移植时，应重视无创伤技术和无菌操作，止血要彻底。作悬吊手术时，应作适当过度矫正，以利远期效果。若作凹陷填充时，应按真皮移植法进行固定，以防回缩。

**3. 筋膜移植的护理** （同真皮移植的护理）

（三）脂肪移植

脂肪是人体重要的组织，不仅具有保温、储存能量、缓冲外力、保护内脏的重要功能，而且还是人体重要的塑型组织。脂肪移植沿用已久，按移植方式不同，可分为游离脂肪移植和带蒂脂肪移植。游离脂肪移植又分为单纯脂肪移植和带脂肪的复合组织移植，如脂肪连同其上方的真皮组织一起移植，称为真皮脂肪移植；如连同其下的深筋膜组织一起移植，称为脂肪筋膜移植。带蒂脂肪移植是指自带血供的脂肪组织移植，常用的带蒂脂肪组织移植主要是腹腔大网膜的带蒂游离移植。由于游离脂肪移植后，吸收严重，容易发生中心部位无菌坏死，而且抗感染能力较低，故不带血供的脂肪组织移植效果并不十分满意。脂肪移植术后 1 年的吸收率仍高达 30% 左右，大部分都被纤维组织所替代，故手术时必须矫枉过正。但带脂肪的复合组织移植，吸收可望减少。近年来，自体脂肪注射移植在美容外科获得较满意效果。脂肪移植目前也只限于应用自体的脂肪组织进行移植。

**1. 脂肪移植的适应证** 脂肪组织移植主要用于填充体表的皮下凹陷性缺损或畸形，或填塞死腔。例如面部小范围的凹陷畸形如鼻唇沟凹陷，眉间皱纹或眼袋切除手术造成眶隔脂肪切除过多所致的凹陷等，可采用脂肪注射移植修复。近年来有采用颗粒脂肪注射移植施行隆乳手术，据报道，效果较为满意。

**2. 脂肪移植的方法**

（1）术前设计：根据凹陷程度确定脂肪填充量的大小。一般填充量为实际缺损量的 1.3 倍。根据受术者脂肪的分布，从体表隐蔽处或脂肪堆积处切取或抽取脂肪。如腹、背、侧胸、臀、上臂或大腿等处。

（2）麻醉：受区和单纯脂肪组织以及真皮脂肪组织切取处一般选择局部浸润麻醉；脂肪颗粒抽取的供区则可用 0.5% 利多卡因加 1 ∶ 20 万肾上腺素作皮下浸润麻醉或行肿胀麻醉。

（3）手术操作

1）脂肪组织的切取：单纯小块脂肪的切取，可在切开皮肤后用利刀切取脂肪组织。应避免挟捏脂肪组织，取下的脂肪应立即移植。

2）真皮脂肪组织的切取：用鼓式取皮机，按设计的形状及大小切取薄中厚皮片，不切断皮片蒂部，然后用手术刀切取该区的真皮脂肪组织。创面止血后，将皮片缝回原处并打包加压。把真皮脂肪组织按设计大小及形状修剪后，移植到受区，固定缝合，加压包扎。移植真皮脂肪组织应较需要量大1/3左右，以抵消日后的吸收。

3）颗粒脂肪注射移植：供区麻醉、消毒后，用注射器连接吸脂针头沿皮下平面抽吸，抽吸达到所需要量后，供区加压包扎。用生理盐水或林格液漂洗抽得的脂肪，收集漂浮的脂肪。待受区准备完毕，即用盛装脂肪颗粒的针筒安装12～18号针头注射入受区。注射时应由远而近注射，边注边退，使其在皮下均匀扩散。通常注射要过度矫正30%～40%，注射完毕，用手轻揉皮肤使之平坦。如有脂肪从针孔溢出，可用5/0缝针线缝合1～2针，之后适当加压包扎。

一般认为，同一部位一次注射量不宜超过50ml。

（4）术后处理：脂肪组织或真皮脂肪组织切取的供区及切开填充区一般术后7d左右拆除缝合线，持续加压包扎10d。

脂肪抽吸和注入部位术后3d换药，观察有无红、肿、热、痛等感染迹象，如填充区肿胀明显，可穿刺抽出组织内的渗液及液化的脂肪。

脂肪移植术后常规静脉滴注抗生素3～5d。如填充效果不满意，可于3个月后进行二次填充。

**3. 脂肪移植的护理**

**【护理目标】**

（1）受术者对麻醉及手术的焦虑、恐惧减轻。

（2）受术者了解有关麻醉及手术前后的配合知识。

（3）受术者对麻醉及手术的耐受力得到提高，生命体征平稳。

（4）受术者掌握缓解或减轻疼痛的方法。

（5）伤口愈合良好，移植组织成活良好。

（6）受术者畸形改善及功能恢复良好。

（7）受术者了解脂肪移植的可吸收性，必要时进行二次移植。

**【护理措施】**

（1）术前护理：脂肪移植的术前护理，涉及各部位的术前护理参照各有关章节。

（2）术后护理

1）植脂肪区的护理：术后除注意体位、镇静止痛及抗生素药物的应用和一般术后及麻醉后的护理外，还应注意：①保持敷料整洁干燥，防止松脱及污染。当发现外层敷料被污染或被渗液浸透时，应及时告知医生，协助更换敷料。②观察局部是否渗血、渗液，应及时处理。③密切观察体温变化，对于手术2～3d后的发热和加重的疼痛，应及时告知医生，检查局部有无发生脂肪液化坏死感染。一旦出现，协助行切开引流。④对于乳房局部出现的硬结，可在术后协助适当按摩，以利软化。

2）供脂肪区的护理：术后应强调加压包扎，抗炎治疗。对大面积吸脂者，宜穿弹力紧身衣裤2～3个月。术后配合医生换药，观察术区情况变化。对于术后恢复过程存在的问题，应及时与医生联系，尽早处理。

3）出院前的指导：嘱其适当按摩，并定期复诊，观察吸收情况，必要时在手术2～3个月后重复治疗。

（四）黏膜移植

和皮肤一样，黏膜也为上皮组织，衬贴于有腔脏器的内面，具有吸收、分泌和保护功能。黏膜由上皮和真皮构成，含有丰富的血管结构，可作为一种移植修复材料。口腔、咽部和食管的黏膜为复层鳞状上皮；消化道其他部位黏膜多为单层柱状上皮；泌尿系的黏膜为移行上皮。按黏膜结构和生理特性，可将其分为干性黏膜和湿性黏膜。唇红部的黏膜下层无腺体存在，表面干燥，为干性黏膜。口、鼻、结膜和阴部的黏膜和黏膜下层含有较多的黏液腺和浆液腺，处于湿润环境中，为湿性黏膜。黏膜移植和皮肤移植一样具有强烈抗原性，目前只用于自体移植。

**1. 黏膜移植的分类** 黏膜移植按切取厚度可分为断层黏膜片和全厚黏膜片移植；按移植方式可分为游离移植和带蒂移植。游离移植是将黏膜由供区离断转移至受区，重新获得血液供应而存活，一般为全厚黏膜移植。带蒂移植是将自带血供的一块黏膜组织由供区转移到受区，以修复受区黏膜缺损创面的一种移植方法。带蒂黏膜也可称为黏膜瓣，根据血供方式不同，分为轴型黏膜瓣和局部黏膜瓣。轴型黏膜瓣内含有较大血管，血供充分，美容外科应用较少，主要用于消化道重建和阴道再造，如空肠代食管手术、乙状结肠代阴道手术等。局部黏膜瓣主要通过局部推进、旋转来修复黏膜缺损，如唇红部的修复、阴道口狭窄的矫治、球结膜缺损的修复等。

**2. 黏膜移植修复唇黏膜缺损** 唇黏膜颜色鲜艳，使口唇呈现美感。因此，唇黏膜缺损不仅影响口唇功能，也将严重影响面部的整体美。唇黏膜缺损可通过游离黏膜移植和局部黏膜瓣转移两种方法来修复。

（1）游离黏膜移植：主要用于单纯唇黏膜缺损的治疗。

1）术前设计：根据口唇黏膜病变大小，确定切取黏膜大小。唇黏膜处有瘢痕者，应根据瘢痕切除、挛缩松解后黏膜实际缺损大小而定。

2）麻醉：上、下唇黏膜移植手术均可用2%利多卡因行局部浸润麻醉。必要时，上唇可用2%利多卡因行眶下神经阻滞麻醉。下唇可用2%利多卡因行颏神经阻滞麻醉。

3）手术操作：麻醉后，紧贴病变的底面剥离，避免损伤口轮匝肌，彻底止血后备用。根据术前设计切取全层黏膜，剪除黏液腺，然后将黏膜覆盖于唇部黏膜缺损处，先将黏膜缝合于唇线处，使唇线外形流畅，再缝合其他黏膜创面处。缝合时保留打包线，缝合完毕打包加压包扎。直接拉拢缝合黏膜供区。

4）术后处理：①常规静脉滴注抗生素3～5d；②术后10d拆包换药；③术后并发症防治同皮片移植术。

（2）局部黏膜瓣修复方法：主要用于唇黏膜缺损合并其他唇组织缺损者。

1）术前设计：在唇黏膜缺损的边缘设计旋转黏膜瓣或推进黏膜瓣，用龙胆紫标记画线，如皮肤也缺损，则采用皮片移植或应用局部皮瓣修复。根据唇黏膜缺损厚度设计黏膜瓣厚度，以使唇黏膜缺损修复后饱满美观。

2）麻醉：同游离黏膜移植术。

3）手术操作：麻醉后，按术前设计切开黏膜至肌层，在肌层内剥离黏膜瓣。

黏膜瓣形成并转移后，按口唇轮廓修整黏膜瓣。先缝合唇线处，然后再缝合其他部位。

供区可直接拉拢缝合,不能拉拢缝合者可行皮片移植修复。

4）术后处理:参照游离黏膜移植和局部皮瓣转移术。

**3. 黏膜移植的护理**

（1）护理目标:同皮片移植。

（2）护理措施

1）术前护理:黏膜移植的术前护理,涉及各部位的术前护理参照各有关章节。

2）术后护理:对于口腔植黏膜者,应尽量限制受术者说话与咀嚼,饮食应严格按医嘱给予流质或半流质(管喂)饮食或鼻饲混合奶,直至拆线。对于睑结膜修复者,早期应减少眼球活动。对于尿道修复者,应保持膀胱造瘘或尿管通畅。植黏膜术后7d可初次换药并酌情拆线。

供黏膜区的护理:由于所取黏膜片的面积大小、厚度以及部位不同,术中对供黏膜区处理的方法也各不相同。如全厚黏膜片取黏膜面积小,一般用直接缝合。取表层黏膜的供黏膜区,创面容易愈合,一般暴露或贴敷单层油纱布半暴露即可。

出院前的指导:嘱受术者经常保持局部清洁,去除表面分泌物。坚持模具支撑6个月以上,防止黏膜片挛缩。

其余护理措施参见皮片移植护理。

（五）软骨移植

软骨内虽无血管结构,但因其细胞代谢功能低下,靠吸取周围组织液中的营养可以成活。软骨组织是一种很好的填充和支持材料。同种异体和异种软骨移植的临床应用近年来可见报道,但由于同种异体软骨和异种软骨在移植后存在排异和吸收现象,长期塑型效果较差,临床上应用较少。目前最常用的软骨移植主要为自体软骨移植。

**1. 软骨移植的适应证** 软骨移植主要用作填充和支持材料,如隆鼻、修复颏部和眶部凹陷性畸形、眼球摘除后眶内填充以及用作耳郭及阴茎再造的支架材料。

**2. 软骨的切取和移植方法**

（1）术前设计:术前根据切取软骨的用途和用量选择相应的软骨供区,如耳郭再造常选用右侧肋软骨为供骨,常取第7、8、9肋软骨;隆鼻或鼻翼再造常选耳甲软骨或鼻中隔软骨。选定供区后标记切取范围。

（2）麻醉:常选用局部浸润麻醉,必要时可用硬膜外麻醉。

（3）手术操作:切取肋软骨,一般都在右侧进行,以免在左侧切取时误伤心包膜。沿右肋缘作斜切口,切开皮肤、皮下组织,并切开腹直肌前鞘,顺腹直肌纤维分开肌肉显露软骨膜,切开并剥离软骨膜,根据所需形状大小自第6至第9肋软骨的融合部位切取。切取时宜小心,依次缝合各层,将伤口加压包扎,或用长宽胶布固定,以减轻术后疼痛。

耳郭软骨切取常在一侧或健侧耳郭后方皮肤作纵切口,切开皮肤显露软骨,按所需大小切取一小块耳轮或耳甲软骨,然后将伤口缝合,加压包扎。也可连带皮肤一起切取,然后直接拉拢皮肤缝合,而软骨可以不缝合。

软骨切取后,即可进行移植。根据不同的用途,进行雕刻,使之符合移植床的形态。雕刻后的软骨可用尼龙线或细不锈钢丝缝合固定,必要时还应作外固定。

自体软骨移植后有变形、吸收的现象,一般鼻中隔软骨和耳软骨的吸收率在15%以下,自体肋软骨移植后的吸收率一般不超过5%,术后应注意随访观察,必要时重新手术予以矫正。

**3. 软骨移植的护理**

（1）护理目标：同其他组织移植。

（2）护理措施

1）术前护理：软骨移植的术前护理，涉及各部位的术前护理参照各有关章节。

2）术后护理

A. 植骨区的护理：术后除注意体位、镇静止痛及抗生素药物的应用和一般术后及麻醉后的护理外，还应注意：①保持敷料整洁干燥，防止松脱及污染。②观察形态变化，一旦发现植骨移位，及时告知医生，重新固定包扎。③观察局部是否渗血、渗液，记录引流情况。④密切观察体温变化，对于手术 2～3d 后发热和加重的疼痛，应及时告知医生，检查局部有无发生感染。

B. 供骨区的护理：观察术区情况变化，对供体取自肋软骨者，应除外发生气胸的可能。术后应强调加压包扎，必要时可予服用镇痛和镇咳药，以减少疼痛。取耳软骨及鼻中隔软骨时，注意保持局部清洁，预防感染。对于术后恢复过程存在的问题，应及时与医生联系，尽早处理。

C. 出院前的指导：嘱其定期复诊。

（六）骨移植

骨骼构成人体的支架，赋予人体基本形态，对人体起保护、支持和运动作用。骨骼缺损除导致运动障碍，还引起外观形态改变，影响美观。骨组织质地坚硬，不易变形，成活力强，自体骨移植后主要是通过爬行替代和骨诱导两种方式与受骨愈合。而通过吻合血管的骨移植，由于植骨块血运不中断，使植入骨块保持着活力，可大大提高成活率，获得满意的骨愈合。美容外科常用骨移植修复骨缺损或用作填充材料矫正颅面部的局部凹陷以改善容貌。

**1. 骨移植种类** 根据移植骨的来源不同分为自体骨移植、同种异体骨移植和异种骨移植；根据移植骨初期获得血供的方式不同，分为游离骨移植和带蒂骨移植。游离骨移植是美容外科临床应用最多的骨移植方式，其中自体游离骨移植在美容外科应用最广。低温冷冻（-35℃）的同种异体骨移植也获得较好效果。若能将异种骨去除蛋白质、脂肪及一切软组织，清除所有抗原性物质，这样移植后就不可能产生免疫排斥反应，但这方面的研究进展尚不够理想。

**2. 骨移植的适应证**

（1）面部凹陷，如小下颌畸形、颞部凹陷畸形、小前额畸形等。

（2）手指延长和手指再造。

（3）颅骨缺损。

（4）鼻骨、眶骨、颧骨等畸形的修复等。

（5）骨膜下除皱手术填充面颅骨。

（6）骨科的骨折所致骨缺损以及脊柱侧弯等。

自体骨移植最常用的为髂骨和肋骨，亦可取自腓骨、胫骨和颅骨外板。

**3. 骨移植的临床应用**

（1）术前设计

1）骨供区的选择：临床上经常选用自体髂骨、肋骨和颅骨外板作为供区。这是因为它们有一定弧度，骨皮质薄，便于切取和塑型，且取骨量大，易于成活。切取后一般不会引起局部明显的变形和影响人体的功能。

显微外科的发展使得带血管的骨移植成功率大大提高,临床上常用吻合旋髂浅(或旋髂深)动静脉的髂骨瓣、吻合前肋间动静脉或后肋间动静脉的肋骨瓣、吻合颞浅动静脉的顶骨瓣等进行游离移植。

2)供骨区切口设计:切取髂骨时可将髂骨附近的腹部皮肤拉到髂骨嵴表面标记。这样使术后切口瘢痕错开髂骨嵴而不会受到摩擦感到不适。切取肋骨一般自右腋前线沿第7肋骨向后画线,切口长度据取骨量而定。取颅骨外板、顶骨瓣时可选择发际内切口及耳前至颅顶间切口。

(2)麻醉:取颅骨瓣、颅骨外板最好选择全麻;切取肋骨和髂骨可选择硬膜外麻醉。

(3)手术操作

1)髂骨切取:麻醉后按设计切口,直接切至髂骨嵴表面,骨膜剥离器于骨膜下剥离,向前不超过髂前上棘,用电锯切取所需大小髂骨块。切取后用骨锉锉平供区突出不平的骨质,骨蜡填塞创面止血,分层缝合骨膜和皮肤。如供区渗血较多,可于切口内放置橡皮引流。术后加压包扎。

2)肋骨切取:麻醉后按设计切开皮肤及皮下组织达肌肉表面,切开部分背阔肌及前锯肌达第7肋骨表面,用手术刀将骨膜行"工"形切开,用剥离器将骨膜从肋骨表面推开。分离肋骨上、下缘时顺肋骨长轴仔细剥离,防止穿破胸腔引发气胸。肋骨上、下缘游离完成后,再剥离肋骨内侧面骨膜,据所需长度用剪骨钳剪断肋骨。将体内残留两侧肋骨游离端打磨钝圆,如有出血用骨蜡止血后轻轻放回,将肋间肌拉拢包裹肋骨游离端并缝合,以免肋骨断端刺破胸膜。

3)颅骨切取:麻醉后按设计切口切开头皮至骨膜,用骨剥离器在骨膜下剥离颅骨,将顶骨暴露好后,根据需要在顶骨表面标记出切取顶骨的大小,用电锯沿画线切透颅骨外板,再用折骨刀沿颅骨切口线将颅骨外板凿下。骨蜡填塞止血后逐层缝合闭合切口。

4)顶骨瓣的切取:颞浅动脉为顶骨瓣的血管蒂。麻醉后,自耳前至颅顶之间,沿颞浅动脉的走行方向,切开皮肤至侧颅顶肌、帽状腱膜浅面,充分显露颅顶肌和帽状腱膜,制作以颞浅动脉为中心,包括血管两侧2~3cm范围外围组织的筋膜血管蒂。在骨块远端,多切取5mm宽的帽状腱膜,以备骨移植后缝合用。在拟切取的骨周边按设计用电锯切透顶骨外板,再用折骨刀沿顶骨切口线将顶骨外板凿下。当骨周围切割完毕后,将帽状腱膜与骨膜缝合以防分离。

将取下之骨块按需要进行切、割、锯、钻、磨,加工塑型后游离植入(吻合血管的骨瓣需要吻合血管)或带蒂转移至已清创准备好的待修复或填充部位,逐层缝合闭合切口,加压包扎,完成手术。

**4. 骨移植的护理**

(1)护理目标:同其他组织移植。

(2)护理措施

1)术前护理:骨移植的术前护理,涉及各部位的术前护理参照各有关章节。

2)术后护理

植骨区的护理:术后除注意体位、镇静止痛及抗生素药物的应用和一般术后及麻醉后的护理外,还应注意:①保持敷料整洁干燥,防止松脱及污染。②观察形态变化,一旦发现植骨移位,及时告知医生,重新固定包扎。③观察局部是否渗血、渗液,记录引流情况。④密切观察体温变化,对于手术2~3d后发热和加重的疼痛,应及时告知医生,检查局部有无发生感染。

供骨区的护理:观察术区情况变化,对供体取自肋骨者,应除外发生气胸的可能。术后应强调加压包扎,必要时可予服用镇痛和镇咳药,以减少疼痛。取自腓骨时,应嘱其卧床5~7d。对于术后恢复过程存在的问题,应及时与医生联系,尽早处理。

3)出院前的指导:嘱其定期复诊。

(七)复合组织移植

复合组织移植,是指两种或两种以上的组织块的移植。这种移植,临床应用也比较普遍。

**1. 复合组织移植的适应证** 单纯用一种组织修复身体某部缺损,不能使外观或功能得到较大改善时,应作复合组织移植修复;缺损区是复合组织的,需修复时,也应用复合组织移植进行修复。

**2. 复合组织移植方法** 复合组织移植包括游离移植及吻合血管移植两大类。

(1)游离复合组织移植:游离复合组织移植,目前只限于一些体积较小的组织块移植,临床上较为常用的有下列几种:

1)用全层耳郭组织(包括两层皮肤和中间的软骨)修复鼻翼、鼻小柱部分缺损。

2)用发际部全厚皮片带少许皮下脂肪游离移植再造眉毛。

3)用全层鼻中隔组织(包括两层黏膜和中间的软骨)修复喉、气管瘘及结合膜合并睑板缺损。

4)用真皮-脂肪复合组织块移植修复凹陷性缺损。

5)手指离断后用自体骨-关节-肌腱复合组织原位再植,裹以即时皮管再造手指。

由于游离复合组织移植对缺血耐受能力差,为使移植成功,必须注意以下几点:①严格无创伤操作技术,尽量减少对组织的损伤,缝合时用无创伤细缝针、线。②移植组织体积不宜过大过厚,如用全层耳郭组织修复鼻翼,移植组织块直径不宜超过1cm,否则会有坏死之可能。但肌腱、骨、软骨、关节等组织移植后对血运要求较低,移植体可以稍大。③移植组织块呈楔形嵌植入缺损时,底部不宜过宽,如用耳郭楔形组织块修复鼻翼缺损时,组织块的宽度以1.0~1.5cm为宜。④组织床血运必须良好,瘢痕应彻底切除;⑤术后必须加压固定7~14d,对重建血运有较大的帮助。

(2)吻合血管的复合组织移植:随着显微外科的开展,吻合血管的复合组织移植也有很大的发展,如肌皮瓣、骨皮瓣移植等都属于复合组织移植。临床上较常用的有以下几种:①吻合血管的足趾带足背皮瓣游离移植再造拇指并修复虎口及手部皮肤缺损。②吻合血管的趾甲皮瓣移植修复拇指。③吻合血管的跖趾关节移植修复掌指关节。④吻合血管的肌皮瓣移植修复肢体组织缺损或再造器官等。吻合血管的复合组织移植,需要有熟练的显微外科血管吻合技术,才能保证移植体的血液供应。

**3. 复合组织移植的护理** 参见皮瓣移植术护理。

## 第二节 皮肤组织扩张术及护理

学习目标

1. 掌握皮肤扩张术的概念、适应证,扩张器的分类、结构和特点。

2. 熟悉皮肤扩张术的设计、方法、步骤、注意事项;并发症及其防治;术前、术后护理。

3. 了解扩张器扩张皮肤的原理。

将组织扩张器置入正常皮肤软组织之下，通过定期向扩张器内注入液体（等渗无菌生理盐水）增加扩张器的容量，使其表面的皮肤软组织因受压力而逐渐伸展、扩张，从而获得“额外”皮肤软组织来进行修复或重建手术，称之为皮肤组织扩张术。

皮肤软组织扩张术诞生于20世纪50年代末期，经过20余年的不断改进和发展，于20世纪70年代成为了一项成熟技术而广泛应用于烧伤、整形外科。国内引进并应用于临床始于20世纪80年代初。由于皮肤软组织扩张术能够获得颜色、质地、结构和毛发生长方面均与邻近组织相匹配的“额外”皮肤组织，既可用以修复组织缺损又不会产生新的供区瘢痕，深受病人和医师的青睐，现今该项技术已广泛应用于美容整形外科的修复重建。

## 一、扩张器的类型、结构

皮肤软组织扩张器类型有可控型与自行膨胀型两大类，每类又有若干不同的规格和型号。

（一）可控型软组织扩张器

可控型扩张器主要由扩张囊、注射阀门（或称注射壶）和导水管组成（图1-11-6）。该类型扩张器的优点在于可根据需要控制扩张量和扩张时间。

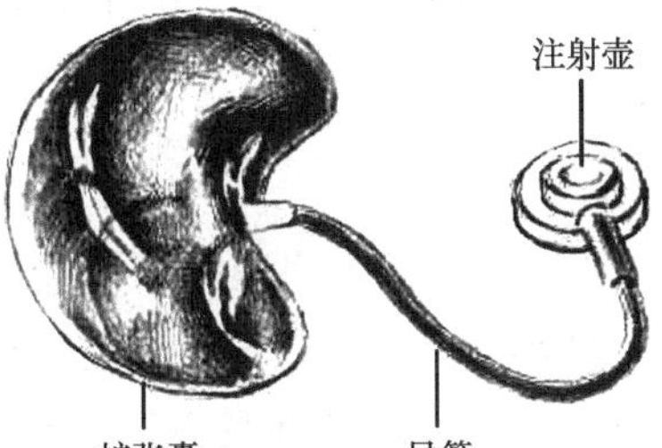

图1-11-6 扩张器结构示意图

**1. 扩张囊** 是扩张器的主体部分，使用时埋置于需扩张部位的皮肤组织下。依其容量大小及形态，可分为圆形、方形、圆柱形、肾形、新月形等许多不同形态和容量规格，可根据需要选择不同形态，不同容量的扩张器。

**2. 注射阀门**（注射壶） 是经其穿刺并向扩张囊内注射溶液的主要部件。其结构主要由顶盖、底盘、防刺穿不锈钢片以及防渗漏装置构成。可埋置于体内，亦可留置于体外（亦称阀门外置）。

**3. 连接导管** 是连接注射阀门及扩张囊之间的硅胶管，长度在5~15cm不等。导管管壁有一定厚度，防止被折叠，扭曲或压瘪。

（二）自行膨胀型扩张器

自行膨胀型扩张器的扩张囊由具有半渗透膜特性的硅胶囊制成，囊内装有部分高渗溶液，囊外相对渗透压较低的组织液会不断向囊内渗透，遂使扩张囊逐渐自行扩张。由于可控性较差，临床应用较少。

## 二、皮肤组织扩张术的适用范围

皮肤组织扩张术的诞生是外科领域的一项具有里程碑意义的技术革新，使得许多创伤、烧伤、先天性疾病的器官缺如和畸形的修复、重建以及整形美容得到简便易行、疗效满意的治疗。扩张获得的皮瓣可以局部转移，也可带蒂转移，必要时还可采用吻合血管的游离皮瓣转移。多数病例一次扩张后即可达到治疗目的，少数需要两次以上扩张。目前，皮肤组织扩张术主要适用于如下范围。

**1.** 各种原因造成的秃发。

**2.** 创面修复，包括瘢痕、肿瘤、文身、切除后的继发创面修复以及难治性创面，如褥疮、糖尿病性或放射性溃疡等。

**3.** 器官再造,包括耳、鼻、眼睑、乳房、阴道、阴囊等再造。

**4. 其他** 供皮区及轴型皮瓣供瓣区的预扩张等。

## 三、皮肤组织扩张术的原理

埋置扩张器后扩张器表面皮肤组织面积增加的机理主要是:

**1. 生物性增生** 细胞有丝分裂促进了细胞数量的增加及细胞外基质合成量增大,产生了新的皮肤组织。这是皮肤组织扩张术获得“额外”皮肤的最主要来源。由此获得的皮肤组织量越大,修复效果越好。

**2. 弹性伸展** 囊内压不断增加,在压力牵拉下获得皮肤面积的增加。随着扩张器取出,压力消失,扩张的皮肤又会缩回。由此获得的皮肤面积增加比例越小,修复效果越好。

**3. 机械蠕变** 这是一个材料学名词,指机械外力在一定时间和强度作用于某种材料后,导致材料内部结构发生变化而变形伸展,及时去除外力,已经扩张的皮肤也不会缩回。

**4. 周围组织移位** 扩张器表面受力扩张的同时,邻近组织也受到牵拉而向扩张区移动。

## 四、扩张器使用的原则与方法

### (一) 扩张器的选择

扩张器的选择是根据拟修复的部位、形态及病变范围和可供扩张的正常皮肤的大小形态决定。如额部选择长方形;面部选择圆形或长方形;眶周选择新月形;鼻部选择三角形;耳区选择肾形;颈部选择香蕉形、肾形;躯干和四肢部位选择肾形或长方形;手指部位选择细长形。

扩张器的容量一般取决于需要修复的面积大小和供区部位及可供扩张的正常皮肤的面积大小。扩张容量指修复每平方厘米皮肤缺损面积所需要的扩张器容量。身体部位不同,扩张容量不一样,头部为 3.5 ~ 4.0ml/cm$^2$;面部为 6 ~ 8ml/cm$^2$;颈部为 12 ~ 14ml/cm$^2$;躯干为 4 ~ 6ml/cm$^2$;四肢为 6 ~ 8ml/cm$^2$。可根据不同部位进行选择。

### (二) 扩张器的检查和消毒

扩张器使用前需要检查是否有破损。可向扩张器内注入 10 ~ 20ml 的生理盐水,或将扩张囊充气后放入水中,挤压检查是否有渗漏,有渗漏者应废弃不能使用。无渗漏者还要用生理盐水仔细清洗,以防硅胶囊吸附的灰尘或细纤维置入后引起包膜增生。

扩张器可采用高压蒸汽、煮沸、环氧乙烷和钴($^{60}$Co)辐照消毒,最好不采用浸泡和甲醛熏蒸消毒,因后两种方法很难杀灭囊内的细菌。消毒时避免与锐利的器械接触,以防刺破扩张囊。煮沸或高压消毒前要将扩张囊内空气抽净,以防消毒过程中膨胀破裂。

### (三) 扩张器使用的方法

可分为扩张器置入、注液扩张和扩张器取出并修复缺损三个步骤。缺损修复方法参见皮瓣移植。

## 五、扩张术在美容外科的应用

### (一) 头皮部位

头皮扩张术主要适应证如下:

**1. 瘢痕性秃发** 由于烧(烫)伤、创伤、头皮撕脱、感染、手术等原因造成毛囊不能再生,形成瘢痕性局限性秃发,以及鬓角或发际的缺损。

**2. 头皮缺损伴颅骨外露或缺损**　由于头皮撕脱伤、电击伤等造成头皮缺损甚至颅骨外露或坏死缺损,因此秃发可先行创面植皮后再行头皮扩张术,亦可先行头皮扩张,一次覆盖。

**3. 脂溢性秃发**　经药物治疗毛发仍不能再生的脂溢性秃发,可采用头皮扩张术前移发际以消除秃顶。

**4. 头部肿瘤和斑痣**　头部巨痣、血管瘤、神经纤维瘤和早期良、恶性肿瘤,可在病变周围进行预扩张后再切除病变组织,并用扩张后的头皮覆盖创面。

（二）面、颈、四肢及躯干等部位

颜面、颈部、四肢及躯干等外露部位和关节活动部位的瘢痕及肿瘤切除后的修复,不仅应满足功能的需要,还必须考虑到皮肤的颜色、质地的匹配,因而用扩张术后皮瓣修复缺损的方法已越来越受到重视,适应证如下:

1. 影响外观和功能的较大增生性瘢痕或萎缩性瘢痕挛缩。
2. 较大范围的色素痣。
3. 较大范围的毛细血管瘤或混合型血管瘤。
4. 通过激光治疗不能消除的文身。
5. 神经纤维瘤及部分皮肤恶性肿瘤,如基底细胞癌或鳞状上皮细胞癌。

## 六、扩张术并发症及其防治

皮肤扩张术耗时长,手术次数多,因此,并发症发生率也较高(0～69%,各家报道不一),有可能影响整个治疗过程,严重者甚至可造成整个治疗的失败而前功尽弃。目前并发症发生率仍高达11.4%(鲁开化等报道)。因此,对并发症的防治要高度重视。常见并发症如下:

（一）血肿

绝大部分血肿发生在面颊部和颈部血液循环丰富处,躯干和四肢发生率较低,而头皮少有血肿发生。故术后应严密观察病情、及时引流。若引流物多、渗出多、受术者自感呼吸困难,应立即报告医生,必要时手术探查止血。术后术区周围有轻度淤血,一般3d后渐渐消退。若持续加重,也应注意。

发生血肿的原因往往是误切断血管;术中止血不彻底;引流不通畅;全身有出血倾向;局部应用肾上腺素;术后反弹出血;血管断端结扎不牢靠或电凝不彻底;术后活动使创缘与扩张器摩擦发生再出血等。

（二）扩张器外露

导致扩张器外露的原因往往是切口离扩张囊太近或扩张囊移位到切口下,造成切口愈合不良;剥离层次过浅或损伤表面主要血管引起皮肤坏死;扩张器未展平,折叠成角;注水过程中一次注水量过多,阻断表面皮肤血液循环,这是导致扩张器从表面外露的最常见原因;早期包扎过紧压迫表面皮肤;感染和血肿影响切口愈合或继发表面皮肤坏死。

（三）感染

造成感染的原因常常是切口附近有感染灶;术中无菌操作不严格;扩张器外露;血肿;扩张器表面或周围感染灶向扩张囊周围扩散;向扩张囊内注液和更换负压引流瓶时无菌操

作不严格;全身抵抗力低下。

（四）扩张器不扩张

扩张器不扩张见于以下情况:术前扩张器已破裂,术中检查不仔细而未发现;术中不小心刺破扩张器,特别是缝合关闭切口时易误伤扩张器;注液过程中压力增加使扩张器连接部受挤压而裂开;导管折叠成锐角;注射壶移位到扩张囊下或翻转导致无法注液扩张;穿刺注液时因注射壶离扩张囊太近而误伤扩张囊。

（五）皮瓣坏死

扩张皮瓣坏死主要是由于皮瓣血液循环障碍引起,如皮下分离时损伤了主要血管;蒂部受压造成缺血;皮瓣转移后张力过大或过于松弛引起血供受阻或回流不畅等。

（六）其他并发症

**1. 疼痛** 注液扩张后期每次注液后可发生剧烈疼痛,有时疼痛难以忍受,多见于头皮、额部和四肢,成人多见。可采用少量多次注射、缓慢持续注射或口服镇痛剂等方法缓解疼痛,疼痛实在无法忍受者可暂停止扩张。

**2. 神经麻痹** 神经麻痹多见于肢体,面颈部偶有发生,一般为扩张器压迫所致,二期手术后一般能自行恢复。

**3. 骨质吸收** 骨质吸收在头部、额部多见,主要是由于扩张器压迫所致,二期手术后多可自行恢复。

**4. 肢体水肿** 肢体水肿为扩张器压迫影响淋巴、静脉回流所致,二期手术后能自行恢复。

**5. 头发脱落** 头发脱落少见,扩张速度过快压迫导致毛囊缺血所致,减慢扩张速度后能自行恢复。

**6. 颈部压迫症状** 颈部压迫症状包括颈动脉窦受压引起的恶心、呕吐、面色苍白、血压下降等症状和体征,很少见,回抽部分液体后可恢复。

**7. 皮瓣挛缩现象** 除在术中取出扩张器后皮瓣有一定的回缩外,伤口愈合后仍可有一定的挛缩,要指导受术者经常作面部按摩、提拉周围皮肤。

## 七、皮肤软组织扩张术的护理

（一）护理目标

同皮肤组织移植。

（二）护理措施

**1. 术前护理**

(1) 术区护理

1) 备皮时勿损伤皮肤,以免造成术后并发症而失败。

2) 女性受术者头部置扩张器时,备皮范围按医嘱执行。

(2) 心理护理:向受术者解释手术方法、术后恢复效果、注意事项及可能会出现的问题（如注水后疼痛、容貌改变等）,使受术者能正确对待,积极配合治疗。

(3) 皮肤扩张器的准备:按医嘱备扩张器 2 个,以备用。

**2. 术后护理**

(1) 一期术后护理:术后保持安静,平卧 3 ~ 5d,头部术后严格控制头颈部活动,防止出血或血肿形成。指导高营养、高蛋白、高热量、高维生素饮食。严密观察负压引流的色、质、量并保持通畅。体温监测，预防感染。

（2）注水护理：术后7～10d拆线后，间隔3～7d注水1次，首次注水量一般为扩张器容量的10%～15%，注水时严格无菌操作。注水完毕应告知勿穿过紧衣物，以免摩擦引起扩张皮瓣的损伤；注意个人卫生，预防感染；避免挤压水囊，防止破裂。

（3）二期术后护理：密切观察皮瓣的颜色、血运、肿胀程度及引流是否通畅、压力大小、引流液的颜色等；限制活动，防止过度牵拉造成创口裂开及皮瓣坏死；加强营养，利于伤口愈合。

（4）出院前的指导：嘱其定期复诊。

## 第三节　皮肤磨削术及护理

学习目标

1. 掌握皮肤磨削术的定义。
2. 熟悉皮肤磨削术的适应证、方法和护理。
3. 了解皮肤磨削术的常见并发症及处理。

### 一、皮肤磨削术的定义

皮肤磨削术是利用机械摩擦的原理，去除皮肤浅层病变，使粗糙不平的皮肤变得平坦、光滑、恢复正常色泽和形态的一种手术方法。

### 二、设备、器材

详见本篇第十章第三节美容外科手术器械和设备。

### 三、适　应　证

面颈部及部分躯干、四肢的损容性瘢痕、色素沉着、文身等。无心肺等重要器官的全身性严重疾病，局部无感染病灶，出凝血时间正常。

### 四、手术方法

（一）麻醉

多数情况下可用市售复方利多卡因乳膏等表面麻醉剂涂抹做局部麻醉，也可用1%利多卡因溶液局部浸润麻醉。必要时可根据情况采用神经阻滞麻醉或氯胺酮分离麻醉。

（二）磨削方法

皮肤磨削方法有平磨、点磨、圈磨等。磨削时从边缘开始向内移行，往返磨削，力度均匀。磨削深度应控制在皮肤浅层，即真皮乳头层，达此深度时，可见明显密集点状出血。若达到真皮深层，术后多留有瘢痕。根据损害的部位、形状、大小、范围及手术要求，选用不同的磨削方法和大小、形状相应的磨头，先粗磨后细磨。

眼、口周磨削时，磨头的轮轴应与眼、口裂垂直，同时必须轻磨、细磨，坑状瘢痕可用圈磨或点磨。术中用消毒纱布压迫止血，清洁冲洗创面，敷以消毒凡士林纱布，或以浸湿0.1%新霉素溶液纱布敷于创面，次日更换外层纱布，保留里层凡士林油纱。为预防创面感染，术后可应用抗生素3～5d，如无感染，术后10～14d凡士林纱布可自行脱落。

有条件时可运用微晶磨削机进行磨削。操作时用一手握持手柄前1/3位置，用手掌施压使磨头斜面紧贴需磨削部位并缓慢移动磨头。磨削下来的组织和微晶一起被负压吸走。磨削深度以局部呈微红色为度。

无磨削机或在某些特殊部位可选用砂纸磨削。根据需要选用不同粗细的砂纸,可将砂纸砂面向外卷在注射器芯或圆柱形物体表面进行磨削,砂纸可以气体消毒,也可浸泡消毒。用砂纸磨削深浅容易控制,且为一次性使用,不会造成交叉感染,用后即弃,不用清洗。缺点就是费时费力。

若一次磨削未达到理想效果,间隔 3 ~ 6 个月可行第二次手术。但无论经历几次手术,手术多么完美,原病灶皮肤与周围正常皮肤仍有一定差异。

## 五、并　发　症

**1. 色素沉着**　指磨削处愈合后局部出现色素增加或片状色素斑,多发生在术后 1 个月左右。

处理方法:术后避免阳光(紫外线)照射;连续口服维生素 C、维生素 E 3 个月;局部可涂用氢醌霜、防晒霜等;少食刺激性食物及含铁、银、汞、金等重金属的食物与药物,禁酒。

**2. 色素脱失**　常因磨削过深,色素细胞受到破坏所致。故术中一定要把磨削深度控制在真皮乳头层以上,这样即可保护部分色素细胞不受破坏。

**3. 粟丘疹与代偿性皮脂溢出**　下眼睑及面颊部皮肤磨削术后 1 个月左右,常出现数个至数十个小米粒大小白色或黄色小丘疹,与小汗腺导管受损有关,多数可自行消退。

**4. 瘢痕增生**　常因磨削过深或反复感染所致。

**5. 感染**　如非无菌操作不严或术后护理不当,很少发生感染。故术中、术后均应严格按照无菌原则操作,术后常规使用抗生素 3 ~ 5d 预防感染。

## 六、皮肤磨削术的护理

### (一) 护理目标

1. 受术者对麻醉及手术的焦虑、恐惧减轻。
2. 受术者了解有关麻醉及手术前后的配合知识。
3. 受术者对麻醉及手术的耐受力得到提高,生命体征平稳。
4. 受术者掌握缓解或减轻疼痛的方法。
5. 创面愈合良好,无明显色素沉着。

### (二) 护理措施

**1. 心理支持**　由于皮肤磨削术多用于面部,会对受术者的外貌造成一定的影响,而手术本身对受术者来说又是一个创伤,受术者对能否改善皮肤质地及能达到的效果产生担忧,所以应热情对待受术者,说明手术的必要性,手术的方法,术后恢复过程及预后情况,使其接受,配合手术治疗,消除焦虑、恐惧和不安情绪。

**2. 术前准备**

(1) 遵医嘱行常规术前检查,血常规、尿检查,出、凝血时间测定,胸透、心电图等。特殊受术者必要时行特殊检查。

(2) 术前常规备皮,洗净头发,用肥皂水洗净头面部。

(3) 医学照相,术前拍摄照片,作为手术前后的对比资料。

(4) 更换清洁手术衣。

**3. 术后护理**

(1) 按局部麻醉术后常规护理。

(2) 手术当日,卧床休息。术后第二天即可下地随意走动。

(3) 按医嘱应用抗生素,以防感染。

(4) 术后第二天,由医师将上、下睑轻轻分开,防止摩擦后的眼睑因水肿而造成互相粘连,眼分泌物多或有不适时可用无菌盐水棉签轻轻拭去眼部分泌物,用抗生素眼药水滴眼。

(5) 术后给吸管流食3d。术后3个月内不要吃辛辣及刺激性食物,不饮酒。

(6) 口服维生素C,1～2g/d,连服一个月。

(7) 术后避免风吹日晒,以防色素沉着加重。

(8) 术后9～14d揭去全部包扎敷料时,可见愈合的手术区潮红发亮,有时呈淡红色,以后转变成褐色或黝黑色,至1个月时达到高峰,此后慢慢消退,多数于3～6个月可以消失恢复正常,有的可能需时更长。

## 第四节　显微外科技术及护理

学习目标

1. 掌握显微外科技术的概念及术后护理。
2. 熟悉显微外科术后局部和全身的观察、处理方法。
3. 了解显微外科设备、器材,显微血管、神经吻合方法及其在临床的应用范围。

显微外科是利用光学放大原理,即在放大镜或手术显微镜下,使用显微器材,对细小组织进行精细手术的学科。该学科始于20世纪20年代,发展至今已成为一门独立学科,称为显微外科学或显微修复外科学,已广泛应用于手术学科的各个专业,包括美容外科。

### 一、显微外科的设备和器材

详见本篇第十章第三节美容外科手术器械和设备。

### 二、显微血管吻合术

为达到理想效果,直径小于2mm的血管应在手术显微镜或手术放大镜下进行吻合。显微血管的吻合方法有缝合法、套管法、粘合法、机械吻合法及热凝吻合法等,但由于技术尚不是很成熟或造价过高,目前临床多采用缝合法。血管吻合的形式有端端吻合、端侧吻合、盘侧吻合、盘端吻合、镶嵌吻合等(图1-11-7),但端端吻合最符合血流动力学,故最为常用。本节仅重点介绍血管的端端吻合缝合法。

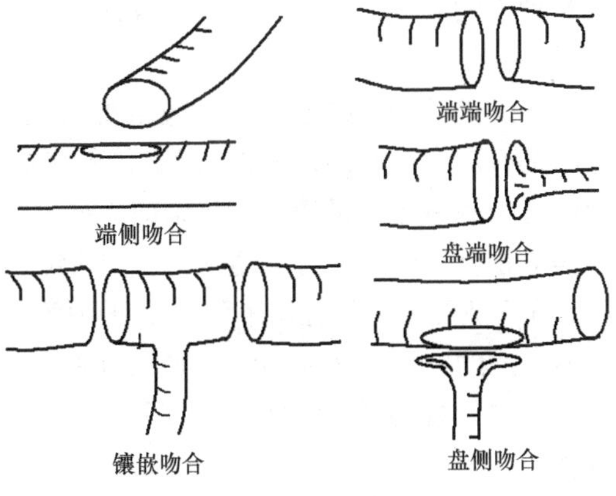


图1-11-7　各种形式血管吻合

血管端端吻合手术方法是将拟行吻合之血管根据吻合长度游离出来,用血管夹阻断血流，充分修剪断端后，将两血管端对端进行吻合。

（一）手术基本原则和方法

**1. 严格遵守无创操作技术**　勿用镊子夹持血管壁及用锐器进入血管腔，以免损伤血管内膜，导致血栓形成。术中随时用肝素普鲁卡因或肝素生理盐水（每 100ml 0.5%～2% 普鲁卡因溶液或生理盐水中加入肝素 50mg）滴于血管表面，以抗凝、清洁创面、保持血管湿润。

**2. 彻底清创**　彻底清除创血管口内外坏死组织、不健康组织、异物，彻底切除损伤的血管残端，游离拟行吻合之血管，离血管断端 5～20mm 处用血管夹阻断血流。

**3. 切除血管外膜**　切除血管断端的血管外膜，以免缝合时将其带入管腔，引起血栓形成。方法是用镊子夹住外膜边缘，向血管断端拉出约 5mm，平血管断缘处切除，外膜自然回缩后可见光滑的血管断端。

**4. 血管冲洗扩张**　用肝素生理盐水或肝素普鲁卡因液冲洗吻合口，如不能解除痉挛者可注入液体扩张血管腔。

**5. 缝合血管**　将两血管断端靠拢，有一定距离者可用合拢器使两断端靠拢，使血管处于无张力状态下进行缝合。

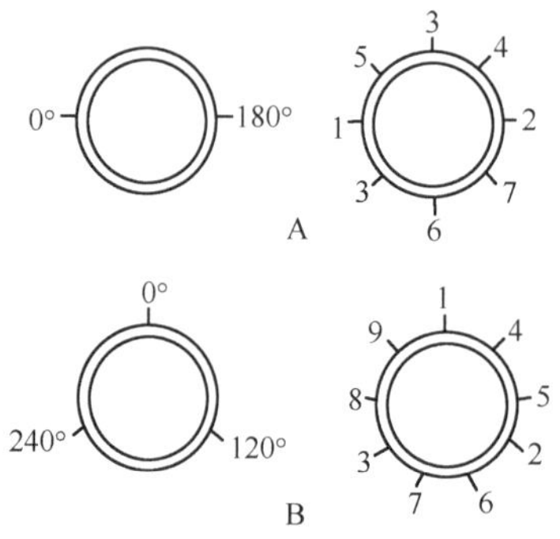


图 1-11-8　二定点、三定点及序贯缝合顺序

A. 两定点缝合顺序；B. 三定点缝合顺序

（1）定点牵引：对于两断端有一定活动度的 1mm 左右口径小血管常用 180°两定点牵引法，即在血管断端的两侧相距 180°各贯穿缝合一针，打结作牵引，另用一根线做一侧间断缝合至对侧牵引点，然后将控制血流的血管夹转位 180°，牵引线及血管壁随血管夹对换位置，按前法缝合另一侧血管壁，总共约缝合 8 针。吻合完毕，将血管恢复至原来的位置。少数口径接近 2mm 的小血管，为防止将血管前后壁缝合在一起，可用三定点牵引，即于血管壁上每隔 120°各定点缝合一针做牵引，在各牵引线间进行缝合，约缝合 9 针。两种定点方法及序贯缝合顺序见图 1-11-8。缝合时在达到不漏血的情况下尽量减少缝合针数。

（2）针距与边距：血管吻合一般用 9-0 尼龙针线，针距和边距应视血管的口径、管壁的厚度和管腔的血压而定。一般大血管针距、边距为 2mm，中小血管为 1mm，更细的血管吻合针、边距更小。

（3）进出针与打结：进、出针应尽量与血管壁垂直，使管壁内外的厚度相等，以便断端间边缘良好对合。打结时轻提缝线，使管壁轻度外翻，血管内膜达到良好对合。结扣务必打紧以防松脱漏血。最后一针打结前应排出血管腔内空气，防止空气栓塞。

（4）吻合完毕，恢复血管正常位置，切不可将血管放置于裸露的肌腱、骨骼等缺乏血供的受床。先后放开远端和近端血管夹，开通血流，此时，瘪陷的血管会马上充盈饱满。如吻合口漏血不多，可用小块盐水湿纱布轻轻压迫片刻即可止血。如为喷射状出血则应加缝补针。

（5）对于管径不同的血管之间端端吻合，可将管径细的血管断端剪成斜面然后再吻合。

（6）再次用肝素普鲁卡因液冲洗吻合口及其周围组织，逐层缝合关闭创面。

## 三、显微神经缝合术

周围神经的缝接方法有神经外膜缝合法,神经束膜缝合法和神经外膜与束膜联合缝合法三种,均应在手术显微镜或放大镜下缝接。

(一)神经外膜缝合术

首先切除断端神经瘤至断面呈现正常神经束为止。用9-0尼龙针线,在神经断端两侧各缝1针牵引线,使神经两断端对接准确,在两牵引线之间,间断缝合神经外膜,注意勿缝到神经组织,针距和边距大小以使神经束不外露、外膜不内翻为限(图1-11-9)。前侧缝合完毕,用牵引线将神经翻转180°依上法缝合后侧。

(二)神经束膜缝合术

首先切除断端神经瘤,直至断面出现正常神经束为止。剪去两神经断端5mm范围内的外膜,以使神经束外露。在镜下检查神经束在断面上的分布及束组分布情况,搭配好位于两神经断端上的神经束和束组。

每根神经束需用9-0单丝尼龙针线缝合2~3针,由深而浅,依次缝合(图1-11-10)。缝合时从一侧束膜外进针,从神经束膜下方出针,拔针拉线与缝合血管时相同。继之,在另一断端,针从束膜内进针,穿出束膜外,拔针拉线后,徐徐将两神经断端拉拢,注意针不要穿过神经组织。手术显微镜一般放大10倍。

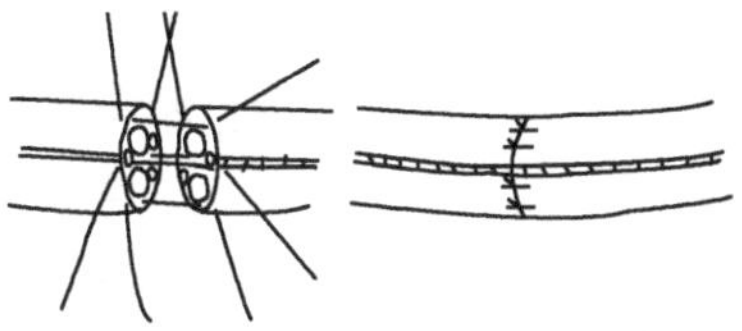

图1-11-9 神经外膜缝合法

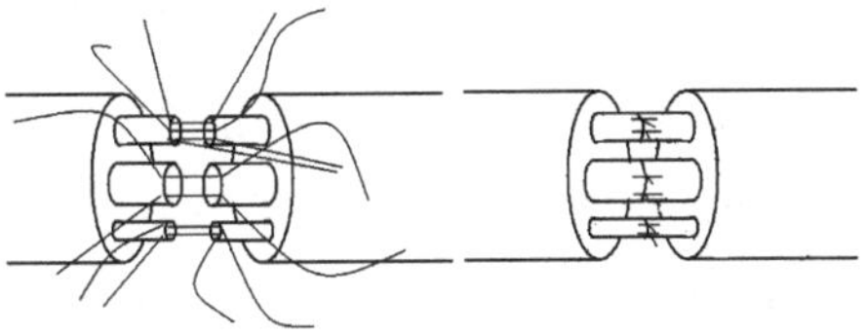

图1-11-10 神经束膜缝合法

(三)神经外膜与束膜联合缝合法

此法是将两神经断端的神经外膜与紧靠神经外膜的神经束膜缝合在一起,小的和深部的神经束可不必缝接。尽量使各神经束对合。

无论采用何种神经吻合方法,缝合时均应避免张力下缝合,缝合针数宜少不宜多,过多缝合可能导致异物反应加重,瘢痕形成增多。吻合后的神经一定要置于血运丰富的组织床上,否则亦可致吻合部位及其周围瘢痕增生,影响神经功能的恢复。

## 四、显微外科术后治疗、观察及处理

显微外科手术,特别是吻合血管、神经的组织移植、器官再造,成功的关键是血管、神经的吻合质量,但这仅仅是取得手术成功的第一步。如果术后不注意观察,对出现的感染、血流障碍等情况不做及时处理,将会导致手术前功尽弃。因此显微外科的术后治疗、观察和处理与手术质量同等重要。

(一)术后常规"三抗"治疗

术后应采取积极措施并应用相应药物进行"三抗"治疗,即抗感染、抗凝血、抗痉挛治疗,以保证移植物或再植物有充足的营养和血供。

（二）全身情况观察和处理

**1. 保证生命指征平稳**　严密观察体温、脉搏、呼吸、血压、神志变化，如有异常，及时全面分析并进行相应处理。

**2. 保证充足血容量**　通过肢端皮温、色泽、毛细血管充盈时间、尿量、尿比重等变化分析血容量是否充足，如有不足应及时补充，以鲜血为主，忌用升压药。

**3. 防止出血**　由于术中抗凝、止血药物的应用，应密切观察，防止术后局部或全身出血。

**4. 血管危象的处理**　血管危象是指因吻合血管发生血流障碍，从而危及移植物或再植物存活的一种现象。血管痉挛、血栓形成、血管扭曲或张力、血肿、组织水肿、通过血管蒂的隧道过分狭窄、皮肤缝合张力过大、制动不牢、体位改变使吻合口张力增加甚至撕裂等因素，均可引起移植物或再植物血流障碍。可通过移植物或再植物的色泽、皮温以及表层较大血管的充盈、搏动情况判断是否存在血管危象。如移植物或再植物色泽青紫，常提示静脉回流受阻；苍白则表示动脉供血不足。皮温低于健处3℃以上，并伴有色泽改变或较大静脉瘪陷、动脉无搏动也提示血流障碍。

发现血管危象的征象后应根据以上导致血流障碍的原因积极对症处理，包括体位调整、保暖措施、抗痉挛、抗凝治疗，并严密观察处理后反应，如病情持续恶化或未见明显好转，则应手术探查。

## 五、显微外科应用范围

显微外科除在眼科、耳鼻喉科和神经外科应用外，在断肢（指）再植和移植再造；吻合血管的组织移植，如皮瓣、肌皮瓣、肌肉、骨和骨膜、大网膜、肠管等移植；细小血管、神经的移植；小管道，如输精管吻合，输卵管吻合，鼻泪管外伤的修复等方面更被广泛应用。可见，显微外科技术在临床各科的应用越来越广泛，大大拓宽了各科的手术范围，提高了手术质量，有力地推动了各学科的发展。

## 六、显微外科护理

显微外科护理工作与其他外科相比有其共性，但也有其特殊性。显微外科的治疗遍布全身各个系统，并不局限于某一特定解剖部位，因此需要护理人员掌握各系统的全面护理知识，建立显微外科特有的护理常规。显微外科的治疗手段大多是自体组织移植，不仅手术时间较长，而且术后观察处理都较复杂，病情往往变化快，因此要求护理人员一定要树立高度的责任心，做好受术者的思想工作，争取其信任和主动配合，这样才能保证整个治疗的顺利完成。

**【护理目标】**　同皮肤组织移植。

**【护理措施】**

（一）术前护理

按一般美容外科常规术前护理。

（二）术后护理

**1. 术后常规护理**

（1）按一般美容外科术后常规护理。

（2）以广谱抗生素预防感染。

(3) 对移植物温度、色泽、水肿情况、毛细血管充盈反应等进行监护,1次/小时。

(4) 严密观察生命体征变化,生命体征出现异常时,及时通知医生,并协助医生找出原因。

**2. 术后观察室准备**　显微外科术后,在一般情况下,需要3～10d的严密观察和重点护理,在此期间应建立一个舒适、安静、温暖、卫生的观察室和一套特护制度,这样既有利于防止交叉感染,同时也是保证手术成功的重要条件。

(1) 观察室消毒

1) 空气消毒:受术者入室前,可采用1∶1000苯扎溴铵溶液喷雾或乳酸10g/100m$^2$熏蒸,用药后门窗紧闭1h,通风后使用。入室后,应用空气消毒机对室内进行空气消毒,30min,2次/d。

2) 用具消毒:用1∶1000苯扎溴铵擦洗,再用清水抹净,1次/d。

3) 被服敷料消毒:都用高压蒸汽消毒。

(2) 室温的调节:移植器官、组织的血液循环,对外界环境刺激的反应非常敏感。特别是寒冷的刺激可使移植物血管发生痉挛,导致栓塞和移植物坏死。闷热的环境可使受术者烦躁不安,汗腺、皮脂腺分泌增加,易发感染。室温应保持在25～28℃,并配有取暖和降温设备。

(3) 入室者需先更换消毒衣裤,除生活必需品外,其他衣物用具不得带入观察室,控制家属探视,尤其在呼吸道疾病高发季节,更需严格执行。

**3. 全身情况观察和护理**

(1) 生命指标的观察:应处于ICU的监护下,血压、脉搏、呼吸、体温、神志等的改变,常是各种病理状态出现的先兆。要求1次/h,直到平稳为止。

(2) 血容量的判断和处理:血容量不足,可使心搏出量减少,血流迟缓,周围血管收缩,严重血容量不足,可使血压下降,出现休克状态。因此,即使是轻度血容量不足也可影响移植组织的血供,引起组织缺血性改变,增加循环阻力。

血容量不足一般表现为:口舌干燥,精神不振,食欲不佳,肢端皮温下降,体表血管收缩,皮色苍白,指甲床毛细血管充盈时间迟缓,尿少且浓缩,尿比重增高。严重的血容量不足,常表现休克状态:烦躁不安,面色苍白,皮肤湿润多汗,呼吸急促,血压下降,中心静脉压明显下降(正常为10～15cm$H_2O$)。因此,对血容量不足的处理应将重点放在预防上,准确估计手术时的失血量、术后创面的渗血或"滴"血量。血容量的补充最好以鲜血为主,尽量少用晶体液或血浆代用品,注意切忌使用升压药物。血容量补足后,周围循环可见明显的改善,如肢端温热红润、体表血管充盈扩张、毛细血管充盈时间达2s以内、中心静脉压的测定表现回升趋势等,特别是颈外静脉的充盈,是一个比较可靠和容易对比观察的指标。

(3) 出血倾向的观察和处理:显微外科术后因常用一些抗凝和扩血管药物,使血流加速,因此会出现轻度的出血倾向,这是治疗上的需要,只要创面渗血得到通畅的引流,局部不形成血肿,一般无需特殊处理。但应严密观察发展趋势,随时检查凝血时间和凝血酶原活动度,进行对比观察,发现异常及时通知医生处理。

**4. 局部的观察和处理**

(1) 体位的安置:关于显微外科术后的体位有下列几个原则:①保证移(再)植植物的血供。②防止受压。③防止移(再)植植物血管蒂部的扭曲和张力的增加。④有利于局部引流。以上原则应根据病情的发展和变化,随时予以调整。

肢体部位的手术,一般先置患处略高于心脏水平,如发现患处逐渐发绀、水肿则表示静脉回流不畅，应适当抬高体位。如患处苍白，毛细血管充盈反应迟钝，常表示动脉供血不足，可将体位放平。体位的调节可作为判断移植物血循环状况的一种检查方法。抬高患处5～10min，使皮色苍白，然后放平或低垂患处，在1～2min内如皮色不转红润，常预示移植再植物有血供障碍，应立即查明原因，积极处理。

其他部位手术，应根据专科需要和上述4项原则，灵活掌握。

（2）局部的保温措施：移植或再植物的血液循环仅靠吻合后的血管蒂相通，对寒冷的刺激非常敏感。一旦发生痉挛，势必造成移植或再植物的缺血，严重或较长时间的痉挛是术后血管栓塞和移植组织坏死的常见原因。保温是预防血管痉挛的重要措施，也是治疗血管痉挛的有效手段。在术后2～3h内，移植物的温度常显著的低于正常部位，说明术后初期最容易发生血管危象，保温复温措施就显得更加重要。保温的方法，除了要求室温保持在25～28℃，全身可用电热毯覆盖，肢体裸露部位穿着棉袖套外，患处可用60W普通电灯照射烘烤，照射距离约30～40cm。

（3）局部血液循环的观察和处理：①色泽：术后初期，移植或再植物常较健处稍红，如色泽青紫，常提示静脉回流受阻，苍白则表示动脉供血不足，观察色泽变化时，应避免在强光照射下进行，以免识别不清。毛细血管充盈度反应（俗称：血潮）：是指用玻璃棒压迫皮肤表面使之苍白，移去玻璃棒时，皮色应在1～2s内转为红润，如超过5s或反应不明显，都应考虑有血流障碍的存在。②皮温的测定：皮温的变化已被广泛证明是判断移植或再植物血循环最为敏感和有效的方法。皮温应略高于健处1～2℃。如果低于健处3℃以上并伴有色泽的改变，常提示有血液循环障碍。如皮温始终低于健处1～2℃，色泽保持正常红润，则可以认为是在正常范围之内。在一般情况下，皮温维持在31℃以上属正常。③血管的充盈和搏动：移植物的浅层不较大血管时，常可见到静脉的充盈和动脉搏动。可以作为一种可靠的观察指标。④可借用其他微循环监测仪器（如激光多普勒血流仪等）进行测定。

**5. 血管危象的防治**

（1）血管危象发生的时间：由于血管本身问题而发生的血管危象大多发生在术后24h之内，此时是血管损伤后血内有形成分积聚的高峰阶段，而24h之后这种现象开始逐渐减退。血管外因素造成的血管危象，则无一定规律，但都有一定的诱因或征象可查及，如水肿、感染、体位突变等，所以在护理过程中严密观察是至关重要的。

（2）血管危象的判断和处理：上面已经介绍了各种观察指标及临床意义。其中任何一项征象的改变，都可被疑为有血管危象的存在。发现血管危象的征象后应积极治疗，包括体位调整、保暖措施、抗痉挛和抗凝药物的应用等，并严密观察处理后的反应，同时积极做好手术探查的术前准备。

总之，显微外科术后护理工作要求做到细致的观察和护理，简化各种治疗手段，建立舒适安静的病室环境，保持病室一定的室温，尽量减少受术者痛苦，以提高手术的成功率。

## 第五节　微创美容外科技术及护理

**学习目标**

1. 掌握微创美容的概念、常见微创美容技术的种类。
2. 熟悉微创美容术前和术后护理。
3. 了解常见微创美容技术的方法、适应证、并发症及其防治。

人们一直在追寻无需手术和创伤达到美丽的目标。随着科学技术的不断发展和进步，这个目标越来越清晰，许多无创或微创技术已经成功地广泛应用于临床。广义上来说，微创美容外科是指能最大限度地减少因美容手术带来的局部或全身创伤和反应的美容外科技术；狭义上，凡是无创或创伤极微的美容整形技术都称为微创美容外科技术。

## 一、常用微创美容外科技术

目前常用的微创美容外科技术主要由以下几类。

（一）借助内镜的美容外科技术

借助内镜的美容外科技术自1992年由美国医生报道以来，已在国内外得到广泛应用。内镜技术因其只需做微小切口送入内镜，在狭小有限空间里，用内镜配备的各种器械在清楚直视下方便灵活地进行剪、切、锯、结扎、钳夹、提拉、注水、冲洗、电凝等操作而达到各种整形美容目的，而且，因直视下操作，可有效避免误伤血管、神经及重要组织，创伤小，术后恢复快，不留瘢痕或瘢痕极小；手术时可将光纤镜头在狭小手术野中所见到的真实情景输入监视器而在其屏幕上播放出来，除术者外，所有参加手术人员，甚至受术者家属均可看到，既方便教学，也可将手术实况录制并永久保存下来，深受受术者和医师青睐。目前，内镜技术在美容外科除了应用于除皱外，还用于隆乳、下颌角整形、颧骨降低、治疗腋臭等美容手术项目（参见本教材第二篇第二章 面部年轻化美容术及护理等相关章节）。

（二）激光美容技术

激光是能产生激光的物质——激光介质受到外界能量激发后释放出来的光子。1916年，爱因斯坦首次提出了受激辐射的概念。1960年Mainman发明了世界上第一台波长为694nm的红宝石激光器，并首先用于治疗视网膜脱离，从而标志着激光医学的诞生，它是20世纪最重要的发明之一。从20世纪70年代开始，激光技术被广泛应用于医学。1981年世界卫生组织（WHO）正式命名激光医学为一个新兴的独立学科。激光医学的诞生，为美容外科开创了新纪元，许多过去必须开刀或有创治疗的疾病，如太田痣、鲜红斑痣、雀斑、老年斑、毛细血管扩张、瘢痕、文身等，现在可以获得微创、无创、无痕治疗。

激光介质不同，释放光的能量运转方式、光的波长、脉冲的宽度各异，但释放的激光均具有精细性、准确性、高选择性。皮肤的光学特征随皮肤的色素、水合性、年龄、身体部位和遗传背景的变化而变化。当激光作用于皮肤时，光与皮肤可发生吸收、透射、散射和反射作用。激光的特性及光的生物学特征为临床治疗各种损容性皮肤疾病奠定了物质基础并提供了多种选择。可根据皮肤病变或瑕疵的部位、深浅、厚度、性质等不同特征选择不同特性的激光器。

目前用于皮肤美容的常见激光设备有：

**1. 治疗血管性皮肤病激光** 各种脉冲染料激光（585nm、595nm），强光脉冲激光（500～600nm），倍频钕：钇铝石榴石激光（Nd：YAG，532nm），铜蒸气激光（578nm）等。

**2. 治疗色素性皮肤病激光** Q开关红宝石激光（695nm），Q开关紫翠玉激光（755nm）；倍频Q开关Nd：YAG（532nm）等。

**3. 治疗脱毛激光** 长脉冲红宝石（694nm）激光，长脉冲紫翠玉宝石激光（755nm），强光（500～695nm）等。

（三）小针刀技术

通过体表的小切口（约2mm）放入小针刀（包括小针刀、针灸刀、手术刀片、眼科线状刀以及牙科钩、克氏针改制的刀等），进行切割、剥离和松解等外科手术操作，称为小针刀技术。小针刀技术具有疗效满意、切口小、创伤轻、恢复快、瘢痕不明显等优点。故美容外科医师常用其进行微创美容手术，如小切口重睑术、小切口除皱术、先天性肌性斜颈、腋臭刮除术等。

（四）埋线及缝合挂线技术

埋线及缝合挂线技术可在微创情况下改变组织位置，使移位组织复位并进行锚固，恢复组织、器官的正常或年轻形态，因此，这项技术几乎仅用于美容外科，是美容外科的特色技术。常用工具为普通手术缝合针或特殊的导引针、长针以及5-0尼龙线或可吸收线。面部除皱时还可应用锯齿线提拉固定移位组织。

埋线及缝合挂线技术应用最广，最常见的即是埋线法重睑成形术，其原理是缝合针线穿过皱襞处的皮肤和睑板前筋膜，导致无菌性纤维增生和粘连，从而形成重睑。临床上还用此技术进行额面部除皱及眉下垂、招风耳、乳头内陷矫治、面靥（酒窝）成形等手术。

（五）脂肪抽吸技术

参见本篇第十一章第一节 皮肤及其他组织移植术及护理；第二篇第一章 头面部美容手术及护理，第四章 形体雕塑术及护理。

（六）注射美容技术

参见本章第六节 美容外科医用生物材料及临床应用；本教材第二篇第二章 面部年轻化手术及护理。

### 二、微创美容外科护理（参见本教材各相关章节）

## 第六节 美容外科医用生物材料及临床应用

**学习目标**

1. 掌握美容外科医用生物材料应用的护理。
2. 熟悉美容外科常见医用生物材料的种类、特性、适应证、并发症及应用注意事项。
3. 了解美容外科医用生物材料的分类方法、医用生物材料应具备的条件、安全性评价及检测。

当创伤、肿瘤等疾病或先天性因素导致机体组织、器官缺损或局部塌陷时，为了修复、再造或填充，所用材料最理想者当属自体组织，因其永远不会出现组织排异。但采用自体组织乃不得以之举，且取材有限，破坏供区美感。而且，自体组织移植、填充后也存在着变性、坏死和吸收的可能性。因此，千百年来，医学上一直在探寻能够代替自体组织用于修复、再造和填充的新材料，即医用生物材料。

早在公元前约3500年古埃及人就利用棉花纤维、马尾作缝线缝合伤口。人类进入20世纪后，医用生物材料的研究与应用才获得了突破性发展。20世纪40年代中期开始，硅橡胶在医学领域获得迅速、广泛应用。用于除皱和塑型的胶原蛋白（collagen）于1981年获FDA批准。随着科技发展，各种新型生物材料更是大量涌现，目前，除了大脑以外，几乎所有人体组织、器官都有替代材料，如人造心脏瓣膜、人造血管、人工骨、组织工程化人工真皮等。医疗美容产品在整形美容领域的应用也越来越广泛，许多过去难以达到或无法达到的美容效果和愿望都得以实现。相信，随着新材料的不断涌现和应用，将对美容、整形手术方式及效果产生重大而深远的影响。

## 一、美容外科医用生物材料的概念

美容外科医用生物材料是指侧重于美容、整形外科修复、重建、塑型、填充、除皱，以完善或增进机体功能和形态美感的医用生物材料。而医用生物材料的应用范围更广，它是用于对生物体进行诊断、治疗、修复或替换其病损组织、器官或增进其功能的新型高技术材料。

## 二、美容外科医用生物材料的分类

目前医用生物材料尚无统一的分类标准，一般有以下几种分类方法。

（一）根据使用时间分类

根据使用时间，医用生物材料可分为一次性生物材料、暂时性生物材料和永久性生物材料。

（二）根据材料应用于机体的部位分类

根据应用于机体的部位，医用生物材料可分为内用材料——人工置（植）入体和外用材料——人工装载体。

（三）按照成分和性质分类

**1. 医用金属和合金材料**　又称医用金属材料，是一类生物惰性材料。材料具有高机械强度和抗疲劳性能，是临床应用最广泛的承力置入材料。不锈钢、钴合金、钛及钛合金，是目前金属及合金材料的三大支柱，医用金属材料主要用于骨和牙等硬组织修复和替换，心血管及软组织修复以及人工器官制造中的结构元件。在骨科中主要用于制造各种人工关节、人工骨及各种内、外固定器械，牙科中主要用于制造义齿、充填体、种植体、矫形丝等。

**2. 医用高分子材料**　包括合成和天然高分子材料，目前广泛用于韧带、肌腱、皮肤、血管、角膜、人工脏器等人体软组织及器官的修复与重建，是整形美容外科应用最广泛的一类材料。医用高分子生物材料理化性质可控性好，故其适用范围也很广。临床常用的有：硅酮、聚硅氧烷、聚氨酯、聚甲基丙烯酰胺、聚乙烯、聚四氟乙烯、聚乙烯对苯二酸盐等。

**3. 生物陶瓷**　主要用于骨和牙等硬组织的修复，也可用于软组织的修复和替换。生物陶瓷可分为惰性生物陶瓷和生物活性陶瓷。生物惰性陶瓷能在生理环境中保持化学稳定，并具有高强度和耐腐蚀性，主要用于要求承力和耐磨的人工关节头等。常用的主要是氧化铝瓷和生物碳，此外还有氧化锆、氧化镁等。生物活性陶瓷是在生理环境中能够通过表面与组织发生选择性化学反应的一类生物材料。这类材料大致包含两种类型：第一类主要是生物玻璃和生物玻璃陶瓷等，它们能在生理环境中发生表面化学反应，形成一层覆盖其表面的羟基磷灰石层，通过此层实现材料和组织间的黏合；第二类主要是羟基磷灰石陶瓷和可吸收磷酸三钙陶瓷等，具有良好的生物相容性，与组织形成牢固的键合，并具有骨传导性。

**4. 医用生物复合材料**　是两类或两类以上医用生物材料共同构成的材料。如经羟基磷灰石涂覆于钛合金表面的人工髋关节，利用生物活性陶瓷颗粒来增强聚乳酸、聚乙烯等高分子材料而发展出来的生物活性骨水泥，已在临床广泛应用。

**5. 生物衍生材料**　生物衍生材料是将活性的生物体组织，包括自体和异体组织，经处理改性而获得的无活性的生物材料，如用于人体心瓣膜修复并经戊二醛固定成形的猪心瓣膜或牛心包，作为人皮肤暂时替代品的猪皮，异体软骨等。这类生物体组织作为生物材料应用前必须经过消毒、灭菌、去免疫原性和其他处理。

**6. 组织工程材料** 组织工程是指应用生命科学与工程原理和方法，构建一个生物组织体系，用以维护、增进人体细胞和组织生长，恢复受损组织或器官的功能。通过组织工程生产的材料称为组织工程材料。其方法是，将特定组织细胞或干细胞"种植"于一种生物相容性良好、可被人体逐步降解吸收的生物支架材料上，形成细胞-生物材料复合物。生物材料为细胞的增长繁殖提供三维空间和营养代谢环境，随着材料的降解和细胞的分裂繁殖，形成新的具有与自身功能和形态相应的组织或器官。这种具有生命力的活体组织或器官能对病损组织或器官进行结构、形态和功能的重建，并达到永久替代。构建组织工程人工组织或器官需要三个要素，即"种子"细胞、支架材料、细胞生长因子。组织工程学已经在人工皮肤、人工软骨、人工神经、人工肝等方面取得了一些突破性成果，但距临床广泛应用尚有一定距离。

（四）根据临床用途分类

分为骨、关节、肌腱等骨骼-肌肉系统修复的硬组织替换材料；皮肤、乳房、食道、呼吸道、膀胱等软组织材料；人工心瓣膜、血管等心血管系统材料；血液净化、分离、气体选择性透过膜等医用膜材料；组织黏合剂与缝线；药物释放载体材料，临床诊断及生物传感器材料；齿科材料等。

（五）根据材料性状分类

医用生物材料根据性状可分为固态（如人工关节、固体硅胶等）、液态（如液态硅胶、可注射胶原蛋白等）及纤维（如缝合线、人造血管等）。

（六）根据材料的来源分类

根据材料来源可分为天然材料（羊肠线、牛心包等），合成材料（化学合成法制成的人造材料高分子类、化合物、陶瓷等）。

## 三、医用生物材料应具备的条件

（一）内用生物材料应具备的条件

**1. 良好的组织相容性**

（1）无抗原性：置（植）入体内后不能作为特异性抗原激活机体免疫系统产生排异反应。

（2）无毒性：对机体自身组织无毒性，不能导致自身组织细胞变性、坏死。

（3）无致畸性：不会导致机体遗传物质产生畸变。

（4）无致癌性：不会导致机体组织细胞发生癌变。

**2. 良好的化学稳定性** 在体内不会与机体内物质产生化学反应，不老化变质。

**3. 良好的物理稳定性** 与所替代组织的物理特性相近，具备一定的强度和弹性，不易破碎，在外力作用后能及时地恢复原有体积和外形。使用时易于加工成型，具有一定的变形及抗变形能力。

**4.** 与血液接触的材料，要求具有抗凝血性能，不造成血液中蛋白质变性，不破坏血液中的有效成分。

**5.** 易于加工成型，具有一定的变形及抗变形能力。

**6.** 能经受住消毒或灭菌过程而不改变或很少改变性能。

**7.** 生物学实验合格后方可进行临床实验。

（二）外用生物材料应具备的条件

外用生物材料安装于体表，要求不像内用生物材料那么严格，但必须具备以下条件：

**1. 色彩和外形逼真**　色泽、外形、大小必须与所代替的器官对称、一致。

**2. 具有一定韧性、弹性和强度**　安装后在日常生活中不致因活动碰撞而破碎。

**3. 位置固定、不易脱落**　安装后不会随机体运动而脱落、移位，给患者带来尴尬和不便。

**4. 具有一定功能**　如假肢有限的活动；义眼随健眼的协调运动等。

## 四、美容外科医用生物材料的临床应用

（一）常见美容外科内用生物材料

**1. 硅橡胶**（silicone rubber）　临床应用的硅橡胶是由硅、氧及有机基团组成的单体所聚合成的长链聚合物。这种物质的性状与其分子链的长短相关，分子链短则聚合物呈液态，有流动性；分子链长则聚合物则呈固态如“橡皮状”。随着分子链不断加长，聚合物黏度越高，材料硬度越大。据此特性，有机硅可以制成液态、胶冻样硅凝胶、泡沫状的硅胶海绵和固体形态的硅橡胶。

液态硅橡胶注入人体组织后可向四周扩散浸润、渗透，无清楚界限而难于处理，能引起很多并发症，不宜用作内用组织代用品，美国已严令禁止使用，我国也严格限制其使用。

（1）固体硅橡胶的特点

1）具有良好组织相容性：置入体内后仅发现在其表面形成一层纤维包膜，未发现明显毒副作用，且排异率很低。

2）可根据临床用途不同加工成不同形状、不同硬度的产品，且术中也可根据需要进行塑型。结构内无孔隙，组织不能长入，与周围组织分界清楚。如将来发生不良反应，取出也较为方便。

3）具有良好的化学稳定性：能耐受高温、高压及化学浸泡消毒。在-60～120℃内能保持一定柔韧性和表面硬度，且机械性能无明显变化。在体内能长期保持原有弹性和硬度，不变硬、变脆。

4）表面带有静电，易吸附灰尘、细小纤毛等物质，使用时应严加防范。

5）因纤维包膜挛缩，可在组织薄弱处穿出皮肤，或出现硅胶假体的体表投影，影响外观效果。

（2）填充适应证：在美容外科，硅橡胶可用作隆鼻、鼻部畸形矫治、隆下颏、颧部和颞部的垫高、隆胸、用作耳郭再造的支架等手术的假体材料。用于隆胸的假体常加工成外面为硅橡胶囊包裹硅凝胶的硅胶囊假体，可制成圆锥形、水滴型等多种形状，满足各种乳房外形的需要，获得自然外观。因其与乳房组织的质地、弹性更为接近，性价比高，是目前临床应用最多的假体材料之一。

（3）填充注意事项：由于硅胶假体表面带有静电，易于吸附纱布纤毛、碎屑、灰尘，故术中从已消毒的产品袋中取出时宜用器械夹持直接填充。如需雕刻塑型，术者应戴干净手套，雕刻完成后用生理盐水或蒸馏水冲洗干净，用器械夹持直接填充，勿与手术台上其他物品接触。另外，海绵状硅胶假体不能用化学浸泡消毒，以免假体吸附有毒化学药品导致机体组织细胞损伤。手术严格遵守无创操作技术，细致操作，止血彻底，尽量减少创伤，置入腔隙的分离层次、大小恰当；术后局部出现积液、积血应及时抽吸处理，加压包扎制动，并给

予塑型。

**2. 膨体聚四氟乙烯**(Gore-tex,e-PTFE)　膨体聚四氟乙烯,也有人称其商标名高泰克斯(Gore-tex),由聚四氟乙烯树脂经拉伸等特殊加工方法制成,是一个碳与四个氟结合而成的化合物。因人体内无分解碳-氟键的酶,所以在体内不降解,化学稳定性好,无致癌性和免疫活性。当其膨胀时,聚合物内的孔隙扩展到10~30μm,有利于组织和血管向其内长入。在美容外科中使用的膨体聚四氟乙烯补片有柔软型和加强型二种,柔软型的材料接近于真皮,加强型材料的质地接近于软骨,因此该材料可以被广泛应用在需要软组织或者软骨充填的整形手术中。20世纪60年代,膨体聚四氟乙烯作为人工血管应用在血管外科,经数十年临床应用验证,作为内用组织代用品,其性能远比固体硅胶优越。从医学角度,是目前最为理想的生物组织代用品之一。但其价格昂贵,影响了其普遍应用。

(1) 膨体聚四氟乙烯的特点

1) 具有良好的生物相容性,至今未发现有排异反应。无毒,无致癌、致畸、致敏等副作用。

2) 具有稳定的化学性质,能耐高温、高压、强酸、强碱,长期存留体内不变质老化。

3) 可塑性大,具一定压缩性,可根据不同用途、部位塑型。

4) 强度较大,能抗较大拉力而不变长或断裂。

5) 特有的微孔结构允许人体组织细胞及血管长入其微孔,形成组织连接,如同自体组织一样。故填充后外形自然,假体不移位。

(2) 填充适应证:膨体聚四氟乙烯是隆鼻、隆颏、隆颧、面部软组织填充、前额填充、眶修复、面部深部皱纹填充、唇腭裂二期修复等美容手术的最佳假体材料之一。可用以填充各种骨质缺损及皮下软组织缺损,亦可用作悬吊材料矫正面神经瘫痪所致上睑下垂等畸形。缺点是硬度不足,用以支撑鼻小柱、鼻尖效果欠佳。手术消毒要求很严格,一旦出现术后感染,必须将假体取出方能治愈。

**3. 高密度聚乙烯**(medpor)　高密度聚乙烯是由线形高密度聚乙烯材料制成的,呈现为白色、表面粗涩、多孔的板块状固体,组织相容性非常好,对生物组织和细胞没有毒性。有一定的柔韧性和相对不可压缩性,有相对较大的空隙,允许软组织和骨组织长入,排异率低,可雕刻或加温塑型,用作隆鼻、耳郭再造的支架等。隆鼻后自身小血管和神经可长入其中,外观理想,远期自身感觉良好,无透光感,是目前一种较为理想的高档内用组织代用品。

**4. 人工骨**(artificial bone)　人工骨是由人工合成或提取,用于修复骨组织的置(植)入材料。

(1) 分类:人工骨按材料结构与性能分为无机材料、有机材料及复合材料。

1) 无机材料:无机材料包括羟基磷灰石、磷酸钙生物陶瓷、氧化硅生物玻璃等力学强度较好,生物相容性好,可诱导成骨。

2) 有机材料:包括胶原、骨形态发生蛋白及各种成骨因子,是从动物结缔组织、骨、肌腱或皮肤中提取,经过特殊化学处理的蛋白质,具有较好的诱导成骨能力,但力学强度稍差。

3) 复合材料:可将无机材料和有机材料按一定比例混合而成,如将胶原与羟基磷灰石混合,制成胶原羟基磷灰石(CHA)。

(2) 应用适应证:人工骨与人骨基质成分相似,兼有机、无机两者优点,是目前较理想的材料,尤其适于各种骨缺损腔内充填。人工骨在美容外科主要用于修复颌面缺损、修复牙周缺损、修复下颌骨畸形、颅骨缺损的修补、中耳和乳突再生、义眼安装等。颌面部的扩大(额、颞部充填)、颌骨复位及颏骨复位等,亦可用羟骨磷灰石隆鼻以矫正鞍鼻畸形。羟骨磷灰石隆鼻常用注射用微粒体,注射后可塑型,但取出困难,局部出现过敏反应时难以完全取出。

**5. 人工真皮**(artificial dermis) 组织工程化人工真皮是20世纪70年代末发展起来的一项新技术,它是用人的胶原或人工合成的高分子材料做支架体外培养异体真皮成纤维细胞而获得的一种人工皮肤,用以修复大面积皮肤缺损。经过30余年的临床应用和不断改进,技术成熟,疗效确切,在临床烧伤和整形外科广为应用。

近年来,美容外科医生将人工真皮应用于美容外科作为隆鼻等部分美容手术的填充材料,获得了可喜成效,深受美容外科医生和美容就医者的欢迎。这种人工真皮,也称真皮片或人脱细胞异体组织补片,经过脱细胞处理脱去了导致排异反应的成分,因而可移植在不同的个体而成活,成活后的组织柔软度及弹性同正常皮肤非常接近,无排异反应,能诱导细胞长入,使组织细胞有序生长,组织相容性好,可永久成活成为自体组织的一部分。用于隆鼻手术,显得柔软、自然、真实,避免了单纯假体隆鼻后的透光感及假体外露等缺陷。

真皮片单独使用时难以塑型,要达到理想的塑型效果需与假体联合使用。少数受术者术后可出现真皮片部分吸收甚至全部吸收的现象,术前医生和受术者都要考虑到这种可能。补救措施是重新植入真皮片或改用其他填充物。

**6. 聚甲基丙烯酸甲脂**(polymethyl methacrylate,PMMA) 聚甲基丙烯酸甲脂是一种热塑性丙烯酸树脂类塑料,俗称有机玻璃。其材料较轻,质硬不易碎、透明、耐老化、耐光照、不导电、不导热、能透X线,组织相容性好,易于塑型。常用于颅骨缺损的修复及下颌骨缺损的修复,也可用于人工关节的固定等。

**7. 可注射胶原**(injectable collagen)

(1) 概述:胶原是一种具有三螺旋结构的高分子蛋白质,由3条α多肽链盘绕而成,分子结构非常稳定;是细胞外基质的主要成分,约占机体组成蛋白质的25%~45%。结缔组织中的胶原主要来自成纤维细胞;其他组织的胶原来自于软骨细胞、成骨细胞、上皮或内皮细胞。哺乳动物的同型胶原在氨基酸的种类、数目、排列顺序上基本相同。人的皮肤主要由免疫原性较低的Ⅰ型胶原组成,因此,Ⅰ型胶原在临床上应用最多。胶原的免疫原性位点主要在其C、N末端,该末端区域主要由排列较短的非螺旋氨基酸序列所组成,称为端肽。在提取胶原时,通过选择性水解去除两端的端肽,其免疫原性即失活,仅仅在三螺旋结构中保留微弱免疫原性。因此,去除端肽将使胶原的免疫原性降到最低。

(2) 来源:目前注射用的胶原主要为Ⅰ型胶原,多为来源于人体的高纯度胶原蛋白或牛胶原蛋白。应用最多的制剂为Zyderm和Zyplast两种,两者均来自于牛皮肤,均已去除末端的端肽,最大限度消除了免疫原性,但应用中,仍有3%的过敏率。国内目前应用的主要是由台湾双美生物科技有限公司研制、来源于猪的双美(Sunmax)胶原蛋白植入剂(双美Ⅰ号),该产品已获中国食品药品监督管理局(SFDA)批准上市。

(3) 特点:Ⅰ型胶原具有良好的组织相容性,在机体内可自行降解吸收,能促进结缔组织生长。由于是异种蛋白,约有1%~4%受术者可出现过敏反应,故使用前要做皮试。因疗效维持时间较短,需反复注射。

(4) 适应证:胶原可直接注射用于软组织充填矫正面部皱纹、皮肤凹陷等,效果维持时间各家报道不一,Zyderm注射后可维持4~6个月;Zyplast仅能维持3~4个月。双美维持时间较长,大约可维持12~16个月。

**8. 透明质酸**(hyaluronic acid,HA)

(1) 概述:透明质酸,因其在 1934 年首先从牛眼玻璃体中分离出来,所以也称为玻尿酸。它广泛存在于脊椎动物结缔组织、晶状体、关节腔、脐带和血管及某些细菌的夹膜中,是人类皮肤真皮层的重要基质。成年动物体内透明质酸含量约为 200mg/kg,成人体内约含 12~15g。人体内大约一半的透明质酸存在于皮肤之中。透明质酸外观透明,具有黏性,填充在细胞与胶原纤维之间,是维持皮肤组织稳定和弹性的重要细胞外基质。透明质酸具有强大的吸水能力却又不溶于水,能吸取自身体积 1000 倍的水分,2% 的纯透明质酸能牢固保持 98% 的水分,而且,透明质酸还具有等容降解的特性,当部分透明质酸分子降解后,剩下的分子会吸收更多的水分以维持总体积的不变,直至所有分子全部降解。因此,透明质酸对组织具有保湿、润滑作用,使肌肤饱满有弹性。但随着年龄的增长,透明质酸也逐渐流失,肌肤也渐渐变得缺乏水分,失去光泽、弹性,逐渐出现皱纹等老化现象,所以,透明质酸也被称为“抗衰老因子”。

天然透明质酸分子进入机体很快就被代谢成水和二氧化碳排出体外。不同组织中透明质酸的半衰期不同,从几分钟到 3 周不等,在皮肤中不到 1 天。因此,作为填充剂应用,必须与凝胶等大分子物质进行交联,以使其作用持久,强化黏稠度。胶体流动性由透明质酸分子量大小和含量所决定。小分子、低含量的胶体流动性好,胶体软,适合应用于口周和口唇等组织较薄、软的区域。相反,分子大、含量高的胶体较硬,流动性较差,适合于充填较深的皱褶和凹陷。

(2) 来源:目前透明质酸的生产方法主要有两种:一种是从动物组织,如鸡冠、眼球、脐带、软骨等部位提取。但从人和动物的结缔组织细胞质中提取透明质酸,由于原料有限,很难形成大规模生产,而且由于含量低,分离过程复杂,致使价格昂贵,限制了其大量使用。另一种是以玉米淀粉为原料,用微生物发酵法批量生产,产量大,且摒除过敏及感染等问题。

目前,国际上透明质酸产品有 20 多种类型,比较有名的品牌主要是瑞典 Q-MED 公司的瑞蓝(Restylane)系列产品和美国的 Hylaform、Juvederm Ultra。在我国,经国家食品药品监督管理局批准使用的是瑞典的瑞蓝Ⅱ号和我国生产的润百颜、逸美(EME)系列产品以及韩国产的怡婉。

(3) 特点:无论来源如何,透明质酸的分子结构均相同,无物种和组织间差异及免疫原性。注射后立即见效,效果自然,操作简便易行,创伤极小,适用年龄跨度大,注射前不需皮试。透明质酸原本就是人体细胞间质,一定时间后会被分解排出体外,少有副作用。填充效果大约能维持 3~12 个月,多数报道较胶原维持续间长。因此,目前透明质酸填充剂几乎取代了胶原类产品,成为一种最常用的皮肤充填剂。缺点是注射后维持时间有限,之后须重复注射,少数人接受注射后可能发生高敏反应或皮肤变态反应,但发生率极低,约为 1/5000。

(4) 填充适应证

1) 面部皱纹:额横纹、鱼尾纹、口周皱纹、眉间纹、鼻唇沟。

2) 面部轮廓:丰面颊、隆颏、丰颞、丰额、隆鼻、丰唇。

3) 面部凹陷填充:痤疮和其他凹陷性瘢痕。

(5) 填充注意事项

有下列情况者应禁止透明质酸填充:

1）有严重变态反应史、异物过敏者，曾对透明质酸有严重反应者。

2）孕期或哺乳期女性。

3）服用抗凝血药期间。

4）治疗区域有炎症者。

5）有过高期望者。

（二）常见美容外科外用生物材料

美容外科外用生物材料来源较为广泛，可用尼龙、金属、各种塑料、陶瓷、高分子合成材料等加工制成。

**1. 外用生物材料使用的适应证**

（1）年老体弱不能耐受手术者。

（2）病变广泛，缺乏修复的基本组织者。

（3）恶性肿瘤切除后尚不能确定完全治愈者。

（4）缺损的结构复杂，难以通过手术修复者。

（5）通过美容或整形手术既不能改善功能也不能改善外观者。

（6）拒绝手术者。

**2. 常见外用生物材料**

（1）假发：主要用尼龙丝加工制成，用来掩饰脱发或满足发型多变的需要。

（2）义眼：可用陶瓷或塑料加工制成，主要用于眼球摘除的患者或先天性无眼症患者。

（3）义耳：用软塑料或硬塑料制成，用来掩饰外耳缺损。

（4）义齿：可用陶瓷、金属加工制成，用来掩饰牙齿缺损及改善咀嚼功能。

（5）假肢：分为以美容为主的假肢和以工作为主的假肢，均可用金属、木材、皮革、橡胶和塑料制成。前者要求外形、色泽、质地都要与所代肢体一致，可借肌电或电控完成简单抓持动作。后者能借肌电或电脑控制下完成各种较复杂的有力动作，外形、色泽、质地上要求不像前者高。

（6）硅胶囊充气乳罩：用来代替因疾病导致女性乳房切除后的乳房缺损或弥补乳房发育不足的缺陷。

## 五、医用生物材料的安全性评价及检测

由于医用生物材料经常用来替代组织或器官，植（置）入体内的生物材料要长期接受人体复杂理化环境、生物因素的影响，并对组织及器官存在动态的相互作用，因此应当保证生物材料的安全性和有效性。在生物材料进入临床广泛应用之前，必须进行安全性评价。但医用生物材料的安全性是相对的，目前尚无科学的方法对生物材料的永久安全性做出评价。经国家相关管理部门批准后应用于临床的医用生物材料，仅是对材料的理化特征、动物试验（最长2年或动物生命期的1/4时间）验证和临床短期试用后，符合目前安全评价标准，即可进入市场并在临床应用，这仅能证明此种生物材料是相对安全和有效的。

对于医用生物材料的安全性生物学评价，也是经历一个从无到有，再到完善的过程。20世纪60年代，医用生物材料发展迅速，高分子材料制成的各种人工组织和器官的代用品大量用于临床，美国当时对这些产品没有任何管理，许多不合格的医用高分子制品上市，医疗中发生许多事故和问题，因此在患者和医师的呼吁下，欧美等国先后相继制定了严格的医用生物材料安全性评价和国际标准。我国紧随其后，于20世纪70年代后期也逐步制定

了相应的医用生物材料评价标准和方法。2014 年 2 月 12 日国务院第 39 次常务会议通过了对 2000 年 1 月 4 日颁布执行的《医疗器械监督管理条例》修订稿，2014 年 3 月 7 日由中华人民共和国国务院令第 650 号公布。该《条例》分总则、医疗器械产品注册与备案、医疗器械生产、医疗器械经营与使用、不良事件的处理与医疗器械的召回、监督检查、法律责任、附则 8 章 80 条。自 2014 年 6 月 1 日起施行。临床机构及其医师在使用医用生物材料时应认真学习并严格执行该条例。

## 六、医用生物材料置(植)入术后的护理

### (一) 护理目标

1. 使受术者获得有关置(植)入物信息，了解疾病和手术过程及术后恢复过程，并能主动配合治疗。

2. 消除焦虑及恐惧心理。术前正常睡眠，以健康心态面对手术及术后的康复。

3. 纠正其他器官系统的功能异常。

4. 使受术者学会术后的自我检查、功能锻炼并了解术后注意事项，能及时发现异常，并得到处理。

5. 使受术者从心理上接受置(植)入物，并将其作为自身的一部分，拥有自信。

### (二) 护理措施

**1. 心理护理** 良好的心理状态对保证手术成功，促进术后康复、获得良好的手术效果具有重要作用。引发受术者焦虑、恐惧、心理异常的原因主要有：

(1) 组织缺损往往影响外观，会对受术者造成很大的精神压力，受术者有自卑心理，表现为对事情的过度敏感或过度自尊。

(2) 担心手术效果不良，达不到改善外观的目的。

(3) 担心手术会疼痛，或出现麻醉意外危及生命。

(4) 对医护人员不了解或不信任。

(5) 担心置(植)入物会排出或对机体产生不良影响，或者不能长久维持形状。

针对以上原因，护理人员应做到：

(1) 用细致、认真、负责、严肃的工作作风，用热情、简明的语言、和蔼同情的态度获得受术者的信任，使受术者获得安全感。

(2) 向受术者解释置(植)入物的性质及安全性，是经过严格的动物实验与临床试验后才使用的，一般是相当安全的。减轻受术者的紧张与担忧。

(3) 向受术者介绍病情，解释生物材料置(植)入的必要性与可获得的治疗效果。

(4) 说明术后可能会有感觉的异常及局部组织的肿胀、瘀斑是可能出现的正常反应，不必过度担心。

(5) 提供心理支持，安排合适亲属与家人探视时间，共同解除受术者的不良情绪。

**2. 手术前后护理**

(1) 用生物材料应严格消毒或灭菌，避免表面有黏附物。硅橡胶薄膜有一定的透气性，表面易吸附尘埃、纱絮等异物，置入人体前应反复冲洗干净，否则在体内会引起异物反应，导致纤维包膜形成明显，影响手术效果。

(2) 对于赝复体的佩戴，向受术者讲解并演示正确的使用方法，并教会受术者使用、清洗、保存方法，以及可能出现的异常情况的处理。如：出现局部红肿时应会区分是正常的术

后反应还是早期的排异反应；对术后一段时间后局部的肿胀应考虑到排异反应或后期感染的可能。

(3) 疼痛的护理：对于肢体固定或手术需要保持特殊体位的受术者，应协助其改变体位，以减轻肢体疲劳、肌肉牵拉引起的疼痛；对创伤较大的疼痛不能缓解的受术者，应给予止痛剂缓解疼痛。

(4) 注意观察局部血供及组织肿胀情况，及时清除血肿、积液。对于局部皮肤苍白者，应考虑是供血不足，应给予改变体位、松解包扎敷料、拆除部分缝线等方法缓解张力，如情况仍无改善，应及时告知医生病情，以便决定是否取出置(植)入物。对于局部肿胀青紫者，可松解敷料、局部按摩、针刺放血、抬高患肢等方法促进静脉回流。

(5) 预防性应用抗生素：对于佩戴赝复体，一般无需应用抗生素，对于在体内置(植)入生物材料，因人工置(植)入体没有血液供应，如果置(植)入体内的生物材料体积大或置(植)入部位血供不良，易发生感染。置(植)入物在体内一旦发生严重感染，则必须取出。因此，置(植)入医用生物材料时，除注意置(植)入体严格消毒灭菌外，还应注意手术无菌操作，同时防止易发生感染的血肿和组织损伤坏死等。

(6) 注意对置(植)入物进行正确的固定与塑型：液态置(植)入物在注射部位会出现散在的置(植)入材料，围绕这些材料形成散在多个被膜囊和多个炎症反应区，组织反应最终被瘢痕组织包绕。因此，应用液态材料注射时，为防止材料扩散，最好是使用单腔隙注射法，注射后立即进行局部塑型。这种方法可使液态置(植)入材料周围形成一个被膜囊，不易扩散和变形；对于固态置(植)入物，术后按照术后要求的性状给予适当的加压包扎与固定，并定期对置(植)入物的位置进行检查，发现问题及时处理。

(医疗部分：顾劲松；护理部分：史静娴)

# 第2篇 各 论

# 第1章 头、面部美容手术及护理

案例

图 2-1-1 《捣练图》局部

图中是几位古代女性在忙碌的一个场景。有些人认为图里的女子并不美，但也有人认为她美得很出位、很夺目。

**问题与思考：**

1. 你认为她美吗？为什么？请采用即将所学的五官美学标准对其进行评价。

2. 其五官缺陷有哪些？采用什么样的方法可以矫正？

3. 符合人体美学标准的人才是美的吗？你的想法是什么？

## 第一节 头皮美容手术及护理

学习目标　掌握头皮的解剖结构、头皮扩张术的原理及方法。

### 一、头皮的应用解剖及美学

（一）头皮的解剖结构

头皮为覆盖于颅骨表面的皮肤、皮下组织、帽状腱膜、疏松结缔组织、颅骨外膜以及皮肤附件等软组织构成，与身体其他部位皮肤相比较，具有一定特殊性（图 2-1-2）。

**1. 皮肤** 厚而致密，厚度因部位不同而异。颞顶部最薄，约为 3～5mm，枕部最厚，达 8～10mm，头皮含有丰富的毛囊、汗腺、皮脂腺等皮肤附件。

头发密度约为 79～156 根/$cm^2$。毛发多以 3～4 根为束。其密度分布与头皮部位有关，以颞部最稀，枕部次之，顶部最密集，其生长方向（即毛囊的排列方法），以顶部为圆心呈旋涡状向外下斜行排列生长。

皮脂腺，位于真皮层，导管很短，开口于毛囊内鞘上部，具有排泄皮脂、滋润保护皮肤的

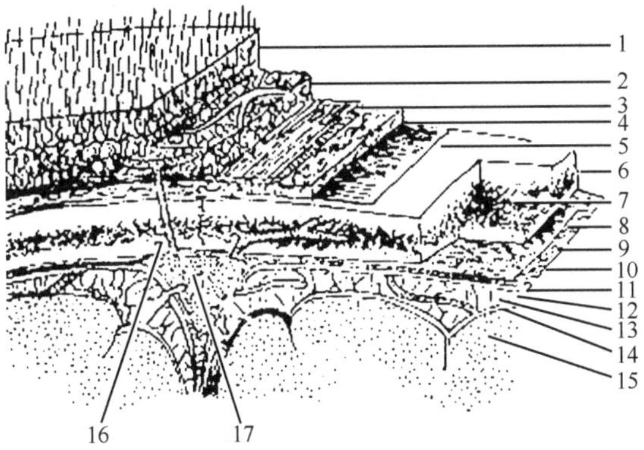


图 2-1-2　头皮解剖结构示意图

1. 皮肤；2. 皮下组织；3. 帽状腱膜；4. 腱膜下蜂窝组织；5. 颅骨外膜；6. 颅骨；7. 板障静脉；8. 硬脑膜外层；9. 硬脑膜动脉；10. 硬脑膜内层；11. 硬脑膜下间隙；12. 蛛网膜；13. 蛛网膜下层；14. 软脑膜；15. 大脑皮质；16. 导静脉；17. 上矢状窦

作用。

**2. 皮下组织**　较致密，由许多较短的纤维束，构成很多纤维间隔，内含脂肪组织。此层含有丰富的血管、神经及淋巴组织。

**3. 帽状腱膜**　为一层较坚韧、富有张力的腱膜组织，前起于额肌表面，附着于眉弓脊处，后止于枕肌，两侧与颞筋膜相连。

**4. 腱膜下疏松组织**　位于帽状腱膜与颞筋膜深层，为一层疏松的结缔组织，使帽状腱膜与骨膜之间形成一个潜在的组织间隙，内有许多与颅内静脉窦相通的导静脉垂直通过。

**5. 颅骨外膜**　为一层较致密的结缔组织，紧密贴附于颅骨表面，在骨缝处与其结缔组织紧密连接。

（二）头皮的血管与神经分布

**1. 头皮血供**　主要来自于颈外动脉，分为额、颞、枕 3 组。

额部：眶上动脉、颞浅动脉额支、滑车上动脉。

颞部：颞浅动脉、额支与颞支起始部。

枕部：枕动脉、耳后动脉。

头静脉：多与动脉伴行，汇入颈外静脉，部分静脉通过导静脉汇入颅内静脉。

**2. 头皮神经支配**　神经与血管伴行。

额部：眶上神经、滑车上神经。

枕部：枕大神经、枕小神经、耳大神经。

## 二、瘢痕性秃发修复术

（一）瘢痕性秃发的概念

由于烧(烫)伤、创伤、头皮撕脱、感染及手术等原因造成头皮缺损，毛囊不能再生所形成的局限性秃发。

（二）瘢痕性秃发修复术

头皮扩张术是瘢痕性秃发常用的修复术。

**1. 头皮扩张术的原理**　头皮扩张时尽管有表皮和深部组织的生长扩张，毛囊的数量并没有增加,因此在扩张后的皮瓣上,实际上是剩余毛发的再分布,术后供区头发变得稀疏,但由于分布均匀,效果仍较满意。

头皮扩张术适合于局限性秃发的患者,不适合于弥散性秃发或秃发面积过大(超过头皮的1/2)的患者。

**2. 皮肤扩张器的结构** 参见本教材第一篇第十一章第二节 皮肤组织扩张术及护理。

**3. 头皮扩张术的方法**

(1) 扩张器的置入

1) 术前准备:扩张器置入术前一般剃去头发。如果患者不愿剃发,可于术前3d用1:2000苯扎溴铵每天洗头1次,术前仅剃去手术切口处2~3cm宽的头发。

2) 扩张器容量的选择:按照每修复$1cm^2$的秃发区需要3.5~4.0ml的扩张容量,据此决定扩张器的大小。

3) 埋置部位的选择:选择邻近容易扩张和便于二期手术的部位埋置扩张器。枕部组织致密,层次不清楚,不易剥离,出血较多且不易止血,且扩张过程中患者不能仰卧,故除非必要,一般不选为扩张区。扩张器注射壶一般置入秃发区、耳后或额部,应距离扩张囊有一定距离。如果秃发区瘢痕太薄则也不宜埋置,以防瘢痕坏死、注射壶外露。

4) 切口设计:切口一般选择在正常头皮与病变区交界处,与扩张器边缘相平行。如果颅骨外露,可选在距外露颅骨边缘1.5cm的正常头皮内。如果同时埋置几个扩张器时,两个扩张器可共用一个入路切口。有时也可选择与扩张边缘垂直的切口,该种切口术后早期即可开始扩张,并且扩张器不易从切口外露。

5) 埋置腔隙的剥离:术中切开皮肤、皮下组织及帽状腱膜后,在帽状腱膜和颅骨骨膜之间用剥离剪刀或尿道扩张器进行钝性剥离,也可用手指进行分离,因此层结构疏松,容易剥离,加之穿支血管很少,出血也不多。

6) 扩张器置入:头皮的松动性有限,埋置扩张器时囊内注液量不宜过多,一般10~20ml即可。扩张器下放置负压引流,直视下全层缝合头皮切口,缝线可密一些,便于切口边缘止血,术后适当加压包扎,行负压引流。头皮注液扩张可于术后3d拔除引流管后即开始,亦可待伤口基本愈合后再开始注液,拆线时间推迟到术后10~14d,甚至可更晚。

(2) 头皮扩张方法:头皮结构致密,其扩张方法一般采用慢速扩张(7~10d以上注水1次,8周以上完成扩张)或常速扩张(4~5d注水1次,6~8周完成扩张)。

(3) 头皮扩张器的取出和扩张后皮瓣转移:Ⅱ期手术可在头皮止血带下进行,以减少术中出血。手术应注意以下几点:①术前先进行初步设计,如有数个扩张区时,应先后逐一形成皮瓣,每形成一个皮瓣即转移固定于秃发区,下一个皮瓣根据上一个皮瓣修复情况继续设计。单一扩张区可取出扩张器再根据皮肤松弛度进一步设计皮瓣。头皮血供丰富,皮瓣长宽比例比较大、蒂部比较窄时一般也能保障其血供。②扩张头皮瓣可采用滑行推进、易位和旋转皮瓣,其中滑行推进瓣应用较多。由于头皮缺乏弹性,皮瓣旋转的角度不宜过大,否则容易形成"猫耳朵"。③头皮瓣形成后根据皮瓣的大小决定切除瘢痕秃发区的面积。④头皮瓣转移时,如有可能,需尽量考虑毛发的生长方向。⑤为防止术后切口瘢痕过宽,缝合时应先缝合帽状腱膜,再缝合皮肤和皮下组织。如为直接全层缝合,拆线的时间应晚一些。⑥头皮扩张过程中常见到因压迫造成颅骨外板有部分吸收,一般扩张囊取出后能自行恢复,可不予处理。

（三）瘢痕性秃发修复术护理

**【护理目标】**

**1.** 通过手术改善或者消除头皮瘢痕及瘢痕秃发，增强自信心，消除自卑心理，积极参加社会活动。

**2.** 加强心理护理，消除或减轻焦虑，尽量使其情绪稳定，并能主动配合医护工作。

**3.** 严格执行无菌操作，动作轻柔，以减轻疼痛及不适。

**4.** 预防、及时发现和处理各种潜在并发症的发生。

**【护理措施】**

**1. 术前护理**

（1）心理护理：部分患者因秃发而存在自卑心理，害怕正常社交，又担心手术痛苦及术后的疗效，心理上紧张而焦虑。术前应仔细听取受术者的陈述，了解受术者的心理及要求，认真分析其心理顾虑或恐惧的原因并应用相关专业知识给予解释和疏导，消除受术者的心里顾虑。部分秃发面积过大的患者可能通过手术不能彻底纠正，术前应充分与受术者沟通，避免术前心理期望值过高，以免术后失望。有多种术式可供选择者应告知受术者各种手术方法的优、缺点，与受术者共同选择满意的手术方案。

（2）细心询问病史并仔细体格检查：询问病史时尤其应注意以往的头皮疾病及各种内分泌、精神疾病，先天性者了解有无家族史及遗传史；了解患者既往是否有外伤史、手术史、化疗或放疗史，有无家族史，是否应用过药物治疗秃发，治疗时间、方法、疗程和疗效如何。

（3）了解秃发区有无瘢痕、溃疡、肿瘤等：周围毛发区毛发是否生长旺盛；局部皮肤是否有感染灶存在。是否瘢痕体质、过敏体质；有无出凝血性疾病；有无心、肝、肺、肾等重要器官的活动性和进行性疾病；是否存在心理障碍等。如为瘢痕性秃发，应待瘢痕形成6个月后方可手术。如为女性手术应避开月经期手术，如服用过阿司匹林类药物，应待停药2周后方可手术。

（4）遵医嘱完善各项术前检查：术前医学照相，术前摄片作为手术前后的对比资料。

（5）需采用扩张器扩张头皮术式者，术前根据秃发面积估计需扩张量，选择合适大小、外形的扩张器，检查扩张器质量合格无渗漏后消毒备用。

（6）术前常规备皮、清洁：用肥皂清洁头面部，剪短供区毛发，更换清洁手术衣。估计手术时间较长者，术前留置导尿。

**2. 术后护理**

（1）按全麻或局麻护理常规护理。

（2）密切观察生命体征的变化，注意神志是否清楚。有引流管者，观察引流管是否通畅及引流量和颜色。

（3）按医嘱及时使用止血药和抗生素，以防止因失血或感染而引起其他并发症。

（4）随时观察加压包扎敷料是否松脱及切口渗血情况。观察引流管、尿管是否通畅。如无特殊，术后48h更换敷料，拔除引流管。

（5）依据病情适当给予镇静剂或镇痛剂，有其他不适，给予对症处理。

（6）指导受术者注意头部清洁卫生，因头部汗腺丰富，应避免过多运动引起大量出汗浸湿敷料。

（7）头部不宜过多活动，避免敷料松动。

（8）禁止吸烟、饮酒。

(9) 对采用扩张器扩张头皮的患者,应指导注水扩张的周期,记录扩张次数,每次注水量及注水总量。告知注水后的注意事项及如何保护扩张部位。

(10) 伤口无异常,一般术后 7 ~ 10d 拆线。

(11) 让受术者了解手术效果,毛发移植有失活的可能,若出现需在半年后重新手术。

(12) 拆线后及术后 3 个月再次进行医学照相,与术前进行对比。

## 第二节　面部轮廓的美容手术及护理

学习目标

1. 掌握面神经分支走行平面及毗邻关系,酒窝成形术定位及手术方法。
2. 熟悉口内切口下颌角截骨术的方法、步骤。
3. 了解表浅肌肉腱膜系统的构成。

### 一、面部的应用解剖及美学

参见美容应用解剖学(第 2 版)第三篇第一章 头、颈部的美学解剖。

### 二、颌面骨美容手术及护理

(一) 颧骨美容术及护理

颧骨位于面中部上份,其高低及宽窄直接影响面中部形态。颧骨肥大可至颧骨高耸,面中部增宽呈棱形面容。其发育不良,可至面中部上份塌陷,眼球外突。临床上要求进行颧骨整形的美容患者较多,仅次于下颌角肥大者。常用的手术方法分颧骨降低及颧骨增高两大类。

#### 颧骨前移增高术

**1. 适应证**　单纯颧骨颧弓发育不良,颧骨后缩,凹陷畸形者。

**2. 术前准备**　除常规实验室检查外,应测量面型宽比值,计算出需要增高数据,局部石膏取样,了解需要增加的高度。

**3. 手术方法**

(1) 鼻腔插管全麻。

(2) 口内切口显露颧骨:采取上颌前庭沟切口,切口前起自尖牙,后止于第二磨牙切口。先行 1% 利多卡因(含 1 : 500000 肾上腺素)局部浸润以减少出血,切开黏膜后,用电刀切开黏膜下组织及骨膜,用剥离器向外上方剥离显露颧骨体,并在尖牙窝上方找到眶下孔及孔内穿出的眶下神经血管束予以保护。

(3) 眶下缘切口显露眶下壁:于眶下缘处作一与眼轮匝肌平行的弧形 3cm 长切口,局部浸润麻醉止血,切开皮肤皮下组织,在切口平面下缘 0.5 ~ 1.0cm 平面剥离出眼轮匝肌下缘并向上拉起。用手指在切口深部触及眶下缘,钝性剥离至骨膜表面。用刀对准眶缘切开骨膜,用剥离器向眶下内侧、外侧及眶下壁剥离在眶下孔外侧与口内切口相通。

(4) 截骨前移:用亚甲蓝自犬齿根尖上 1.0cm 犬齿窝外侧斜向上颌骨外侧颧骨后侧面标出一由内斜向外上方的横行截骨线。在该截骨线内侧端点垂直向上至眶下缘,而后在距眶下缘 0.5cm 处平行向外向上达眶外侧壁中上 1/3 处横行走向颧骨外缘,对于眶壁亦有塌陷或发育不良者,眶部截骨线应设计在眶底距眶下缘 1.0cm 处,自眶下孔、眶下裂外侧与眶缘平行向外及外上方的眶外侧壁眼裂水平线下方2～3mm处横行通过眶外侧壁外缘处。下面截骨线，与犬齿根尖上截骨线相连。

截骨：用裂钻（1.5～2.0mm）沿标定的截骨线截骨。截骨时应用注射器紧跟钻头喷水，吸引器随时吸净渗血及冲洗液。截断后，用骨凿自犬牙槽嵴后下方向内上方凿入，直至与上方截骨线相通，撬起颧骨后可使颧骨达到增高高度。

（5）植骨及固定：取髂嵴切截为原拟增高度相等的骨块三块，分别嵌植入眶下壁内侧、眶外侧及犬齿根尖上截骨断端。用钢丝结扎固定或用微型钢板螺丝钉固定。植骨时注意两侧对称性。

## 自体骨、赝复体植（置）入颧骨增高术

**1. 适应证**　单纯颧骨、颧弓窄小者。

**2. 术前准备**　测量面宽比值，计算加高高度石膏取模，测算植（置）入体的大小及形态。

**3. 手术方法**　自体肋骨、肋软骨或髂骨的切取同常规方法，将切取的骨块用塑型钳塑型备用，如为肋软骨或人工材料则需进行塑型雕刻至所需形态。

（1）口腔插管全麻。

（2）口内上颌、前庭沟入路：先用美蓝在颧部标出颧骨增大的位置形态。在前庭沟，顶部切开黏膜及黏膜下组织达骨膜下。用骨膜剥离器沿标定范围剥离出移植腔隙。将植（置）入体试行植入后观察整复效果，满意后在植（置）入体两端及中央打孔后微型螺丝钉固定。缝合切口，面部弹性绷带包扎5～7d，10d拆线，术后3d内进全流食。

（3）眶下缘切口：在眶下缘处设计2～3cm与眼轮匝肌平行的弧形切口。手术可在局麻下进行。切开皮肤皮下组织在切口平面下0.5cm剥离眼轮匝肌及眶隔组织达眶下缘骨膜。而后沿标定移植范围剥离出移植腔隙。将骨块植入或人工假体置入腔隙内，调整好位置，用钢丝或螺丝钉固定于眶下缘及颧骨上。分层缝合切口。适当加压弹性绷带包扎。皮肤缝合后4～5d拆除。

## 颧骨降低术

颧骨降低术是面部轮廓整形中最常见的手术，仅次于下颌角肥大的整形。手术不甚复杂，但要求术者熟悉颅面解剖，术前详细制定手术计划，做好术前准备，让患者了解术后效果。

**1. 适应证**　面上1/3凹陷，面中1/3突出，面上部与面中部面型宽比值小于0.75的颧骨颧弓肥大者。中部面型宽比值小于0.75的颧骨颧弓肥大者。

**2. 术前准备**　测量面型宽度比值及骨性面宽比值，计算出颧骨降低的高度并在三维CT-X光片上标出截骨线及截骨的宽度。向受术者详细解释手术前后的注意事项和手术效果。

**3. 手术方法**　可分口内与口外两种方法，口内采用上颌前庭沟入路，口外采用发际内冠状切口。

（1）手术在全麻进行，口内入路自颊龈沟顶端切开黏膜及黏膜下组织达骨膜，切口长4～5cm，止血后用骨膜剥离器沿骨膜下向眶下缘及眶外侧缘剥离，接近眶下孔时，注意勿损伤眶下神经。而后沿颧骨外侧向颧弓剥离显露颧弓内1/2。

（2）用深直角拉钩显露眶外侧缘及眶下缘，用美蓝在眶外侧壁距眶缘8mm处向内下方

达颧骨体上颌突的外下缘标出一弧形截骨线，截骨断面呈由内上斜向外下的一斜面，截骨宽度为10～15mm。

(3) 用微型锯或裂钻沿截骨线将颧骨体截断，截骨面应与骨面呈45°左右。去除截下骨块，以利于两断面的紧密结合。

(4) 颧骨体截断后在鬓角发际前缘皮肤切一5mm小口，用蚊式钳向深部钝性分离至颧弓骨面，而后将小骨凿插入切口内轻轻凿断颧弓远端，按压颧弓使其向下陷落至需要降低的高度，注意保持断端不移位。此时整个颧骨颧弓呈游离状。

(5) 将颧骨体、眶壁外侧缘及眶下缘处用钻打孔后细钢丝结扎固定。

(6) 用磨头将颧骨体断端结合部不平整部分打磨平整，将颧骨骨膜与颧骨上缘颞肌筋膜固定一针，此可以起到预防颧骨降低后面中部下垂的并发症发生。

(7) 充分止血后用1-0缝线缝合黏膜下组织，3-0缝线缝合黏膜。

(8) 包扎时轻度加压注意颧弓远端勿加压。避免颧弓塌陷(图2-1-3)。

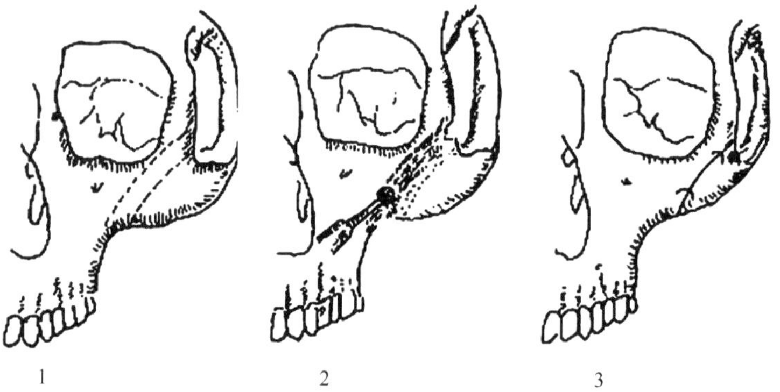


图2-1-3　颧骨截骨

1. 颧骨截骨线；2. 颧骨截骨；3. 颧骨固定

## 颧骨美容术的护理

**【护理目标】**

1. 术后包扎可靠，减轻肿胀，防止血肿形成。
2. 及时清理呼吸道分泌物，保持呼吸道通畅。
3. 应用药物或物理的方法缓解患者疼痛。
4. 严格无菌操作，预防感染。
5. 观察病情变化，及时发现和处理并发症。
6. 消除受术者焦虑不安的情绪，配合治疗。

**【护理措施】**

**1. 术前护理**

(1) 心理护理：受术者往往存在不同程度的自卑心理，求治的目的是改善外观，但又担心手术痛苦及术后的疗效，心理上紧张而焦虑。术前应仔细听取受术者的陈述，了解受术者的心态和要求，做好术前的测量和解释，消除受术者的心里顾虑，与受术者共同选择满意的手术方案。

(2) 细心询问病史并体检：完善全麻术前准备。常规全身检查，特别注意面部及口腔有无急、慢性感染病灶，如有合并局部感染，需待感染控制后方可手术。患者是否瘢痕体质、过敏体质；有无出凝血性疾病；有无心、肝、肺、肾等重要器官的活动性和进行性疾病；女性患者是否处于月经期；是否存在心理障碍等。

（3）术前 2 周停服雌激素、维生素 E、阿司匹林等药物。

（4）拍摄面部正、侧、斜位片，医学照相，以备术后对比。

（5）拍摄三维 CT 片，测量面型宽度比值及骨性面宽比值。必要时取面膜，准确确定颧骨复合骨块的对称性和估计需要的骨切除量。

（6）头部术野准备同除皱术。口腔护理：术前 2 ~ 3d 嘱患者每餐进食后均用牙刷刷牙、漱口，术前 1d 在每次刷牙后用 1∶5000 呋喃西林液漱口，术前先用 3% 过氧化氢溶液擦洗口腔黏膜，再以生理盐水冲洗口腔。

（7）术前对将使用的微型锯、裂钻进行功能检查，测试。估计手术时间较长者，术前留置导尿。

**2. 术后护理**

（1）按全麻术后护理常规护理。

（2）观察生命体征及意识情况，保持呼吸道通畅。随时观察受术者呼吸道的通畅度、呼吸幅度、频率等，及时吸净受术者口腔积血及呼吸道的分泌物。对经口入路的患者，应经常观察口腔及咽后分泌物，并及时吸出，吸引时避免触动伤口的填塞纱条，防止其松动阻塞呼吸道。术后可常规作口腔雾化吸入，以防止呼吸道感染。

（3）注意头面部包扎是否牢靠，一般可用弹性绷带包扎 5 ~ 7d。为减轻头面部水肿，也可采用局部冷敷以减少创面渗血。在全麻清醒后取低坡卧位，进食和口腔护理时可适当增高，晚间睡眠时适当放低卧位。注意术区清洁卫生，不宜松动包扎。

（4）必要时可放置负压引流，密切观察负压引流管是否通畅及引流量和颜色。如无特殊，术后 48h 更换敷料，拔除负压引流管。

（5）根据病人疼痛的剧烈程度及耐受程度，必要时给予镇静剂或镇痛剂对症治疗。

（6）术后常规应用抗生素预防感染。

（7）进全流质饮食，给予口腔护理每日 2 次。

（8）告诫受术者头部不宜过多活动，禁止吸烟饮酒。

（9）告知手术肿胀期及术后最终效果出现的时间，帮助肿胀恢复期的心理调整。

（10）术后口内切口 6 ~ 7d 拆线，发际内切口因张力大，可于术后 8d 开始间断拆线，14d 左右拆完。

（11）术后 3 个月复诊，了解切口恢复情况及手术效果，征得受术者同意后留取改形后的正、侧、斜位片，以保证资料的完整。

（二）下颌角肥大矫正术及护理

下颌角肥大，多伴有咬肌肥厚，病人面形较宽大，多呈梯形面形，侧面看成男性的下颌角，缺乏柔和、流畅的轮廓。美容外科要求行下颌角矫正的病人较多。治疗是以下颌角截骨或伴部分咬肌切除为主。

手术的方法主要分为口内入路与口外入路两种方法。

## 口内切口下颌角截骨术

1. 手术在全麻或强化局麻下进行。

**2. 切口及剥离**　于颊龈沟底部自第一双尖牙至翼下颌韧带中部切开黏膜、黏膜下组织及骨膜，使用带角度的冷光源拉钩牵开软组织，用剥离器沿骨面向后下方剥离显露下颌角。于下颌缘部分剥开咬肌附着处，沿下颌缘向前剥离达第一双尖牙处时，注意勿损伤颏神经血管束。

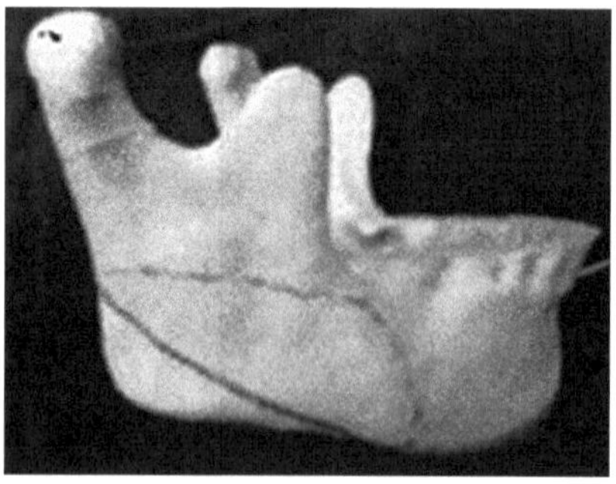

图 2-1-4　快速原型技术制作下颌骨实体模型，根据模型设计手术方案和截骨线

**3. 截骨线设计**　根据截骨线设计方法，在下颌曲面断层片或在下颌骨侧位片上，标出下颌骨升支前缘的垂线与咬合平面的平行线与下颌骨下缘及升支后缘交点的连线为安全的截骨线。目前将计算机辅助设(computer aided design，CAD)与快速原型技术(rapid prototyping，RP)应用于下颌角截骨术，可行下颌骨 CT 扫描及三维重建，三维测量后决定截骨范围，应用快速原型技术制作下颌骨实体模型，根据模型设计手术方案(图 2-1-4)。手术方法包括下颌角部分截除、外板矢状劈开切除及自体下颌骨移植隆颏等。

**4. 截骨**　先用裂钻或瓜形磨头沿截骨线磨出一骨槽，而后用摆锯将下颌角截除，在用磨头将截骨后创基打磨平滑。外板矢状劈开切除法：包括下颌角截骨与外板切除，以减少双侧下颌间的距离，对缩窄面下 1/3 具有重要作用(图 2-1-5)。

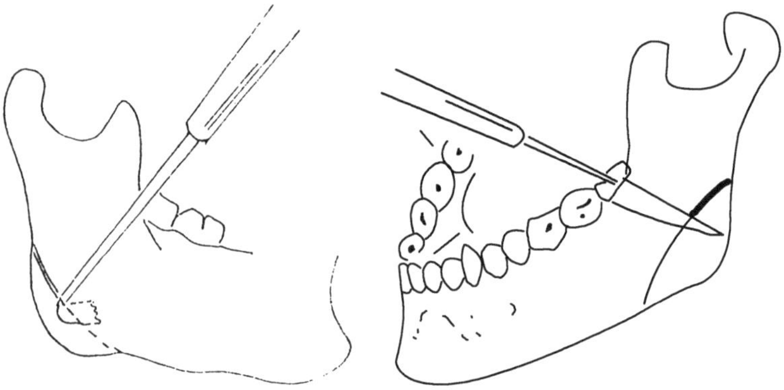

图 2-1-5　用摆动锯截除下颌角全层

通常是将这两种方法结合起来，达到较好的效果，即侧面脸型下颌角处弧线优美，流畅，角度在 120°左右，下颌角点在口裂水平处；正面脸型面下 1/3 明显缩窄，与颞面宽、颧面宽比例和谐。

**5.** 咬肌肥大者将咬肌中层用组织钳提起后，用 7 号丝线缝合 3 ~ 4 针牵引线，提起牵引线，电刀切除中层咬肌。

**6.** 彻底止血后缝合切口加压包扎，必要时可放置负压引流 48h。

## 口外切口下颌角截骨术

**1. 耳后切口下颌角截骨术**

(1) 切口设计：自耳垂下皱襞处沿耳后基部上行至中上 1/3 处向后延伸至发迹，沿发迹向下达下颌角平面。在皮肤表面用亚甲蓝标出下颌角位置，下颌缘以及颏孔的体表投影位置。截骨线同前依 Kamishi 线在皮肤表面标出截骨线体表投影。

(2) 下颌角的显露:首先沿耳后切口线在耳后筋膜浅层平面翻起耳后皮瓣,到达胸锁乳突肌前缘后,在腮腺咬肌筋膜浅层向前分离至下颌角表面。用左手食指触及下颌角中心部位,用蚊式钳顺下颌缘平行方向钝性分离咬肌筋膜达骨膜表面,切开骨膜后用骨膜剥离器沿下颌骨下缘在骨膜下分离起咬肌附着点,并用下颌缘剥离器或剥离子将下颌内侧缘软组织略剥离 1.5 ~2.0cm 宽,用深部直角拉钩拉起咬肌游离端,用浅直角拉钩将下颌角后软组织拉开,用胸压板沿下颌角后缘内侧面插入已剥离好的腔隙内保护深部软组织。至此,下颌前后缘均以充分显露,依术前曲面断层 X 线片设计的截骨量,用亚甲蓝在下颌角上方标出截骨线。

(3) 用来复锯、切割钻或小瓜形钻沿截骨线截除肥大的下颌角,截骨时注意保护周围的软组织勿受损伤,尤其当用钻切割时,不可使软组织进入手术野,否则高速旋转的钻头将造成软组织的撕裂伤。

用小骨刀沿截骨线轻轻凿断部分骨联结处,取出截下的骨块,用手指触摸截骨面是否平整,用瓜形钻磨削平整截骨断端的锐利面,并将截面修至较圆滑为止。

如伴有咬肌肥大者,可在咬肌后缘中部用 4 号丝线纵形缝合 2 ~3 针作为牵引线,而后在牵引下将咬肌中层分离出,用电刀切断去除。切断咬肌时注意保护咬肌的附着部不被切除,以保证所保留的咬肌能重新与下颌缘牢固结合。

截骨面用骨蜡止血后冲洗伤口,确认无活动出血后放置负压引流管,逐层缝合切口。缝合耳后皮瓣时,可将皮瓣向后上方提起,切除多余部分后缝合,可起到颌颈部皮肤提紧术的作用。

(4) 缝合切口后加压包扎。

**2. 下颌缘切口下颌角截骨术**

(1) 切口设计:以下颌角顶点为中心,在顶点下方约一厘米处,设计一与下颌下缘及下颌升支后缘平行,长约 2.5cm 的弧形切口,并用亚甲蓝在皮肤上标出截骨线。

(2) 下颌角的显露:切开皮肤及皮下组织后,钝性分离颌颈部筋膜组织达下颌角骨膜,切开并分离骨膜至截骨线远端。

(3) 截骨:同耳后切口法。

## 下颌角肥大矫正术的护理

**【护理目标】**

1. 术后包扎可靠,减轻肿胀,防止血肿形成。
2. 及时清理呼吸道分泌物,保持呼吸道通畅。
3. 应用药物或物理的方法缓解患者疼痛。
4. 无菌操作,预防感染。
5. 观察病情变化,及时发现和处理并发症。
6. 消除受术者焦虑不安的情绪,配合治疗。

**【护理措施】**

**1. 术前护理**

(1) 心理护理:受术者求治的目的是改善外观,但又担心手术痛苦及术后的疗效,心理上紧张而焦虑。术前应仔细听取受术者的陈述,了解受术者的心态和要求,作好术前的测量和解释，消除受术者的心里顾虑，与受术者共同选择满意的手术方案。

（2）细心询问病史并体检；完善全麻术前准备。常规全身检查，了解局部有无手术、外伤史及用药史，近期口腔是否有急慢性溃疡等。手术区域是否有感染灶存在。患者是否瘢痕体质、过敏体质；有无出凝血性疾病；有无心、肝、肺、肾等重要器官的活动性和进行性疾病；女性患者是否处于月经期；是否存在心理障碍等。

（3）术前 2 周停服雌激素、维生素 E、阿司匹林等药物。

（4）医学照相：面部正、侧、斜位及颏下位照片，以备术后对比。

（5）遵医嘱协助患者作好相关辅助检查：拍摄上颌骨 X 线片，了解上颌窦发育情况；测量面型宽度比值及骨性面宽比值。拍摄下颌骨曲面体层片，下颌侧位片，测量下颌骨该去除的量，了解下颌管的走向，确定下牙槽神经和血管的走向。

（6）头部术野准备同除皱术。口腔护理：术前 2～3d 嘱患者每餐进食后均用牙刷刷牙、漱口，术前 1d 在每次刷牙后用 1∶5000 呋喃西林液漱口，术前先用 3% 过氧化氢溶液擦洗口腔黏膜，再以生理盐水冲洗口腔。

（7）术前对将使用的微型锯进行功能检查，测试。估计手术时间较长者，术前留置导尿。

**2. 术后护理**

（1）按全麻术后护理常规护理。

（2）观察生命体征及意识恢复情况，随时观察受术者呼吸道的通畅度、呼吸幅度、频率等，及时吸净受术者口腔积血及呼吸道的分泌物，保持呼吸道通畅。对经口入路的患者，应经常观察口腔及咽后分泌物，并及时吸出，吸引时避免触动伤口的填塞纱条，防止其松动阻塞呼吸道。术后可常规作口腔雾化吸入，以防止呼吸道感染。

（3）保持头面部包扎固定牢靠，在全麻清醒后取低坡卧位，进食和口腔护理时可适当增高，晚间睡眠时适当放低卧位。告诫受术者头部不宜过多活动，禁止吸烟饮酒。

（4）密切观察负压引流管是否通畅及引流量和颜色。如无特殊，术后 48h 更换敷料，拔除负压引流管。

（5）疼痛剧烈者，告知医生，必要时遵医嘱给予镇静剂或镇痛剂对症治疗。

（6）术后应用抗生素预防感染。

（7）进全流质饮食，给予口腔护理每日 2 次。

（8）告知手术肿胀期及术后最终效果出现的时间，帮助肿胀恢复期的心理调整。

（9）术后口内切口 6～7d 拆线，术后 3 个月复诊，了解切口恢复情况及手术效果，征得受术者同意后留取改形后的正、侧、斜位片，以保证资料的完整。

（三）小颏畸形矫正术及护理

小颏畸形（chin microsomia）系因遗传或内分泌障碍、炎症、外伤等因素造成颏联合处发育畸形，颌骨其他部位可以是正常的，但较少见，多数是小颏伴小颌畸形，即除颏畸形之外，尚有下颌体和升支发育不良，临床上可以见到下颌前突但颏部反而发育不足。颏部的形态越来越被人们所重视，正常或上翘的颏，不但被视为美的标志，而且被看成智慧和魄力的象征；相反则是怯懦和优柔寡断的反映。因此，人们十分重视颏的成形研究。在软组织的鼻根点和鼻下点，通过这两点作两条与眶耳平面垂直的线，正常人颏点应在这两条垂线之间，超出此范围则被视为巨颏或小颏。

协调的面容，可采用黄金分割法将其分为三等份。发际到鼻根为面上 1/3，鼻根至鼻小柱下缘为面中 1/3，鼻小柱下缘至颏下点为面下 1/3，可以此距离来判断面部垂直距离是否合适，设计截骨线和颏部骨段移动的方向与距离，当然尚需根据个体情况作相应调整。此外，临床上还研制出正颌外科的计算机辅助设计和预测疗效系统，可以存储大量的测量数据，在头颅X片上设计手术方案，作为手术时参考；在荧光屏上可以随意移动、切割和旋转局部形态，以供医生和患者共同讨论，选择最佳方案，达到理想的效果。

## 颏部水平截骨术

颏部成形术的方法较多，但最常用的是颏部水平截骨，手术中应保留广泛的肌肉附着，以保证颏骨段的充分血供，要求对舌侧、下缘和截骨线以下部分不做剥离。

手术方法：在口腔前庭作切口，切口应位于唇沟底部，斜向切至骨膜，以便保留更多的颏肌附着于骨面上。用骨膜剥离子在骨膜下剥离至下缘，如显露不清楚，可以适当延长切口，是颏部软组织可以脱套，两侧可见颏神经孔，予以充分保留，防止损伤，舌侧可将二腹肌前腹分离，而颏舌肌不作分离。在根尖下约4～5mm或颏孔下3～4mm，设计一截骨线，并且以裂钻将其标志在密质骨上，用微型电锯或骨凿沿截骨线自唇侧至舌侧作全层切开，但需准确，勿损伤舌侧软组织，以免发生水肿或血肿，用骨凿向下松动颏骨段，使其带肌肉蒂游离。将颏骨段沿设计方案进行移动，达到理想的位置，要使肌肉和骨膜充分松解，不能牵拉骨段，否则容易复发。结扎固定是最常用的方法，分别在上下骨段的左、中、右钻孔，上段在唇侧密质骨钻孔，下段在舌侧钻孔，钢丝在结扎孔之间行“8”字结扎固定。这样可以防止颏骨段向上下和左右移动。

通常采用三层缝合方法，由于骨移动后拉拢缝合有一定困难，故应尽可能缝合骨膜、肌层和黏膜，防止内翻缝合。术后创口作适当的包扎和冷敷，有利于术后的止血和塑型。而微型钛板固定则更为稳固。颏水平截骨应注意的事项：首先应保持颏神经的完好无损；骨下段应尽量多地保留软组织附着；大幅度地移下骨段，可出现上、下骨段无接触面，影响骨创面愈合，所以应当在上段的唇侧植入松质骨，或者采用双台阶截骨术，从而使骨段间充分接触，达到良好的愈合，也有利于防止出现颏褶过深。

植骨的大小、骨块放置的位置均因人而异，确切按照术前设计进行植入。如果仅需增加颏突度，可将植骨块放在颏前方；需要增加面下1/3高度，可将植入物制成“L”形，植入颏前下方，使其植入后既能与下缘相贴合，又能与前方骨面相结合，可以同时增加颏突度和颏高度，效果良好。

植骨术时注意黏膜切口应呈斜向切开，使黏膜与骨膜切口不在同一平面上，植入物不易外露。植骨块应尽量与骨面贴合，而且要用松质骨与骨面相接触；若骨面高低不平，可用钻头予以磨平，以增加贴和面积，创口可以早期愈合。然后加以牢固的固定，以避免下颌运动和肌肉牵拉后，造成颏段骨块的移动；若植骨块压住颏神经，则应作一切迹避开颏神经，以免术后麻木。缝合时软组织应尽量松弛，使其没有过大的张力，否则植入体表面软组织变薄，会有穿孔的危险。临床资料表明，前徙颏骨段后，软硬组织的移动比率为1∶1，有的在1∶0.97～1∶0.9之间，这可以做术前设计的参考。

本手术是在下颌前部区域，暴露较清楚，并发症大多可以避免。临床上较多出现的并发症有出血、颏神经的损伤和移动骨段的骨折。出血多数是剥离时的软组织渗血和骨髓腔的出血，应及时予以电灼或结扎止血，或以骨腊压迫止血。手术过程应暴露清楚，防止神经损伤。截骨要充分，防止由于截骨不彻底，使用暴力撬动，或在凿子劈开时因用力不当而造成骨段两端骨折。术后并发症主要有感染、血肿、下唇和颏部麻木。感染在临床上并不多见，主要是因缝合时有内翻，或过度的电刀切开和烧灼，使创口愈合不佳，而发生感染。经过氧化氢溶液冲洗和碘仿纱条覆盖，通常在1～2周内愈合。严密止血可防止口底血肿。麻木可因损伤、牵拉过度和局部水肿压迫而发生。若为颏神经切断者，麻木时间持续较长，甚至是永久性的；若为其他原因所致的，麻木是暂时的，可以恢复的。

## 假体置入隆颏术

假体置入隆颏术亦是一种较常见的小颏畸形整形术。其方法如下：术前用亚甲蓝标出需充填的范围及位置，挑选合适的充填材料(硅胶，e-PTFE等)并作简单的修整备用。

**1. 口内切口** 在齿龈沟处纵形或横行切开黏膜层，肌层至下颌骨，然后用组织剪紧贴骨质分至颏部并按预先设计范围分离出皮下组织腔隙，将雕好的充填材料放入其间隙内，并认真调整位置，观察是否合适对称。术后行肌层及黏膜两层缝合，用胶布皮肤外固定以防充填物移位。术后每日用朵贝儿液漱口4～5次，用抗生素预防感染。

**2. 颏下缘切口** 此切口在距颏缘的2cm颌下皮肤处，切口长度一般为1.5～2.0cm。切开皮肤，皮下组织至骨膜层，沿骨质表面分离需充填区，造成一个椭圆形皮下间隙，其范围略大于充填材料，这样可使充填物放入后皮肤无张力，也可避免形成较大的死腔，从而使充填物稳固在所放置的位置，如腔隙过大可用3-0线缝合固定充填物，分层缝合切口，术后加压包扎，常规应用抗生素，7d拆线。

## 小颏畸形矫正术护理

**【护理目标】** 同下颌角肥大矫正术。

**【护理措施】**

**1. 术前护理**

(1) 受术者的心理护理：受术者多有不同程度的心理顾虑或恐惧，做好心理疏导工作，消除顾虑和一些不良心理，不要过于强调并发症而加剧患者的顾虑和恐惧，也不应夸大手术的美容效果。

(2) 作好术前的测量，完善术前准备。常规全身检查，特别注意面部及口腔有无急、慢性感染病灶。

(3) 医学照相：拍面部正、侧、斜位及颏下位照片，以备术后对比。

(4) 口腔护理：术前2～3d嘱患者每餐进食后均用牙刷刷牙、漱口，术前1d在每次刷牙后用1∶5000呋喃西林液漱口，术前先用3%过氧化氢溶液擦洗口腔黏膜，再以生理盐水冲洗口腔。

(5) 皮肤护理：术前1d洗头洗澡，手术当天不要化妆。

(6) 术前对将使用的手术器械进行功能检查，测试。

**2. 术后护理**

(1) 观察生命体征，随时观察受术者呼吸节律、频率，有无痰鸣音等，及时吸净受术者口腔积血及呼吸道的分泌物，保持呼吸道通畅。对经口入路的患者，应经常观察口腔及咽后分泌物，并及时吸出。术后可常规作口腔雾化吸入，以防止呼吸道感染。

(2) 注意皮肤外固定包扎是否牢靠，防止填充物移位。为减少出血及术后塑性，可采用局部冷敷。

(3) 疼痛护理：患者术后疼痛剧烈者可遵医嘱给予镇痛药物。

(4) 为预防感染,术后常规口服抗生素3~5d,必要时使用肌注或静脉给药。

(5) 进全流质饮食,每日用生理盐水漱口4~5次。

(6) 心理护理:术后患者会出现不同程度的颌面部肿胀、疼痛等,可耐心解释,消除患者的恐惧心理,症状较重者可给予对症治疗。

(7) 注意感染、血肿、颏神经损伤(颏部麻木)等术后并发症的发生,及时告知医师处理。

## 三、颌面软组织美容手术及护理

### 面部脂肪抽吸术及护理

颜面部皮下过多的脂肪堆积,常存在于面部多脂肪分区,不仅会使面部显得臃肿,而且会影响面部轮廓的曲线美,临床常表现为双下巴、圆脸和面部下垂等。面部脂肪抽吸术是改善面部软组织轮廓的一种常用方法。

(一) 适应证

1. 面部皮下脂肪堆积过多,形成双下巴、圆胖脸型,欲改善面部轮廓者。
2. 面部皮肤软组织轻度松弛下垂者。
3. 面部颊区过宽,双侧不对称者。

(二) 手术方法

**1. 麻醉方法** 一般采用局部肿胀麻醉方法,肿胀麻醉液组成详见有关章节。

**2. 术前标记** 采用美蓝或龙胆紫标记面部局部脂肪堆积范围和厚度。

**3. 切口选择** 一般选择在耳垂下方、口角红白唇交界处或颏部正中线等隐蔽处。

**4. 手术方法** 一般选择20ml或50ml注射器,连接吸脂针,抽拉针栓形成负压,放射状、往复抽吸,直至效果满意。注意抽吸的均匀性,并应保留至少约5mm厚的皮肤脂肪层。采用6-0无损伤缝合线缝合切口一针。外敷无菌敷料,加压包扎。面部颊区吸脂时,要注意避免面神经的损伤。

(三) 面部脂肪抽吸术护理

参见本教材第一篇第十一章第一节 皮肤及其他组织移植术及护理的脂肪移植护理。

### 颊脂肪垫去除术及护理

颊脂肪垫是指位于面部颊区的脂肪组织,存在于咬肌、笑肌和颧大肌之间,是引起面颊部臃肿的重要原因。颊脂肪垫贴于颊肌表面,外被包膜,由体部和颊突组成,体部为呈长扁形脂肪组织,颊突呈单叶形或双叶形。临床上,为了改善中下面部轮廓,常将其去除。

(一) 手术方法

局部浸润麻醉下,采用口腔黏膜颊侧切口,避开腮腺导管做水平切开、纵向钝性分离颊肌,找到颊脂肪垫包膜,剪开包膜,适量去除颊脂肪垫。电凝止血,采用5-0可吸收缝合线缝合切口。术中注意勿损伤面神经和腮腺导管。

(二) 颊脂肪垫去除术的护理

**【护理目标】**

1. 包扎可靠,减轻肿胀,防止血肿形成。
2. 保持呼吸道通畅。

3. 疼痛缓解。

4. 预防感染。

**【护理措施】**

**1. 术前护理**

(1) 受术者的心理护理:术前受术者的多有不同程度的心理顾虑或对手术的恐惧,求治的目的是改善面部轮廓,护理人员应了解其心态和要求,端正其求美动机。对期望值过高者,认真分析其原因,纠正受术者的不切实际的要求。做好心理疏导工作,消除患者对手术的恐惧。

(2) 做好术前准备:常规全身检查,特别注意面部及口腔有无急、慢性感染病灶。

(3) 口腔护理:术前 2 ~ 3d 嘱受术者每餐进食后刷牙、漱口,术前 1d 在每次刷牙后用 1∶5000 呋喃西林液漱口,术前先用 3% 过氧化氢溶液擦洗口腔黏膜,再以生理盐水冲洗口腔。

**2. 术后护理**

(1) 观察口腔及咽后分泌物,并及时吸出。常规作口腔雾化吸入,以防止呼吸道感染。

(2) 注意压迫止血是否可靠。应用头套包扎塑型。

(3) 术后疼痛剧烈者可遵医嘱给予镇痛药物;

(4) 进全流质饮食,给予口腔护理每日 2 次。

(5) 心理护理:术后患者会出现不同程度的面部肿胀、疼痛等,可耐心解释消除患者的恐惧心理,症状较重者可给予对症治疗。

(6) 注意感染、出血、血肿形成等术后并发症的发生,及时告知医师处理。

## 酒窝成形术及护理

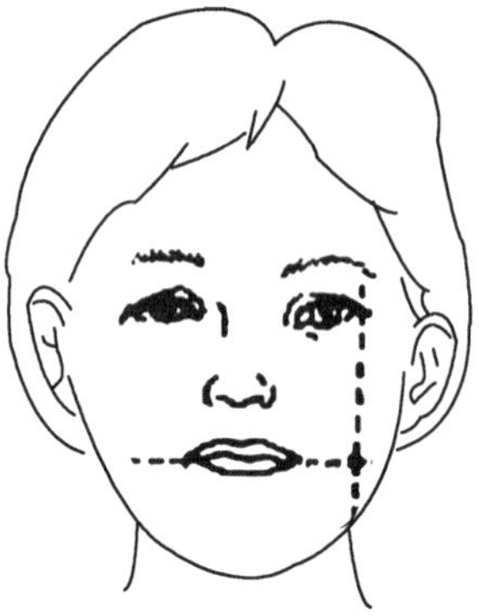

图 2-1-6　酒窝成形术的定位

酒窝也称笑窝,学名叫面靥,是位于口角外侧面颊皮肤上的凹窝。人笑时或表情愉快之时,此凹窝出现或更明显,因此为人们所喜爱。酒窝形成原理类似于重睑,是由于表情肌纤维直接附着于真皮下,当表情肌运动时,牵拉局部皮肤并使其表面形成一个凹陷,尤其在微笑时更为明显。酒窝形成的位置,多位于口轮匝肌外侧与腮腺咬肌筋膜前缘之间。天然的酒窝一般应呈椭圆形或半月形,因此应在垂直位置上下缝合 2 ~ 3 针,形成椭圆性的酒窝。如果只缝一针只能是圆形酒窝。

(一) 定位

酒窝形成的位置很重要。酒窝的标准位置应该为由口角向外画的水平线和由外眦向下画的垂直线的交叉点。亦有学者认为,如果在此标准位置稍上并稍偏向内侧一点,可能更为理想(图 2-1-6)。

(二) 手术方法

**1. 皮下结扎法**　手术在局部麻醉下施行。

(1) 在面部定点画 3 ~ 5mm 长的短线,用刀尖在短线的上、下端各刺一小孔。在口内颊黏膜与面部定点相对处,做一 3mm 长的垂直小切口。

(2) 将带有 5 号细丝线的直针由口内颊黏膜上的小切口的上端刺入,从面颊皮肤上定点线上端穿出。

（3）将同一针线由同一穿出点再刺入皮肤并在皮下真皮层走行3mm，然后从皮肤定点线下端穿出。此后从第二个穿出点第二次刺入皮肤，最后从口内颊黏膜上的小切口的下端穿出。

（4）牵拉针线如果面颊皮肤定点处出现凹窝，即可将丝线在黏膜切口内结扎，使皮肤真皮层与颊黏膜黏合。

（5）在口内颊黏膜的小切口处缝合一针。

皮下结扎法对于颊部脂肪较多的人不甚适用，这样的人需用口内切开法。

**2. 口内切开法**　在口内颊黏膜与面部定点相对处，做8mm长的横行小切口，再将切口内的肌纤维剪除一小块；用带有细丝线的小弯针，将颊黏膜与定点处的皮下真皮层缝合；将线结扎，使酒窝成形（图2-1-7）。

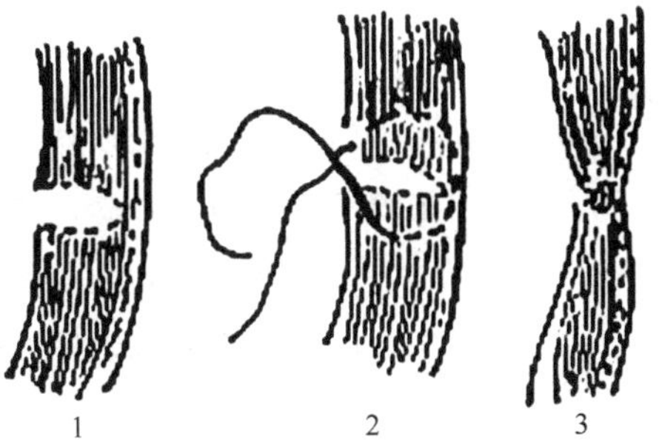


图2-1-7　酒窝成形术

1. 切口；2. 缝线；3. 结扎

（1）与术前选好的定点的相对处，在口内颊黏膜上做8mm的横行小切口。

（2）用小弯止血钳分开小切口，露出颊肌纤维。

（3）先用组织钳夹住切口内的颊肌纤维（夹时要注意面部肌肉有无抽动，避免损伤面神经纤维），然后用弯剪将夹住的肌纤维剪除。

（4）用带有细丝线的小弯针将口内颊黏膜与面颊定点处皮下的真皮层缝合一针。

（5）最后，将口内伤口缝合。

口内切开法有损伤面神经或腮腺导管的可能，手术时必须注意。

（三）酒窝成形术的护理

**【护理目标】**

1. 包扎可靠，减轻肿胀，防止血肿形成。
2. 疼痛缓解。
3. 预防感染。
4. 预防、积极发现并处理潜在的并发症。
5. 焦虑缓解，情绪改善。

**【护理措施】**

**1. 术前护理**

（1）受术者的心理护理：护理人员应了解其心态和要求，端正其求美动机。了解患者是否存在心理异常、期望值过高或畸形审美需求；对期望值过高者，认真分析其原因，纠正受术者的不切实际的要求。做好心理疏导工作，消除患者对手术的恐惧。

（2）做好术前准备：常规全身检查，特别注意面部及口腔有无急、慢性感染病灶。

（3）口腔护理：术前2～3d做口腔准备，用1∶1000呋喃西林液或2%的硼酸溶液漱口。如手术即时进行，应彻底清洁口腔，含漱口液20min，手术前口腔内反复消毒。

**2. 术后护理**

（1）注意口腔卫生，每天用2%的硼酸漱口液或生理盐水液含漱数次。

（2）减少口腔大幅度运动，必要时应用抗生素。

（3）注意感染、腮腺管损伤、神经损伤、位置不美等并发症的防治。

（4）术后5～7d拆线。

（5）要求受术者1周内尽量减少面颊活动，以免缝线开裂，酒窝消失。

（6）告知受术者术后存在恢复期，术后早期因颊部肿胀，酒窝可能不显现，消肿后到术后3～6个月内笑与不笑均会出现酒窝，局部可触及瘢痕性硬结，以后瘢痕软化，颊部组织恢复正常后，在微笑时才出现酒窝。消除其紧张的心理。

## 第三节　五官美容手术及护理

学习目标

1. 掌握

（1）眼睑的组织结构及解剖层次；重睑的形成机制及重睑分型；切开法重睑成形术操作步骤；内眦赘皮的分类及常用矫正术。

（2）鼻的形态美学及黄金点的定位。

（3）耳垂穿孔定位方法。

2. 熟悉

（1）重睑成形术的常用手术方法、常见并发症及处理方法；下睑袋的分型。

（2）隆鼻常用手术切口入路；驼峰鼻的概念。

（3）唇的各部位名称、解剖层次。

3. 了解

（1）眼袋矫正术的常见并发症及处理方法；上睑下垂术前检查内容及常用矫治手术方法。

（2）重唇的概念及治疗原则。

（3）副耳、耳前瘘管的病因及临床表现。

### 一、眼、眉

（一）眼、眉的应用解剖及美学

参见美容应用解剖学（第2版）第三篇第一章第三节 头面部容貌器官的美学解剖。

（二）重睑成形术及护理

重睑成形术（double eyelid plasty）是改变眼睑组织结构，对眼睑外形重新塑造，形成新上睑皱褶的手术。它使眼睛更加生动，是美容外科最常见的手术，也是不满意率最高的手术之一。

**1. 重睑的形成机制**　关于国人重睑形成的机制，中国学者认为与多方面的因素有关。

（1）上睑皮肤本身可分为两部分，在皱褶以上的广大部分，称为眶部，其皮肤较厚、较硬；在皱褶以下与睑缘之间的一窄条部分，称为睑板前部，其皮肤很薄、很软。这种厚薄、软硬不同的情况，使上睑皮肤的睁眼时形成一条皮肤皱褶。反之，如果眶部与睑板前部的皮肤都很薄很软，没有厚薄、软硬的差别，则不能形成皮肤皱褶。

（2）眼轮匝肌也可分为两部分，在皱褶以上的部分，称为眶部，此处的肌肉较厚且比较发达;在皱褶以下的部分,称为睑板前部,如果此部分肌肉甚薄或很不发达,睁眼时这两部分肌肉交界的皮肤就会出现一个皱褶。反之,如果两部分肌肉都很发达,则不能形成。

(3) 眶隔脂肪的下界如果在睑板上缘,则睑板上缘之上的眼睑丰满凸起,而其下方平坦,这种凸起和平坦两者之移行处皮肤可形成皱褶。如果眶隔脂肪较多,越过睑板上缘下降至睑板前部,则此皱褶也无法形成。

(4) 提上睑肌和 Müller 肌很发达,如果有纤维分布至重睑沟相应皮肤处,当提上睑肌收缩时则形成皮肤皱褶,出现重睑。

**2. 适应证与禁忌证**

(1) 适应证:凡身体健康、精神正常,主动要求手术,且符合下述情况之一者,都可施行重睑成形术。

1) 单睑者。

2) 重睑皱褶变浅,或多层皱襞,或睁眼时不显(隐双)者。

3) 两眼重睑不对称,或双上睑皱襞一有一无者。

4) 轻度上睑内翻倒睫者。

值得注意的是,在实际生活中重睑并非评价眼睛美的唯一标准,有许多人的单睑形态与五官面形和谐匹配,别有一番迷人的风度和魅力。因此,临床上不可轻率手术,以免弄巧成拙。

(2) 禁忌证

1) 精神不正常或心理准备不充分者。

2) 有出血倾向的疾病和高血压病者,有心、肺、肝、肾等重要器官的活动性和进行性疾病者,以及尚未控制的糖尿病和传染性疾病者。

3) 患有眼部疾病者,如先天性弱视、斜视及红眼病等眼内或眼外急、慢性感染疾患者。

4) 面神经瘫痪睑裂闭合不全者。

5) 眼球过突或眼睑退缩者。

6) 患有上睑下垂者。

7) 亲属不同意者。

**3. 术前检查和准备**

(1) 全身检查和准备

1) 询问有关病史,了解有无全身性手术禁忌证。对中、老年求术者必要时需行心、肝、肾等方面的有关项目检查。如有轻度异常,术前要对症治疗。

2) 术前 7 ~ 10d 停服维生素 E、类固醇激素和阿司匹林等抗凝药物。

(2) 眼部检查和准备

1) 仔细检查睑型、眉型、眼型、睑裂大小和形状。

2) 检查睑部皮肤的弹性、松弛程度及眶内脂肪情况,有无内眦赘皮。

3) 检查双眼视力,眼睑、眼球的活动情况。

4) 如有结膜炎、睑缘炎、严重沙眼者,须治愈后方可手术。眼睑及眼周有感染病灶,如毛囊炎、疖肿等也应暂缓手术。

(3) 其他

1) 常规行血象、出凝血时间检查。

2) 详细了解求美者的年龄、职业、心理状态及对手术的要求。

3) 术前照相。

**4. 术前设计** 术前设计是美容手术成功至关重要的环节,重睑成形术的术前设计应遵循和谐统一、双侧对称的原则,根据求美者的年龄、性格、职业、面型、眼型及面部各器官的个体情况,设计出特定的、协调的重睑形态。

重睑的形态各式各样,其分类方法也有多种,但较公认的是三型分类法(图 2-1-8),即:广尾型、平行型、新月型。广尾型是指重睑皱襞内窄外宽,适用于绝大多数单睑受术者;平行形是指重睑皱襞与上睑缘平行一致,尤其适用于睑裂细短者;新月型是指重睑皱襞在中间部较宽,此种类型临床上少用。

图 2-1-8 重睑分型

(1) 广尾型;(2) 平行型;(3) 新月形

重睑的宽度即重睑线至上睑缘之间的距离,可以归为较宽、适中和较窄三种:较宽的重睑是指宽度在 8mm 以上,这种设计适合于长方形面型、性格坚强及少数舞蹈、戏剧演员;适中的重睑是指宽度在 6 ~ 8mm,这种设计适合于大多数受术者。较窄的重睑是指宽度在 5mm 以下,这种设计适合于睑裂小及不愿被人察觉做了重睑术者。在实际操作中,不能机械按照上面的数据施术,还应综合考虑睑裂的长度、眉眼距离和提上睑肌的功能。

重睑线的设计方法很多,但最常用的是直接挑试法,即在上睑中、外 1/3 处(重睑线黄金分割点)的拟重睑线上用一竹签将皮肤向上挑起,同时嘱受术者平视,观察重睑形态,至施、受术者满意后,用甲紫标记此重睑线并用碘酒固定。

**5. 手术方法** 重睑成形术的手术方法有数十种,归纳起来可分为三类:切开法重睑成形术(double eyelid plasty by incision method)、缝线法重睑成形术(double eyelid plasty by suture and ligation method)和埋线法重睑成形术(double eyelid plasty by buried suture method)。

## 切开法重睑成形术

(1) 适用于所有符合重睑成形术适应证的受术者。

(2) 优点是手术野内解剖结构清晰可见,因而操作准确,止血彻底;可切除松弛的上睑皮肤、肥厚的眼轮匝肌及过多的眶脂肪;形成的重睑可靠、稳定,可以长久保持。

(3) 缺点是手术创伤较大,操作较复杂;术后肿胀较重,恢复时间长;切口留有线状瘢痕。

(4) 手术操作(图 2-1-9)

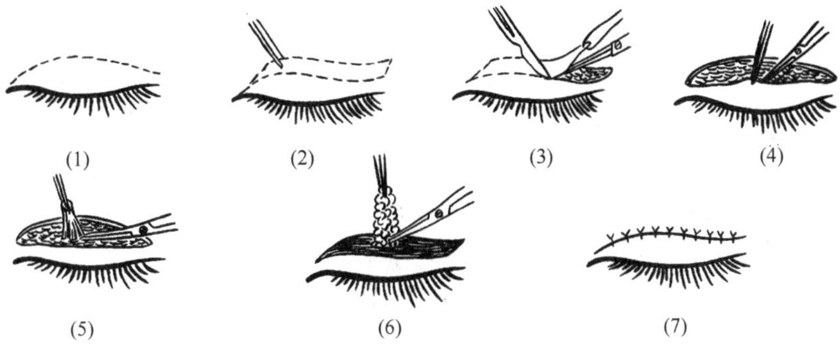


图 2-1-9　切开法

(1) 重睑线；(2) 需切开皮肤的范围；(3) 切除皮肤；(4) 分离切口下皮肤；(5) 去除部分眼轮匝肌；(6) 切除多余眶内脂肪；(7) 缝合皮肤

1）按设计原则，标画重睑线，如上睑皮肤松弛者应标画出需切除的皮肤。具体做法是：受术者取立位，微闭双眼，将上睑皮肤向上轻拉至刚牵动睫毛，画出重睑标记线，再用镊子夹起松弛的皮肤，以睫毛略有翘动为度，画出第二条标志线，两线之间的范围即为需切除的皮肤。

2）1%～2% 利多卡因加适量肾上腺素作切口部位眼轮匝肌下浸润麻醉，一般一侧 1～2ml。

3）沿重睑预定线切开皮肤，上睑皮肤松弛者切除多余的皮肤。

4）用镊子提起切口下缘，用眼科剪作皮下锐性分离达距睑缘 1～2mm 处，去除少许皮下组织和切缘眼轮匝肌，注意避免损伤睫毛毛囊和睑缘动脉弓。

5）于切口下方，剪除一条睑板前眼轮匝肌和睑板前疏松结缔组织，修剪内、外眦皮下组织。

6）牵开切口，如果眶隔张力大而膨出，则在眶脂肪隆起最高处剪开眶隔 3～5mm，去除由切口自然疝出的眶内脂肪。仔细检查是否损伤脂肪包膜上的血管，彻底止血。

7）用 7-0 丝线自切口下缘中、内 1/3 距切缘 0.5mm 的皮肤面进针，穿挂睑板前筋膜，从相应的切口上缘穿出皮肤。穿挂睑板前筋膜的高度应与设计的皱襞宽度一致，或略高 1～2mm。令受术者睁眼，观察重睑宽度是否合适，满意后顺重睑弧度如前法缝合 5～6 针。

8）术毕，切口涂少许眼膏，覆盖敷料。5～7d 拆除缝线。

缝线法重睑成形术：

此方法无需作皮肤切口，其原理是通过缝线压垫或压管将提上睑肌腱膜或睑板与重睑线处皮肤结扎、固定，造成粘连，形成重睑。

(1) 适应证：适于上睑薄、皮肤无松弛的单睑受术者。

(2) 优点：手术操作简便，恢复快，术后不留瘢痕。

(3) 缺点：适应证范围小，形成的重睑经过数年后往往易自然消失。

(4) 手术操作(图 2-1-10)

1）在重睑预定线上，定出 a-b、c-d、e-f 六点。

2）两端各穿一枚三角针的 1 号线，一针从结膜面穹隆部相当于 a 点处进针，从皮肤面 a 点出针。另一针从结膜面 a 点进针，在结膜下斜向 b 点结膜下，从皮肤面 b 点出针，于 a、b 两点间加纱布垫或硅胶管结扎。

3）同法完成 cd、ef 处缝线压迫。术后 7～10d 拆线。

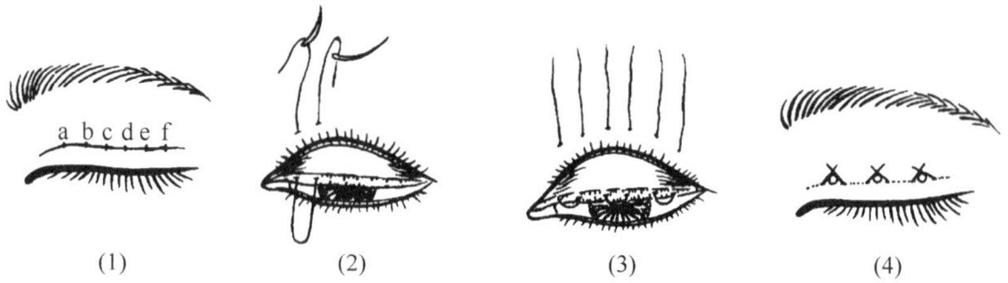

图 2-1-10　缝线法重睑成形术
(1)设计重睑线;(2)结膜面缝针,皮肤面出针;(3)缝线后;(4)放置胶管结扎

## 埋线法重睑成形术

埋线法的手术原理与缝线法一样,不同的是缝线埋于皮下,术后无需拆线。

适应证及优、缺点与缝线法同。

(1) 连续埋线法(图 2-1-11)

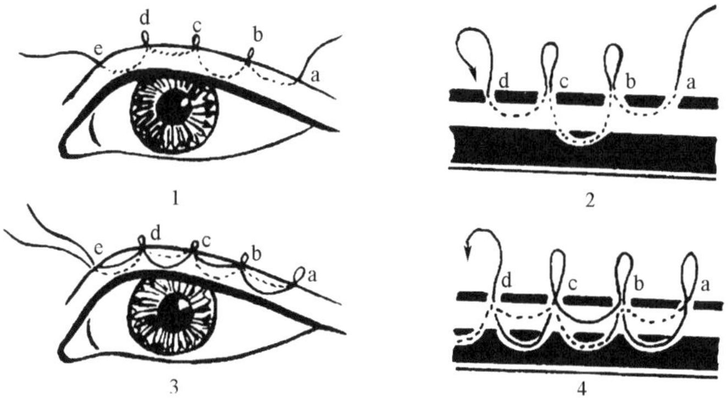

图 2-1-11　连续埋线法重睑术
(1)(2)缝线 ab、cd 通过皮下,bc、de 通过睑板;(3)(4)缝线 ab、cd 通过睑板,bc、de 通过皮下

1) 在重睑预定线上等距离定出 a、b、c、d、e 五点。用两端穿有三角针的 5-0 尼龙线做往返两次连续缝合。

2) 第一次连续缝合为从 a 点进针经皮下至 b 点出针,再于 b 点进针经睑板或提上睑肌腱膜至 c 点出针,由 c 经皮下至 d,由 d 经睑板或提上睑肌腱膜至 e 出针。

3) 第二次连续缝合仍从 a 点进针经睑板或提上睑肌腱膜至 b 点出针,再于 b 点进针经皮下至 c 点出针,由 c 经睑板或提上睑肌腱膜至 d,由 d 经皮下至 e 出针。

4) 最后在 e 处结扎两线端,并将线头埋入皮下。

(2) 间断埋线法:间断埋线法的术式有多种,如原田法、梅泽法、武腾法、邱氏法、宋氏法等,现以宋氏法为例介绍如下(图 2-1-12)。

1) 在重睑预定线的内、中、外侧分别画出的 3mm 的短线。

2) 用 11 号尖刀在预定的每条短线的起、止点处分别形成一个小深窝。

3) 两端穿有三角针的尼龙线,一针从止点的小窝刺入,穿过睑板上缘的浅层或提上睑肌在睑板上缘的附着处,从起点的小窝穿出。

4) 另一针从止点小窝刺入,穿真皮层,从起点的小窝穿出。

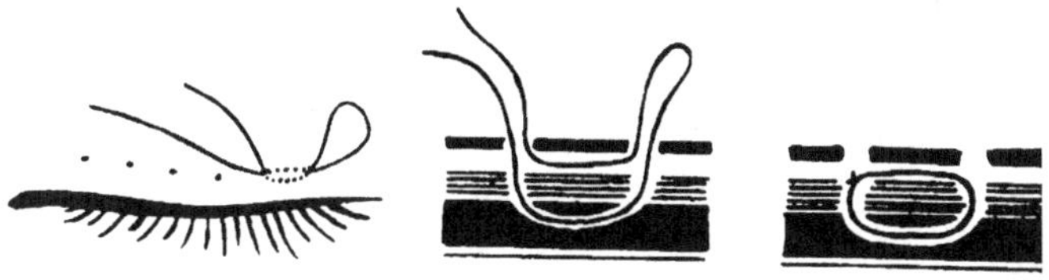


图 2-1-12 宋式埋线法重睑术

(1)重建线上做3对埋线;(2)缝线一端穿过睑板,另一端穿过皮下;(3)结扎线埋置于皮下

5) 在起点的小窝内将线的两端结扎,线结埋藏于小窝内。

**6. 并发症及处理**(complication and treatment)

(1) 血肿:常见的原因是术中止血不彻底,亦可见于患有血液系统疾病出凝血时间延长者,妇女月经期,术后24h内热敷者等。轻者48h后热敷可促进其吸收,并给予抗生素以防感染。重者须拆除部分缝线,清除积血,彻底止血。

(2) 感染:睑部血供丰富,抗感染力强,故发生感染者不多见。发生感染的原因见于无菌操作不严,器械消毒不严,手术操作粗暴,眼部有炎症等。一旦发生感染应使用有效的抗生素治疗,局部给予消毒,若切口化脓,应拆除部分缝线,局部清洁换药或放置引流条。

(3) "三眼皮"或上睑多皱襞:主要见于切开法,其原因是切口线上方眼轮匝肌和皮下组织去除过多,使上睑皮肤与深部组织粘连;或切开眶隔剪除脂肪后,眶隔膜复位不当致眶隔粘连;原有的重睑线没有彻底剥离开。处理办法是再次手术。

(4) 睁眼乏力:暂时性睁眼乏力见于术中麻醉药用量过多及术后肿胀明显所致,无需特殊处理。

永久性睁眼乏力多因手术时误将提上睑肌腱膜切断所致。处理办法:术后10d内发现,可从原切口切开,缝合其断端,若超过10d者,应在3个月后修复。

(5) 重睑消失:多见于缝线法和埋线法。缝线没有挂牢睑板或提上睑肌腱膜,也可见于切开法睑板前组织去除不够,使重睑沟消失。处理办法是再次手术。

(6) 皮下结节:多见于埋线法。其原因是线结埋入过浅或线结过大,或没有从原针眼进针使部分表皮结扎在线结内。处理办法是:较小者可不必处理,明显者可行小切口将线结取出。

(7) 上睑凹陷:由于术中过量的去除眶脂肪所致。此并发症应以预防为主,一旦发生较难修补。轻者不必处理,重者用游离脂肪移植来矫正。

(8) 眼睑皮肤破损:见于术中分离切口下皮肤时,不慎将眼睑皮肤剪破。处理办法是用7-0丝线缝合,3d后拆线。

(9) 角膜损伤:缝线法或埋线法自结膜面进针时,针尾伤及角膜或角膜护板粗糙所致。一旦发生应预防感染,促进修复,防止瘢痕形成。

(10) 球后出血:是切开法重睑术的严重并发症。由于去除眶脂肪时未彻底止血所致,受术者自觉眼部胀疼,眼球渐外突变硬,严重者可导致失明。一旦发生,应立即拆除缝线,清除血肿,降低眶内压,寻找出血点,同时给予对症处理。

**7. 重睑成形术的护理**

**【护理目标】**

(1) 减轻肿胀,防止出血及血肿形成。

(2) 疼痛缓解。

(3) 预防感染。

(4) 焦虑缓解,情绪改善。

**【护理措施】**

(1) 术前护理

1) 受术者的心理准备:术前受术者的多有不同程度的心理顾虑或对手术的恐惧,美容护理人员应认真听取受术者的陈述,了解其心态和要求,端正其求美动机。对期望值过高者,认真分析其原因,纠正受术者的不切实际的要求。对重睑术缺乏了解而恐惧者,宜通过术前谈话做好心理疏导工作,消除顾虑和一些不良心理。尤其要交代清楚埋线法和缝线法重睑可能在数年后自然消失,以免术后发生医疗纠纷。

2) 皮肤准备:术前一日洗头洗澡,手术当天不要化妆,术前 3d 开始用抗生素眼药水滴眼。

3) 做好术前准备,常规全身检查,特别注意面部有无急、慢性感染病灶。女性最好避开月经期手术。

4) 术前照相:头面部正侧位像。

(2) 术后护理

1) 切口护理,有包扎法和暴露法。包扎法是在切口涂少许抗生素眼药膏,外盖敷料,用条形纱布固定,术后 24 ~48h 换药,局部清洁消毒,再涂以抗生素眼药膏,无需再包扎。暴露法是术后切口用 75% 乙醇溶液消毒,再涂以抗生素眼药膏即可。

2) 观察有无切口感染,有无球后出血或活动性出血,有无睁眼乏力等。

3) 术后立即冰敷 20 ~30min,每隔 1 ~2h 冰敷一次,可以减轻局部疼痛及水肿。保持切口清洁干燥,术后 3d 开始热敷,促进青紫消退及吸收。术后常规口服抗生素 3 ~5d,必要时使用肌注或静脉给药,5 ~7d 拆线,拆线过晚有加重缝线反应及瘢痕形成的风险。

4) 心理护理:术后患者会出现不同程度的眼睑及眶周肿胀、疼痛等,可耐心向患者解释:水肿一般术后 7 ~10d 消退。2 ~3 个月可完全恢复。疼痛剧烈者可以应用镇痛药物对症治疗。消除患者的恐惧心理。

5) 注意感染、出血、血肿形成等术后并发症的发生,及时告知医生处理。

(三) 眼袋矫治术及护理

下睑袋(lower eyelid bag)是指下睑部组织松弛、衰老退变,呈袋状垂挂。

**1. 病因及分型** 眼袋多发生于 40 岁以后的中老年人,男女均可发生,它是面部组织老化的重要临床特征。也有青年时期出现眼袋,此现象多与遗传因素有关。根据下睑袋形成的病因不同可分为以下三种类型。

(1) 下睑皮肤松弛型:以下睑皮肤松弛下垂为突出表现,皮肤变薄,皱纹明显,严重者可致下睑外翻,睑球分离。

(2) 眶脂肪疝出型:由于眼轮匝肌、眶隔退变松弛,眶内脂肪向外疝出,使下睑臃肿膨隆。此型亦可见于有家族遗传史的年轻人,眶内脂肪过多所致。

(3) 混合型:具有上述两型的特点,是临床上最常见的类型。

此外,有些年轻人下睑缘下方眼轮匝肌肥厚,使下睑显得臃肿,但无皮肤松弛和眶脂肪疝出,多数学者认为这不能算真正的眼袋,称之为假性眼袋。

**2. 手术方法** 眼袋矫正术(correction of lower eyelid bag)是通过修复和加强下睑各层组织结构,达到减轻或消除下睑臃肿、松弛的效果。根据切口入路的不同可将其手术分为两类:结膜入路眼袋矫正术(correction of lower eyelid bag approach conjunctiva)和皮肤入路眼袋矫正术(correction of lower eyelid bag approach skin)。

## 结膜入路眼袋矫正术

(1) 适应证:适于下睑眶脂肪疝出而皮肤和眼轮匝肌不松弛者。

(2) 手术操作

1) 1~2% 利多卡因 2~3ml 加适量肾上腺素作下睑穹隆结膜下及眼轮匝肌下浸润麻醉。

2) 暴露睑板,于下睑板下缘中部作 1~1.5cm 长的横形结膜切口达结膜下。

3) 用眼科剪沿结膜下层向眶下缘作钝性分离,可见膨出的眶脂肪。

4) 剪开眶隔,轻压眼球,视情况去除疝出的内、中、外侧眶脂肪,仔细止血。

5) 结膜切口可不缝合,眼内涂眼药膏,加压包扎 24h。

## 皮肤入路眼袋矫正术

(1) 适应证:适于各型眼袋的修复,尤其是下睑皮肤松弛型和混合型。

(2) 手术操作(图 2-1-13)

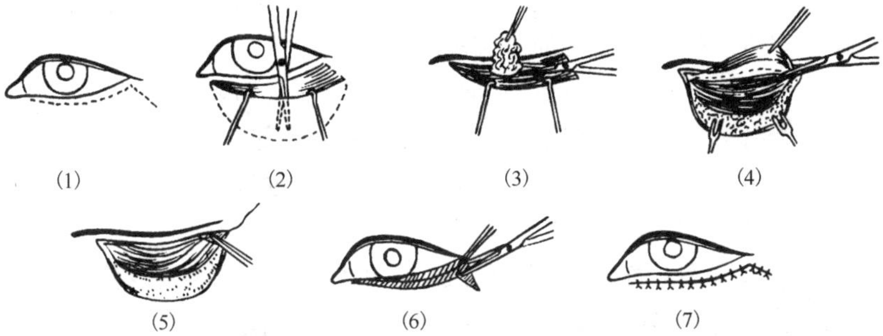

图 2-1-13 皮肤入路下睑袋修复

(1) 切口设计;(2) 剥离范围;(3) 去除多余脂肪;(4) 分离、切除松弛的眼轮匝肌;(5) 上提、缝合眼轮匝肌;(6) 去除多余皮肤;(7) 缝合皮肤

1) 切口设计:用甲紫在下睑缘睫毛下 1mm 平行睑缘画线,内侧不超过内眦,外侧至外眦角时拐向外下,即相当于上睑缘向下延伸的方向延长约 0.5~1cm。

2) 1%~2% 利多卡因加适量肾上腺素作局部浸润麻醉,沿预定线切开皮肤。

3) 在眼轮匝肌浅面潜行剥离,可至眶下缘。

4) 在切口下方约 0.5cm 处,横行分开眼轮匝肌,暴露隔膜。剪开隔膜,去除疝出脂肪,仔细止血,缝合眶隔。对于泪沟较深的患者,可在骨膜表面适当剥离,将部分疝出的眶隔脂肪填塞于骨膜与眼轮匝肌之间,缝合固定。

5) 眼轮匝肌松弛者,可去除一条松弛的眼轮匝肌,用 5-0 丝线将眼轮匝肌向外上方提紧悬吊于眶外缘骨膜上。

6）向外上方牵拉皮瓣后放松，嘱受术者尽量上视或张大口，此时，超过切口缘的皮肤即为需切除的皮肤。可先切除外侧三角形皮肤，再切除下睑缘以上多余的皮肤。

7）切口缝合时先在外眦角固定一针，再用7-0丝线间断缝合其余切口。

8）术后24h加压包扎，5～7d拆线。

**3. 并发症及处理**

（1）下睑外翻（Ectropion of lower eyelid）：是最常见的并发症。多由于下睑皮肤切除过多、去除眶脂肪过多、皮下瘢痕挛缩、松弛的眼轮匝肌未予缝合或切除眼轮匝肌过多所致。轻度下睑外翻可作局部向上按摩，一般2～3个月后逐渐恢复；中度下睑外翻可沿原切口切开，充分剥离皮肤，短缩下睑板，将眼轮匝肌向外上方提紧固定于眶外缘骨膜上；重度下睑外翻采用短缩下睑板、眼轮匝肌悬吊、上睑眼轮匝肌肌皮瓣或游离皮肤移植的方法修复。

（2）皮下淤血及血肿：是眼袋矫正术的常见并发症。轻度的淤血，一般在1～2周内可自行吸收。对于较大的淤血和血肿可口服活血化淤药物促进其吸收。对已机化形成硬结者，可理疗和按摩，必要时手术取出硬结。如有眶隔内出血，须及时打开眶隔清除血肿，彻底止血，否则血肿压迫视神经可导致失明。

为尽量减少术后血肿形成，术中应仔细彻底止血，肾上腺素的使用不宜过多，以防术后出现反弹性渗血。此外，术后应加压包扎。

（3）下睑凹陷（Retraction of lower eyelid）：眶脂肪除有保护和固定眶内结构的作用外，还使睑部充盈。因此，切除眶隔脂肪的量要适中，过多则引起下睑凹陷。处理此并发症的方法是透明质酸填充或游离脂肪移植，但需谨慎，注射过多或位置偏上又会造成眼袋出现。

（4）睫毛脱落：睑缘切口应在下睑缘下1mm，如切口过于靠近睫毛根部，损伤睫毛毛囊，造成术后睫毛脱落。处理方法是通过文眼线予以弥补。

（5）感染：见于术中无菌操作不严；术前局部有感染灶未被发现；术后切口污染等。一旦发生感染，应给予有效的抗生素控制感染，同时局部拆除部分缝线、放置引流、清洁换药。

（6）眼睛干燥：由于切口瘢痕收缩，下睑轻度退缩致暂时性睑裂闭合不全所致。处理方法：白天滴人工泪液，晚上涂眼药膏。

（7）切口偏下、双侧不对称、眼袋部分存留：由于切口设计不当，双侧设计不一致，对多余皮肤量估计不足所致。处理办法：于3～6个月后再行手术。

**4. 眼袋矫治术的护理**

**【护理目标】**

（1）减轻肿胀，防止血肿形成。

（2）缓解紧张、焦虑情绪。

（3）采取有效措施缓解疼痛。

（4）预防感染。

**【护理措施】**

（1）术前护理

1）受术者的心理准备：协助手术医生做好心理指导，尤其应注意告之手术后眼袋可能不能去除干净，而且下眼袋修复术不是一劳永逸的手术，眼袋在3～4年后有可能再复发。皮肤入路方法在1～2月内切口瘢痕较明显，可能短期内有轻度睑外翻。以免产生不必要的医疗纠纷。

2）局部准备：术前1d洗头洗澡，术前3d滴抗生素眼药水，告知滴眼液的方法及注意事项，检查眼部有无炎症。

3）做好术前准备，常规全身检查，特别注意面部有无急、慢性感染病灶。

4）头面部医学照相存档。

（2）术后护理

1）切口护理：切口涂眼药膏，加压包扎。术后立即冰敷20～30min，每隔1～2h冰敷一次，可以减轻局部疼痛及水肿。保持切口清洁干燥，24h后去除敷料，术后3d开始热敷，促进青紫消退及吸收。结膜入路下睑袋修复术于术后3d拆线，皮肤入路下睑袋修复术于术后5～7d拆线。

2）预防感染：常规使用抗生素5d，白天滴抗生素眼药水，晚上涂抗生素眼药膏。

3）观察有无切口感染，有无活动性出血，有无血肿及皮下淤血等。轻度的血肿及皮下淤血最常见，一般在术后1～2周可自行吸收，但如有持续切口渗血，眼球肿痛则应立即打开切口，清除淤血，找出出血点，彻底止血。

4）下睑外翻：轻度下睑外翻是术后常见并发症，可不必特殊处理，大部分在术后2～3个月可自行恢复正常。但明显的下睑外翻则处理较困难，应避免发生。

5）心理护理：术后患者会出现不同程度的眼睑及眶周肿胀、疼痛等，可耐心向患者解释，疼痛剧烈者可以应用镇痛药物对症治疗。消除患者的恐惧心理。

（四）内眦开大成形术及护理

内眦赘皮（epicanthus）是指存在于内眦部的一个蹼状皮肤皱褶。患者内眦间距离增宽，可遮盖内眦角和泪阜，给人以“内斜视”的假象，不但妨碍视觉，也明显影响眼部美观。

**1. 分类**

（1）根据发生的原因分类：可分为先天性和后天性两类。

先天性内眦赘皮是一种显性遗传病，通常为双侧，东方民族较多见，尤其是蒙古族，故又有人称为“蒙古皱襞”。不伴有眼部其他畸形者称单纯性内眦赘皮。部分先天性内眦赘皮可伴有上睑下垂，小睑裂，眉部畸形等（komoto综合征）。

后天性内眦赘皮多由外伤所致，如烧伤、烫伤等，多为单侧，常伴有邻近组织的损伤，如泪小管损伤、睑缘损伤、内眦韧带断裂等。内眦部形成蹼状瘢痕。

（2）根据赘皮的走行分类：可分为上睑型、内眦型和倒向型三类（图2-1-14）。

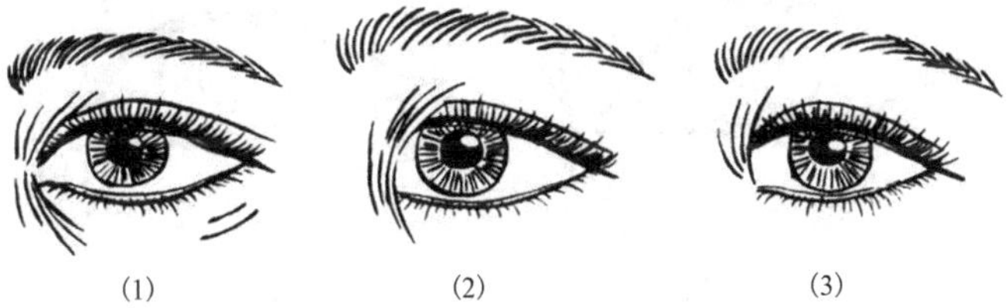


图2-1-14　内眦赘皮的分类

（1）上睑型；（2）内眦型；（3）倒向型

上睑型：赘皮起自眉部或上睑皱襞，止于内眦部。

内眦型：赘皮起自上睑，经内眦向下延伸至下睑。

倒向型：赘皮起自下睑，向上睑延伸。

**2. 内眦赘皮矫正术**(epicanthal plasty)

(1) 时间选择:儿童轻度单纯内眦赘皮,如赘皮不伴有其他先天异常,一般宜在14岁以后再考虑手术。但合并有先天性小睑裂、上睑下垂则应尽早手术。后天性内眦赘皮,应等瘢痕软化后再行手术。

(2) 手术方法:学者们认识到内眦赘皮不是水平方向皮肤多余,而是内眦部垂直方向的皮肤紧张所致。因此,人们通过各种术式延长垂直方向皮肤,降低张力,取得了较理想的效果。

### "Z"成形术

1) 适应证:轻度内眦赘皮,可与重睑术同期进行。

2) 手术操作(图2-1-15):①用甲紫沿赘皮缘划一中轴线,在线两端与中轴线呈60°角各作方向相反的标志线。②局部麻醉后,沿标示线切开皮肤,作皮下剥离形成两个三角瓣。③剪断内眦赘皮处部分环形眼轮匝肌,视情况可同时缩短内眦韧带。④交换两个三角瓣位置,用7-0丝线间断缝合,加压包扎,术后5d拆线。

图2-1-15 "Z" 成形术法

### Spaeth 法

1) 适应证:较严重的内眦赘皮。

2) 手术操作(图2-1-16):①沿赘皮缘作中轴线ab,o为ab之中点。自a、b作垂直上、下睑缘内1/3处的切口线ac、bd,使ac=ao,bd=bo,形成三角瓣A和三角瓣B。②自o点向鼻侧上、下夹角约60°作切口线oe、of,使oe=ac=ao,of=bd=bo,形成三角瓣C和三角瓣D。③局部浸润麻醉后,按预定线切开皮肤,分离皮下组织,形成四个三角瓣A、C、B、D。④将A瓣与C瓣交换位置,B瓣与D瓣交换位置,用7-0丝线间断缝合,加压包扎。⑤术后5d拆线。

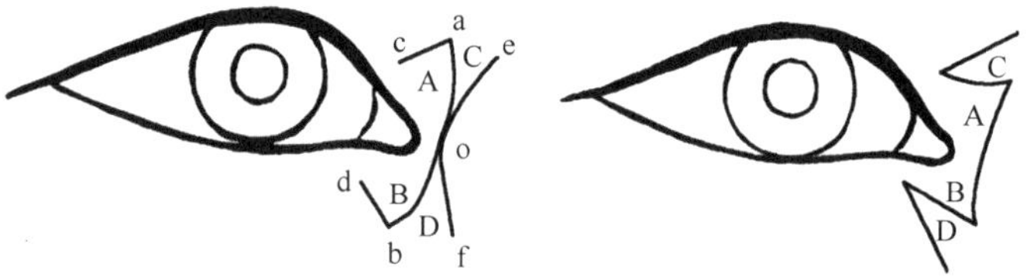


(1) (2)

图2-1-16 Speath 法

(1) 内眦部上、下各作Z形切口,分离皮下组织使呈A、B、C、D瓣;(2) 分别交换A、C和B、D缝合

### "Y-V"成形术

1) 适应证:较严重的内眦赘皮。

2) 手术操作(图2-1-17):①在内眦部作"Y"形皮肤切开标示线。"Y"长轴的长度为内

眦赘皮需向鼻侧牵拉的长度，上、下两臂与睑缘平行。②沿标示线切开皮肤，分离皮下组织，修整皮肤。③将赘皮向鼻侧牵拉作“V”形缝合。

图 2-1-17　“Y-V”成形术法

## Mustarde 法（墨氏法或四瓣法）

1）适应证：严重的内眦赘皮；倒向型内眦赘皮；内眦赘皮合并内眦间增宽及小睑裂等。

2）手术操作（图 2-1-18）：①患者平视，鼻中线与瞳孔中央水平线之交点与瞳孔中心点连线的中点 P1 点，为新设计的内眦点所在位置。②将内眦赘皮向鼻侧牵拉至赘皮消失，原内眦点为 P2 点，连接 P1 P2 点。③自 P1 P2 连线的中点 o 向上、下睑方向 60°角作切口线 oa、ob，其长度 oa = ob = P1 P2−2mm，于 a、b 处向鼻侧作 45°切口线 ac、bd，使 ac = bd = P1 P2−2mm。④自 P2 点作平行于上、下睑缘的切口线 P2e、P2f，使 P2e = P2f = P1 P2−2mm。⑤局部麻醉后沿切口线切开皮肤，分离皮下组织，游离皮瓣 A、B、C、D，显露内眦韧带，将内眦韧带折叠缝合，向鼻侧拉紧固定于鼻泪嵴骨膜上。⑥缝合 P1、P2 点，切除多余皮肤，分别将皮瓣 A 与 B、C 与 D 交换位置间断缝合。⑦术后轻加压包扎。5 ~ 7d 拆线。

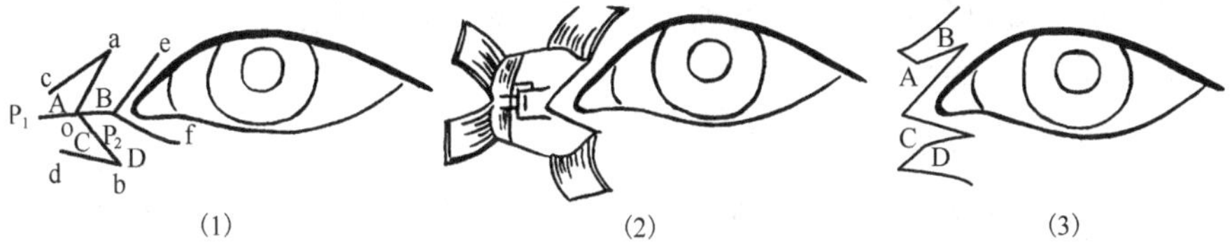


图 2-1-18　Mustarde 法

（1）P1、P2 为正常内眦和现内眦位置，o 为其中点；（2）分离皮下组织使呈 A、B、C、D 四瓣；（3）分别交换两组皮瓣缝合

**3. 并发症及处理**

（1）内眦瘢痕增生：内眦赘皮矫正术后通常有一定程度的瘢痕增生，术前应向患者交代清楚。一般在术后 3 ~ 6 个月后会自行变软、变平。如瘢痕增生明显可作理疗、按摩、外用瘢痕膏等治疗。为减轻术后的瘢痕增生应注意做到手术操作准确，皮缘对合整齐，切口无张力缝合，避免术后感染。

（2）赘皮矫正不满意：多由手术设计不当，或术式选择欠佳所致，可于术后 3 ~ 6 个月再行手术。

（3）皮瓣坏死：皮瓣太薄、缝合张力过紧、术中操作粗暴、肾上腺素用量过大是造成皮瓣坏死的主要原因，术中应避免上述情况的发生。

**4. 内眦开大成形术的护理**

**【护理目标】**

（1）加强心理护理，缓解焦虑、恐惧的心理。

（2）减轻肿胀，防止血肿形成，疼痛缓解。

（3）预防感染。

【护理措施】

（1）术前护理

1）受术者的心理准备：术前护理人员应详细听取受术者的要求及顾虑，向病人交代清楚手术的目的及术后的效果，不要过分夸大手术的美容效果，也不宜过分强调手术的风险，同时一定要讲清楚，术后切口通常会有一定程度的瘢痕增生，一般在3～6个月后会自行变软、变平，消除患者的心理顾虑。

2）做好术前准备。常规全身检查，了解患者有无过敏史，有无合并心肺疾患，特别注意手术区域有无急、慢性感染病灶。

3）局部准备：术前1d洗头洗澡，术前3d开始应用滴抗生素眼药水，告知滴眼液的方法及注意事项。

4）头面部医学照相存档。

（2）术后护理

1）切口护理：有包扎法和暴露法。包扎法是在切口涂少许抗生素眼药膏，外盖敷料，用一条胶布固定，术后24～48h换药，局部清洁消毒，再涂以抗生素眼药膏，无需再包扎。暴露法是术后切口用75%乙醇溶液消毒，再涂以抗生素眼药膏即可。术后5～7d拆线。

2）心理护理：针对不同的患者给予不同的心理护理，疼痛不能耐受者可给予镇痛药物，心理压力大者可给予心理疏导，尽量减轻患者的心理负担。

3）注意出血、感染等并发症的发生，及时告知医师处理。

4）注意观察皮瓣的血运情况，如发现皮瓣血运不好，应立即拆除缝线，用盐水纱布热敷。

5）术后1周复诊、照相。

（五）外眦成形术及护理

外眦成形术（lateral canthoplasty）是通过手术矫治，使狭小的外侧睑裂达到永久扩大的目的。

临床上造成外侧睑裂狭小的原因主要有两方面：一是先天性小睑裂，常伴有内眦赘皮、上睑下垂等其他眼部畸形。二是后天因素，如重症沙眼、外伤或感染所致的外眦角睑缘粘连等。手术矫治是治疗外侧睑裂狭小的有效方法，下面介绍几种常用术式。

**1. 手术方法**

### Von Ammon 外眦成形术

（1）局麻后于外眦角沿术前预定线剪开外眦组织的全层，用钝头剪于球结膜下作潜行分离，达穹隆部。

（2）在无张力情况下将球结膜牵拉至新外眦角顶端先固定缝合一针，再间断缝合其他结膜与皮肤切口。如球结膜有张力不能牵拉至外眦角，可潜行分离球结膜达角膜缘，沿相应的角膜缘作弧形切口，以减低张力。

（3）在新形成的外眦结膜处作一针褥式缝合，从距外眦角4～5mm处皮肤面出针，垫以纱布卷或橡皮条后结扎，以形成新的外侧穹隆。

（4）术毕涂眼药膏，5～7d拆线。

此术式是临床应用较多，效果较好的一种外眦成形术。但其缺点是外侧睑缘弧度常不理想，术中需略做修整，以及术后由于结膜部分退缩，外眦切口部分愈合，开大的睑裂长度比设计的要短,术前设计时应加考虑(图2-1-19)。

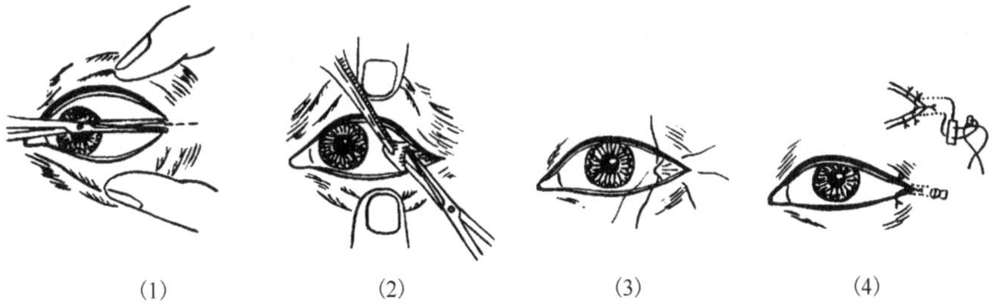

图2-1-19 Von Ammon外眦成形术

(1)剪开外眦;(2)分离球结膜;(3)结膜与皮肤间断缝合;(4)眦角结膜与皮肤褥式缝合

## Fox外眦成形术

(1)用甲紫在实际外眦点定点aa′,距aa′外侧4~6mm处定点b,为新的外眦点。沿上睑缘弧度向下约4mm定点c,连接aa′c及cb。

(2)在上、下睑缘外1/4处劈开眼睑为前后两叶,切口向外下延伸,切开aa′和cb。

(3)在图示范围做潜行分离,外侧不能超过b点。

(4)充分剥离后,c点向a点退缩,将c点缝合于a点,将a′点与b点缝合。

(5)充分分离外侧球结膜达上穹隆,间断缝合结膜与皮肤切缘。在外眦角结膜行褥式缝合至外眦皮肤引出,垫以小纱布卷结扎,以形成外侧穹隆(图2-1-20)。

(6)术后5~7d拆线。

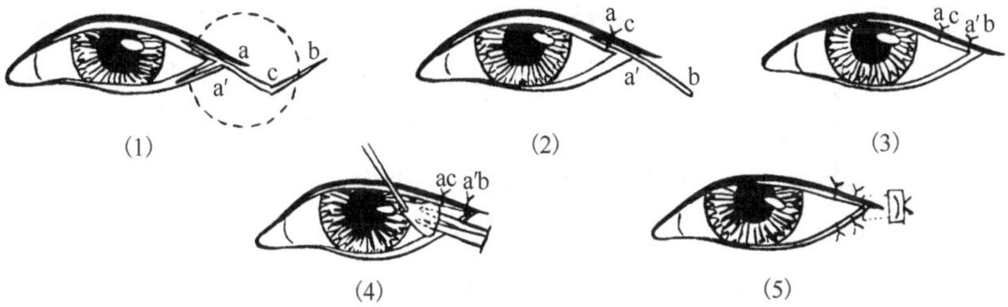


图2-1-20 Fox外眦成形术

(1)切口及剥离范围;(2)将c点缝于a点;(3)将a′点缝合于b点;(4)外眦球结膜下分离;(5)外眦结膜皮肤做褥式缝合

**2. 外眦成形术护理** 同内眦开大成形术护理。

(六)上睑下垂矫治术及护理

上睑下垂(Blepharoptosis)是指由于提上睑肌功能减弱或丧失,患者平视时上睑不能充分提起,睑缘遮盖部分或全部瞳孔。患者需借助额肌过度收缩和昂头姿势以增大视野,形成一种特殊面容和姿态,额部皱纹加深,眉毛上抬,甚至颈部肌肉和颈椎畸形。不但影响患者的视觉,还有损于容貌。

**1. 病因与分类** 上睑下垂可分为先天性和后天性两类。

(1)先天性上睑下垂:先天性上睑下垂多为双侧,也可是单侧,有家族遗传性。多由提上睑肌发育不全,或支配提上睑肌的运动神经功能不全所致。上睑下垂可单独存在,也可合并上直肌和下斜肌功能障碍;或合并下颌-瞬目综合征;或合并其他眼部畸形,如内眦赘皮、小睑裂、小眼球、眉部畸形等。

（2）后天性上睑下垂：引起后天性上睑下垂的病因有多方面：包括各种原因造成的提上睑肌功能减弱或丧失，如上睑撕裂伤、切割伤等；各种原因造成的动眼神经病变，如外伤、肿瘤、炎症、血管病变及内分泌或代谢性疾病；各种原因造成的上睑重量增加，如眼睑部肿瘤、重症沙眼、上睑重度凹陷；由于上睑提肌腱膜松弛导致的老年性上睑下垂及重症肌无力所致的肌源性上睑下垂等。

**2. 术前检查**　术前正确判断上睑下垂的性质、类型和程度，是选择手术方法和预测手术效果的重要依据。

（1）上睑下垂程度的测定：正常人（东方人）两眼平视前方时，上睑缘位于角膜上缘与瞳孔上缘之间，或上睑覆盖角膜上缘 1.5 ~ 2mm。如下垂 1 ~ 2mm，为轻度下垂；下垂 3 ~ 4mm 为中度下垂；下垂超过 4mm 以上为重度下垂。

单侧上睑下垂的测定，可以正常侧为参照标准，两眼平视前方时，双侧睑裂高度之差即为下垂量。

（2）提上睑肌的肌力测定：用拇指压住双侧眉弓，以阻断额肌参与提上睑的作用。令患者向下看，以此时睑缘所在位置为“0”，再嘱患者尽量向上看，测得上睑缘提高的幅度，即为提上睑肌的肌力，肌力可分为三级：0 ~ 3mm 为弱；4 ~ 7mm 为中等；8mm 以上为良好。正常为 13 ~ 16mm。另一种方法是按比例计算，因不同个体的眼睛大小不同，故不宜用绝对值来计算。具体方法：于头正位平视下，上睑缘遮盖瞳孔至角膜上缘距离之 1/3 者为轻度上睑下垂，遮盖 1/2 为中度，遮盖大于 2/3 以上为重度上睑下垂。

（3）上直肌功能测定：提起上睑，令患者眼球向各个方向转动，检查眼外肌的功能。如上直肌无功能或提起上睑有不能忍受的复视者，不宜行上睑下垂矫正手术。

（4）额肌肌力测定：让患者先向下看，再睁眼尽量向上看，测量眉上缘移动的距离即为额肌的肌力，正常为 10 ~ 15mm。选用以额肌为动力的术式时，患者须有良好的额肌肌力。

（5）其他：下述情况的上睑下垂，暂不宜施行上睑下垂矫治手术。

1）重症肌无力上睑下垂常为双侧，也可单侧。其特点是晨起症状较轻，下午加重，休息后好转，连续瞬目后加重。必要时做新斯的明试验可明确诊断：皮下或肌注 0.5 ~ 1.0mg 新斯的明，15 ~ 30min 症状好转者为重症肌无力所致。

2）Horner 综合征交感性上睑下垂，可伴有同侧瞳孔缩小，颜面潮红及出汗障碍等。用可卡因滴眼后下垂症状好转。

3）下颌-瞬目综合征患者咀嚼时，眼裂增大，眼睑下垂消失。此患者不宜作提上睑肌缩短术和额肌悬吊术，否则可能加重症状。此类患者多随年龄增大症状减轻或消失，因此应于青春发育期后才考虑是否需要手术治疗。

4）伴有复视、斜视的上睑下垂。

**3. 手术时机**　先天性上睑下垂原则上应及早矫治。但由于患儿年龄过小，眼睑及其周围组织发育尚不完善，患儿不合作，眼轮匝肌收缩力过强，易致手术失败。故一般认为 5 岁以后手术为宜。但重度上睑下垂者，手术时间应提前至患儿能站立行走时，以防患儿弱视和颈部畸形。对伴有其他眼部畸形和疾病的患者，一般应先行其他治疗后再考虑施行上睑下垂矫正手术。

后天性上睑下垂应首先针对病因治疗，无效时再考虑手术治疗。外伤所致上睑下垂是由于提上睑肌断裂所致者，应在处理外伤的同时寻找断端予以缝合，否则需在创伤愈合一年瘢痕软化后再行手术。

**4. 手术方法**　上睑下垂的手术治疗方法有一百多种，归纳起来有三类：提上睑肌缩短术（shortening operation of levator palpebrae superioris）；额肌悬吊术（frontalis suspension）；上直肌悬吊术。

一般而言，提上睑肌缩短的手术合乎生理要求，术后效果也较理想，它要求提上睑肌的肌力在4mm以上，否则可能造成术后的睑裂闭合不全。利用额肌提举上睑的手术适于重度的上睑下垂，此类手术不受提上睑肌残留功能的限制，操作简单，易于成功，但不符合生理情况，上睑迟滞现象是其不可避免的并发症。利用上直肌提举上睑的手术，因术后可能产生复视和斜视，现已很少采用。下述只介绍前两类手术。

## 提上睑肌缩短术

提上睑肌缩短术的术式主要有两种：经皮肤切口的外路法和经结膜切口的内路法，由于后者缺点较多，现已渐少用，故以下介绍经皮肤切口的提上睑肌缩短术。

(1) 适应证：提上睑肌肌力在4mm以上的上睑下垂。

(2) 手术操作（图2-1-21）

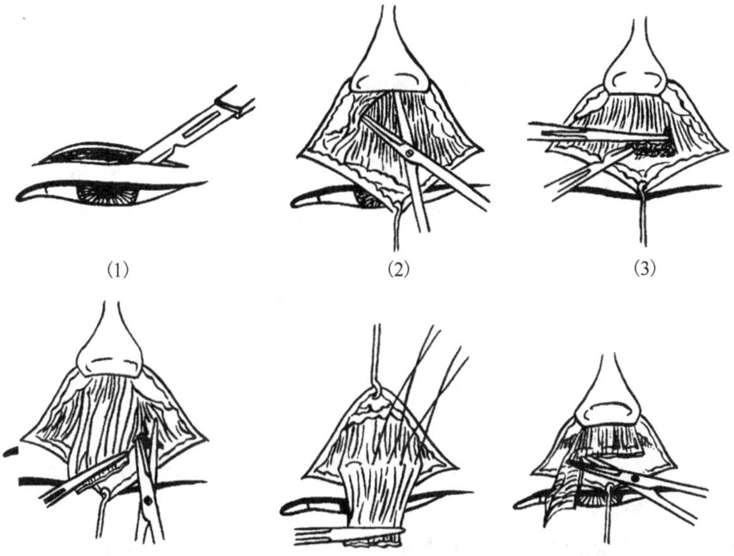


图2-1-21　经皮肤切口的提上睑肌缩短术

(1) 切口；(2) 剥离提上睑肌；(3) 切开腱膜；(4) 切开腱膜两侧；(5) 缝合固定腱膜；(6) 剪除多余腱膜

1) 局部浸润麻醉后，于上睑距睑缘5～6mm处切开皮肤和眼轮匝肌，去除一条眼轮匝肌，暴露睑板组织和附着于其上缘的提上睑肌腱膜。

2) 将眶隔、眶脂肪从提上睑肌腱膜前上方推开，沿睑板上缘提上睑肌腱膜向上剥离至节制韧带。

3) 在睑板上缘提上睑肌腱膜的内、外侧各作一竖形切口，于提上睑肌与穹隆结膜间作潜行分离，向下分离至睑板上缘，向上分离至穹隆顶部。

4) 于睑板上缘夹住提上睑肌、切断。

5) 将提上睑肌向下牵拉，剪断两侧内外角，按预期高度，在内、中、外与睑板上缘之间作褥式缝合,将提上睑肌固定于睑板前方。

6）去除多余的提上睑肌。

7）间断缝合切口皮肤。为同时形成稳定的重睑,在缝合皮肤时的内、中、外三针时,穿过切口下缘、睑板前或下移的提上睑肌腱膜及切口上缘。

8）术后眼内涂眼膏,用凡士林纱布遮盖,加压包扎 2d,5 ~7d 拆线。

(3）术中注意要点

1）剪断腱膜的内角和外角时,注意剪内角时应距眶内侧壁 8mm,以免损伤上斜肌腱和滑车,剪外角时应距眶外侧壁 5mm,以免损伤泪腺。

2）分离穹隆部结膜时易穿破结膜,预防办法是在结膜下注入局麻药,使之易于分离。

3）为防止矫正不足或过度,在缝合腱膜与睑板时,先打成活结,观察上睑的高度,调整穿过睑板的高度至满意为止。

## 额肌悬吊术

以额肌取代提上睑肌的功能,作为提起上睑的动力。额肌和睑板的连接可以通过阔筋膜、丝线、真皮、眼轮匝肌等,也可通过额肌瓣转移,或额肌筋膜瓣直接与睑板联结,下面以额肌瓣悬吊术为例。

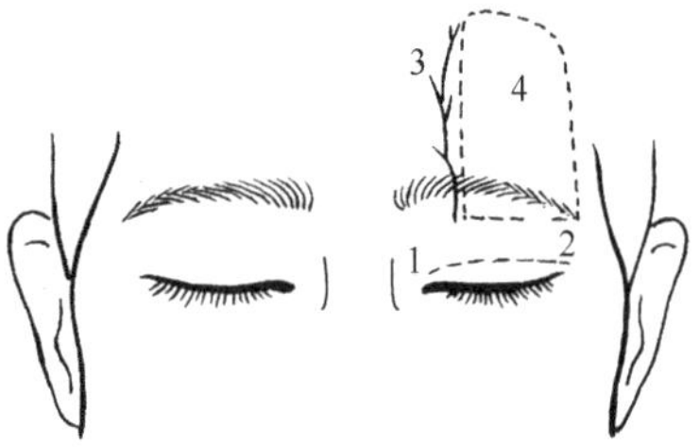

图 2-1-22　额肌瓣悬吊术术前设计

1. 重睑切口;2. 眉下切口;3. 眶上血管、神经束;4. 额肌瓣剥离范围

(1）适应证:适于提上睑肌肌力在 4mm 以下的各种类型的上睑下垂。

(2）手术方法(图 2-1-22)

额肌起于帽状腱膜,止于眉部皮肤、皮下组织,部分额肌纤维及筋膜跨过眶上缘与眶缘下方眼轮匝肌相互交织。额肌瓣悬吊术是用额肌制作一个蒂在上方的肌瓣,向下推移,固定于睑板上。利用额肌的动力提起上睑。具体操作如下:

1）眼眶周围神经阻滞麻醉后,在重睑皱襞线处切开皮肤、皮下组织,去除一条眼轮匝肌,暴露睑板。

2）在眉下缘中 1/3 作约 1. 5 ~2cm 长的皮肤切口,注意勿损伤眶上神经和血管。在皮肤与额肌之间潜行分离。

3）在眉下切口下方切断额肌止点纤维,在骨膜与额肌间潜行分离。

4）在已分离的额肌内、外侧由下向上切开,形成一宽度为 2cm 左右的额肌瓣。一般肌瓣可下移 1. 5cm 左右。

5）在上睑皱襞切口与眉下切口之间,眼轮匝肌深面形成隧道。将额肌瓣通过隧道或眶隔后用 3-0 丝线按内、中、外三点固定于睑板。嘱患者睁眼平视,调整睑缘高度,一般按正常上睑缘位置矫枉过正 1 ~2mm。

6）按重睑成形术缝合重睑切口,间断缝合眉下切口。

7）术毕加压包扎额部 24h,术后 7d 拆线。

术中注意:分离肌瓣时注意鼻侧勿损伤眶上神经和血管,颞侧勿损伤面神经的额支。

**5. 并发症及处理**

(1）矫正不足:由于术式选择不当;提上睑肌缩短的量不够;额肌悬吊的高度不够或缝线结扎过松所致。术中发现即刻纠正,或在术后 3 ~6 个月再行矫正手术。

(2) 矫正过度:由于提上睑肌切除过多,或额肌悬吊过高,额肌瓣分离不充分所致。轻度一般不必处理,2 周后一般可逐渐减轻。重者须及早拆除固定缝线,用力向下按摩上睑,或再次手术。

(3) 暴露性角膜炎:由于睑裂闭合不全致角膜外露干燥;缝线过紧,局部肿胀明显;术中、术后损伤角膜;眼部术前有感染灶存在是造成暴露性角膜炎的主要原因。为预防并发症的发生,除避免上述因素发生外,应于术后两个月内常规白天点人工泪液,晚上睡前涂眼药膏。对已形成的角膜炎应使用有效的抗生素眼药水,包盖双眼,保护角膜。

(4) 睑内翻、倒睫:由于提上睑肌腱膜或额肌瓣、阔筋膜条在睑板上的新附着点不当;皮肤切口下方皮肤过宽所致。轻者作睑缘灰线切开或切除 1 ~ 2mm 切口下缘的皮肤;重者应及早拆除缝线,重新调整睑板上附着点的位置。

(5) 睑缘弧度不理想:多由于睑板上各附着点不在同一弧度上,或缝线松紧不一,力量不均所致。应在术中及时发现,重新调整。

(6) 眶上神经痛:由于术中损伤眶上神经所致。一般无需特殊处理,亦可服用去痛片和维生素 B1 对症治疗。

(7) 睑停滞现象:表现为患者向下视物时,上睑不能同时下移。是额肌悬吊术不可避免的并发症,术前应向患者交代清楚。

(8) 感染:以丝线和阔筋膜悬吊术发生感染机会较多,可能与筋膜牵拉过紧,术中操作粗暴,丝线较粗等有关。如感染发生应全身使用有效抗生素,局部换药,必要时拆除缝线。

**6. 上睑下垂矫治术护理**

**【护理目标】**

(1) 减轻肿胀,防止血肿形成。

(2) 缓解紧张、焦虑情绪。

(3) 采取有效措施缓解疼痛。

(4) 预防感染。

**【护理措施】**

(1) 术前护理

1) 心理护理:①上睑下垂可影响患者的心理及社交关系,表现为悲观、焦虑、社交障碍等不良心理状态。入院后应做好心理护理。②术前详细介绍手术方法及预后,指导患者配和手术及治疗,减轻患者的焦虑。

2) 局部准备:术前 1d 洗头洗澡,术前 3d 滴抗生素眼药水,告知滴眼液的方法及注意事项,检查眼部有无炎症。

3) 做好术前准备,常规全身检查,特别注意面部有无急、慢性感染病灶。

4) 头面部医学照相存档。

(2) 术后护理

1) 切口护理:切口涂眼药膏,加压包扎。术后立即冰敷 20 ~ 30min,每隔 1 ~ 2h 冰敷一次,可以减轻局部疼痛及水肿。保持切口清洁干燥,24h 后去除敷料,术后 3d 开始热敷,促进青紫消退及吸收。

2) 预防感染:常规使用抗生素 5d,白天滴抗生素眼药水,晚上涂抗生素眼药膏。

3) 观察有无切口感染,有无活动性出血,有无血肿及皮下淤血等。轻度的血肿及皮下淤血最常见,一般在术后 1 ~ 2 周可自行吸收,但如有持续切口渗血,眼球肿痛则应立即打开切口，清除淤血，找出出血点，彻底止血。

4）心理护理：术后患者会出现不同程度的眼睑及眶周肿胀、疼痛等，可耐心向患者解释，疼痛剧烈者可以应用镇痛药物对症治疗。消除患者的恐惧心理。

（七）睑外翻矫治术及护理

睑外翻（ectropion palpebrarum）是指睑缘离开眼球，睑结膜向外翻转的状态。上下睑均可发生，以下睑为多见。由于泪小点外翻，泪液不能由泪道排出而致泪溢；由于睑结膜外翻长期暴露而致结膜慢性炎症、充血、干燥、肥厚增生；由于眼裂闭合不全，角膜长期暴露而致角膜炎症、溃疡，形成白斑，甚至导致失明。

**1. 病因及分类** 根据病因不同，可将睑外翻分为以下五类。

（1）先天性睑外翻：极少见，病因不明，可能由于眼睑横径过长、眼轮匝肌无力所致。

（2）痉挛性睑外翻：多见于儿童。在眼睑皮肤紧张而眶内容又充盈时，若角膜、结膜病变刺激致眼轮匝肌痉挛可发生痉挛睑外翻。常见于泡性角膜结膜炎、眼球突出的患者。

（3）老年性睑外翻：仅见于下睑。老年人因眼睑皮肤、眼轮匝肌和内外眦韧带松弛，下睑受重力作用而造成下睑外翻。睑外翻所致的泪溢、皮肤湿疹及慢性结膜炎，使患者频频擦泪，则更加剧外翻程度。

（4）麻痹性睑外翻：见于下睑。多由面神经麻痹或外伤、手术累及面神经所致。由于眼轮匝肌松弛，受重力作用而使下睑外翻。

（5）瘢痕性睑外翻：临床上最多见。由热力灼伤、化学伤、眼睑炎症、眶骨骨髓炎、手术过多切除眼睑皮肤及不良的外伤缝合等形成瘢痕挛缩所致。

**2. 手术治疗** 上述五种睑外翻的治疗，除痉挛性睑外翻一般采用药物治疗外，其他均需手术治疗。

## 眼睑紧缩术

眼睑紧缩术（eyelid shortening operation or Kuhnt-Szymanowski operation）是解决老年性睑外翻和麻痹性睑外翻的有效方法。

（1）适应证：适于老年性睑外翻和麻痹性睑外翻。

（2）手术方法（图 2-1-23）

(1)　　(2)　　(3)

图 2-1-23　眼睑紧缩术

（1）切除三角形睑板、睑结膜；（2）切除三角形皮肤、眼轮匝肌；（3）缝合

1）局麻后，从下睑睑缘内中 1/3 至 1/2 处开始切开灰线，向外眦延伸越过外眦再折向下方，将眼睑分为前后唇。前唇为皮肤和眼轮匝肌，后唇为睑板和结膜。

2）根据外翻的程度，于下睑外 1/3 后层作三角形切除，将创缘对合缝合，使下睑恢复正常张力。

3）将前唇组织向外上方牵拉，切除多余的皮肤和眼轮匝肌及部分超过外眦角的睑缘组织。

4）间断缝合皮肤。术后加压包扎48h，7d拆线。

## "Z"成形术

（1）适应证：适于与睑缘垂直的条索状瘢痕挛缩引起的轻度睑外翻。

（2）手术方法（图2-1-24）

1）切口设计："Z"的中轴线在瘢痕的垂直走行方向上，于中轴线的两端各作一方向相反、与中轴线夹角为约60°的等长斜线，斜线方向应与表情线平行。如一个"Z"成形还不能完全矫正，可考虑作多个"Z"成形切口，但要注意增加了面部手术瘢痕。

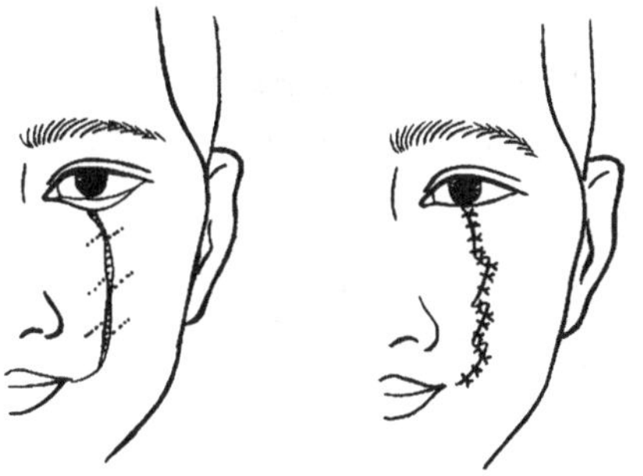

图2-1-24　"Z"　成形术矫正下睑外翻

2）局部浸润麻醉后，沿切口预定线切开皮肤，皮下剥离后交换三角形皮瓣，间断缝合。

## "V-Y"成形术

（1）适应证：轻度瘢痕性睑外翻。

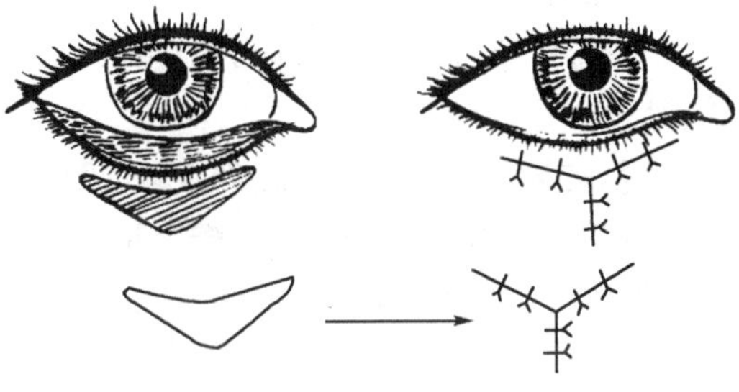

图2-1-25　"V-Y"成形术矫正下睑外翻

（2）手术方法（图2-1-25）

1）切口设计：于下睑下方作"V"形标记，V角的角度依外翻范围而定，一般以60°为宜。

2）局麻后沿切口预定线切开皮肤，充分游离皮瓣和邻近组织，去除瘢痕组织，切口作"Y"形缝合。

## 游离皮片移植术

（1）适应证：适于各种程度的瘢痕性睑外翻。

（2）手术方法（图2-1-26）

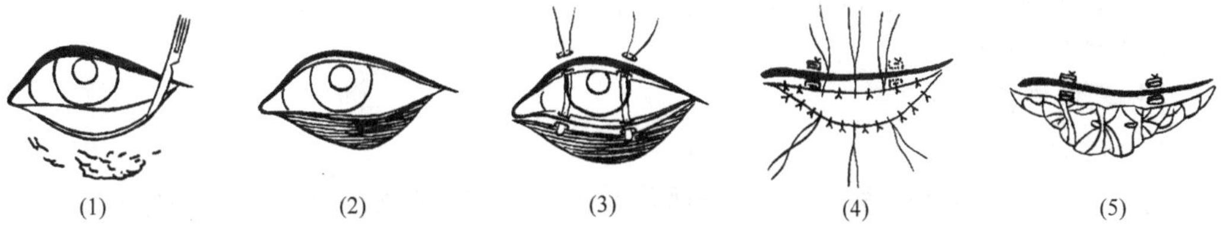

图2-1-26　游离皮片移植术矫正下睑外翻

（1）距睑缘3mm切开皮肤；（2）切除瘢痕、松解组织、眼睑复位；（3）睑缘粘连缝合；（4）游离皮片缝合；（5）打包结扎

1）切除瘢痕组织：距下睑缘2～3mm作与睑缘平行的皮肤切口，切口的内端超过内眦，外端超过外眦达外上方，以对抗下睑退缩的力量，加强矫正外翻的效果。彻底切除松解瘢痕组织，充分游离创缘周围组织，使外翻的眼睑恢复到正常位置。

2）切除过长的眼睑组织：长期未获修复的眼睑外翻，作瘢痕松解后，眼睑常伸展变长。上睑可于内中 1/3 交界处，下睑于外中 1/3 交界处作睑缘全层组织楔形切除，然后用 8-0 尼龙线缝合。

3）睑缘粘连性缝合：为减缓皮片移植后的收缩，对单一上睑或下睑的外翻，可将缝合的睑裂向健侧牵拉，使患睑得到充分修复，防止皮片收缩而再度出现睑外翻，其做法是：在上下睑外中 1/3 和内中 1/3 处，各形成一宽约 3～4mm，深约 1～1.5mm 的组织瓣，灰线处剖开为前后两层，上、下睑缘组织瓣创面对合，作褥式缝合。

4）切取皮片：用纱布印下创面大小，剪成模片。可于耳后、发际前乳突区、锁骨上区、上臂内侧等部位切取全厚皮片，大小比模片大 1/4，以防皮片收缩。供皮区创缘两侧潜行分离后分层缝合。

5）皮片移植缝合：修剪游离皮片，去除皮片下方的脂肪组织。将皮片覆盖于创面上，用 5-0 丝线先缝合两对角，然后作间断缝合，留几对长线作打包用。挤出皮下积血，用数层凡士林纱布重叠于皮片上，打包结扎后适当加压包扎。

6）术后 10d 拆除皮片缝线，14d 拆除睑缘粘连缝线。3～6 月剪开睑缘粘连。

## 皮瓣移植术

（1）适应证：适于较严重的睑外翻，及伴有组织缺损的睑外翻患者。

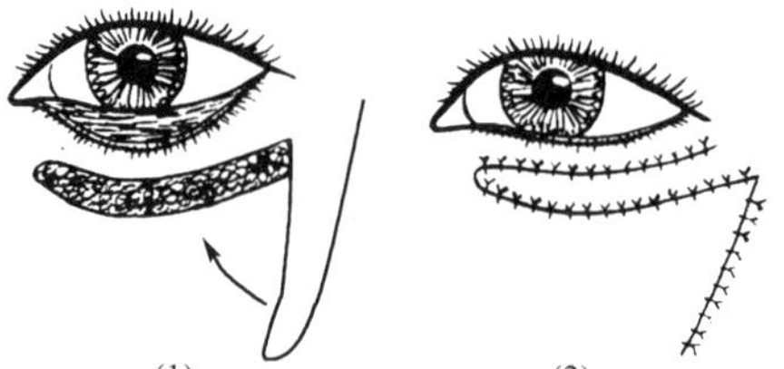

(1)　　(2)

图 2-1-27　颧部皮瓣转移修复下睑外翻

（1）皮瓣设计；（2）皮瓣转移后

（2）手术方法

1）切除松解瘢痕组织、去除过长的眼睑组织及睑缘，缝合方法同前。

2）转移皮瓣：多用颞部或颧部皮瓣（图 2-1-27），切取皮瓣前先用甲紫标示，皮瓣外形应与缺损形态一致，其大小应比缺损创面扩大 1/4，皮瓣长宽比例为 3∶1 或更长些，旋转角度不宜超过 90°，如蒂部出现“猫耳”，一般能自行平复，必要时也可再行修复。供皮区创缘充分游离后，直接拉拢，分层缝合。

**3. 睑外翻矫治术的护理**

**【护理目标】**

（1）加强心理护理，缓解焦虑、恐惧的心理。

（2）减轻肿胀，防止血肿形成，疼痛缓解。

（3）预防感染。

**【护理措施】**

（1）术前护理

1）心理护理：术前护理人员应详细听取受术者的要求及顾虑，配合医生做好术前谈话，向病人交代清楚手术的目的及术后的效果，不要过分夸大手术的美容效果，如植皮后局部皮片颜色较周围皮肤为深，睑外翻矫正过度等，使受术者正确认识术后可能出现的结果，消除受术者的焦虑、紧张情绪。

2）做好术前准备：常规全身检查，了解患者有无过敏史，是否瘢痕体质，有无合并心肺疾患，特别注意手术区域有无急、慢性感染病灶。

3）局部准备：术前 1d 洗头洗澡，术前 3d 滴抗生素眼药水，告知滴眼液的正确使用方法及注意事项,检查眼部有无炎症。

4）术前医学照相存档。

（2）术后护理

1）切口护理:观察切口敷料是否干燥,有无渗血、渗液,术后5～7d拆线。

2）心理护理:针对不同的患者给予不同的心理疏导,尽量减轻患者的心理负担。

3）术后遵医嘱应用抗生素,局部滴眼药水,涂眼药膏。

4）注意观察皮瓣的血运情况,如发现皮瓣血运不好,应立即告知医生处理。

同时要及时掌握皮片成活情况(皮片移植失败致皮片坏死,一般发生于植皮术后3～5d)。

5）注意出血、感染等并发症的发生,及时告知医师处理。

（八）眉缺失的修复及护理

眉既是面部的表情器官,也是构成容貌美的因素。因此眉的缺损将影响面部正常的表情活动和有损于人体的容貌美。眉缺损(defect of eyebrow)可因面部烧伤、肿瘤切除、眉部皮肤病变,以及特异感染(如麻风、梅毒)等疾病所致。以下介绍几种常用的修复方法。

**1. 眉缺失的修复方法**

## 文　眉　术

（1）适应证:眉毛稀疏、色浅;眉型不理想或双侧不对称者;眉毛缺损而本人不愿接受手术或健康状况也不允许手术者。

（2）操作方法

1）眉型设计:根据受术者脸型、眼型、年龄、职业、气质、性格等因素设计出理想的眉型。

2）文刺局部消毒后,遵循文眉的原则,用文眉机蘸取文眉液完成文刺。术毕涂眼药膏。

## 毛发移植眉再造术

（1）术前设计:受术者取坐位,设计出眉毛的位置和眉型。一般单侧全眉再造需要50～100根单株毛发。

（2）手术操作

1）毛发供区常取枕侧头皮。根据所需毛发数量切取适量全厚头皮,注意勿损伤毛囊。供区直接拉拢缝合。

2）将切取下的头皮在放大镜下分离为携带完整毛囊的单株毛发,尽量去除毛发周围的多余组织。

3）在拟植发区按照眉毛的不同生长方向打孔,将分离好的单株毛发用镊子或植毛器植入。植发区暴露即可。

4）术后定期修剪生长过度的移植毛发。如密度不足,可在6个月后再次行毛发移植术。

## 头皮全厚皮片游离移植术

（1）术前设计:受术者取坐位,用甲紫标出眉毛的位置。单侧眉毛缺损者以健侧眉为准;双侧眉缺损,以眶上缘为标志确定眉的位置和形态。

（2）手术操作

1）局麻后，沿术前设计线做皮肤切口达骨膜，分离松解切口缘，使创面较健侧略宽，清除瘢痕组织使受区创面有良好血运。

2）自同侧耳后发际按预定眉形切取头皮皮片。注意切取的头皮毛发方向与眉毛生长方向尽可能一致，头皮切取方向要顺头发方向略倾斜，以免损伤毛囊。切取皮片后，在保证不损伤毛囊的前提下，仔细修剪毛囊间过多的脂肪组织。供皮区稍加剥离后直接拉拢缝合。

3）将移植片置于受区，在无张力下间断缝合移植片，留几对长线，术毕打包，加压固定。

4）术后 10～14d 拆线。

## 健眉皮瓣旋转移植法

（1）术前设计：参考健侧眉，用甲紫画出术区眉的形态。长度等同健侧眉，宽度为健眉的1/2。

（2）手术操作

1）沿术前设计线切开皮肤达骨膜，鼻侧切口延至鼻梁中央部，作皮下潜行分离，使其宽度达正常眉宽，清理受区瘢痕组织。

2）将健眉平分为上下两半，横行切开，再于眉上缘作平行切口，鼻侧切口延至鼻梁中央与对侧切口相连，形成以内侧端为蒂与患侧创面等宽的皮瓣。术中注意避免损伤毛囊。

(1)　　(2)

图 2-1-28　健眉皮瓣旋转移植

（1）切口设计；（2）皮瓣旋转后

3）旋转皮瓣 180°，移植到患侧创面，边缘缝合。健侧创口作切口缘剥离后直接缝合。加压包扎，术后 7d 拆线（图 2-1-28）。

此法适用于一侧眉缺失而健侧眉浓而宽的患者。

## 颞浅动脉岛状头皮瓣移植法

（1）术前设计

1）用手触摸或用 Doppler 超声血流探测仪探明颞浅动脉及伴行的静脉走向，用甲紫标示。

2）根据眉毛缺损情况，参照健侧眉的形态、大小，毛发走向及密度，在颞浅动脉远端设计一岛状皮瓣。

（2）手术操作

1）局麻后，沿颞浅动脉走行切开皮肤，向两侧皮下稍作潜行分离，显露颞浅动脉。

2）在动脉旁开 5～10mm 位置切开，达深筋膜，游离血管束，结扎、切断小动脉分支。

3）按术前设计，切取以该血管束为蒂的全厚岛状头皮瓣。

4）由颞侧向眉部创面做皮下隧道，宽度一般为 15～20mm，以血管蒂不受挤压为度。

5）受区作皮肤切开，去除瘢痕组织，暴露至预定宽度。

6）将岛状动脉头皮瓣通过皮下隧道转移，植于受区创面，注意蒂部不能有张力，皮瓣四周间断缝合固定，加压包扎，12～14d 拆线。

7）供区皮肤直接缝合，7～10d 拆线（图 2-1-29）。

**2. 眉缺失修复的护理**

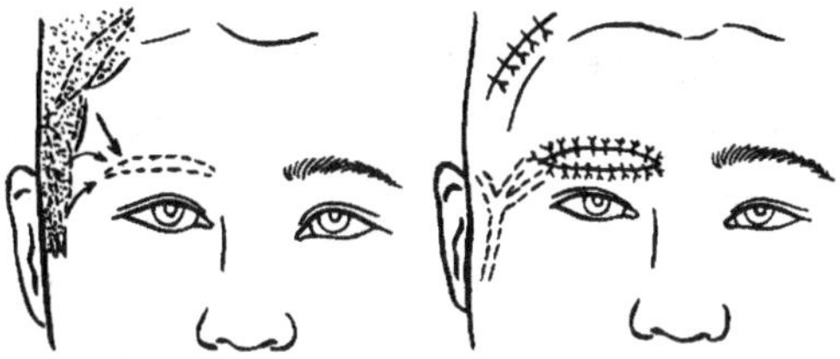
(1)　　(2)

图 2-1-29　岛状头皮瓣移植

(1) 切口设计;(2) 头皮岛状瓣已旋转至眉区

**【护理目标】**

(1) 加强心理护理,缓解焦虑、恐惧的心理。

(2) 减轻肿胀,防止血肿形成,缓解疼痛。

(3) 预防感染。

**【护理措施】**

(1) 术前护理

1) 受术者的心理准备:术前护理人员应详细了解受术者的心理状态及对手术的要求,充分沟通,使受术者既树立信心,主动积极配合治疗;又全面了解及客观认识手术效果,手术风险及相关注意事项。

2) 做好术前准备。常规全身检查,了解患者是否过敏体质、瘢痕体质,有无合并心、肝、肺、肾等方面的疾患,特别注意手术区域有无急、慢性感染病灶。

3) 局部准备:术前 1d 洗头洗澡。

4) 头面部医学照相。

(2) 术后护理

1) 术后植皮区适当加压包扎,妥善固定,注意观察皮瓣血运,术后 8 ~ 10d 更换敷料,12 ~ 14d 拆线。

2) 心理护理:针对不同的患者给予不同的心理护理,疼痛不能耐受者可给予镇痛药物,心理压力大者可给予心理疏导,尽量减轻患者的心理负担。

3) 注意皮瓣血运障碍等并发症的防治,及时告知医师处理。

4) 拆线后随诊,医学照相与术前对比。

## 二、鼻

(一) 鼻的应用解剖及美学

参见美容应用解剖学(第 2 版)第三篇第一章第三节 头、面部容貌器官的美学解剖。

(二) 隆鼻术及护理

隆鼻术是鼻区美容术中最常见的手术,这与东方民族鼻梁偏低和习惯爱好有关。中国男性以鼻梁挺拔近似直线来表现出男子汉的阳刚气质,女性则以鼻梁微具凹弧,鼻尖微翘来显示东方女性含蓄阴柔之美。

**1. 适应证与禁忌证**

(1) 适应证

1) 身体健康,精神正常,鼻梁局部凹陷偏低,鼻结构基本正常或无鼻腔生理功能障碍者。

2) 单纯性鞍鼻者。

3) 鼻尖低塌、鼻小柱短小者。

4) 鼻背软组织量充足者。

(2) 禁忌证

1) 生长发育阶段的儿童。

2）复杂性鞍鼻。

3）周身健康状态不佳，怀疑有心理障碍者。

4）局部有感染病灶以及经常反复鼻出血者。

正常人鼻梁可分为高、中、低鼻梁，最后一种表现为从鼻根部至鼻尖，整个鼻梁都较低平，多见于先天性鼻部发育不良者。在我国隆鼻术中除鞍鼻外，还有相当一部分是低鼻梁或中鼻梁者，通过隆鼻都能改善其容貌，增加美感。鞍鼻和低鼻梁者是隆鼻的绝对适应证，而中鼻梁者是隆鼻术的相对适应证，在临床实践中对此应给予重视和区分。施隆鼻术必须符合国情，要参照我国民族标准的鼻美学参数来设计手术方案，术前与患者充分沟通达成共识以避免日后纠纷。

**2. 隆鼻充填材料的选择**　隆鼻术已有百多年历史，曾先后使用过多种充填材料。美容隆鼻术，如果设备条件较好，多可在门诊施行，选材以方便、不易变形或吸收、硬度适中、生物相容性和组织相容性好、无毒性、无刺激性、无致癌性、无免疫性、必要时容易完整取除的组织或组织代用品为上乘。隆鼻的材料曾报道有很多种，目前尚无尽善尽美的充填材料：有自体肋软骨、耳软骨、自体骨、自体筋膜、真皮、固体硅橡胶、液体硅胶、羟基磷灰石微粒人工骨、膨体聚四氟乙烯（ePTFE）、高密度聚乙烯（medpore）等，异体软骨以及冻干骨、脱钙骨也可作为隆鼻材料。

国内外几十年来的临床应用证明，固态医用硅橡胶是目前较为理想的充填材料。其理化性质稳定，生物相容性好，置入人体后对组织无刺激，没有毒性，不会导致畸形，也不会致癌。置入的硅橡胶不会被组织吸收，并且还较柔韧而具弹性，软硬度与鼻背部基本一致，不易弯曲变形，易雕塑成形，价格低廉，因而被临床广泛采用。复杂鼻整形术仍以使用自体骨或肋软骨为宜。羟基磷灰石微粒人工骨虽无排异反应，但不易加高鼻尖，故鼻尖高度不足者术后外形欠佳，且万一需要取除时甚为困难，故目前较少使用。近十余年来，ePTFE 因材料质地柔韧，支撑鼻尖时不易穿破皮肤，术后鼻外形自然美观等优点受到受术者的青睐，但价格较为昂贵，且长期效果有待进一步随访观察。液态硅橡胶隆鼻只能稍微加高鼻梁，并不能形成完美的鼻外形，在使用过程中如发生固化不全，可能导致皮肤坏死的严重后果，彻底清除十分困难。因此应摒弃选用此种材料，以免给受术者带来无穷后患。

**3. 术前准备**　在美容隆鼻术之前，首先要了解受术者心理和精神状况，有无心理障碍和精神疾病。然后详细了解其对鼻部美容手术的具体要求，根据受术者的要求仔细观察鞍鼻形态、脸形和眼形，应将鼻形和整个脸型结合起来，整体规划，这样术者在雕刻假体及手术时能有明确的目标。在某种程度上来说，设计构思也是一种创造，设计思想的正确及巧妙合理，是取得良好手术效果的关键。术前设计可根据受术者面型确定鼻部充填后的外形，在设计鼻形时要有整体协调性，力求真实自然。东方人的鼻较欧洲人的鼻小巧细窄，不宜设计得过于高大；圆脸型不适合大而高的鼻子；长型及方型的脸配细长而高的鼻较适合；前额部低者鼻根部不宜填得过高，反之额弓较高，眼窝凹陷者可以鼻根部填得高些。隆鼻术只能在原有鼻形的基础上加以改善，不可能异想天开地捏出一个“理想”中的鼻。理论上理想的鼻形是：从鼻根部到鼻尖，在男性可做成直线形，而对在女性则应设计成鼻梁微凹鼻尖微翘的流畅曲线。为让受术者也了解一下自己鼻形的术前情况和术后效果，有些学者采用彩色电脑美容整形显像系统进行设计。其方法是术前将受术者面部图像通过摄像机输入电脑显示屏幕上，医师在屏幕上为其进行模拟隆鼻，直到受术者和医师均满意为止。实际手术时医师可根据电脑自动计算出要隆鼻的高度及大小的参考数据进行雕刻鼻模型及隆鼻手术。采用彩色电脑美容显像系统进行设计理论上似乎近似完美但有可能存在纠纷的隐患,毕竟鼻模型雕刻由术者手工完成,不可能如电脑般精确无误。

**4. 手术方法**

(1) 置入假体定位:为防止鼻假体置入后出现偏斜,在手术前可以画出鼻部标准正中线。黄金点确定:受术者取平卧位,两眉间连线的中点和两眼内眦连线的中点间连线的中点,即为黄金点,假体上端应放在此位置。正对唇珠的鼻尖上确定一个中点,连接鼻尖和黄金点画一条线,即鼻梁的中线,假体置入后有无偏斜以此线为准(图2-1-30)。

(2) 置入切口选择:隆鼻切口入路有鼻内入路法和鼻外入路法,且有多种变异切口(图2-1-31)。

1) 蝶形(飞鸟形)切口:沿双侧鼻孔内侧缘切开,然后汇合于鼻小柱中下部。优点是暴露充分,操作方便,还可以通过V-Y形式将鼻小柱皮肤向上推以抬高鼻尖。缺点是短期内瘢痕较明显。

2) 鼻前庭切口:沿一侧鼻前庭缘的切口。优点是切口隐蔽,操作方便,是硅胶假体隆鼻术的最佳切口。缺点是初学者对切口对侧分离往往不到位,假体鼻根部容易向对侧偏斜,假体置入稍困难。

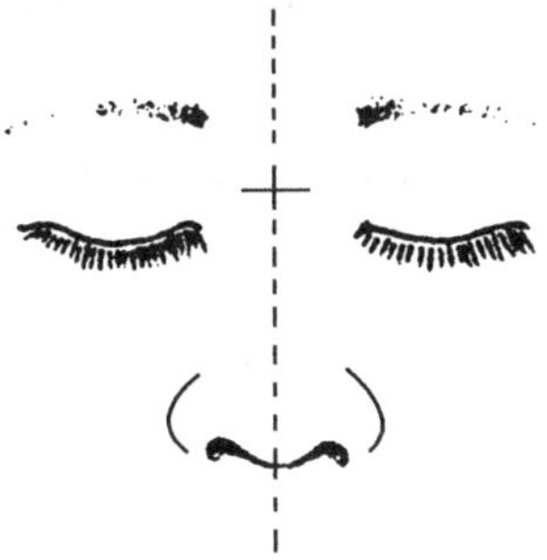

图2-1-30 隆鼻假体起点

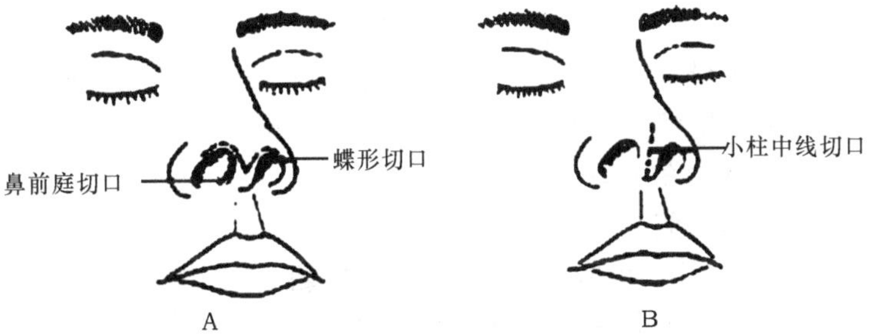


图2-1-31 隆鼻各种切口

A. 鼻前庭切口和蝶形切口;B. 鼻小柱切口

3) 鼻小柱切口:有多种横形、纵形切口,暴露充分,操作方便;切口瘢痕短期内较明显。

(3) 麻醉:用2%的利多卡因或普鲁卡因,局部浸润麻醉或双侧眶下神经阻滞麻醉。局部浸润麻醉在切口处进针注射麻药少许,然后边进针边注射,直至鼻根区,愈近鼻根区麻药量应愈少。这样便于术中观察,并可减轻术后肿胀。当鼻根区注射后,将针头退至近原进针点时转向鼻小柱根部注射少许麻药。

(4) 分离:用圆钝弯头小剪刀紧贴鼻软骨向上剥离超过拱点(鼻骨与鼻软骨交界处)2mm,剪开鼻骨骨膜,用鼻骨骨膜剥离器从骨膜剪开处以45°将鼻背筋膜从骨膜表面掀起,直至黄金点上1~2mm,左手拇指和食指在鼻根区触压辅助下操作,以防剥离方向偏斜,此时可感到整层鼻背筋膜组织从骨面分离。

(5) 假体置入:以蚊式钳夹住已雕刻合适的假体放入分离好的腔隙内。放入假体的正确层次是在分离好的鼻背筋膜与鼻骨之间,其标志是假体置入后轻摇鼻根区假体无移动。观察高低、宽窄是否合适,有无偏斜等直到满意后挤出腔隙内积血,缝合皮肤。

(6) 术后处理:一般无须外固定,6~7d拆线。拆线前勿推碰鼻背,以防假体移位。告知避免鼻部遭受外来撞击。

**5. 并发症及处理**

(1) 感染:隆鼻术后早期感染极少发生,只要认真处理假体,遵守无菌操作原则一般都能顺利愈合。如果假体穿破皮肤或黏膜,则可发生继发感染,遇有此情况时应及时取出假体并应使用抗生素。术后早期发生血肿须立即进行相应处理,以免继发感染。

(2) 假体外露:假体过长或过厚可穿破皮肤或黏膜,出现假体外露。只要遵循假体长度合体,厚薄适中,置入“L”型假体时鼻小柱部假体不应长于鼻小柱实际长度等原则,这一并发症就不难避免。

(3) 假体移动、偏斜:分离腔隙过浅或歪斜是其主要原因。因此,手术操作时应确定在鼻背筋膜下分离并向上垂直分离腔隙。

(4) 隆鼻过高:东方民族在鼻根区有一自然弧度,若隆鼻过高,使人一眼即可看出是手术隆高的鼻梁,表现不自然。术中须结合面区整体与鼻部外观情况精心雕刻假体,使其置入后妥帖、美观、自然。

(5) 皮肤发红和“光照阴影”:其出现是由于剥离的皮瓣较薄,或厚薄不一致,或剥离的腔隙较小所致。如果使用钝头眼科小剪,准确掌握剥离层次,开始紧贴软骨表面操作,越过拱点后剪开骨膜,再贴骨面推剥,上述并发症即可避免。

(6) 鼻假体移动及“漂浮感”:主要是将假体置入皮下,位置过浅引起。改正的方法是将假体取出,重新置入到鼻背深筋膜下。

(7) 排异反应:主要表现为无痛性肿胀、抗生素治疗无效、切口不愈合,甚至有皮肤破溃流淌血浆样液体。遇有此情况发生,应及时取出假体,以免病情加剧。

**6. 隆鼻术的护理**

**【护理目标】**

(1) 包扎可靠,减轻肿胀,防止血肿及假体移位。

(2) 生命体征平稳,保持呼吸道通畅。

(3) 缓解疼痛。

(4) 预防感染。

(5) 使患者学会术后的自我检查、功能锻炼并了解术后注意事项,能及时发现异常并处理。

(6) 使患者了解有关置(植)入物的信息,了解手术过程及术后恢复过程,消除焦虑及恐惧心理,配合治疗。

(7) 使患者从心理上接受置(植)入物,并将其作为自身的一部分,拥有自信。

**【护理措施】**

(1) 术前护理

1) 心理护理:术前护理人员应详细了解受术者的心理状态及对手术的要求,充分沟通,使受术者既树立信心,主动积极配合治疗;又全面了解及客观认识手术效果,手术风险及相关注意事项。了解受术者的心理和精神状况,有无心理障碍和精神疾病,然后详细了解其隆鼻术的具体要求,做好必要的心理疏导和解释工作。

2) 做好术前准备。常规全身检查,了解患者是否过敏体质、瘢痕体质,有无合并心、肝、肺、肾等方面的疾患,特别注意手术区域有无急、慢性感染病灶。详细告知受术者手术方法及术后恢复过程,让受术者充分了解自己的鼻形和术后效果。

3) 局部准备:术前 1d 洗头洗澡,手术当天不要化妆,术前嘱其洗净面部油脂,剪去术区鼻毛。术前晚保证充足的睡眠,使身心处于最佳的状态。

4）头面部医学照相。

（2）术后护理

1）观察生命体征,保持呼吸道通畅。

2）注意观察局部血供及组织肿胀情况,及时清除血肿、积液。对于局部皮肤苍白者,应考虑血运障碍的可能,应及时告知医生处理,必要时取出置入物。

3）心理护理:针对不同的患者给予不同的心理护理,疼痛不能耐受者可给予镇痛药物,心理压力大者可给予心理疏导,尽量减轻患者的心理负担。

4）预防感染,做好隆鼻切口的护理,局部伤口涂红霉素眼膏。

5）注意对置入体进行正确的固定与塑型,防止挤压碰撞,发现问题及告知医生处理。

6）术后一周随诊照相,了解恢复情况。

（三）鼻头、鼻尖美容术及护理

鼻尖的形态、轮廓及其完整性在外鼻整体的形态中占有重要地位。鼻尖具有非常明确的界限定义,即:纵向为鼻背前端最凹点到鼻头与鼻小柱的折返点;横向为鼻背前端左右最高凸起点,4 点之间连线形成正菱形(图 2-1-32)。有关鼻头的概念,目前尚无明确的定义,它是指鼻前端部分,同时包括了鼻尖及部分鼻翼范围。

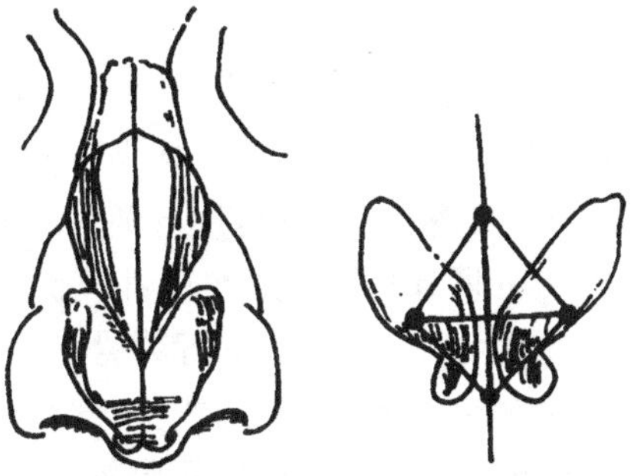

图 2-1-32 鼻尖的界限

鼻尖鼻翼的整形正引起越来越广泛的重视。鼻尖畸形多系先天性,有家族遗传倾向,也见于后天性原因如外伤、感染、肿瘤切除所致的缺损等。鼻尖肥大、圆钝、低平,鼻尖过高、鹰钩鼻、鼻尖隐裂等均需进行美容整形。西方人的鼻尖、鼻头畸形较常见,人们对生活的水准追求又较高,因此鼻尖、鼻头美容手术在欧美国家开展的较为普及。近几年来,我国要求手术者逐渐增多,今后其增长趋势会越来越明显。

**1. 鼻尖美容术**

## 鼻尖圆钝及低平

一般认为,鼻尖的美学高度为鼻梁长度的 1/2,黄种人和黑种人的鼻尖往往达不到理想的高度,表现为圆钝、低平,是种族特征之一。此种畸形可以单独存在,也可伴有鼻小柱过短或鞍鼻同时存在。其手术原则是使鼻尖抬高、变窄,并延长鼻小柱。常用手术方法如下:

图 2-1-33 鼻小柱 V-Y 推进缝合

（1）缩窄鼻翼抬高鼻尖:作鼻尖部蝶形切口,分离解剖出鼻翼软骨,在鼻翼软骨外侧脚内、中 1/3 处将其切断,以延长鼻翼软骨内侧脚长度;将两内侧脚顶部靠拢作褥式缝合固定,形成鼻尖支架,皮肤切口可行 V-Y 推进以延长鼻小柱(图 2-1-33)。-Y 鼻小柱切口在延长鼻小柱的同时可能会遗留较明显的瘢痕,影响美观,手术时应慎重选择。

（2）鼻尖部支撑物置入:东方人的鼻翼软骨比较单薄,支撑功能较差,通常需在鼻尖和鼻小柱内移植一块鼻中隔软骨或耳软骨作为鼻尖、鼻小柱的支撑(图 2-1-34),以取得较理

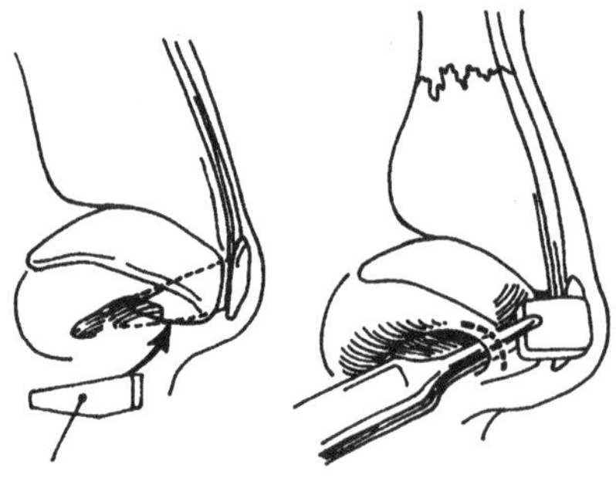

图 2-1-34　鼻中隔软骨移植支撑鼻小柱、鼻尖或单独支撑鼻尖

想的美容手术效果。支撑物也可选用组织代用品如"L"形硅胶假体、PTFE 等。

切口有鼻小柱旁或鼻小柱垂直切口。鼻翼软骨或组织代用品应在鼻外先行雕刻,并选择合适的植(置)入部位。充填的支撑物可选用块状,即鼻尖一块、鼻小柱一块,也可用雕刻成鼻尖、鼻小柱相连的"L"形,手术时充分分离鼻尖、鼻小柱间隙,支撑物良好的就位和固定(与鼻翼软骨内侧脚缝合)是保证手术效果的关键步骤之一。

## 鼻 尖 过 高

鼻尖过高多见于白种人,其形成机制主要是鼻翼软骨增生过长。一般认为,当鼻尖高度超过鼻长度的 1/2,即可视为鼻尖过高。其手术原则是降低鼻尖高度,同时缩短鼻小柱。常用手术方法如下:

(1) 经鼻孔内切口:用分离剪刀将鼻软骨与皮肤及黏膜分离,将鼻翼软骨外侧脚挑出切口外,在软骨表面作数行平行软骨切断,使软骨支撑张力减弱,以降低鼻尖高度(图 2-1-35A)。必要时还可适量切除鼻翼内侧脚软骨,鼻小柱皮肤多余不明显时可不做任何处理,皮肤多余明显时可利用 Y-V 推进或切除部分皮肤以缩短鼻小柱。

(2) 将鼻软骨与皮肤和黏膜分离后,直接部分切除鼻翼软骨外侧脚的上部和内侧脚的下部以缩短鼻尖高度(图 2-1-35B)。

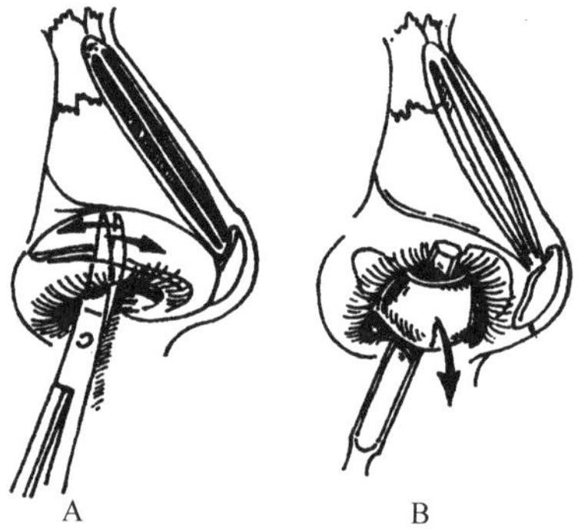


图 2-1-35　将鼻翼软骨分离后抽出,在软骨面做数行平行软骨切断,部分切除等处理

## 鼻 尖 隐 裂

正常情况下鼻尖部具有隐约的双角,当双角过于明显时就是一种鼻形矫正的鼻尖隐裂畸形。手术方法:

(1) 切除两鼻翼软骨内侧脚之间的软组织,包括脂肪、纤维组织等。

(2) 将两内侧脚行贯穿褥式缝合,缝合时尽量靠近穹隆部,达到提高鼻柱高度(图 2-1-36)。

对于鼻尖隐裂明显者,可在穹隆部切断内侧脚软骨,或充填肋软骨、耳软骨及组织代用品充填鼻尖隐裂部位,以抬高鼻梁,消除隐裂。

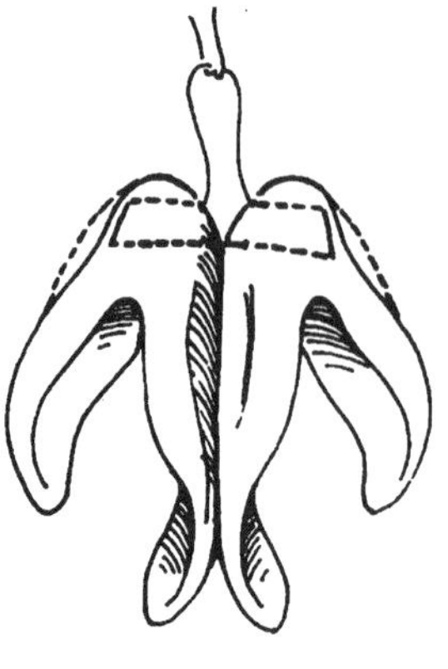

图 2-1-36　将鼻翼软骨两内侧角行贯穿褥式缝合

**2. 鼻头美容手术**　鼻头肥大包括软组织增生肥厚和鼻翼宽大和/或肥大,有人将其称为蒜头鼻。鼻头肥大缩小是较常见的鼻头美容手术,鼻头缩小的手术原则为切除鼻头增生、肥厚的软组织;切除多余的鼻翼软骨。软组织肥厚和鼻翼宽大可联合或分别手术。常用的手术方法:

（1）软组织切除：采用鼻小柱和鼻孔联合切口，将鼻翼软骨和皮肤、皮下组织分离，切除鼻头部分的过多皮下组织，使皮肤直接包裹鼻翼软骨，鼻头即可缩小。

（2）鼻翼基底部切除：适用于鼻翼宽大而皮下组织肥厚不明显者（图2-1-37）。

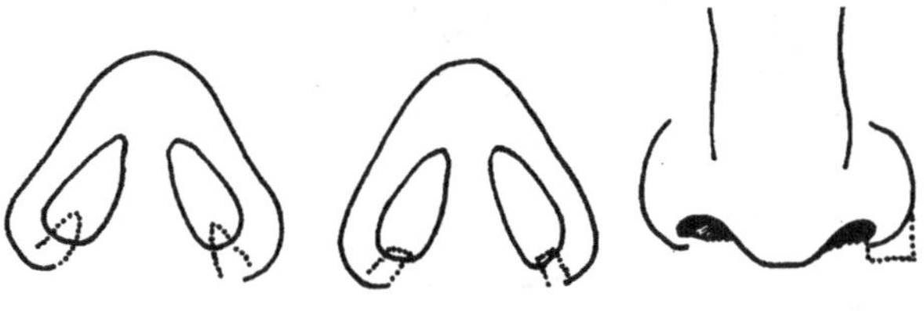

图2-1-37　鼻翼基底部分组织切除

（3）鼻翼及部分鼻翼软骨切除：沿鼻翼软骨外侧脚的前缘作鼻孔边缘及鼻翼基底切口，视鼻翼肥厚及宽大情况酌情切除部分肥厚软组织及鼻翼软骨（图2-1-38），对鼻翼肥大者，常用的方法是将其鼻翼软骨切除一部分，使两鼻翼间距缩小，从而达到鼻翼变小的目的。

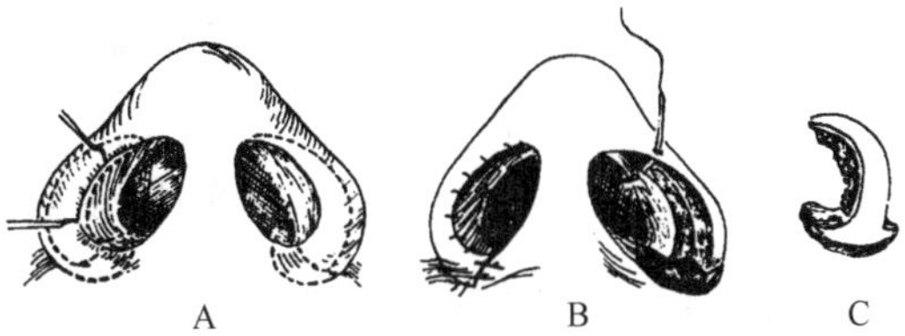


图2-1-38　鼻翼及部分鼻翼软骨切除
A. 切口设计；B. 切除后缝合；C. 切除组织

**3. 鼻头、鼻尖美容术护理**　与隆鼻术护理相似，参见隆鼻术护理。

（四）鼻翼美容术及护理

鼻翼是由皮肤、皮下纤维组织、鼻软骨和鼻前庭鳞状上皮层所构成。鼻翼缺损常见于烧伤、创伤（包括外伤、咬伤、肿瘤切除）、感染及先天性畸形，少数见于动物咬伤。鼻翼缺损程度有鼻翼边缘缺损、部分缺损及全部缺损（洞穿性缺损），因鼻翼缺损的性质和程度不同，其修复方法也有很大差别。

**1. 鼻翼美容术**

### "V-Y"成形术及"Z"成形术

适用于鼻翼边缘小的切迹样缺损或条索状皮瓣挛缩引起的鼻翼边缘外翻、缺损，通过"V-Y"成形术或"Z"成形术（图2-1-39）可使鼻翼边缘皮瓣下降至正常位置。

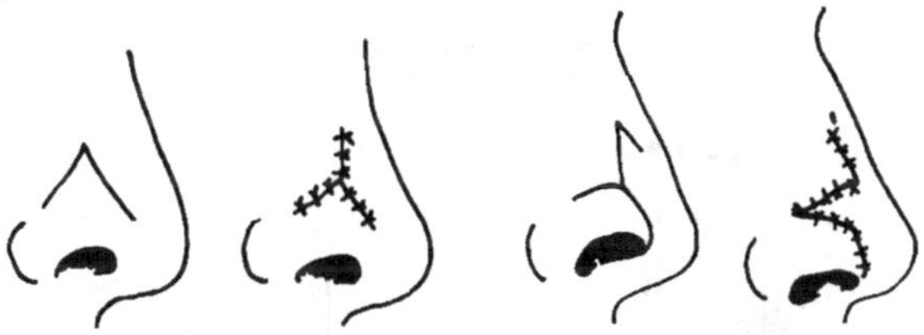

图2-1-39　"V-Y"成形术和"Z"成形术

### 局部皮瓣翻转法

适应用于鼻翼缘缺损，残存鼻翼缘瘢痕组织已软化。自缺损鼻孔上方设计一大小与形态适当的皮瓣，以残存鼻翼缘为蒂，将皮瓣向下翻转形成鼻翼衬里及鼻翼缘，若下降的鼻翼缘仍不够理想，可再进行剥离，于鼻骨下方切断粘骨膜，使之成为衬里。其外部缺损用全厚皮片修复(图 2-1-40)。

图 2-1-40　局部皮瓣翻转及全厚皮片移植修复鼻翼缺损

## 鼻下端皮瓣转移法

此法适用于鼻翼小缺损或裂隙形缺损,较大缺损忌用。自缺损一侧 2mm 处作一切口并向上延伸至鼻唇沟,将缺损处皮肤向内翻转,作为衬里。于缺损的另一侧切除瘢痕组织,缝合好衬里。于切口内侧沿鼻孔缘作平行切口,在健侧鼻孔上缘剥离鼻尖部皮瓣,并将鼻小柱上端正中切除一三角形皮肤,将鼻尖部皮瓣向患侧滑行覆盖于缺损外,分层缝合(图 2-1-41)。

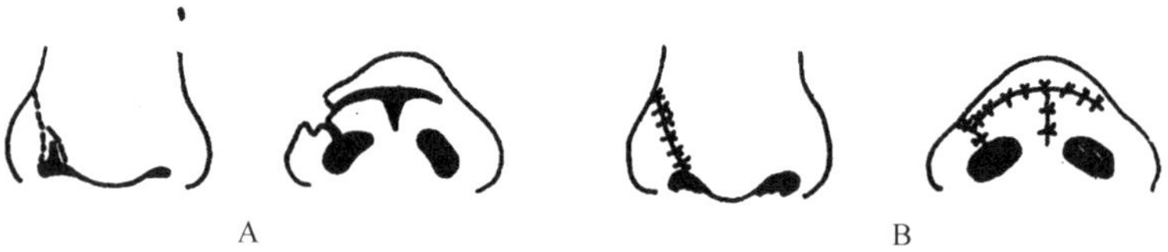

图 2-1-41　鼻下端皮瓣修复鼻翼缺损

A. 设计切口; B. 缝合后

## 缺损边缘皮瓣修复鼻翼

适用于较小的或裂隙形的缺损而黏膜完好者。手术时在鼻尖部向上切开鼻翼全层,并在内眦处沿下睑弧形走向切开,将掀起的皮瓣下推形成正常鼻孔,下睑部创面用中厚或全厚皮片修复(图 2-1-42)。或在缺损侧鼻翼设计“Z”形切口,切开皮肤及皮下,将局部组织向下转移形成圆形鼻孔,再由“Z”字上部的皮瓣转移到供区(图 2-1-43)。

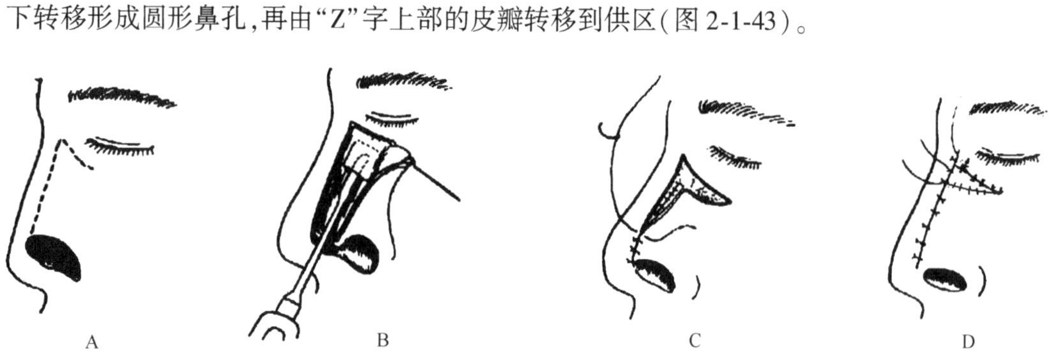

图 2-1-42　局部皮瓣修复鼻翼缺损(一)

### 鼻唇沟皮瓣法

图 2-1-43 局部皮瓣修复鼻翼缺损(二)

适用于鼻翼缺损范围大者,鼻唇沟部皮肤紧张者忌用。按鼻翼缺损大小在鼻唇沟处作舌状皮瓣,掀起皮瓣,待切除缺损处 2～3mm 瘢痕组织后,将鼻唇沟皮瓣转移至缺损部位缝合。若为洞穿性缺损时,需植皮修复衬里;伴有骨缺损时,还需行骨移植术。一般需两次手术才能完成:即先切开并剥离设计的鼻唇沟区皮瓣,将适当大小的全厚皮片移植至鼻唇沟区皮瓣创面上,或将包含耳郭软骨的缝合组织瓣移植于鼻唇沟皮瓣创面上(皮肤面作衬里),再将皮瓣原位缝合。第二次手术按正常步骤于两周后进行(图 2-1-44)。

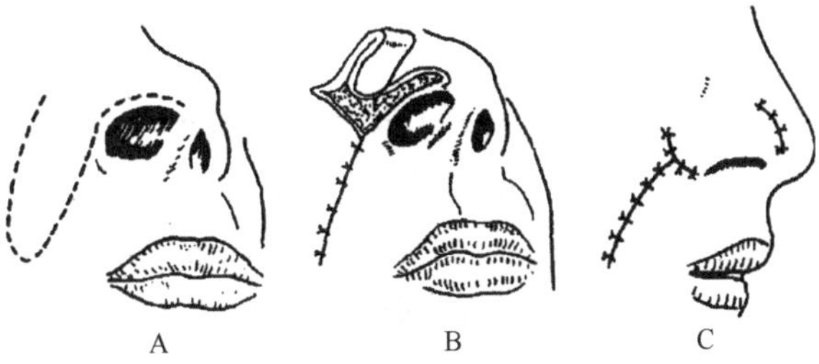

图 2-1-44 鼻唇沟皮瓣修复鼻翼缺损

### 耳郭复合组织移植

当鼻翼全层部分缺损不能采用局部或邻近组织修复时,采用耳郭复合组织移植是一种比较理想的修复方法。本法适用于面积较小的鼻翼缺损。手术方法:先将鼻翼瘢痕组织切除并形成良好的受床;根据创面的大小、形状及要修复的程度,选择同侧耳郭的耳轮脚、耳郭上段或耳后耳甲窝部位按设计线切开、修整切下的复合组织块;将耳郭复合组织片移植于鼻翼创面,先用 5-0 丝线或可吸收线将鼻翼软骨和耳郭软骨缝合固定数针后再分别缝合皮肤面和黏膜面,使移植组织与受床密切对合;鼻孔内适当填塞,鼻翼部伤口覆盖凡士林纱布敷料,用纱布固定。

术中应注意受床创面应有良好的血运,切取耳郭复合组织块应整齐,缝合时使复合组织与受床面密切对合严密(图 2-1-45)。

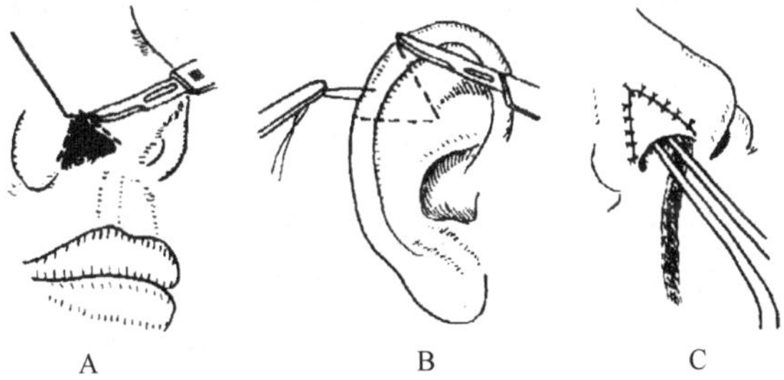

图 2-1-45 耳轮复合组织修复

**2. 鼻翼美容术护理** 鼻翼美容术多采用皮瓣移植,相关护理目标和护理措施参见本教材第一篇第十一章第一节 皮肤及其他组织移植术及护理和本章隆鼻术护理相关内容。

(五) 鼻小柱和鼻孔美容术及护理

**1. 鼻小柱美容术** 鼻小柱畸形常见的有鼻小柱过宽过短、鼻小柱倾斜、鼻小柱下垂等,多系先天性畸形。

(1) 鼻小柱过宽过短:对于单纯的鼻小柱过宽者,只需在鼻孔内缘将新月形的过多组织切除即可(图 2-1-46);同时有鼻小柱过宽过短者可在做梭形切除的同时将两侧鼻翼软骨内侧脚拉拢缝合,使鼻柱宽度减少,同时增高鼻柱高度(图 2-1-47)。

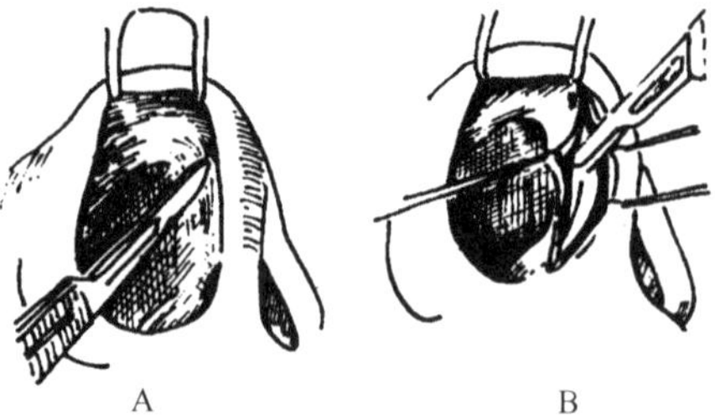


图 2-1-46 切除鼻孔内侧过多组织
A. 切口；B. 新月行切除

图 2-1-47 鼻翼软骨内侧脚拉拢缝合，
增加鼻小柱高度

（2）鼻小柱过低：鼻小柱过低有多种手术方法，常用的为“V-Y”成形法，以及局部皮瓣法（矩形瓣、四叶皮瓣、推进皮瓣、鼻翼皮瓣等）。在缺损组织较多的情况下，可以采用耳郭全层复合组织移植法，即移植鼻柱基底部，使鼻柱增高。

**2. 鼻孔的美容整形**

（1）鼻孔大小不一的矫治：鼻孔大小不一，可能是先天性的，例如唇腭裂的患者常同时伴有鼻孔大小不一。后天性鼻孔大小不一，可由疾病、外伤、烧伤、瘢痕挛缩等原因而引起。矫正鼻孔大小不一时，必须设计好手术方案。常用的手术方法有鼻唇沟皮瓣 Z 成形术（图 2-1-48）、双弧成形松解术等（图 2-1-49）；若一个鼻孔狭窄，则首先是解决狭窄问题，同时兼顾矫治两鼻孔大小不一。

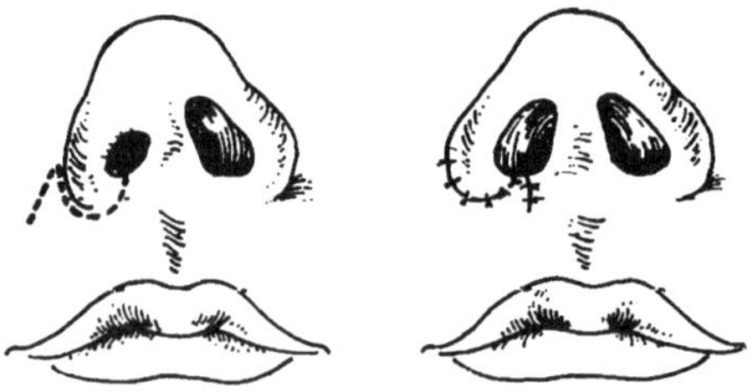

图 2-1-48 鼻唇沟皮瓣“Z”成形术
矫正单侧小鼻孔畸形

图 2-1-49 双弧形成形术松解鼻孔瘢痕

若只是一侧鼻孔比正常标准大，则可将大鼻孔缩小，使两鼻孔大小一致。手术方法有多种，简单而基本的方法是在大鼻孔的底部做一梭形皮肤切除，缝合后鼻孔即可缩小。

（2）前鼻孔狭窄及闭锁的矫治：鼻孔狭窄和闭锁不仅影响呼吸、嗅觉和发育，而且影响整个面部的发育。鼻孔狭窄和半球闭锁有先天因素外，大多由外伤、烧伤、烫伤或感染等后天因素而引起。前鼻孔狭窄或闭锁，尤其是前鼻孔的瘢痕性狭窄或闭锁者，外貌上更需要整形美容。

此项美容整形手术基本上以恢复鼻的正常功能为主要目的，同时也要充分考虑到鼻的美容。此种手术虽比较简单，但做得很理想却非常难。许多病例手术后效果很好，时间稍长又由于瘢痕收缩等原因再度狭窄。

对轻度狭窄或闭锁者，可在鼻孔缘处施“Z”成形术，以将鼻孔开大，术后于鼻孔塞外包凡士林纱布的硅胶管固定，防止收缩而再度狭窄。若瘢痕组织较多时，则只能将其切除，然后在鼻孔处做皮瓣，取耳后断层皮片移植，皮片内面向外裹于选择好的与鼻孔大小相当的硅胶管上，在皮片的上缘再缝合几针以固定牵引线，通过管内自下口穿出来，然后放入移植处,使皮片的下端与鼻孔缘缝合固定良好。术后10d拆线,硅胶管应再放置半年,以防止植皮再度收缩,引起狭窄。每天取出管子清洗干净后,再放至鼻孔,以防止感染。

**3. 鼻小柱和鼻孔美容术护理**　该手术多采用皮瓣移植和"Z"成形术,相关护理目标和护理措施参见本教材第一篇第十一章第一节 皮肤及其他组织移植术及护理和本章隆鼻术护理相关内容。

(六) 驼峰鼻美容术及护理

鼻梁部呈棘状突起者统称为驼峰鼻(hump nose),重度驼峰鼻鼻梁部宽大、成角突起,并伴有鼻尖过尖过长或向下弯垂,形似"鹰钩状",也有称其为鹰钩鼻。

驼峰鼻多系先天性鼻骨、鼻中隔软骨、侧鼻软骨、鼻翼软骨发育过度造成,也有因外伤后鼻骨错位愈合或后期骨痂增生过度、感染或手术等原因引起。中国人驼峰鼻的发生率远远低于白种人。驼峰鼻在鼻骨和鼻侧软骨交界处呈"驼峰状"突起,鼻自然轮廓线消失。重度驼峰鼻常伴有鼻尖过长或向下弯曲,侧面观鼻小柱与上唇夹角变小呈钩状弯曲。先天性驼峰鼻患者多无生理功能障碍,外伤后出现的驼峰鼻,因鼻中隔过多偏曲,可阻塞一侧鼻孔,影响呼吸。特别轻度的患者,可通过鼻部的化妆来掩盖鼻背过高的缺陷。而根本的办法仍然需要进行手术矫正治疗。

**1. 术前准备**　除必要的常规检查外,医生应对患鼻进行仔细观察和测量。观察鼻中隔有无弯曲或偏斜,鼻腔与鼻旁窦有无感染,如有异常则需治疗后,方可进行手术。术前3d用消炎液滴鼻,修剪鼻毛。测量鼻梁隆起的高度,以及鼻尖异常的长度。先在鼻根至鼻尖顶部的下方2mm画一连线,连线的上部即为手术应切除多余的鼻骨及鼻中隔软骨(图2-1-50),再推动鼻尖使鼻唇角达到90°~100°,然后标明其与静止状态鼻尖位置的差距,即为要缩短的鼻尖长度,也就是要切除鼻中隔软骨的量。术前应和受术者共同商量设计手术方案,达成共识后用美蓝将上述设计线标记在鼻背部相应的部位。

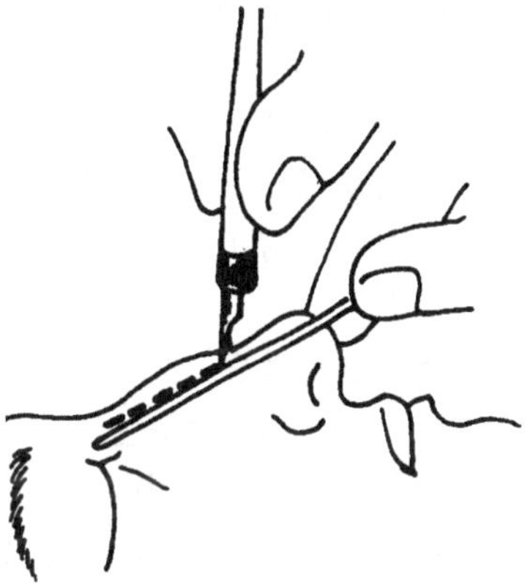

图2-1-50　画出截骨标志线

**2. 手术步骤**　手术矫正的基本方法是遵循Joseph鼻孔内进路的全鼻整形术,或Anderson与Ries鼻孔外路全鼻整形术的术式原则进行。手术原则包括截取骨峰、缩窄鼻背、修整鼻下部。若伴有严重鼻中隔偏曲时,应先行鼻中隔矫正术。

(1) 标出骨峰预截除线:从鼻根至鼻尖画一连线,线以上部分即为应截除部分。

(2) 切口:在鼻翼软骨和鼻侧软骨之间做双侧鼻内切口,对棘状突起较高者,可选鼻小柱下1/3和双侧鼻前庭切口,以使术区充分暴露,便于操作。

(3) 剥离:用圆钝弯剪在鼻翼软骨和鼻骨表面做广泛的全鼻梁的皮下分离。在预截除的骨峰部位应行骨膜下分离。

(4) 截除骨峰:用鼻锯从右向左,再从左向右锯断骨峰,钳出骨块。术者站于右侧,助手在头位固定,用力应稳、准、轻、快,截开线力求左右一致,不平整处用骨凿或骨锉修平。骨峰也可用骨凿直接铲除。

(5) 缩窄鼻背:通过鼻孔内或鼻端鸟状切口,于梨状窝的边缘做一小切口,插入骨膜剥离子,将上颌骨额突与其表面的骨膜、肌肉同皮肤一起分离,凿断上颌骨。凿骨时应注意保护鼻腔侧的骨膜和黏膜,以维持骨片的稳定性。双手执纱布将两侧鼻骨向中间推压至造成骨折,缩窄鼻背(图 2-1-51)。

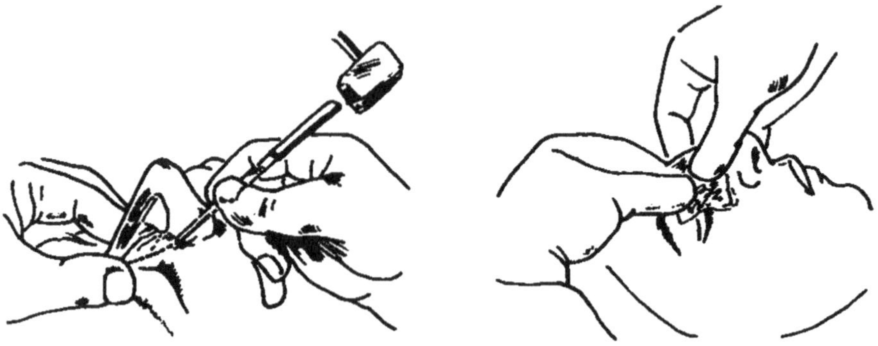

A　　　　B

图 2-1-51　驼峰鼻整形术

A. 上颌骨鼻突截骨;B. 缩窄鼻背部

(6) 鼻尖修整:鼻尖过长者,将鼻侧软骨下端自切口内拉出,参照术前测量所需要缩短鼻尖的量,适当切除鼻侧软骨下端;鼻尖下垂者,可在鼻翼软骨内侧脚的后面将鼻中隔软骨前端适当去除一部分,再将鼻翼软骨与鼻中隔软骨缝合固定以抬高鼻尖;鼻翼宽大者,可将鼻翼软骨上缘自切口内拉出后,将其上缘和外侧适当去除一部分。

**3. 术后处理**　鼻腔内碘仿纱条填塞做内固定,鼻外用牙模胶塑型固定。患者头高脚低位卧床,应用抗生素预防感染。术后第 3d 抽出鼻腔内纱条,鼻外固定 2 周后去除,数月内防止外鼻碰撞。

**4. 并发症及处理**

(1) 出血、感染:术中止血、消毒不彻底,术后抗感染不及时均可造成此并发症。处理宜用止血药物及抗生素,并保持鼻腔引流通畅。

(2) 矫正不足:骨与软骨去除不足是主要原因。术中仔细检查、及时处理。必要时可在术后 3 个月重新手术矫治。

(3) 阶梯畸形:缩窄鼻背时,外侧截骨位置过高造成。术中两侧截骨应在鼻骨基底部进行,可避免此畸形发生。

(4) 鞍鼻畸形:术中鼻骨与软骨去除过多所致。可行隆鼻术矫正。

**5. 驼峰鼻美容术护理**　除侧重术后鼻内、外固定护理外,其余与隆鼻术相似,护理目标和护理措施参见隆鼻术护理。

## 三、口　　唇

### (一) 口唇的应用解剖及美学

唇是人体面部的外露器官,除与进食和语言功能密切相关外,还有重要的美学意义。唇的完好与完美,对人体容貌美的作用和影响是至关重要的。嘴唇上任何微小的畸形都会引人注目,并将影响面部的整体美。然而唇的作用并不仅仅局限于对容貌的影响,对语言与进食也有重要的影响作用。唇的缺损将直接影响到部分语音及其他生理功能的完成,例如下唇缺损的患者,因不能完成口腔的封闭而影响正常的发音、咀嚼及吞咽过程,再加上容貌的缺损及终日外溢的唾液,这些都将给病人带来巨大的生理功能障碍和心理上的痛苦,并严重影响其正常的生活工作，极大地降低了病人的生活质量。

唇的结构特点与外鼻、外耳等最大的不同就在于它是一种“动态”器官，其正常的功能行使包括静态与动态两个方面。因此，在考虑唇的整复时，不能像外鼻外耳的整复那样，只考虑静止状态下的外形，还要考虑唇在行使各种功能（进食、语言、表情）时的位置关系及需要，从而在恢复良好的唇部外形的同时，尽可能最大限度的恢复其功能。另外，从软组织整复的角度看，唇组织的游离缘较长，组织柔软，供血丰富，弹性较好，易于移动和滑行，这些特点又为唇的整复提供了较为有利的条件。

**1. 唇的表面标志**　唇分上、下两部分。上唇的上界为鼻底，下唇的下界为颏唇沟。习惯上将颏唇沟以下的部分称为颏部，但有些人的颏唇沟并不明显，因此下唇的下界是一个相对的概念。唇的两侧以鼻唇沟（唇面沟）与颊部相连。上下唇之间为口裂。口裂的两侧为口角。正常人的口角位置约位于平视时经瞳孔向下的垂直线与尖牙和第一前磨牙间的交叉点处（图2-1-52），这个关系的确定在施行口角开大和面横裂修复手术时有重要的参考意义。

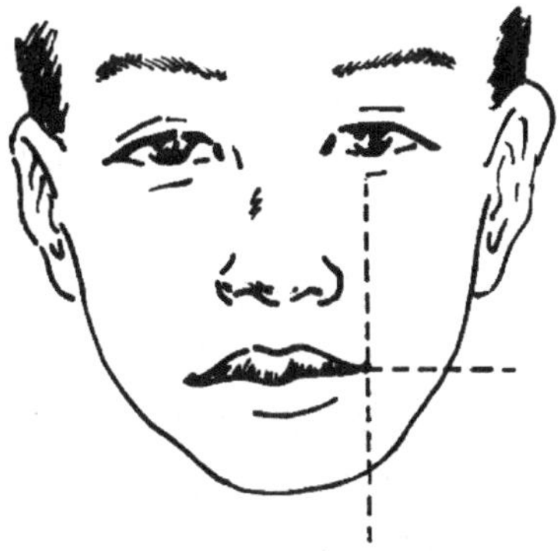

图2-1-52　正常人的口角位置

习惯上按唇部的颜色将其又分成红唇与白唇两部分。白唇表面覆盖有皮肤，红唇则是皮肤与黏膜的移行区域，两者交界处称为唇红缘。上唇的唇红缘形态非常重要，呈弓形，故又称唇弓。唇弓在正中线稍低略向前凸，形成人中低点，两侧的唇峰最高点称为唇峰点，与白唇的人中嵴相延续。两侧的唇峰与人中低点形成了人中切迹，其下方的唇红正中部呈珠状前凸，称为唇珠。唇珠对维持唇的颤颤欲启的静态美非常重要，如果缺失，将使唇部的生动感大打折扣。上唇鼻小柱以下至唇红缘的浅沟称为人中沟，两侧为人中嵴（图2-1-53）。此外，有时为了整复手术的测量需要，还把一侧口角至同侧唇峰的距离叫做该侧上唇的唇长，以便与对侧相比。以上这些点、线，都是重要的解剖标志，在唇部的整复手术设计中均具有重要的实际应用意义。

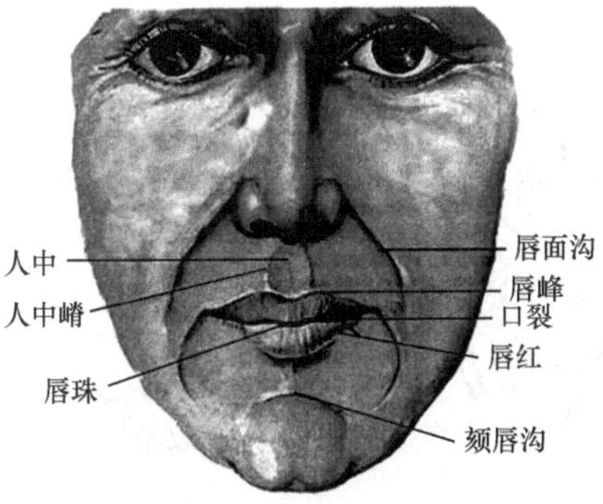


图2-1-53　唇部表面解剖标志

**2. 组织层次**　唇的构造从外向内分为五层。

（1）皮肤：较厚，与浅筋膜及表情肌紧密结合，含有大量的毛囊，皮脂腺和汗腺，易发生疖、痈。

（2）浅筋膜：较疏松，在发生炎症和外伤时，常呈现明显水肿。

（3）肌层：即口轮匝肌，对维持唇的动态功能至关重要。

（4）黏膜下层：重要结构有上下唇动脉及黏液腺，唇动脉在平唇红缘处形成唇动脉环，距黏膜距离较近。唇部手术时，可用唇夹或手指夹住口唇暂时止血，便于手术操作。

（5）黏膜：可分为干性黏膜及湿性黏膜，两者的分界线为上下唇在自然状态下闭合时的接触线，组织结构亦有不同。黏膜上有黏液腺开口，可分泌黏液，润滑黏膜。

（二）小口畸形矫治术及护理

小口畸形(microstomia)是指口裂过小，为口腔颌面部常见的畸形之一。分为先天性小口畸形和后天性小口畸形，先天性小口畸形是由胎儿发育障碍所致，较少见。后天性小口畸形多由口角瘢痕挛缩所致，表现为口角处蹼状瘢痕，上、下唇在口角处粘连，严重者伴有唇组织的缺失。小口畸形除对病人的容貌造成影响外，还可造成进食、语言、表情等功能受限，严重影响生存质量。

**1. 常见的原因**

（1）发育障碍，表现为先天性小口畸形。

（2）严重的烧伤及烫伤后，多见于小儿。

（3）某些炎症性疾病后，如走马牙疳及严重的复发性坏死性黏液腺周围炎患者。

（4）肿瘤切除手术后造成的畸形。

（5）外伤后的组织缺损等。

**2.** 小口畸形整复术的适应证。

（1）先天性小口畸形。

（2）烧伤后，感染后瘢痕挛缩导致的口裂减小，且病程在半年以上者。

（3）局部组织瓣转移修复唇颊组织缺损后导致的继发性小口畸形，且距第一次手术3个月以上者。

**3. 小口畸形常用的整复方法**

## 黏膜瓣法口角开大术

主要适用于先天性小口畸形或口周瘢痕已软化的小口畸形。

方法：参照正常的口角位置及健侧的口角位置来确定再造的口角位置。方法为：病人端坐平视，以通过两侧瞳孔中点的垂直线与口裂延长线的交点作为再造口角的顶点。划出皮肤的切除范围，切除三角形切口内的皮肤及皮下组织，尽量保留肌肉组织，黏膜则应全部保留。划出Y形的黏膜切开线，将切开的黏膜瓣向外翻转滑行，Y形黏膜瓣的尖端与口角顶点的皮肤创缘相缝合，上、下两块黏膜瓣则分别与上下唇皮肤的创缘缝合，完成口裂加大（图2-1-54）。

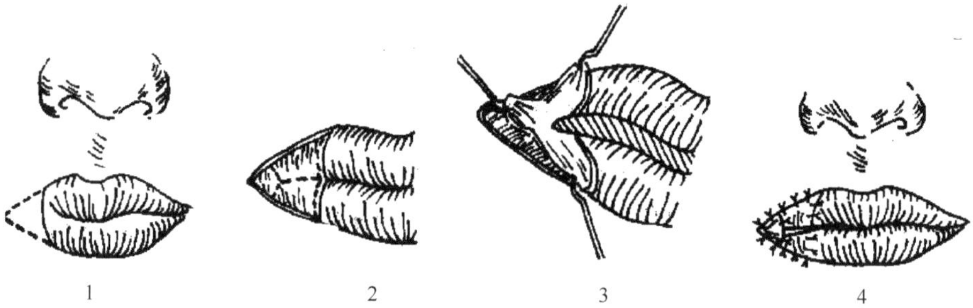


图2-1-54　黏膜瓣法口角开大术

1. 皮肤切除范围；2. 黏膜切开线；3. 黏膜瓣翻转；4. 缝合

## 皮片移植法

主要适用于口周瘢痕挛缩引起的口裂缩小。

方法：以通过两侧瞳孔中点的垂直线与口裂延长线的交点作为再造口角的顶点，修整口周组织及黏膜，根据创面大小取上臂内侧处全厚皮片，将其缝合于唇部创面处，打包加压包扎。

**4. 小口畸形矫治术护理**

**【护理目标】**

（1）术后打包加压包扎可靠，防止出血。

（2）清理呼吸道分泌物，保持呼吸道通畅。

（3）焦虑缓解，情绪改善，缓解疼痛。

（4）严格无菌操作，预防感染。

**【护理措施】**

（1）术前护理

1）心理护理：术前护理人员应详细询问受术者的身体状况，了解受术者的心理和精神状况、有无手术禁忌证，对于儿童患者，要与家属充分沟通，全面了解孩子的身体及心理状况并打消家属的顾虑。

2）做好术前准备：常规全身检查，了解患者是否过敏体质、瘢痕体质，有无合并心、肝、肺、肾等方面的疾患，特别注意手术区域有无急、慢性感染病灶。详细告知受术者手术方法及术后恢复过程，让受术者充分了解术后效果，尤其对抱有不切实际要求的患者一定要讲清楚手术不是万能的，使其打消掉过高的不切实际的要求。

3）局部准备：术前1d洗头洗澡，术前晚休息好，术前洗净面部油脂、清洁口腔。

4）术前医学照相存档。

（2）术后护理

1）对于全麻的病人一定要注意观察生命体征，保持呼吸道通畅，及时清理呼吸道分泌物。

2）伤口每日以3%过氧化氢溶液和4%硼酸酒精清洗数次，保持清洁，不应结痂。术后5～7d拆线。

3）限制张口活动，儿童受术者避免哭闹，谨防伤口裂开，必要时用头颌绷带限制张口。

4）给予高营养的流质饮食，用吸管进食。

5）常规应用抗生素，避免伤口感染。

6）心理护理：针对不同的患者给予不同的心理护理，疼痛不能耐受者可给予镇痛药物，心理压力大者可给予心理疏导，尽量减轻患者的心理负担。

7）待伤口完全愈合后，应练习张口运动，以免组织挛缩。

8）随诊并进行医学照相，与术前对比。

（三）重唇及厚唇矫治术及护理

**1. 重唇的整复**　重唇（two-tier lip）是一类较为少见的先天性畸形，又称双唇或双上唇，为先天性发育畸形。一般仅发生于上唇，常在恒牙萌出后明显，在青春期表现最为明显，因影响美观方才引起患者的注意。患者红唇和口轮匝肌正常，口轮匝肌深层的外周部直接与红唇相连，结合过紧。红唇内侧的口腔湿性黏膜发育过度，松垂突出，从而与红唇之间形成一重叠的沟形。这种畸形在闭口时并不明显，而当开口或微笑时，在红唇内侧形成一明显的黏膜皱褶，形似双层红唇即重唇。重唇多发生在唇部两侧，唇正中部多无畸形。

重唇修复术的治疗原则，是作部分切除，使红唇恢复正常外形。术式有两种：

（1）梭形切除法：沿重唇周缘作梭形切口，楔形切除黏膜和黏膜下组织，然后分层缝合伤口。梭形切除法具体手术方法：在两侧唇黏膜各作横行的梭形切口，切口外端常需延伸至颊部，切除过多的唇红黏膜，切除的范围应根据上唇静态及动态时的唇外形确定（图 2-1-55）。为避免直线瘢痕挛缩，可设计成连续的锯齿形切口，间断缝合伤口，如图所示（图 2-1-56）。

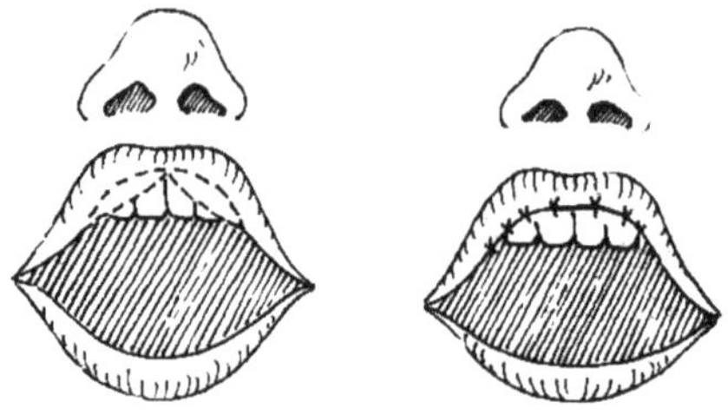

图 2-1-55　重唇的梭形切口设计

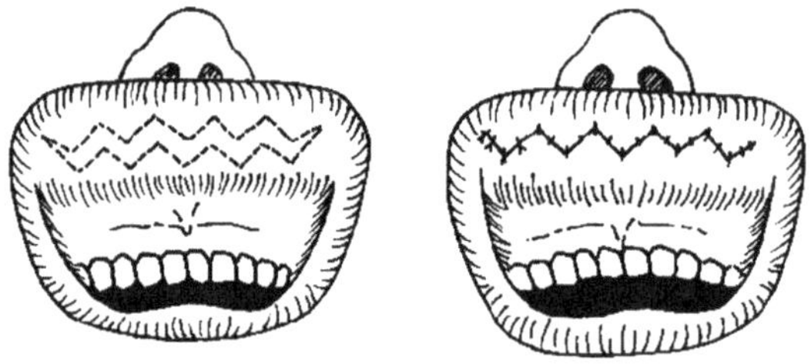

图 2-1-56　重唇的连续 V 形切口设计

（2）横、纵梭形切除法：是在上唇两侧各缝一针，牵引两线使上唇外翻。在两侧重唇突出部位各作一横梭形切口，而中线部作纵形切口，切除多余的黏膜及黏膜下组织后分层缝合。5 ~7d 后拆线。

**2. 厚唇（thick labium）的整复**　嘴唇的厚度与个体及种族关系密切，如黑色人种的嘴唇明显厚于白色人种。嘴唇的厚度与美学的关系相当微妙，其审美标准因不同的时代和文化背景而异。但无论如何，唇的厚薄的美学标准首先应以面部的整体及和谐为基础，并应充分体现出个性化的特点。

厚唇整复的病人除因为美观原因而就诊外，也可见于一些因病理原因引起的口唇肥大，如慢性唇炎引起的唇部组织增生，黏液腺高度增生引起的唇部增厚，某些细菌感染以及克隆病等原因引起的口唇肥大。

手术方法：首先测量出增生过多的部分，并用美蓝标出，一般采用阻滞麻醉，以避免浸润麻醉后引起的组织变形。在唇红内侧唇黏膜与口腔黏膜交界处，设计切口线，为保证术后上唇的唇珠明显，增加美感，切口线应设计成弧形，与上唇唇弓缘平行，宽度一般为 4 ~6mm，深度不超过 6mm。两条切口的纵切面应成 70° ~90°角，切口两端可适当延长到颊侧，以免口角出现“猫耳朵”，并保持口角形态自然（图 2-1-57）。立体去除切下的一条黏膜，并尽量将增生的黏液腺切除，予以整形缝合，即可使厚唇变薄。应注意闭口时缝合线应位于口内，并避免黏膜切除过多及缝合过紧。见图所示（图 2-1-58）。

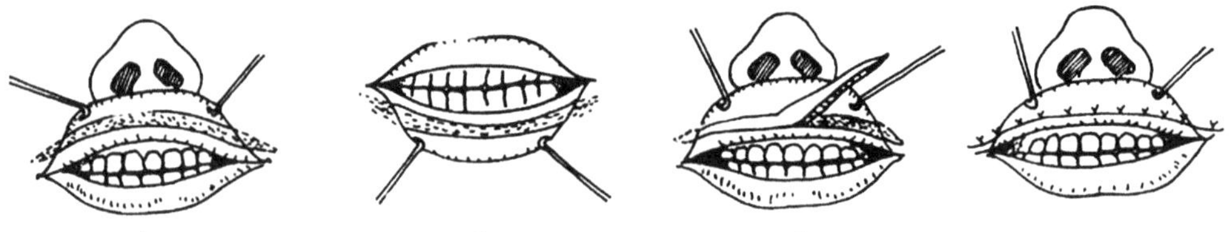

A　B　C　D

图 2-1-57　厚唇整复的手术方法

A. 上唇切除部分；B. 下唇切除部分；C. 切除多余组织；D. 缝合黏膜切口

**3. 重唇及厚唇矫治术护理**　参见小口畸形矫治术护理。

（四）唇外翻矫治术及护理

唇外翻（lip ectropion）是指口周的上、下唇或口周皮肤的浅层缺损，或瘢痕挛缩导致的

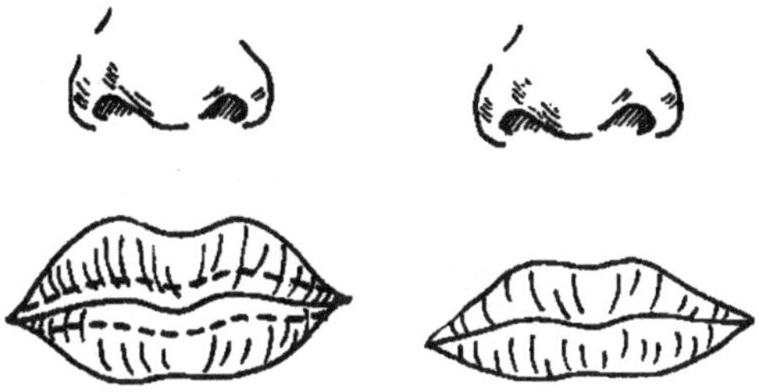

图 2-1-58 厚唇整复的切口设计

红唇外翻畸形。唇外翻多由于颜面烧伤、外伤、感染、手术后遗症所造成的，其中以烧烫伤产生的瘢痕挛缩导致的唇外翻最为常见。轻度的唇外翻或伴有口角轻度变形，影响患者容貌，有碍社交活动，给病人心理上带来压力，精神上带来痛苦，而对唇部的功能影响不大。严重的唇外翻不仅严重影响外貌，妨碍患者的正常工作和社交活动，而且造成局部功能障碍。如颌颈部或和胸部发生严重粘连时，下唇可极度外翻，并出现进食、咀嚼、吞咽、语言和呼吸等方面的功能障碍。如幼年时发生这样的畸形，可因瘢痕牵拉，常合并深部组织的广泛破坏或瘢痕挛缩，甚至发生骨及颞下颌关节粘连，使下颌骨生长中心功能丧失，病人嘴巴呈鸟嘴状改变。唇外翻可导致牙齿外露，口唇闭合不全，面部不对称及唾液外溢，对美观影响较大。上唇和下唇的组织结构有共同点，其外翻畸形的修复原则基本一致。但是由于下唇缺少支持组织和受到重力的影响，更易发生外翻畸形。

**1. 唇外翻整复的适应证**

(1) 口唇区或上下唇部皮肤浅层缺损，而红唇完整的唇部轻度外翻畸形。

(2) 原有的瘢痕组织已经软化。

(3) 局部无感染及炎症。

严重的唇外翻则主要应用游离植皮或游离皮瓣修复。当受条件限制不能应用游离皮瓣修复时，还可以应用皮管移植完成整复。

**2. 唇外翻整复的常用手术方法**

## “Z”字成型矫正术

适用于条索状瘢痕牵拉形成的轻度唇外翻畸形(图 2-1-59)。

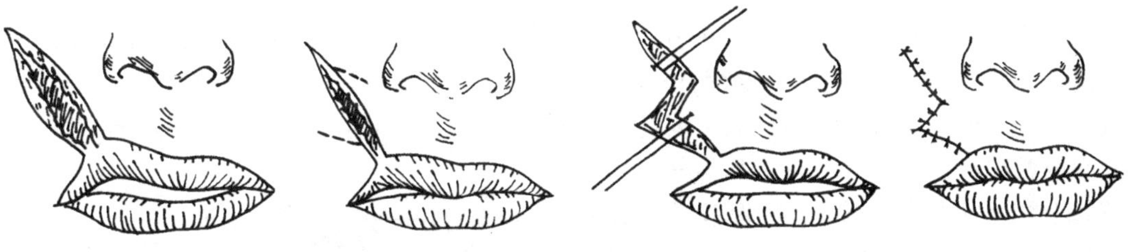

1　　2　　3　　4

图 2-1-59 唇外翻“Z”成形矫正术

1. 切除瘢痕；2. 设计皮瓣；3. 皮瓣转移；4. 缝合切口

## “V-Y”滑行皮瓣矫正术

适用于上、下唇小范围的皮肤缺损所致的唇外翻(图 2-1-60)。

## 鼻唇沟皮瓣矫正术

该法适用于上下唇缺损范围较广，瘢痕较深，游离植皮又难以达到满意效果的唇外翻

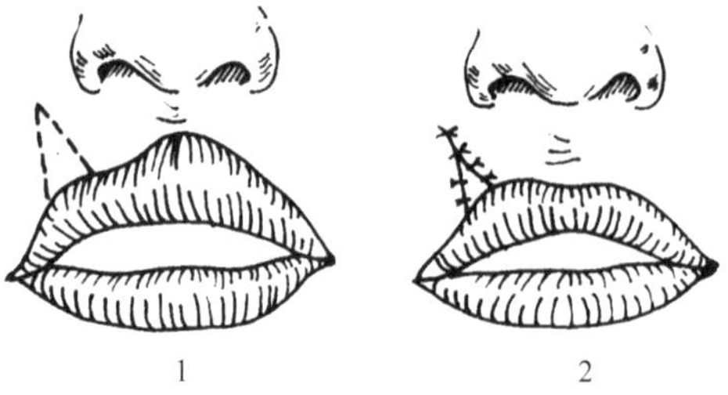


图 2-1-60　唇外翻 V-Y 成形矫正术

1. 切口设计;2. 缝合切口

畸形。

**3. 唇外翻矫治术的护理**

**【护理目标】**

参见小口畸形矫治术护理。

**【护理措施】**

(1) 观察皮瓣的颜色、温度、质地,防止皮瓣缺血坏死,一旦出现皮瓣颜色苍白、弹性下降等血运障碍的表现时要及时告知医生处理。

(2) 若为游离植皮,应注意包裹敷料加压力度适中,固定牢固,避免潮湿。

(3) 游离植皮术后保持供皮区伤口清洁干燥,适当制动绷带包扎,松紧适宜,大腿、下腹部取皮者,术后 10d 严格卧床休息。

(4) 游离植皮者术后 10d 拆线,其余伤口 5 ~7d 拆线。

(5) 手术后的组织肿胀需 2 ~3 周才能完全消退,应当给病人解释清楚,避免对手术效果产生疑虑。

其他护理措施参见小口畸形矫治术护理。

## 四、耳

(一) 耳的应用解剖及美学

**1. 大体解剖与美学**　耳郭位于头颅两侧,左右对称,上端大致与眉上边缘的水平线平齐,下端达鼻底水平线,耳轮及耳屏构成的平面与颅侧壁成 30°角。

耳郭分前外侧和后内侧两面,两侧面皮肤中间夹以薄而富有弹性的软骨支架,前外侧皮肤菲薄,皮下组织少,与软骨膜紧密粘连;后内侧皮肤稍厚,与软骨之间有少量皮下组织相隔,较为松动。耳郭软骨由黄色弹性纤维软骨板组成,表面不平,形状与耳郭相似,仅耳垂处无软骨。

耳郭主要由耳轮、对耳轮、耳甲腔、耳垂、耳屏及对耳屏等主要结构构成。耳郭卷曲的游离缘为耳轮,其前端向下后走行,终止于外耳道口上方之耳轮脚。耳轮前方有一与其大致平行走行的隆起,即为对耳轮,对耳轮向上前分成两叉,分别为对耳轮上脚及下脚,两脚之间的凹陷称三角窝。耳舟为耳轮与对耳轮及其上脚之间的舟状凹陷。对耳轮前下方较大的凹陷称耳甲,耳甲被耳轮脚分为上下两部分,上部为耳甲艇,下部为耳甲腔。耳甲腔前面一孔洞为外耳道口,后者前外方有一小三角形的突起称耳屏,在对耳轮的前下端与耳屏相对处有一隆起称对耳屏,耳屏与对耳屏之间的凹陷称屏间切迹。耳垂在耳郭的最下端,后下部分为耳轮的延续部,其内无软骨组织,主要由致密脂肪组织构成。耳郭各部的名称如图 2-1-61 所示。

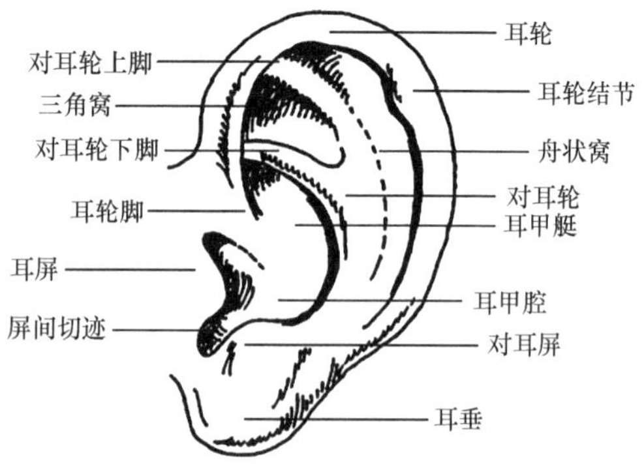


图 2-1-61　耳郭外形及各部名称

**2. 耳郭的血管分布**　耳郭的血供丰富,颞浅动脉分出 3 ~4 分支供应其前面、耳屏及外耳道的外侧部;耳后动脉和枕后动脉发出数支分布于耳郭后内侧面,耳后动脉的部分分支穿过耳轮、三角窝及耳甲艇等处的软骨进入并分布于耳郭的前面。

**3. 耳郭的神经分布** 耳郭的神经丰富,来自颈丛的耳大神经是耳郭的主要感觉神经,从胸锁乳突肌后缘中点穿入皮下浅层,沿颈侧部上行,在耳垂高度发出耳前支和耳后支,分别主要分布于耳郭的前外面和后内面区域。来自三叉神经下颌支的耳颞神经、枕小神经分支、面神经耳支和迷走神经耳支也分布于耳郭部分区域。

**4. 耳郭的淋巴分布** 耳郭的淋巴呈网状分布,主要汇集于其周围的淋巴结,耳郭前外面的淋巴管汇入耳前淋巴结和腮腺淋巴结,耳郭后内面的淋巴结多汇入耳后淋巴结。

(二) 耳垂穿孔术及护理

耳饰又称耳环,是人们尤其是女性佩戴的装饰品。为佩带耳饰在耳垂部位行穿孔手术,称耳垂穿孔术,俗称穿耳朵眼,又叫扎耳朵眼。

**1. 定位** 耳垂穿孔的位置应考虑耳垂的形态、大小、受术者的职业、个人审美观等因素。有多种定位方法,一般应定位于耳垂正中略偏内上方,此点即中医耳针穴位的眼穴,在此处穿孔对眼睛有益,也不会伤及血管神经等。常用的定位方法有3种:

(1) 耳垂正中点略偏内上1~2mm处,即眼穴所在点。

(2) 在屏间切迹水平线中内1/3交界处画垂线,此垂线的中上1/3交界处即为穿孔点。

(3) 在屏间切迹水平线中内1/3交界处画垂线,在此垂线上选穿孔点,使穿孔耳垂下缘和屏间切迹点的距离相等。如需穿两个耳孔时,屏间切迹水平线的中外点到1/3交界处可作为第二穿孔点。

**2. 手术方法** 穿孔位置确定后,手术操作较为简单,在严格无菌条件下,局麻完成手术。

### 穿线法

术者左手捏持耳垂下端,右手持一穿有粗丝线的直角针,从耳垂前外侧面定点垂直穿过耳垂,将丝线两端打结,一周后拆线,立即换戴耳饰。

### 穿耳孔枪法

将耳垂穿孔枪和耳钉消毒,拉开枪栓,将耳钉置入枪膛,将耳垂置入枪槽内,耳钉对准定点部位,扣动扳机,即可一次完成穿戴过程。

### 布巾钳法

以消毒布巾钳分别置于手术者耳垂前后方,对准定点,用力夹持,穿通耳孔,退出布巾钳,换戴消毒耳饰。

### 激光法

利用激光束完成穿孔。

### 大头针法

用消毒大头针完成穿刺,折弯后固定,一周后换戴耳饰。

**3. 耳垂穿孔术护理**

**【护理目标】**

(1) 正确选择穿孔方法。

(2) 减轻或消除焦虑。

(3) 预防感染,防止耳部瘢痕形成。

**【护理措施】**

(1) 术前护理

1) 心理护理:术前护理人员应详细询问受术者的身体状况,认真与受术者沟通,告知该手术是简单而普及的手术,无明显痛苦,消除受术者紧张焦虑心情。将设计耳孔位置告知受术者,并征求意见,以达到受术者满意。

2) 做好术前准备:了解患者是否过敏体质、瘢痕体质,检查耳郭、外耳道有无局部感染性病变,并治疗局部存在的疾病。

3) 耳郭用 75% 乙醇溶液消毒,消毒铺单时要将双侧耳外露,以便于对比观察。

4) 耳饰应严格消毒,将准备好的耳钉用消毒液浸泡 30 min 备用。

(2) 术后护理

1) 术中严格执行无菌操作,术后保持穿耳孔处清洁。直接佩戴耳饰者,每日用 75% 乙醇溶液消毒耳孔处两次,每日消毒后外涂红霉素软膏,直至穿孔处上皮再生。

2) 耳孔内保留缝线者,于术后 7d 抽出缝线,在耳孔未完全上皮化之前,应穿入支撑物或佩戴耳饰。

3) 注意观察针眼感染、外形不美、耳孔闭合、瘢痕增生、耳垂裂等术后并发症的发生,及时告知医生处理。

(三) 副耳及耳前瘘管手术及护理

**1. 副耳**

(1) 发病原因:副耳又称附耳,俗称小耳朵或耳赘。是因第一鳃沟或第一、第二鳃弓过度发育所致,临床较为常见。

(2) 临床表现:副耳一般位于耳屏与口角连线上,呈赘生状,其形状、大小、数目变化多端。多数还含有软骨组织,有些与耳软骨相连,有的则深入到面颊部皮下组织中,甚至深及腮腺筋膜上方。可单侧发生,也可双侧均有。

(3) 手术方法:治疗方法是将副耳切除,并将其含有的软骨组织切除,适当调整后缝合切口。副耳患者常合并同侧面部发育不良,因此切除软骨时不应过于彻底,仅将突出皮肤部分切除,皮下部分应予保留,以免加重面部畸形。与耳屏融为一体的副耳切除时,应注意保留部分软骨同时行耳屏再造。

**2. 耳前瘘管**

(1) 发病原因:耳前瘘管是由于第一和第二鳃弓的小丘状结节融合不全或第一鳃裂封闭不全所致,是鳃裂上皮残留形成的先天性畸形,有遗传性,可能属于常染色体显性遗传。

(2) 临床表现:耳前瘘管常双侧同时发生,也可单侧发生。多开口于耳屏前方,或接近耳轮脚处。也可开口于耳轮、耳垂、乳突部和颊部者,但较少见。多一个开口,也有两个或两个以上开口的。瘘管多为盲管,行程迂曲,甚至有多个分支,多止于耳郭软骨或外耳道软骨,也可深及腮腺筋膜或与鼓室、咽鼓管相同。常有分泌物自瘘管口流出,引流不畅时可形成囊肿,也可反复发生感染,经久不愈。

(3) 手术方法:耳前瘘管的治疗是梭形手术切除瘘管。一般在局麻下施术,切除前先向瘘管内注入美蓝染色,以便确定切除范围。切除时应尽量完整切除,不剥破瘘管管壁,并注意保护深部的血管、神经和腮腺等不受损伤。

**3. 副耳及耳前瘘管手术护理**

**【护理目标】**

(1) 减轻疼痛。

(2) 体温正常,预防感染。

(3) 预防并及时发现术后并发症。

(4) 消除受术者紧张或焦虑的心理。

**【护理措施】**

(1) 术前护理

1) 心理护理:术前详细询问受术者的身体状况,认真与受术者沟通,告知副耳的发生情况,手术切除疗效显著,不会影响耳的听力。手术操作简单,无明显痛苦,消除受术者患者紧张焦虑心情。

2) 做好术前准备。了解患者是否过敏体质、瘢痕体质,检查耳郭、外耳道有无局部感染性病变,并治疗局部存在的疾病。

3) 术前2~3d,每天清洁外耳道及耳郭,去除耳垢。

4) 耳郭用75%乙醇溶液消毒。外耳道用棉球填塞,以防术中出血流入外耳道内。

5) 对于耳前瘘管术前检查应仔细,要明确瘘管的长度及范围,根据瘘管的特点,确定切除的范围及深度。

(2) 术后护理

1) 切口护理:用无菌敷料覆盖切口,妥善固定,注意敷料是否渗湿。保持局部清洁干燥,避免受压,以期达到最佳疗效。

2) 预防感染:一般常规应用抗生素3~5d预防感染。

3) 如无异常,术后3d换药,一周左右拆线。

4) 宣教耳前瘘管手术操作简单,疗效肯定,瘘管切除后可避免耳部感染的发生,消除受术者不必要的担忧。

(医疗部分:李广帅　刘林嶓;护理部分:钱永琴)

# 第2章

# 面部年轻化美容术及护理

学习要点

1. 掌握面部除皱术的切口及术式选择。
2. 熟悉面部除皱术的发展过程及外科技术。
3. 了解面部除皱术的非手术治疗方法及技术。

案例

某剧团A、B、C三位女演员，年龄相差不多。A，47岁，非常赶时髦，5年前做了全面部除皱术，颞部、耳屏前留下较为明显的瘢痕和部分脱发。B，42岁，也很爱美，有一天，A发现B最近显得异常年轻，除了请假几天外没有发现她面部有明显肿胀、淤青、切口等手术迹象。C，37岁，很是新潮，只是由于化妆、表演需要丰富的面部表情，使得脸上皱纹不少，而某一天脸上皱纹突然奇迹般地消失了，似乎一夜之间变得非常年轻。A、B看到都很好奇，不知道C通过什么方法获得如此神奇的效果。

为什么她们都返老还童变年轻了？什么技术让她们年轻了？她们都接受过美容整形手术吗？可能做的什么手术？手术有没有痛苦和副作用？

## 第一节 面部除皱术

### 一、面部除皱术的历史和现状

美丽是人类永恒的追求，面部老化是人们从青春美丽走向衰老最明显的标志之一，为了恢复容光焕发的容貌，面部除皱术(rhytidoplasty)应运而生。它是指运用各种外科方法治疗由于组织结构老化引起的面颈部皮肤松弛及萎缩等组织学、解剖学改变，又称面部提升术(face lifting)。

面部除皱术始于上个世纪初，至今已经有一百多年的历史。除皱术式经历了一个由简到繁，分离平面由浅到深的发展过程。即：皮下分离的第一代技术；皮下分离+浅表肌肉腱膜系统（SMAS）分离的第二代技术；深部平面除皱术和其后的复合除皱术的第三代技术。按照分离平面的深度，也有人将骨膜下除皱术称为第三代除皱术。

近年来，应用内窥镜除皱的方法正在悄然兴起。内窥镜除皱的手术入路小，不必做额部的冠状切口。同时，借助内窥镜可直观血管、神经、肌肉的解剖位置，可有效避免或减少术中血管神经的损伤，具有其独特的优点。

面部除皱术已被越来越多的公众所接受。但在技术选择方面，却有着相当多的争议。争论的焦点多集中在分离的范围和平面。毫无疑问，较广泛、较深平面的分离要承担较多并发症的风险和较长时间的恢复期。然而遗憾的是，小范围浅平面的各种术式，近期效果总是有这样或那样的局限性；远期效果也不尽如人意。每一种手术都有它的适应证，外科医生需要了解患者的个体差异，适当地评价每一个患者的生理和精神状态，选择合适的方法，获得理想的效果。

## 二、面部应用解剖及美学

参见美容应用解剖学(第 2 版)第三篇第一章 头、颈部的美学解剖。

## 三、面部老化的原因

面部老化是人体老化的局部表现，是体内因素和来自周围环境的外部因素共同作用的结果。面部皱纹出现的早晚、多少、深浅，常随人体的年龄、体质、遗传因素、生活环境、工作环境、心理情绪、工作状态、营养条件及全身性疾病等诸多方面的情况差异而各不相同。主要有以下原因。

**1. 遗传**　有些人尽管年龄已大，但皮肤弹性仍较好，面部皱纹少，与同龄人相比似乎年轻很多，而且其全家人都显得年轻，这可能为遗传因素所致。

**2. 自然衰老**　通常情况下，一个人的年龄增长，就会出现皮肤松弛、皱纹形成。

**3. 光化学性损伤**　紫外线照射是主要的环境因素，尤其是对那些皮肤颜色较浅的人影响较大，其作用机制包括紫外线诱导的氧自由基堆积，从而引起能够导致胶原降解酶产生的一系列分子事件发生，最终形成光老化的标志性特征，包括皮肤粗糙、萎缩，出现粗细皱纹，皮肤发黄，以及伴有肤色改变的皮革样外观。

**4. 健康状况**　身心健康者，皮肤弹性好，出现皮肤松弛及皱纹晚，否则结果相反。

**5. 生活习惯**　熬夜、过度疲劳及抽烟均可加速皮肤衰老。面部表情过于丰富如经常眯眼、皱眉、狂笑、撇嘴，这些动作和表情也会使面部皱纹增多。

**6. 其他**　皮肤保养不当；某些药物对身体有毒副作用，长期使用会加速皮肤老化。

## 四、面部老化的临床表现

面部老化是面部皮肤、表浅肌肉键膜系统(SMAS)及深部组织间动态的、累积的退行性变，导致组织松垂、移位，出现老化面容。一般说来，约 30 岁后开始有上下睑皮肤松弛，渐形成三角眼和眼袋，在外眦外侧形成鱼尾纹；约 40 岁后眼睑皮肤松弛加重，鼻唇沟明显，眉间和前额开始出现皱纹并渐加重；50 岁后颌、颏、颈部皮肤显现松弛下垂，鼻尖渐变扁平；60 岁后颞、颊区皮肤和皮下组织明显变薄，各部位皮肤松垂皱纹更趋明显。皱纹是皮肤老化的典型征象。

### (一) 面颈部皱纹(图 2-2-1)

**1. 自然性皱纹**(体位性皱纹 orthostatic lines)　主要位于颈部，呈横弧形。一般出生时即存在，便于颈部自由地进行前俯后仰和左右旋转运动，颈部大范围自由运动需要有充足的皮肤，自然性皱纹开始存在并不一定代表老化。但随年龄增加，颈部长期运动，颈阔肌长期收缩，皮肤进一步增多，使自然性皱纹变得很深，皱纹间皮肤松弛隆起，加上皮下脂肪堆积，表现为老化的征象。

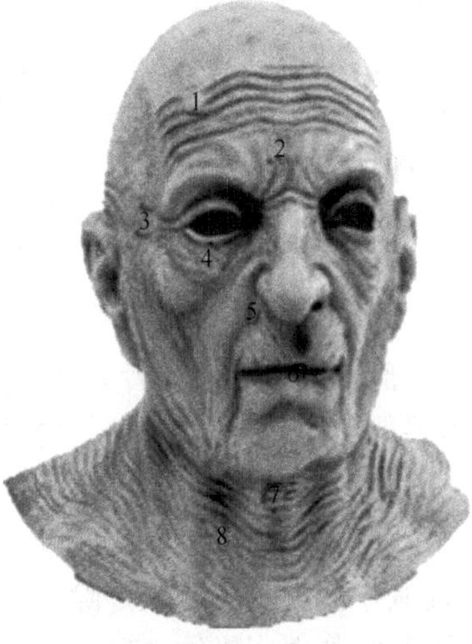


图 2-2-1　面部皱纹

1. 额纹；2. 眉间纹；3. 鱼尾纹；4. 眼袋；5. 鼻唇沟；6. 口周皱纹；7. 颏下脂肪堆积．8；颈横纹

**2. 动力性皱纹**(dynamic lines)　是表情肌长期反复收缩所致,所以表情肌较丰富的地方皮肤皱纹也较多。早期只在表情肌反复收缩时出现,称为动态性皱纹;当皮肤发生病理性改变,即使表情肌没有运动,皱纹也不消失而且长期存在,称为静态性皱纹。如额肌收缩形成额横纹;眼轮匝肌收缩形成鱼尾纹,呈放射状排列;眼轮匝肌收缩所致的下睑皱纹呈垂直或稍斜的方向排列;皱眉肌收缩所致眉间皱纹方向垂直;颊肌和上唇方肌、笑肌收缩所致颊部皱纹呈斜向分布。由于口轮匝肌的面积较大,与表面的皮肤紧密结合,所以口轮匝肌收缩所致的上、下唇皱纹数目甚多,深浅不一,在两口角呈放射状,在上、下唇呈垂直方向排列。

**3. 重力性皱纹**(gravitative lines)　在皮肤及其深面软组织松弛的基础上,再由于重力的作用而形成皱襞和皱纹。重力性皱纹多分布在眶周、下颌区和颈部。上睑皮肤松弛形成细密皱纹,严重者下垂形成三角眼,甚者影响视力。颈部皮肤、皮下和颈阔肌松弛形成"羊腮"或称"火鸡颈"。

**4. 混合性皱纹**(combination lines)　由多种原因引起,机制较复杂,如鼻唇沟。

(二) 鼻唇沟

鼻唇沟是每一个人都存在的正常解剖标志,随老化进展,鼻唇皱襞更加隆起,沟加深,出现典型的面中部老化征象。鼻唇沟加深的因素是多方面的,机制较复杂。

**1. 鼻唇沟是上唇表情肌活动的产物**　此学说最直接的证据是笑与不笑和笑的程度影响着鼻唇沟的形态。Barton、Zufferey 等对尸体解剖观察结果证实了多个面肌参与了鼻唇沟的构成,按其对鼻唇沟形成机制方面的重要性,依次为:上唇鼻翼提肌、上唇提肌、颧小肌、口角提肌、颧大肌、颊肌、笑肌等。正是由于这些表情肌的长期、持续的活动,最终产生并加深了鼻唇沟。因此,面瘫的病人鼻唇沟消失(年轻病人)或变浅(老年病人)。

**2. 组织结构差异所致**　经过新鲜尸体解剖观察,发现面部脂肪分布差异较大,鼻唇沟外侧、下颌下部、颏下脂肪较厚,易于形成脂肪堆积。鼻唇沟外上有颧脂肪垫,深面又有颊脂肪垫,而鼻唇沟内侧口轮匝肌表面几乎无皮下脂肪,表皮和肌肉纤维直接相连,所以一旦肥胖,鼻唇沟外侧皮下脂肪堆积增厚,形成明显隆起的鼻唇皱襞,这种鼻唇沟内、外侧组织分布的差异也导致典型的鼻唇沟加深的老化征象。

上述鼻唇沟形成机制的两种观点,可以分别归纳为动态机制学说和静态机制学说。按照形态与机能相统一的观点,实际上应将两者结合起来,共同解释鼻唇沟的形成机制才算完全,即在形态学差异的基础上,表情肌的收缩推动了鼻唇沟的动态变化过程。

## 五、面部皱纹的手术治疗

(一) 面部除皱术的适应证

面部除皱术可使患者面颈部变得年轻,获得心理上的满足和欣慰,但并非"有求必应",而需要严格地掌握适应证。其标准的确定要考虑:①面颈部老化的部位、性质、程度。②年龄。③全身健康状况。④求术者的动机、心理状况等因素。

**1. 面颈部老化状况**　面部老化的主要表现有松垂、皱纹、颜色不良性改变、色斑(痣)等,而其中的松垂和皱纹是除皱术可矫治的老化。除皱术能够解决的第一个问题是去除动力性皱纹,如眉间纵纹、额横纹、鼻根横纹等,这是因为相应的肌肉能够在术中被切除或切开。鱼尾纹属于动力性皱纹,但不能去除只能改善,因为眼轮匝肌不能被切除。除皱术能够解决的第二个问题是矫治软组织的松垂。额、眉、上睑松垂的矫治效果最好,其次是口角外上和外下方的垂袋，再次是双下颏畸形，效果较差的是颧脂肪垫的松弛。目前的除皱术对于鼻唇沟的治疗仍不理想，而对于上、下唇的纵纹无效。

**2. 年龄**　除皱手术的适宜年龄为40～60岁。国外报道的适宜年龄为35～75岁。手术不能阻止老化的发展，但能治疗和预防老化的征象。如美容就医者强烈要求，而且存在面颈部老化征象者，上述年龄范围可适当放宽。

**3. 全身状况**　无重要脏器如心、脑、肝、肺、肾病变；非瘢痕体质；无皮肤病和血液系统疾病；高血压病经内科治疗已有效地控制。消瘦期效果优于肥胖期，长脸型者优于宽脸型者。

**4. 心理状况**　随着社会的进步和医学模式的转变，了解和掌握要求美容手术者的心理状况和求医动机，已成为评价手术效果的标准之一，除皱手术也不例外。术前仔细了解求术者的要求、动机，排除存在异常心理状态者，如：①期望值过高，要求脱离实际者。②为解决爱情、婚姻或事业中存在的问题者。③顺应周围人的要求，等等。另外，对于正处在人生重要转折点的求术者，劝其度过这段时期后再来手术。接诊时即应讲清除皱手术的主要方法、步骤和预期效果，也应告知手术技术的局限性及并发症，这样一来，既可避免一部分适应证的选择错误，也使求术者有必要的思想、心理准备。

（二）面部除皱术的外科技术

根据面部老化的表现不同分为额部除皱手术、颞部除皱手术及面颈部除皱手术等基本术式。在此术式基础上根据老化的具体表现还可以组合，额颞部除皱手术，颞面部除皱手术，面颈部除皱手术，颞面颈部除皱术及额颞面颈全面部除皱手术等术式。

**1. 额部除皱术**

（1）术前设计：头皮内或沿前额发际缘的冠状切口。

（2）麻醉：切口用0.5%利多卡因（含1/20万肾上腺素）浸润麻醉，麻醉药必须注射于头皮内，防止在帽状腱膜下注射，目的是使头皮内血管收缩止血，利于手术操作。切口的方向应与毛囊的方向平行。

（3）剥离：切开头皮后，额区在帽状腱膜下锐、钝性剥离；颞区在颞深筋膜浅层表面锐性剥离，直达眶缘及眉间。如果采用骨膜下除皱，则额部切口深达骨膜下，以骨膜剥离子在骨膜下剥离，到达眶缘、鼻骨、颧骨、上颌骨外上方骨膜。

（4）表情肌的处理：将剥离松解的额部头皮瓣向前翻转，辨认皱眉肌和降眉肌，切除中间部的皱眉肌，至少保存一半的皱眉肌，以防术后表面凹陷畸形，同时切除部分降眉肌。还要切除部分额肌，其目的是：①减少额肌的活动性，也减轻了额部横向皱纹。②利于头皮瓣最大限度地向上提紧。③使头皮瓣有裸露的创面，利于黏附在颅骨表面，使头皮瓣长久保持在被提高后的位置。切除额肌时应防止破坏皮下组织，以防术后额部表面不规则畸形。为了防止损伤感觉神经的分支，应做长方形部分散在切除额肌，保存感觉神经分支。根据皱纹的情况决定切除额肌的数量。如果额部仅有轻的细小皱纹，则仅切除帽状腱膜和额肌筋膜，保持额肌的连续性，使裸露创面黏附到颅骨表面。如额部皱纹较严重，则应切除部分额肌；额部皱纹越严重，切除额肌的范围应越大。

（5）切口缝合：额部头皮瓣在向上提紧的基础上行三点缝合固定，分段切除多余的头皮，在较小张力下分层间断缝合切口，使帽状腱膜层张力大一些，皮肤层缝合张力应较小，防止毛囊缺血，术后脱发。

**2. 颞部除皱术**

（1）安全区与危险区确定：颞区面神经的安全区有两层含义，即在皮下分离是安全的，此处没有面神经分支;其次是在 SMAS 层下分离,有安全范围。

颞区面神经的安全、危险区警戒线是面神经颞支Ⅰ的体表投影线。简化确定此线的方法是连接下述各点所成的弧线:耳屏前 1.7cm(a)、外眦水平外 5.1cm(b)、眉梢水平外 3.5cm(c),以及眉梢垂线上 2.1cm(d)(图 2-2-2)。线前为危险区,线后为安全区。另外,过外眦点外 2.9cm 作半弧标志着眼轮匝肌外缘,此危险区内如果保护颞浅筋膜及其下的疏松组织不受损害,即能确保颞支不受伤。

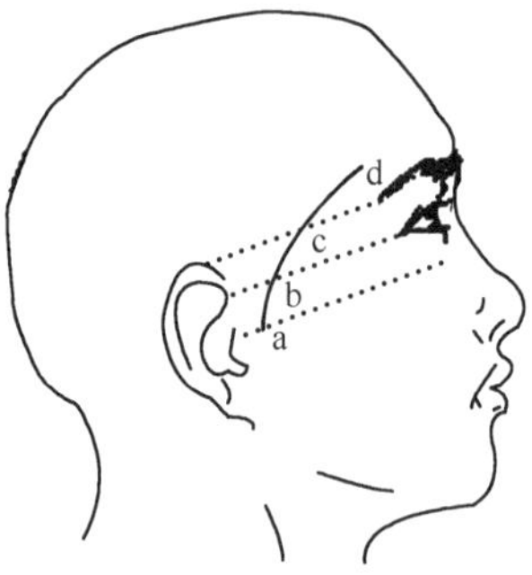

图 2-2-2 颞区安全区与危险区分界线

(2) 术前设计:在颞部设计凸向后方的弧形切口。

(3) 麻醉:切口和颞部用 0.5% 利多卡因加 1/20 万肾上腺素浸润麻醉。

(4) 剥离:沿毛囊平行的方向切开头皮达颞浅筋膜层,在皮下和颞浅筋膜、眼轮匝肌之间仔细分离,根据个人的熟练习惯用锐性或钝性分离,分离达眶外侧缘,松解眼轮匝肌与皮肤之间的粘连,创面仔细止血,掀起颞部皮肤瓣,识别眼轮匝肌的外缘(一般在眶外侧 3 ~ 5cm),在眼轮匝肌外缘约 1 ~ 1.5cm 处,沿眼轮匝肌外缘弧形切开颞浅筋膜达颞深筋膜浅层表面,在颞浅筋膜、眼轮匝肌与颞深筋膜浅层间钝性分离,此层是一疏松组织间隙,极易钝性分离。分离的范围视眶外侧鱼尾纹的严重程度而定,越严重,分离范围越广泛,但要保证在同一层次分离。此层次分离安全,向前分离可达眶外侧缘。

(5) 筋膜悬吊:将游离松解出来的颞浅筋膜眼轮匝肌瓣舒展平整,按头向、尾向、侧向适当提紧,与外侧缘的颞浅筋膜重叠缝合固定,切除多余的部分。

(6) 缝合:向外上方提紧颞部皮肤,分段切除多余的皮肤,切口分层间断缝合。

**3. 面颈部 SMAS 悬吊除皱术**

(1) 确定安全线:耳屏前 2.5 ~3.0cm 定点。①耳垂沟前 4.5 ~5.0cm 定点。②耳垂沟下 4 ~4.5cm 定点。③三点连线为颧、颊、颈区安全线,该线与额颞区安全线相连为整个额、颞、面、颈部的安全线。

(2) 切口选择:鬓角后、耳屏前、耳后切口可位于颅耳沟的下 2/3,或颅耳沟稍上方的耳郭侧,耳后切口后转沿枕发际斜向下 4 ~6cm,也可进入枕发际约 4cm。

(3) 沿切口设计线切开,皮下分离先颞下部,然后面颊部,最后耳后颈部。在分离颊部时在耳屏前 3.5 ~4.0cm 处注意紧贴皮肤剪断颧弓韧带及其伴行血管和皮神经,同时注意止血。

(4) 颧、颊和颈区分离 SMAS-颈阔肌瓣。沿耳屏切口前 1.0cm 垂直向下 4 ~5cm 及沿颧弓横行向前分别切开 SMAS。在腮腺区锐性分离直达腮腺前缘形成 SMAS 瓣。如果分离范围需要超过腮腺前缘时要以钝性分离为主,防止损伤面神经颧、颊及下颌缘支。

(5) 于耳垂点向下前方将 SMAS-颈阔肌瓣剪成前后两叶。前叶向上后方提紧,固定于颞浅筋膜上;后叶向后上方提紧,固定于乳突区筋膜骨膜上。其分叉点注意深层组织固定,形成耳垂沟。颈区的 SMAS 瓣重叠缝合,同时加强腮腺前壁,可防止腮腺膨出。

(6) 皮肤瓣展平提紧、固定,切除多余皮肤,切口细致缝合。先缝合固定外眦点,耳垂沟点及耳后点,再切除多余皮肤,采用 3/0 ~5/0 可吸收线作真皮层缝合,线结打在深层,后间断缝合皮肤。

**4. 中面部除皱术** 该术主要矫正鼻唇沟及拉紧松垂的眼轮匝肌下脂肪垫。

(1) 切口设计:下睑睫毛下1～2mm横行切口,即睑袋切口。

(2) 切开至眼轮匝肌下缘,暴露眶下缘。

(3) 切开眶缘骨膜,在上颌骨与部分颧骨体的骨膜下分离。

(4) 分离后的骨膜及软组织向上提紧重叠骨膜及软组织缝合。

(5) 眼轮匝肌向外上方提紧缝合在外眦韧带上。

(6) 切除多余皮肤和眼轮匝肌,分层细致缝合切口。

**5. 额颞部除皱术**

(1) 切口选择同本节的"额部除皱术"与"颞部除皱术"

(2) 先于颞部切开,行颞浅筋膜浅面(皮下)分离至眼轮匝肌外缘。

(3) 后于额部切开,行帽状腱膜下和颞深筋膜浅面分离。

(4) 上述分离完成后形成位于颞区的颞浅、颞中筋膜瓣,即含有面神经颞支的颞支筋膜瓣。

(5) 降眉肌、皱眉肌、额肌处理,同本节前述。

(6) 头皮瓣复位,向后上方提紧双侧颞支蒂瓣,每侧固定3～4针。

(7) 提紧头皮瓣于前额正中,两侧额角及耳轮前角,分别缝合固定5针。注意双眉高度、张力及双外眦角对称,然后切除多余皮肤。

**6. 额颞面部除皱术**

(1) 同上法确定安全线。

(2) 切口选择:将本节"额颞部除皱术"之切口下延至耳垂下沟水平。因无耳后切口,尤适合于男性短发者。

(3) 先行颞面除皱手术,然后再行前额除皱手术。

(4) 分离、提紧、固定SMAS瓣同本节"面颈部除皱术"。唯不同者是SMAS瓣是较小的前叶,而无耳下、颈部形成的后叶。

(5) 皮肤瓣展平提紧、固定,切除多余皮肤,切口细致缝合。

(6) 后行额颞部除皱术,其操作方法及程序同本节"额颞部除皱术"中的有关内容。

**7. 颞面颈部除皱术**

(1) 同法确定颞、面、颈的安全线。

(2) 切口选择:同本节"颞部除皱术"结合"面颈部除皱术"中的切口选择。

(3) 先行颞部手术,其操作方法及程序同本节"颞面部除皱术"。

(4) 后行面颈部手术,其操作方法及程序同本节"面颈部除皱术"。

**8. 全面颈部除皱术**　即额、颞、面、颈除皱术。

(1) 切口选择:同本节"额部除皱术"结合"颞面颈部除皱术"中的切口选择。

(2) 操作方法已于本节各部位除皱术中述及。操作程序:先始于颞部,然后下延到面颈部,再转至额部。从而完成额、颞、面、颈部全面颈除皱术。

**9. 内窥镜除皱术**

(1) 切口选择

1) 于额发际内作4个小切口,即:①双眉头外侧0.5cm垂线上、额发际内1.0cm处各纵形切开长约1.0～1.5cm两个切口。②双眉稍偏内(女)或偏外(男)的垂线上、额发际内1.0cm处各纵形切开长约1.0～1.5cm两个切口。

2) 颞部、面部除皱术时:颞发际内耳上弧形切口,长约4.0cm。

(2) 额部内窥镜除皱术

1) 将前额人为地分成两个小的外侧部和一个大的中间部,界线约为眉外侧 1/3 点。

2) 分离外侧部:于固定带,向下延为眶韧带部位(约为颞窝前界)部位行骨膜下剥离,其内外侧分别在帽状腱膜下和颞深筋膜浅层表面分离。

3) 分离中间部:最好是在帽状腱膜下平面,向下至眶上缘、鼻根部。

4) 暴露清楚皱眉肌、降眉肌后,从骨表面钝性离断皱眉肌,剪断或剪除降眉肌,最后剪断或剪除额肌。

5) 切口缘挂线,以专用固定钉固定在颅骨外板上,缝合切口。

(3) 颞部内窥镜除皱术

1) 切开颞发际内耳轮脚上弧形切口。

2) 颞浅筋膜浅面分离,前界达外眦上下的眼轮匝肌表面(此平面分离不需内窥镜)。

3) 颞深筋膜浅层表面分离,向前达固定带和眶韧带时改为骨膜下剥离;向下在颧弓浅面行颞中筋膜下由后向前剥离。

4) 浅深层分离毕,形成有颞浅筋膜、颞中筋膜组成的含有面神经颞支的颞支筋膜瓣,将此瓣强力向后方提紧,缝合固定在颞深筋膜上。

5) 切除多余头皮,缝合切口。

(4) 内窥镜颞面部除皱术

1) 切口与颞部的浅深面分离同颞部内窥镜除皱术。

2) 经颧弓骨膜表面向下到达颊部,在腮腺-咬肌筋膜表面小心钝性分离。腮腺区以纵向分离为主,咬肌区以横向分离为主。

3) 在避开面神经颧支的情况下钝性离断颧弓韧带。

4) 悬吊提紧固定:鬓角下约 0.6cm 和鬓角内各做一纵形切口,长约 0.6cm,只切至真皮浅层。两切口距离约 1.0cm。通过两个小切口,用真皮埋入法缝合 SMAS 层,用力向后向上提紧固定在颞深筋膜上。

5) 提紧固定颞支筋膜瓣(同前述)。切除多余头皮,缝合切口。

(三) 面部除皱术的并发症预防及注意事项

**1. 并发症预防**

(1) 血肿:注意术中彻底止血,术后适度压力包扎及止血药物的应用。

(2) 神经损伤:严格在安全分离平面进行分离,尤其在危险区,更要注意此点。

(3) 皮肤坏死:浅层分离,要防止损伤真皮下血管网和皮肤的主干血管。

(4) 秃发:斜行切口,减少损伤毛囊毛根,缝合要无张力,边距不超 2 个毛根;间距要适当,防止过宽对合不够严密,过窄引起皮缘缺血,瘢痕增宽。

(5) 色素沉着:由于血肿、瘀斑吸收后会引起色素沉着,所以术中彻底止血,术后适度压力包扎可预防色素沉着。

**2. 注意事项**

(1) 面颈部分离易出血的部位有:颧弓韧带处,眼轮匝肌外眦附近,鼻唇沟附近,颈部的颈浅静脉走行部位。这些部位如有出血须确切止血,以防并发血肿。

(2) 分离形成 SMAS 颈阔肌瓣应注意如下问题:①尽量不损伤腮腺筋膜。②绝不能进入咬肌筋膜下,以防止损伤面神经分支。③咬肌前缘离断 SMAS 颧颊部韧带时,尽量靠 SMAS 侧。④颈部分离 SMAS-颈阔肌瓣时注意勿损伤瓣深面的耳大神经。⑤SMAS 瓣前叶的颧弓骨膜固定，不能超过耳屏前 1.7cm 的范围。

(3) 所谓颞支筋膜瓣是指由颞浅筋膜、颞中筋膜组成的含有面神经颞支的筋膜瓣。颞部或额部分离时，要紧贴颞深筋膜浅面分离，才能保证颞中筋膜的完整性，进而保证不损伤面神经颞支。

(4) 内窥镜面部除皱术的术后效果，差于 SMAS 颈阔肌技术面部除皱术，况且并发面神经损伤的可能性也较大，尤其是在离断颧弓韧带时更易损伤面神经颧支。

## 六、面部皱纹的非手术疗法

正常皮肤老化过程带来的面部皮肤松弛是一个常见的美容问题并长期困扰着美容外科医生。长期以来，外科干预方法，包括面、颈部除皱术是唯一的解决方法。然而，尽管外科手术对于面、颈部皮肤松弛疗效十分肯定，但同时也有相应的手术风险，包括面神经损伤、出血、皮下瘀斑、血肿形成、伤口裂开和感染等。术后的愈合期通常也较长，需要休整较长时间才能重新回到工作岗位。另外，尽管应用外科手术来治疗面、颈部皮肤松弛的疗效十分肯定，但常常会带来比较夸张的外形。并且，进行过面、颈部拉皮手术的患者随着年龄的增长和皮下脂肪分布的改变，可能会出现上外侧皮肤过度提紧的畸形外观。外科手术带来的风险使得一些患者转而寻求微创疗法，采取非手术治疗措施及微创操作实现面部年轻化越来越受到重视，这些技术主要包括注射充填、激光、射频及外用药物等方法。

(一) 注射、填充除皱

在过去的 20 年里，注射性填充剂和肉毒毒素用于面部年轻化治疗已得到广泛推广。这些产品，特别是联合应用时，能够改善面部皱纹和组织缺失。而肉毒毒素在缓解过度的面部肌肉痉挛，以及填充剂复原大量软组织缺失时，它们共同发挥协同作用。如与面部年轻化治疗联合应用于皮肤修复时，填充剂和肉毒毒素能够使人恢复年轻时的容貌、增加吸引力。

**1. 肉毒毒素注射除皱**

(1) 概述：20 世纪 90 年代初，肉毒杆菌所分泌的 A 型肉毒毒素开始应用于美容整形外科，由于其微创、高效而备受青睐，近十几年来在我国也得到了广泛应用。然而，肉毒杆菌作为一种毒性极强的致命病菌，所分泌的毒素是毒性最强的蛋白质之一，使用其达到美容效果的同时，副作用不可小觑。

(2) 肉毒毒素的来源及性质：肉毒毒素(botulinal toxin，BTX)是从肉毒杆菌中提取的，毒力很强。肉毒杆菌(Clostridium botulinum)属革兰阳性、产芽胞、专性厌氧性杆菌，存在于世界各地的土壤中。不同的菌株可产生不同亚型的神经毒素，可分为 A、B、C1、C2、D、E、F、G 8 种不同的血清型，除 C2 为细胞毒以外，其余 7 种血清型均为神经外毒素，其中 A 型肉毒素的毒力最强，研究最多，应用最广。BTX 是一种大分子蛋白复合物，相对分子质量为 15 万，其重链(H)相对分子质量为 10 万，轻链(L)为 5 万，其溶液无色、无臭、无味。

(3) 作用机制：BTX 特异性地与周围运动神经末梢突触前膜相结合，抑制突触前膜对神经递质乙酰胆碱的释放，从而引起所支配肌肉松弛性麻痹阻断神经和肌肉的传导，同时可以推迟新皱纹的产生，3～6 个月后，神经肌肉接头终板又恢复正常功能，临床表现为皱纹复现，故注射一次有效时间大约是 4～8 个月。

不同型的肉毒素作用原理相似，但作用靶位不同，A、C、E 型肉毒毒素作用于突触相关膜蛋白(SNAP-25)，C 型肉毒素作用于突触结合蛋白(syntaxin)，而 B、D、F、G 型肉毒素则作用于突触囊泡蛋白(synaptobrevin)。

BTX 是一种免疫原性蛋白,注射进入人体后可以使机体产生抗体。抗原抗体结合即可以阻断肉毒毒素的作用,即发生免疫耐药性(immunoresistance)。若因种种原因患者体内已经产生 A 型肉毒素的抗体,从而导致治疗失败,可以改用 B 型或 C 型肉毒素,其作用途径不一样,不会发生交叉耐药性。

(4) 主要产品:目前临床上广泛使用的商用 A 型肉毒毒素主要有美国的 BOTOX(保妥适);英国的 Dysport(丽舒妥);德国 XEOMIN;以及国产的衡力。

(5) 适应证:BTX 在面部老化中的应用最初只用于眉间纹、鱼尾纹、抬头纹等面部上 1/3 除皱,现扩大范围至全面部、颈部。

(6) 实施方法

1) 额横纹:额横纹是由额肌过度收缩引起。根据患者额的高低、宽窄及额横纹的走向、深浅有 4 种注射方法,分别注射 5 ~7 个点。每点注射 BTX 2 ~4U,注射点间隔 1.5 ~2cm,距离眉毛上方 2 ~3cm。注射总量为 12 ~18U,最高可达 20U。

2) 眉间纹:美国 FDA 批准保妥适注射除皱的第 1 个适应证就是眉间纹。形成眉间纹的肌肉有 4 块。经典注射眉间纹为 4 或 5 个点,其中眉间 4 个点,鼻根部 1 个点,每点注射 BTX 5U。为保证注射点准确,可在肌电图(EMG)帮助下进行,注射部位不宜太低,否则会引起眼睑下垂。

3) 鱼尾纹:鱼尾纹往往由光老化、光损伤及动力性外侧眼轮匝肌肌纤维收缩过度引起,因其呈放射状故也称鸡爪纹(crow′s feet)。除皱时可将 BTX 直接注射于眼轮匝肌外侧缘,在眼眶外缘 1 ~1.5cm 处,每点注射保妥适 2 ~4U,总量为 8 ~20U。注射时应谨慎,防止注射到血管中。

4) 鼻眉间纹:鼻与眉间有浅细皱纹,当鼻部向上提起时,出现鼻碎磁纹或兔鼻线。可将 BTX 2 ~5U 注射进鼻的侧壁、双侧鼻面角处,可使鼻眉间纹消失。

5) 鼻尖下垂:以前对鼻尖朝下采用外科整形术。现在可采用非创伤性技术,如用 BTX 注射进鼻小柱处(columella),使之松弛,一般注射剂量为 4 ~5U。

6) 口周纹:口周纹既有静力性纹(光老化或光损伤)也有动力性纹(经常吸烟、吹奏乐器),在唇红周围呈放射状的浅纹。可在上唇唇红缘各 1/4 处注射 BTX 1 ~2U,下唇唇红缘各 1/4 处注射保妥适 1 ~2U。注射深度应达真皮与皮下组织交界处。BTX 注射仅仅对动力性皱纹有效,对光损伤引起的静力性皱纹可采用注射填充剂或采用其他治疗。

(7) 不良反应及禁忌证:肉毒毒素在长期的临床应用中虽然是一种比较安全的药物,副作用都是暂时的,常发生在治疗后 3 ~5d,2 ~4 周后逐渐消退,主要包括眼睑下垂、眶隔脂肪疝出、视力模糊、局部水肿瘀斑、暴露性角膜炎、额部紧绷感、上唇下垂、表情不自然等,部分患者可有发烧、疲倦、乏力和不适等全身样反应。但是也有报道患者注射中或注射后突然出现过敏性休克,如不及时抢救,可以迅速死亡。轻者注射肾上腺素即可缓解;重者需输液输氧,使用升压药物,并使用抗过敏药物及肾上腺皮质激素等进行抢救。

对于全身性肌无力性患者、孕妇、哺乳期妇女、注射部位感染,对人血白蛋白过敏等都应列为禁忌,其中妊娠和哺乳期禁用。迄今为止,尚不清楚该药是否会影响胎儿或随着乳汁分泌而影响婴儿;而对于重症肌无力、Lambort-Eaton 综合征等疾病,由于存在严重的神经-肌肉传递障碍,应谨慎使用。另外,发现 BTX 可被奎宁、氨基糖甙类抗生素及环胞霉素等加强,临床上也应慎用。

(8) 注意事项:注射前医生应仔细核对剂量和严格技术操作,要准确地注射到需要除皱部位的肌肉,开始治疗至少要离开眼眶眶缘上1.5 cm。治疗前要注意患者面部两侧是否对称,特别要注意面部中线两侧是否对称。在选择注射点时一定要注意分布要对称,不能有偏差。如果注射点设置不对称就会出现眉下垂,在鱼尾纹处注射点如果设置不对称就可能发生复视。

在治疗前应对注射部位进行摄像,嘱患者尽量使皱纹部位的肌肉收缩,在皱纹最明显时拍摄。注射BTX获效后,应在皱纹完全消失时再摄像,摄像时要求大小、方向与治疗前后完全一致。

注射后嘱患者在2~3h内避免按摩注射区;2~3h以后再收缩肌肉,使肉毒毒素更好地附着在运动肌上。注射完毕后患者取坐位休息3~4h方可离开诊室。

**2. 注射填充剂除皱**

(1) 胶原注射除皱:美国于1982年开始应用胶原注射除皱,当时所用的胶原蛋白提取自小牛的皮肤,经处理后可用于人体,将胶原注射填充于真皮内,以消除鼻唇沟、鱼尾纹、额横纹、眉间纵纹等较细小的皱纹。但是,因为容易被吸收,需要经常反复注射,有引起过敏反应和诱发结缔组织病的可能。目前注射除皱术中使用的胶原蛋白是由高度纯化的胶原蛋白所组成,安全性较以往大大提高,进入人体不易引起免疫排斥反应,组织相容性较好。胶原蛋白注射主要用于矫治额部皱纹、鱼尾纹、眉间皱纹、鼻唇间皱纹,但是这种注射方法仅限于皱纹或凹陷较浅的情况下使用,不能矫治皮肤松垂、老化等现象。详见本教材第一篇第十一章第六节 美容外科医用生物材料及临床应用。

(2) 自体脂肪颗粒移植注射:自体脂肪颗粒注射填充的方法因其具有取材方便、无排斥反应、费用少等优点,易于被患者接受。用于面部除皱术时因为脂肪用量较少一般可选取腹部或大腿前侧为供区,将取出的脂肪颗粒离心提纯,过滤去除血液及纤维组织和碎片。主要用于额部、眶上、颞部的皱纹或凹陷的填充,使之膨隆,以减轻皱纹,但注射到移植部位后容易被吸收,且移植的脂肪细胞的成活率也不过50%左右,需再次注射。目前进行的自体脂肪细胞移植除皱术,讲究的是更细腻的脂肪细胞处理技巧,使脂肪细胞在移植的过程中,不致破裂坏死,进而提高存活率,也有进行脂肪干细胞的移植。

(3) 透明质酸(HA):参见本教材第一篇第十一章第六节 美容外科医用生物材料及临床应用。

**3. 外用药物治疗** 参见本套教材美容皮肤科学、美容药物学等相关章节。

(二) 激光和射频技术

激光和射频技术在面部非手术除皱方面也发挥着重要作用,且疗效好,副作用轻。详细内容可参见本套教材美容皮肤科和美容皮肤治疗技术相关章节。

## 第二节 面部除皱术的护理

面部除皱术是将面部松弛的皮肤采用外科手术方法去除面部皱纹、松垂软组织及面颈部萎缩组织,使面部皮肤紧缩,皱纹展平,达到改善面部老化状态。

(一) 护理目标

1. 减轻焦虑与恐惧,受术者情绪稳定。
2. 生命体征平稳。
3. 减轻肿胀与疼痛。

4. 切口预后良好，无感染。

5. 了解术后健康指导内容，能进行自我护理与保养。

（二）护理措施

**1. 术前护理**

（1）一般护理

1）完成常规检查：术前做血常规、凝血功能、肝功能、肾功能、电解质、血脂、血糖、血型、乙型肝炎表面抗原、HIV、RPR、心电图、胸片等检查；协助医生进行体格检查；护士应了解各种检查的目的、意义及其正常值，如有异常或遗漏应及时告知医生。

2）心理护理：评估患者的身心状况，了解其手术动机和心理定势，向患者讲解手术的麻醉方式、手术方法、恢复过程中可能出现的不适及术后效果，让其有充分的思想准备，以减轻其紧张、焦虑、恐惧等心理顾虑，增加对手术和治疗的信心，能更好地配合手术和治疗。

3）健康指导：术前半月禁用雌激素、阿司匹林、丹参及热性滋补剂等，因为此类药物有降低血小板的黏合力和扩张血管的作用，易引起术中出血。

4）女性患者避开月经期，术前 3d 禁烟酒。

5）测量血压、体重、身高，为麻醉用药提供用量。

（2）术前准备

1）皮肤准备：术前检查头面部皮肤完整，无破损、溃疡及疖肿，嘱患者淋浴，彻底清洁头、面、颈部皮肤，修剪指甲，术前 3 日每日 2 次用 1∶5000 苯扎溴铵温水溶液洗头，术前 1 日根据医嘱剔除术区头发，将切口周边头发梳理扎成小辫，以便充分暴露术野。

2）胃肠道准备：局部麻醉无需胃肠道准备；全麻手术术前日午餐进清淡饮食，术前禁食 12h，禁饮 4h，防止麻醉或手术过程中因呕吐物误吸入气管引起窒息或吸入性肺炎。

（3）特殊准备

1）药物过敏试验及配血：根据医嘱术前 1d 做好药物过敏试验及配血。过敏试验阳性在病历上做醒目标记，通知主管医生。

2）术前用药：术前 30min 静脉使用止血药及抗生素。

3）照相：拍面颈部正位、侧位及 45°斜位静、笑状态照片，以利于术前、术后的对比。

4）进手术室前排空大小便，取下活动性义齿、眼镜、发夹、手表及贵重物品。手术时间较长者应留置导尿。

5）手术室护士在术前 1d 访视患者，了解患者的基本信息，准备手术所需物品及各种设备，做到心中有数。

**2. 术中护理**

（1）手术室护士在交接时认真核对患者姓名、性别、手术名称、部位、手术方式，询问禁食、禁饮时间以及用药情况。并填写手术交接单。

（2）根据手术摆舒适体位，系好约束带，防止坠床，注意保暖和保护受压部位皮肤。

（3）认真清点器械、物品，填写手术护理记录单、手术安全核查表、手术风险评估表及护理评估表。

（4）严密观察病情变化并及时记录。

（5）随时供给术中所需物品，调节室温、湿度及灯光照明。

**3. 术后护理**

（1）全麻术后护理：在麻醉未完全清醒前去枕平卧，头偏向一侧，禁食禁饮 4～6h，心电监护，监测血氧饱和度及生命体征，吸氧。麻醉清醒后根据病情取半坐卧位，以减轻头面部水肿。

（2）保持术区敷料的清洁与舒适：观察术区敷料有无渗血，固定是否可靠，保持引流管固定在位，通畅，防止引流管扭曲、打折与脱落，及时倾倒引流液并记录量、色及性质。

（3）观察术区疼痛程度与性质：术后严密观察患者额部、耳周、颏下是否有明显疼痛，可能与包扎过紧造成局部皮肤缺血坏死有关，应告知医生查明原因及时处理。

（4）预防感染：遵医嘱使用抗生素 3 ~5d，及时拔除引流管与换药，观察局部伤口情况，有无血肿。

（5）饮食指导：术后 4 ~6h 后可进清淡流质饮食，无恶心、呕吐等反应再逐步进营养丰富半流质饮食，避免食用硬食及口腔咀嚼，禁烟、酒、辛辣刺激性食物 1 个月。

（6）术后鼓励患者尽早下床活动，以促进身体的恢复与伤口的愈合。耳前耳后切口在术后 6d 拆线，张力较大处可间断至 10d 左右拆除完缝线。

（7）出院健康指导

1）指导患者局部涂抹瘢痕增生药物，使用弹力带 3 ~6 个月，预防瘢痕增生。

2）在术后半年内可能会感觉到皮肤发紧、麻木、瘙痒、刺痛，是手术损伤神经末梢所致，一般在术后 1 ~3 月左右随着损伤神经恢复而消失。

3）术后 3 ~6 个月避免染发、烫发、熏蒸、热敷及使用电吹风，避免因头面部皮肤感觉迟钝或麻木而引起过敏、烫伤。

4）术后可能有短暂局部少量脱发，属正常现象。

5）保持心情愉快，合理饮食，规律生活，充足睡眠，以延缓衰老。

（医疗部分：高俊明　李文鹏；护理部分：吴　彤）

# 第 3 章

# 乳房美容手术及护理

学习要点

1. 掌握乳房的正常解剖位置、隆乳术的几种常见的手术方式以及并发症。

2. 熟悉乳房的血管分布、支配神经以及淋巴回流，乳房的支持结构；乳头凹陷矫正术、巨乳缩小术、下垂乳房上提术、乳头乳晕缩小术的常见手术方式及术后并发症的种类和预防。

3. 了解乳房再造手术的手术种类和适应证。

现代女性如果拥有丰满、挺拔的乳房会令人羡慕，给人际交往带来自信。通过以上童话故事的启迪，这样的美好愿望是否也能通过整形手术实现呢？通过这章内容的学习就会知道，原来，丑小鸭是可以变成白天鹅的。

乳房审美是人体审美文化的重要组成部分，受社会主体文化的价值观念和行为体系的约束、规范和影响。在人类只为生存而生活的石器时代，生产力非常低下，人类的延续必须仰赖乳房，因此，女性的繁殖与哺乳的力量受到人们的尊敬，乳房具有人类自身生产延续的重要价值，丰胸女神成了人们膜拜的对象。随着生产力的发展以及人类生产方式、生活方式及意识形态的变更，乳房的哺乳实用性价值逐渐被忽略，被不同的审美价值所代替。现代社会的发展一方面提高了人们的生存质量；另一方面也造就了较高文化素养的审美主体，乳房审美发生了巨大的变化，乳房美成为人类的母爱与幸福的象征。女性乳房是一种功能器官，人们将女性乳房喻为生命之源泉，以乳汁养育新的生命。女性乳房更是一种形体器官，是女性形体美最显著的标志。丰满而有弹性的女性乳房，是女性妩媚的象征，是女性具有青春活力、具有爱和被爱自信的象征。失去乳房的中、青年妇女，有着失去第二性征的遗憾，会产生自卑、失望、羞愧的心态，精神上受到压抑，从而失去社交、恋爱、结婚，以至生活的勇气。对女性乳房美的追求，是人的天性之一，是人的本能特征。

关于女性乳房整形的历史可追溯到4000~5000年之前。在公元前，即有人采用女性乳房切除治疗巨乳畸形，现代乳房缩小整形的方法更是层出不穷。乳房扩大整形，直到19世纪及20世纪初才有人开始摸索进行，如应用石蜡注射、乳白色海绵充填、大块脂肪组织游离移植等，这些方法都已成了历史。1963年美国Cronin及Gerow发明硅橡胶假体充填，成为现代乳房扩大整形发展的基础。

乳房的美容整形也用于男性。男性乳房的过度发育，及乳头、乳晕的畸形，也需要进行美容和整形。

# 第一节 乳房的应用解剖及美学

## 一、位置、层次及内部结构

女性乳房为半球形或水滴形,位于上胸部,由乳房的皮肤、乳腺、筋膜及乳头、乳晕所构成。乳房的组织层次由浅至深分别为皮肤、皮下组织脂肪层、乳腺、乳腺后疏松组织及胸大肌浅筋膜层。

乳房的功能部分是一种变化的皮下腺体,即“乳腺”。它被胸部浅筋膜的深、浅两层所分隔并包绕,从上部起至锁骨肋骨结合处,外侧达腋中线,内侧弧形至胸骨中线,下部即乳房下皱襞,位于第6肋间。老年妇女,或是增大的乳房,乳房下皱襞可降到第7肋间隙。乳房在锁骨中线上位于第3至6肋骨之间,或是第2至6肋间隙之间,内起胸骨旁,外达腋前线。两乳房之间的谷区称为乳沟。乳房的上2/3部分附着于胸大肌筋膜及前锯肌筋膜表面,下1/3部分附着在腹直肌及腹外斜肌筋膜的表面。

乳头直径一般为0.8~2cm,乳头有15~20个乳腺导管开口。乳头的正常位置有许多不同的确定方法。多数学者认为:胸骨上切迹至乳头的距离,一般为18~24cm,平卧位时升高2~3cm;乳头间距平均为18~24cm,胸骨中线至乳头距离为9~12cm,乳头到剑突距离为11~13cm,乳房下皱襞至乳头的距离为5~7cm,平均6cm。

乳晕直径为3.5~4.5cm。乳晕皮肤有色素,一般呈棕褐色,介于乳头与腺体之间。乳晕区有许多小圆形凸起,为乳晕腺。

乳腺小叶是乳腺的基本功能单位,每一个小叶由10~100个末端导管的扩大部分—腺泡所构成。20~40个乳腺小叶汇合形成大的导管,最终形成乳腺导管。大约15~20个乳腺导管在乳晕区形成乳腺窦,以输乳孔开口于乳头。

乳房的内部结构包括了乳腺管、乳腺小叶、腺泡、脂肪、纤维组织带,血管、神经、淋巴管分布其中。乳房的纤维结缔组织从乳腺小叶表面到乳房前面浅筋膜的浅层,构成乳房的悬韧带,Cooper 韧带。该层结构对乳腺起支撑作用,表面附着于皮肤,浅筋膜的深层扩展附着于胸肌筋膜。

## 二、血液供应

乳房的血液供应主要来自胸廓内动脉的肋间穿支、胸外侧动脉、胸肩峰动脉的胸肌支、肋间动脉的外侧穿支,以及肩胛下动脉的分支等,这些丰富的血管,在乳房内互相吻合形成血管网(图2-3-1)。

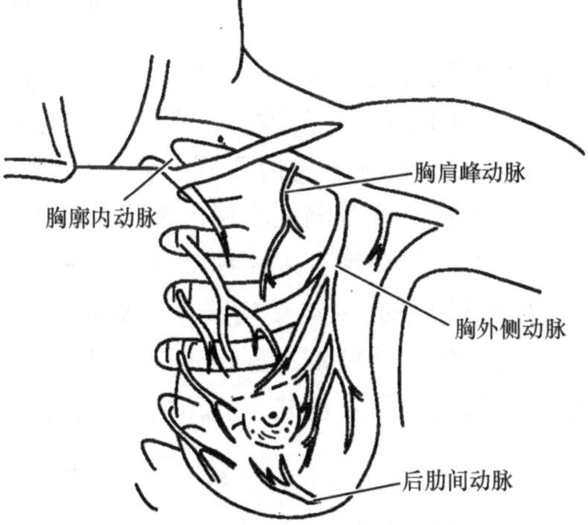

图2-3-1 乳房的血供

乳房内侧及中央部分的血液供应,主要来自胸廓内动脉的肋间穿支。该动脉的第1~4肋间穿支在胸骨旁穿过肋间隙,于胸骨外缘穿出胸大肌附着部,进入乳房的内侧缘,提供乳房50%以上的血液供应。在怀孕及哺乳时,乳房增大,该血管包括动脉、静脉,较正常成倍地增粗。

胸外侧动脉是来自腋动脉的分支,在胸外侧壁下降到胸小肌及前锯肌表面。该动脉的乳房分支与肋间动脉的外侧穿支,提供乳房外侧的血液供应,这是乳房血液供应的第二个来源。

胸肩峰动脉的胸肌支,在胸大、小肌间下降,穿过胸大肌筋膜到乳腺的分支,成为乳房来自后表面的血液供应。

乳房的静脉往往与动脉伴行。当乳房肥大时,乳房的动、静脉也相应地增粗,其直径可达5~6mm。静脉回流主要为与动脉相应的伴行静脉,分别回流至奇静脉或半奇静脉和腋静脉。

乳头及乳晕的血供分别来自胸廓内动脉及胸外侧动脉。内侧及上方,来自胸廓内动脉;外侧及下方,来自胸外侧动脉及肋间动脉外侧穿支。

乳房的上述血液供应,在乳房皮下及乳腺内交织成网。这是乳房缩小整形中,虽有多种切口设计及皮瓣乳腺组织移植,而不易造成乳房组织坏死的原因。

## 三、神 经 支 配

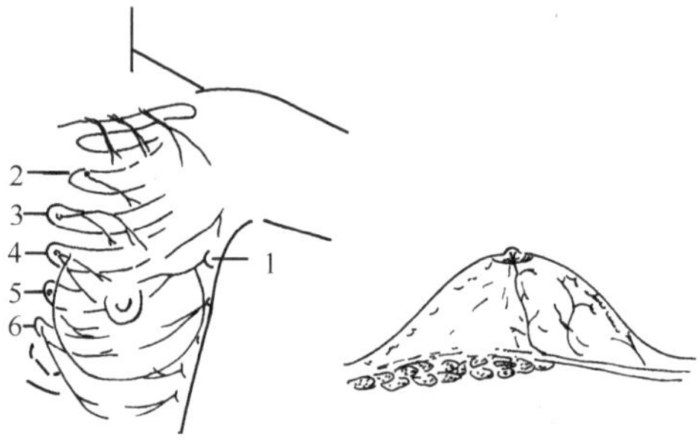

图 2-3-2 乳房的感觉神经分布

乳房的支配神经来自锁骨上神经及第2、3、4、5、6肋间神经(图 2-3-2)。乳房中部及乳头、乳晕的神经支配,来自第4肋间神经的前内侧支及前外侧支。保护肋间神经向乳头的分支不受损害,是保持乳头良好感觉的重要途径,至少应保持其中之一的神经支配不受损害,这一点十分重要。乳房的内侧及下方,由第2~6肋间神经所支配。乳房的交感神经与胸外侧动脉乳房支及肋间动脉乳房支相伴行进入乳腺,支配皮肤、血管、乳头、乳晕的平滑肌及腺体组织等。

第2肋间神经的皮下分支,即外侧皮支,向外侧及末端,经过腋部与正中神经的上臂皮神经及第3肋间神经构成神经丛,称为肋间臂神经。乳房扩大整形,即隆乳术后引起上臂疼痛,与该神经受压或损伤有关。

## 四、乳房内部支持结构

以往对乳房的支持结构均概括为 Cooper 韧带。近来 Wuringer(1998)对28个乳房标本作了较详细的解剖研究,发现所有标本中均见到致密的横行纤维隔,该横形纤维隔起自第5肋间的胸肌筋膜,从乳房内侧到外侧,并走向乳头,该纤维间隔分成腺叶的组织,向上及向下分布。该横行纤维隔在乳房内侧缘及外侧缘变厚,走向垂直的韧带,止于胸壁。

垂直方向的韧带有内侧韧带及外侧韧带。内侧韧带中,深韧带强壮,起于胸骨及第2肋骨;浅韧带较薄弱,由连接皮肤及深韧带的起始处开始。外侧韧带中,浅韧带较强壮,深韧带较薄弱。外侧浅韧带与深韧带有着相同的起源,均于胸小肌外侧缘起自胸肌筋膜,在腋中线止于腋部筋膜及皮肤,起着对乳房的悬吊作用。

## 五、乳房的美学数据库

### (一)乳房外形

乳房外形可分为5型:①扁平型:扁平几乎无乳高(基底至乳头的高度)。②圆盘型:乳高小于基底半径。③半球型：乳高等于或近似基底半径。④圆锥型：乳高大于基底半径。⑤下垂型：乳高过大于基底半径，乳头位于乳房中点以下，方向朝下。

（二）乳房的大小

可通过测定乳房指数评估，乳房指数=乳房部位最大的胸围值×100/（乳房上沿的胸围值+乳房下沿的胸围值）×0.5。根据测定乳房指数不同划分7类：①极小乳房：指数100，平坦不隆起。②很小乳房：指数101，不足本人1拳。③小乳房：指数102，相当本人1拳。④中等乳房：指数103~104，大于本人1拳。⑤较大乳房：指数105~114，相当本人2拳。⑥大乳房：指数115~124，相当本人3~4拳。⑦巨大乳房：指数125以上，大于本人4拳。

也有学者按照乳房的体积或重量来界定乳房的大小。中国妇女的正常乳房重量为250g~350g（其变量与身高的变量相关）。如按容积计算，正常中国成年未婚女性乳房平均体积约为325ml。

理想的乳房——半球型乳房：丰满挺拔，圆润匀称，富有弹性而有光泽；乳头突出，略向外翻，乳头直径1~1.5cm，乳头间距大于20cm，乳头距锁骨中线外1cm，乳头到剑突距离为11~13cm，乳晕直径：3~4cm，孕前玫瑰色，孕后呈褐色；乳高5~6cm，基底直径10~12cm；乳房位于2~6肋间，乳头位于4~5肋间。

应该说明的是，教材所引用数据具有一定局限性，仅作基本参考。由于我国地域辽阔，气候复杂多样，南北气温悬殊大，民族众多，生活习惯各异，对女性乳房的发育都具有一定的影响。至今，国内尚无一个权威机构对全国各民族及不同地域环境下各年龄段女性乳房的美学指标开展大样本的测量和统计工作。尽管部分学者做了一些相关工作，但仅是针对某个民族、某个年龄段或某一地区女性，而且测量方法还不统一。因此，得出的数据不能完全代表中国女性，不能一概而论。在临床实践中，应根据不同地域、不同民族、不同年龄段采用不同的参考数据。

## 第二节　隆乳术及护理

通过外科手术对不发育和发育不良的小乳房进行乳房扩大整形使之丰满，称为隆乳术。如何能让女性的乳房达到丰满、流畅、圆润、挺拔、优美，一直以来就是整形美容外科医师长年研究的课题。

Gesun（1899）报道将液状石蜡注入乳房来达到隆乳目的，但后来由于出现许多严重的并发症而被废弃，这些并发症如乳房石蜡瘤、肉芽肿、破溃、瘘管及皮肤橘皮样等。造成双侧乳房硬化，必须作双侧乳房全切除方能挽救。20世纪初，国外有些医生用液体硅橡胶注射隆乳，术后出现类似石蜡隆乳的并发症，包括包囊形成、结节、硅橡胶游走栓塞及肝炎等，偶有死亡，因而被禁用。20世纪末21世纪初，在中国大陆有约30万女性接受聚丙烯酰胺注射隆乳术，大量临床资料证实该材料注射后会在组织中产生炎性甚至游走性包块，造成继发感染，且注射后无法彻底清除，目前在中国大陆已明令禁止该材料用于注射美容。20世纪50年代，Berson、Bames及Manimiac应用游离真皮脂肪移植，Congacre（1954）应用上腹部旋转皮瓣作隆乳，但由于供区组织量的限制，且手术复杂、创伤较大，以及植入的脂肪被液化吸收或部分纤维化，也逐步被废弃。自体脂肪颗粒游离移植隆乳创伤较小，有一定应用范围，但也因为脂肪液化吸收或液化物无法吸收形成包块的原因限制了其在临床的广泛应用。Pangman（1954）应用乳白色海绵制成充填物作隆乳术，这是世界上第一次应用乳房假体做隆乳术。Cronin 和 Gerow(1963)报告了用他们发明的硅橡胶囊假体进行隆乳,一直应用至今,普遍认为是一种较好的隆乳假体。经过假体工艺、材料的不断优选和完善,目前广泛应用的乳房假体有硅凝胶充填的硅橡胶囊假体和硅橡胶囊上有一个活瓣的可充注式的乳房假体(可注入生理盐水或右旋糖酐)。采用上述假体隆乳可取得令人满意的效果。

随着乳房扩大整形技术的逐步成熟,以及人民生活水平、社会文明程度的不断提高,要求行隆乳术的人数逐渐增多。

女性小乳症的原因:多见于先天发育不良或哺乳后腺体萎缩,雌激素水平低下,肥胖者体重骤减,少数系由外伤、炎症及腺体肿瘤术后的破坏所致。

## 一、隆乳术的适应证与禁忌证

### (一)隆乳术适应证

1. 乳房先天发育不良或乳房在分娩后萎缩。
2. 体重骤减后体形消瘦、乳房萎缩。
3. 青春期前乳腺组织病变导致乳房发育不良。
4. 单纯乳腺切除或行改良根治保留胸大肌的早期乳房癌术后。
5. 乳房形态不良与身体整体形态不相称者。
6. 两侧乳房大小不对称、轻度下垂或乳头凹陷等。

### (二)隆乳术禁忌证

1. 乳房组织有炎症或手术切口附近有皮肤炎症者。
2. 机体其他部位有感染病灶,或心、肝、肾等重要脏器有病变者。
3. 瘢痕体质者。
4. 要求隆乳术者心理准备不足,或有不切合实际的要求的手术者。
5. 患有精神分裂症或精神异常者。
6. 患有免疫系统或造血系统疾病者。
7. 乳房癌术后复发或有转移倾向者。

## 二、自体脂肪颗粒注射隆乳术

自体脂肪移植颗粒隆乳是以自体的脂肪细胞作为隆乳材料,通过移植注射于乳腺组织并促使其成活,以使乳房隆起并增强女性形体美感为目的的一种隆乳手术。

自体脂肪颗粒抽取的部位:一般多采用女性腰、腹、臀、腿等部位脂肪较丰厚的特性,将这些部位的脂肪颗粒移植到胸部。而以大腿外侧最佳,因此处的脂肪细胞有较高活性的脂蛋白,移植后存活率高于别处并容易肥大。

自体脂肪颗粒注射部位:脂肪注射的部位常为乳腺后筋膜层和皮下,因东方女性的乳房特别是在哺乳后乳房腺体萎缩,重力下垂,导致乳房上极塌陷明显,乳房上极皮下脂肪应注射 40~60ml,余脂肪采用分散线状注射到乳腺后筋膜层。

自体脂肪颗粒注射隆乳术根据方法不同又分为单纯自体脂肪颗粒注射隆乳术及组织外扩张辅助自体脂肪颗粒注射移植隆乳术。

### (一)单纯自体脂肪颗粒注射隆乳术

单纯自体脂肪颗粒注射隆乳术具体操作步骤如下:

1. 先在脂肪移植颗粒抽取供区作膨胀麻醉,用 20ml 或 50ml 注射器作湿性真空吸脂,将抽取到的足够的脂肪颗粒用冷生理盐水（4～8℃）稀释、静置、过滤，如此反复多次，将脂肪颗粒纯化澄黄而不带血黄色以备用。

2. 在腋窝前皱襞或乳房下外侧或乳房下皱襞作一0.1cm的小切口，在乳腺后筋膜层或皮下层作放射性的局部浸润麻醉，然后将抽取纯化了的脂肪颗粒分别通过长针头注入两侧乳房的乳腺后筋膜层及皮下层。

3. 术毕两侧乳房"8"字形弹性加压包扎。抗生素应用3～5d。

（二）组织外扩张辅助自体脂肪颗粒注射移植隆乳

自体脂肪是用于隆乳术的十分理想的组织填充材料，但也存在着脂肪移植后存活率低、吸收率高、单次脂肪注射量少等缺点，目前临床常采用组织外扩张器Brava（美国Brava公司）来增加脂肪成活率。此方法可以通过负压产生的组织外扩张来扩大皮肤面积，有效增加软组织的体积，为脂肪的移植和存活创造更大的空间。在组织外扩张的过程中，乳房受区的血运得到了很好的改善，更加强了脂肪颗粒移植后的血管化程度。因此，为自体脂肪移植创造了一个良好的受区条件，不仅增加脂肪的移植量，而且有效地提高脂肪移植的成活率以及降低并发症的发生率。

**1. 注射前扩张器佩戴方法** 在接受自体脂肪颗粒注射移植隆乳术前1个月，均按照要求佩带Brava扩张器，保持恒定负压2～4 kPa（15～30 mmHg），并以弹力衣固定。每天佩戴8h，持续1个月，术前1d连续佩戴24 h。如在佩戴过程中出现乳房周围皮肤过敏、皮肤破溃等异常情况，需暂停使用Brava扩张器，延期手术。

**2. 注射后扩张器佩戴方法** 术后供区及受区护理同常规自体脂肪颗粒注射移植术，术后1周拆线，并继续于乳房部位佩戴Brava扩张器，保持负压恒定，每天佩戴8h，持续2周后停止使用，等待下一次自体脂肪颗粒移植隆乳术。

（三）自体脂肪隆乳术注意事项

1. 自体脂肪移植隆乳必须是移植纯化的颗粒脂肪，不是抽脂后立即打入油脂，分离纯化的技术与一般少量脂肪移植整形的技巧不同，需要专门的知识与经验。

2. 抽脂部位以大腿外侧最佳，因此处的脂肪细胞有较高活性的脂蛋白，移植后存活率高于别处并容易肥大，腹部脂肪的纤维组织较多需仔细清除。

3. 胸部的微血管无法一次供应过多脂肪细胞代谢营养，故一次总移植量和单点移植量不能太多，建议每侧限于150ml以内。

4. 自体脂肪移植隆乳有一定的吸收率，一般第一次吸收率可达约50%～70%。所以要想通过自体脂肪移植隆乳达到较理想的效果须有多次手术的准备。

5. 太过扁平的胸部本身微血管循环发育欠佳，很不利于大量脂肪细胞存活，徒增脂肪坏死发炎的并发症，须知此法仅限于胸部有一定基础如小乳房（相当本人1拳）的年轻女性。

6. 不可注射脂肪在乳腺腺体内，以免日后无法分辨乳腺肿瘤与钙化的脂肪颗粒，造成乳癌筛检时的困扰。

7. 自体脂肪隆乳手术必须严格要求无菌操作，任何一个环节发生细菌污染，将会导致很难收拾处理的感染脓疡现象。

8. 术后一个月内禁止按摩，保持平躺睡姿，避免压迫影响到微血管长入脂肪颗粒。这是自体脂肪丰胸手术后期护理时受术者需要注意的。

## 三、硅橡胶假体隆乳术

（一）乳房假体的评价

硅凝胶乳房假体(silicone gel imlant)运用于临床隆乳术始于1963年。在全世界有数以百万计的妇女应用此种假体进行乳房充填。1992年,美国FDA公布硅凝胶乳房假体对人体有害,会引起免疫系统失调,导致各种自身免疫性疾病,如硬皮病、类风湿性关节炎、红斑狼疮、脉管炎、甲状腺炎等,劝说人们不要用硅凝胶假体作隆乳,美国医学杂志称此为“美国病”。但美国医学界另一批整形外科专家对此进行大量研究,到目前为止,他们认为还没有任何证据说明硅凝胶假体可以直接引起上述疾病;硅凝胶假体隆乳会致癌的说法亦缺乏根据。迄今为止也未见到硅凝胶引起全身中毒症状的报道。但硅凝胶假体的置入会影响X线检测乳腺肿块。美国整形外科学会教育基金会主席Brody等认为,硅凝胶假体仍是一种隆乳假体的安全选择。但是,硅凝胶假体应用于隆乳术后仍有一定的并发症,如纤维囊性化病、假体破裂等。国外报道假体应用10~15年后假体破裂的发生率可高达20%以上。在我国,极少数受术者安放硅凝胶假体后有关节酸痛,取出后症状好转。

硅橡胶假体经过几十年的发展和不断改进,国内外已报道过许多种类,如单囊型、多腔型、双层囊膜型、充注式硅橡胶假体以及聚氨酯包被的硅橡胶假体等。其目的都是为了防止硅凝胶的外渗漏、减少组织反应及纤维包膜囊增厚硬化的形成、保持乳房术后有美好丰满的形态。实验证明,医用硅凝胶具有半透膜的性质,蒸馏水、高渗盐水,及高、低分子右旋糖酐、葡萄糖液等均可通过硅凝胶半透膜,而硅凝胶不能透过半透膜。实验结果表明,硅凝胶充注假体能够较好地保持原有容量,保持乳房术后的良好形态。盐水充注假体置入人体后,假体内的盐水并不会因时间的推移而消失,这是由于体内液体与囊内液体等渗平衡的缘故。

为了克服硅凝胶渗漏的缺点,Ashlay制成用薄层聚氨酯包被于硅橡胶囊之外的乳房假体,经短期随访取得了良好效果。但新型聚氨酯包被硅橡胶假体置入人体后,假体组织周围巨噬细胞保持在长期功能状态,虽有延缓和抑制成纤维细胞产生纤维化的作用,不发生挛缩,但Hester、Okunski和Chowdary研究表明,异物反应强烈,还产生金黄色葡萄球菌感染,引起炎症反应,因此对该假体的应用目前还存有争议。

盐水充注假体置入人体后是比较安全的,但假体渗漏、假体破裂、充注的盐水被手术室空气污染后有真菌感染等并发症,在临床上已发现过多例。

目前应用最为普遍的是单腔硅凝胶假体和盐水充注式硅凝胶假体。经历了四十多年的临床实践,虽然使用硅凝胶假体仍存在并发症,如纤维包膜形成等,但现在还没有发现更好的替代品,因此,该材料仍是隆乳术的首选假体。

（二）乳房假体的类型

乳房假体类型较多,在临床中常用的有:光面圆型硅凝胶假体、光面解剖型(水滴型)硅凝胶假体、毛面圆形硅凝胶假体、毛面解剖型(水滴型)硅凝胶假体、外阀型毛面双层假体、光面盐水充注假体及毛面盐水充注假体等。

（三）安放假体的位置及其容积选择

重塑的乳房应是位置正常、形态优美、体积适中。位置:位于第2~6肋之间,卧时流向外侧,坐位及立位时呈水滴样垂于胸壁;内侧可挤向胸骨旁线,外侧位于腋前线。形态以半球形为佳,体积宜在350ml左右,宜超过一般女性乳房的体积为优,术后呈现丰满型乳房。选择乳房假体大小应仔细与受术者商讨,并根据原有乳房的大小来设定。原有乳腺组织比较少、乳房在100~150ml者,可选择200~260ml的假体,具体根据受术者的职业、性格及要求而定。对于胸壁平坦、乳腺组织明显萎缩,如同男性者,可选择240~280ml假体。乳房假体尚需根据身高及胸廓宽、厚度而变更。瘦弱、薄、窄胸壁者以选用220~240ml左右假体为宜,而肥胖、厚、宽胸壁者可选用240~280ml的假体。另外还应根据胸部皮肤及肌肉紧张状况作为选择假体大小的参考。较松弛者,选择较大的假体种植;较紧张者,宜选择较小的假体。职业需要及特殊个人的需要,亦是选择假体大小的依据。假体安放在不同层次,其容积选择略有差别。安放在胸肌下的假体容积可略大于安放于乳腺下的假体容积,约大20ml其术后形态效果相似。

（四）硅橡胶假体隆乳术的麻醉选择

隆乳术可采用全身麻醉、高位硬膜外麻醉及局部麻醉等。

1. 全身麻醉适用于精神心理较紧张的受术者。一般采用静脉麻醉,也可采用气管内麻醉。

2. 高位硬膜外麻醉是一种较为安全、易于外科医师手术操作的麻醉方法。

3. 局部麻醉是一种安全、有效且能减少术中出血的麻醉方法,这种麻醉由手术医师自己操作。局部麻醉分为肋间神经阻滞麻醉及局部浸润麻醉两种。

（1）肋间神经阻滞麻醉:采用0.5%利多卡因加1∶10万肾上腺素,在腋中线第3~7肋间进行神经阻滞,但神经阻滞会有一定的并发症,如气胸、血肿、感染及神经痛等。

（2）局部浸润麻醉:是一种安全、有效、并发症较少的麻醉方法。采用0.5%利多卡因加1∶10万肾上腺素,做手术切口浸润麻醉及由切口进入到乳腺下或胸肌下入路的浸润;采用0.25%利多卡因80~120ml加0.375%布比卡因5ml加1∶10万肾上腺素,作胸肌筋膜下或乳腺下浸润麻醉。其穿刺点为:①在腋窝前皱襞、胸大肌外缘进针,向第2肋间胸骨旁线方向穿刺。②在乳房外侧中部由腋前线向第3肋间方向穿刺。③在乳房下部平乳房下皱襞,由腋前线刺入皮肤向第4肋间方向穿刺。在上述3个穿刺点作扇形浸润麻醉,每一穿刺点注射利多卡因20ml,注射时宜在胸廓表面,以防引起气胸。

（五）硅橡胶假体隆乳术切口设计

在受术者坐位时设计手术切口,安放假体囊腔的范围,从第2肋间到乳房下皱襞,内侧达胸骨旁线,外侧达腋中线,用美蓝作出标记,假体囊腔直径15~16cm。

隆乳术中常用的切口有腋窝横皱襞切口、腋窝前皱襞切口、乳晕下切口、经乳头乳晕切口及乳房下皱襞切口(图2-3-3)。过去尚有腋前线切口,目前已很少采用。

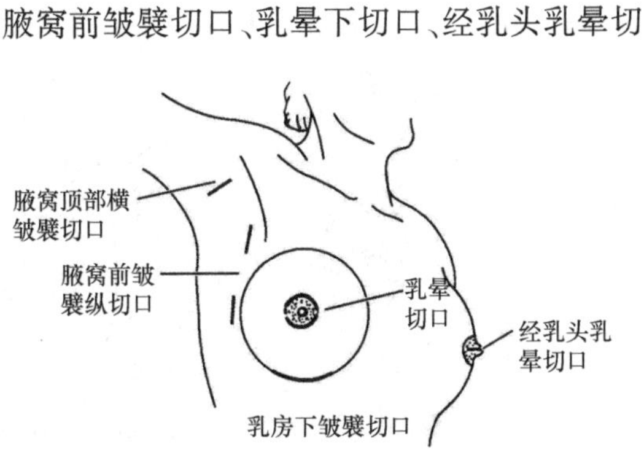

图2-3-3　隆乳切口

**1. 腋窝横皱襞切口**　在所有切口中,腋窝横皱襞切口最为隐蔽,且因切口与皮肤皱襞一致,术后瘢痕不明显,不损伤乳腺组织。但腋窝切口经皮下进入胸大肌下间隙距离较长,设计范围线下缘的胸大肌内下方和外下方附着点分离不足,术后可造成乳房假体上移、外形欠美观。但如果有好的隆乳术剥离子,手术医师有足够经验,则可避免发生这种形态不良的后果。

**2. 腋窝前皱襞切口** 切开皮肤、皮下组织后即显露胸大肌外侧缘,解剖位置浅,不易损伤重要血管、神经和乳腺组织,很容易进入胸大肌下间隙,或乳腺下间隙分离容易、出血少。但切口方向与皮肤纹理垂直,术后瘢痕明显,穿泳装或戴乳罩不能掩盖,置入假体因腋窝切口或隆乳囊腔制造不良,假体位置容易向上方移位。如切口位置低下,易损伤第4肋间神经分支,造成乳头、乳晕感觉减退。

**3. 乳晕下切口** 该切口小,乳晕皮肤呈褐色,有结节状乳晕皮脂腺掩饰,瘢痕不明显。以乳头为中心,切口在胸大肌下间隙可用手指分离,对胸大肌的附着处分离较充分,止血较彻底,术后假体位置自然、逼真。为防止损伤乳腺管,或防止术后会影响乳头的感觉与勃起,在乳晕切口后,沿乳腺表面分离到乳房下皱襞,然后在下皱襞区进入乳腺下或胸肌筋膜下,可防止乳腺管及乳头平滑肌神经支配的损伤。

**4. 乳房下皱襞切口** 该切口较隐蔽,与皮肤纹理基本一致,切口瘢痕不明显,不损伤乳腺组织及重要神经血管;切口处胸大肌肌肉组织较薄、显露好,进入胸大肌下容易,较易分离胸大肌部分附着区,止血彻底;假体置入方便,假体置入后,不易向上移位。此切口也适用于乳腺下埋置假体。但该部位是受力最大处、引流最低位、各层组织最薄处,如并发血肿、感染,可致假体外露、切口裂开等。

**5.** 经乳头乳晕切口会破坏乳腺管,现已少用。

1、3、4切口优点较多,术后乳房外形美观,但切口选择还需征求受术者的意见。

(六)剥离层次及隆乳囊腔的制备

假体可安放在乳腺下或胸肌下,甚至皮肤下,以胸大肌下为优。皮肤下或乳腺下因为组织量太薄,手感不佳。而且无胸大肌止点的支撑远期容易下垂。目前还有医生探讨将假体置于双平面(下方在乳腺后,上方在胸大肌下),以防止术后假体上移。制备一个大小适宜、形态及位置良好的假体安放囊腔,是手术后乳房形态良好的重要条件。

以腋窝横皱襞切口胸肌下隆乳术为例(图2-3-4):受术者取平卧位,双上肢外展90°,在双侧腋窝自然横皱襞上用美蓝标出约3~4cm长的切口线。将假体的底盘中心置于乳头下约1cm,在胸壁上画出大于假体直径约5cm的标线,乳房假体埋入的囊腔为圆形。沿腋窝横皱襞设计的切口线切开皮肤、皮下组织,在胸大肌外侧缘下方用弯钳做钝性剥离,改用手指探入感觉疏松的胸大肌下筋膜。继用隆乳剥离子沿此层次由内下方至内上方,内下方至外下方呈弧形剥离,内下方及外下方组织比较坚韧,要用力耐心剥离,力求囊腔为圆形。剥离完一侧后,在隆乳囊腔内塞入湿热的有带盐水纱布止血,再处理另一侧。

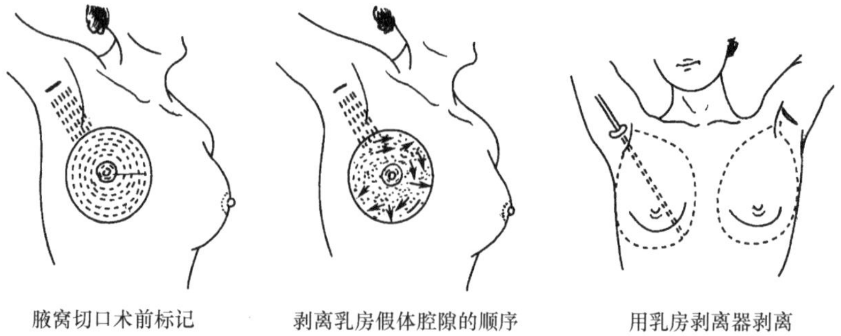


图2-3-4 腋窝横皱襞切口胸肌下隆乳术示意图

（七）内窥镜辅助下的隆乳囊腔的制备

目前内窥镜在整形外科中的应用成功地将手术中的盲目操作，如：深部、远距离剥离，转化为可视的精细操作。内窥镜于1983年首先由法国Dubois医生应用于阑尾切除术，此后在普外科、泌尿外科及妇产科领域广泛的应用发展。1992年，由Raminaz将内窥镜技术应用于除皱术，此后该技术迅速应用于整形外科的许多领域，乳房整形手术是其应用的主要方面之一。

**1. 内窥镜仪器配置**

（1）可视设备：硬质内镜：包括直径4mm内镜（应用于乳晕切口乳房手术）及直径10mm内镜（应用于腋窝切口乳房手术），视角有0°、30°。光导纤维：提供内镜操作所需的光源。摄像系统：将术野的光线信号转变为电信号。显示器：显示摄像系统采集的图像，实现可视化。

（2）手术器械：内镜乳房手术专用的内镜拉钩和套管。内镜用电凝、钩形电刀、抓紧钳、切割钳、吸引器及常规乳房手术器械。

**2. 内窥镜下双平面隆乳术** 双平面隆乳术是把假体一部分置于乳腺组织下，一部分置于胸大肌下，兼具乳腺后间隙及胸大肌后假体隆乳术的优点，乳房形态更好，动感手感更加逼真，减少了纤维囊挛缩的发生率，尤其适用于乳房轻中度下垂者，目前受到了极大的关注和肯定，该方法由Tebbetts等首先施行，经国内外专家的不断改进和完善并在临床上大量应用。内镜引入双平面隆乳具有微创、镜下直视、操作精确、止血确切、恢复快等优点，将双平面隆乳技术提高到了一个更高的水平，需要的器械主要有：直径10mm，30°内窥镜镜头，内窥镜“U”形拉钩。由腋窝入路，按传统手术往胸大肌外侧缘分离出胸大肌下间隙，在内镜辅助下，通过内窥镜电刀切断胸大肌下方的肌肉止点，充分止血，形成新的乳房下皱襞，用扩张器在术中即时扩张后，放入乳房假体。将手术床摇至半坐位，观察双侧乳房形态，及时调整处理至乳房形态满意。

（八）置入假体

接触假体前，手术医师及助手应进行手部清洁，防止异物随假体置入囊腔。取出囊腔内有带纱布，检测无明显出血后，备庆大霉素16万U或头孢拉定1g，以及康宁克通40mg注入囊腔。检查假体有无渗漏。用甲状腺拉钩（或适用于儿童的“S”形拉钩）拉开胸大肌并向上提起，充分显露埋置腔隙，将假体置入腔隙内。假体置入前，在囊腔下缘放负压引流管。

（九）分层缝合

依次将胸大肌筋膜、腺体及皮下组织、皮肤缝合，并固定引流管。

（十）硅橡胶假体隆乳术术后处理

1. 术毕，乳房四周垫敷料，使乳房固定并塑型，再适当加压包扎。

2. 负压管接负压袋或球，放置1~2d。一般引流球内每天吸出渗出液小于20ml时，即可考虑拔除引流管。

3. 经换药、拔除引流管后，配戴定型乳罩。

4. 术后常规使用广谱抗生素3~5d，酌情使用止血药。

5. 术后6~7d拆线。嘱受术者1个月内避免上肢剧烈运动，定期作乳房按摩，防止假体纤维囊形成。

（十一）硅橡胶假体隆乳术的并发症及处理

**1. 出血及血肿** 隆乳术中及术后出血是较为常见的并发症，应予避免。不应在月经期间手术。手术前应作血细胞及出凝血时间检测，排除有血液疾病的可能。术前 2d 应用维生素 $K_1$ 10mg/d。术中囊腔制备完成后，用有带热盐水纱布置入囊腔内止血。近年来，内窥镜被引入隆乳术中，术者可在直视下完成腔隙剥离及止血，有助于减少出血血肿并发症的发生。术毕，必要时可在囊腔内置负压引流。

**2. 形态不良** 隆乳术后形态不良最为多见的是乳房位置过高，这是因为隆乳囊腔制备不良，特别是假体安放在胸肌下附着点及下外侧胸肌筋膜分离不充分。此形态最多见于腋窝切口，隆乳术后形态失去水滴形，如同拳击选手发达的胸肌肥大；也可由于胸肌下腔隙狭窄，引起术后乳房形态如管状。只有在术前作好隆乳囊腔的设计，并采用隆乳剥离子有效地分离胸肌附着点，制成足够大的囊腔，才可预防这类并发症的发生。

**3. 乳房下垂** 这是由于隆乳囊腔过大，超过乳房下皱襞所致。此类并发症多半发生在假体置于乳腺下的病例，也可发生在乳房皮肤松弛及假体过大的受术者。

**4. 纤维囊挛缩** 隆乳术后纤维挛缩发生率约 5%~20%，是目前较难预防也是最常见的隆乳术后并发症。选择适宜的假体，避免过大，防止手术过程中过多损伤、防止出血和血肿、防止异物进入隆乳囊腔、防止术后乳房损伤等，避免隆乳腔隙剥离过小，及术后长期（半年以上）手法按摩是预防纤维囊挛缩的有效手段。一旦纤维囊形成明显挛缩，必须进行手术治疗。纤维囊形成较多发生在假体置于皮下，如改良乳房癌根治术后置入假体的患者，也容易发生在乳腺组织较少，假体置入在乳腺下的受术者。

Baker（1975）提出的隆乳术后纤维囊挛缩分级是有参考价值的，其分级如下：

Ⅰ级：乳房柔软，如同没有手术的正常乳房。

Ⅱ级：轻度变硬，乳房假体可扪及，但外表看不出。

Ⅲ级：中度变硬，乳房假体容易扪及，并能看到。

Ⅳ级：严重变硬，疼痛敏感，假体扭曲。

**5. 假体外露** 较为少见，较多发生在乳房下皱襞切口的受术者，一旦发生宜取出假体。

**6. 两假体放置腔隙内侧贯穿** 较为少见，是胸大肌内侧剥离过多所致，一旦发生宜取出假体。

**7. 假体肉芽肿** 较为少见，曾见于采用第一批国产假体的受术者，更换假体后情况可改善。

**8. 假体破裂或假体渗漏** 多见于国产假体及应用 5~10 年以上的进口假体。一旦发生，必须取出假体，更换假体，或终止隆乳。

**9. 上臂疼痛** 可能是由于肋间臂神经受压所致。虽然少见，但是较难处理，可采用理疗、神经封闭等方法治疗。

**10. 感染** 正规医院很少见，严重者造成胸肌间隙广泛感染，只有通过取出假体、清创引流才能解决。

**11. 隆乳切口瘢痕增生**

**12. 异物反应**

**13. 气胸或脓胸** 十分少见。因手术在分离胸肌时进入胸腔，可造成液气胸、血气胸或脓胸等并发症。

## 四、隆乳术的护理

（一）护理目标

1. 了解受术者的心理是否准备充分，消除或减轻受术者恐惧、焦虑心理，

使其情绪稳定；针对诉求不同的受术者，应根据个体选择的手术方式进行详细介绍：如术前准备、手术过程及假体材料的选择、术后可能出现的并发症及效果等，使受术者能清楚认识并积极配合手术；避免夸大治疗效果，使受术者期望值过高。

2. 手术本身就是对机体的一种创伤，疼痛是不可避免的，为受术者提供恰当的护理措施以减轻疼痛。

3. 做好术前准备，术中术后严格执行无菌操作原则，配合医生术区加压包扎，避免发生血肿、感染等并发症发生。

4. 无纤维包膜挛缩、假体移位、排异反应等潜在并发症发生。

5. 术后心理护理：增强自信心，消除自卑心理，积极参加社交活动。

（二）护理措施

**1. 术前护理**

（1）术前心理护理：医护人员应充分尊重受术者的隐私权，可在单独谈话室进行沟通，仔细听取受术者的叙述，了解受术者隆乳的心理及目的，认真分析其心理顾虑或恐惧的原因。告知受术者隆乳术能够改善手术者的体形，但不能解决任何其他社会问题。对期望值过高者，要纠正受术者不切实际的幻想，否则术后容易出现焦虑、失望心理，如果不纠正，切不可勉强手术。医生应根据受术者的诉求及自身实际情况，与受术者沟通共同制定恰当的手术方案，并介绍各种手术切口的优缺点，由受术者选择满意的手术方式，消除受术者紧张、恐惧的心理。

（2）了解病史：详细询问受术者的病史及家族史，以往是否有乳腺疾病、乳腺癌，以及青春期乳房的发育和妊娠、哺乳对乳房的影响。了解手术者既往有无手术史，是否合并其他系统疾病，如有异常，应及时告知医生。

（3）应避开月经期手术，按医嘱完成各项术前检查。

（4）了解局部乳房组织有无炎症、肿块等疾病；乳房及腋窝淋巴结是否肿大；局部皮肤有无感染灶存在；确定乳房的大小、皮下脂肪和乳腺组织的充盈度，两侧乳房是否对称。还要了解患者是否瘢痕体质、过敏体质；有无出血性疾病；有无心、脑、肺、肝、肾等重要器官的活动性和进行性疾病。

（5）术前拍摄正位、左右侧位和左右斜位5张照片，作为手术前后的对比资料。

（6）根据受术者的身高、体重、胸围大小及要求，选择好乳房假体，检查假体包装是否完好，确定灭菌时间在有效期内备用。

（7）术前一日送手术通知单，以便手术室护士及麻醉师做好充分准备。

（8）术前禁食12h，禁饮4h。常规备皮、沐浴，并更换清洁手术衣，与手术室护士共同核对受术者姓名、性别、年龄等一般情况及手术方式等内容。

**2. 术后护理**

（1）按全麻或局麻后护理常规护理。吸氧，心电监护，床旁备吸引器。

（2）密切观察生命特征及神志的变化，注意有无胸闷、气急，双侧负压引流管是否通畅及引流量和颜色，如果引流量每小时大于100ml，且颜色鲜红者，应立即告知医生处理。

（3）受术者全麻手术后一般平卧4～6h，麻醉清醒后取半卧位，以30°为宜，使双侧乳房

保持在同一水平。限制胸部及上肢剧烈活动,防止假体移位与出血,疼痛剧烈者遵医嘱给予止痛剂。

(4) 按医嘱及时使用止血药和抗生素,以防止失血或手术创伤而引起其他并发症。

(5) 随时观察加压包扎敷料是否松脱及切口渗血情况。术后48h更换敷料,拔出两侧负压引流管。观察乳房情况,有无红肿、积血、假体形态、位置,发现问题及时告知医生处理。

(6) 详细告知术后注意事项:如术后两周内严禁两臂做上举、持重或其他剧烈活动,以免引起胸大肌收缩,导致假体移位或切口裂开、出血。5~7d后拆除皮肤缝线,并逐渐开始局部按摩(自体脂肪隆乳手术一月内禁止按摩),每日2~3次,每次15min,坚持3个月以上,可防止假体表面纤维包膜挛缩及乳房硬化。

(7) 术后避免胸部过度挤压及锐器损伤。

(8) 宣传教育隆乳术虽然能改善形体,但不能解决任何其他社会性问题。以免出现术后焦虑、失望心理。

(9) 告知可能出现的异常反应,如遇感染、排异反应、包膜挛缩等并发症要及时复诊。

(10) 自体脂肪隆乳者的护理措施参见本教材第一篇第十一章第一节 皮肤及其他组织移植术及护理。

## 第三节 巨乳缩小术及护理

乳房缩小整形(reduction mammaplasty)是以切除部分乳房皮肤、乳腺组织,使乳房形体缩小和乳房位置改善,并进行乳头、乳晕整形的一类整形技术。乳房缩小整形术是用于乳房过度发育及乳房下垂的整形术。

乳房的过度发育使乳房的体积过度增大,形成乳房肥大症,俗称巨乳症。乳房肥大给女性带来精神上及肉体上的痛楚。乳房肥大常常在不同程度上伴有乳房下垂(mammary ptosis)。严重的乳房肥大及乳房下垂,其乳房下缘可超越脐孔,甚至到达耻骨水平,造成形体臃肿,行动不便,肩部、背部酸痛,平卧时有胸部受压及窘迫感。天气炎热时,两侧乳房之间以及乳房下皱襞区,常常处于浸湿状态,易生痱子、湿疹等皮炎之类的皮肤疾病。巨大的乳房或严重下垂的乳房,使女性失去匀称、苗条的曲线美的轮廓,代之以粗壮的形体,使患者羞涩,深受难以启齿的肉体及心理上的压力,失去自信及参加社会生活的勇气。

### 一、乳房肥大症的分类和分度

(一) 分类

乳房肥大可分为3类:乳腺过度增生性乳房肥大、肥胖型乳房肥大及青春型乳房肥大。由于病理及临床症状的区别,在治疗方法上也略有差别。

**1. 乳腺过度增生性乳房肥大** 表现为乳腺组织过度增生,肥大的乳房坚实,乳腺小叶增生明显,常有压痛。在月经周期期间,常常有自发性疼痛,并伴有乳房下垂,较多发生于已婚育的妇女。严重的病例,由于乳房的赘生及经久的胀痛,给患者带来心理上及肉体上的折磨,她们会要求医师作乳房全切除,以解除其多年来的痛苦。

**2. 肥胖型乳房肥大** 表现为整个乳房匀称的肥大。在组织结构上,是以乳房中的脂肪匀称增生、脂肪细胞肥大为主;在手术中可发现乳房皮下有脂肪增生,在乳腺组织之间,也有脂肪增生及浸润。这类乳房肥大的患者常伴有全身性肥胖,肥大的乳房虽可能伴有不同程度的乳房下垂,但较乳腺过度增生性乳房肥大为轻。

**3. 青春型乳房肥大**　是一种在青春发育期发现的乳房渐进性增大,并过度发育,乳腺组织增生、肥大。乳房表现为匀称性肥大,乳房下垂不明显,这类患者有时有家族史。

（二）分度

乳房肥大的程度按其体积大小分为 3 类:轻度肥大:400～600ml;中度肥大:600～800ml;重度肥大:800ml 以上。如容积大于 1500ml,称巨大乳房,简称巨乳或巨乳症。

根据乳房肥大及乳房下垂的程度,一般可分为 3 类,即轻度肥大下垂、中度肥大下垂和重度肥大下垂(表 2-3-1)。

**表 2-3-1　乳房肥大及乳房下垂程度的分类**

| 程度 | 乳头下降(cm) | 估计切除的乳房组织量(每侧)(g) |
|---|---|---|
| 轻度 | 1～7 | <200 |
| 中度 | 7.1～12 | 200～500 |
| 重度 | >12 | 501 |

## 二、巨乳缩小整形原则、术前准备

（一）手术内容

1. 乳头、乳晕的向上移位及整形。
2. 切除肥大、松弛的乳房皮肤、皮下组织。
3. 切除过度增生的乳腺组织,矫正下垂的乳房形体,制成半球形的乳房实体。

（二）手术原则

乳房缩小整形手术的原则是使肥大及下垂的乳房经过手术以后,达到外形及功能良好的目的。

1. 术后乳房大小合适、位置良好。
2. 术后乳房为半球形,形态良好,两侧对称。
3. 乳头、乳晕感觉良好。
4. 皮肤切口隐蔽、瘢痕少,没有猫耳畸形,没有局限性凹陷性畸形或乳房扭曲畸形。
5. 尽可能保持乳房的泌乳功能。
6. 术后乳房质感良好,具有正常乳房组织的弹性。

（三）术前准备

**1.** 全身状况良好,没有心、肝、肾、肺等器官的器质性疾病。

**2.** 对于没有控制的高血压病、胰岛素依赖的糖尿病、垂体功能障碍、甲状腺功能障碍,以及严重的贫血患者等,不宜进行这种手术。

**3.** 了解患者的心理状况,有心理障碍,以及家属对患者进行乳房整形手术的心理准备不足者,不宜手术。

**4.** 对于重度乳房肥大的患者,应作好输血准备,也可在术前抽取一定的血液,供术中或术后自身输血之用。

**5. 进行局部检查**　患者应取坐位检查,重度乳房肥大者需要立位检查。记录乳头位置、乳头与胸骨切迹中点的距离、乳头与锁骨中点的距离;测量乳房下垂的程度,即乳头下降离乳房下皱襞中点的距离,测量乳房中点的胸围和乳头中点的胸围,测量乳头及乳晕的直径。

**6. 于患者坐或立位时进行手术切口设计**

(1) 新乳头、乳晕定位：乳房肥大或乳房下垂者，其乳头、乳晕的位置低于正常。设计一个恰当位置的乳头、乳晕，是手术成功与否的一个重要因素。移植后新乳头中心点可采用如下方法：①连线法：锁骨中线与上臂肱骨中点水平线之交点，距胸骨切迹 18~23cm。②圆心法：胸骨切迹为圆心，19~24cm 为半径画弧；剑突为圆心，11~13cm 为半径画弧，两弧线之交点。③投影法：四指插入乳房下皱襞，拇指与之相对应的皮肤表面投影。测量原乳头到新建乳头距离，可评定乳房肥大及下垂的程度，决定乳头、乳晕带蒂移植的方法。

(2) 乳房皮肤切口设计：巨乳缩小术前皮肤切口设计根据具体选择方法的不同有所差别，详见后述方法介绍。

**7.** 设计完成后术前照相记录，包括正位、左右侧位及左右斜位。

## 三、常用巨乳缩小术方法

乳房缩小整形手术是不容易达到尽善尽美的效果的。女性乳房是一具有半流动性的实质组织，随着体位改变而有不同的美的效果。要重塑形态理想的乳房，又不让手术瘢痕过多的暴露在乳房上，这就成了整形医生们不断探讨的目的，探讨的结果就形成了五花八门几十种的巨乳缩小整形的手术方法。在此只介绍三种常用的巨乳缩小术方法。

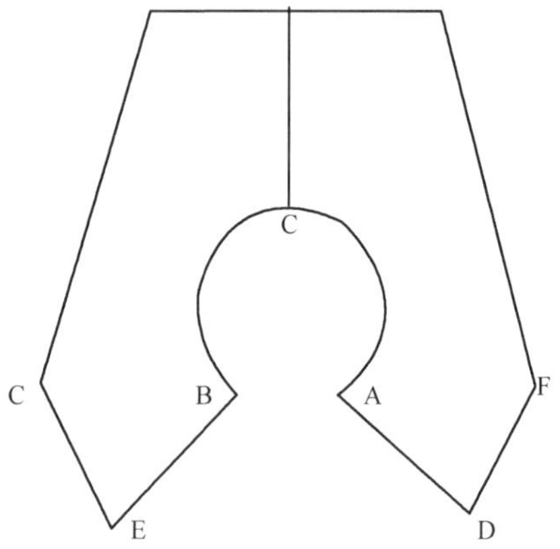

图 2-3-5　Strombeck 手术设计用的 Wise 标准模型

### (一) 横行双蒂巨乳缩小整形术

横行双蒂巨乳缩小整形是由 Strombeck(1960)报告的。其手术内容是：乳头、乳晕两侧的乳腺组织为蒂移植，其蒂设计在水平左、右方；肥大乳房下部及新定位乳头乳晕部皮肤皮下及乳腺切除，然后作剩余乳腺在胸肌筋膜下部分游离，向上悬吊剩余腺体、及乳头乳晕移位。

**1. 切口的设计**　目前广泛采用的切口是倒 T 形切口，Wise 模板的应用使术前画线设计简单化，使术后形成的倒 T 形切口更加和谐统一(图 2-3-5)。

**2. 手术设计**(图 2-3-6 A，B)

(1) 用透明胶片制作 Wise 标准模型，模板正中线与锁乳线重合。以新乳头 X 为圆心，依照模型的圆孔，画出新乳晕圆周 ABC，模型 AD、BE、ED 之间距及角度，应根据皮肤松弛程度而定，一般 ECD 角度为 60°~135°，必要时可予以调整，以两缘能无张力地靠拢为宜。如过宽，乳房中央部的皮肤将被切除过多，皮瓣缝合时张力过大，瘢痕明显，甚至难以愈合；同时由于张力大，乳腺组织被过度推向上部，基底部呈现平坦、凹陷，不符合美学要求。如 ED 距离过窄，则水平方向的皮肤将有多余，乳腺呈横向过多。

(2) 乳晕孔直径为 4~5cm。

(3) 模板两臂长度 5.5~6.0cm，为新乳晕下缘到新乳房下皱襞的距离，该线太长，会显得乳头、乳晕位置太高；该线太短，则显乳头、乳晕位置过低。

(4) 画出乳房下皱襞 FG，G 点位于乳房下皱襞与腋前线交点，F 点位于乳房下皱襞与胸骨外侧缘交点，连接 EG 与 DF，此两连线均为向下突出的弧线或 S 形曲线。

(5) 翻转胶片模型，同法设计对侧切口。

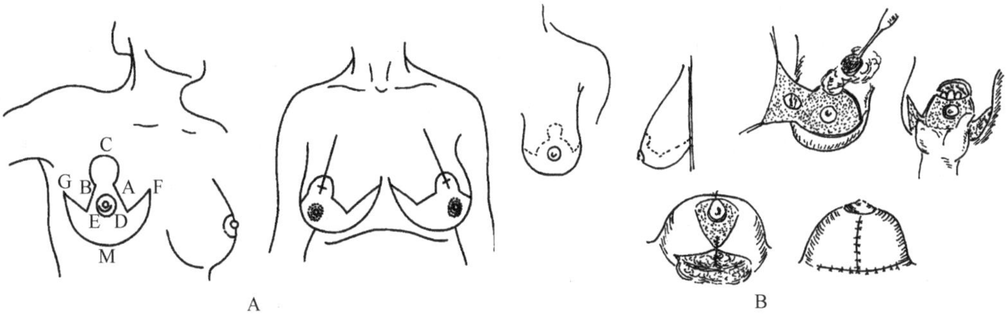


图 2-3-6　横行双蒂法手术

A. 设计图;B. 示意图

**3. 手术适应证及评价**

(1) 手术切口设计规范,易为初学者掌握。

(2) 手术切口为元宝形,手术后也有较明显的倒“T”形瘢痕。

(3) 主要适用于中度乳房肥大的整形。

(4) 乳腺塑型切除后所余乳腺组织形成由胸廓内动脉、胸外侧动脉供血的双蒂乳腺组织瓣,乳头乳晕位于蒂的中央,乳头附着和血供不受干扰。

(5) 腺体蒂去表皮但保留真皮,术后乳头感觉保留较好。

(6) 乳房下皱襞的水平瘢痕较长,且延伸至中线。

(二) 垂直双蒂巨乳缩小整形术

垂直双蒂乳房缩小整形(Mckissock 法)由 Mckissock(1972)报道。其手术内容是:乳头、乳晕皮下蒂移植,其蒂设计在垂直上、下方;乳房肥大的中下部皮肤切除,应用乳房外侧皮瓣及内侧皮瓣转移,修复缺损;乳腺部分作中下部楔形切除,然后作乳腺在胸肌筋膜下部分游离,旋转对合,使乳腺成锥体形组织块(图 2-3-7)。目前多采用改良术式,其乳头和乳晕垂直上、下蒂的术式被多种乳房缩小整形术所采用。

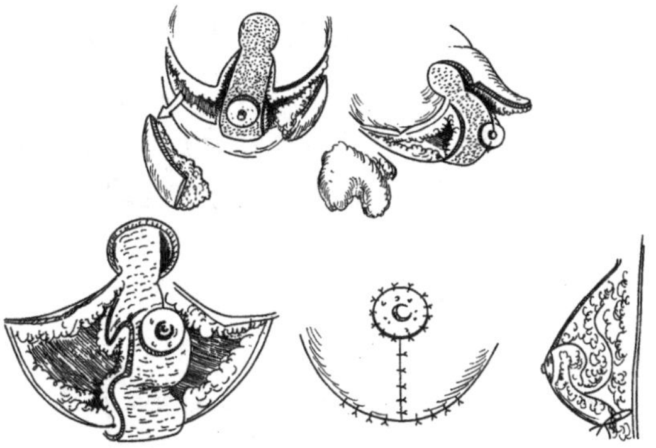

图 2-3-7　垂直双蒂法手术示意图

垂直双蒂巨乳缩小整形术适应证及评价:

(1) 手术切口设计规范,易为初学者掌握,又易在手术过程中变化操作。

(2) 手术切口为元宝形,手术后有较明显的倒“T”形瘢痕。

(3) 适应范围较广,多用于重度乳房肥大的整形,也可用于轻、中度乳房肥大缩小整形或乳房下垂的矫正。

(4) 乳头、乳晕以垂直的上、下方蒂移植,乳头、乳晕皮瓣血供较好,除特别严重的乳房肥大移植外,较少发生乳头、乳晕坏死。

(5) 切口宽大,从乳房下方进路进行乳腺下部部分肥大乳腺切除,便于乳腺部分切除后,塑造半球形乳房实体。

(6) 手术过程中如果乳腺导管被切断,术后会失去泌乳功能。

（三）双环法巨乳缩小成形术

双环法巨乳缩小成形术最早由中国医学科学院整形外科医院乔群提出，现多采用改良术式，是一种仅留乳晕切口瘢痕的巨、垂乳整形术，其手术内容为：根据巨乳和垂乳其下垂的不同程度，采用了不同的环乳晕切口入路，楔形或"S"形切除外象限的乳腺组织，剩余下瓣乳腺组织向上旋转缝合塑型，乳头乳晕随乳腺向上悬吊而上移(图2-3-8)。

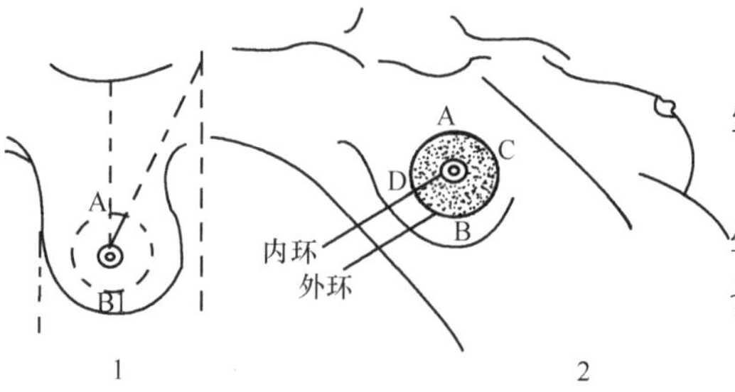


图2-3-8　双环法巨乳缩小成形术示意图

**1. 手术适应证及评价**

（1）手术切口设计简单，易为初学者掌握。

（2）手术切口为双环同心圆或偏心圆乳晕切口，手术后术后仅留乳晕切口瘢痕、实现切口瘢痕的最小化。

（3）适用范围广、可用于轻、中及重度乳房肥大的整形。

（4）乳腺塑型时切除了乳腺癌及乳腺增生团块的好发部位—外上象限乳腺组织，可减少乳腺肿瘤及乳腺异常增生的发生。

（5）此法术后早期遗留下乳晕缘放射状皱纹，而且中、重度乳房肥大者乳房的塑型早期亦欠挺拔，但发射状皱纹多可于术后6~10个月消失，乳房外形亦可自行不同程度改善。

**2. 手术方法及步骤**

（1）新乳头、乳晕定位：同前述垂直双蒂法。

（2）乳房皮肤切口设计：根据巨、垂乳的轻重程度，分别给予不同的切口设计：轻度者，采用偏心圆乳晕双环切口入路；中、重度者采用同心圆乳晕双环切口入路(图2-3-9)。以原乳头为中心，以1.5~2cm为半径在乳晕上划圆，此为新乳晕，即双环之内环。同心圆双环之外环，为以乳头为中心，以新乳头上约2cm为半径划圆，且使其至乳房下皱壁的距离不短于5~6cm。

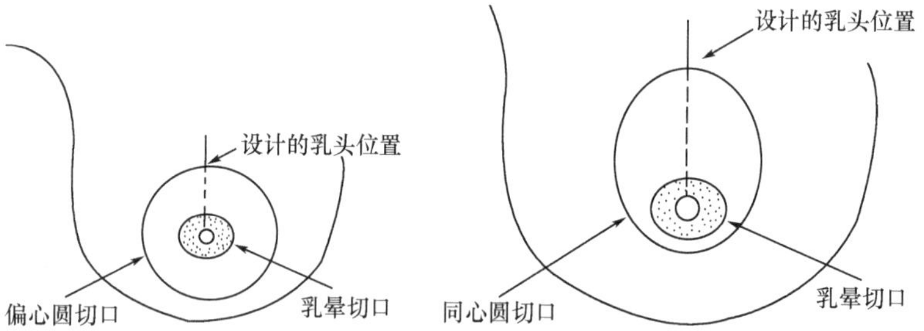


图2-3-9　改良双环法巨乳缩小成形术示意图

（3）偏心圆者双环间半月形皮肤表皮去除，保留真皮下血管网；同心圆者双环间皮肤内1/3切除表皮，保留真皮下血管网，外2/3切除全层皮肤。

（4）自外侧乳晕切口缘在皮下浅筋膜层乳腺组织表面向外侧潜行分离至乳腺边缘，根据乳腺组织的肥大程度，作"S"形或楔形切除外侧象限的部分乳腺组织至胸大肌表面。将存留的下瓣乳腺组织向上旋转缝合塑型。

（5）外侧切缘先在真皮下作一荷包收紧缝合，收紧至约乳晕大小后再与内侧乳晕皮肤切缘分层对合缝合。

（6）放置引流管，术毕给予胸带加压包扎。

## 四、巨乳缩小术并发症及其预防和处理

（一）出血

包括术中及术后出血。巨乳缩小手术中的出血是较为常见的。双侧性重度乳房肥大缩小整形手术，其手术范围比乳房根治手术要大得多。因此，手术过程中要严格止血，对于重度乳房肥大缩小整形手术，应准备输血。术后出血的病例中，如有少量渗血，可加压包扎，应用止血药物，并严密观察；明显的出血或活跃的出血，应进手术室止血。

（二）血肿

由于术中止血不彻底，或术后引流不畅，造成血肿，可集于皮下，也可集于乳腺组织内。轻的血肿，可用针筒抽吸；重者必须切开引流。

（三）脂肪液化坏死

当对乳房的血液供给破坏太大，或者缝合过紧都有可能导致脂肪液化坏死。脂肪液化处理只有进行引流，但此类引流伤口往往很长时间才能完全愈合。

（四）感染

乳房缩小整形术后感染较为少见。由于哺乳期手术，乳房或全身存在潜伏性感染因素，手术后感染可发展；术前及术中的一些因素也可能造成感染。感染有急性感染及慢性感染两类。前者宜予以积极的抗炎处理，必要时应作切开引流。慢性感染常因急性感染处理不当，或局部存有异物或坏死组织，造成创口长期不愈合，宜彻底清创，消灭死腔，改善局部组织血供，以控制感染。

（五）创口裂开，皮瓣坏死

肥大乳腺组织切除较少、乳房皮肤切除过多、术后局部皮肤缝合张力太大，可造成创口裂开和血肿。感染也可能造成创口裂开。皮瓣转移后血供不良，可造成皮瓣坏死。术前进行精确的手术设计，术中细致操作，术后防止血肿、感染及皮肤缝合张力过大等，是防止创口裂开及皮瓣坏死的关键。

（六）乳头、乳晕坏死

这是这类手术比较严重的并发症。其原因是乳头、乳晕的蒂太长或蒂部血供途径受损害。一般而言，乳头、乳晕移植，其蒂宽与移植距离之比宜在1∶2～1∶1，即乳头、乳晕的蒂宽5cm时，移植乳头、乳晕的距离宜在5～10cm；超过此范围，宜作双蒂移植，以防止移植乳头、乳晕的血供不足。

（七）形态不良

乳房缩小整形术后形态不良包括乳房过大或过小、乳房位置不良、乳房失去半球形形态、双侧乳房形态不对称、双侧乳头位置和饱满度不对称及乳头凹陷等。这些都可通过精密的手术设计及细致的操作进行预防。一般术后出现这些情况，常常需要经过再次手术予以矫正。

（八）丑陋的切口瘢痕及乳房硬块形成

由于术式选择不佳，可在乳房上留下较多的瘢痕；由于手术创伤大，可造成明显的增生瘢痕；乳腺及皮下组织坏死，可造成局部硬块。

（九）乳头感觉丧失

主要是损伤或切断了乳头乳晕的感觉神经所致，手术时应熟悉解剖，损伤后可应用神经营养药，有些患者3~6个月可部分恢复感觉。

（十）泌乳功能丧失

对于轻度乳房肥大及下垂的病例，手术过程中应尽可能只切除乳房下部，防止乳腺导管的损伤，以保护其泌乳功能。特别是对于未婚青年，则更应如此。

（十一）表皮样囊肿形成

部分巨乳缩小术，需去除表皮，并将真皮迭入乳房内，如去表皮技术不当，表皮未去尽，术后易发生表皮样囊肿，一旦发生，唯有手术切除。

（十二）巨乳复发

少数患者经过乳房缩小整形后，乳房可再度发育增大，需要再次手术整形。

## 五、巨乳缩小术的护理

（一）护理目标

1. 了解患者的心理，多数患者因巨乳给其带来很大的影响或困惑，希望手术能改变自身的形象，存在一种自卑羞愧，缺乏自信的心理，同时，对手术知识的缺乏，担心手术疼痛及术后的效果，患者又产生紧张、恐惧的心理，因此，消除患者自卑心理、恐惧、焦虑心理，以乐观的心态积极配合手术，正确看待手术效果，增强其自信心。

2. 告知患者手术的必要性，尽量采取有效措施减轻手术创伤所致的疼痛。

3. 严格执行无菌操作，预防切口感染，维持体温正常。

4. 术后密切观察病情变化，及时预防、发现和处理并发症。

（二）护理措施

**1. 术前护理**

（1）了解其主要的痛苦，如行动不便、疼痛、皮肤湿疹、外形欠佳等。了解月经史、妊娠史、授乳史、有无巨乳家族遗传史，乳房组织是否有其他疾病，是否有肝炎及药物过敏史，是否经常服用避孕药、维生素E类药或阿司匹林类止痛药。因这类药会增加手术出血，术前3周必须停用。

（2）心理护理：大多数受术者经历了长期生理和心理上的痛苦，特别是未婚女青年还会产生自卑和羞愧的病态心理，对手术要求较强烈，期望较高。大部分受术者能积极配合医生护士进行各种术前检查及术前准备，但也会对手术产生恐惧心理、对手术效果有所怀疑。应尽量了解受术者的要求，介绍手术过程及术后注意事项，给予正确的引导，合理的解释，使受术者增强对医生的信任感。有些受术者对手术期望过高，向受术者说明术后在短期内一般会留有切口的痕迹，需要一段时间转化，瘢痕逐渐不明显。使受术者有充分的思想准备，从而提高手术满意度。

（3）了解局部乳房组织有无炎症、肿块等疾病；乳房及腋窝淋巴结是否肿大；局部皮肤有无感染灶存在。患者是否瘢痕体质、过敏体质；有无出血性疾病；有无心、肺、肝、肾等重要器官的活动性和进行性疾病；有无甲状腺机能亢进、高血压、糖尿病等。

（4）遵医嘱完成各项术前检查：除常规术前实验室检查外，必要时作乳房X线钼靶摄片、B超，乳头神经感觉检查等。

（5）皮肤准备：嘱患者术前1d沐浴，常规备皮。

（6）输血准备：应在术前一天遵医嘱做好配血备用。

（7）术前准备：术前1d按医嘱做药物过敏试验，观察有无过敏反应；若受术者术前紧张、睡眠不佳，术前1d晚给予镇静剂。术前禁食12h，禁饮4h。因手术时间长，术前应留置导尿。

**2. 术后护理**

（1）按全麻术后护理常规护理。

（2）密切观察生命特征的变化：注意观察体温、脉搏、血压、呼吸等生命特征，有无输血反应等，术后每小时一次，平稳后改为4h一次，并做好护理记录及发现病情变化。

（3）引流观察：观察引流管是否通畅，记录引流量、颜色及性状等。观察留置导尿管是否通畅，引流尿液色泽及量有无异常，是否存在膀胱刺激征象。

（4）体位：受术者手术后一般平卧位4~6h，待麻醉清醒、生命体征平稳后取半卧位，第二天鼓励患者下床活动。

（5）预防感染：严格执行无菌操作原则，保持术区敷料清洁干燥，术后按医嘱应用抗生素5~7d。

（6）切口护理：随时观察伤口敷料有无渗血、渗液，若无特殊情况，引流条或引流管可于术后24~48h取出。术后3~4d开始更换敷料，检查伤口，勿挤压手术部位，术后10 d左右拆线。

（7）创口包扎与固定：在乳头和乳晕处用柔软的敷料覆盖，其四周用敷料纱布垫覆盖。在敷料和纱布之间用10cm宽的弹性胶布条以轻度的压力固定。

（8）乳房观察：注意观察乳房皮瓣及乳头血运，以防止皮肤和乳头乳晕坏死。

（9）告知患者术后可能会出现乳头乳晕感觉麻木、手术切口出现硬结、刺痛等不适感觉，属正常现象有待于机体的自然恢复。不要因此而焦虑担忧。术后2周内暂避免上臂做剧烈的外展活动，以防止伤口裂开。术后2个月内佩戴支撑乳罩，以保证乳房的良好塑型。

（10）巨乳缩小手术术区瘢痕较长，伤口愈合后可使用硅凝胶膜敷贴，或外用康瑞宝软膏，喜疗妥软膏，预防切口瘢痕增生、刺痒。

（11）定期到医院复诊。

## 第四节　下垂乳房上提术及护理

乳房下垂（mastoptosis）是一种生理现象，常见于历经多次妊娠并授乳之后的中老年妇女，或减肥后的中青年妇女。系由乳房内的腺体和或脂肪结缔组织增生使乳房增大，其后又发生萎缩，随乳房屡次增大而被牵伸扩展的皮肤和悬吊支撑结构等弹性降低，终不再回缩复原；或因衰老所致皮肤、支持组织、脂肪和腺体都明显退化、萎缩，这些因素使乳房松弛而向下垂坠，形似袋状；因两侧乳房失去在胸壁向前凸出耸立的正常外形，影响胸部体态，并因乳房向下方牵坠，还会造成生活和工作的诸多不便。

## 一、乳房下垂的分类和分度

（一）分类

**1. 纺锤状乳房下垂** 此类是以乳房基底部的横纵径缩短为特征的乳房下垂。乳房基底部圆形冠状面小于乳房远端冠状面，酷似纺锤。此种乳房下垂系乳房组织疝坠至乳晕区域皮下所致，常合并大乳晕综合征，多见于哺乳后中青年女性。

**2. 三角巾状乳房下垂** 整个乳房扁平状，像挂在胸壁的三角巾，故名，乳房基底部冠状面呈长椭圆形，乳房纵径大于横径，没有明显的乳房组织疝坠至乳晕区域皮下。多见于中老年妇女，特别是绝经后妇女。

**3. 圆柱状**（筒状、牛角状）**乳房下垂** 乳房基底部冠状面及远端冠状面基本相等，或远端冠状面略小。乳房纵径较长，乳头位于乳房下线，外观如圆柱或牛角。乳房内主要是纤维及脂肪组织相对增多，乳腺组织较少，乳房手感致密，皮肤弹性较好，此类乳房下垂多见于青年女性。

（二）分度

根据乳房下垂的程度不同，可分为 3 度：

Ⅰ度：乳头与乳房下皱襞平行。

Ⅱ度：乳头位置低于乳房下皱襞，但高于乳房最低位置。

Ⅲ度：乳头位于乳房最低位置，但有些乳房下垂，特别是乳房远端肥大者，虽下垂严重，乳头位置仍不在最低处，此类也应视为Ⅲ度下垂。

## 二、下垂乳房整形手术原则、术前准备与并发症

通常巨乳都有下垂的情况，所以第二节所列各种乳房缩小成形术实际上都包含了乳房下垂的整形术，本章节主要论述的乳房下垂整形术，是针对皮肤过多或松弛，没有腺体或脂肪增生或仅有少量增生的妇女乳房下垂矫正。因此，除去乳腺塑型内容，乳房下垂整形手术原则基本与巨乳缩小原则相同。乳房下垂手术一般无需输血，其他术前准备同巨乳缩小术。乳房下垂整形术的并发症基本与巨乳缩小术并发症相同，扩大乳房体积矫正乳房下垂者，除一般并发症发生可能外，还有可能发生隆乳术的并发症。

## 三、常用下垂乳房上提术

前述巨乳缩小常用手术方法，除去乳腺塑型内容，均可用于下垂乳房上提整形，其中双环法适用于轻、中、重度下垂乳房整形。如患者要求矫正乳房下垂的同时，希望有一对丰满的乳房，可以通过隆乳术来矫正乳房下垂，此类隆乳术通过双环法切口进入乳腺后间隙或胸大肌后间隙，剥离假体放置腔隙，置入假体，余步骤同双环法。纺锤状乳房下垂采用同心圆双环法与假体隆乳结合效果明显，在此不做详述。

## 四、下垂乳房上提术的护理

下垂乳房上提术的手术原则、方法与巨乳缩小术相近，故其护理可参照巨乳缩小术进行。

# 第五节 乳头凹陷矫正术及护理

乳头凹陷（nipple inversion）是指乳头凹陷于乳晕之中，轻者乳头失去凸起，部分乳头凹

陷于乳晕之中；重者乳头外观缺失，完全陷于乳晕平面之下，呈火山口样畸形。

## 一、临床表现

（一）乳头内陷病因及发生率

乳头内陷多半是先天性畸形，也可能因外伤、炎症、肿瘤及手术造成乳头内陷。如巨乳缩小整形术后易有乳头内陷并发症，反复乳腺炎症也可能造成乳头内陷。先天性乳头内陷并不十分少见，只有较严重者才要求诊治。曾有学者随机抽取上海地区成年健康妇女乳腺病普查记录200份，乳头内陷发病率为2%，与Schwager（1974）统计的乳头内陷成人发病率1.76%相似。乳头深陷于乳晕之中，凹陷乳头内可积存污垢或油脂，造成奇痒、湿疹或炎症。严重乳头内陷则难以让婴儿吮吸乳汁，给患者带来心理上的压抑或生活上的不便。

（二）乳头内陷分类

乳头内陷，常为双侧性，两侧凹陷程度不一，也可以是单侧性。乳头内陷可分为3类：

Ⅰ型：轻度乳头内陷，乳头部分内陷，乳头颈存在，能轻易用手使内陷乳头挤出，挤出后乳头大小与常人相似。

Ⅱ型：中度乳头内陷，乳头全部凹陷在乳晕之中，但可用手挤出乳头，乳头较正常为小，多半没有乳头颈部。

Ⅲ型：重度乳头内陷，乳头完全埋在乳晕下方，无法使内陷乳头挤出。

前来就诊的乳头内陷患者中，既有青春少女，也有已婚或已育妇女，在不少Ⅰ型乳头内陷的已育妇女中，内陷乳头还可喂育儿女，婴儿仍可吮吸乳汁。

（三）乳头内陷的病理

乳头内陷的病理表现为乳腺管短缩，乳头内肌肉发育不良，乳头下较少有纤维肌肉组织，乳头下组织空虚，缺少支撑组织，并在乳腺管间充塞有短缩的纤维束。

## 二、治疗原则

乳头内陷以手术治疗为主，一般患者都有物理治疗的历史，因无效而请整形外科医师相助。而物理治疗的确是有效的方法，持续低压负压吸引有助于使轻度内陷的乳头得到矫正，而且对乳头内陷矫正术后复发治疗也是一个很好的辅助方法，物理治疗最好在婚前或妊娠早期进行。

乳头内陷的整形手术方法有二十余种，并且不断有新的方法报道。单纯施行乳头部分的乳头内陷整形手术，术后较易复发，尤其是重度。去表皮乳晕三角皮瓣支撑法、Broadbent及Woolf手术、新月形乳晕瓣手术，以及改良的Pitanguy手术都是较易操作且复发率较低的手术方法。

为使手术成功，减少复发，应注意下列原则：

1. 松解引起乳头内陷的纤维束，必要时切断部分或大部分短缩的乳腺导管。

2. 组织移植充填空虚的乳头。

3. 在乳头颈部制造一狭窄环，防止被充填到空虚乳头内的组织疝出，可采用荷包口缝合，或作乳头颈部部分皮肤切除，以缩窄乳头颈。

4. 必要时作皮瓣移植，加大乳头或制造乳头颈。

5. 术后作一定时间的乳头牵引或持续低压负压吸引，防止乳头内陷的复发。

## 三、常用乳头内陷矫治方法

### （一）去表皮乳晕三角皮瓣支撑法

该法由 Lee 等(1988)首先报道，我国邢新等采用此法治疗乳头内陷，效果满意，可用于轻、中、重度乳头凹陷整复(图 2-3-10)。

**1. 方法优点**

(1) 手术简便，易于掌握。

(2) 乳头血运及感觉保护较好。

(3) 去表皮三角瓣填充乳头下，增加乳头体积同时又可加强乳头下支撑力。

(4) V-Y 缝合创面使三角瓣蒂部向乳头中央靠拢，乳头更为突出。

(5) 切口瘢痕少而不明显。

(6) 乳头形态满意。

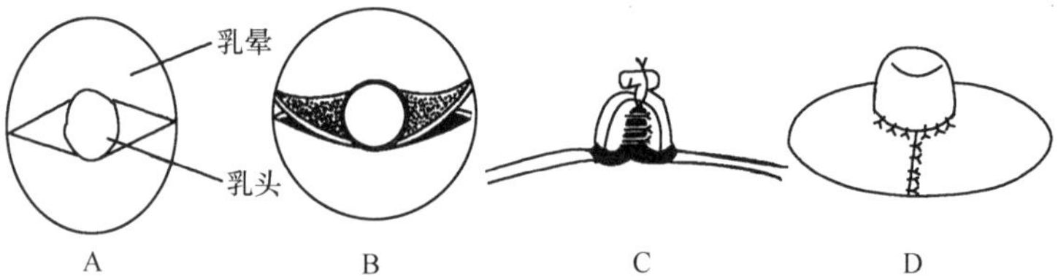


图 2-3-10　去表皮乳晕三角皮瓣法手术示意图

A. 于乳头凹陷裂隙两端乳晕上设计两对应等腰三角形；B. 切开三角瓣各边达真皮浅层，去除其表皮，形成蒂在乳头基底的乳晕真皮瓣；C. 形成乳头下隧道，将两侧乳晕三角真皮瓣填充于乳头下隧道；D. V-Y 方式缝合乳晕创面

**2. 手术方法及步骤**

(1) 于乳头凹陷裂隙两端乳晕上设计两对应等腰三角形，底边位于乳头基底圆形轮廓线上，呈弧形，两腰长度不超过乳晕范围。

(2) 切开三角瓣各边达真皮浅层，去除其表皮，然后将三角瓣两腰皮肤全层切开达皮下浅层，并行皮下剥离，形成蒂在乳头基底的乳晕真皮瓣。

(3) 眼科剪经乳晕真皮瓣蒂部下方分离松解乳头下短缩的纤维结缔组织，必要时可松解切断短缩的乳腺导管，直至与对侧切口贯通，形成乳头下隧道。

(4) 将两侧乳晕三角真皮瓣填充于乳头下隧道，可在瓣尖穿牵引线，经乳头传出，在乳头顶打凡士林油丁辅助固定填充的三角真皮瓣。

(5) 以 V-Y 方式缝合乳晕创面。

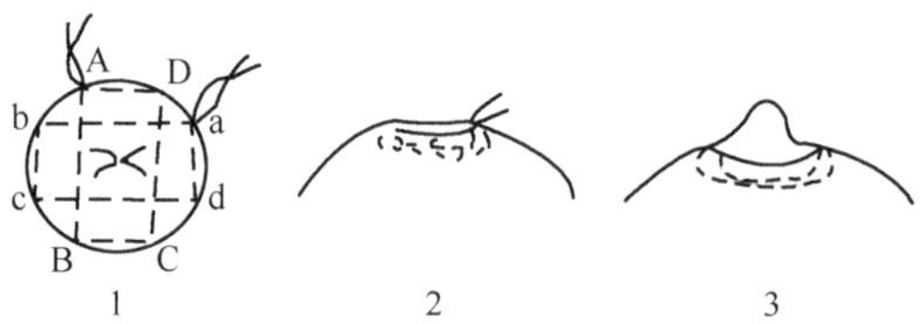


图 2-3-11　“井”字形埋线法手术示意图

1. 埋线缝合路径；2. 埋线在乳晕下行走路径；3. 术后

### （二）“井”字形埋线法(图 2-3-11)

轻、中度乳头内陷单独采用该法，效果即比较显著；重度乳头内陷需采用该法结合乳晕部皮瓣成形。

**1. 手术优点**

(1) 手术方法简便易学。

(2) 切口瘢痕最小化，轻度乳头凹陷者采用该法术后几乎不留痕迹。

(3) 乳腺导管几无损伤，对保留哺乳功能要求较高的乳头内陷患者特别适用。

**2. 手术方法及步骤**

(1) 乳头缝线牵引上提乳头。

(2) 于乳晕区横、纵两个方向贯穿乳头基底走井字形用3号尼龙线作"U"缝合，远离乳头基底部缝线走形于皮下，打结线结埋于皮下。

## 四、并　发　症

除感染、血肿、切口裂开等一般手术并发症外，乳头凹陷手术还有如下并发症：

**1. 乳头坏死**　常见原因为松解纤维束时破坏乳头深部的血供，乳头颈部狭窄环过紧也可能导致乳头坏死。

**2. 乳头感觉麻木**　在切开、剥离、松解过程支配乳头感觉神经受损所致。

**3. 泌乳障碍**　重度乳头凹陷者，常常合并乳腺导管短缩，为达到彻底松解效果，需切断乳腺导管，轻、中度者虽不一定需离断乳腺导管，但在松解乳头下方纤维束时可能会损伤乳腺导管，造成哺乳障碍。

**4. 乳头外形欠佳**　重度乳头凹陷者往往合并乳头体积不足，在矫正内陷同时没有注意对抬升后乳头的组织填充，则会使矫正内陷的乳头形态欠佳。

**5. 乳头内陷复发**　牵扯乳头的纤维束及导管松解不彻底、感染或血肿机化后组织挛缩、长时间穿着过紧的内衣，术后乳头牵拉锻炼不足等都是导致乳头内陷复发的原因，乳头凹陷程度越重，术后复发可能性越大。

## 五、乳头凹陷矫正术护理

### (一) 护理目标

1. 多数患者由于乳头凹陷无法哺乳，部分患者因乳头凹陷影响美观，加之长期清洁不净，恐癌变发生，存在一定程度的心理障碍。针对不同需求的患者采取恰当的心理护理，消除或减轻受术者恐惧、焦虑心理，增强自信心，积极配合治疗。

2. 在诊疗护理操作过程中，运用有效的措施减轻疼痛，预防切口感染。

3. 严密观察病情，认真倾听患者的主诉，及时预防、发现和处理并发症。

### (二) 护理措施

**1. 术前护理**

(1) 心理护理：乳头内陷者在分娩后，常常因为不能正常哺喂而深感不安。因此，应热情、耐心地与患者沟通，尽量了解受术者的想法和要求，给予细心的解释和正确的引导，消除受术者愧疚、焦虑、害怕的心理。告知术后乳头有可能会回缩，乳头会有瘢痕等情况发生，使患者作好充分的心理准备，以免造成不必要的纠纷。

(2) 了解患者乳头内陷是先天引起还是后天获得，是否接受过手法矫正。是否合并其他乳腺疾病，有无乳头溢液。有无外伤史、妊娠史、哺乳史，哺乳期是否有乳腺炎，乳腺脓肿等。

(3) 按医嘱完成各项术前准备。

(4) 确定乳头内陷的程度，了解乳头、乳晕的大小、皮下脂肪和乳腺组织的充盈度；局部皮肤有无红肿、破溃等；乳房及腋窝淋巴结是否肿大。患者是否瘢痕体质、过敏体质；有无出血性疾病；有无心、肺、肝、肾等重要器官的活动性和进行性疾病。

(5) 术前常规备皮，应彻底清洗乳头，尤其凹陷、皱褶处，以免残留细菌造成术后感染。

**2. 术后护理**

（1）切口护理：观察切口敷料有无渗血、渗液，不要挤压手术部位，术后3～4d开始更换敷料，术后1周左右拆线。

（2）预防感染：严格执行无菌操作，术后按医嘱应用抗生素5～7d。监测生命体征变化，如发现异常及时告知医生。

（3）乳头观察：注意乳头血运，防止乳头坏死。如发生颜色转暗，及时松解敷料，告知医生并遵医嘱必要时拆除部分缝线，并应用扩血管药物。

（4）建议患者积极参与社会活动，树立生活的自信心，不必把注意力完全集中在乳头。术后应配戴宽松的胸罩，以免太小使乳房受压而影响血供。术后作一定时间的乳头牵引，防止乳头内陷的复发。由于手术的损伤，术后短期内会出现乳头感觉异常且瘢痕较明显，属自然恢复过程，不必过度紧张焦虑，如有异常，及时到医院复诊。

## 第六节　乳头乳晕缩小术及护理

乳头、乳晕肥大多见女性妊娠哺乳，是指乳头直径大于1.2cm，乳晕直径大于5.0cm，且多伴乳房过大或乳房下垂者。男性乳晕肥大多见于男性乳房发育症，男性乳头过大或过长则称为男性的女性化乳头症，与男性乳房发育症不一定同时发生，可为单侧或双侧，原因不明，可能与激素异常有关。乳头乳晕肥大是一个小的但又特别引人注意的畸形外观，常使患者承受较大的心理压力。尤其对男性而言，因为男性乳头乳晕有更多的机会暴露于大庭广众之下。

### 一、乳头肥大

乳头肥大的整复方法很多，但都涉及切除乳头部分组织，因此会不同程度损伤乳腺导管，对于日后有哺乳需要的女性，最好不要施行。

（一）手术方法

保留乳头顶部及上端，于乳头中部及基部行圆周状脱套切除皮肤皮下组织，如乳头仍显肥大，则楔形切除一块乳头上端组织并缝合，余乳头上端切口与基部切口缝合关闭创面。这种方法对乳腺导管损伤较小，称为武藤靖雄法。

（二）并发症

主要为乳头坏死，常见于乳头组织切除过多，缝合张力过大的情况。

### 二、乳晕肥大

巨乳及垂乳或男性乳房发育症合并的乳晕肥大，可在行巨乳缩小、垂乳上提或男性乳房发育症时同时把乳晕缩小，如仅为单纯乳晕肥大可参考双环法巨乳缩小术中，皮肤皮下的处理方法解决。乳晕肥大合并乳头肥大时，两类手术不可同期进行，以免影响乳头的血供。

### 三、乳头、乳晕缩小术护理

（一）护理目标

1. 乳头乳晕肥大是特别引人注意的畸形外观，常使患者承受较大的心理压力。尤其对男性而言，乳头乳晕有更多的机会暴露于大庭广众之下。针对不同患者的需求采取恰当的心理护理，消除或减轻患者的心理压力，增强自信心，积极配合治疗。

2. 在诊疗护理操作过程中，运用有效的措施减轻疼痛，预防切口感染。

3. 严密观察病情，认真倾听患者的主诉，及时预防、发现和处理并发症。

（二）护理措施

**1. 术前护理**

（1）受术者的心理准备：术前护理人员应详细了解受术者的心理状态及对手术的要求，充分沟通，使受术者全面了解及客观认识手术效果，手术风险及相关注意事项。

（2）做好术前准备。常规全身检查，特别注意手术区域有无急、慢性感染病灶。

（3）局部准备：术前1d清洁手术区域皮肤。

**2. 术后护理**

（1）术后注意观察乳头乳晕血运，术后2~3d换药，7d拆线。

（2）心理护理：针对不同的患者给予不同的心理护理，疼痛不能耐受者可给予镇痛药物。

（3）注意出血、血运障碍等并发症的防治，及时告知医师处理。

# 第七节　乳房再造术及护理

## 一、概　　述

乳房形态不良可造成女性心理上的压抑和缺陷，而乳房的缺失，则更易导致女性形体、精神上的创伤。这类精神上的创伤，通过乳房再造（breast reconstruction）可以不同程度地弥补。

乳房再造及乳房缺失的原因，最多见的是乳房良性或恶性肿瘤切除后乳房缺失；也可能因为外伤及烧伤，造成乳房缺失；亦有先天性发育不良造成一侧乳房缺失或两侧乳房缺失需进行乳房再造；异性癖的患者，由男性变为女性，也需进行女性乳房再造。

（一）乳房再造时机选择

乳房再造时机的选择因乳房缺失的原因不同而有区别。

1. 外伤性乳房缺失、先天性乳房发育不良性乳房缺失，宜等待女孩至发育年龄时进行再造。

2. 变性术后乳房再造时机的选择，随受术者身体及心理准备的情况而定。

3. 乳腺癌乳房切除后的乳房再造可即刻施行，也可在第一次手术后3~6个月后进行二期乳房再造，即在完成化疗后进行。如果是乳腺癌手术后需进行放射治疗的患者，则宜在停止放疗后6~12个月后进行，待放疗后皮肤及皮下瘢痕软化后，或"趋于软化"时进行。

所有乳房再造的患者，特别是乳腺癌术后的患者，必须是身体健康、情绪稳定，没有精神及心理障碍，没有癌症复发的危险，而且对侧乳房是健康的，没有恶性肿瘤。

（二）乳房再造术的内容

1. 乳房皮肤缺失的修复，皮肤缺失的修复方法可应用组织扩张器，使皮肤扩张，增加皮肤的面积；采用局部皮瓣转移修复，包括上腹部逆行或旋转皮瓣移植；采用腹部皮瓣或皮管转移、背阔肌肌皮瓣移植、腹直肌肌皮瓣移植，以及显微外科游离皮瓣（如臀大肌肌皮瓣）移植等。

2. 在乳房皮肤修复的同时，或修复之后的一定时期要进行乳房半球形形态的塑造，包括应用肌皮瓣移植、假体移植等。

3. 乳腺癌根治术后常伴有腋窝前壁缺失及锁骨下空虚区域，需进行畸形的整形，常可用肌皮瓣移植进行修复。

4. 乳头及乳晕的再造。

5. 修正双侧乳房的不对称性。

（三）乳房再造所需组织量的估测及形态设计

乳房癌根治术后,各个患者的乳房再造所需的组织量不一样,手术医师在术前应对其进行测量,并设计出再造乳房三维结构所需的组织量。为达到这个目的,可通过测量健侧乳房的多项指标,以作为重建乳房的参考。测量时应让患者取立位或坐位。

**1. 测量健侧** ①锁骨中点到乳头的距离。②乳头到乳房下皱襞中点的距离。③胸骨中线到乳头的距离。④乳头到腋前线的距离。

**2. 测量患侧** ①锁骨中点到乳房下皱襞中点的距离。②测量相当于乳头水平胸骨中线到腋前线之间的距离。

将健侧乳房测量结果减去患侧测量结果,可作为设计移植皮瓣长宽及埋置扩张器或乳房假体容积的参考。如果健侧乳房下垂,再造的乳房需有更大的皮瓣移植。

在设计再造乳房的组织量时,应使再造乳房的下皱襞低于健侧 1~2mm,以避免种植假体后纤维囊收缩,造成再造乳房位置过高。同样,再造乳房内侧及外侧的范围,也应较健侧乳房的内、外侧超出 1~2mm。

患侧乳房锁骨下及腋部前皱襞空虚者,在设计移植肌皮瓣时,除考虑皮肤缺损的修复以外,还应考虑用肌瓣再造腋窝前皱襞。

乳房再造不仅是为了填补皮肤缺损、增加胸部的隆起,而且要使隆起的形态具有正常乳房形态的水滴形曲线,并保持两侧对称。

健康的年轻女性乳房为水滴形,年长妇女的乳房皮肤松弛并下垂。乳房上部,即乳头上方与胸壁呈斜坡形,大约呈 45°角,而乳头下方的乳房与胸壁成钝角。

## 二、即刻乳房再造

在乳腺癌进行乳房切除后同时进行乳房再造,称为即刻乳房再造(immediate breast reconstruction)。即刻乳房再造是乳腺癌治疗的重要环节,包括了形体缺陷治疗、心理治疗及社会医学治疗的内容。近十多年来,这项治疗已为欧美乳腺癌术后妇女及整形外科医师所接受,并对其设计了多种治疗方法;但在我国,还只是在很少的病例中进行即刻乳房再造。由于该项治疗方法的重要性及必要性,可以预测在不远的将来,随着社会经济和文化的发展,此医疗手段会得到进一步的推广。

即刻乳房再造适应证:乳房肿块小,没有扪及肿大的淋巴结,作乳房癌乳房切除改良性根治手术,保留胸大肌,或切除胸大肌手术后,可立即作乳房再造。研究证明,乳房癌手术后行即刻乳房再造的病例,无论从局部肿瘤复发率还是从生存率进行比较,都不比对照组危险。这是本手术能广泛开展的原因。

即刻乳房再造,在乳腺肿瘤切除后,立即将组织扩张器置于皮下,先注入 50~150ml 盐水,术后即有乳房隆起形态;乳头、乳晕再造及乳房形态的再塑造,可安排在以后。这种安放组织扩张器的手术一般在半小时左右完成。即使进行局部皮瓣转移,或背阔肌肌皮瓣转移,其手术在 2h 左右也能完成,因此,该术式的推广是完全有可能的。即刻乳房再造术宜选择创伤较小、手术时间较短、成功率较高的乳房再造术。常选用的方法有:局部组织Ⅰ期扩张器放置,Ⅱ期安放硅凝胶假体;背阔肌肌皮瓣移植加硅凝胶假体埋置等。

## 三、常用乳房再造手术方法

### 背阔肌肌皮瓣移植乳房再造

背阔肌肌皮瓣移植进行乳房再造,提供了一良好的组织供区,是一较常用的手术方法。该皮瓣移植不但可用于乳房皮肤缺损的修复,还可采用其丰富的皮下组织来塑造乳房形体。由于背阔肌扁平、宽大,利用肌瓣在乳房再造的同时,可修复乳房癌根治术后锁骨下区空虚及进行腋窝前壁空虚区域的充填和再造。乳房癌根治术后造成胸大肌不全或缺失,背阔肌肌瓣早期可作为组织扩张器的覆盖组织,二期手术可作为硅凝胶假体的覆盖物,以免假体直接置入皮下,引起严重纤维囊挛缩。

(一) 适应证与禁忌证

**1. 适应证**

(1) 改良乳房癌根治术后即刻乳房再造。

(2) 乳房癌根治术后二期乳房再造。

(3) 先天性乳房不发育乳房再造。

(4) 乳房误切除后乳房缺损的再造。

(5) 外伤性乳房缺损的再造。

(6) 乳房癌根治术后,应用腹直肌乳房再造术后,行腋窝前皱襞缺失及锁骨下区空虚的修复。

**2. 禁忌证**

(1) 胸腔手术后背阔肌已被切断。

(2) 乳房癌根治术后,胸背动静脉已被结扎。

(3) 乳房癌放射治疗后,胸背动静脉已被损毁。

(二) 背阔肌应用解剖

背阔肌是背部大块扁平三角形肌肉,起自下6个胸椎、腰椎、骶椎棘突及后髂嵴,部分起自下3~4肋骨及肩胛骨下角,是一块巨大的肌皮瓣、肌瓣供区。背阔肌由胸背动静脉所供养,胸背动静脉是腋动静脉的分支肩胛下动静脉的终末支。成年人胸背动脉直径在1.5mm以上,静脉直径有2.5mm。背阔肌由胸背神经所支配。

(三) 背阔肌肌皮瓣乳房再造方法(图2-3-12)

**1. 背阔肌肌皮瓣设计**　背阔肌肌皮瓣必须位于胸背动脉所供养的范围内,因此,只有了解背阔肌及其胸背动静脉体表投影,才能使梭形肌皮瓣或枫叶形肌皮瓣位于血液供应较良好的区域。设计方法在此不做详述。

**2. 背阔肌肌皮瓣的切取**　患者取斜卧45°位,供区侧肩外展90°,前屈30~60°。按设计切开皮肤、皮下、剥离、掀起形成背阔肌肌皮瓣(将胸背动静脉完好保留于其中),根据不同需要,切取适当量的肌瓣或肌皮瓣供移植。移植后的供区可拉

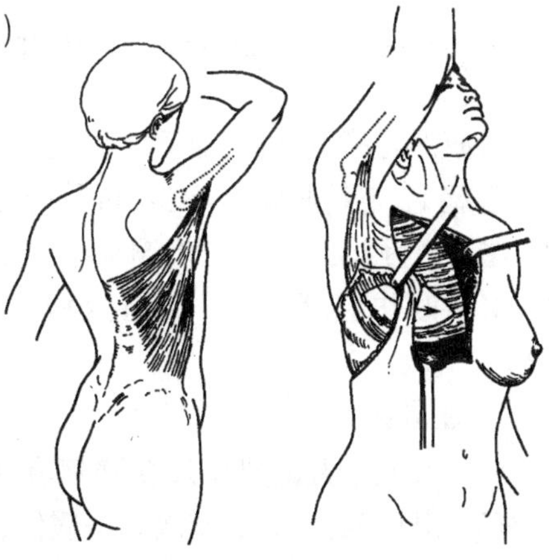

图2-3-12　背阔肌肌皮瓣乳房再造术示意图

拢缝合修复,必要时进行皮瓣转移或游离植皮修复。

**3. 乳房再造** 在胸壁原乳房癌根治切口处或在乳房下皱襞的外下方切开皮肤,于乳房皮肤下作广泛分离,植入形成的背阔肌肌皮瓣,再于其下安放乳房假体。一般根据对侧乳房大小来决定安放假体的容积。对于少女青春期乳房,乳房假体约100~160ml;而对于乳房较大的女性,可安放200~240ml乳房假体,或更大的假体。遇有胸壁皮肤缺损较多,背阔肌肌皮瓣移植后,胸部皮肤及背阔肌瓣下方难以安放足够容积的假体时,应安排组织扩张器,待组织扩张后,二期再安放乳房假体。手术完毕,在肌瓣下留置负压引流。

(四) 术后处理

用松软的敷料覆盖创口,并对安放假体的周围用定型的松软敷料作衬垫,胸部加压包扎。由于背阔肌肌皮瓣的血供来自胸背动脉,血管直径较粗,血供丰富,只要避免蒂部受压,该皮瓣移植后,不会有移植坏死的并发症发生。负压引流维持3~5d,待每日引流少于20ml时拔除。术后,8~10d拆线。

## 横形腹直肌肌皮瓣移植乳房再造

横形腹直肌肌皮瓣(transverse rectus abdominis myocutaneous flap),简称TRAM瓣,是一供区组织量丰富、手术操作方便、手术过程中不用改变手术体位的一种皮瓣,而且该皮瓣切取后,供区可拉拢缝合,同时达到腹壁整形的效果,较易为患者所接受。

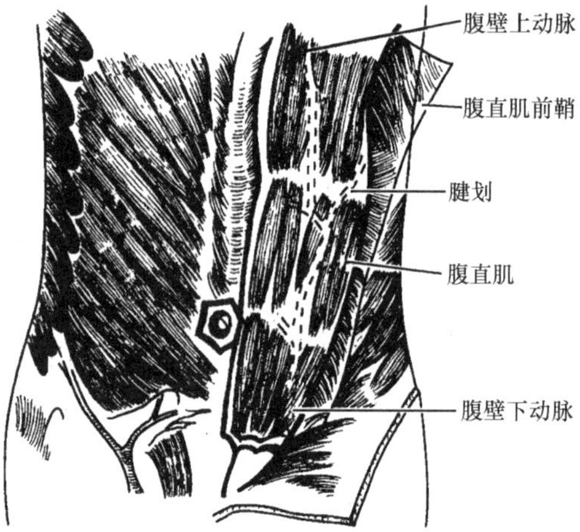


图2-3-13 横形腹直肌肌皮瓣的应用解剖示意图

横形腹直肌肌皮瓣的应用解剖:TRAM皮瓣的血供来自腹壁上动脉及腹壁下动脉的吻合支。腹壁上动脉是胸廓内动脉的延续,腹壁下动脉来自髂外动脉,腹壁上、下动脉有两条伴行静脉,动脉及静脉外径为2mm以上,在腹直肌下两血管形成不同的吻合形式。因此借助于腹壁上、下动脉吻合,以腹壁上动脉为蒂,可制成整个下腹部横形腹直肌肌皮瓣供移植(图2-3-13)。

(一) 单蒂横形腹直肌肌皮瓣乳房再造

**1. 安全性** 用对侧腹直肌肌皮瓣,携带脐以下的下腹部皮瓣,以对侧的腹壁上动、静脉为血供来源。为防止血管蒂受损,需将对侧腹直肌与腹壁上、下血管共同构成移植皮瓣的蒂。单蒂TRAM皮瓣移植作乳房再造,由于腹壁上、下动脉吻合不良,可能造成移植皮瓣的坏死,这种血管吻合的变化发生率在10%左右。因此,在准备TRAM肌皮瓣移植时,应尽可能保留一段较长的腹壁下动、静脉,以便在必要时作血管吻合。只有这样,其手术成功率才能与背阔肌肌皮瓣移植乳房再造相似。

**2. 适应证**

(1) 类同于背阔肌肌皮瓣移植乳房再造,但本术式更具有皮肤及皮下组织量大的优点,有时作乳房再造无需安放乳房假体,也能达到乳房形体再造的目的。

(2) 由于本术式可同时进行腹壁整形,因此,对于多产妇及中年妇女,腹壁肥胖并且松弛，要求同时进行腹壁整形的患者更为适用，多余的腹部皮肤及皮下组织，正可用于乳房再造，可谓一举两得之功。

**3. 禁忌证**

（1）季肋区已进行横腹部切口手术后，或下腹横腹部切口手术后。

（2）下腹部旁正中切口或正中切口术后。

（3）已进行乳房癌根治，同侧胸廓内动脉已结扎，同侧不能进行 TRAM 皮瓣移植者。

**4. 单蒂横形腹直肌肌皮瓣乳房再造方法**（图 2-3-14）

（1）肌皮瓣的设计：根据患者下腹部皮肤松弛情况，设计 TRAM 皮瓣。一般情况下，肌皮瓣上缘起自脐孔下，下缘到耻骨上皱襞。如果年轻女性腹部皮肤紧张，上下范围可缩小，两翼可达髂前上棘。预先作下腹部对捏，检测下腹部皮肤的张力及可切取范围。

（2）肌皮瓣的切取：按设计切开皮肤、皮下组织，剥离、形成单蒂横形腹直肌肌皮瓣（连同一侧腹直肌一并包括在皮瓣内，保护肌皮血管穿支），保护好上部的肌肉蒂，以供移植。

（3）乳房再造：根据受区需要，修整肌皮瓣的大小及形态，部分区域去上皮，作乳房形体塑型。在上腹部作隧道，与胸部切口相通，容 TRAM 皮瓣能顺利进入胸部切口内。

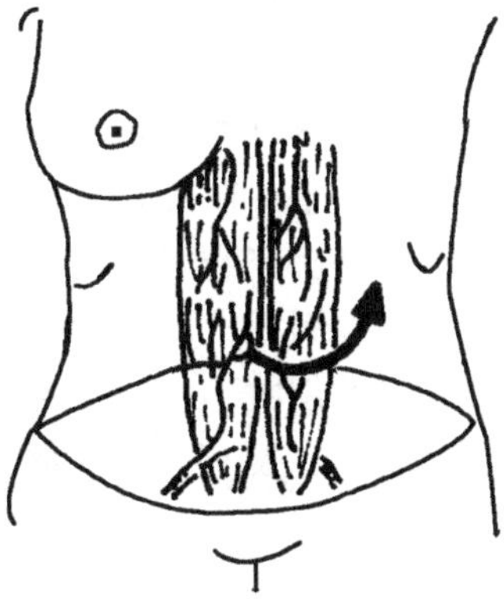

图 2-3-14　单蒂横形腹直肌肌皮瓣乳房再造术示意图

（4）腹壁整形：将上腹壁皮肤、皮下组织广泛游离到季肋处，使其向下拉向耻骨上皱襞区切口缘，作腹壁腹直肌前鞘修补，作脐孔再造，完成腹壁整形。

（5）术后处理：在胸部、下腹部切口内置负压引流。

（二）双蒂横形腹直肌肌皮瓣乳房再造

该法是采用双侧腹直肌及其下方的腹壁上动、静脉为蒂的肌皮瓣移植，为一安全的术式。由于有双侧的腹壁上动、静脉为蒂，手术成功率得到提高。其手术方法同单蒂皮瓣乳房再造。

（三）显微外科组织移植乳房再造

应用显微外科组织移植是乳房再造的新途径，手术必须由具有熟练显微外科技巧并具有显微外科组织移植临床经验的医师来完成。由于显微外科组织移植乳房再造的难度高，风险大，在乳房再造手术中，这类手术不作为首选。整形外科医师把显微外科乳房再造，称为“最后选择”，即其他手术方法不能达到乳房再造的目的时，可选用显微外科组织移植乳房再造。

## 四、乳头及乳晕再造

乳头及乳晕的再造是乳房再造的最后步骤。再造的乳头及乳晕只是形式上的再造，没有功能，没有感觉，只需外形逼真、美观，因此要求再造乳头及乳晕的位置、凸度、大小、形态及色质与健康侧相对称。

（一）乳头再造

乳头再造的位置、大小、形态及凸度因人而异。乳头再造可选用局部皮瓣移植，或游离复合组织瓣移植。后者可取自对侧乳头，或取自小阴唇，目的是使移植物成活后有乳头的凸出形态并有相近的颜色。

**1. 游离复合组织瓣移植乳头再造**

（1）对侧乳头移植乳头再造：当对侧乳头有 7mm 以上的高度时，取其顶部 3～4mm 供游离移植，在与对侧相对称的位置，制造乳头再造受区创面，密切缝合，并打包加压缝合。

（2）小阴唇组织瓣游离移植乳头再造：在对侧乳头短小，不能提供组织移植时，可选用小阴唇组织瓣移植乳头再造。

（3）耳垂复合组织瓣游离移植乳头再造：对侧乳头色浅或呈粉红色的患者，可选用耳垂组织移植。

**2. 局部皮瓣移植乳头、乳晕再造**　局部皮瓣移植乳头、乳晕再造是一种成功率高且简单易行的手术。在再造乳房适合处设计乳头及乳晕的位置，绘制直径为 4～5cm 大小的圆圈切口线，其内为“丌”切口线。按切口线切开表皮及真皮浅层，掀起圆圈两翼的断层皮片，在圆圈下中部制成一蒂在中央的组织瓣，使其竖起成凸出的乳头，用两翼的断层皮片覆盖组织瓣腹侧的创面，上 1/3 区域去上皮（图 2-3-15）；取阴部外侧皮片游离移植，制造乳晕，打包加压包扎。一般 10～12d 拆线。

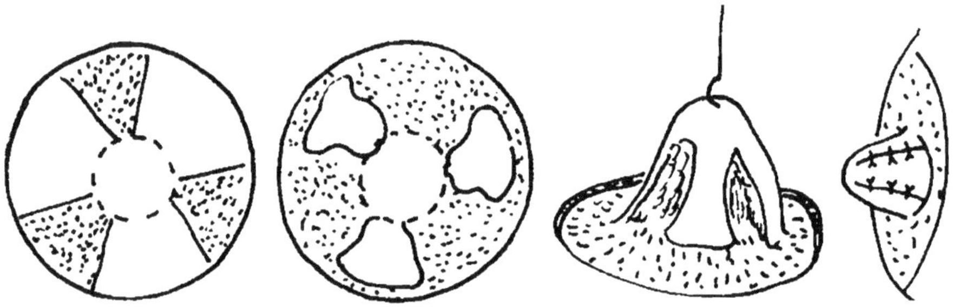

图 2-3-15　局部皮瓣移植乳头、乳晕再造术示意图

（二）乳晕再造

采用游离植皮作乳晕再造，皮肤可取自腹股沟或阴部外侧。有人取自上臂内侧，但术后留下的瘢痕在易暴露的区域，应尽可能避免选用。

再造的乳头或乳晕颜色与对侧不协调时，可采用文身方法矫正。

## 五、乳房再造术护理

（一）护理目标

1. 减轻或消除受术者焦虑、恐惧压抑的心理，正确对待自身容貌的缺陷。树立对生活，工作的信心。

2. 运用有效措施减轻切口疼痛。

3. 维持正常体温。

4. 预防并及时发现和处理潜在并发症。

（二）护理措施

**1. 术前护理**

（1）心理护理：受术者因乳房缺失多有自卑心理，压抑焦虑，不愿社交及出入公共场所,甚至担心配偶嫌弃自己,婚姻家庭受到影响破坏。因此,心理压力较大,要求手术的愿望强烈,但又顾虑手术失败。应耐心细致的做好解释工作,使受术者消除顾虑,树立信心,主动配合手术治疗。同时也应向患者解释再造乳房不可能与正常乳房外形、功能相同,会存在多处瘢痕,避免患者心理期望值过高,术后出现焦虑和失望,将各种手术方式和各自优缺点向患者讲明,尊重患者的选择,使患者从内心接受和配合手术。

(2) 了解乳房缺损的程度及周围组织的情况;是否瘢痕体质;对侧乳房是否有恶性肿瘤;如是乳癌术后的受术者是否有癌症复发及转移的危险。是否合并有其他脏器的严重病变。

(3) 术前常规医学照相。

(4) 按医嘱完成各项术前准备。

(5) 术前禁食 8h,禁饮 4h,防止麻醉后误吸导致窒息。

(6) 避开月经期,术前留置导尿管,必要时配血备用。

**2. 术后护理**

(1) 严密观察生命特征变化并准确记录,发现异常情况及时告知医生。

(2) 术后受术者取健侧卧位,保持皮瓣蒂部松弛,勿使蒂部扭转或受压,以免引起皮瓣血液循环障碍而坏死。

(3) 注意观察皮瓣血运,如发现皮瓣颜色发暗,甚至出现肿胀、弹性下降等表现时则不能排除皮瓣坏死,应及时通知医生处理。

(4) 必要时放置负压引流管,保持引流管通畅,避免皮下积液、积血。预防感染,严格执行无菌操作,术后常规遵医嘱应用有效抗生素 5~7d。

(5) 观察切口情况,术后 3d 换药,观察切口有无红肿、渗出,有无脓性分泌物,如无异常,术后 8~10d 拆线。

(6) 告知受术者乳腺癌术后实施乳房再造一般不会对肿瘤的演变产生影响,减轻患者的心理负担。

(7) 再造乳房无乳头乳晕者可考虑 3 个月后进行乳晕再造术。

(8) 教会受术者自行乳房检查,每月做 1 次乳房自检并定期到医院复查。术后伤口愈合后,可外用抗瘢痕药物如康瑞宝、喜疗妥等,以防术区瘢痕的增生。

(医疗部分:黎　冻;护理部分:钱永琴)

# 第 4 章

# 形体雕塑术及护理

学习要点

1. 熟悉去脂塑型术的应用解剖及生理概要。
2. 掌握去脂塑型术手术适应证、禁忌证及并发症的预防和处理。
3. 了解去脂塑型术的各种方法。

**案例** 某中年美女春季上街，进入一品牌服装店，看见一心仪的套裙，试穿却不合适，因其腰腹部有“赘肉”，很是遗憾。她知道，经过冬天及春节频繁的饭局，腰腹部“变粗”了。因此，她来到了医院，要求做“减肥”手术。经过术前检查及准备，如期进行了腰腹部负压吸脂手术。术后一个月，该女士再次到了那家服装店，她心仪的套裙合身了。心情愉悦的她，不但将该套裙买下，还另买了一套另一款式的连衣裙。该女士复诊时，高兴地向医生说起此事。

## 第一节　概　　述

### 一、概　　念

去脂塑型术是利用外科技术或利用负压吸引等物理手段，将预处理的人体局部沉积的皮下脂肪去除，以改善形体的外科手术。

（一）命名

去脂塑型术的命名较多，根据历史的发展及演变过程，主要有减肥手术、脂肪抽吸术、负压辅助脂肪去除术、脂肪吸取整形术、脂肪切除术等不同命名。目前，美容外科界趋向于将其命名为去脂塑型术，相对其他命名较科学、客观。

（二）发展历史

体型美源于古代。塑造一个理想而优美的体型，是人们的普遍而美好的追求。但19世纪以前，人们主要通过非手术方法塑型，如裹足、束腰等。19世纪以后，随着医学的发展，特别是外科技术的发展，人们利用外科手术进行体形塑造。1890年法国的Demars和Marx在修复腹部巨大脐疝时，楔形切除部分腹壁脂肪与皮肤，开始了应用外科手术进行去脂塑身的尝试。而后有了很多类似的病例报告。20世纪20年代法国的Charles Dujarrier行下肢脂肪刮除却遭失败，使脂肪刮除技术被遗弃长达数十年。20世纪70年代意大利的Arped和Geoge Fisoher以及瑞典人Kesselring开始用负压抽吸脂肪并取得成功。早期的脂肪抽吸为“干性技术”（dry technique），即不向体内灌注任何液体，直接在皮下抽吸脂肪，这种方法手术时间短，可以较精确的估计抽吸量，但创伤大，出血较多。20世纪80年代Illouz等发明了湿性脂肪抽吸技术（wet technique of liposuction），此技术是将液体注入皮下脂肪内，与干性技术相比出血量少、创伤小、易于抽吸。继之，美国的 Klein 发明了肿胀麻醉技术（tumescent technique），后者在脂肪抽吸术中具有失血少、组织损伤轻、麻醉时效长和安全性高等优点，该技术促进了脂肪抽吸技术的蓬勃发展。国内开展此项技术始于 1987 年。

去脂塑型外科的发展历程大致可以分为 3 个阶段：第一阶段从 19 世纪 90 年代到 20 世纪 60 年代，主要是单纯的皮肤脂肪切除术，此间有人开始了小切口脂肪刮除的尝试；第二阶段从 20 世纪 70 年代到 90 年代，以脂肪抽吸塑型术为主，并在肿胀麻醉技术的基础上得以快速发展，成为去脂塑型外科的主要方法；第三阶段自 20 世纪 90 年代后开始，利用超声、电子、共振等多种技术辅助吸脂，使去脂塑型美容手术得到进一步完善与发展。

## 二、解剖及生理概要

脂肪组织由脂肪和其周围基质成分构成。脂肪组织是机体结缔组织的一部分，广泛分布于皮下浅筋膜、组织间隙、腹腔脏器、纵隔及心包内等。正常情况下，脂肪组织的蓄积是生理性的能量储备，但当脂肪组织增多和堆积时，则造成肥胖及相应症状。

1989 年，Gasperoni 将皮下脂肪组织命名为浅筋膜系统（superficial fascial system，SFS）其脂肪结构分为两层：网状层（reticular layer）及板层（layers layer）。网状层又称晕层或蜂窝层（图 2-4-1）。

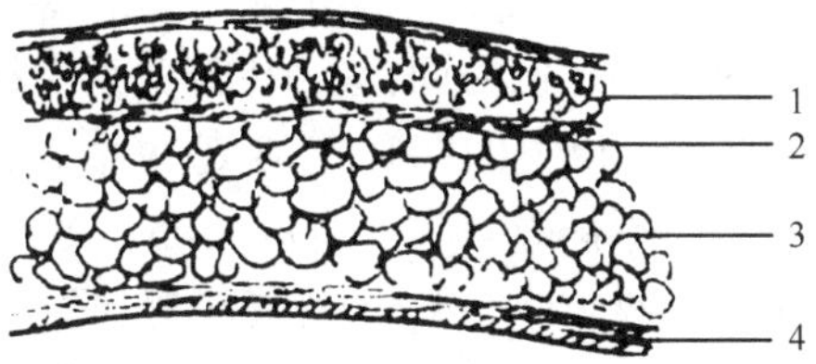


图 2-4-1　脂肪组织分层图组织分层

1. 晕层；2. 筋膜；3. 板层；4. 肌肉

网状层脂肪组织为代谢性脂肪组织，容易合成、储存和分解，广泛分布全身，位于真皮下浅层，由小脂肪球紧密的嵌在表浅筋膜纤维隔内，而纤维隔对皮肤的收缩至为重要，肥胖时此层会增厚。板层脂肪为静止性脂肪组织，易合成，但不易分解，该层脂肪组织位于皮下深层，在浅筋膜层和肌肉筋膜之间。由大的脂肪球松散的嵌在广泛的筋膜间隔内，因此，它比网状层脂肪疏松，仅出现在某些区域如腹部、髂窝、大转子区、大腿上 1/3 内侧、上臂后部、踝部等。肥胖时板层增厚比晕层明显，可达正常人的 8 ~ 10 倍，晕层增厚是正常人的 2 倍，因此，肥胖者呈现畸形体型（图 2-4-2）。有些区仅有晕层，没有板层，如大腿的前面和后面、大腿下 1/3、小腿后部、踝部等。

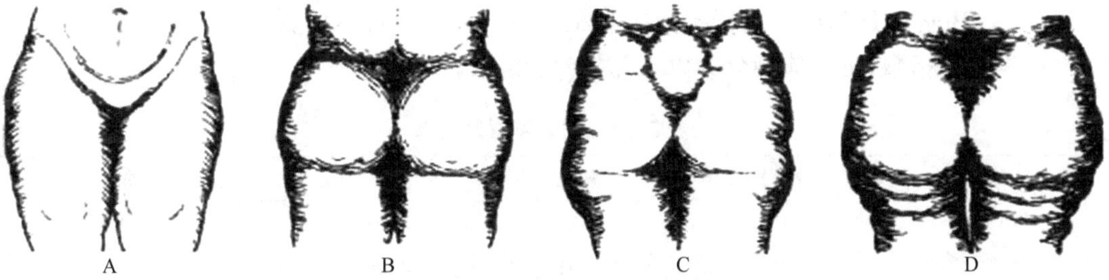


图 2-4-2　臀及股脂肪堆积类型

A. 股内侧、外侧和髋脂肪堆积；B. 马裤腿；C. 肥胖型；D. 肥胖松弛

脂肪细胞来源于胚胎的间质细胞，数量恒定，大小可变化。脂肪细胞有两种：白色脂肪细胞和褐色脂肪细胞。白色脂肪细胞呈球形，直径在 70 ~ 120μm，该细胞与甘油三酯的库

存和溶解有关,在体内燃烧可产生能量。白色脂肪细胞是脂肪抽吸的主要对象。褐色脂肪细胞直径较小,约25~50μm。

人体内脂肪储量显著超过正常人一般平均量则称为肥胖(obesity)。根据肥胖的原因,临床上将其分为两大类:单纯性肥胖和继发性肥胖。

**1. 单纯性肥胖** 是指肥胖而无器质性疾病者,与遗传、生活习惯、营养、衰老等因素有关。单纯性肥胖又可分为体质性肥胖和过食性肥胖。

**2. 继发性肥胖** 多由内分泌疾病引起,也称病态肥胖或症状肥胖。如垂体性肥胖、皮质醇性肥胖、性腺功能不足性肥胖等。因此,对肥胖者应首先查找肥胖原因。病态性肥胖患者应先治疗原发病。

## 三、美学标准

体型美是指人的整体指数合理和人体各部位之间的比例关系协调,形成优美和谐的外观特征。构成体型的生物学基础是骨骼的发育、肌肉的形态和脂肪的积累程度等三大因素。人的体型是现代人类体质学研究的重要内容。人的体型分类方法颇多,至今没有一个科学而公认的标准,基本的观点是体型匀称是人体体型美的基本特征,匀称的体型其身高与体重之间比例协调,这种比例关系应符合黄金分割比例。常用身高与体重的比例关系及4种与体型相关的指数来判定一个人的体型是否匀称。即标准体重(kg)=身高×(1-0.618),或体重(kg)=(身高-105)±10。当实际体重超出标准体重10kg时为超重;体重超过标准体重10~20kg为轻度肥胖;超过标准体重20~30kg为中度肥胖;体重超过标准体重30kg以上为重度肥胖。体型是否匀称可通过下列4种指数进行推断。

**1. 皮-弗(Pignet-Vervaeck)氏指数**

$$\text{皮-弗氏指数}=\frac{\text{体重(kg)}+\text{胸(cm)}}{\text{身高(cm)}}\times 100$$

**2. 罗(Rohrer)氏指数**

$$\text{罗氏指数}=\frac{\text{体重(kg)}}{\text{身高}^3\text{(cm)}}\times 100$$

**3. 达(Davenport)氏指数**

$$\text{达氏指数}=\frac{\text{体重(kg)}}{\text{身高(cm)}}\times 100$$

**4. 皮(Pignet)氏指数** 皮氏指数=身高(cm)-[胸围(cm)+体重(kg)]。

根据上述指数,可将体型分为以下几类(表2-4-1)。

**表2-4-1 指数体型分类表**

| 指数 | 性别 | 瘦长型 | 中间型 | 短胖型 |
|---|---|---|---|---|
| 皮-弗氏指数 | 男 | ≤81.9 | 82.0~94.2 | ≥94.3 |
| | 女 | ≤81.4 | 81.5~94.7 | ≥94.8 |
| 罗氏指数 | 男 | ≤1.28 | 1.29~1.49 | ≥1.50 |
| | 女 | ≤1.29 | 1.30~1.50 | ≥1.51 |
| 达氏指数 | 男、女 | ≤20 | 21~25 | ≥26 |
| 皮氏指数 | 男、女 | ≤50 | 51~55 | ≥56 |

### 四、手术分类

去脂塑形手术发展至今，大致可分为如下术式：开放式去脂术式、脂肪抽吸术式和联合术式。

（一）开放式去脂术式

开放式去脂术式是一项传统术式。该项手术医源性创伤大，并发症发生率亦较高，少数可出现严重并发症甚至死亡。因此，应严格掌握手术适应证，术前准备也应充分。开放式去脂术式主要有：①单纯皮肤脂肪浅筋膜切除术；②下腹壁成形术；③倒"T"状上腹壁成形；④全腹壁成形术。

（二）脂肪抽吸术式

脂肪抽吸术又称闭式去脂术。它的发展过程是从单纯脂肪刮除术发展为刮除及负压吸引，再发展为快速吸引。该项技术的基本原理是用负压吸引装置，将与之相连的金属吸管经皮肤小切口插入预去除的皮下脂肪层，通过负压将脂肪吸出体外出。由于肿胀麻醉技术的发明和发展，减轻了负压抽吸对组织的创伤；出血量明显减少；而超声、电子、共振辅助技术的引入，使得该项术式进一步完善。目前，脂肪抽吸术已成为去脂塑型中一种比较安全、有效的主要术式。

（三）联合术式

联合术式即开放术式与脂肪抽吸术联合进行。它主要适用于皮肤老化、松垂及腹直肌松弛的肥胖受术者，对于这类受术者，单纯脂肪抽吸效果不理想，辅以开放式去脂术，紧缩松弛的腹壁组织，才能达到最佳塑型效果。

## 第二节　脂肪抽吸术及护理

脂肪抽吸术是利用负压吸引装置及与之相连的抽吸管，通过皮肤小切口，将预处理的皮下脂肪组织吸出，达到形体塑型目的的手术。

### 一、手术器械及设备

负压脂肪抽吸系统由3个基本部分组成，即真空泵负压装置、连接导管和各种型号的金属吸管。近年来，多数脂肪抽吸系统配备有电动注射泵等。

**1. 真空泵**　真空即无空气。通过电动机将封闭瓶内的空气抽空，使之达到真空。当真空达到99.1kPa（1个大气负压）即可将脂肪吸出。最简单的真空负压器械是20～50ml的注射器。早期的真空负压泵采用普通的电动吸引器，因其负压低，一般在50kPa左右，效果不理想。而专业的吸脂机负压一般在101.33kPa，可达到快速吸脂的目的。

**2. 连接导管**　通过导管将吸引器与吸管连接。导管常用质地较硬的透明硅胶管或塑胶管。硬质可承受管腔内负压的压力，管道不能被吸瘪，可持续真空负压。管壁也应具有一定的弹性，以适应管道弯曲而不打折。透明以便观察管内流动物的质和量。

**3. 脂肪抽吸器**（管）　脂肪抽吸器由手柄和吸管组成。吸管多为金属管，也有透明硬塑料管，吸管应具一定强度及韧性，能适度弯曲而不致折断。吸管管径从1.8～5mm不等，管端有吸孔，分单孔、双孔及三孔。手柄包括手持部分和导管连接部。手持部分又分为有气孔和无气孔两种，气孔便于调节压力（图2-4-3）。

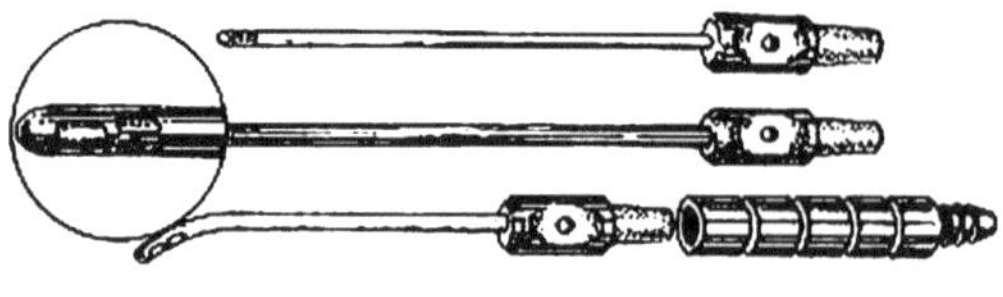

图 2-4-3 负压脂肪抽吸管

**4. 电动注射泵** 注射泵的功能是通过蠕动加压，将肿胀麻醉液以每分 200～500ml 的速度注入预吸脂部位。自从肿胀局部麻醉技术应用以来，抽吸区需注入大量肿胀液，常规注射器已不能满足需要，采用电动注射泵具有速度快、省力、受术者痛苦小等优点。

## 二、肿 胀 麻 醉

肿胀麻醉又称超量灌注，或称湿性吸脂，简称肿胀技术。此项技术由 Klein 在 1987 年首先报道，1993 年后得以完善并广泛应用。实践证明这是一种有效、简单、安全的麻醉技术，是脂肪抽吸术首选的麻醉方法。其常用的主要配方是：生理盐水 1000ml、2% 利多卡因 20～40ml、肾上腺素 0.5～1mg(ml)、5% 碳酸氢钠 5～20ml。

如辅以静脉复合或硬膜外麻醉，利多卡因用量可减至 200mg/100ml 以内，以减少利多卡因用量过大的毒副作用。肿胀麻醉液一次注入量在 3000～5000ml 内较安全。

FDA 及中华人民共和国药典规定利多卡因最大用量为 7mg/kg 体重，一次用量不超过 400mg。但肿胀麻醉液中利多卡因用量远远超过规定量，其安全应用的可能机制为：

1. 肿胀麻醉液是注射在局部吸收相对缓慢的脂肪组织内，脂肪组织内血管较少。
2. 肿胀压迫，血管外压力增大，吸收相对减少。
3. 肾上腺素使局部血管收缩，药物吸收减慢。
4. 利多卡因为脂溶性药物，与脂肪有亲和性，可阻止其扩散，延缓吸收。
5. 大部分(50%～70%)的肿胀麻醉液随脂肪被同时吸出。
6. 碳酸氢钠使游离碱基增多，碱化药物使离子型利多卡因减少，吸收减慢。
7. 组织创伤后局部的反应是渗出大于吸收，肿胀时效也是利多卡因吸收减慢的因素。

利多卡因的吸收在个体间有差异，应考虑到受术者的具体情况，术中应随时观察受术者的主观症状及表现。利多卡因的毒性作用轻者表现为头晕、头痛、恶心、呕吐、听力损伤等；中度中毒受术者出现癫痫、惊厥和昏迷等中枢神经症状；严重者则呼吸抑制、心跳骤停。因此，对于年龄大于 50 岁者，或既往有糖尿病、高血压的受术者，应减少用量。对多部位吸脂者应分开连续进行，不要同时手术。每个灌注部位，乳化、抽吸时间应控制在 1h 内，以尽量减少药物的用量和吸收。

## 三、手术部位选择及手术禁区

脂肪抽吸去脂塑型术是针对人体脂肪容易沉积的部位进行手术。通过去除这些部位沉积的脂肪，达到改善形体的目的，而非人们理解的减肥术。因此，吸脂手术常选择具有板层脂肪及脂肪易沉积的部位，而有重要血管、神经及淋巴管通过的部位视为绝对禁区。国内有学者提出相对禁区概念，即在腹、下肢、臀 3 个部位各主要皮支血管的穿出点及周围区域划为相对禁区。

**1. 吸脂效果最佳区** 这些部位富有板层脂肪，为脂肪易沉积部位，无重要神经、血管及淋巴管通过，吸脂塑型效果明显也较安全，包括下腹区，髂腰区，臂外侧区，后背部区。

**2. 绝对禁区** 这些部位多为关节功能区，有重要神经、血管及淋巴管通过，皮下脂肪菲薄，无板层脂肪。该区手术时，易造成出血、神经损伤及淋巴回流障碍等并发症。

(1) 腹股沟区：皮下菲薄，深部有股动脉、股静脉和股神经等重要结构，浅部有腹壁浅动脉和旋髂浅动脉穿出。

(2) 腘(肘)窝区:腘窝内有腘动脉、腘静脉及分支通过,深面有胫神经,外下有腓总神经通过。肘窝深部有肱动脉、静脉、正中神经,浅层有肘正中静脉、头静脉和贵要静脉通过。

(3) 臀皱襞区:该区深部有坐骨神经通过。

(4) 髌骨区:髌骨前皮下菲薄。

**3. 相对禁区** 该区域虽然没有重要神经、血管主干,但有相应的分支通过,在此区域吸脂时应注意,避免损伤分支而引起术后并发症。

(1) 腹直肌前鞘纵行区:该区有腹壁下动脉旁穿支穿出。

(2) 大腿前区:大腿前面有旋髂浅动脉、阴部外动脉及其静脉伴行。

(3) 小腿后区:该区的重要血管有腘窝外动脉、腘窝内侧动脉和窝中间动脉,并有腓神经及其小隐静脉下行。

(4) 上臂内侧区:上臂内侧肱二头肌间沟有肱动脉的尺侧上副动脉和尺侧下副动脉及伴行静脉,臂内侧、前臂内侧皮神经沿此路径走行。

## 四、手 术 方 法

在吸脂手术各部位中,腹部吸脂最常见。据统计资料显示,腹部吸脂占吸脂手术的50%~75%。本节以腹部吸脂塑型术为重点;而其他部位吸脂塑型术则简要介绍。

### (一) 适应证

1. 局部脂肪增多或沉积,影响体型曲线。
2. 中、重度全身性肥胖,身体健康,无重要脏器疾病者。
3. 某些部位的脂肪瘤,臃肿皮瓣的修薄,腋臭等。

### (二) 禁忌证

1. 有心脑血管疾病、糖尿病、出凝血功能异常、重要脏器功能受损者。
2. 长期或正在服用抗凝血药物、扩血管药、皮质类激素等药物者。
3. 局部皮肤有感染灶者。
4. 有心理障碍、期望值过高以及对自身形体要求过于苛刻者。
5. 病态性肥胖者在原发病治愈或控制后方可视情况决定可否手术。

### (三) 术前沟通

1. 详细询问了解受术者的年龄、职业、心理状态及对手术的要求。
2. 客观地向受术者介绍手术原理、手术效果、手术风险、术后注意事项及术后恢复的预期。
3. 充分沟通,使受术者正确认识吸脂手术的目的是塑型,纠正狭隘的减肥观点。

### (四) 术前准备

**1.** 询问健康状况、既往史、月经史。了解身体状态及有无手术禁忌证。

**2. 局部检查** 检查并测量预吸脂部位的周径、脂肪厚度、皮肤的松弛情况。

**3. 实验室检查** 常规实验室检查,心电图、胸部X线片、肝肾功能等。

**4.** 术前常规照相,以利术后对比。

### (五) 术前设计

受术者站立位画线,画定并标记抽吸范围。脂肪沉积明显处应重点标记,以免术中局部肿胀麻醉后分辨不清。

（六）麻醉选择

根据吸脂部位、吸脂范围选择麻醉。吸脂范围小一般直接用肿胀麻醉；腰、腹部或双大腿吸脂，多选用硬膜外麻醉或腰麻；对那些术前恐惧，但仍要求去脂塑型的受术者，可采用全身麻醉。

（七）手术步骤

**1. 体位、消毒** 仰卧位，腹、腰部常规消毒、铺巾。

**2. 手术入路** 切口可采用阴阜或脐孔周围切口。也可采用脐上两侧切口或脐下两侧切口。脐两侧切口也是常采用的手术入路，该切口的优点是可抽吸髂腰部脂肪。切口大小约0.5～1.0cm。

**3. 注入肿胀液** 由切口向四周放射状均匀注入肿胀麻醉液。注射量以形成局部张力、皮肤呈“橘皮样”为度；或注射部位出现“涌泉征”，即注射针孔出现喷泉样肿胀液溢出。

**4. 抽吸步骤** 选择管径适当的抽吸管，检查机器的运行状态是否正常。将抽吸管经皮肤小切口缓慢进入皮下脂肪层，呈放射状进行脂肪抽吸，抽吸隧道呈扇形交叉，切不可“横扫”抽吸，以免损伤筋膜血管网而导致皮肤缺血坏死。抽吸时术者右手（持抽吸管）拉锯式抽吸，左手应平放或掐持皮肤以感知抽吸的层次，由深至浅层抽吸，先抽吸深层（板状层）脂肪，在大部分脂肪抽出后，可更换细吸管抽吸浅层（网状层）脂肪，但至少应保留1cm厚度的皮下脂肪，以维持真皮下血管网的完好，避免术后皮肤血运障碍（图2-4-4）。

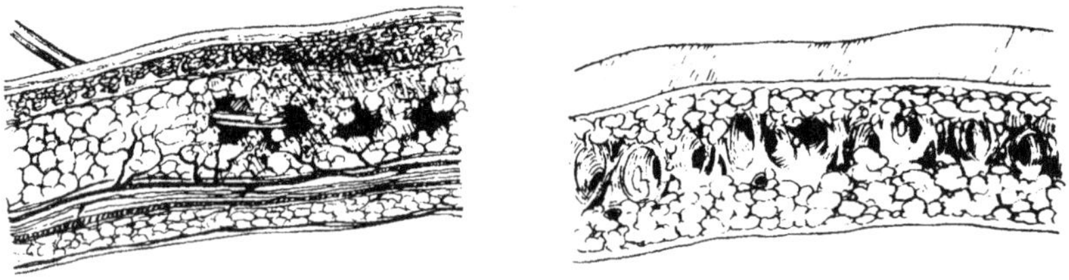

图2-4-4 脂肪抽吸操作

**5. 术中观察** 术中应观察受术者反应，包括对肿胀液的中毒反应和对手术的反应，并随时作出处理。观察抽吸物的颜色和量，并做好记录。当抽吸物中脂肪颗粒含量减少，大多为肿胀液及血性液体时，说明脂肪大部分已被吸出。检查皮肤表面是否平滑完整，如有不平应仔细抽吸修整，修整满意即可结束手术。

**6. 术后处理** 脂肪抽吸结束后，术者双手环形轻柔挤压抽吸部位，尽量排空皮下残留肿胀液，可酌情放置或不放置引流，缝合切口。局部覆盖纱布及棉垫后加压包扎。术后24～48h拔除引流，术后5～7d去除敷料，继续穿弹力服3～6个月。

（八）抽吸量的观察及处理

脂肪抽吸的一次安全量为2000ml以下。一次抽吸量在1000ml以下对人体影响较小，可在门诊进行，受术者在手术后应观察2～4h，当天可返家，但应休息24h。抽吸量在1000～1500ml则应静脉补充晶体液，并留观24～48h；一次抽吸量在1500ml以上，需住院抽吸。脂肪抽吸对人体是一种医源性损伤，抽吸量越多，抽吸面积越大，创伤越大。它的病理生理过程类似于烧伤或挤压伤，根据术中脂肪抽吸量的多少及面积大小，术后应按损伤的处理原则进行术后处理,以确保受术者的安全。

## 五、面、颈及四肢的脂肪抽吸术

（一）面、颏和颈区的脂肪抽吸术

此区域若仅为脂肪堆积,无皮肤松弛,行脂肪抽吸即可达到塑型目的。如有皮肤松弛或皱纹,在面部除皱手术的同时进行脂肪抽吸,手术效果更佳。

面、颏和颈区的脂肪抽吸切口分别位于颞区发迹内、耳垂沟后、鼻前庭和颏下(图2-4-5)。面部脂肪位于皮下层即SMAS的浅层,面神经的分支均位于SMAS的深层,因此,面部抽吸时应将吸管置于浅层,吸管的侧孔要朝向皮肤进行抽吸,以避免术中损伤面神经。颈部抽吸时注意勿损伤颈深部结构和颈部大动脉、神经、气管和食管等。

图2-4-5 面部抽吸入路及方向

颈部抽吸量一般不超过200ml。根据出血情况决定是否放置引流,缝合切口,加压包扎(不易过紧,以免影响呼吸)。

（二）上肢的脂肪抽吸术

上肢吸脂多数采用肿胀麻醉,受术者取平卧位,双上肢外展。手术入路多在肘关节后入路,远离尺神经沟,避免损伤上臂的主干神经和血管;入路也可选在腋横纹后极。操作应在深筋膜浅层进行(图2-4-6)。

（三）臀、髋和大腿部的脂肪抽吸术

臀、髋和大腿部的皮下脂肪具有浅层(蜂窝层)和深层(板状层)脂肪组织,此区脂肪抽吸必须进行全层抽吸,方可获得较好的塑性效果。此区脂肪抽吸切口多选择在臀沟、骶尾部或腹股沟。该区的皮下血管主要是臀上、臀下动脉的分支;神经主要来自骶神经、股后皮神经、股外侧皮神经和臀下神经。

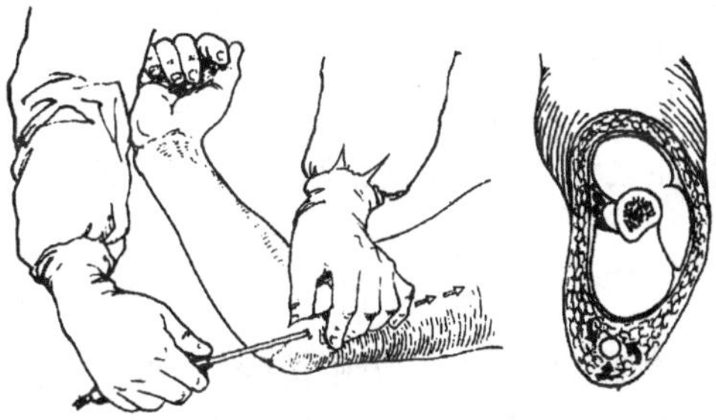



图2-4-6 上肢脂肪抽吸深度及层次

（四）膝、小腿和踝部的脂肪抽吸术

该区常常是直接暴露区,是女性展示形态美的区域。所以,常有女性要求对该区进行形态塑造。早在20世纪前叶,Dujarrier就施行过踝部脂肪刮除术,但失败。直到60年代,Schrudde才获得成功。该区皮下层的重要解剖结构有:大隐静脉、小隐静脉、隐神经及腓肠神经和淋巴结构。大隐静脉、隐神经和淋巴结构主干位于小腿内侧的皮下深层。小隐静脉和腓肠神经位于小腿后部的皮下深层,靠近深筋膜层。在这些区域抽吸时抽吸浅层脂肪较安全。一方面浅层脂肪抽吸皮肤回缩力强,塑型效果较好;另一方面可避免损伤上述解剖结构。小腿脂肪抽吸多在内后、后侧和外侧;前内侧皮下脂肪较薄,其下即为胫骨,一般不作抽吸。切口多选择在内外踝、腘窝内外侧。

受术者取俯卧位,多采用局部肿胀麻醉,也可采用腰麻或硬膜外麻醉。吸管主要保持在皮下浅层脂肪水平抽吸,必要时可进行皮下深层脂肪抽吸。术后用弹力网或带加压包扎,以避免血肿发生(图2-4-7)。

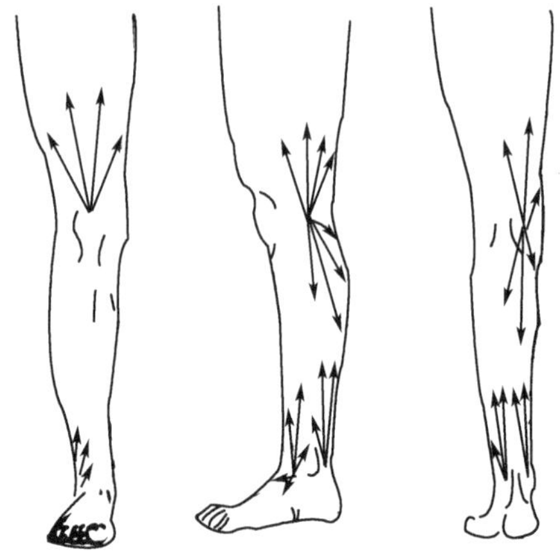

图 2-4-7　下肢脂肪抽吸的入路和层次

## 六、几种常见的吸脂辅助系统

脂肪抽吸术的基本设备是负压脂肪抽吸系统。由于单一的负压抽吸系统在使用时抽吸速度较慢,费时费力;在吸除脂肪的同时,还破坏了较多的小血管及神经末梢。为了克服这些不足,人们在负压吸脂系统的基础上,相继发明了超声吸脂辅助系统,电子吸脂辅助系统和共振吸脂辅助系统等。这些设备各有特点。

### (一)超声吸脂辅助系统

该系统于1992年由意大利Zocchi首先应用。一般由超声发生器,微电脑控制系统、频率自动跟踪器、换能器及治疗探头等部分组成。根据探头在脂肪抽吸时置于皮下和皮外不同而分体内超声系统和体外超声系统。其工作原理为:①超声波在液体中传导有膨胀和收缩周期。②人体脂肪组织与液体有相似的低密度特征。低密度组织结构比较疏松,分子间内聚力较弱,一定强度的超声波作用下将产生物理学上的“空穴”效应,导致细胞膜破裂,细胞间连接松散、分离;而结构致密的结缔组织如血管、神经、淋巴管等分子间内聚力高,超声波不易使之变形。因此,超声波具有选择性破坏脂肪细胞,对血管和神经等组织则损伤较轻。所以,超声吸脂辅助系统较单一的负压吸脂系统具有一定的优越性。但超声吸脂需先将脂肪乳化,再予负压吸出,比较费时;且碎脂过程中产热,热损伤周围组织也是其不足之处。

### (二)电子脂肪抽吸辅助系统

该系统由意大利专家研究发明,于1994年推出。这项技术的原理是在两个电极之间产生一个高频电场,脂肪细胞在高频电场作用下去极化,脂肪组织团块破碎,液化成乳糜样,便于负压吸出。它的优点是可根据需要设置不同强度,对不同韧度或密度的脂肪组织选用不同程序进行处理,适用于全身各部位的去脂手术。再则由于高频电场的局部热凝效应,故术中出血少。但是,由于该系统抽吸速度较慢,加之吸出的脂肪已液化破坏,不能用于脂肪移植。这些缺点使该系统在临床上不够普及。

### (三)共振吸脂辅助系统

超声吸脂和电子吸脂辅助系统虽然注重了低创伤,但却存在吸脂量少、吸脂速度太慢等缺陷。传统的吸脂机费时费力,医生的劳动强度极大。共振吸脂系统具有吸脂速度快、吸脂量大、减轻医生劳动强度等优点。它是20世纪90年代末发展起来的一种新的脂肪抽吸方法。该系统的工作原理是利用高压气泵使吸管头部产生每分钟600次的往复运动,往复幅度为5mm。高频振动可将肿胀麻醉后已肿胀的脂肪组织振碎。而5mm的振幅不会切割损伤非脂肪组织,对血管、神经等组织损伤很小。

## 七、脂肪抽吸术的护理

### (一)护理目标

1. 减轻或消除受术者焦虑和恐惧感,能主动配合手术与治疗。
2. 减轻术后疼痛,舒适感增加。

3. 生命体征平稳,切口愈合良好。

4. 未发生并发症。

5. 信心增强,积极参加社交活动。

（二）护理措施

**1. 术前护理**

（1）健康评估:了解患者肥胖的原因及性质,既往有无外伤史、手术史、放化疗治疗史、家族史及治疗史等。

（2）身心状况:是否瘢痕体质、过敏体质,有无出血性疾病,有无心、肝、肺、肾等重要器官活动性或进行性疾病,术区皮肤无瘢痕、破溃、肿瘤及感染灶等。常规检查血常规、凝血功能、血脂、血糖、电解质、肝功能、肾功能、HIV、RPR、心电图、胸部X线等检查。

（3）心理和社会支持:评估心理和精神是否正常、是否存在心理障碍、对手术的期望值、认知程度及家庭成员的支持等。

（4）术前半月禁服抗凝血药物、血管扩张药物及激素类药物,以防止出血。

（5）按麻醉要求禁食、禁饮。术前沐浴、更衣,避免着凉,女性术者避开月经期。

（6）医学照相:拍术区正位、侧位及45°斜位照片,作为术前后的对比资料。

（7）进手术室前排空大小便,取下活动性义齿、眼镜、发夹、手表及贵重物品。手术时间较长者应留置导尿。

（8）手术室护士在术前1日访视受术者,了解受术者的基本信息,准备手术所需物品、药品及各种设备(吸脂机、吸脂管),指导心中有数。

**2. 术中护理**

（1）交接时认真核对受术者姓名、性别、手术名称、部位、手术方式,询问禁食、禁饮时间以及用药情况。并填写手术交接单。

（2）根据手术摆舒适体位,系好约束带,防止坠床,注意保暖和保护受压部位皮肤。

（3）认真清点器械、物品,填写手术护理记录单、手术安全核查表、手术风险评估表及护理评估表。

（4）保持输液通畅,观察输液部位有无红肿、堵塞、渗漏,及时更换液体。

（5）妥善固定导尿管及集尿袋,观察尿量、尿色、尿中是否有脂肪颗粒。

（6）严密观察病情变化并及时记录,认真观察吸引仪器的工作状态,及时倾倒吸出液,准确记录肿胀液量及吸出液的量、色和性质。

（7）保证术中所需物品的供给,调节室温、湿度及灯光照明。

（8）吸脂量和面积较大时应进行心电监护,观察局麻药对心脏的作用,防止局麻药中毒。

**3. 术后护理**

（1）根据麻醉方式采取相应的护理措施。

（2）术毕棉垫覆盖,弹力套加压包扎,减少出血与血肿的形成。保持敷料清洁、干燥,如渗湿应及时更换。

（3）接负压引流袋,保证引流通畅,严密观察引流液的颜色、性状及量并记录。24小时后引流液量多,且颜色鲜红,应及时告知医生处理。

（4）合理饮食搭配,予高蛋白、低脂肪饮食。术后鼓励早期下床活动,预防静脉血栓形成和脂肪栓塞。

(5) 根据不同部位届时拆线。

**4. 出院指导**

(1) 术后弹力套固定2~3个月,以达到束身塑形的效果。

(2) 术后早期有瘀斑、肿胀、酸痛现象,属正常情况,1月左右慢慢消失。

(3) 吸脂区皮肤短期内出现麻木、变硬、色素加深、局部不平等情况,3个月后逐渐恢复。

(4) 1月内禁止剧烈活动。

## 第三节 皮肤脂肪切除术及护理

### 一、概 述

皮肤脂肪切除是较原始的针对身体某些部位的肥胖所进行的外科去脂方法。由于肿胀麻醉技术的应用,大大提高了闭式脂肪抽吸术的安全性,因而开放式去脂术的适应证已大为缩小。但对于皮肤老化、松垂的受术者,单纯脂肪抽吸的效果不好,最好在肿胀负压吸脂的基础上,采用开放式去脂并切除多余的皮肤,则塑型效果较佳。由于皮肤切除后遗留明显手术瘢痕,影响美观,因此,这种手术目前主要应用于腹部、臀部等非暴露部位的去脂塑型。

(一) 腹壁的应用解剖

腹壁由浅至深分为6层:皮肤、皮下组织(浅筋膜)、肌层、腹横筋膜、腹膜外脂肪及腹膜壁层。与腹壁去脂塑型术关系密切主要是浅三层。

**1. 皮肤** 腹壁皮肤面积宽阔且薄而富弹性,与浅筋膜的联系疏松,易于分离,除腹股沟区外,活动度大。其解剖特点便于腹部手术后直接缝合及提供皮肤及皮瓣。

**2. 皮下组织(浅筋膜)** 主要由疏松结缔组织和脂肪构成。脐部以下的皮下组织分为两层,浅层Campen筋膜,含有脂肪组织,向下与股部的脂肪层相延续,厚薄因人而异;深层Scavpa筋膜,为富有弹性的纤维模样组织,中线处附着于白线,向下止于大腿的阔筋膜。

**3. 肌层**

(1) 腹直肌:位于腹白线两侧,上端起于第5、6、7肋间及剑突,下端止于耻骨联合及耻骨结节之间。

(2) 腹外斜肌:起于5~12肋骨外侧,肌纤维由外上方斜向内下方走行,在髂前上棘与脐的连线附近移行为腱膜,参与组成腹直肌前鞘。

(3) 腹内斜肌:位于腹外斜肌深面,起于腹股沟韧带外侧、髂嵴。走行为外下斜向内上,大部分肌纤维移行为腱膜,参与组成腹直肌鞘的前后层,最后止于腹白线。

(4) 腹横肌:位于腹内斜肌深面,起于下6个肋软骨后面、胸腰筋膜、髂嵴及腹股沟韧带的外侧1/3,肌纤维呈横向走行,在腹直肌外缘处移行为腱膜,参与腹直肌后鞘的组成。

(5) 腹直肌鞘:分为前后两层。前鞘由腹外斜肌腱膜和腹内斜肌腱膜的前层组成。后鞘由腹内斜肌腱膜的后层和腹横肌腱膜组成。两侧腹直肌鞘的纤维相互交织构成腹白线。

**4. 血管与神经** 腹壁血管分为浅、深两组。浅组血管为腹壁浅动脉、旋髂浅动脉和胸腹壁动静脉。深组血管包括腹壁上下血管、旋髂深血管、下5对肋间后血管和4对腰动脉。腹壁的神经来自下6对胸神经和第一腰神经的前支。这些神经属于混合神经,既司感觉又含运动支，并呈节段性分布，走行于腹内斜肌与腹横肌之间，沿途分布到肌肉与皮肤。

（二）臀及大腿的应用解剖

臀部及大腿上外部皮肤较厚，皮下脂肪易堆积；股内侧皮肤较薄，筋膜分浅深二层，浅层与腹壁浅筋膜浅层连接，深层与腹壁浅筋膜的深层紧密连接。股上部前内侧有股动脉发出腹壁浅动脉、旋髂浅动脉和阴部外动脉，伴行静脉汇入大隐静脉或股静脉。血管及淋巴管走行于浅筋膜深层即深浅筋膜之间。

## 二、开放式腹壁去脂塑型术

开放式腹壁去脂塑型术又称腹壁成形术，是通过外科整形手术，解决腹壁皮肤松垂和脂肪堆积问题。是一项开展较早的去脂塑型手术，该手术创伤大，并发症发生率相对较高，少数并发症很严重，所以，应严格掌握适应证和禁忌证。并应作好术前准备及各项检查，确保受术者围手术期的安全。

（一）适应证

1. 腹部脂肪堆积，伴腹壁皮肤松垂，且感牵坠不适、行动不方便者。

2. 腹部原有手术切口或其他原因造成局限性瘢痕的肥胖病人，既要求去脂，又要求去除瘢痕者。

3. 在腹部外科其他手术的同时，要求切除多余皮肤和脂肪者。

4. 臀部脂肪堆积并皮肤松弛下垂者。

5. 大腿上外侧、前侧及内侧脂肪堆积并皮肤松弛者。

（二）禁忌证

1. 心血管、肝脏、肾脏、肺部、内分泌系统有疾病者。

2. 瘢痕体质者。

3. 仍有妊娠愿望者。

（三）术前准备

术前应了解受术者腹部的外形、腹部脂肪堆积和皮肤松垂的程度，腹肌的紧张度、有无腹壁疝等，并作出相应标记。让受术者分别呈仰卧位和直立状态，在腹壁完全松弛的情况下，估计出切除皮肤及皮下组织的量，确定切口的位置、长度及宽度，并做出标记。皮肤捏起试验是了解受术者腹部多余皮肤脂肪的一种简易检查方法，即术者纵向或横向用手指捏起受术者的皮肤和脂肪，当拇指和其他手指尖对合，即可确定所捏起的组织为“多余”的皮肤脂肪组织。术前其他准备工作与一般外科手术相同。应注意肥胖受术者常有心血管系统、内分泌及呼吸系统疾病，术前应有充分认识，并进行相应的检查和治疗。

（四）麻醉选择

硬膜外麻醉或静脉复合麻醉，小面积的皮肤脂肪切除也可采用肿胀麻醉。

（五）体位及切口设计

一般取仰卧位，两膝垫高，以减少缝合时的张力。

腹壁成形或塑型术切口有多种，根据在躯干的位置和方向不同，大致可分为四类：横切口、垂直切口、纵横联合切口及倒“T”形切口。

**1. 横切口** 即横向梭形切除腹部皮肤与脂肪的方法。临床上常用低位横切口，其优点是切口较隐蔽，切口与皮横纹一致，减轻了瘢痕的增生因素。它可以切除脐以下的大块腹壁松弛的皮肤和皮下组织，缺点是对腰部曲线和骨盆外形改善不理想，但可以通过提紧加以弥补。常用的横切口有：低位水平切口、低位弧形切口、低位曲线切口、低位“W”形切口(图 2-4-8)。

**2. 垂直切口** 适用于腹壁皮肤有大量横行方向的过剩和肌腹膜松弛者。它是在腹部作垂直方向的梭形切除，由于切除腹中线及两侧的皮肤和皮下组织，术后腰部及骨盆的塑形较理想，但瘢痕不隐蔽(图 2-4-9)。

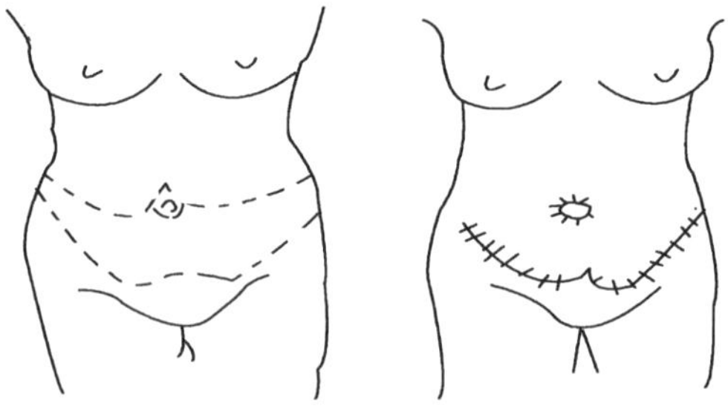

图 2-4-8　W 形切口(横切口)

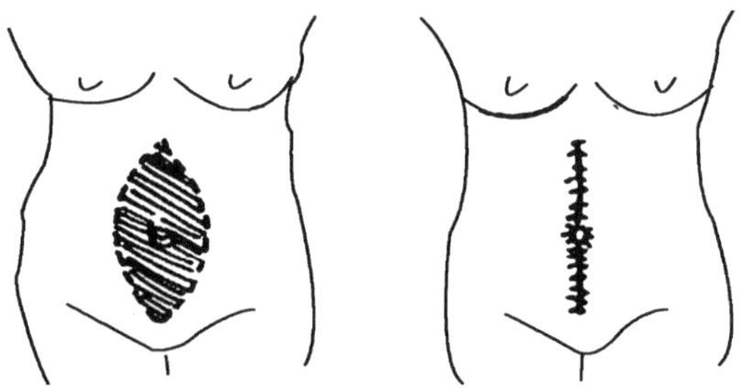

图 2-4-9　垂直切口

**3. 纵横联合切口** 适用于腹壁纵横方向均有皮肤过剩和脂肪堆积者。此切口可将围绕脐周和低位中线区松弛的皮肤、皮下脂肪组织切除。缺点是皮瓣尖端易坏死。切口瘢痕不隐蔽(图 2-4-10)。

**4. 倒“T”形切口** 主要适用于腹壁下垂者，按 T 形设计，横切口线位于脐下，两端可延伸到腋后线，纵切口环绕脐周，切开后沿腹正中线向下作适当延长(图 2-4-11)。

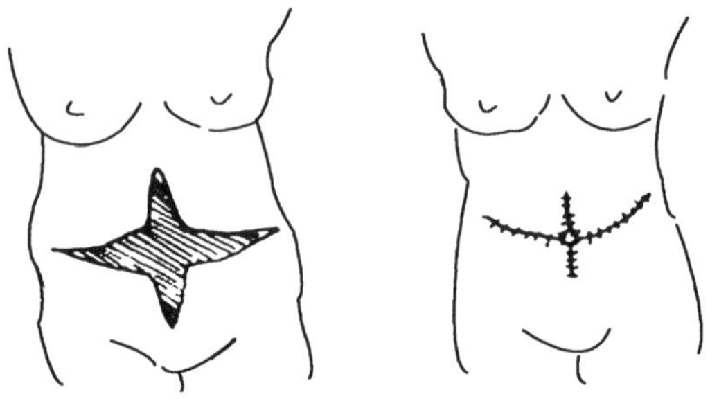

图 2-4-10　纵横联合切口

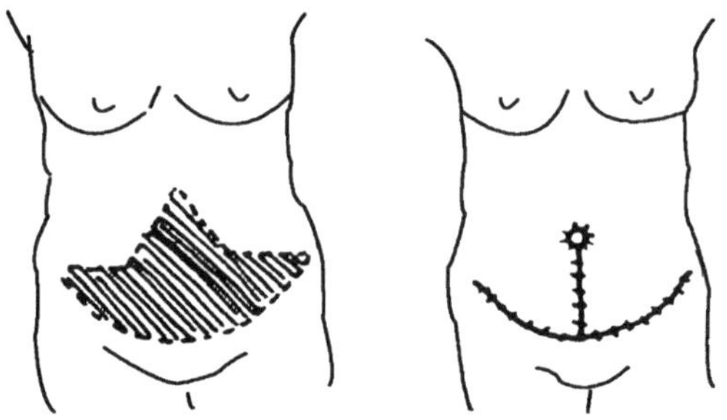

图 2-4-11　倒 T 形切口

(六) 手术步骤

**1. 切开剥离** 沿标记的切口线切开皮肤及皮下组织达深筋膜，剥离深筋膜浅层达两侧切口，切除切口线与去皮线之间的皮肤及皮下脂肪组织。切开剥离时应注意结扎脐旁动脉及腹直肌穿出的皮动脉，防止出血。在腹股沟部应特别注意股部的大血管。剥离至脐部时，环绕脐周做全层切开，将脐保留在腹壁原位，脐周应保留适当脂肪及较多血管，以保证脐部皮肤的血运。

**2. 加强腹壁** 检查腹部的肌肉及筋膜是否松弛。如有腹壁松弛，则将腹直肌前鞘做紧缩缝合。对有腹直肌分离的受术者，可采用间断缝合或水平褥式缝合以加强腹壁正中部；无腹直肌分离者，可在腹壁两侧对称位置，顺腹外斜肌腱膜方向，将松弛的腹壁加强缝合。对于腹壁肌力较弱者，可行褥式折叠缝合，使腹壁收紧并得到加强。

**3. 切除多余皮肤** 在腹壁紧缩后,将受术者置于屈腹位,保持腹壁松弛,向下拉紧分离的腹部皮肤瓣,确定并切除多余的皮肤。

**4. 脐重建** 皮肤切除后,脐多有移位。应于脐孔相应腹部皮肤即新脐部作一个十字交叉的穿透性小切口,将脐从切口拉出,缝合固定,形成新的肚脐。

**5. 缝合包扎** 缝合创缘,必要时加减张缝合,放置引流,最好采用闭式负压引流,既可观察引流量,又能保持术后敷料干净。包扎伤口,为防止局部出血或形成血肿,应在腹部放置较厚敷料并用弹力绷带适度加压包扎。

（七）注意事项

切除及削薄皮下层时应保留 1～2cm 正常皮下脂肪,以保证皮肤的血管、神经支配和皮肤的弹性,防止皮肤坏死和穿孔。皮肤切除和紧缩腹壁肌层均应适当,以防术后因腹部张力过大,皮缘坏死,腹部张力过大也限制了受术者的腹式呼吸。术后还应严防呼吸道感染、咳嗽或肠胀气,这些因素均可影响伤口愈合或导致切口裂开。

## 三、臀及大腿部皮肤脂肪切除术

（一）术前准备与手术方法

**1. 术前准备** 术前 2～3d 清洗双侧大腿、腹部、会阴部及臀部。术前 1d 可剃毛。

**2. 麻醉选择** 硬麻外麻醉或静脉复合麻醉。

**3. 切口设计** 站立位根据受术者脂肪堆积和皮肤松弛情况标记出需切除的范围及程度。设计需切除部分一般呈梭形,主要切除大腿外侧及后部,保留前部及内侧部皮肤。臀切除部分包括臀皱襞(臀沟),缝合后切口形成新的臀皱襞(图 2-4-12)。

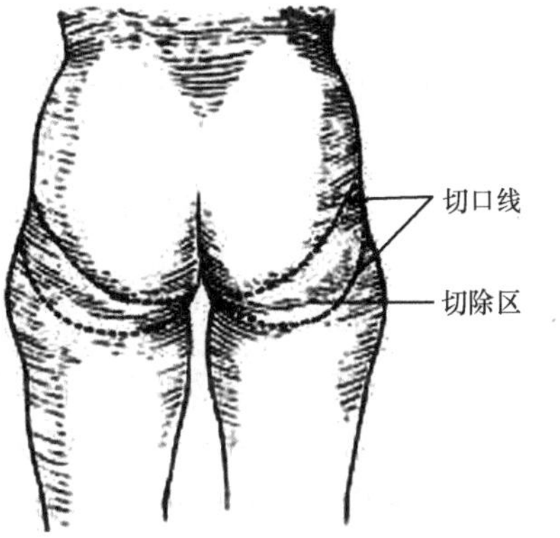

图 2-4-12 臀部皮肤筋膜切除术切口

**4. 切开和剥离** 沿手术前设计的切口切开皮肤及浅筋膜,不要深及深筋膜,以防损伤血管及淋巴管,特别是作大腿内侧皮肤切除时,应保留大隐静脉周边脂肪或筋膜。切除切口线和去皮线之间的皮肤和浅筋膜,切除时先应留有余地,待缝合时加以调整,经确认无缝合困难时再切除多余的皮肤及皮下组织,以防切口张力过大导致皮缘坏死。切口逐层间断缝合,皮下置引流管(根据切除范围置皮片引流或负压引流),加压包扎。

（二）术后处理

1. 卧床休息 5d,吃少渣饮食,推迟排便时间,保持术区清洁,必要时置导尿管。
2. 常规静脉用抗生素 5～7d。
3. 加压包扎 14d,术后 12～14d 拆线。
4. 1 个月内禁止剧烈运动;穿束身弹力裤 2～3 个月。

## 四、皮肤脂肪切除术护理

（一）护理目标

同本章脂肪抽吸术护理。

（二）护理措施

**1. 术前护理** 同本章脂肪抽吸术护理。

**2. 术中护理** 除严密观察病情变化并及时记录，认真观察吸引仪器的工作状态，及时倾倒吸出液，准确记录皮肤、脂肪切除部位、切除量及切除后局部缝合和引流状况外，余护理内容同本章脂肪抽吸术护理。

**3. 术后护理**

（1）按麻醉术后护理常规。严密观察尿色、尿量及尿中是否有脂肪颗粒，皮肤是否有瘀斑。

（2）心电监护，观察血氧饱和度及生命体征的变化，低流量持续吸氧。

（3）术毕棉垫覆盖，腹带或弹力紧身衣加压包扎3～5d，减少出血与血肿的形成。保持敷料清洁、干燥，如渗湿应及时更换。

（4）接负压引流袋，保证引流通畅，严密观察引流液的颜色、性状及量并记录。24h后引流液量多，且颜色鲜红，应及时告知医生处理。

（5）合理饮食搭配，予高蛋白、低脂肪饮食。术后鼓励早期下床活动，预防静脉血栓形成和脂肪栓塞。

（6）严密观察脂肪切除部位及脐重建部位皮瓣的血运状况、颜色、温度、渗出及渗出物性状，防止皮瓣坏死和感染发生。

（7）根据不同部位届时拆线。

**4. 出院指导** 同本章脂肪抽吸术护理。

## 第四节　形体雕塑术并发症及其防治

统计资料表明，去脂塑型术的并发症发生率为：脂肪抽吸术为0.1%；皮肤脂肪切除术0.9%；腹壁成形术为2.0%。并发症有常见并发症和严重并发症。常见并发症分为手术伴随症状和美容并发症两类，前者为脂肪抽吸的必然并发症，如皮下淤血、硬结、疼痛、麻木等，由外科手术损伤所致，程度有所不同，术后短期内这些并发症多能消失。后者是由于操作水平或选择受术者不当所致，仅造成医源性美容缺陷，如皮肤凹凸不平，不对称，皮肤松弛等，此类并发症是外科医生应力争避免的。严重并发症较为少见，如肺栓塞、肠穿孔、皮肤坏死、感染、坏死性肌筋膜炎、淋巴漏等。

发生这些并发症的原因有：

1. 术者对围手术期处理认识不足，术前准备不充分术前检查不严格，一些受术者的原发病在术中诱发。

2. 过度手术，如大容量吸脂或手术切除脂肪皮肤范围过大。

3. 注入大容量湿性液体，肿胀液中大剂量利多卡因和（或）肾上腺素的毒副作用。

4. 术后受术者未适当休息，对受术者术后的观察和处理措施不到位等。

5. 操作者未经严格培训。

美容外科手术是锦上添花，一旦出现严重并发症，不仅对受术者造成极大损害，也对本专业造成很大的负面影响。

因此，加强责任心，努力学习，不断提高自己的业务能力和水平，严格掌握手术适应证、禁忌证，对所施手术方法熟悉掌握，对手术并发症有所认识和预测，并具备预防和处理并发症的措施和方法，才能使手术并发症减少到最低，对受术者的损害最小，这也是外科医师最基本的职责。

## 一、脂肪栓塞综合征

**1. 判断**　脂肪栓塞综合征病情危重，表现为发病突然，多发生在术后72h内，进展快，急性呼吸窘迫综合征表现，即缺氧、意识模糊和皮下瘀斑三联症。X线片上见肺部广泛瘀斑，尿中可见脂肪颗粒，病人神志谵妄、昏迷甚至死亡。

**2. 原因**

(1) 手术(创伤)部位液化的脂肪受压时通过静脉进入血液循环，脂肪栓子引起肺毛细血管缺血和出血性改变。

(2) 肺和胰腺内的脂肪酶分解脂肪产生的游离脂肪酸进入血液，引起肺、脑和皮肤的毒性反应。

(3) 下肢深静脉血栓脱落，堵塞肺部血管，引起受术者呼吸困难、胸痛等症状。

**3. 预防**

(1) 保持有效循环血容量，避免低血容量休克。由于术前常规禁食、禁饮，已有1000～1500ml液体丧失，加之大量的脂肪抽吸和手术分离，引起有效循环血容量丧失。因此，术前应补足已欠量1000～1500ml林格液；术中应根据损失量多少，全额补足，以保证充足的血容量。

(2) 乙醇静脉输入，可以抑制脂肪酶的活性，有学者用5%乙醇葡萄糖液预防，其机制为：乙醇有扩张血管、渗透性利尿、对抗血小板聚集、溶解脂肪为脂肪酸等作用。

(3) 术后应彻底引流渗出液，及时引流液化脂肪。

(4) 术后包扎均匀、适度，特别是腹部去脂术，包扎过紧限制了受术者的腹式呼吸，也增加了液化脂肪受压进入血液循环的风险。

(5) 早期活动，无论门诊或住院受术者，均应适时下床活动，避免下肢静脉血栓形成。

**4. 处理**　治疗措施主要是呼吸系统支持，即吸氧、呼气末正压通气、松解腹部包扎以利于腹式呼吸；可用肝素抗凝或用链激酶、尿激酶溶栓；明确肺栓塞者可紧急手术取出栓子。

## 二、腹腔脏器损伤

**1. 判断**　表现为腹痛、腹膜炎、休克、手术区域感染等。空腔脏器损伤以腹膜炎表现为主；实质脏器损伤以失血性休克表现为主。

**2. 原因**　可因负压造成，特别是既往有腹部手术史的受术者，因术后腹壁切口薄弱、粘连，脏器可由薄弱处疝出，负压吸脂或手术剥离不慎，可致脏器损伤。体内超声吸脂也易致腹腔脏器损伤。

**3. 预防**　术者应熟悉和注意术区的解剖层次，在腹壁薄弱区域是否有腹壁疝存在，有腹部手术史受术者应警惕腹腔脏器与手术切口粘连。脂肪抽吸术负压不可过大；深层抽吸时抽吸管吸孔应朝向皮肤面；体内超声吸脂超声探头不应朝向腹腔方向。

**4. 处理**　一旦发生腹腔脏器损伤，应立即行剖腹探查，探明损伤脏器及部位，并进行修补；术中、术后均应按腹部脏器损伤处理原则进行处理。

## 三、坏死性筋膜炎

**1. 判断**　临床表现为弥散性皮肤瘀斑，血性大疱和进行性皮肤坏死。病程首先表现为手术部位持续性疼痛，术后3d产生高热，皮肤出现血性大疱，继而出现大片坏死、恶臭，随着坏死组织迅速扩散,可发生脓毒血症,甚至死亡。

**2. 原因** 是一种少见的侵及肌肉和皮肤软组织的感染。Giuliano 将坏死性筋膜炎明确地分为两型:Ⅰ型由非 A 族链球菌属、厌氧菌包括肠杆菌混合感染引起;Ⅱ型由 A 族 B 溶血性链球菌和葡萄球菌引起。

**3. 预防** 避免这一并发症的关键是预防,术前应充分准备,术中严格无菌操作,避免大面积多部位同时手术,术后使用抗生素预防感染,术后受术者一定要适当休息。

**4. 处理** 确诊后应及时进行清创,切除坏死筋膜,多处切开引流,抗生素局部滴注冲洗,全身应用大剂量抗生素,支持治疗,定时翻身。

## 四、皮肤、皮瓣坏死

皮肤、皮瓣坏死是去脂塑型术的严重并发症之一。发生率 0.2%～1.77% 诊断不难,重点是预防。

**1. 原因** 吸脂过浅损伤了真皮下血管网;皮下血肿继发皮肤感染坏死;超声吸脂时局部温度过高;吸脂范围过大等均易引起皮肤坏死。而引起皮瓣坏死的原因主要与皮瓣血供有关,如手术操作不当损伤皮瓣的血液供应,术中剥离范围过大、组织切除过多、缝合时皮瓣张力过大等。

**2. 预防** 负压吸脂至少应保留 1cm 厚度的皮下脂肪,维持真皮下血管网的完好;皮下血肿应及时充分引流,以防感染;超声吸脂时探头不应在一个部位停留过久;吸脂范围或手术去脂切除剥离范围均不宜过大,避免皮肤张力过大影响血运。

**3. 处理** 皮肤、皮瓣坏死应及时去除坏死组织,通过换药,皮片移植,皮瓣转移等修复创面。

## 五、血肿与血清肿

为常见并发症,发生率为 2.4%～2.9% 。

**1. 判断** 表现为局部瘀斑、疼痛及肿胀,如触及波动感即可确诊。

**2. 原因** 术中操作不当,损伤血管是主要原因;受术者凝血功能障碍、术后引流不畅及加压包扎不当等均可引起。

**3. 预防** 手术操作应规范,如吸脂操作时吸脂管严禁作"横扫"运动,因为在皮肤及深层筋膜之间有垂直的纤维间隙和血管神经穿支通过。手术切除去脂塑型术则应仔细止血、结扎出血点,术后保持引流通畅及可靠的加压包扎等。

**4. 处理** 小的血肿或血清肿可自行吸收。或使用止血、活血化瘀药物、理疗等辅助治疗。大的血肿则应及时引流清除,并应注意预防感染。

## 六、麻醉药中毒

吸脂塑型术需大剂量使用肿胀麻醉液。如肿胀液中的利多卡因、肾上腺素超出一定剂量或浓度过大可能发生毒副反应。

**1. 判断** 术中应注意受术者是否有头痛、口舌麻木、耳鸣、谵语、躁动、心动过缓、低血压等症状体征。由于利多卡因的血浆浓度高峰在手术 24h 之内,术后 24h 内均应观察受术者是否有上述表现。

**2. 原因** 术中使用肿胀麻醉液中的利多卡因、肾上腺素或镇静药及辅以其他麻醉时使用的药物均可引起。

**3. 预防**　应根据受术者的全身情况采用适宜的配方及使用量，在获得较好麻醉和止血效果的同时，减少药物的剂量和浓度。术后也应保证引流通畅，使残余的肿胀麻醉液尽量引出。

**4. 处理**　根据受术者出现的具体症状、体征作出相应的处理。

## 七、淋　巴　漏

**1. 判断**　手术切口或脂肪抽吸切口处持续流出稀薄液体，每日量大致相等。

**2. 原因**　淋巴管破坏使淋巴液满出，是罕见并发症。

**3. 预防**　术中应注意淋巴管走行方向，保护淋巴管不受损伤；吸脂管管径应适当，不宜过粗等。

**4. 处理**　引流漏出的淋巴液并加压包扎。

## 八、两侧不对称

**1. 原因**　两侧脂肪抽吸后不对称的主要原因是两侧抽吸量不等，或两侧抽吸管粗细不一致造成。

**2. 预防**　预防的主要技术方法是：准确画定抽吸区域；给予准确的抽吸范围；相同的抽吸量；使用抽吸管应一致。

**3. 处理**　若发生不对称，可二次抽吸加以矫正。

## 九、术区表面不规则

**1. 判断**　主要表现术区表面不平整，凹凸不平。

**2. 原因**　与术者经验不足、操作不当有关。如使用吸管过粗，术中没有仔细检查抽吸量及抽吸范围，术前未对脂肪凸出部位作出明确标志，切口位置不适当，使吸管无法达到抽吸部位等。

**3. 预防**　粗吸管抽吸后应换细吸管修整；术中应触摸检查抽吸部位是否平整，术前对抽吸范围及脂肪凸出部位标明清楚，切口位置应选择恰当。

**4. 处理**　对不平整处可二次抽吸矫正。

（医疗部分：禹连胜；护理部分：吴　彤）

# 第 5 章
# 会阴部美容手术及护理

学习要点

1. 掌握会阴部美容手术的适应证、治疗原则及基本护理程序。
2. 熟悉会阴部美容手术并发症的预防与处理。
3. 了解性别分化异常和性心理异常的基本概念。

**案例**

患者,27 岁,身份证登记为男性,自小被家人打扮成女生,性格内向,喜欢跳舞,平时打扮都是女性装扮,向往成为女性。体格检查男性外生殖器阴茎、阴囊等无异常,染色体 46XX,雄性激素水平正常。

这位患者性别正常吗?如果不正常,他属于哪一类性别异常?如果手术治疗,术前需要做哪些准备工作?

会阴部是身体的重要组成结构,也是人类生殖、排泄的主要部位。会阴部不仅承担着排便、性活动、生育等重要功能,也是人体重要的美学器官,因而也有较多涉及会阴部的整形美容手术。会阴部结构复杂、男女有别、部位隐蔽特殊、涉及人体多种重要功能,且与人的性情、心理健康密切相关,因此会阴部的美容手术和护理也具有其特殊性。女性会阴部美容手术主要为处女膜修补、阴唇整形、阴道松弛紧缩,男性会阴部美容手术主要为阴茎的延长与增粗术,此外还有部分与性心理异常有关的变性手术等。

## 第一节　处女膜修补术及护理

### 一、处女膜的应用解剖

处女膜为位于阴道口的环形黏膜皱褶,系胚胎发育时期由阴道腔与尿生殖窦腔之间隔开的薄膜外面上皮化为窦结节形成。处女膜位于阴道与阴道前庭分界处,由含有微细血管的结缔组织和黏膜而成,其形状因人而异,常见的为半月状处女膜和环状处女膜,此外还有伞状处女膜、筛状处女膜、瓣状处女膜、有隔处女膜等。处女膜的厚薄、大小颇不一致,有的薄而柔软,有的厚而坚实;有的处女膜较窄小,甚至先天缺如;有的则很宽大,甚至将阴道口完全封闭,称处女膜闭锁或无孔处女膜。

### 二、处女膜破裂及修复的美容外科理念

处女膜完整无损一直被人们作为处女及女性纯洁的标志,而各种外伤、婚前性行为、剧烈运动等可造成处女膜的意外破裂,给患者带来严重的精神与心理负担,甚至影响追求美满婚姻和幸福人生的信心。处女膜修补术就是通过外科手术的方法将已经被破裂的处女膜重新还原再造一个新的处女膜。尽管处女膜修复本身不算是一个改善外观的美容手术,

但通过对破裂处女膜的修复整形，可抚平患者的心理创伤，达到增强其自尊和自信的目的。

根据处女膜损伤的形态，将破裂的处女膜分为三种临床类型：①裂隙型：裂口数少于3个，膜的厚度均一，大于1.5mm。②分块型：裂口数3～5个，可见大块的残迹，膜的厚度比较均匀，厚度与裂隙型相似。③菊花瓣型：裂口数大于5个，膜的厚度小于1.5mm。

## 三、处女膜修补手术原则与方法

（一）裂缘对位缝合法

适用于处女膜裂口少、边缘不整齐、瘢痕增生明显和再次破裂的裂口修复。其基本原理为用刀或眼科小剪沿处女膜裂缘平行修剪，去除部分处女膜组织和增生的瘢痕组织，形成裂口缘新的创面，然后适度分离裂缘，将两侧裂缘创面对合缝合。为增加创面接触面积，避免缝合线的重叠，去除裂缘组织时可作斜形或梯形切除，但两侧创缘形成的创面应相互对应。缝合时，为防止创缘内翻影响愈合，可间断采用褥式缝合方法，并遵循由内而外，由基底到处女膜缘的顺序。

（二）瓦合法修复法

适合于多个部位有裂口、裂缘组织较薄及处女膜组织有缺损者。即在破裂口一侧近内缘和相对侧近外缘分别作裂缘纵切口，切开后在黏膜下层向切缘两侧分离，分别切除一侧内侧面黏膜和相对侧外侧面的黏膜，然后将形成的两个黏膜组织瓣瓦合重叠缝合。如果裂口深达阴道壁，需将裂口下方的阴道壁黏膜作一楔形切除，适当向两侧黏膜下分离后，再行两侧黏膜组织瓣瓦合重叠缝合。

（三）半荷包缝合法

适合于各种处女膜破裂与缺损，可形成较完整的保留中央小空隙的处女膜。其基本原理为将裂隙缘的黏膜组织适当进行修剪，即环形剪去处女膜缘至处女膜基底部约2/3黏膜组织，暴露切口断面黏膜下组织，用可吸收缝合线沿黏膜裂隙边缘环形进针缝合，直接打结，收拢半荷包内的黏膜下组织；同时将创面两端的处女膜瓣向中心收拢，通过调整进出针的距离以及荷包的松紧度改变处女膜的孔径。

（四）横行褥式缝合法

适用于损伤较重的处女膜破裂和缺损者。即于黏膜破损边缘稍做修剪，使创面见有出血为止，用可吸收缝合线将两侧裂隙缘创面黏膜拉拢作水平褥式缝合，根据创缘大小决定缝合针数，一般间距2mm，损伤较严重者需行阴道黏膜切开。

## 四、处女膜修补术的注意事项

（一）术前准备

1. 手术时机应避开月经期及月经前期，最好是月经结束后3～5d进行，以避免月经污染及冲击。

2. 术前常规妇科检查及白带常规，如有外阴及阴道有炎症者需行治疗后方可手术。

（二）术中注意事项

1. 术区消毒彻底，特别注意应消毒阴道内、肛门口。

2. 手术部位暴露要充分，以便于操作。

3. 处女膜黏膜组织较脆弱，操作时动作轻柔仔细，忌用组织钳或有齿镊反复夹持、牵拉，缝合时动作要轻柔，用力均匀，避免处女膜撕裂损伤。

4. 选择合适的切口，保持两侧创面的接触面，并减轻切口张力，有利于愈合；形成黏膜组织瓣时，需注意瓣的厚度和宽度适中，保证其有良好的血供。

5. 处女膜破裂后形态各异，应根据裂口的大小、多少、组织瓣的厚薄及其宽度等具体情况选择不同的修复方法。

6. 术后保留的处女膜孔不宜过小，以可容小指通过为度，如孔过小会影响经血排放。

7. 处女膜裂口较多的患者不必全部修复，可行选择性修补缝合，只要达到再次性交出血的目的即可。

（三）术后注意事项

1. 术后注意保持会阴部清洁、干燥，切口涂抹抗生素药膏，无菌纱布或卫生巾支托吸附创面渗血和阴道内分泌物并及时更换。

2. 术后可适当口服抗生素，术后1周内0.5%高锰酸钾溶液坐浴，每日两次，每次10～15min。

3. 术后一个月到两个月内尽量避免下蹲、骑自行车等剧烈活动，尤其是使会阴部增加张力的活动；不可穿牛仔裤等过于紧绷的下装裤子，以免摩擦伤口。

## 五、处女膜修补术的常见并发症及处理

（一）切口开裂

切口开裂是处女膜修补手术后最常见的并发症，直接影响手术效果和手术目的。其发生的主要原因包括切口选择与缝合不当、术后感染、黏膜瓣坏死、术后剧烈运动等。预防切口裂开需术中注意选择吸收时间较长的可吸收缝线，打结必须牢靠，且需留长线尾；且打结不宜过紧，否则容易产生组织切割；创面对合准确严密，术后预防感染及严格的制动。如发现有较大的切口开裂，可在术后1周再次进行缝合修复。

（二）处女膜孔过小

如术中修补缝合过于紧密，去除组织过多，可出现处女膜孔过小，从而影响经血排放。因此手术时可只修补较大的裂口，较小的裂口不做缝合。以处女膜恢复完整、孔缩小到适度为原则；也可仅作裂口的部分修补，留出裂口阴道部的部分裂隙，以利形成新的处女膜孔；使孔隙位于处女膜的中央部位，手术完成后要检查处女膜孔的大小。术后如发现经血流出不通畅，可在月经结束后再行处女膜口适当开大。

## 六、处女膜修补术的护理

（一）护理目标

1. 减轻或消除恐惧、焦虑。
2. 缓解疼痛。
3. 预防感染，及时发现和处理潜在的并发症。
4. 了解手术方法、术后效果及注意事项。
5. 让受术者了解，医疗机构会尊重受术者的隐私权。

（二）护理措施

**1. 术前护理**

（1）术前心理护理：部分受术者存有自卑心理，又担心手术的痛苦及术后的效果，心理

上紧张而焦虑。术前应耐心的与受术者沟通，了解受术者的心理及要求，认真分析其心理顾虑或恐惧的原因并给与解释和疏导。

(2) 细心了解病史及体检：了解是何种原因所致处女膜破裂，与受术者共同探讨适合的、受术者能接受的手术方案。

(3) 外阴或阴道有感染者需治疗后再行手术。

(4) 选择手术时机：最好在月经后3～5d再行手术。

(5) 遵医嘱行常规术前检查，血常规、尿检查，出、凝血时间测定。

(6) 术前常规备皮、清洁。更换清洁手术衣。

**2. 手术后护理**

(1) 按局麻后护理常规护理。

(2) 按医嘱及时使用止血药和抗生素，以防止因失血或手术创伤而引起其他并发症。

(3) 依据病情适当给予镇静剂或镇痛剂，如有其他不适，给予对症处理。

(4) 伤口如无异常，一般术后7～14d(使用肠线或可吸收缝线者无须拆线)。拆线后，宜穿紧身短裤或弹力短裤。

(5) 推迟房事，一般于术后1个月内禁房事。

(6) 保持外阴部清洁，术后可用0.1%苯扎溴铵液清洗，每日1次。

(7) 推迟排便，可给固涩药剂3～7d。

## 第二节 阴唇整形术及护理

### 一、阴唇的应用解剖

阴唇是女性外生殖器的主要组织结构，分为大阴唇和小阴唇，大阴唇为外阴两侧、靠近两股内侧的一对长圆形隆起的皮肤皱襞，外侧皮肤的颜色较接近身体其他部位，内侧则更深或更浅；小阴唇是两瓣柔软的皮肤黏膜皱襞，较大阴唇薄，颜色较深，位于大阴唇内侧，阴道口的外侧。大小阴唇像两层“门户”保护着阴道口和尿道口，是女性自然防御机能的一部分。阴唇不仅具有保护女性内生殖器的功能，也是一个重要的美学器官，由于小阴唇的发育变异较多，因此常见的阴唇整形手术为小阴唇肥大整形术。

### 二、小阴唇肥大的原因与临床特征

小阴唇的前端左右分开，包绕阴蒂形成前方的阴蒂包皮和紧贴其后方的阴蒂系带。小阴唇具有保持阴道口湿润和屏障功能，防止外来污染维持阴道自净的作用。小阴唇的大小和形状因人的不同而存在较大差异。儿童时期小阴唇不明显，青春期开始增大。小阴唇内外光滑、湿润，上面分布有丰富的神经末梢，是性敏感区之一。小阴唇的正常宽度一般为1.5～2cm，高出大阴唇0.5cm。小阴唇形体肥大，高出大阴唇1cm以上者为小阴唇肥大。有时左右大小不对称，或仅一侧肥大，通常以左侧较大常见。小阴唇肥大属于先天性发育过度的生理现象，也可能是由于经常摩擦而使组织增生所致。

### 三、小阴唇肥大整形的适应证

小阴唇发育过度形体肥大，高出大阴唇0.5～1cm时即为小阴唇肥大。患者在运动、行走、骑车或久坐时由于局部受挤压和摩擦可感到不适；或在月经期由于卫生巾摩擦而疼痛；

部分患者在性交时出现阻挡或疼痛不适，一些患者甚至出现局部溃疡，均可通过手术整形缩小加以改善。

## 四、小阴唇肥大整形的手术方法

（一）单纯切除缝合法

此方法简单，即直接将多余肥厚的阴唇外缘部分切除，但缝合后可在外缘形成直线瘢痕，造成术后挛缩，并伴有瘢痕性疼痛。由于切除了外缘部色泽较深的部位，残留部位色泽浅红，外观不自然，且相对较厚。如阴唇显著肥大，则应将部分脂肪软组织一并予以切除，或同时切除部分阴唇内侧皮肤，使小阴唇的宽度接近正常范围。

（二）单蒂瓣法

是在小阴唇上设计一个蒂在上的小阴唇外缘皮瓣，根据小阴唇肥大及过宽的程度，全层切除一条上宽下窄的小阴唇组织，切除组织的宽度以使缝合后小阴唇形态接近正常范围。在完全止血后，将皮瓣和基底部缝合起来。这种手术方法不会留下明显瘢痕，外观较自然。

## 五、小阴唇肥大整形术的注意事项

（一）术前准备

1. 术前常规妇科检查排除炎症，如有发现患者有妇科炎症，需要先治疗后手术。
2. 手术避开月经期，最好选择月经后 3 ~5d 进行，术前 3d 禁止性交。
3. 术前三天，每天用洗液清洗外阴，保持外阴清洁。

（二）术中注意事项

1. 取截石位手术，术区消毒彻底，特别注意应消毒阴道内、肛门口。
2. 根据小阴唇肥大及过宽的程度选择手术方式及切除范围，切除组织的宽度以使缝合后小阴唇形态接近正常范围为准。
3. 术中操作轻柔，无损伤血及神经，严密止血，缝线不易结扎过紧，以免术后表面凹凸不平。

（三）术后注意事项

1. 术后一周内不可剧烈运动，避免大便干燥。
2. 保持外阴清洁，每日用新洁尔灭棉球擦洗伤口。大小便后及时清洗外阴，防止污染。如果伤口上有血痂或分泌物，可用无菌盐水擦拭切口外涂抗生素软膏以保持外阴洁净干燥。
3. 术后 2 月内禁性生活。

## 六、小阴唇肥大整形术的并发症及处理

（一）血肿形成

主要是注意术中操作轻柔仔细，止血彻底；术后早起卧床制动，避免剧烈活动，减少出血。如发现血肿形成需及时打开伤口重新止血。

（二）伤口感染

患者抵抗力降低，局部污染可造成伤口感染。预防措施为术中注意无菌操作，术后适量应用抗生素，保持会阴部清洁。

（三）术后外形不良、左右不对称

主要是由于切口设计和手术方法选择不当、术中切除组织较多或过少造成，必要时可

于术后3月再次手术调整。

## 七、小阴唇肥大整形术的护理

（一）护理目标

1. 减轻或消除恐惧、焦虑。

2. 缓解疼痛。

3. 预防感染，及时发现和处理潜在的并发症。

4. 了解手术方法、术后效果及注意事项，提前告知受术者，如术后双侧不对称，需行二次手术修复。

5. 让受术者了解，医疗机构会尊重受术者的隐私。

（二）护理措施

**1. 术前护理**

（1）术前心理护理：部分受术者存有自卑心理，又担心手术的痛苦及术后的效果，心理上紧张而焦虑。术前应耐心的与受术者沟通，了解受术者的心理及要求，认真分析其心理顾虑或恐惧的原因并给予解释和疏导。

（2）细心了解病史及体检：明确病因，与受术者共同探讨适合的、受术者能接受的手术方案。

（3）外阴或阴道有感染者需治疗后再行手术。

（4）选择手术时机：最好在月经后3～5d再行手术，术前3d禁止同房。

（5）术前三天，每天用洗液清洗外阴，保持外阴清洁。

（6）遵医嘱行常规术前检查，血常规、尿检查，出、凝血时间测定。

（7）术前常规备皮、清洁。更换清洁手术衣。

**2. 术后护理**

（1）按局麻术后护理常规护理。

（2）术后一周内不可剧烈运动，避免大便干燥。

（3）按医嘱及时使用止血药和抗生素，以防出现其他并发症。

（4）依据病情适当给予镇静剂或镇痛剂，如有其他不适，给予对症处理。

（5）每日用新洁尔灭棉球擦洗伤口，以保证外阴清洁。大小便后及时清洗外阴，防止污染。

（6）伤口如无异常，一般术后7～10d拆线。

（7）推迟房事，一般于术后2个月内禁止房事。

（8）或发现双侧不对称时，需安慰受术者，做好二次修复的准备。

# 第三节　阴道紧缩术及护理

## 一、阴道的应用解剖

阴道呈扁管状结构，分为前、后两壁，上、下两端。前壁较短，长约6cm，后壁较长约7.5cm，其横径由下向上逐渐变宽。平时前后壁相贴，故阴道下部横断面呈“H”形。阴道壁与子宫颈阴道部之间所形成的环形腔隙，称阴道穹。阴道下部狭小，下端以阴道口开于阴道前庭。阴道前后壁的黏膜有多数横形皱襞，称阴道皱襞。阴道形态与年龄相关，初生儿及幼女的阴道相对较长，阴道皱褶高而密，遍布于阴道壁的全部；成年处女的阴道皱褶也很显著，阴道腔比较狭小；经产妇的阴道腔及阴道口均变广阔，长径也显著延长；老年人的阴道壁松弛失去弹性。

## 二、阴道紧缩术的适应证

阴道周围有球海绵体肌、肛提肌、尿生殖膈、阴道括约肌等环绕并维持其正常的括约功能，这些肌肉可维持肛门及阴道的收缩作用。由于分娩、产伤、会阴切开等，以及女性婚后长期的性生活，阴道壁弹性减弱或丧失，缩小阴道的肌肉亦随之伸长变薄，致使阴道收缩力下降、性快感减弱，夫妻性生活有失和谐，患者感到有心理压力。经妇科检查确认阴道松弛，可行阴道紧缩手术，收紧这些减弱的缩阴道肌，增强阴道的紧缩力，恢复正常的性活动感受。

## 三、阴道紧缩术的手术方法

单纯切除黏膜仅仅是缩小阴道腔的直径，紧缩阴道的效果往往不够理想。一般需结合括约肌的处理，即使伸长减弱的缩阴道肌得以缩短，直接增强其对阴道的紧缩力，又缩小了阴道腔的直径，从而可获得比较满意的效果。

### （一）侧壁黏膜部分切除术

于阴道口的两侧方截石位3点和9点部位，由外向内在阴道两侧壁黏膜作梭形切口，切除阴道黏膜和部分会阴皮肤后予以缝合，宽度根据阴道松弛程度而定，使术后阴道可通过两横指为度。行阴道侧壁切口可避免手术误伤直肠。

### （二）后壁黏膜部分切除术

与侧壁黏膜部分切除类似，即在阴道后壁梭行切除部分黏膜组织收紧缝合，术中切除时需注意不要损伤直肠，用钝头组织剪紧贴阴道后壁黏膜下分离，钝性分离直肠与阴道后壁两侧疏松结缔组织，用手指插入切口内探查分离腔隙，将直肠推向后方，缝合收紧部分提肛肌肌束后加强效果。

### （三）不切除黏膜阴道紧缩术

即不去除阴道黏膜，只在黏膜下组织肌肉收紧阴道。切口一般位于阴道口处女膜环外约0.5 cm，截石位6点部位切开，切口长度根据阴道口松弛情况而定，但两端应在阴道口两侧中点以下，以免损伤前庭大腺管及其开口。切开皮肤后用钝组织剪紧贴阴道后壁黏膜下作钝性分离，宽略大于切口线，分离时注意勿穿破阴道黏膜，切勿误伤直肠壁。小心分离黏膜下组织，缝合两侧提肛肌，缝合时避免形成死腔。再缝合阴道口皮肤切口，以进一步缩小阴道外口，缩小程度以能顺利通过两横指为准。由于不切除阴道黏膜，紧缩后阴道内壁形成纵行黏膜皱褶，有利于增强阴道缩小的效果。

## 四、阴道紧缩术的注意事项

### （一）术前准备

1. 手术前须检查确认阴道松弛程度是否适于行阴道紧缩术。常规做妇科检查，有炎症者需进行治疗后方可手术。

2. 手术应避开月经期间及月经前期，最好是月经结束后3～5d进行。

3. 术前3d开始用洁尔阴液冲洗阴道，并按肠道手术准备。

（二）术中注意事项

1. 严格消毒周围皮肤，碘伏冲洗阴道，特别注意消毒肛门。

2. 手术部位暴露要充分，以便于操作。术中止血彻底，动作轻柔，以防损伤阴道黏膜和直肠前壁，尤其是缝合时缝针切勿穿过直肠黏膜。

3. 切除阴道黏膜范围要合适，缩小程度以能顺利通过两横指为准。切除过多可引起阴道口过小或缝合后引起异常皱褶，以及分泌物引流不畅。

4. 阴道外1/3及阴道门周围黏膜集中了丰富的感觉神经末梢，而阴道对阴茎围裹的感觉也主要在于此处，所以阴道紧缩手术应侧重于阴道外1/3段。

5. 阴道后壁黏膜的切除深度应距阴道后穹顶一段距离，否则术后有可能由于直线瘢痕收缩而导致阴道后壁长度缩短。

（三）术后注意事项

1. 术后给予清淡饮食，勿使用辛辣刺激食物，多食用粗纤维，保持大便通畅，防止便秘。

2. 术后一月内勿做剧烈运动，特别是增加腹腔压力的活动，防止血管破裂，造成大出血。

3. 术后2个月内禁止性生活。

## 五、阴道紧缩术的并发症及处理

（一）出血

由于阴道黏膜血管网较密，手术切口位置较深，止血不易确切，易导致术后出血。术中过度向外牵拉阴道，也可导致后穹窿撕裂出血。少量出血或小血肿可用纱布填塞阴道，局部压迫止血即可；严重的大量出血应及时拆开缝线，清理积血，找到出血点重新缝扎止血。

（二）阴道切口裂开

局部切除组织过多导致伤口张力过大，创缘对合不好，过早做剧烈活动，术后便秘及伤口感染等均可致切口裂开。术中应注意毋切除组织过多，缝合严密，如术后发现切口裂开需立即重新缝合。

（三）周围器官变形移位

手术操作粗暴，钳夹组织过多，缝合过深，切除较宽的黏膜组织，可牵拉尿道外口轻度下移等，导致膀胱、直肠或尿道损伤移位，造成排尿困难或排尿方向改变，甚至排尿入阴道口。如术后一段时间阴道内有异常分泌物、臭味等，应择期行修复手术。

（四）阴道狭窄

手术切除黏膜范围过大，缝合括约肌过紧，以及感染后创面挛缩所致。患者可感觉性交困难疼痛，严重者不能性交。注意术后紧缩程度为能顺利通过两横指为准。处理方法为轻度者用阴道扩张器扩张，重度者需再次行手术松解术或植皮。

## 六、阴道紧缩术的护理

（一）护理目标

1. 减轻或消除恐惧、焦虑。

2. 缓解疼痛。

3. 预防感染，及时发现和处理潜在的并发症。

4. 帮助体温恢复正常。

5. 帮助受术者了解手术方法、术后效果及注意事项。

（二）护理措施

**1. 术前护理**

（1）术前心理护理：部分受术者因性生活有失和谐而存有自卑心理，又难于启齿，同时担心手术痛苦及术后的效果，心理上紧张。术前应耐心地与受术者沟通，引导受术者说明需求，了解其心理及要求，认真分析其心理顾虑或恐惧的原因并给予解释和疏导。告知受术者通过手术可以一定程度改善其功能，但不可心理期望值过高，以免术后失望。同时因术后2个月内禁止同房，也应合理安排手术时间。常用的阴道紧缩术共有三种手术方法，要与受术者沟通选择受术者满意的方案。

（2）细心了解病史及体检：常规妇科检查。一定要认真检查阴道松弛程度是否适于手术。阴道有炎症时，需待治疗后再行手术。

（3）选择手术时机：在月经后3～5d后进行。

（4）遵医嘱行常规术前检查，血常规、尿检查，出、凝血时间测定，胸透、心电图等。必要时行特殊检查。

（5）术前3d开始用洁尔阴液冲洗阴道，当日需进行肠道准备。

（6）术前常规备皮、更换清洁手术衣。

**2. 术后护理**

（1）按椎管内麻醉或局麻后护理常规护理。

（2）密切观察生命体征的变化，注意心率及血压等是否正常。

（3）按医嘱及时使用止血药和抗生素，以防止因失血或感染而引起其他并发症。

（4）依据病情适当给予镇静剂或镇痛剂，如有其他不适，给与对症处理。

（5）伤口如无异常，10～14d拆线。术后一个月内禁止做剧烈运动，尤其是增加腹压的运动。

（6）术后两个月内禁止性生活。术后第一次性生活，切忌动作粗暴，防止伤口裂开，导致大出血。一旦发生，需立即到医院处理。

# 第四节　阴茎延长术及护理

## 一、阴茎的应用解剖

阴茎是男性生殖器的主要结构部分，可分为阴茎头、阴茎体和阴茎根三部。阴茎体外面包着皮肤，内有阴茎海绵体和尿道海绵体的大部分。海绵体内部由许多海绵体小梁和腔隙构成，腔隙是与血管相通的窦隙，当腔隙充血时，阴茎即变粗变硬而勃起。阴茎背向后上方，尿道面向前下方，因此又称阴茎体为可动部。阴茎前端呈蕈状膨胀部分为阴茎头（龟头），由尿道海绵体的末端膨大而成。外面有阴茎包皮，尖端有矢状较狭窄的尿道外口。阴茎头底的游离缘凸隆称阴茎头冠，冠后的较细部分称阴茎颈，为头与体的移行部。阴茎根在会阴部尿生殖三角内，表面覆盖有阴囊和会阴的皮肤，固定于耻骨弓边缘及尿生殖膈，又称阴茎根为固定部，包括阴茎海绵体左、右脚及尿道球。中部为阴茎体，呈圆柱形，以阴茎系韧带和深悬韧带附着在耻骨联合的前方。

## 二、阴茎延长的手术适应证

阴茎的大小主要是受遗传因素的影响，真性男性阴茎短小症多为先天性，少数为后天的。先天性小睾丸症，阴茎也短小，由于睾丸分泌男性激素不足，因而缺乏性欲和正常性功能，虽然可以使用睾酮来治疗，但只能增强性功能，而不能生育。此外，正常男性也有需求阴茎延长者，调查统计认为中国成年男子阴茎正常长度测量常态下为7.1±1.5cm，勃起时为13.0±1.3cm，根据阴道解剖、女性性生理特征以及中国男性青年正常阴茎的长度，若阴茎发育不良如小阴茎或外伤性阴茎部分离断后，阴茎勃起时阴茎长度不足10cm，且不能满足女方性要求者，可做阴茎延长手术。此外先天性阴茎异位畸形，可根据情况采用阴茎延长术并行阴茎复位。阴茎静脉瘘性阳痿患者，行阴茎背深、浅静脉结扎的同时可做延长术加强疗效。

阴茎延长术的基本原理是取适当位置切断阴茎上的浅悬韧带和深悬韧带，使埋藏在体内的那段阴茎海绵体分离出来，再采用内填外拔的缝合技术，使阴茎体外部分延长3～5厘米，减少阴茎的生理弯曲，将原来固定在耻骨上的隐藏在体内的一部分阴茎体释放出来并突出于体外，从而达到延长阴茎的目的。这种手术可使阴茎勃起时进一步延伸或短小者接近正常的长度，极大地提高性生活质量。

## 三、阴茎延长的手术方法

### （一）切口设计

一般在耻骨联合处设计“M”形切口、或倒“V”形切口，倒“Y”形缝合；也可作“十”字切口。

### （二）处理悬韧带延长阴茎体

切开皮肤和浅筋膜，显露阴茎浅悬韧带，分离韧带两侧的浅筋膜和疏松结缔组织。切断浅悬韧带，分离至深悬韧带并部分或完全切断之，将阴茎海绵体剥离至耻骨弓。在剥离过程中显露阴茎背深静脉，必要时可以切断缝扎。若需进一步延长，可在紧贴耻骨联合的骨面（必要时亦可连同骨膜一起游离）向下分离至深悬韧带，并作部分切断。

### （三）皮瓣覆盖创面

可选用阴股沟皮瓣转移、阴囊中隔皮瓣转移、阴囊皮瓣转移覆盖海绵体延长后的创面。彻底结扎止血后，根据延长海绵体的多少，于阴茎根部拟设计相应大小的皮瓣转移予以覆盖。延长满意后，将皮肤切口交错缝合，以防切断的韧带粘连。

## 四、阴茎延长术的注意事项

1. 会阴区域汗腺丰富，比较潮湿，细菌易于生长繁殖。阴茎阴囊邻近肛门，容易受肠道菌污染，应重视术前准备。术前两天须每晚洗澡并清洗会阴部。手术前一天剃毛，并用1∶2000的苯扎溴胺液或洁尔阴液坐浴。

2. 阴茎浅悬韧带位置表浅，内无重要结构，切断此韧带无需担心；而深悬韧带的纤维束间有阴茎背神经血管走行，操作时应紧贴耻骨弓骨膜分离切断此韧带，以免损伤神经血管，同时注意只能部分切断深悬韧带。可部分剥离两侧阴茎海绵体脚予以进一步延长。

3. 对于阴茎长度的测定，由于常态下阴茎长度受患者精神、体位、室温等环境影响，有0.5～1.0cm的误差，测量时长度应注意以下几个方面：

（1）反复测量，取多次测量值的平均值。

（2）取站立位，室温稳定在20～25℃，室内尽量不要有他人或异性在场。

（3）测量时从阴茎根部腹壁反折部位至阴茎头尿道口，过长的包皮不应计入测量数据。

## 五、阴茎延长术的并发症及处理

（一）瘢痕增生

切口设计不当，缝合张力过大，以及伤口感染炎症后可产生切口增生性瘢痕挛缩。对于瘢痕增生倾向患者或切口炎症易引起切口瘢痕增生者应及时处理，选择合适的切口避免直线瘢痕挛缩。

（二）皮瓣坏死

创面覆盖皮瓣的加压不当、手术止血不彻底、渗液引流不畅等均可影响皮瓣的存活，尤其是尖端易发生缺血坏死，应将尖端尽量修剪成钝圆形，并尽可能避免误伤阴部外浅动脉至阴茎皮肤的分支。坏死面积较小者可通过局部换药使其愈合，否则应作清创缝合或其他皮瓣转移修复坏死组织创面。

（三）阴茎水肿

多由于手术中切断阴茎背浅静脉和淋巴管致使静脉回流和淋巴回流受阻、术后过早下床活动及阴茎异常勃起形成，发现水肿者可及时去医院做相关处理。术后早期肿胀可恢复，然而部分患者可出现历时数月不愈的顽固性水肿。

（四）血肿

多与术中止血不彻底，术后受术者性兴奋阴茎勃起导致伤口裂开、血管破裂有关。术中应严密止血，仔细缝合伤口，术后卧床休息，避免剧烈活动，并适当口服雌激素抑制阴茎勃起。

## 六、阴茎延长术的护理

（一）护理目标

1. 减轻或消除恐惧、焦虑。
2. 缓解疼痛。
3. 预防感染，及时发现和处理潜在的并发症。
4. 帮助受术者了解手术方法、术后效果及手术前后各项注意事项。

（二）护理措施

**1. 术前护理**

（1）术前心理护理：部分受术者因生殖器的形态和功能异常存有自卑心理，害怕正常社交，又担心手术痛苦及术后的效果，心理上紧张而焦虑。术前应热情耐心的与受术者沟通，了解受术者的心理及对手术的期望，认真分析其心理顾虑或恐惧的原因并给予解释和疏导。告知受术者通过手术可以一定程度矫正其异常形态或改善其功能，但很多情况不能彻底纠正，应正确对待，不可心理期望值过高，以免术后失望。要与受术者沟通选择其满意的手术方案。

（2）细心了解病史及体检：尤其注意以往的疾病及是否有家族史，目前状况如何，特别注意术区周围组织的情况。

（3）选择手术时机：对于局部炎症应积极抗炎治疗后再行手术。

（4）医学照相，术前拍摄照片，作为手术前后的对比资料。

（5）遵医嘱行常规术前检查，血常规、尿检查，出、凝血时间测定，胸透、心电图等。

（6）术前常规备皮。

**2. 手术后护理**

(1) 按全麻、椎管内麻醉或局麻后护理常规护理。

(2) 嘱受术者尽量平卧，以利静脉及淋巴液回流，减轻肿胀。术后2个月内禁止性生活。

(3) 密切观察生命体征的变化，注意神志是否清楚，心率及血压是否正常等。

(4) 按医嘱及时使用止血药和抗生素，预防并发症的发生。

(5) 密切观察术区血运情况，发现皮瓣颜色异常或毛细血管充盈时间减慢都要及时通知医生处理。

(6) 若伤口需要包扎时，保持敷料清洁干燥。

(7) 尽量避免异性刺激，以预防阴茎勃起而引发疼痛或出血。

(8) 依据病情适当给予镇静剂或镇痛剂，其他不适，给予对症处理。

(9) 伤口如无异常，一般术后7～10d拆线。

(10) 拆线后及术后3个月再次进行医学照相，与术前进行对比。

# 第五节　阴茎增粗术及护理

## 一、阴茎增粗的手术适应证

正常成人男性阴茎勃起时的周径为8.5～13.5cm。由于内分泌失调所致或不明原因的特发性及先天性阴茎发育不良、外伤或肿瘤术后缺损等原因造成的小阴茎综合征，是常见的男性疾病，通常被认为缺乏男子汉气概，并有可能影响其工作情绪和社会地位。阴茎短小综合征在青春期前可以通过内分泌疗法尝试治疗，但是青春期以后常需要手术治疗。此外，由于近年来生活水平提高，许多正常男性也可主动要求行阴茎增粗以提高性生活质量。对阴茎长度和周径均偏小者，在阴茎延长的同时也可行阴茎增粗术。

## 二、阴茎增粗的手术方法

(一) 自体大隐静脉移植

根据阴茎海绵体长度，切取自体大隐静脉一段，切开分离双侧阴茎海绵体白膜，将自体大隐静脉植入扩大阴茎海绵体周径及体积。本方法的优点是移植自体组织安全可靠，阴茎体大部分可以增粗；缺点是手术操作较复杂、增粗的程度有限，破坏了海绵体白膜的完整性，有导致阳痿的可能，且大腿部会留下手术瘢痕。

(二) 硅橡胶材料置入填充

硅橡胶是整形美容外科常用的组织填充材料，可塑性强，具有疏水性、透气性、耐热性，理化稳定性和物理惰性良好，能耐组织液腐蚀，不被机体代谢、吸收和降解，还有较好的血液和组织相容性，能耐高温高压消毒。硅橡胶假体置入优点是取材容易、操作简单、恢复快、费用低等；缺点是假体较硬，置入后有异物感，并且性生活过于激烈时有皮肤破溃假体外露的可能。不过阴茎皮肤有很大的伸展性和滑动性，如果选择适当大小形状的假体，置入后效果还是良好的。

(三) 膨体聚四氟乙烯移植填充

膨体聚四氟乙烯是整形外科常用的软组织填充材料，其质地、柔软度、组织相容性优于硅橡胶，理化性能稳定、无毒、耐高温和低温、耐化学腐蚀。它容易塑型，材质较硅橡胶材料软，置入后假体与周围组织之间的过渡较平滑，外观、质地更自然。其内部为“节与纤维”的超微多孔结构，可诱导周围的血管及肉芽组织向内生长，假体远期固定效果较好。可从根本上避免术后远期发生假体活动、阴茎皮肤变薄、假体外露的不良效果，是阴茎增粗术较理想的材料。

（四）自体脂肪注射移植

和其他自体脂肪注射移植组织填充的原理一样，将自身的脂肪抽吸出来然后注入阴茎皮下，一般所用的自身脂肪为腹部的皮下脂肪。自体脂肪移植具有组织来源方便、安全可靠、组织相容性好、手术操作简便、无排异反应、无异物感等明显优点，术后再行其他材料增粗术也不会受到影响。但因为自体脂肪移植后吸收较明显（可达 70%），术后效果难以估计，需多次反复补充移植，容易形成结节或肿块。

（五）自体真皮组织移植

自体真皮组织游离移植行阴茎增粗术是目前认为比较好的增粗方式，将自己身体某部位如侧胸腹部、臀下沟等处真皮组织或带部分脂肪组织的真皮片取出，单层或多层叠加游离移植于阴茎皮下，达到增粗的目的。自体真皮容易获取及塑型，安全可靠，无排异反应，植入后能很快在受区生长融合，不易变形和移位，术后外观不满意者易行二次修整。其不足之处在于手术操作复杂，需开辟第 2 术区，供区皮肤遗留瘢痕，也存在吸收的问题（术后吸收率 20%～30%）。

## 三、阴茎增粗术的注意事项

（一）术前准备

1. 术前需做全面的检查，有糖尿病、高血压、甲亢、心脏病等重大疾病不宜行此手术。会阴部有炎症或性病者要先行治疗，以防造成感染导致严重后果。男性阳痿患者单纯行此手术并不能改善性功能状况。

2. 术前不要服用阿司匹林等抗凝血类药物。

3. 术前两天每晚清洗外阴，术前一日剔除毛发，注意勿损伤皮肤，并用 1∶2000 新洁尔灭坐浴，尽可能减少外阴部的细菌量。

（二）术中注意事项

1. 术中操作轻柔，勿损伤重要血管及神经，置入假体时，层次要分明，应置入在阴茎深筋膜与白膜之间，注意勿损伤白膜及海绵体。

2. 置入的假体大小适当，如假体过大过厚易出现异物感，增加皮肤破溃的可能，假体厚度一般不超过 5mm。

3. 阴茎皮肤在常态下因为松弛折叠，切口缝合后容易内翻，缝合时采用褥式缝合较安全。

（三）术后注意事项

1. 留置导尿管 1～3d，术后 24h 观察阴茎皮肤血运、肿胀情况。

2. 术后早期严格卧床休息，制动，以利于阴茎静脉血及淋巴液回流，促进水肿消退。

3. 术后早期入睡前口服雌激素，以免阴茎勃起引起疼痛和出血、影响愈合。

4. 术后 2 月内禁止性生活。

## 四、阴茎增粗术的并发症及处理

（一）水肿

因手术切断了阴茎背浅静脉甚至阴茎背深静脉及其属支，导致阴茎包皮系带淋巴回流受阻可出现术后包皮水肿，一般水肿于2～3周消退。如水肿经久不褪，可用无菌针多次穿刺放出包皮系带潴留之淋巴液以利于其恢复。

（二）出血或血肿

术中操作动作粗暴、损伤组织过多，止血不彻底，术后剧烈运动、勃起等可导致血管破裂出血。轻度血肿可加强引流、包扎促进止血和恢复，严重者需再次手术切开止血。

（三）材料外露

多发生于硅橡胶材料移置后，材料设计过大、过厚，术后早期行性生活且动作剧烈，导致材料穿出破溃的皮肤。一旦发生材料外露、感染保守治疗基本无效，需及时将材料取出，二期再行增粗手术。

（四）感染

术中无菌观念不强，创面污染，材料消毒不严，术后伤口护理保护不当可出现炎症感染。轻度炎症可保守治疗，静脉应用抗生素，局部换药及理疗促进炎症消退；严重感染者需取出移置材料、促进伤口愈合恢复后待二期再行手术。

## 五、阴茎增粗术的护理

（一）护理目标

1. 帮助受术者了解手术方法、术后效果及手术前后各项注意事项，若取自体组织移植时，需说明供区恢复时间。

2. 减轻或消除恐惧、焦虑。

3. 缓解疼痛。

4. 预防感染，及时发现和处理潜在的并发症。

（二）护理措施

**1. 术前护理**　同阴茎延长术。

**2. 手术后护理**

（1）按全麻、椎管内麻醉或局麻后护理常规护理。

（2）嘱受术者，严格卧床休息。术后两个月内禁止性生活。

（3）密切观察生命体征的变化，注意神志是否清楚，心率及血压是否正常等。

（4）按医嘱及时使用止血药和抗生素，预防并发症的发生。

（5）保持留置导尿管通畅，每日用消毒溶液消毒尿道口。

（6）严密观察术区血运，肿胀情况，发现异常及时通知医生处理。

（7）若有假体置入者，观察是否有假体外露，任何原因所致假体外露都应及时通知医生处理。

（8）尽量避免异性刺激，以预防阴茎勃起而引发出血及血种。

（9）依据病情适当给予镇静剂或镇痛剂，其他不适，给予对症处理。

（10）伤口如无异常，一般术后7～10d拆线。

(11) 拆线后及术后3个月再次进行医学照相,与术前进行对比。

## 第六节 性别分化异常

人有男、女两性之别,男性、女性主要按生物学上的差异来区分。男女两性在生物学上的差异是多方面的,包括染色体组型、性腺、性激素、生殖器结构等。从生物学上来看,男女性别主要以生殖器及第二性征来区分,当某些因素导致生殖器官发育不良或畸形时,就会导致性别分化异常。

### 一、性别诊断标准

(一) 染色体性别

染色体性别又称基因性别,正常人体细胞中含有23对染色体,其中22对是常染色体,1对是性染色体,男性为XY,女性为XX。染色体性别决定性腺性别(男性为睾丸、女性为卵巢),性腺性别决定表型性别(男女生殖器官在结构方面的差异及第二性征)。三者互相依存、协调统一,其中任何一个环节异常,均可导致性分化异常。以上3种因素中,染色体性别在性分化中起决定性作用。当X或Y染色体数目与结构异常时,称为性染色体异常。染色体数目异常,包括不分离畸形、嵌合体和非整倍体;染色体形态和结构的畸变,包括缺失、等臂、环形、异位等。

(二) 性腺性别

性腺性别是指在性腺水平上表现的性的差别(女性性腺为卵巢、男性性腺为睾丸)。性腺通过其所产生的激素,对性别的分化发育,以及与性有关的结构、功能的形成发挥着重要调节作用。在胚胎发育早期,男女生殖腺均起于源中胚层的生殖嵴,原始性腺分为皮质与髓质两部分,在男性胚胎中因为有Y染色体的存在,髓质发育、皮质退化而形成睾丸;在女性胚胎中,皮质发育、髓质退化而形成卵巢。

(三) 生殖器性别

生殖器性别又称表现型性别,是指由生殖器类型所决定的性别。男性生殖器由附睾、输精管、精囊、射精管、阴茎、阴囊等组成,女性生殖器由输卵管、子宫、阴道、阴唇、阴蒂、阴道前庭等组成。男女两性的生殖器,尤其是外生殖器,因其在出生时即成形,并且显而易见,故是区分男女的主要解剖学依据,故被称为主性征或第一性征(女性乳房发育、男性喉结增大等作为区分性别的非生殖器官第二性征)。一般性分化异常的患者往往存在不同程度的内、外生殖器畸形。外生殖器的畸形容易被发现。然而在胚胎发育过程中,男女两种性别的生殖器都来源于共同的始基,使畸形生殖器常常介乎男女之间,所以容易造成性别混淆和抚养性别错误。

(四) 激素性别

体内性激素的水平也表现着明显的性别特征,即为激素性别,性别的分化与发育受性激素及其相关激素如皮质类固醇激素的调节与影响。女性的性腺是卵巢,主要分泌雌激素。人体内最重要的雌激素有雌二醇、雌三醇和雌酮3种,其中雌二醇的活性最高,雌酮次之,雌三醇最弱。一般认为雌二醇是真正分泌的雌激素,雌三醇则只是雌二醇的代谢产物。男性的性腺是睾丸,主要分泌雄激素,具有雄激素的类固醇有多种,重要的有睾酮、雄烯二酮、脱氢表雄酮和雄酮4种，其中以睾酮的活性最高。

（五）脑性别

中枢神经系统某些部位也有男女性别上的差异，即称为脑性别。女性丘脑下部存在着促性腺激素释放激素的两个中枢：一个是持续中枢，另一个是周期中枢。周期中枢是女性所特有的，它控制着卵巢周期和月经周期；男性只有持续中枢。有研究表明，人脑性别分化的时间是在外生殖器分化完成以后。在不同性别的个体，人脑有着不同的结构与功能。

（六）社会性别

社会性别包括公民性别、抚养性别和自认性别。婴儿出生时，接产医护人员认定性别，填写出生证，向公安户籍管理部门登记的性别为公民性别，性别一经户籍注册，终身不变；孩童在成长过程中，父母按认定性别抚养其成人的性别为抚养性别；从懂事起，对自我确认的性别为自认性别。对于性分化异常者，随着年龄增长可发生一系列表型改变，应早期（最好在2～3岁前）进行诊断，作出正确的性别再认定和相应的处理。

## 二、性别分化异常的分类

（一）男性假两性畸形

男性假两性畸形是指核型为46，XY，性腺为睾丸，但外生殖器不完全男性化的一类疾病。男性假两性畸形由睾酮分泌缺陷或其生物学效应缺陷所致。病因包括：①睾丸分化缺陷。②睾丸分泌睾酮或副中肾管抑制因子障碍。③靶组织对睾酮或双氢睾酮反应丧失。④睾酮向双氢睾酮转变障碍。

（二）女性假两性畸形

女性假两性畸形是指核型为46，XX，具有正常卵巢和副中肾管结构，但外生殖器含混或呈男性化者。女性假两性畸形的常见病因主要有先天性肾上腺皮质增生和母体（在妊娠期间）雄激素与孕激素过多。怀孕期间女性胚胎如暴露于高水平的性腺外来源的雄激素环境之中，可发生男性化，男性化程度取决于暴露于高水平雄激素时胚胎的分化阶段。

（三）真两性畸形

真两性畸形病人的核型60%为46，XX；20%为46，XY，其余的为多种嵌合体，包括：46，XY/45，X；46，XX/46，XY；46，XX/47，XXY；46，XX/46，XY/47，XXY；46，XX/48，XXYY；46，XX/47，XXY/49，XXYYY；47，XX·i（Yq）/46，XX/45，X；47，XXX/46，XX等多种。患者同时具有睾丸与卵巢两种性腺组织的状况，两种性腺组织可并存于一个腺体之中，形成卵睾，也可分开存在。真两性畸形病人的内、外生殖器的分化变异很大。外生殖器可看似男性或女性。也可模棱两可。常见隐睾和尿道下裂。如有睾丸或卵巢存在，通常是位于阴唇阴囊皱襞内（有1/3患者）。所有患者均有子宫存在，但可能是发育不全或单角子宫。

除此之外，还有一些临床综合征，如Klinefelter综合征、Turner综合征等也以性别分化异常为主要临床特征。

## 三、性别分化异常的诊断

（一）外阴发育异常

性别分化异常患者多因原发性闭经或外阴发育异常而就诊，特别是婴幼儿的外生殖器异常，尤其是性别难辨时，要考虑到性别分化异常的可能性。如果男孩出现尿道下裂、外生殖器异常、隐睾,女孩出现腹股沟包块、腹股沟疝、阴蒂肥大也应考虑性别分化异常。

（二）病史与体格检查

详细询问患者的病史、家族史、患者母亲的妊娠史,特别是雌激素或雄激素的用药史。详细检查患者的外生殖器,包括直肠指检等,同时检查患者母亲有无雄性化。体格检查中除注意患者的体态、毛发分布、有无喉结和乳腺发育外,性腺的触诊及详细的外生殖器检查亦十分重要。乳晕、阴唇、阴囊皱襞色素沉着过多,提示先天性肾上腺皮质增生。如在阴唇、阴囊皱襞或阴囊内有性腺时,则可排除女性假两性畸形(因卵巢下降至阴囊内很罕见),一般睾丸质地较软,卵巢较硬。如性腺部分较软而另一部分较硬时,则卵睾可能性较大;鉴别尿道下裂的阴茎与肥大的阴蒂,可根据系带来区别,通常阴茎腹侧中线有一条系带,而阴蒂腹侧中线两侧各有一条系带。

（三）性染色质检查

正常女性细胞核的性染色质可在口腔黏膜细胞、阴道细胞、尿沉淀细胞、皮肤组织等处检查到,称为性染色质阳性;正常男性多不能查到,称为性染色质阴性。但这种方法的假阳性率及假阴性率均较高。

（四）染色体检查

包括染色体总数、性染色体、异常染色体等。目前最常用的材料为周围血液的白细胞,或取骨髓进行培养,亦可用睾丸及皮肤组织。为避免遗漏嵌合体,检查的组织一般应在两种以上。

（五）生化检查

有助于先天性肾上腺皮质增生的诊断。如血浆 17α-羟孕酮、雄甾烯乙酮、脱氢、表雄酮、睾酮和双氢睾酮水平等的检查。

（六）H-Y 抗原的血清免疫学检查

这是确定睾丸 Y 或含有男性决定基因的 Y 碎片的一种较为敏感的试验。正常男性的染色体和生殖细胞均含有 H-Y 抗原,而女性的染色体和生殖细胞则不含这种物质。H-Y 抗原与睾丸分化和男性发生有密切关系。因此,若细胞染色体检查未见 Y,而血清免疫学测定 H-Y 抗原呈阳性,则仍可说明具有男性决定基因。

（七）内窥镜和影像学检查

肾脏及盆腔脏器超声、MRI 检查、内镜和放射学检查,可了解尿生殖窦、内生殖管道、肾上腺和腹腔内性腺等情况。

## 四、性别分化异常的治疗原则

（一）性别选择

对所有两性畸形病人的处理目标是明确诊断,并指定一个能使病人更好地适应社会生活及获得充分性发育的抚养性别。性别的指定应根据确诊时的年龄、外生殖器的畸形程度与功能状况、性身份的稳定性、病人家长的愿望、治疗的难易等因素综合考虑。一旦抚养性别被指定,应通过适当的整形手术、激素治疗及心理调适等措施强化病人相应的性身份及性角色。

（二）性别再赋

为性别分化异常的两性畸形病人重新指定一种与以前抚养性别相反的性别，称为性别再赋。这是一个困难的社会心理问题。一般而言，对小于2岁的病人，重新指定性别较易成功，但对大于2岁者，性别再赋可能会带来一些后续性的心理和行为障碍。因此，对性别再赋应持非常慎重的态度，对性别再赋后的病人应提供长期的医疗和心理监测与咨询。

（三）性别器官重建手术

对两性畸形病人，于出生后6～12个月时施行外生殖器整形手术较为理想。作为女性抚养的儿童，应保留阴蒂。如阴蒂肥大，可行阴蒂缩小成形术。如需再造阴道，可推迟到青春期施行。对患有不完全性抗雄激素综合征并作为女性抚养的病人，或患睾酮生物合成障碍并将会在青春期发生某些程度男性化的病人，应在青春期前切除性腺。两性畸形应经手术或药物治疗后成为单一性别并具性生活功能，因为根据患者外生殖器的解剖特点选择性别将有助于手术的进行，因此通常选择女性，这将有助于阴道成形术的实施，即使核型为男性亦不例外。

（四）激素替代治疗

对作为女性抚养并有子宫的病人，可在适当时期行周期性雌激素和孕激素替代治疗；按男性抚养者，长期应用睾酮以获得男性化。

（五）心理治疗

对两性畸形病人，是按男性还是按女性进行治疗，需根据多种因素决定。其中，抚养性别是首要的，染色体和性腺性别是次要的。研究表明，抚养性别与染色体性别不协调的个体，只要在关键的早年时期其抚养性别被家庭和其他人接受和确认，他（她）仍可发育为一个具有很好适应能力的男人或女人，并具有正常人的性交能力。

## 第七节　性心理异常

男、女两性除了生物学上的差异区分外，在心理活动和社会生活方面也各具特征。生物学方法通常根据染色体、性腺和生殖器等多个因素判定性别，也即生理性别的确定方法；心理学方法根据一个人的心理或意愿来确定本人的性别，即心理性别的判定方法。通常而言，一个人的生物学性别与心理性别是一致的，但两者也可能表现不相一致。当两者出现不一致时，既在心理上感觉自己是异性，又渴望改变自己的生物学性别，即为性心理异常，这种现象就被称之为“易性癖”或者“易性病”，即“个体性别的自我认知障碍疾患”，需要加以医学治疗。

### 一、性心理异常的病因

性心理异常的发病机理尚未完全揭开，多数学者认为其病因是多方面的。有研究证实，该病与遗传、生理、心理、环境、基因，甚至和儿童期的性别识别误导等相关。比较成熟的说法为遗传与内分泌异常，主要指性激素水平异常。研究发现，有变性欲望男性的丘脑里面的ST细胞丛（性别识别中心）在发育过程中发生病变，使该细胞丛发育不完全，比正常人少一半，大脑指挥人倾向女性思维，表现出明显的病态症状，从而导致易性癖，因此也有人称该病为大脑皮层性别易位症。

## 二、性心理异常的临床表现

性心理异常的临床表现主要反映在性别同一性障碍、性角色反常和性定向倒错等方面。

（一）性别同一性

是指一个人对自己的性别自认与其解剖学性别一致。但易性病者则相反。男性易性病者认为自己是套在男人躯壳里的“女人”，而女性易性病者则感到自己是锁在女人身体内的“男人”。

（二）性角色

性角色是用于表现性身份的行为终极，也即性身份的公开表现。易性病者常以异性角色表现自己，如穿着异装、蓄异性发型、从事主要由异性承担的工作等。他（她）们的语言、声音、姿势、兴趣与爱好等也常带有异性的特色，渴望完全按异性角色去生活，但受到身体的妨碍，因此非常厌恶自己的身体，尤其憎恨自己的生殖器官。

（三）性定向

性定向是指性活动的指向。正常人其性定向为异性，但易性病者则指向同性。他（她）们不为异性所吸引，却常为同性动情。当与同性发生性关系时，自认为是异性恋行为，否认是同性恋者。

## 三、性心理异常的诊断与鉴别诊断

性心理异常的诊断主要依靠临床表现，一般均参照美国精神疾病协会1980年出版的第3版《精神疾患诊断和统计手册》的诊断标准，即：①对自己的解剖学性别有不舒服的感觉。②希望去除自己的生殖器并按异性成员生活。③这种心理失常至少已持续两年。④没有生理上的两性畸形或基因异常。⑤不是由其他疾病如精神分裂症所致。

易性病须与下列疾患相鉴别：

**1. 异装癖** 是指喜欢穿着异性服装，并以此获得性兴奋者，几乎都是男性。他们的心理性别和解剖学性别一致，一般不要求转性手术，性定向是异性。

**2. 同性恋** 同性恋者的性定向为同性，但一般无性别自认障碍，不厌恶自己的生殖器，罕有要求转性手术者。

**3. 精神病** 某些精神病，如精神分裂症和抑郁症，常有固定不变的性别幻想，但精神病人一般均有行为、知觉、思维、情感和智能等方面的障碍，因此通过详细的精神检查能够排除。

**4. 反社会病态** 反社会病态是指各种异常社交行为表现的一种状况，指自童年或青少年开始即有犯罪和失职行为（如病理性说谎、不负责任、难以维持人与人之间关系）而又无自责悔恨之心的人。其中也有要求转性手术者，目的是通过这种方式成为所谓的“知名人士”，并不是真正想变为异性。

## 四、性心理异常的治疗

（一）心理治疗

性心理异常首先是一种心理精神疾病，采用精神分析治疗、行为治疗以及相应的药物治疗等一系列综合措施可改善，但病人常不配合，不易接受。真正的易性癖患者只有用手术方法才能最后解决问题。

（二）手术治疗

就是利用整形外科手术，切除其原有的外生殖器改成异性的结构并切除性腺，同时进行表形重塑,以符合其自我性别的认定,消除其性别身份识别障碍,使之达到心理平衡。手术治疗是易性癖患者解除心理巨大痛苦、获得自己期望的社会性别的最佳办法。但不是所有的易性癖患者都可以做手术,只有对那些病史长、症状典型,已严重影响生活乃至生命者,才可考虑实施变性手术。

## 五、变性手术

（一）术前准备

一般认为病人必须具备以下条件才能进行手术。

1. 病人必须提供一份由精神病院及在心理研究所专门从事心理专业并经特殊训练的临床心理科医生提供的易性癖诊断书,并附有诊断时所测试的检查表;患者要求手术的想法要有5年以上且无反复,以自选性别生活3年以上,门诊咨询谈心3次以上,做到慎之又慎。

2. 外科手术前必须在心理科及变性手术医师指导下,服用6个月以上的异性性激素药物,病人在服用性激素期间无不安或不适。

3. 病人必须出具由其父母或其他亲属签字的书面变性手术同意书。

4. 法律机关(公安局或派出所)出具证明,同意医生在施行变性手术后更改其出生性别。

5. 病人书写一份病史及自己要求变性的申请书。

（二）变性手术的原则与方法

原则是先行建设性手术,后行毁损性手术,这样可给患者留有余地,以便其认真考虑是否要完成全部变性手术。一般提倡分期手术。

**1. 男性易性术**　男性转变为女性的易性手术称男性易性术,包括阴茎睾丸切除、阴道再造、阴蒂再造、阴唇成形、尿道口成形、隆乳术、喉结整形术等。手术宜分期进行,亦可一次完成。在男性易性术中,再造一个形态与功能满意的人工阴道最为重要,常用再造方法包括阴股沟皮瓣法、皮片移植法、乙状结肠或回肠代阴道法等,也有用阴茎皮瓣、阴囊皮瓣法再造阴道的方法。

**2. 女性易性术**　女性转变为男性的易性手术称为女性易性术,其手术较为复杂,难度大,需多次手术才能完成,疗程长。手术包括:①乳腺切除、乳头整形使乳房男性化。②内生殖器的切除,涉及卵巢、输卵管、子宫和阴道黏膜的切除;内生殖器切除的同时,以阴道前壁肌膜瓣或小阴唇瓣行尿道延长及尿道口上移术。③阴茎再造,包括尿道成形、支撑组织植入、阴茎体成形3部分组成,其中最难的是尿道成形。阴茎再造方法有多种,包括:腹部双皮管阴茎再造术、下腹部正中皮瓣法阴茎再造术、髂腹股沟皮瓣阴茎再造术、腹壁双血管蒂皮肤筋膜瓣阴茎再造术、脐旁皮瓣阴茎再造术、前臂游离皮瓣阴茎再造术等。

总之,性心理异常的治疗和变性手术是一个多学科通力协作综合治疗的概念,涉及心理学、内分泌学、外科学等领域。如何使心理、激素等非手术治疗进一步发挥作用甚至起主导作用,以及能否完全代替手术,需进一步探讨;同时继续研究易性癖病因,尽可能早日做到对因治疗,使患者能更好地适应并融入社会。

（医疗部分:曹　川;护理部分:史静娴）

# 第6章

# 四肢美容修复术及护理

学习要点

1. 掌握先天性指(趾)畸形及拇外翻的临床表现及术后护理。

2. 熟悉先天性指(趾)畸形及拇外翻的手术适应证。腋臭的病因、治疗方法。

3. 了解先天性指(趾)畸形及拇外翻的手术方法。

**案例** 患儿张某,男,7岁,出生时发现右拇指外侧多了1个手指,该手指仅以狭长的皮蒂与右拇指相连,拇指的功能良好,既不耽误吃,也不耽误玩,因此,家长也没太在意。随着年龄逐渐增大,到了上学年龄,但去学校几天后孩子无论如何不愿意再去上学,因为周围小朋友对张某的多指畸形非常好奇,经常嘲笑他。更为严重的是,后来张某常常离群独居,见了任何人也不愿意打招呼,甚至不说话。有人甚至说这孩子变傻了。父母这才非常着急带他四处看病,结果,除了拇指多指畸形外,什么病也没查出来。医生告诉患儿父母,如果采取手术切除多指畸形后,结合心理治疗,张某就会好起来。这是为什么?

四肢美容手术包括对先天性畸形及后天因创伤等原因引起的功能障碍和(或)形态异常进行美容修复手术。一般来讲,上肢先天性畸形较下肢多见,最常见的为手部先天性畸形。

## 第一节 先天性多指(趾)畸形美容修复术及护理

先天性多指畸形是指正常手指以外的赘生手指或手指的孪生畸形。多指畸形是最常见的手部先天性畸形,约占上肢畸形的39.9%,其发病率约为1‰,男性几乎是女性2倍,可以与并指同时存在,有遗传因素。可以是单个手指多指,也可以多个手指多指。桡侧多指畸形较常见,而尺侧多指及中央型多指少见。

### 一、临床表现

根据其临床表现可分为4种类型:①仅为多出之软组织块,无骨、关节及肌肉;②附指,与掌骨头形成关节或掌骨头分叉又自成一关节;③完全的多指,独立、自有完整的掌骨;④手的大部分成分的孪生畸形,包括3个以上手指或掌骨的赘生,没有正常拇指,其形态如同镜影同时存在于一个前臂的远端,又名"镜影手"。

### 二、手术适应证

1. 如多生手指仅以狭长的皮蒂与正常手指相连,在出生后任何时期均可施行手术切除。

2. 如多生手指有骨关节、肌腱和神经血管束与正常手指相连,需施行关节囊、肌腱等较复杂的手术，可推迟到学龄前施行手术。

3. 如需施行骨关节等手术，可待骨骺发育接近停止或成年后施行。

## 三、治疗原则

术前应行 X 线摄片检查，明确多指的近端骨骼与主指的关系，截去发育较差的手指，建立一个有两个指骨合并而成的结构稳定的掌指关节。并将骨排列成行、肌腱集中成一束，尽量恢复正常手外观，使手指具有较大的活动范围，并使手指持物时指腹稳定，恢复抓握功能。

## 四、手术方法

1. 根据多生手指的外形、位置、结构以及和正常手指的关系，结合 X 线检查，决定多生手指切除的部位和方式。

2. 如多生手指发生在拇指侧，主要的神经、血管、肌腱偏于多生手指内，手术时应注意保留。

3. 正常拇指的肌腱或内在肌，如果其止点在多生手指上，在切除多生手指时，应将肌腱或内在肌止点移位在正常拇指上。

4. 多生手指的基底如位于正常拇指的掌指关节或指间关节囊内，切除多生手指时，应保留附着在多生手指的关节囊和韧带，在切除多生手指时，应重新修复关节囊和韧带，以保持拇指关节的稳定性。

5. 如拇指的关节过于偏斜，可同时施行楔形截骨矫正，或留待以后施行关节融合术矫正畸形（图 2-6-1）。

6. 拇指末节分叉畸形，可将分叉的中央部分，包括指甲和指骨作楔形切除，然后将两侧部分向中央并拢固定。

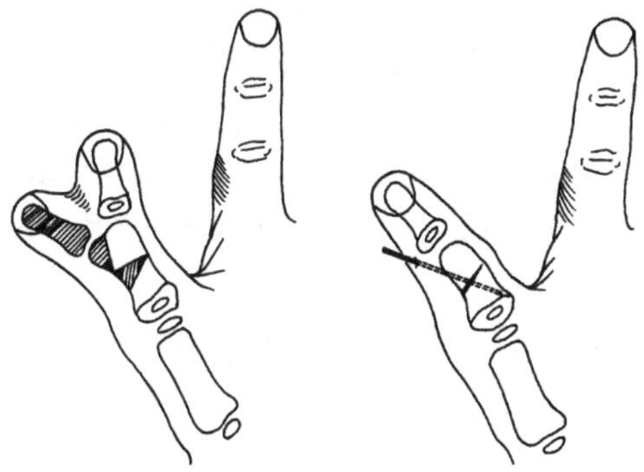

图 2-6-1　拇指末节重复，桡侧发育小的多生指切除术

## 五、术后护理

（一）护理目标

1. 皮肤温度和颜色保持正常，末梢动脉搏动有力。
2. 疼痛逐渐减轻直至消失，感觉舒适。
3. 修复后指（趾）外形及功能良好。
4. 未发生感染。

（二）护理措施

**1. 术前护理**

（1）评估健康史、遗传史、家族史，胚胎时期有无发育异常及外界因素（营养、药物、放射、创伤、疾病）的影响。

（2）向患者及家属讲解手术的重要性及必要性，解释手术的目的、方法、注意事项。了解患者及家属对手术的要求，做好思想工作，消除其紧张情绪，增强战胜疾病的信心，能积极配合手术。

(3) 辅助 X 线检查,了解指(趾)骨骨质关节情况,检查呼吸系统、心血管系统有无畸形,常规检查血常规、凝血功能、肝肾功能、心电图等,确保手术安全。

(4) 术前检查局部皮肤完整,无破溃、炎症等,术前 3d 每日温水泡手(脚)15min,消除污垢,清洁皮肤。术前 1d 淋浴,修剪指(趾)甲。

(5) 全麻患者禁食 8 ~ 12h,禁饮 4h,以防因麻醉或手术刺激引起术中及术后呕吐,从而污染术区、导致吸入性肺炎或窒息。

(6) 术前药物过敏试验,术前 30 min 遵医嘱用药。

**2. 术后护理**

(1) 全麻术后护理常规,密切观察生命体征。

(2) 患肢石膏固定制动,卧床休息,抬高患肢高过心脏水平,以促进静脉回流,减轻肿胀与疼痛。

(3) 观察患肢末梢血运、皮肤颜色、温度、肿胀、感觉运动及渗血情况,如患者感患肢如针刺疼痛,局部皮肤颜色发绀,发白,应及时告知医生检查包扎是否过紧,予及时松解。

(4) 保持敷料固定在位、清洁干燥,如有渗湿,应及时更换。如有植皮或皮瓣,患指(趾)减少活动,冬天注意保暖,以利于植皮及皮瓣成活。

(5) 患肢固定部位有无受压及压疮,患肢下垫软枕,及时变换体位,预防压疮的形成。

(6) 遵医嘱补液抗炎止血对症支持治疗。

(7) 高蛋白、高维生素饮食,加强营养,促进伤口恢复。

(8) 术后 12 ~ 14d 间断拆线,有游离皮瓣或植皮者,拆线后继续包扎或压迫 1 周。

**3. 出院指导**

(1) 制定功能锻炼计划,教会患肢锻炼的时机与方法,指导患者及家属术后 3 周开始进行功能锻炼,坚持半年以上,循序渐进,以促进指(趾)发育,防止挛缩,增加肌力,最大限度恢复指(趾)功能。

(2) 冬季注意保暖,防止局部受凉后挛缩而影响血液循环。

(3) 避免局部过度受压,因术后早期患肢对温度不敏感,避免与过热物体接触,防止灼伤。

(4) 预防瘢痕增生,戴弹力套加以压迫。

(医疗部分:赵敬国;护理部分:吴 彤)

## 第二节 先天性并指(趾)畸形美容修复术及护理

并指(趾)畸形是指两个或两个以上手指先天性病理相连,是上肢先天性畸形中最常见的一种。在新生儿中发病率为 1/3000,男 : 女 = 2 : 1,半数为双侧并指,约 10% 有家族史。

### 一、临床表现

根据手指并连的程度不同,可以将并指畸形分为以下几种:①仅皮肤软组织相连,分别具有单独指骨。②仅指端指甲相连,且为单独指骨。③皮肤、软组织、指骨均相连,但指骨无明显短缺。④除骨融合外,还存在指骨或(和)掌骨发育不良,指间关节融合强直等畸形。

## 二、手术适应证

1. 并指关节在同一水平，功能良好，且无发育障碍，尽量推迟施行手术，效果会更好。因为儿童生长发育快，过早手术，术后瘢痕赶不上手的发育，逐渐发生挛缩，常需再次手术修复。

2. 如果并连指关节不在同一水平，手指彼此影响屈曲活动和手指发育时，可以提前3～4岁时施行手术。

## 三、手术方法

1. 对于3个或4个手指的并指，应分期施行分指术，先将中间相连的手指分开，以后再将邻近的另一指分开。

2. 切开并连两指的皮肤切口，应作成锯齿状，避免作直线切口，否则，会形成皮肤瘢痕挛缩。

3. 重建指蹼，采用并指基底部背侧和掌侧的两个等腰三角形皮瓣或用矩形皮瓣重建指蹼(图2-6-2)。

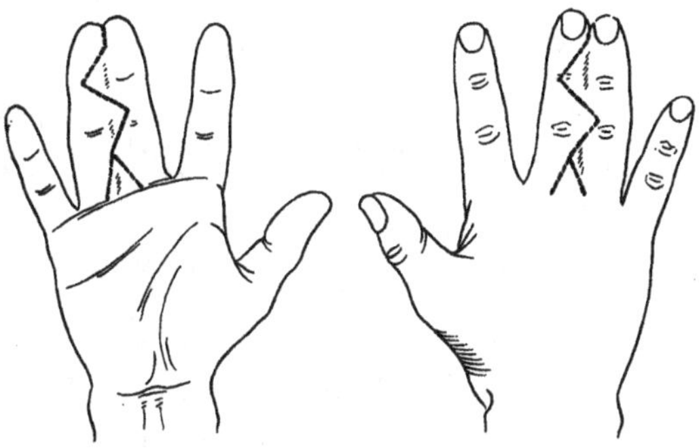

图2-6-2　并指畸形分指术切口设计

4. 末节指骨相融合的并指，在分离末节时，需同时在指腹局部切取一个皮瓣和一个皮下组织瓣，分别覆盖两个骨质外漏的创面，然后在皮下组织瓣上施行游离植皮。

5. 并指中的血管神经束常有变异，在分指时，应将指神经尽可能保留于示指、中指和环指的桡侧及小指的尺侧，便于在手指对指捏物时有较好的感觉功能。

## 四、术后护理

### (一) 护理目标

1. 皮肤温度和颜色保持正常，末梢动脉搏动有力。
2. 疼痛逐渐减轻直至消失，感觉舒适。
3. 修复后指(趾)外形及功能良好。
4. 未发生感染。

### (二) 护理措施

**1. 术前护理**

(1) 心理护理：与患者及家属沟通，讲解手术的重要性及必要性，解释手术的目的、方法、注意事项。了解患者及家属对手术的要求，做好思想工作，消除其紧张情绪，增强战胜疾病的信心，能积极配合手术。

(2) 指导家属为患儿完善术前检查，如心电图、血液检查、血管造影、X线检查等，了解指(趾)骨骨质关节情况，检查呼吸系统、心血管系统有无畸形，确保手术安全。

(3) 皮肤准备：检查局部皮肤完整，无破溃、炎症等，术前3d每日温水泡手(脚)15min，消除污垢，清洁皮肤。术前1d淋浴，修剪指(趾)甲。

(4) 患者禁食8～12h，禁饮4h，婴儿在术前4h禁止哺乳以防因麻醉或手术刺激引起术中及术后呕吐,从而污染术区、导致吸入性肺炎或窒息。

(5) 药物过敏试验,术前30min遵医嘱用药。

**2. 术后护理**

(1) 臂丛或全麻术后护理常规,密切观察生命体征,并及时记录。

(2) 石膏固定制动,卧床休息,抬高患肢高过心脏水平,以促进静脉回流,减轻肿胀与疼痛,以利于伤口恢复。当患者可下床活动时用三角巾或绷带悬吊于胸前。

(3)密切观察患肢末梢血运、皮肤颜色、温度、肿胀、感觉运动及渗血情况,如患者感患肢如针刺疼痛,局部皮肤颜色发绀,发白,应及时告知医生检查包扎是否过紧,予及时松解。

(4) 敷料固定在位、清洁干燥,如有渗湿,应及时更换。

(5) 植皮或皮瓣,患指(趾)减少活动,冬天注意保暖,以利于植皮及皮瓣成活。

(6) 患肢固定部位有无受压及压疮,患肢下垫软枕,及时变换体位,预防压疮的形成。

(7) 遵医嘱补液抗炎止血对症支持治疗。

(8) 高蛋白、高维生素饮食,加强营养,促进伤口恢复。

(9) 12~14d间断拆线,有游离皮瓣或植皮者,拆线后人继续包扎或压迫1周。

**3. 出院指导**

(1) 制定功能锻炼计划,指导患者及家属术后3周开始进行功能锻炼,坚持半年以上,循序渐进,以促进指(趾)发育,繁殖挛缩,增加肌力。

(2) 冬季注意保暖,防止局部受凉后挛缩而影响血液循环。

(3) 避免局部过度受压,因术后早期患肢对温度不敏感,避免与过热物体接触,防止灼伤。

(4) 预防瘢痕增生,戴弹力套加以压迫。

(医疗部分:赵敬国;护理部分:吴　彤)

## 第三节　先天性巨指(趾)畸形美容修复术及护理

先天性巨指畸形又称巨指症,是少见的先天性畸形。一般有两种类型。一种是手指的所有结构,包括骨骼、肌腱、神经血管等均成比例地增大;另一种是并发于神经纤维瘤病、淋巴管瘤或血管瘤等疾患中。病因不明,无家族史。

### 一、临床表现

先天性巨指畸形多发生于食指和中指,其次为拇指,极少发生于环指和小指。典型的巨指畸形,常因手指半侧过度肥大使手指呈弧形向侧方偏斜,形成典型的楔形肥大。在手指偏位生长过程中,受累手指一侧相应的指掌侧总神经或指掌侧神经发生肥大、变粗变长,并以脂肪浸润的方式弯曲行走,受累神经的神经成分相应增加,但其髓鞘则发生退行性变化。受累的手指及手掌的皮下脂肪发生过度增殖,脂肪小叶变大并被邻近的结缔组织牢固地固定。此外,受累手指的指骨成骨发育受到影响,骨成熟加速,常发生骨软化和钙化,导致指骨和掌骨增粗、变长,影响关节的发育和屈伸功能。

先天性巨指畸形一般在婴幼儿时期即可发现受累的手指较正常手指粗大,随着患儿的生长发育逐渐发展,但其生长速度各患儿之间差异颇大,一般生长最迅速在12~16岁,到青春期或成年时通常停止生长。由于手指进行性的巨大畸形，患指的感觉和运动功能受限或完全丧失，常给患者造成严重的心理障碍，要求治疗的愿望十分迫切。对于已明显粗大畸形的手指，无论采用何种手术方式，均很难在外观和功能上获得满意的效果。

## 二、手术适应证

在生长发育过程中，畸形明显并严重影响功能及外观者。

## 三、手 术 方 法

1. 对于手指单纯增粗，畸形轻微的婴幼儿患者，可以施行软组织切除术，将增殖的皮下脂肪及过多的皮肤切除。同时将受累增粗的指掌侧总神经或指掌侧神经切除，或作大部分切除，但保留一小部分神经组织的连续性，以便使残留的神经仍保留有较好的感觉支配，同时可以阻止手指的过度生长（图2-6-3）。

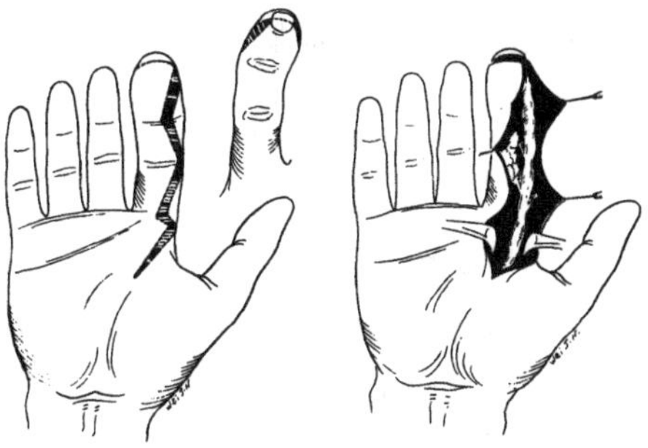
图2-6-3　先天性巨指畸形软组织切除术

2. 对于年长的患者，手指不仅出现较明显的增粗、变长，同时向侧方偏斜。可以采用上述软组织手术的同时，或分期施行，将手指末节缩短，切除部分巨大的指甲，并根据情况施行短缩截骨或楔形截骨矫形。如手指长度增加不多，只是向侧方偏斜生长迅速，在施行软组织手术的同时，在骨骼过度生长一侧的指骨骨骺和指骨的干骺端上，钉入U形的金属钉，以阻止该侧骨骼的发育。

3. 如果巨指太大，不但外形难看、感觉和运动功能丧失，同时还影响邻指的功能和全手的功能，应考虑施行部分或全部截指。

## 四、术 后 护 理

### （一）护理目标

1. 皮肤温度和颜色保持正常，末梢动脉搏动有力。
2. 疼痛逐渐减轻直至消失，感觉舒适。
3. 修复后指（趾）外形及功能良好，能适应手术后首部外形。
4. 未发生感染，预防手指及皮肤坏死。
5. 能主动正确进行患指（趾）的功能锻炼。

### （二）护理措施

**1. 术前护理**

（1）主动与患者及家属沟通，了解患者的心理状态，做好心理疏导。向患者及家属讲解手术的重要性及必要性，解释手术过程及效果，消除其紧张情绪，使其能极配合手术与治疗。

（2）X线检查，了解骨质、关节、骨骺情况。

（3）检查凝血功能、血常规、血糖。

（4）术前1d备皮，局部皮肤完整，无破溃、炎症等，清洁皮肤。

**2. 术后护理**

（1）抬高（超过心脏水平），促进静脉回流，减轻肿胀与疼痛，必要时给予止痛剂。

(2) 如出现针刺样疼痛、患肢末梢发绀、发白,应及时告知医生处理。
(3) 卧床休息,患肢保暖,有利于血液循环,预防血管痉挛,促进伤口恢复。
(4) 嘱使用抗生素,局部防水,预防感染。
(5) 功能锻炼,如需二次手术,告知3周后进行再次手术。

(医疗部分:赵敬国;护理部分:吴 彤)

## 第四节 手部瘢痕挛缩整复术及护理

手部的瘢痕对于手部功能的影响远较身体其他部位的瘢痕明显。由于瘢痕的生长,可发生皮肤瘢痕挛缩、肌腱粘连及关节僵直等一系列功能障碍,有的甚至可以造成严重的残废。

### 一、病 因

(一) 烧伤后瘢痕

各种类型的烧伤是手部瘢痕形成最常见的原因。浅Ⅱ度以下烧伤愈合后一般不遗留瘢痕。深Ⅱ度以上烧伤可能造成包括皮肤、血管、神经、肌肉、肌腱、骨、关节以及韧带等结构的损伤,形成瘢痕愈合,造成挛缩畸形。

(二) 锐器切割伤

如果锐器切割伤口的方向垂直跨越掌横纹、掌指关节和指间关节或平行指蹼,清创时未予矫正,愈合后会形成条索状瘢痕挛缩畸形。

(三) 感染

化脓性感染后形成的瘢痕,与烧伤性瘢痕不同,多是深部比表浅广泛,从外表上看对其严重程度常估计不足。

(四) 医源性损伤

手术选择不正确的切口,不注意无创技术操作,在张力下缝合伤口,组织错位愈合等都可能增加瘢痕量。

(五) 掌腱膜挛缩症

掌腱膜挛缩症是手部掌腱膜增殖性纤维变性,病变处的掌腱膜呈条索状或结节样改变,并累及表层皮肤,导致掌指关节和指间关节屈曲挛缩畸形的疾病。

### 二、临床表现

(一) 条索状瘢痕挛缩

条索状瘢痕挛缩可以累及指间关节、掌指关节甚至腕关节。垂直跨越关节屈侧的线条样瘢痕,挛缩后,在条索状瘢痕的两侧多为正常组织并常形成皱襞状,形似鸭蹼,故也称为蹼状瘢痕。

(二) 片状瘢痕

片状瘢痕多发生在烧伤或化脓性感染等后。在瘢痕愈合过程中,逐渐收缩,以瘢痕为中心,将周围正常组织牵拉移位,形成挛缩,以致外观变形,关节活动受限。当片状瘢痕挛缩发生在手背时，由于瘢痕缺乏弹性和收缩，并与皮下筋膜层及肌腱粘连，手的屈曲功能受限。手指和掌指关节过度背伸，关节囊侧副韧带挛缩，掌指关节呈半脱位或全脱位，手形如“爪”样，故命名为爪形手畸形。当片状瘢痕挛缩发生在手掌时，手指常被牵拉而无法伸直，掌指关节折向掌心，严重者甚至手指“埋入”掌心，呈握拳状。

（三）掌腱膜挛缩症

多发于40岁以上，男女比例约15：1，手指发生屈曲挛缩症者以环指最多见。掌腱膜挛缩症发病早期表现为掌侧皮下小结节，以后结节逐渐变大，皮肤变厚、变硬，在结节表面皮肤出现横行皱褶。最后皮下结节消失，被坚韧的皮下纤维条索取代，表现为掌指关节、指间关节发生屈曲挛缩，不能伸直。

## 三、治　疗

手部瘢痕挛缩的整形和功能重建是一个相当复杂的问题，术前必须对瘢痕挛缩的具体情况，肌腱与肌肉、骨关节和关节囊以及血管神经的受损情况进行全面的检查，然后研究和制定手术治疗方案。

术前功能锻炼和辅助物理治疗是十分必要的，这些治疗有利于瘢痕软化、关节活动和增加手术后疗效。

手术必须在烧伤创面已经完全愈合，局部已无任何感染的情况下进行，手术时间一般在瘢痕形成3～6个月以后。手术的目的是尽可能地改善患手的功能，兼顾美观。常用的手术方法有以下几种。

（一）Z成形术

适用于跨越掌指关节或平行于指蹼的蹼状瘢痕。以条索状瘢痕为轴，在瘢痕两端做方向相反的两个切口，与瘢痕纵轴形成60°夹角，在瘢痕轴线两侧各形成一个三角瓣，经交错旋转易位后，可以达到延长轴线方向的长度，改变瘢痕收缩的方向，解除瘢痕挛缩的目的。在蹼状瘢痕较长、一个Z成形术矫正挛缩畸形较困难时，可以设计连续多个Z成形术。当单纯依靠Z成形术无法完全覆盖创面时，可以结合植皮或其他皮瓣来矫正挛缩畸形。

（二）游离皮片移植术

适用于手掌或手背部浅层片状瘢痕挛缩。瘢痕完全松解、切除后，如掌腱膜完整、肌腱没有外露，可以采用中厚皮片或全厚皮片移植来修复瘢痕松解后的创面。

手部瘢痕挛缩时，正常组织常被牵拉移位，容易对缺损的范围估计不足。术前应对瘢痕的范围、深度、创面的大小以及预后作出充分的估计和预判。皮肤缺损的范围往往较直接看到瘢痕的范围要大几倍。瘢痕的深度可以通过神经和肌腱的功能、瘢痕与基底的粘连情况来判断。

植皮受区应止血彻底，皮片移植后应给予适当的加压包扎，保证皮片的顺利成活。

（三）皮瓣法

当手部瘢痕较深，切除瘢痕后留有血管、神经、肌腱、骨及关节外露时，需采用皮瓣来修复。常用的皮瓣包括以下5种。

**1. 局部皮瓣**　当手部缺损较小时，可以采用局部皮瓣如滑行皮瓣、V-Y推进皮瓣、旋转皮瓣等。

**2. 邻位皮瓣**　邻位皮瓣是在靠近皮肤缺损区不远的正常皮肤上形成皮瓣，用以覆盖创面的方法。与局部皮瓣不同,邻位皮瓣与创面有一定距离,供皮瓣区与缺损需修复区之间有正常的皮肤或组织器官。邻位皮瓣常用于较小创面的修复,常用的邻位皮瓣有邻指皮瓣、鱼际皮瓣等。

**3. 轴型皮瓣** 以直接皮动脉或深动脉干为轴心血管形成的皮瓣为轴型皮瓣。轴型皮瓣内含有知名动、静脉,皮瓣的长宽没有严格固定的比例,所以皮瓣旋转比普通皮瓣角度更大、更灵活。轴型皮瓣可以用于手部较大缺损的修复。手部常用的轴型皮瓣有以第 1 掌骨背动脉为蒂的示指背侧皮瓣、以桡动脉为蒂的前臂逆行岛状皮瓣和以尺动脉为蒂的前臂逆行岛状皮瓣等。轴型皮瓣的缺点是供区需要植皮,瘢痕较明显。

**4. 远位皮瓣** 手部缺损面积较大时,可以选择距离创面较远的部位作为供区,形成皮瓣修复创面,称为远位皮瓣。常用的远位皮瓣有臂交叉皮瓣、胸壁皮瓣、腹部皮瓣和袋状皮瓣等。该类皮瓣的优点是供区丰富、隐蔽。缺点是皮瓣一般较臃肿,需多次手术修薄。近年来有许多学者研究设计出真皮下血管网薄皮瓣,具有皮瓣较薄、断蒂时间缩短、长宽比例较一般皮瓣大等优点。

**5. 游离皮瓣** 当手部创面伴有神经、肌腱或骨缺损时,可以考虑吻合血管、神经的游离皮瓣移植。游离皮瓣移植技术要求较高,风险相对较大,因此应严格掌握适应证。常用的游离皮瓣有肩胛皮瓣、侧胸皮瓣、胸脐皮瓣等。

## 四、术后护理

### (一) 护理目标

1. 皮肤温度和颜色保持正常,末梢动脉搏动有力。
2. 疼痛逐渐减轻直至消失,感觉舒适。
3. 修复后指(趾)外形及功能良好,能适应手术后手部外形。
4. 未发生感染,预防手指及皮肤坏死。
5. 能主动正确进行患指(趾)的功能锻炼。

### (二) 护理措施

**1. 术前护理**

(1) 主动与患者及家属沟通,了解患者的心理状态,做好心理疏导。向患者及家属讲解手术的重要性及必要性,解释手术过程及效果,消除其紧张情绪,使其能极配合手术与治疗。

(2) 了解瘢痕挛缩的原因、面积、深度、早期治疗及功能情况。X 线检查,了解骨质、关节情况。

(3) 辅助检查:如凝血功能、血常规、血糖、肝肾功能等。

(4) 供皮区及受术区局部皮肤完整,无破溃、炎症等,清洁皮肤,术前 3d 温水浸泡、清洗手术区域。

**2. 术后护理**

(1) 抬高患肢(超过心脏水平),促进静脉回流,减轻肿胀与疼痛,必要时给予止痛剂。

(2) 密切观察末梢血运、皮肤色泽、温度、指压反应及皮瓣肿胀程度,如出现针刺样疼痛、患肢末梢发绀、发白,应及时告知医生处理。

(3) 观察术区敷料有无渗湿,如外敷料血性渗湿,且面积逐渐扩大,提示有出血或血肿形成,应及时通知医生处理。

(4) 卧床休息,患肢保暖,有利于血液循环,预防血管痉挛。高蛋白、高营养饮食,促进伤口恢复。

(5) 遵医嘱使用抗生素,局部防水,预防感染。

(6) 拆线后早期进行功能锻炼,可促进局部血液循环,增进肌力、防止挛缩,改善关节的活动度。

(医疗部分:赵敬国;护理部分:吴　彤)

## 第五节　指缺损的整复术及护理

手是人类的劳动器官,也是人体最容易受伤的器官之一。手指的存在和功能的完好是人类完成精细操作的前提和保障,其中拇指在手的功能中占一半以上。如果拇指缺失,哪怕是部分缺失,手都会丧失捏、夹、握、抓的功能,会对生活和工作带来一定的困难。

广义上的指缺损整复术包括手外伤指缺损的即时修复和指缺损的后期再造。手外伤指缺损的即时修复方法与上节所述手部瘢痕切除后创面修复方法相同,包括植皮和各种皮瓣,在此不再赘述。本节重点讲述指缺损,特别是拇指的再造。

### 一、拇指重建的要求

拇指对掌活动是完成精细捏持和强有力抓握必不可少的运动,是一个多关节、多肌肉参与的复杂协同运动,由拇指的外展、旋前和屈曲三部分组成。拇指重建就是重建拇指的对掌活动。拇指缺损重建功能时,尽可能达到下述要求。

#### (一) 再造拇指的长度要适当

再造拇指的长度对术后功能有着重要的影响,其长度应略短于正常拇指的长度,约需长5~6cm。当然,再造拇指的长度要结合伤手的实际情况决定。

#### (二) 再造拇指的位置适当,并具有一定的稳定性

拇指的稳定性取决于适当长度的第1掌骨,连同其上的大鱼际肌群和完整的第1腕掌关节。再造拇指的位置,应尽量接近外展、对指的位置或能做外展、对指的活动。如果残留拇指的腕掌关节活动差,或没有腕掌关节,应将再造拇指置于良好的位置上。

#### (三) 再造拇指必须有良好的感觉

特别是远端掌侧与其他手指相接触的部位应有良好的感觉,特别是实物感觉。

#### (四) 再造拇指外形尽量美观

手不仅是劳动器官,也是社交活动中的重要工具,良好的外观是手术医生必须考虑的。再造拇指的长度、粗细、位置、活动度及指甲是良好外观的重要因素。

#### (五) 不影响原有功能

再造拇指时所利用的任何组织,均不宜过多地影响该组织的原有功能。

### 二、拇指缺损的分类

根据拇指缺损的严重程度,将拇指缺损大致分为四度:

Ⅰ度:掌指关节远端的缺损,残指有足够的长度。这类患者一般功能尚可,可不做任何

治疗。对手指长度和外形有特殊要求的,可考虑做末节拇甲皮瓣游离移植。

Ⅱ度:残指断端位于掌指关节,残指长度不足,应施行功能重建术。由于附着在第一掌骨的肌肉尚存在,腕掌关节活动自如,只要延长拇指残端到一定长度,重建拇指就能有较好的功能。可以选用第2足趾游离移植或拇甲皮瓣游离移植再造拇指。

Ⅲ度:断指末端位于掌骨水平。可采用食指拇化或其他残指拇化再造拇指,也可做带趾关节的第2足趾移植再造拇指。

Ⅳ度:断端位于或超过掌腕关节。这类拇指缺损,受区缺乏可以附着的骨性残端,而且再造拇指的长度和活动度不够。一般需将示指拇化再造拇指或采用带足背皮瓣及趾关节的第2足趾移植再造拇指。

## 三、拇指功能重建的手术方法

### (一) 拇指残端延长术

该手术是在拇指残端形成皮瓣,用植骨的方法加长拇指残端,使其达到一定的功能长度。常用的方法有残指局部皮瓣植骨法和残指帽状皮瓣植骨法。手术适用于掌指关节远端的拇指缺损,近节指骨有一定长度,掌指关节活动接近正常,拇指残端皮肤条件好,患者不接受施行足趾移植或手指移位术再造拇指。该手术方法缺点是只能延长拇指残端1.5~2.5cm,指残端延长的长度有限和植骨容易被吸收。

### (二) 拇甲皮瓣游离移植

拇趾甲皮瓣应包含足背动脉所供血的拇趾跖趾关节以远的背侧、腓侧及跖侧全层皮肤,连同趾甲、甲床、大隐静脉以及拇趾腓侧的趾底固有神经和背侧的腓深神经皮支。自体髂骨移植延长拇指后,拇指甲皮瓣包裹骨块,将大隐静脉与受区的头静脉、足背动脉与桡动脉、趾底固有神经与拇指固有神经、腓深神经皮支与桡神经浅支吻合。适用于拇指近节指骨缺损或经掌指关节缺损。拇甲皮瓣趾腹的皮下脂肪组织丰富,趾甲较大,使再造的拇指指腹饱满,外形接近正常拇指,且功能恢复满意,较多患者乐于接受该手术。

### (三) 游离第2足趾移植

手术切取包括一定长度的足背动脉、大隐静脉、肌腱及神经在内的完整的第2足趾,分别与拇指残端的桡动脉、头静脉、相应的肌腱及神经吻合,达到再造拇指的目的。适用于拇指全指缺损或经掌骨缺损(图2-6-4)。

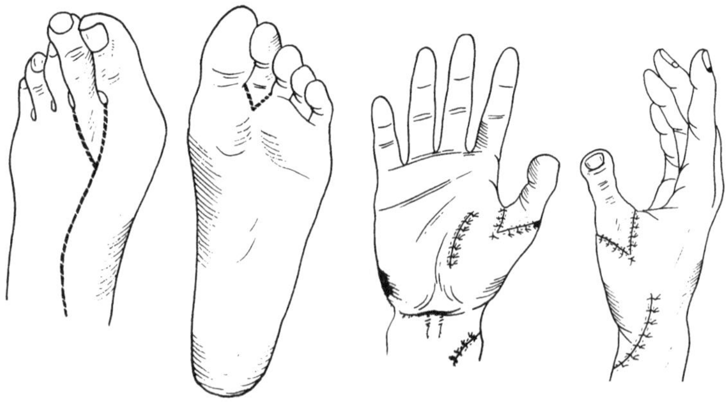

图2-6-4 游离第2足趾移植再造拇指术

（四）指移位术

利用完整的手指或手指残端、连同其肌腱、神经和血管等组织，一起移位至拇指缺损的位置上，以代替拇指的功能，该方法称为手指或手指残端拇化术。适用于拇指全指缺损或经掌骨缺损。该手术方法简单，再造的拇指感觉正常，屈、伸及对指功能良好。但手部仍然是4个手指，外形不够美观（图2-6-5）。

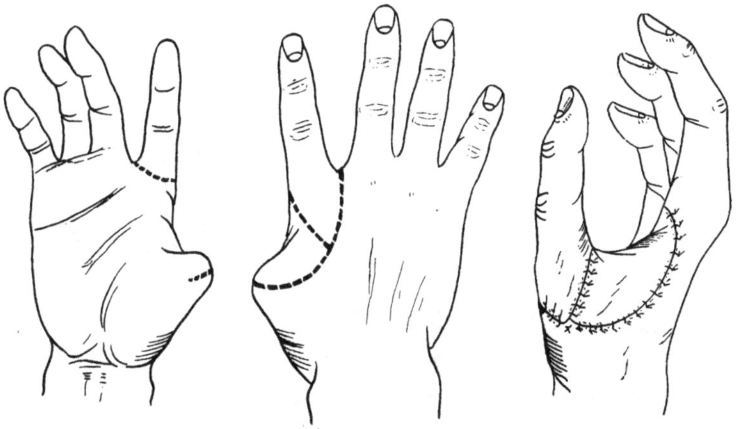

图2-6-5　示指移位再造拇指术

（五）骨延长法

用2对克氏针分别固定第1掌骨远、近端，然后将掌骨作∧形截骨，利用外固定架延长掌骨，每天可延长1～2mm，术后20～30d完成延长。该手术适用于近节指骨的拇指缺损或拇指先天发育不良，短小畸形（图2-6-6）。

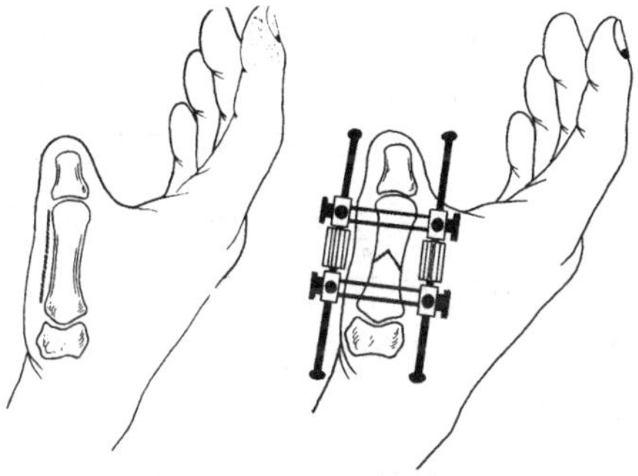

图2-6-6　骨延长再造拇指术

## 四、术后护理

（一）护理目标

1. 通过手术，最大限度恢复外形及功能。
2. 缓解或消除术者的焦虑和恐惧，使其情绪稳定。
3. 疼痛减轻，舒适感增加。
4. 伤口愈合好，无感染发生。
5. 生命体征平稳。

（二）护理措施

**1. 术前护理**

（1）心理疏导：与患者沟通，了解心理状态，进行相应的心理疏导。向患者讲解治疗方案、手术方法及术后注意事项，已取得配合。

（2）完善常规检查：血常规、凝血功能、肝肾功能、血糖、HIV及RPR、X线等检查。

（3）术区皮肤准备：检查局部皮肤完整，无炎症、破溃，清洁皮肤，剔除毛发。

**2. 术后护理**

(1) 患肢摆放功能位，制动、抬高，以利于血液回流，减轻肿胀与疼痛。

(2) 密切观察末梢血运、皮肤色泽、温度、指压反应，如发现皮肤发绀、发冷、麻木及针刺样疼痛应及时告知医生处理。

(3) 保持敷料固定在位，观察敷料有无渗血、过紧、过松、松脱或移位。

(4) 避免在手术侧上肢测量血压，患肢保暖，避免受压。

(5) 遵医嘱使用抗生素，预防感染。

(6) 拆线后早期功能锻炼，辅助理疗，促进功能恢复。

(医疗部分：赵敬国；护理部分：吴　彤)

# 第六节　拇外翻美容修复术及护理

拇趾向足的外侧过度倾斜称为拇外翻。拇外翻是一种常见的前足疾病，常见于妇女，大多与少儿期穿小鞋有关。拇外翻可导致足底部位受压异常，造成前足疼痛和胼胝形成。拇外翻畸形形成后不能自行矫正，穿鞋后局部疼痛逐渐加重，步行困难。

## 一、病　　因

(一) 遗传因素是拇外翻的最主要内在病因

遗传因素中的跖楔关节第 1 轴线的高动度、第 1 跖骨原发内翻和跖骨长度异常是形成拇外翻的内部原因。遗传因素构成特定的生物力学结构和功能，造成第 1 跖趾产生异常的应力及致畸力，从而导致拇外翻畸形。

(二) 平足亦为拇外翻的好发因素之一

因足的旋前可引起拇趾的跖趾关节纵轴线旋转，常有第 1 跖骨内翻，其内翻内移会破坏足底负荷的平衡状态，足横弓塌陷降低，削弱第 1 跖骨的作用，加重第 2 跖骨的负荷，推动拇外翻的发展，甚至造成跖趾关节半脱位。

(三) 穿尖瘦鞋也是拇外翻形成的主要因素之一

高跟尖头鞋与女性足的尺寸不一致，前段要比前足窄，鞋跟的高度使前足受力指数成倍增加，拇趾为了适应狭窄的鞋型而向外移位。另外，尖窄的鞋前部使足趾并拢，第 1 跖骨抬高和拇趾外旋。高跟使近节趾间关节背伸，跖骨头下沉屈曲，从而改变了足的横弓和趾骨之间的制约关系，导致第 2 趾失去了对拇趾的阻挡作用。

(四) 关节炎及外伤性因素

可造成足的动力性肌肉失去平衡或扭伤的软组织损害或脱位，削弱关节韧带及内在肌的稳定性，从而导致拇外翻。

(五) 足拇趾肌力失衡

足拇趾肌力失衡，拇趾外侧软组织挛缩增厚，导致拇趾外翻畸形。

## 二、临 床 表 现

拇趾向外侧偏斜，严重者向外侧半脱位，第 1 跖骨向内侧偏斜，第 1 跖骨头向内侧明显突出，跖骨头和软组织受鞋的长期压迫和摩擦，可形成骨赘拇囊炎（图 2-6-7）。根据临床表现及 X 线片改变，拇外翻分 3 期。早期（半脱位前期）拇趾轻度外翻畸形，拇囊炎轻微，疼痛不重，X 线片拇跖趾关节无向外半脱位，不合并锤状趾。中期（半脱位期）拇趾明显外翻畸形，拇囊炎疼痛较重，X 线片拇跖趾关节向外半脱位，合并锤状趾畸形。晚期（骨关节炎期）除拇囊炎疼痛外，跖趾关节肿胀疼痛，X 线片跖趾关节有骨关节炎表现。

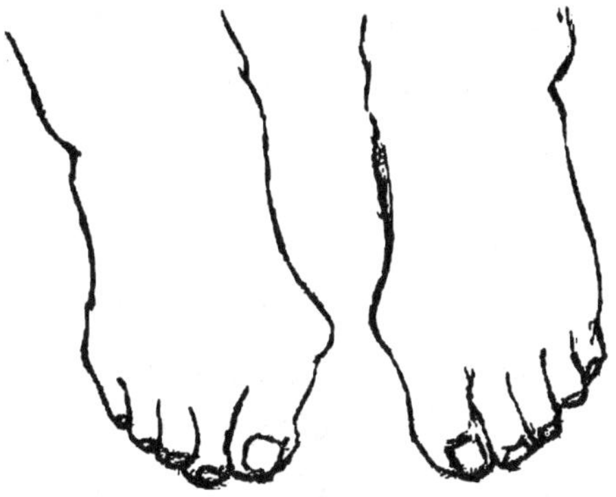

图 2-6-7　拇外翻畸形

## 三、手术适应证

中晚期拇外翻畸形病人。有些拇外翻畸形很严重，但并不痛，则不需要手术治疗。

## 四、手 术 方 法

目前已报道的手术方法大约有 100 多种，包括的主要操作有：①矫正拇趾近节趾骨外翻。②切除第一跖骨头的骨赘，必要时切除滑膜囊。③矫正第一跖骨内翻畸形。④矫正紧张的拇长伸肌腱。⑤矫正前足的其他畸形，如锤状趾等。

## 五、术 后 护 理

### （一）护理目标

1. 皮肤温度和颜色保持正常，末梢动脉搏动有力。
2. 疼痛逐渐减轻直至消失，感觉舒适。
3. 修复后拇趾外形及功能良好。
4. 未发生感染。

### （二）护理措施

**1. 术前护理**

（1）完善术前常规检查。

（2）X 线检查，了解骨骼畸形的程度。

（3）常规检查凝血功能、血常规、血糖。

（4）准备轮椅、拐杖等辅助用物，备一双宽大拖鞋。

（5）女性避开月经期，戒烟、酒及禁止服用阿司匹林类药物 1 周。

（6）术前 1d 备皮，局部皮肤完整，无破溃、炎症等，清洁皮肤。

（7）了解患者心理状态，向患者及家属讲解手术的过程及效果，让患者对该手术有正确的认识，消除其紧张情绪，以最佳心态接受手术与治疗，保证手术顺利进行。

**2. 术后护理**

（1）患肢制动、抬高（超过心脏水平），促进静脉回流，减轻肿胀与疼痛，必要时给予止痛剂。

（2）术后患者均有不同程度的疼痛，必要时给予镇痛药，缓解疼痛。

（3）术后卧床休息 3d，患肢保暖，有利于血液循环，预防血管痉挛，促进伤口恢复。

(4) 遵医嘱使用抗生素,局部防水,保持敷料整洁干燥,预防感染。

(5) 饮食护理:进食营养丰富、富含维生素食物,以利于伤口愈合;多食粗纤维食物,预防便秘的发生。

(6) 术后 12 ~ 14d 拆线。

**3. 出院指导**

(1) 锻炼是术后恢复的重要内容。做主动及被动锻炼,防止关节僵硬、肌肉萎缩,改善血液循环、消除肿胀。3d 后可适当下床扶拐活动,循序渐进进行功能锻炼。

(2) 术后 4 周来院复诊,拍 X 片,检查骨愈合情况。

(3) 术后需关爱自己的脚,穿合适的鞋,避免站立过久。

(医疗部分:赵敬国;护理部分:吴　彤)

# 第七节　腋臭治疗及护理

腋臭是一种常见病,是腋窝大汗腺(顶泌腺)分泌物中的有机物排出至皮肤表面后,被细菌分解,产生不饱和脂肪酸所致的一种特殊味道,似狐狸身上散发出来的气味,故俗称"狐臭"。由于顶泌腺的发育受性激素的影响,故多在青春期发病,青壮年期分泌最为活跃,气味也最明显,老年期则自然减轻和消失。天热汗多和运动时候,最为明显,腋臭有明显遗传倾向。严重者影响其日常生活和社会交往,对患者造成严重的心理负担。

治疗腋臭的方法较多,手术、激光及注射治疗均有一定的疗效,但治疗前需要向患者强调的是,正常人活动后腋部均有汗味,手术后气味只能显著减轻、与人交往时不致引起反感,达不到完全消除的目的。术前降低患者的期望值,使其有正确的认识,是治疗后效果满意与否的重要前提条件。

## 一、腋臭的手术治疗

腋臭的手术因既往的大切口去皮遗留瘢痕明显,经过不断的改良发展到目前的小切口切除术和吸刮术,已在临床广泛应用。

### (一) 小切口皮下修剪术

该手术方法治疗腋臭效果确切,瘢痕隐蔽,适合中、重度的腋臭。已用过药物注射或抽吸法治疗效果不佳者,也可用此法治疗。

**1. 手术方法**　平卧双上肢外展位,龙胆紫在腋毛区边缘标记出剥离范围,腋毛区中份标记长轴与皮肤皱襞平行的切口线,两端达腋毛区边缘。在剥离范围注射含肾上腺素的 0.5% 利多卡因,每侧各注射 40 ml。切开皮肤、皮下组织至腋筋膜浅面,在腋筋膜表面向四周锐性游离达剥离标记线,应用组织剪紧贴皮肤基底部修剪,彻底去除黄色脂肪团,剔掉穿出真皮层的毛囊球根部及部分真皮下血管网与真皮网状层。充分修剪后形成一基底为磁色的全厚皮片。电凝仔细止血,切口 5-0 丝线缝合,术区打包加压包扎,双侧腋窝弹力绷带 8 字加压包扎。术后双上肢严格制动,术后 3 ~ 5 d 拔出引流条,9 ~ 10 d 拆除包堆及切口缝线。剥离物送病理检查:镜下可见大量脂肪组织及大汗腺组织。

**2. 并发症**

(1) 少数人有皮肤坏死:这是由于压迫止血差或引流不畅血肿形成所致。也可能是修剪皮下组织过多,使皮肤变薄而血运差异导致皮肤坏死。因此,术后一定要垫棉垫,放置引流,用“8”字绷带包扎伤口。修剪皮下组织时也应留有一定厚度。

(2) 臭味残留:由于不是大切口去皮去大汗腺,皮下的大汗腺层不一定能彻底地去除,因此可能仍会有臭味残留,这种情况可通过外搽治疗腋臭的药物来去除轻度臭味,而不必再次手术。

(二) 吸刮术

**1. 手术方法** 平卧双上肢外展,用龙胆紫沿腋毛分布外缘1.0cm画线,标记抽吸范围。在吸刮范围注射肿胀麻醉液,每侧各注射150ml,使术区组织坚实、肿胀、苍白。在术者的上臂端做6~8mm长的小切口至皮下,用皮下剥离子在术前标记范围剥离后再用多齿刮匙搔刮以破坏皮下的汗腺,然后应用可接负压吸引的刮匙插人腋毛区皮下组织层内,将负压吸引器压力升至0.08~0.1MPa后,刮匙在浅筋膜层内做水平拉锯式运动,开始抽吸时保持抽吸管在一定厚度的皮下组织中抽动,此时用手可感觉到皮下的吸管与皮肤表面之间有一定的厚度,随抽吸的进行,毛囊球及皮下脂肪被吸除,皮肤被吸薄,即可清晰地看到抽吸形成的负压凹陷,捏持皮肤,已经很薄,皮肤呈淡红色,腋毛能较轻松的拔掉。吸刮完毕,放置纱布、棉垫,弹力绷带“8”字加压包扎,术后第3d换药,腋部加压包扎1周。抽吸物送病理检查:镜下可见大量脂肪组织及大汗腺组织。

**2. 并发症**

(1) 根治不彻底:此法对严重的腋臭难以根治,应采取切除方法。另外,术后多数人腋部有轻度色素沉着,不需治疗,可慢慢消退。

(2) 血肿:出于在抽吸及吸刮时,破坏了部分小血管而引起,遇血肿应及时清除,并重新加压包扎。

(3) 皮下粘连:部分病例3个月内有皮下粘连,紧缩不适感,但无明显瘢痕。粘连随着时间推移将逐渐减轻。

## 二、腋臭的激光治疗

采用超脉冲二氧化碳点阵激光治疗仪,波长1060nm,输出功率30W,脉宽0.1~10ms连续可调。光斑0.12~2cm,点间距0.1~5mm,脉冲重复1~5次。使用脉宽调节能量大小。

(一) 治疗方法

患者取仰卧位,双臂上举屈肘置于头下,充分暴露腋窝,剃除腋毛并常规消毒,用2%利多卡因约10ml+0.9%氯化钠10ml作双侧腋窝浸润麻醉。将超脉冲二氧化碳点阵激光治疗仪调至点阵模式,功率30W,脉宽10ms,点阵图像为正方形,图像直径1cm,点间距1~1.2mm,脉冲重复2次。手术方式为盖章式,治疗范围超出腋毛覆盖范围约1cm,双侧手术时间约20min。术中可见腋下皮肤组织迅速呈点阵状气化,孔深约4~5mm,并有黄色混浊液溢出,并散发出刺鼻性臭味。术中及术后未见明显渗血。

(二) 术后处理

术后使用无菌纱布包裹冰块冰敷局部30min,百多邦软膏涂抹患处,2~3次/d,共7d。平时尽量上肢外展,避免肩关节剧烈运动及上肢负重,保持局部干燥。系统使用抗生素5~7d。

## 三、腋臭的注射治疗术

轻、中度腋臭者或采用外用涂搽药后治疗无效的腋臭患者,如无较长手术恢复时间且对外观及疗效要求高，不能接受并发症的患者可采用注射治疗，目前常用的是肉毒素注射，肉毒毒素注射在临床上主要用于面部年轻化及治疗多汗症等，是一种神经毒素，局部注射后能阻断乙酰胆碱的释放，从而阻断神经对肌肉的传导，使肌肉发生麻痹。肉毒毒素治疗腋臭机制主要是阻断乙酰胆碱的释放，抑制汗腺分泌作用，是真正意义上的无创手术。

治疗方法：

平卧双上肢外展位，龙胆紫在腋毛区边缘标记出注射范围，并按 5 mm ×5 mm 大小，标记注射范围网格，每个网格交点为注射点。在每个注射点用 10 号针头刺入至真皮，注入肉毒毒素 2 ~3U，注射完毕用纱布压迫注射范围约 5 min。每隔半年重复注射 1 次，根据患者自我感觉，共注射 3 ~5 次。

肉毒毒素注射具有无创伤，疗效可靠，不留瘢痕，复发率低，无并发症，操作方便，对疗效不满意者可重复注射等优点。

## 四、腋臭治疗的护理

（一）护理目标

1. 顺利通过手术。
2. 疼痛逐渐减轻直至消失，感觉舒适。
3. 消除焦虑，恢复自信。
4. 伤口愈合良好，无明显瘢痕形成，未发生感染。

（二）护理措施

**1. 术前护理**

（1）完善术前常规检查，通过交流缓解患者焦虑，提供心理支持。
（2）术前清洗术区，剃除腋毛。
（3）术后限制上肢活动 10 ~14d，以利创面愈合。
（4）密切观察伤口引流，记录引流量和性质。
（5）创伤面积大者预防性应用抗生素。

**2. 术后护理**

（1）上肢制动 10 ~14d、抬高，促进静脉回流，减轻肿胀与疼痛，必要时给予止痛剂。
（2）术后患者均有不同程度的疼痛，必要时给予镇痛药，缓解疼痛。
（3）术后卧床休息 3d，患肢保暖，有利于血液循环，预防血管痉挛，促进伤口愈合。
（4）遵医嘱使用抗生素，局部防水，保持敷料整洁干燥，预防感染。
（5）进食营养丰富、富含维生素食物，以利于伤口愈合；多食粗纤维食物，预防便秘的发生。
（6）术后 12 ~14d 拆线。

**3. 出院指导**

（1）锻炼是术后恢复的重要内容。做主动及被动锻炼，防止瘢痕增生及挛缩。
（2）注意个人卫生，勤换衣。
（3）术后 1 个月复查。

（医疗部分：黎　冻；护理部分：钱永琴）

# 第 7 章

# 毛发移植术及护理

学习要点

1. 掌握毛发移植手术适应证、禁忌证及术后护理。
2. 熟悉毛发移植的手术方法。
3. 了解毛发移植的术前设计。

案例

王飞,男,36岁,进行性头发脱落10年余,发际线和额颞角后退,额顶部头发稀疏,头皮外露可见,无法用邻近头发覆盖外露头皮,影响外观形象。患者表现为缺乏自信、焦虑、抑郁、过度自我关注、社会适应不良,严重影响到生活及工作。反复求医,经过口服中药及外用药物治疗效果不满意,最终决定采用毛发移植技术治疗脱发。经毛发移植术后10个月,患者发际线轮廓重建,额颞角突出,前额及头顶部毛发分布浓密,完全覆盖头皮,效果满意。患者重新获得了自信,全身心地投入到生活及工作中。

## 第一节 毛发的解剖生理及美学

毛发为皮肤的附属结构,是由毛囊的上皮细胞角化而成的特殊组织。人体除手掌、足底、唇红、乳头、龟头、包皮内侧、小阴唇、大阴唇内侧和阴蒂外,几乎全身都有毛发,但其主要分布于头面部、腋窝和会阴部。成年人的头发大约为10万根,全身的毛发总数大约为100万根。

### 一、毛发的解剖生理

(一) 毛发的组织解剖学结构

毛发由毛干和毛根两个部分组成,其外露部分是毛干,皮下部分是毛根。毛囊是产生毛发器官,是皮肤的主要附属器官之一,它在维持和控制毛发生长方面起着重要作用。毛球是毛囊底部的球形膨大部分,由毛母质细胞和黑素细胞构成。毛乳头是真皮结缔组织伸入毛球的部分,含有血管和神经。毛乳头对毛囊的发育和生长至关重要,且具有诱导毛囊再生的能力(图2-7-1)。

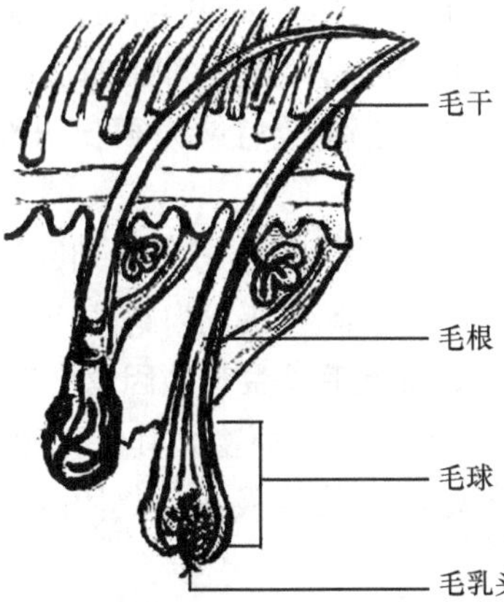


图2-7-1 毛发结构

(二) 毛发的种类及生长周期

**1. 毛发的种类** 毛发根据其长度与质地,可分为以下几类。

(1) 胎毛:胎内生长,细而软,无毛髓质及色素,直径约40μm，长度可达1～2cm，胎毛一般在出生前4周左右脱落，但在某些遗传性疾病如胎毛增多症中可持续终身。

(2) 毳毛：质软，短而细，无毛髓质，偶见色素，如汗毛，多见于面、颈、躯干和四肢，其直径小于30μm，长度一般不超过2cm。

(3) 终毛：质硬，长而粗，有髓质和色素，直径>60μm，长度可达100cm。终毛可分为两种：①长毛，如头发、胡须、腋毛、胸毛、阴毛等，长度通常在2cm以上，含有直径不等的毛髓质。②短毛，如眉毛、睫毛、鼻毛等，长度很少超过2cm。

**2. 毛发的生长周期** 毛发的生长呈一定的周期性，一般分为3个阶段：生长期、退行期和休止期。

(1) 生长期：生长期又可分为Ⅰ-Ⅵ期。Ⅰ期：毛乳头生长，生发上皮细胞开始分裂；Ⅱ期：球部毛母质细胞包绕毛乳头，并开始分化；Ⅲ期：球部毛母质细胞分化为各种毛囊成分；Ⅳ期：球部毛母质黑素细胞活化；Ⅴ期：出现新的毛干，取代休止期的毛发；Ⅵ期：新的毛干长出皮面，并稳定生长。以上Ⅰ-Ⅴ期为前生长期，Ⅵ期为后生长期，前生长期中毛干位于毛囊内，至后生长期，毛干长出皮面。

(2) 退行期：毛母质细胞分裂活动的停止标志着退行期的开始。黑素细胞停止分泌黑素要早于毛母质细胞停止增殖，从而产生近端无色素的休止期杵状发。在退行期，头部的大毛囊会变小，从生长期远端球部可深达皮下脂肪层，长达2～5mm的大毛囊逐渐变小至休止期长0.25～0.5mm的小毛囊。底部毛囊的基底膜增厚，保护毛乳头免于受到周围凋亡细胞的破坏，毛乳头逐渐上行直至休止期到达隆突部。毛乳头在退行期从皮下脂肪层移行至真皮层，对于毛囊的周期性循环是必需的。

(3) 休止期：退行期结束后形成杵状发，随后杵状发会脱落。每天大约有1%的休止期毛发脱落，这是正常的生理过程。休止期之后进入生长期时，休止期的毛发会脱落，此时新生的毛发也差不多钻出皮表。不同部位的毛发呈现非同步生长和脱落，具有各自独立的生长周期。生长期的时间决定了毛发的长度。头发生长期较长，一般为2～6年，退行期为2～3周，休止期为2～3个月。正常情况下，头发中85%～90%处于生长期，随着年龄的增长这一比例会下降，尤其在脱发患者中下降更明显。一般每日可脱落70～100根头发，同时也有等量的头发生长。

**3. 毛发的生长速度** 毛发的生长速度取决于毛母质细胞的分裂活性，主要与下列因素有关：

(1) 部位：头发的生长速度最快，每日为0.35～0.37mm，头顶部可达每日0.5mm，颏部每日0.38mm，大腿处为0.21mm，而前额仅为0.03mm。

(2) 性别：女性头发要比男性生长得快，但从全身来看，男性毛发的平均生长速度要比女性快。

(3) 年龄：若不考虑性别因素，15～30岁间毛发的生长速度最快。

(4) 季节：以头发为例，每年3月为生长高峰，9月最低。胡须和腿毛亦有类似的季节变化。

**4. 影响毛发生长的因素** 毛发的生长受到许多因素的影响，如遗传、健康、营养状况、激素水平、妊娠、药物尤其是化疗药物等。其中，毛发生长受到内分泌调节的主要因素有甲状腺激素、性激素及皮质类固醇等。

## 二、毛发的形态美学

毛发作为人体的一部分，具有机械保护、防晒御寒和调节体温等生理功能，同时毛发也是人体的天然修饰，尤其是头发，具有很强的可塑性和修饰性。头发不仅具有独特的审美价值，而且对其他部位如头面部、颈部、肩部乃至整个人体具有非常重要的协调作用。毛发的美感与其粗细、密度、强度、弹性和颜色等有关。其中，毛发弹性是衡量其好坏的重要指标，这与毛发含水量有关系。正常无损伤的毛发，由于毛小皮保护，发干所含的少量水分很少会从毛皮质溢出。因此，完好的毛小皮是毛发弹性的重要保障。

毛发，主要是头发，可分为直发、波状发和卷缩发。

**1. 直发**　直发可分为 3 种：①硬直发，头发的方向很少变化。②平直发，头发紧贴头皮。③浅波发，较平直发弯曲明显，但在 4 ~ 5cm 发长范围内仅有一个弯曲。

**2. 波状发**　波状发可分为 2 种：①宽波发，头发并非完全贴在头皮上，但在 4 ~ 5cm 发长范围内有不少于两 2 个的弯曲。②窄波发，在 4 ~ 5cm 发长范围内弯曲可多达 4 个或更多。

**3. 卷缩发**　卷缩发包括稀卷发、松卷发、紧卷发和紧螺旋卷发。

毛发在色泽上有黑色、黄色、白色、褐色和红色等区别。毛发颜色及其浓度是由毛球细胞中色素小体的分布和完全黑素化的黑素小体数量来决定的。黑种人毛发中的黑素小体较大且数量较多，因而黑种人毛发较黑。白种人毛发中的黑素小体较小且数量较少，并聚集在膜包绕的复合体中，因而白种人毛发较白。

## 第二节　头发移植术及护理

毛发移植术是目前临床上有效治疗永久性毛发脱失的一项新技术。它是将自体残存的后枕部头皮内的部分毛发，通过外科手术的方式使其重新分布于头皮脱发区或身体其他毛发脱失部位，使移植后的毛发保持原来的所有生长特性，并在新的移植区域内继续生长，而且终身存在（图 2-7-2）。毛发移植手术的发展历经了 3 个主要阶段：组织块移植阶段；移植物向小型、微小型过渡阶段；毛囊单位移植阶段。毛囊单位移植阶段始于 1988 年，Bobby Limmer 提出毛发移植术应符合人类头发的自然生长模式，并于 1994 年报道了毛囊单位移植术（FUT）手术过程，直到目前 FUT 仍是毛发移植术的主要方法。

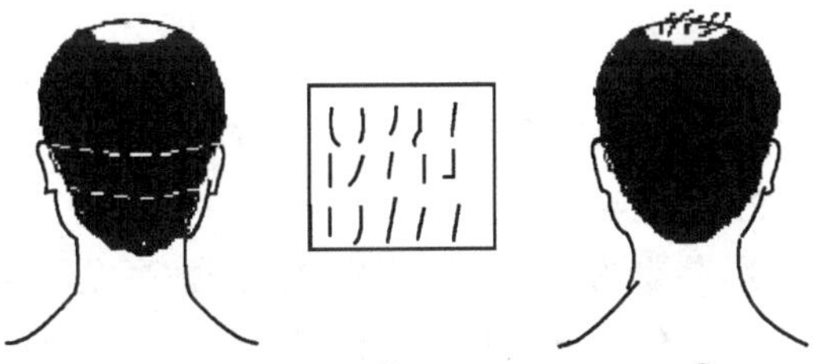

图 2-7-2　毛发移植过程示意图
A. 安全供区提取毛发；B. 分离毛发移植体；C. 移植到受区

脱发分为生理性脱发和病理性脱发。病理性脱发包括瘢痕性脱发、雄性激素性脱发、炎症性脱发和机械损伤性脱发等。雄性激素性秃发是最常见的脱发种类，约占所有脱发的 90%，男女均可发病，以男性多见。其临床表现为脱发大部分从额颞区开始，呈 M 形逐渐向头顶延伸，额颞部发际线逐渐向后退缩，继而形成高额，也有额颞部和头顶部脱发同时进行，头顶部的头发可以完全脱落，或遗留少量毛发，而头枕区的毛发则较少累及。临床上根据脱发程度将男性脱发分为 Norwood-Hamilton Ⅰ ~ Ⅶ级。Ⅰ级为青春期正常发式；Ⅱ级为双颞发际退缩；Ⅲ级为额颞部明显退缩；Ⅳ级为头顶部脱发；Ⅴ级为额颞部及顶部脱发；Ⅵ级为脱发斑融合；Ⅶ级为仅存一条边缘稀发（图 2-7-3）。

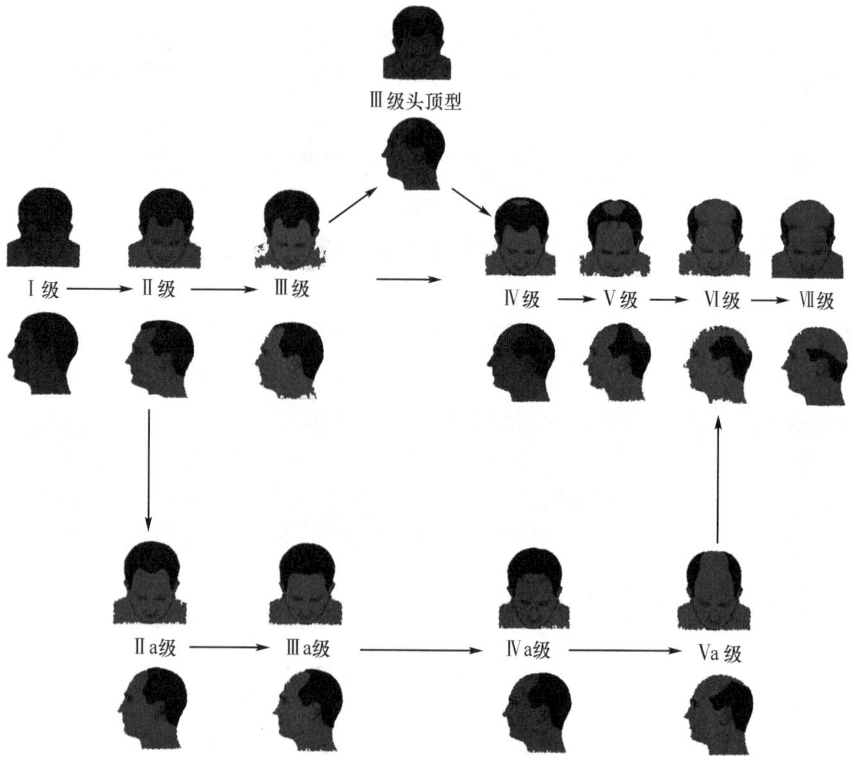


图 2-7-3　男性脱发 Norwood-Hamilton 分级

## 一、适　应　证

1. 男性雄激素性秃发Ⅲ-Ⅳ级，不同程度的女性脱发。
2. 由于外伤、手术或者感染引起的瘢痕性秃发。
3. 经药物治疗后观察 1 年以上仍无毛发生长的斑秃。
4. 神经性脱发经药物治疗半年仍未能长出头发。

## 二、禁　忌　证

1. 拔毛癖（活动期或是在 1 年内）。
2. 供区毛发质量差。
3. 严重的心、肝、肾疾病、糖尿病、高血压及出血性疾病。
4. 其他严重的心理及精神疾病。
5. 对术后结果抱有不切实际期望者。

## 三、头发移植术

（一）术前准备

**1. 头发准备工具**　术前头发准备工具包括标记笔、剪刀、发夹、剃须刀、梳子、皮筋、尺子、镜子及照相机等。

**2. 手术室基本配置**　除常规一般手术室配置外，还需要毛发移植专业手术床。

**3. 手术器械**　常用手术器械包括刀柄、剪刀、镊子、血管钳、持针器、不锈钢直尺、10 号大圆刀片、单齿皮肤拉钩、布巾钳、双极电凝、打孔器、毛发移植专用镊子、压舌板、培养皿、量杯、毛囊单位提取器及显微镜等。

（二）术前评估

**1. 头发受区面积测量**　精确计算受区面积，以便准确获得供区面积和形状。可将塑料薄膜覆盖于脱发区获得脱发面积图，将面积图置于表格纸上获得精确面积大小。

**2. 头皮松弛性测量与评估**　头皮松弛性可用来估计毛发移植中安全获取供区头皮的大小。具体方法为：设立两点 50mm，用拇指和食指将两点向内侧挤压，然后再测量两点间的距离，计算出距离缩短量，再除以 50mm 从而得出百分比。对第一次进行毛发移植的患者，鉴于不同的头皮松弛性，供区皮瓣中部和两侧宽度见表 2-7-1。

（三）术前设计

**1. 供区选择**　毛发移植术最常见的安全供区是后枕部，枕部毛囊对雄激素不敏感，它们被移植到脱发区后将保持其原来的毛发属性和生长周期而继续生长的现象被称为“供区优势”，这也是毛发移植的理论基础。

**表 2-7-1　头皮松弛性与头皮条宽度的关系**

| 头皮松弛性 | 头皮条中部宽度 | 头皮条两侧 1/4 处宽度 |
|---|---|---|
| 10% | 10mm | 8mm |
| 15% | 15mm | 10mm |
| 20% | 20mm | 15mm |
| 25% | 22mm | 15mm |
| 30% | 22mm | 15mm |

**2. 发际线的设计**　在设计发际线时，患者的年龄是最先需要考虑的重要因素之一。一般前发际线不是恒定不变的，随着年龄的增长，前发际线会逐渐后移，且变得越来越稀疏。因此，在设计前发际线的同时需要考虑到将来的前发际线的变化，根据患者的年龄进行合理的设计。前发际线一般分为以下几种类型（图 2-7-4）。

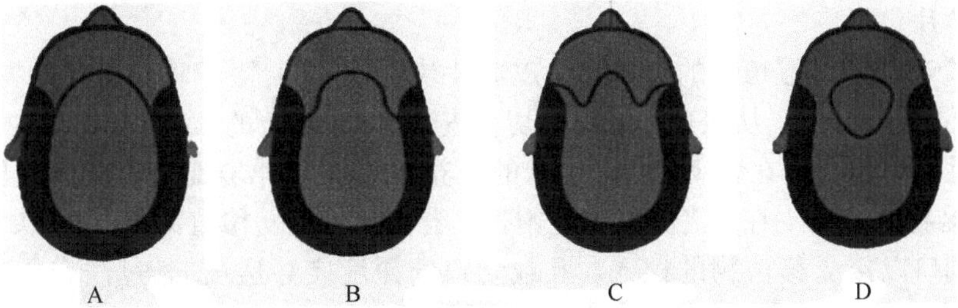


图 2-7-4　前发际线设计类型

A. 无弯曲的前发际线；B. 有弯曲的前发际线；C. 延伸至颞部的有弯曲的前发际线；D. 孤立的前额核心区发

（1）无弯曲的前发际线：从侧面看，这种发际线在某种程度上显得更为饱满。较适合年轻患者。

（2）有弯曲的前发际线：发际线的外侧弯曲使得日后额颞部交界处即额颞角向后退变得困难，如此设计，可在颞部形成使患者满意的弧度，而且尤其适于颞部上缘凹的患者。

（3）延伸至颞部的有弯曲的前发际线：这种设计既能够固定额颞角，又能够保证有充足的供区头发用于对已经和将来发生脱发的颞区进行毛发移植。

（4）孤立的前额核心区发：这种设计是目前最为保守的发际线设计之一。孤立的前额核心区发与周围的头发分离，使脱发区形成一条“沟”，这条“沟”内可能不进行植发，但通常会在其中不规则地植入少量单根毛发，以使其看起来似乎与颞部和侧区的边缘相连接。

（四）麻醉

头发移植手术中，常用麻醉技术包括外周神经阻滞麻醉、区域浸润阻滞麻醉、肿胀麻醉，概括如下。

**1. 神经阻滞麻醉** 神经阻滞麻醉一般使用少量的局部麻醉药注射到神经支周围，以达到麻醉此神经支配区域感觉的目的。在头发移植手术中，对毛发受区采用眶上神经阻滞麻醉，对毛发供区临床常采用枕大神经阻滞麻醉。

**2. 区域浸润阻滞麻醉** 区域浸润阻滞麻醉技术是沿着手术区域的边缘行连续浸润麻醉以增强此区域麻醉效果，又称为环状麻醉技术。在毛发移植手术中，区域浸润阻滞麻醉是最常应用于毛发供区及受区的局部麻醉技术。

**3. 肿胀麻醉** 肿胀麻醉是使用大量稀释的局部麻醉药及肾上腺素的局部浸润麻醉。具有延长麻醉时间、降低麻药中毒反应风险及术中止血的优点。

（五）毛囊单位移植术（FUT）

**1. 头皮条设计** 移植总量在1000～1200FUs的手术，头皮供区包括后枕部及其水平延伸部，长度为25～32cm，宽度为0.5～0.6cm。移植总量在1500～2200FUs的较大手术，头皮条需从一侧耳上区到另一侧耳上区，长度为20～32cm，宽度为1cm。

**2. 切取供区头皮条** 局部麻醉后，平行于毛发生长方向切开头皮，切开深度为5～6mm，略深于毛囊球部，在皮下脂肪层，用剪刀或刀片将头皮条从帽状腱膜表面分离，在此过程中应十分小心，以免伤及深层血管。供区无张力缝合。

**3. 移植体的制备** 供区头皮条一旦取下，立即在显微镜下作进一步分离，分离成薄片或者毛囊单位移植体。分离薄片时，将头皮条用一注射器针头固定在压舌板上，横向拉伸头皮条，使之平稳固定在切割板上。用镊子横向拉住头皮条顶部，按1～2个毛囊单位的宽度来切取薄片。

**4. 单个毛囊单位移植体的制备** 头皮薄片放置在一侧，镊子将头皮薄片夹住固定，刀片在两个毛囊单位之间，从表皮边缘纵向切入皮下，去除多余的表皮、真皮和皮下脂肪。将分离好的毛囊单位存放在装满冷生理盐水的培养皿内，再将培养皿放置在冰碗上。

**5. 受区打孔技术** 在患者秃发部位用打孔器、刀尖、毛发移植针、普通针头和宝石刀等形成小的创口以接受移植物的植入。孔或切口的深度应穿透皮肤，过浅会导致移植物脱落，打孔方向和角度与原有毛发方向和角度一致。

**6. 移植体植入** 受区打孔完毕后，用镊子夹持毛球部下方或侧方的脂肪组织，将分离好的移植体植入受区。

（六）毛囊单位提取术（FUE）

用小孔径的环钻打孔器获取供区毛发的手术方法称为毛囊单位提取术。该方法具有创伤小，供区不用缝合，创口愈合迅速，愈合后几乎看不到瘢痕的优点。适用于有瘢痕倾向，头皮张力较大，不愿意接受切取头皮的患者。但是这种方法也存在明显的缺点：①提供移植单位有限，只适用眉毛、胡须、发际缘等小面积的植发需求。②采集毛囊过程中，可能横断毛囊，降低移植毛发存活，而且会损失一部分供区毛发。③毛囊采取效率低下，耗时较长。

## 四、手术护理

（一）术前护理

**1. 术前沟通** 向患者解释手术的大致过程，告知在头上动刀，只是皮毛，不会伤及神经、血管,更不会影响大脑;该手术要求非常精细,手术时间较长,但出血少、疼痛轻,整个手术过程安全,让患者能很好配合手术,消除其恐惧和疑虑心理。

**2. 术前检查**

(1) 辅助检查:检查血常规、凝血功能、血糖、心电图,询问有无过敏史及糖尿病,预防术后出血、毛发不生长,伤口不愈合等并发症的发生。

(2) 局部检查:有无毛囊炎、疖肿、皮癣、感染及破溃等情况,避免术后感染和移植毛发部存活。

**3. 术前准备**

(1) 术前洗头、沐浴、洗去头皮屑和污垢,里外均穿开衫,以方便术后脱衣服,而不影响局部伤口。

(2) 剪短供区头发至 1 ~ 1.5cm 长,有利于移植时钳夹不至于损伤毛囊,其余头发可捆扎成一股。

(3) 情绪紧张、恐惧者,术前 30min 口服安定 5mg,稳定患者情绪。

(4) 术前一周停止使用维生素 E 和阿司匹林,术前两天不宜服用酒精类饮品,手术当天少量进食,术前 1h 少喝水,不宜吃油腻食物,以免术中大小便而影响手术操作。

(5) 术区照相,以便于术前后对比。

(二) 术中护理

**1.** 手术器械、药品、物品准备充分,便于术中顺利操作。

**2. 摆体位**　供区切取头皮条时,采用低头坐位,其座椅应高矮舒适,稳定可靠。种植毛发时采用仰卧位,枕头高矮合适,躺卧舒适,以免出现疲劳。

**3. 心理护理**　毛发移植时间一般较长,常需 2 ~ 8h,且手术是在局麻、清醒状态下进行,术中任何响动、语言都可能影响患者的情绪和与术者的配合。故术中应保持安静,不说无关紧要的话。如过度紧张的患者,可放舒缓、优美的轻音乐,或与患者交流与手术无关的话题,以分散患者注意力。

(三) 术后护理

**1. 受术区护理**　暴露受术区,保持局部清洁、干燥。避免受术区挤压、碰撞,术后 3 ~ 4d 可用温水淋浴头部,浸软血痂,让其自然脱落,严禁用手抠、挠血痂,以免挠下未长牢的移植物。

**2. 供发区护理**　术后避免过度低头,防止伤口裂开。血痂可用 0.1% 新洁尔灭溶液浸湿、清洗。保持清洁、干燥。供发区 12 ~ 14d 拆线。

**3. 肿胀处理**　种植毛发较多的患者,在术后 3 ~ 4d 出现额部、鼻部轻度水肿,平卧时抬高头部,减轻肿胀。

**4.** 使用抗生素 3 ~ 5d,预防感染。

**5.** 避免剧烈运动,减少出汗,避免吃刺激性食物,减少头痒,有利于供区和受区的恢复和毛发生长,增加毛发移植的存活率。

**6.** 告知术后并发症,如出现内生毛发与异物反应、毛坯下陷或突出、表皮囊肿、毛发生长不良或不均匀、瘢痕、感觉迟钝与麻木等应及时返院就诊。

## 第三节　眉毛移植术及护理

眉毛损伤和拔毛癖都可导致永久的眉毛缺失,其他引起眉毛缺失的原因包括甲状腺功能减退、斑秃、遗传和创伤等。对于男性和女性来说,眉毛是极其重要的美容区域,因此眉毛移植术在临床中得到了广泛的应用。

## 一、适　应　证

1. 先天性眉毛缺失。
2. 不活动的自身免疫性疾病,如斑秃。
3. 感染引起的脱发症,如结核或麻风。
4. 使用激光或者酸性物质去除文身所引起的缺陷或者创伤所引起的眉毛缺失。
5. 通过加密来增强正常的眉毛立体感。
6. 缺乏外侧 1/3 或内侧部分的不均匀眉毛。

## 二、禁　忌　证

1. 拔毛癖(活动期或是在 1 年内)。
2. 皮肤病学相关疾病活动期,如扁平苔藓和斑秃。
3. 出血性疾病。
4. 体像障碍。

## 三、眉毛移植术

### (一) 眉形设计

**1. 眉的位置**　眉头应低于内眦垂直线上或稍内侧,于眶内下缘到内眦角测量内侧眉毛端,男性是 6mm,女性是 5mm,眉毛的最高点即为眉峰,眉峰位于眉的中、外 1/3 交界处。眉毛的尾部位于眶缘上外侧的侧面,和内侧眉毛位于同一水平线。眉尾位于鼻翼外侧和外眦连线的延长线上,并略比眉头高 2 ~ 3cm。

**2. 眉的形态**　眉毛一般被分成 3 个部分,即头部、尾部及体部。头部是眉毛最内侧部分,长度为 5 ~ 10mm。体部为 25 ~ 30mm 长,通常是眉毛最密集、最显著的部分。尾部长约 10mm,是最狭窄的部分,密度最低,尤其是外侧。眉的形态是略呈向上的微弧隆起,内侧端与远侧端尾部基于同一水平线,年轻人喜欢外侧尾部稍高一些。男性眉应稍宽和浓密,女性眉应略窄和稍疏。此外,还应考虑个体的年龄、性别、脸型、职业、性格等因素。

**3. 眉的大小**　两眉毛内侧之间平均距离约为 2.3cm。男性与女性各自的一侧眉毛的平均长度分别约为 5.5cm 和 5cm,最大宽度分别约为 1.5cm 和 1.3cm。

**4. 眉的方向**　在最内侧端,毛发的口径很小,颜色很淡,眉头的毛发方向多伸向内上方,然后向上、向侧面有一个平稳过渡。接近中部,在上部和下部的毛发都会相向对流形成一个中央的聚集直到尾端,即眉体、眉尾的下半部朝向外上方而上半部朝向外下方。

**5. 眉毛的倾斜度**　自眉尾部至眉头部眉毛与皮肤始终保持 15° ~ 30°的倾斜。打孔时针头走行方向尽可能与皮肤平行并保持与受区自然毛发生长方向一致。

**6. 预计移植数量**　移植物的数量取决于预期重建的眉毛尺寸和特点,平均每侧需要 100 ~ 300 株单根毛发移植体。

### (二) 移植体的制备

眉毛移植体的供区可以通过切取头皮条或 FUE 而获得。最好的位置通常是枕中部区域,那里的毛发细而短,与眉毛接近。一条宽 1cm,长 4cm 的供区带,可提供 400 ~ 450 个含

1 或 2 株毛发的移植体。

（三）受区制作

用含 1∶100000 肾上腺素的 1% 利多卡因溶液 5ml 作局部浸润麻醉。器械采用 23G 注射器针头或毛发移植专用打孔刀片，直径约 0.7mm。在眉部最内侧方向，毛发趋向于垂直生长，移植体可垂直稀疏植入。从眉头过渡为体部侧面开始，毛发由垂直方向改变为水平方向生长。沿着整个体部，最头侧的毛发倾向于略微接近尾部角度地生长，而最尾部的毛发倾向于略微向下角度地生长。在尾部的最外侧部分放置密度逐渐稀疏的单根毛发移植体，这些单根毛发移植体被用于增强整个眉毛柔和自然的外观（图 2-7-5）。

（四）移植体植入

图 2-7-5　眉毛移植打孔方向：向内向下打孔

单根毛发移植体沿着边缘放置，含 2 根的毛发移植体参与中央区域，这样可以达到外围稀疏，中央密度高的美容效果。移植体应该按打孔弯曲的方向放置和旋转。术后，由医生和患者对眉毛的对称性和整体外观进行评估，需要进行一些细微调整，直到双方达成一致意见。

### 四、手术护理（同头发移植）

## 第四节　睫毛移植术及护理

睫毛具有保护眼睛，避免灰尘和其他碎屑的侵入，同时可以增强眼睑轮廓从而增加颜面部美感。如今许多女性希望能有更长、更粗的睫毛以表现出她们的美感，使毛发移植术在睫毛移植中应用更加广泛。

### 一、适　应　证

**1. 重建性睫毛移植**

（1）外伤性、疾病性、医源性脱发。

（2）先天性无毛症。

（3）拔毛症造成的缺失。

**2. 美容性睫毛移植**

### 二、禁　忌　证

（一）绝对禁忌证

1. 拔毛癖（活动期或是在 1 年内）。

2. 睑缘炎症（活动期或是在 1 年内）。

3. 出血性疾病。

4. 体像障碍。

5. 普秃。

（二）相对禁忌证

1. 贫血。

2. 高血压。
3. 创口愈合困难。
4. 眼睑簇状秃发。
5. 自身免疫性疾病影响眼睛、眼睑。
6. 头皮毛发长度不足(对于缝合针技术)。
7. 异常的眼睑解剖(如因外伤引起)。
8. 患者对常规移植睫毛的维护缺乏理解。
9. 非常弯曲的供区毛发或非常粗直的毛发。
10. 眼科疾病,如慢性结膜炎、青光眼等。

### 三、睫毛移植术

(一) 设计原则

睫毛的形态设计除遵循一般的美学原则外,还需将美学标准与解剖区域定位相结合,理想的睫毛设计应考虑到以下因素。

1. 睫毛与睑缘的三维角度关系。
2. 缘线的重新定位和确定。
3. 睫毛与睑缘之间的夹角必须在上睑闭合时>30°,否则会造成倒睫。
4. 睫毛闭合俯视时为放射状的扇形,睁眼时与虹膜缘的夹角必须>100°。
5. 男性睫毛稍粗直短,女性则较细翘密。
6. 整个一侧睫毛移植的数量,男性为40～50株,女性为50株,一般分2～3排种植。

(二) 麻醉

用含1∶100000肾上腺素的1%利多卡因溶液5ml作局部浸润麻醉。

(三) 移植体制备

含单株毛发的毛囊单位移植体,尽可能剔除周围皮肤和结缔组织,但要求保留毛囊的基本解剖结构。

(四) 移植体植入

**1. 移植针插入法** 使用0.8mm的毛发移植针器将单株毛发的移植体装入移植针侧孔内,按理想的角度和方向插入皮肤,推动内芯,然后撤回移植针,移植体留在上眼睑组织内。移植的毛发被插入现存睫毛中间或正上方,局部细微调整以产生一个美观效果。

**2. 缝合针移植法** 将移植体穿在3/8的缝合针上,带毛发的缝合针从上睑缘皮肤或者皮下穿过,从眼睑正常睫毛部位或者间隙穿出毛干,留移植体毛根在上睑皮下。

**3. 直接插入法** 用弯曲后的21G或22G针头,制备沿着眼睑的小切口,然后用专业毛发移植镊子将移植体插入切口内。

### 四、术后护理(参见头发移植术护理)

## 第五节 胡须移植术及护理

胡须显著生长发生在整个青春期,并且密度持续增加直到30岁左右。头皮毛发的直径小于胡须,胡须毛囊的毛发生长初期阶段是4～14周,毛发生长终期阶段是10～18周。胡须分为唇须、颏须、络腮须三种。成年男性的胡须可分为单纯上唇型、上下唇联合型、络腮胡型。

## 一、适 应 证

1. 手术或外伤引起的瘢痕性胡须缺失。
2. 先天性胡须缺失。
3. 唇裂修复术后、毛囊炎等引起的胡须缺失。

## 二、禁 忌 证

1. 拔毛癖(活动期或是在1年内)。
2. 唇部外伤或烧伤瘢痕未达半年。
3. 全身性疾病、传染性疾病、凝血功能缺陷等。
4. 体像障碍。
5. 其他严重的心理及精神疾病。

## 三、胡须移植术

### (一) 设计原则

胡须形态需结合患者面部轮廓、性格气质特征、职业需要等因素来设计。成熟男性胡须平均密度为25～30FUs/cm$^2$。面部不同区域胡须的密度也不相同,一个正常的成年男性,人中附近和下巴区域的胡须中央部分是密度最高的。胡须的生长方向,俯视时以鼻尖为中心呈放射状向下外方向分布生长,胡须与人中嵴的角度由基本平行逐步转变为约呈50°侧面观,胡须与上唇皮肤呈25°～35°。

### (二) 麻醉

用0.375%比卡因加2%利多卡因进行眶下神经阻滞,2%利多卡因含1∶100000肾上腺素行局部浸润麻醉。

### (三) 移植体获取

其方法与头发移植术的供体获取和移植体制备相似。毛囊单位应该从毛干最粗的中间枕区获取。如果毛发的直径比胡须细得多,建议移植2根毛发的毛囊单位移植体。

### (四) 受区打孔

对胡须区域轮廓的设计与发际线相似。选择打孔刀凿宽度为0.7～0.8mm,打孔密度为30～45FUs/cm$^2$进行移植。鉴于面部区域皮肤松弛,尤其是在嘴唇附近,常用对抗牵引来打孔,但打孔过程中也可能引起打孔的角度和方向扭曲。在大多数情况下,最好使用浅表肿胀注射以增加皮肤膨胀并提供更好的稳定性。

### (五) 移植体植入

方法同头发移植术。

## 四、胡须移植术护理(参见眉毛移植术护理)

# 第六节 阴毛移植术及护理

阴毛又称耻毛,是生长在人类外生殖器、大腿内侧上的毛发,主要覆盖于阴阜部。阴毛粗而短,发质较硬,呈卷曲状。阴毛一般分为倒三角形、菱形、长方形、扩散形四类。

男性阴毛一般呈菱形分布，而女性一般呈倒三角形分布。三角形的基线相当于耻骨联合上缘，其尖端向后下方平行分开，止于大阴唇中下部，能覆盖大阴唇外侧。阴毛的作用主要包括：①阻挡细菌、污物侵袭，保护会阴。②减少皮肤受到摩擦。③吸收会阴分泌出来的汗和黏液，并向外发散，起到通风换气的作用。④朦胧美，有增加神秘感，增强性欲的作用。局部阴毛缺失常见于外伤或烧伤，广泛的阴毛缺失常由于生理性及病理性原因造成。生理性的阴毛缺失与体内雄激素水平及阴部毛囊对雄激素的敏感程度有关。垂体功能不全、甲状腺功能低下、先天性睾丸发育不全、小睾丸症等常引起病理性的阴毛缺失。阴毛缺失使一些人感到自卑、焦虑、紧张、失落和心理压力。越来越多的患者选择接受毛发移植手术，这是目前被认为唯一有效的治疗方法。

## 一、适　应　证

1. 生理性阴毛缺失。
2. 病理性阴毛缺失。
3. 由于外伤或者烧伤导致的局部阴毛缺失。

## 二、禁　忌　证

1. 拔毛癖（活动期或是在1年内）。
2. 会阴部外伤或者伤瘢痕未达半年。
3. 内分泌异常、全身性疾病、传染性疾病、凝血功能缺陷等。
4. 体像障碍。
5. 其他严重的心理及精神疾病。
6. 对术后结果抱有不切实际期望者。

## 三、阴毛移植术

### （一）阴毛设计

阴毛基本设计为倒三角形或菱形，边长一般为8～12cm，边缘呈锯齿状。

**1. 阴毛形状**　一个盾牌形或扇形最接近自然女性阴毛形状。

**2. 密度和分配**　为保持移植毛发的密度和分配连贯、自然，阴阜部被分成3个区域：中央、中间和外周。阴阜部中轴线上最密，向外扩散逐渐稀疏。一般阴阜部20FUs/$cm^2$，最密处可达30FUs/$cm^2$，外围最低不低于10FUs/$cm^2$。

**3. 方向和角度**　阴毛的方向与大阴唇上极附近的皮纹线方向相同。一般在中央区植入的角度大约为40°，中间区角度为20°～40°，在外周的角度为20°或更小。

### （二）移植体的制备

其方法与毛发移植术的供体获取和移植体制备相似。

### （三）受区制作

以0.25%利多卡因溶液30ml、生理盐水210ml、1∶10000肾上腺素溶液1ml，配制成约240ml麻醉肿胀液，并于受区注射麻醉。选择打孔刀凿宽度为0.7mm，深度为4.1mm，打孔密度为10～30FUs/$cm^2$进行移植。

### （四）移植体植入

使用专用的毛发移植镊将分离的单体毛囊单位移植体无损伤的植入孔内。手术要点有:①在一个较短的移植时间内完成。②减少裂隙的尺寸,以防止移植体膨出。③为了较好地固定移植体,注意打孔角度要适合,密度不宜太高。④控制好打孔深度,不可太深,否则移植体容易完全陷入裂隙内。

## 四、手术护理

(一) 术前护理

1. 评估阴部阴毛缺失情况、适应证及禁忌证,阴部有湿疹及皮炎时,不能作毛发移植。
2. 术前一周停止使用维生素E和阿司匹林,术前两天不宜服用酒精类饮品。
3. 常规检查血常规、凝血功能、血糖。
4. 供区(枕部、耳尖上部头皮)备皮,将头发修剪至1cm长,清洁受区与供区皮肤。

(二) 术后护理

1. 术后穿宽松内裤,防止摩擦挤压,将刚移植的皮片挤出。
2. 口服抗生素3~5d,预防感染。
3. 术后敷料覆盖,48h后揭去敷料,暴露受区,任毛发自然生长。
4. 术后4d可清洗受植区,但不能揉搓。
5. 供区7~10d拆线。

# 第七节　毛发移植术在疤痕修复中的应用

毛发移植是治疗瘢痕性秃发最常见的方法之一,其他方法包括头皮缩减术和(或)皮瓣修复术、皮肤软组织扩张器治疗术,常单独或与毛发移植术联合使用。

## 一、适应证

各种原因引起的毛囊坏死或者缺失。

## 二、禁忌证

1. 外伤或者和烧伤瘢痕未达半年。
2. 全身性疾病、传染性疾病、凝血功能缺陷等。
3. 体像障碍。
4. 其他严重的心理及精神疾病。
5. 秃发面积过大,供区毛发不足以移植者。

## 三、操作方法及要点

不稳定的瘢痕性秃发和稳定的瘢痕性秃发都可以发展为薄的萎缩性瘢痕或者肥厚的瘢痕组织。如果是薄的萎缩性瘢痕,则可能造成深度不够,以致移植体不能完全被包裹,则应通过改变更锐的角度打孔来延长每个切口的深度。肥厚的瘢痕组织可能造成移植体不能获得良好的血供,因此移植体需要制作得更长,打孔也要更深。瘢痕区密度可以不同,从15~20FUs/cm$^2$到30FUs/cm$^2$,视局部血供情况而定。一般情况下,瘢痕性秃发区域不建议较高密度的毛囊单位移植,可以通过利用3根到4根毛发的毛囊单位或2个较小移植体植入同一个切口,来达到更高的毛发密度。

(医疗部分:赵敬国　顾劲松;护理部分:吴　彤)

# 第 8 章

# 常见体表良性肿瘤美容切除术及护理

**学习要点**

1. 掌握常见体表良性肿瘤及其特点。
2. 熟悉不同体表肿瘤的成因。
3. 了解体表肿瘤手术切除的方法。

**案例**

小颖自幼就是一个天真活泼、漂亮聪颖的女孩子，深受家长和老师喜爱。但在上小学四年级时，小颖右侧眼、颧部开始出现淡蓝紫色的斑片，斑片逐渐扩大，颜色逐渐加深，甚至巩膜也变成蓝紫色。虽然局部没有任何不适，既不影响饮食，也不影响睡眠和其他活动，但随着病变不断扩大，外出时常常遭人指指点点。小颖性格逐渐变得孤僻消沉，整天郁郁寡欢，学习成绩明显下降。家长和老师都很着急。后来，经人指点，小颖父母带她到一家大医院就诊。医生说这个病过去没法治疗，但现在不用开刀、服药，只需激光治疗即可治愈。医生安排小颖进行了数次激光治疗后，右侧眼、颧部淡蓝紫色斑片神奇般地消失了。小颖获得了新生，又重新成为了一名天真活泼、漂亮聪颖的女孩子，学习成绩迅速提升，增强了自信。

小颖患的是什么病？为什么会对她造成这么大的影响？为什么仅仅通过激光就轻松治愈了令她如此痛苦的疾病？通过这章内容的学习，一切就清楚了。

## 第一节　常见体表良性肿瘤

### 一、黑色素细胞痣

黑色素细胞痣（melanocytic nevus）是指由黑色素细胞的巢状排列而形成的痣，又称为色素痣，是一种最常见含有痣细胞的皮肤良性肿瘤，多发于面、颊、背等部位。正常人体表平均存在15~20颗黑痣。

（一）黑素细胞痣的分类

**1. 根据黑色素细胞巢所在层次的不同，可将其分为以下类型**

（1）交界痣（junctional nevus）：痣细胞位于表皮和真皮交界处的基底膜之上，多数在婴儿或儿童期出现，到青春期后多数转变为皮内痣。可发生在皮肤黏膜的任何部位，痣细胞有活跃生长的潜在倾向，手掌、足底和外生殖器部位存在潜在恶变机会。

（2）皮内痣（intradermal nevus）：痣细胞分布在真皮内，多见于中老年人，痣细胞不再生长（图2-8-1）。皮内痣无恶变倾向。

(3) 混合痣(compound nevus):痣细胞在表皮和真皮均有分布,兼有交界痣和皮内痣的特点,多见于中青年(图2-8-2)。痣细胞也有活跃生长倾向,长期受刺激也可发生恶变。总之,交界痣、混合痣和皮内痣可以说是同一个疾病的不同表现。年轻时一般是交界痣,随着年龄的增大,黑色素细胞逐渐成熟,由表皮进入真皮而成为混合痣,最后黑色素细胞巢完全进入真皮内,成为皮内痣。

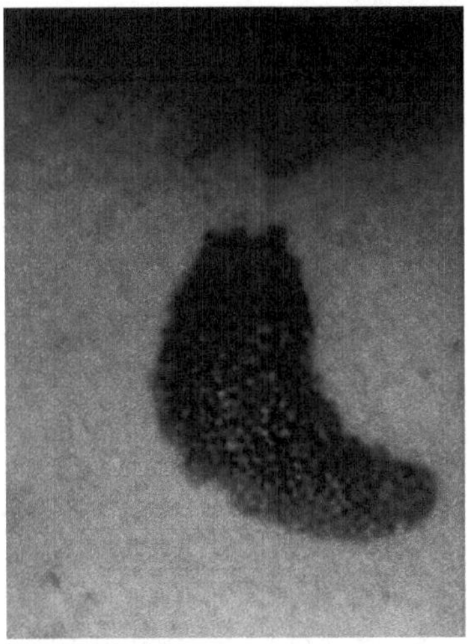

图2-8-1　皮内痣

**2. 其他特殊类型**

(1) 巨型先天性黑色素细胞痣简称巨痣(giant nevus):是一种以痣面积巨大为特征的先天性黑色素细胞痣(图2-8-3)。诊断标准为痣面积144cm$^2$以上或直径超过20cm,其表面多生有粗而黑的毛发,少数发生恶变。

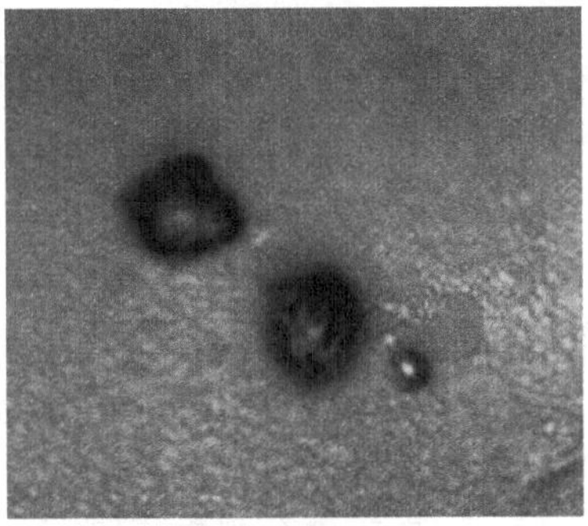

图2-8-2　混合痣

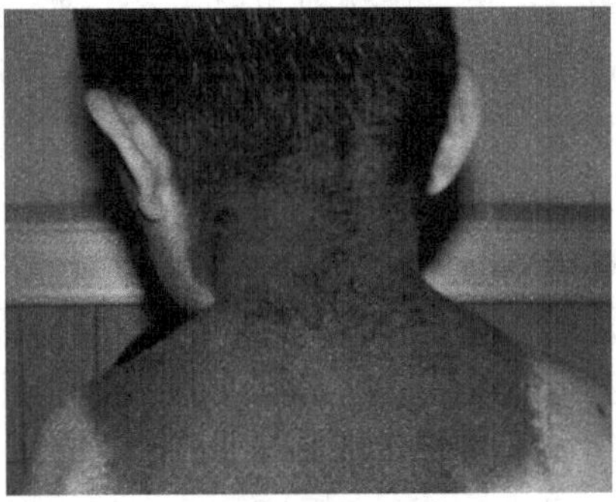

图2-8-3　巨痣

(2) 良性幼年黑色素瘤(benign juvenilemelanoma):又称spits痣,发病者约半数以上大于14岁,典型表现为面部皮肤上形成高出皮面的粉红或红色的丘疹或结节,生长较快,大多数为混合痣。

(3) 晕痣(halo nevus):是一种伴有周围圈状皮肤色素减退的黑色素细胞痣。常见于年轻人的躯干部,尤其是背部,常为多发,可以同时或陆续发生。

(二) 黑素细胞痣的分布与危害

色素痣除主要见于皮肤外,还可发生于黏膜表面,如口唇、阴唇、睑结膜等部位。除影响外观外,个别类型的色素痣还有转变为恶性黑瘤(malignant melanoma)的可能,而恶性黑瘤病情险恶,发展迅速,常于确诊时已无法挽救,该病死亡率高且发病率有逐渐增加趋势。恶性黑瘤占全身癌症发病率的2%;占皮肤恶性肿瘤发病率的6.8%~20%。除了长期遭受摩擦、压力刺激等其他因素,对色素痣进行不适当的治疗,如冷冻、磨削等也会诱发恶变。

一般认为,常受到磨损、慢性刺激或易受创伤的部位易诱发恶变,如手掌、足跖、头皮、唇颊、颈项等部位。此外,唇红、阴茎头、阴唇等部位的色素痣也普遍认为具有恶变倾向,指(趾)甲下的色素痣也较易恶变。

色素痣恶变的征兆:色素痣如出现下述情况时,即为即将或业已发生恶变,应尽快治疗。

1. 病变增长较快或面积大小无明显变化,但显著增厚。

2. 颜色改变,色增深,或有淡蓝色调的出现。
3. 发生脱毛、脱痂,或有卫星灶出现。
4. 表面破损、出血,形成溃疡。
5. 有刺痒或疼痛炎症等不明原因病状出现。
6. 黑尿。

（三）黑素细胞痣的治疗

黑痣的治疗主要有非手术治疗和手术治疗。非手术治疗主要有激光、微波、冷冻等物理治疗及化学剥脱等治疗方法。目前,多数学者认为,手术治疗色素痣更安全、更可靠。

## 二、皮肤良性黑色素细胞增生疾病

（一）表皮内良性黑色素细胞增生疾病

**1. 单纯性雀斑样痣**(lentigo simplex)　多发生于儿童,病灶不限于曝光部位,可见于体表任何部位,常为少数散在的斑疹,直径多为1～3mm,呈均匀的棕色或黑色,日晒后颜色不加深,边缘整齐。可采用物理和化学方法进行治疗。

**2. 雀斑**(freckles)　系常染色体显性遗传病,多在儿童期发生,其数目随年龄的增大而增加,颜色加深,女性居多,主要见于暴露部位,特别是面部(尤其是鼻背和两颊)、臂部伸侧及手背,部分发生于非暴露区,病灶多为直径1～2mm的不规则棕色斑点。通常用药物美容法内服、外用药物治疗,严重者可行磨削术。

**3. 牛奶咖啡斑**(caféau lait spots)　是出生时即可发现的浅棕色斑块,色泽自淡棕色到深棕色不等,但每一片颜色相同,边界清晰,表面皮肤质地完全正常。它最常见于神经纤维瘤病患者,约70%的神经纤维瘤病患者具有牛奶咖啡斑。常需切除植皮治疗。

**4. Peutz-Jeghers 综合征**(Peutz-Jeghers syndrome)　又称黑色素斑-胃肠多发性息肉综合征,多在口周、唇红缘、口腔黏膜,有时在手指伸侧出现暗棕色斑疹,常伴有胃肠道的多发性息肉,可引起肠套叠、肠痉挛、大便性状改变和出血。在综合治疗基础上可采用局部磨削治疗。

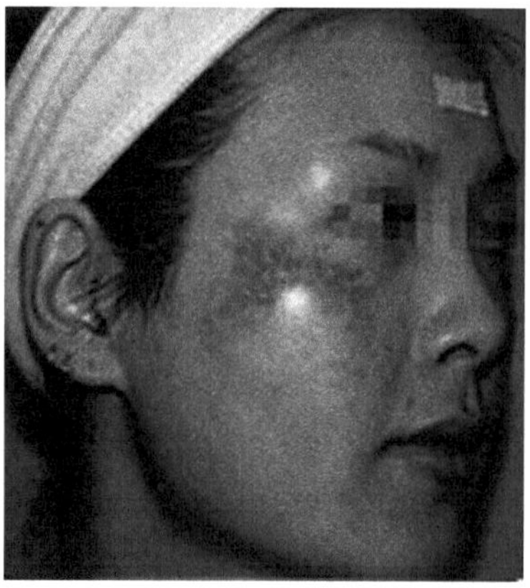

图2-8-4　黄褐斑

**5. 黄褐斑**(chloasma)　是健康妇女常见的色素增多现象,主要发生于两颊和额部,病灶为浅褐色至淡黑色的色素沉着斑块,对称分布于面部的暴露部位(图2-8-4)。肤色深的人发生的概率较大,常在夏季日晒后诱发或加重。可采用药物、物理、化学美容法进行综合治疗。

（二）真皮内良性黑色素细胞增生疾病

**1. 太田痣**(nevus of ota)　也称为眼上腭青褐色痣,是一种常见的、常与三叉神经分支分布一致的真皮层黑色素增多的疾病(图2-8-5)。大约一半的太田痣在出生时就发现,表现为淡棕色到蓝色的斑片,同一病灶可有不同颜色,边界不清,色泽可深浅不一。多无遗传倾向,与恶变无明确的关系。本病过去只能用手术切除植皮治疗,但疗效不佳。现在通过激光治疗可以完全治愈。

**2. 伊藤痣**(nevus of ito)　实际上与太田痣的性质非常相似,但伊藤痣多发生于躯干及四肢部位,常见于肩胛部、锁骨上方及三角肌区,故称肩峰三角肌青褐色斑。治疗同太田痣。

**3. 蒙古斑**(Mongolian spot)　是一种常见的蓝色胎记,多发生于黄色人种新生儿的骶尾部,偶见于背部。表现为圆形或卵圆形的青蓝色斑,大小不一,通常8岁以前自然消退,大多数在2岁内消退,消退后不留任何痕迹。极少数可持续至成年不退。无需特殊治疗。

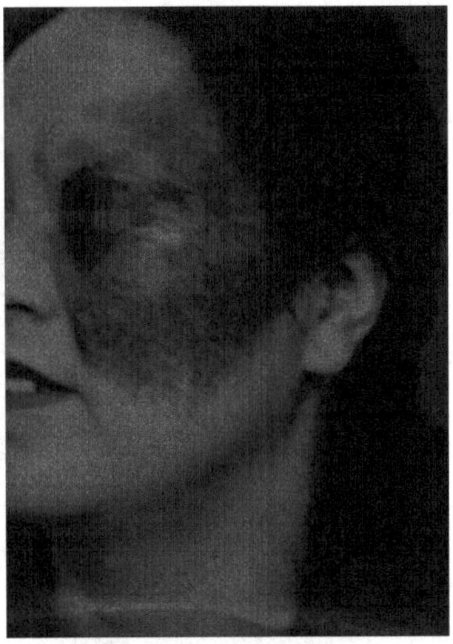

图2-8-5　太田痣

## 三、血管瘤和血管畸形

血管瘤和血管畸形是一组极为常见的血管性病变,前者是由血管内皮细胞增殖而形成的真性肿瘤,而后者是由不同类型的血管,如动脉、静脉或毛细血管先天发育异常而构成的畸形。两者最根本区别在于是否存在血管内皮细胞的异常增殖。

### (一) 血管瘤

血管瘤在国内外文献中现特指婴幼儿血管瘤(infantile hemangioma),亦称草莓状血管瘤,为最常见的婴幼儿良性肿瘤,发病率约为3‰~1%,男女发病比例约为1∶(3~5)。通常为较小而突出皮面的结节样肿物,颜色鲜红或暗红,表皮增厚并有皱褶,呈微细的分叶状或似疣状,形如草莓,故名草莓状血管瘤(图2-8-6)。瘤体有一定压缩性,多在出生时或生后1~2周内出现,于1岁内长至极限,以后停止生长或自行退化。具有出生时或出生后不久迅速增生和一岁左右开始自发消退的特征性自然病史。

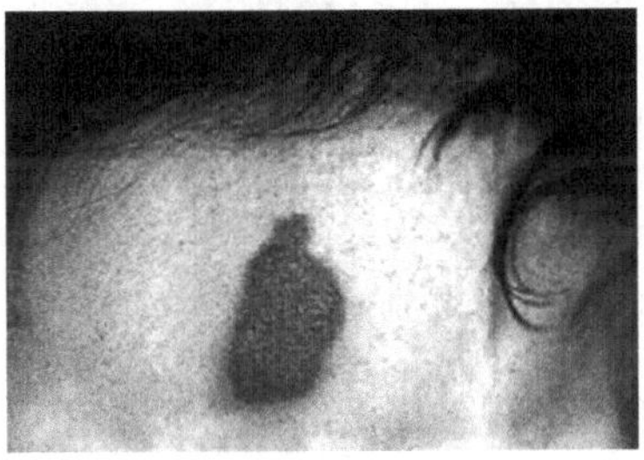

图2-8-6　草莓状血管瘤

血管瘤具有自发消退的特点,甚至可以完全消失。有资料报道,60%~70%的血管瘤可在8岁前消退。据此,多认为不在儿童早期进行积极治疗,但应密切随诊,观察其变化。必要时可口服或瘤体内注射糖皮质激素、局部放射或激光治疗,也有学者应用抗肿瘤药物瘤体内注射治疗,均可起到一定治疗作用。

对生长迅速,侵及所在部位器官的血管瘤,则不应消极等待,应选择适当时机手术。

### (二) 血管畸形

**1. 血管畸形的分类及特征**　血管畸形依据血流动力学的差异,又被分为低流速和高流速血管畸形。最为常见的类型为:

(1) 葡萄酒色斑(port wine stain):为低流速血管畸形,亦称鲜红斑痣、红胎记,为先天性的毛细血管畸形,表现为粉红至紫红色,界限清晰的斑片,位于头面部的病灶成年以后常出现增厚和结节(图2-8-7)。

(2) 静脉畸形(venous malformation):为低流速血管畸形,旧称海绵状血管瘤,由异常沟通的薄壁静脉扩张充盈而形成(也是由大血管腔组成的隆起的红色或紫、蓝色损害),表现为具有压缩感柔软包块,体积大小可随体位改变而变化(图2-8-8)。

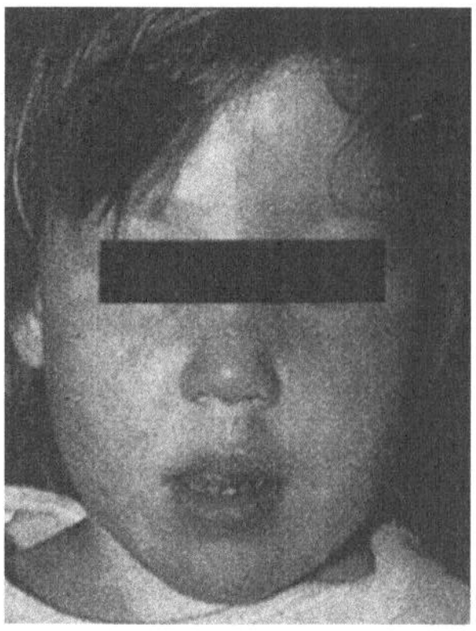

图 2-8-7　葡萄酒色斑

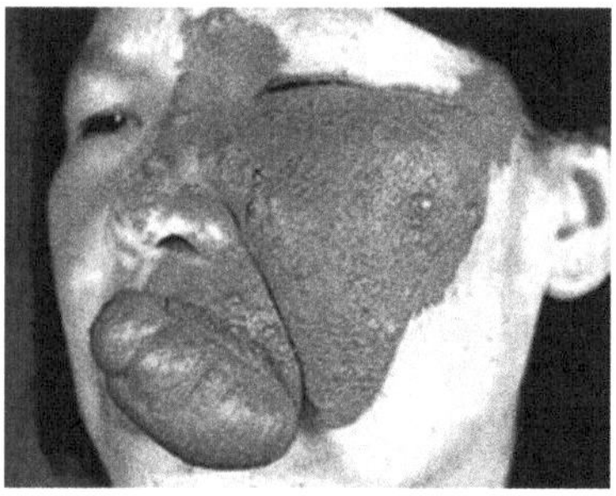

图 2-8-8　海绵状血管瘤

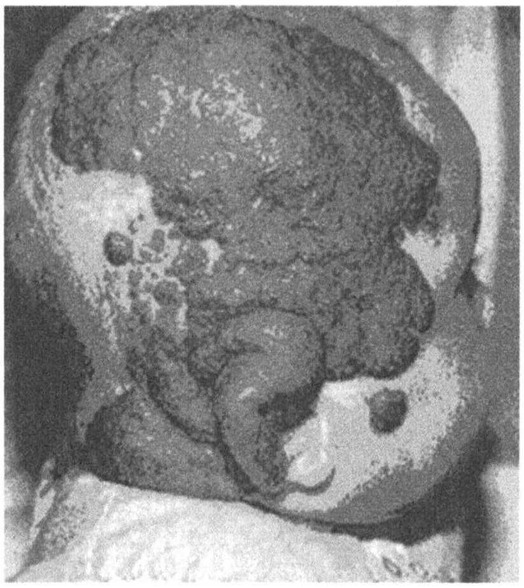

图 2-8-9　蔓状血管瘤

海绵状血管瘤的一种严重类型，即为伴有血小板减少和紫癜者，称为“Kasabach-Merritt 综合征”。虽然此综合征大多发生于婴儿，但偶见于成年人。

（3）动静脉畸形（arteriovenous malformation）：为高流速血管畸形，旧称蔓状血管瘤，是由动脉和静脉直接沟通形成的迂曲扩张的血管团，皮温高，搏动或震颤明显（图 2-8-9）。可出现严重的并发症，如组织坏死、大量出血或充血性心力衰竭，是危害最大、治疗风险最高的类型。

**2. 血管畸形的治疗**　各类血管畸形均可适当采用局部压迫、放射、硬化剂注射及局部或口服糖皮质激素治疗，但疗效均不确切。最根本的治疗方法还是手术治疗（详见本章第二节）。

## 四、神经纤维瘤与神经纤维瘤病

神经纤维瘤（neurofibroma），是由源于神经嵴的施万细胞异常分化而形成。如仅有单一皮肤病灶者称为孤立性神经纤维瘤（solitary neurofibroma），又被称为丛状神经纤维瘤（plexiform neurofibroma）如存在多个病灶并伴有相关其他系统病变时，即为神经纤维瘤病（neurofibromatosis），可分为两型，其中较常见的是Ⅰ型，又称为 Von Recklinghausen 病；较少见的是Ⅱ型，又称为双侧听神经纤维瘤（bilateral acoustic neurofibromatosis）。

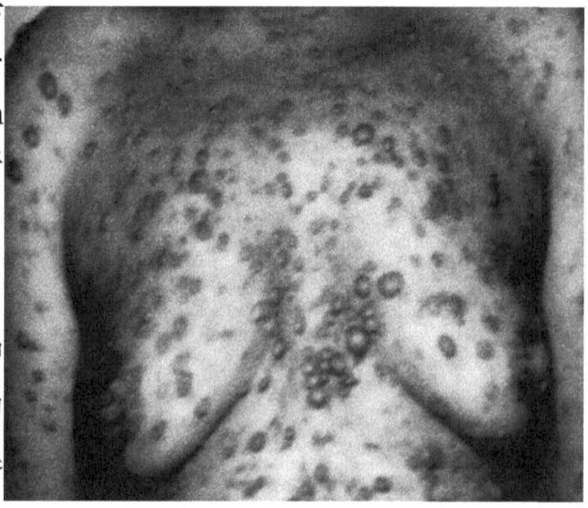

图 2-8-10　神经纤维瘤

（一）神经纤维瘤

神经纤维瘤（neurofibroma）是人体常见的一种良性肿瘤，发生于神经干分支或末梢的神经轴索的施万细胞及神经束细胞，可发生于全身各组织器官，以皮肤最为多见（图 2-8-10）。

神经纤维瘤男女发病基本相似，多在 20 ~ 30

岁发病，大多数分布于真皮或皮下等浅表部位。常表现为生长缓慢的无痛性结节或肿块，肿块增大到一定程度则向下悬垂呈带状，质松软，皮肤呈褐色或咖啡色，境界不清，常导致局部和邻近器官的下坠移位，造成明显畸形，引起一些症状和功能障碍。

治疗神经纤维瘤最有效的措施是手术切除，面积大时需植皮修复创面。

（二）神经纤维瘤病

神经纤维瘤病（neumfibromatosis，NF）主要有两种类型，较常见的是 I 型，较少见的是Ⅱ型。

**1. I 型神经纤维瘤病**（neumfibromatosis 1，NF1）　是一种常染色体显性遗传病，如父母一方为患者，则其子女有 50% 的几率罹患此病。患病率为 3/100000，是一种高外显率常染色体显性遗传病。最常见的表现为神经系统肿瘤及皮肤牛奶咖啡斑。I 型神经纤维瘤病的发病与 NF1 基因的突变密切相关。NF1 是一个位于 17 号染色体长臂（17q11.2）上的抑癌基因，长为 350Kb，其突变率为 $1\times10^{-4}$，是人类基因突变率最高的基因位点之一，并表现为完全的外显率。

神经纤维瘤是 I 型神经纤维瘤病最重要的临床表现，依据病灶的形态，主要分为三类：皮肤型、皮下型和丛状神经纤维瘤。

（1）皮肤型神经纤维瘤几乎见于所有患者，常常在 20 岁左右出现，呈紫红色带蒂，大小不等的结节，严重时可密布全身。目前尚无皮肤型神经纤维瘤发生恶变的报道。

（2）皮下型神经纤维瘤表现为皮下隆起的柔软包块，常沿受累神经呈串珠样分布，用手按压时会出现沿神经干分布的疼痛或感觉异常。皮下型神经纤维瘤极少发生恶变。

（3）丛状神经纤维瘤病程因人不同差异较大，有些在出生时即被发现，有些直到成人后才开始显现，但是也有约 50% 的患者不会出现丛状神经纤维瘤。瘤体通常呈弥漫性生长，累及多条神经或神经丛，如正中神经、三叉神经等，并浸润生长至周围软组织，病灶表面皮肤常有大面积的色素沉着，并易出现松弛下垂。国外报道，在 I 型神经纤维瘤病患者中，丛状神经纤维瘤有 2%～5% 的几率转化为恶性神经鞘瘤。年龄多在 20～50 岁，主要表现为以前的病灶在短期内迅速增大或发痛，如出现上述情况，尤其是前者，应立即行组织活检，经证实后及时实行根治手术，但最后的预后仍不乐观，如恶变为恶性神经鞘瘤患者五年生存率低于 20%。

**2. Ⅱ型神经纤维瘤病**　又称双侧听神经纤维瘤病。远较 I 型神经纤维瘤病少见，发病率约为 1/25000。与 I 型神经纤维瘤病相似，也是一种高外显率（95%）的常染色体显性遗传病，其突变基因位于 22 号染色体长臂（22q11-13.1），编码产物为 Merlin 蛋白，该蛋白具有肿瘤抑制功能，当其缺乏时，细胞增殖失去接触抑制从而形成瘤样增生。

Ⅱ型神经纤维瘤病最具特征性的病变为双侧听神经瘤，多在青春期或稍后发病。病程较长。主要表现为耳鸣，听力丧失、眼球震颤及头眩晕。

除听神经瘤以外，约 50% 的病例还伴有其他颅神经鞘瘤、脑膜瘤或室管膜瘤等中枢神经系统肿瘤。也可伴有皮肤和眼部病变，主要为咖啡牛奶斑以及少年性囊下白内障。

神经纤维瘤病（neumfibromatosis，NF）的治疗，可根据病灶情况选择手术治疗、放射治疗和化学治疗等，手术治疗是最主要的选择。若经组织活检证实已有恶变的患者应立即接受根治手术以及相应后续治疗。

## 五、淋巴管瘤

大多数学者认为淋巴管瘤（lymphangiomns）是一组以先天性淋巴管系统发育畸形，淋巴液循环障碍为特征的疾病。不具备类似肿瘤细胞增殖及浸润的特征，其最主要的结构特点是病灶中大量体液积聚，形成囊性肿块。

传统上把淋巴管瘤分为三型：

**1. 毛细淋巴管瘤** 呈疣状或小结节状，多发生在真皮的深层或皮下组织内。

**2. 海绵状淋巴管瘤** 呈肤色、淡黄色或淡红色，质稍韧，略具压缩性，境界不清。

**3. 囊状淋巴管瘤** 多为良性，呈肤色或淡蓝色，质柔软有波动感，透光试验阳性。

淋巴管瘤发病率较低，可发生在身体大部分部位，以头、颈及腋为多见，占3/4，而颈部为好发部位。

淋巴管瘤的治疗包括硬化剂注射、手术切除和激光治疗，以手术治疗为主要选择。

## 六、脂　肪　瘤

脂肪瘤（lipoma）是最常见的间充质来源肿瘤（图2-8-11）。由于绝大多数的脂肪瘤不导致直接的症状和并发症，诊断也无困难，因此对脂肪瘤性质的研究未能引起重视，进展较慢。

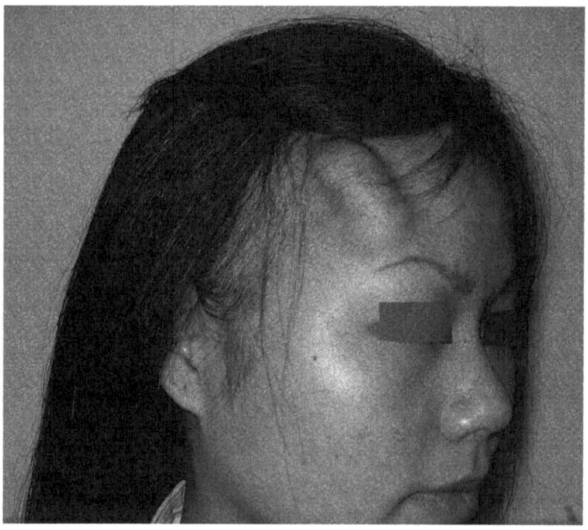

图2-8-11　脂肪瘤

脂肪瘤主要在成人期发现，尤其常见于30～50岁年龄组，常好发于躯干，其次为面部、头皮与阴囊和阴唇。通常表现为单发或多发的皮下扁平圆形肿块，或呈分叶状，蒂状，质地柔软，覆盖的皮肤多无明显异常。肿块大小不一，可自芝麻至拳头大小不等。

脂肪瘤一般无自觉症状，如无碍外观与功能，可不治疗。对较大的脂肪瘤，尤其是出现囊肿样变或有碍行动者，可以考虑手术切除，手术治疗几乎是唯一的有效治疗方法。对于浅表的病灶切除时，应尽量连同完整包膜一并切除，脂肪瘤浅面的皮肤在切除时可保留，经分离后直接拉拢缝合。

## 七、黄　瘤　病

黄瘤（xanthoma）通常是指皮内因含有脂质的组织细胞积聚而形成的黄色皮肤丘疹或结节（图2-8-12），是黄瘤病的皮肤表现。从病因看，黄瘤可分为原发性和继发性两大类，原发性黄瘤病又可进一步分为家族性与非家族性两类。

（一）家族性黄瘤病

此类患者均同时伴有明显的血脂异常及全身其他表现，并伴有明显的家族遗传倾向。

（二）非家族性黄瘤病

此类黄瘤病系散发病例，无家族遗传史，且血脂均正常，根据临床特点的不同，可再分为播散性黄瘤和泛发性黄瘤。

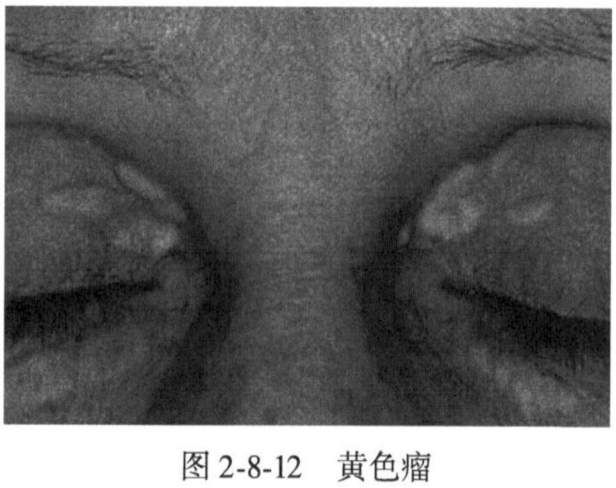

图2-8-12　黄色瘤

继发性黄瘤病：指由其他病因导致真皮内含

有脂质的细胞积聚而形成的黄瘤,此类病例血脂可增高,也可正常。

根据黄瘤病发病部位和形态特点可分为以下类型。

**1. 扁平黄瘤**　本型呈淡黄色至棕色,斑块局限或泛发,边界清晰,表面光滑。发生于上眼睑内眦处称睑黄瘤;发生于手掌者称为掌纹黄瘤;泛发于躯干、颈部和上臂等处者称为泛发性扁平黄瘤;发生于间擦部位者称为间擦性黄瘤。

**2. 结节性黄瘤**　起病缓慢,直径约0.5～3cm,多见于膝、肘关节伸面,常为半球形,界清,黄色,围以红晕、质硬;如结节附于肌腱、韧带、筋膜或骨膜,又称腱性黄瘤。

**3. 发疹性黄瘤**　可自全身各处成批发出,起病迅速,皮疹直径约1～3mm,高出皮面,黄色,基底为红色,有时累及口腔黏膜,可迅速消退,不留痕迹。

治疗伴发高血脂症者应给予低脂饮食,同时服用降脂药物。皮损较小者可用外科手术、激光、电灼和冷冻等方法治疗。

## 八、皮脂腺囊肿

皮脂腺囊肿(sebaceous cyst)是指因皮脂腺导管堵塞后腺体内分泌物滞留而形成的囊肿,又称粉瘤或皮脂囊肿(图2-8-13)。通常所称的粉刺也是一种浅表的皮脂腺囊肿。它是一种常见的皮肤囊肿,外伤、感染、毛囊角化等因素均可致皮脂腺腺口或排出管堵塞而引发皮脂腺囊肿。多见于皮脂腺分泌旺盛的青年,好发于头皮与颈、面部,可有从米粒至鹅蛋大小。多为单发,圆形,硬度中等或有弹性,高出皮面,表面光滑,推动时感到与表皮相连,基底无粘连,无波动感。穿刺可见白色乳酪样物或油滴状物。如伴发感染而未及时处理,虽因囊肿破裂而消退,但会形成瘢痕,并易于复发。偶见癌变的报道。

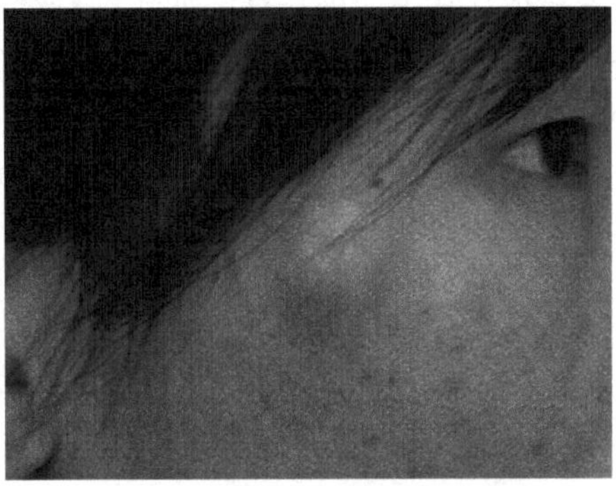

图2-8-13　皮脂腺囊肿

治疗选择手术摘除,术中分离时应十分小心,应尽量完整剥出,如有残留,则易复发。

## 九、皮 样 囊 肿

皮样囊肿(dermoid cyst)是一种由表皮细胞形成的较罕见的囊肿。在胚胎发育过程中,这些表皮细胞于沟槽融合时误卷入,偏离了原位,从而沿胚胎闭合线处形成先天性囊肿,因此它实际上是发育过程中的一种畸形。多见于儿童,出生时即已存在者占37.2%,5岁以前发现者为62%。可发生于头、面、颈及躯干,尤其好发于眼眶、眉弓外侧、鼻中线部及口底如颏下或舌下等部位。病灶表现为缓慢增大的皮下结节,质地可柔软,也可较坚硬,但均有囊性感。大约1～2cm,偶有较大的。与皮肤无粘连,基底部常与深面组织,如筋膜、骨膜粘连,故难以推动。囊肿多为单发,壁较厚,类似完整或不甚完整的皮肤结构。最内方为复层鳞状上皮的角质层,表皮其余各层和真皮层依次向外排列。真皮组织成分约占囊壁的90%,可见有毛囊、皮脂腺、汗腺等组织。囊腔内为干酪样皮脂并混有角化物质、上皮碎屑、胆固醇结晶、毛发和较稠厚液体,呈白色或黄色,无气味。

颅骨被囊肿长期压迫可形成压迹、凹陷,偶有囊肿突入颅骨或颅内呈哑铃状。

发生于鼻根部的皮样囊肿应与脑膜膨出及神经胶质瘤等鉴别,脑膜膨出有压缩性和搏动感,体位试验阳性,神经胶质瘤多位于鼻侧面,结合影像学检查也可鉴别。

治疗选择手术切除。手术应注意要彻底切除囊肿,否则术后极易复发。

## 十、表皮样囊肿

表皮样囊肿(epidermoid cyst)又称外伤性表皮囊肿、上皮囊肿或表皮包涵囊肿,往往是外伤时,表皮经过创道进入真皮或皮下,逐步缓慢生长,从而形成表皮样囊肿,表皮样囊肿常见于运动中常摩擦的部位,如手掌、指端、足跖、趾底、耳周、臀、背等,偶见于头部或瘢痕组织上。生长缓慢,患者多无自觉症状,位于真皮或皮下组织内,可单发或多发,呈0.5～2cm或更大的圆形或椭圆形隆起肿物,表面皮肤变薄,无色泽改变,无黑点或脐性小孔。肿物与皮肤粘连,随皮肤移动,但与周围组织不粘连,基底可移动。质地坚硬,有囊性感。肿物一般无压痛,继发感染或破裂时,可引起粘连、疼痛,继而形成脓肿或囊肿周围蜂窝组织炎等。反复感染会导致周围结缔组织增生,局部变硬。偶见恶变为鳞状细胞癌的报道,但分化程度较高。

病理检查显示,表皮样囊肿的内壁为复层鳞状上皮(复层扁平上皮)结构,由角质层至生发层依次从内向外排列。如囊肿持续已久,体积日渐增大后,各层可均较薄弱,或层次不全。内壁无真皮组织,囊肿外壁由纤维组织构成,囊内容物为灰白色的干酪样分层角化物质,并混杂有脱落的破碎表皮细胞。

治疗选择手术摘除,切除时应包括部分表皮及囊肿周围组织,如出现部分囊壁残留,则易复发。

## 十一、皮脂腺痣

皮脂腺痣(sebaceous nevus)属局限性表皮发育异常,以皮脂腺增生为特点。常发生于新生儿期或幼儿期,好发于头面和颈部。皮损呈局限性稍隆起的斑块,淡黄或黄褐色,边缘清楚,常为单个,偶见多发或泛发,有些呈线状排列;头皮皮损处部分或完全秃发。

治疗皮损较小者可考虑冷冻、电烧灼、激光等方法,较大者可手术切除或切除后植皮。

## 十二、脂溢性角化症

脂溢性角化症(seborrheic keratosis)又称老年疣(verruca senilis),是色素沉着性表皮损害,常呈疣状,亦可表现为平滑的丘疹,原因不明。好发于中年或老年人,多出现在颜面、手背、胸、背等处。脂溢性角化症皮损大小不一,且生长缓慢,呈圆形或卵圆形,颜色为肉色、褐色或黑色,常呈“黏附”状,可能有疣状、天鹅绒、蜡样、鳞屑样结痂粗糙的表面。通常难以自行消退,呈良性经过,恶变者极少。

一般不需要治疗,必要时可用冷冻、激光或电烧灼疗法。诊断可疑时,可手术切除并做病理检查。

## 十三、汗管瘤

汗管瘤(syringoma)是向末端分化的一种汗腺瘤。好发于青年女性,部分患者有家族史。常对称分布于眼睑周围,亦见于前额、两颊、腹部和女阴,偶见单侧分布者。皮损呈肤色、淡黄色或褐黄色半球形或扁平丘疹,约为粟米大(直径1～3mm),密集而不融合。常无自觉症状,发生于女阴者常可伴剧痒。本病皮损渐渐增大,到一定大小不再增大,很少自行消退,但病变属良性,未见恶变报道。一般不需治疗,必要时可采用电解法、冷冻或激光逐个处理。

## 第二节 体表肿瘤手术切除

体表肿瘤除可应用液氮冷冻、激光、电解、电烙、高频电刀、放射等物理疗法以及三氯醋酸、苯酚(石炭酸)等化学腐蚀法外,大多数体表肿瘤主要还是采取手术治疗。体表肿瘤的手术治疗,主要根据病变的部位、大小、性质等确定治疗方案,在去除病灶的同时兼顾美容需要,切除的标本原则上均应送病理检查。

(一) 切除缝合法

切除缝合法是治疗小面积色素痣、脂肪瘤、黄瘤、皮肤囊肿等最常用的方法。通常可梭形切除,广泛游离创缘后缝合。如有张力可附加切口行局部小型旋转作皮瓣转移。术中应注意切口顺皮纹方向,尤其是颜面部切口。切除应彻底,以防复发。总之,应按照美容手术的基本技术,精心操作。

(二) 分次切除缝合法

面积稍大的色素痣,如一次切除缝合较困难或有引起邻近组织器官变形移位可能者,可于痣中间部位做部分切除,待愈后3~5个月局部皮肤组织又逐渐恢复原有松动程度后,再施行另一次手术,直至最后完全切除为止。此法虽需时间较长,但术后瘢痕小,外形佳。

(三) 切除植皮法

对大面积巨痣,还可在病变全部切除或选择性部分切除后采用植皮方法修复创面,通常可视创面的大小和部位,选用中厚、全厚或真皮下血管网皮片修复。

(四) 皮瓣修复法

在某些部位病变切除后,可采用皮瓣(或皮管)移植修复创面,其中以局部皮瓣最为常用。应用皮肤扩张器扩张后获得的额外皮瓣,为巨痣或较大皮损的修复提供了更理想的方法。

## 第三节 体表肿瘤手术的护理

除按一般整形外科手术前后的常规护理外,应根据病变部位、性质、大小以及采取的治疗方法不同而异。手术治疗方法主要为病灶切除后直接缝合,皮片或皮瓣移植修复创面,护理也应围绕这些方面进行。

(一) 护理目标

1. 病灶得以去除,外观得到改善。
2. 受术者能面对现实,积极配合治疗,积极自我修饰,客观的评价自我。
3. 受术者消除顾虑或能运用有效的机制减轻焦虑,接受诊断、治疗。
4. 疼痛缓解或掌握自我调控减轻疼痛的方法。
5. 伤口愈合良好。
6. 感染得到预防和及时发现及治疗。
7. 了解疾病知识,术后配合各种治疗。

(二) 护理措施

体表肿瘤的治疗,以手术治疗为主,手术切除后直接缝合,皮肤或皮瓣移植修复创面,结合放疗、化疗等综合治疗。

**1. 心理支持** 由于体表肿瘤一般会对受术者的外貌造成一定的影响,而手术本身对受术者来说又是一个创伤,除了注重病灶能不能去除外,还关心外貌能不能得到改善及改善程度。有的患者会怀疑自己患了皮肤癌、恶黑、存在对癌的焦虑,甚至恐惧,所以应热情对待受术者,向患者及家属讲明术中、术后的注意事项和可能出现的并发症。同时说明手术的必要性、方法,术后恢复过程及愈后情况,使其接受、配合手术治疗,消除焦虑、恐惧、不安情绪。

**2. 术前护理**

(1) 术前常规护理包括了解全身情况,呼吸道、消化道准备等。

(2) 供区、受区皮肤准备:对需植皮或皮瓣移植修复创面的患者则需根据所需皮片或皮瓣面积的大小,厚度及部位的不同而进行不同的准备。

**3.** 术中护理及配合根据手术的具体情况做好手术用品准备,配合医生共同完成手术。

**4. 术后护理**

(1) 术后常规护理:包括生命体征、重要器官功能的监护等。

(2) 伤口与创面的护理:严密观察敷料是否干燥整洁,有无异味,及时通知并协助医生更换敷料;如有皮片移植则根据植皮的部位、大小而采取相应措施,保证有效的制动,观察皮片、皮瓣的存活情况,预防受区水肿,保证引流通畅,抬高移植部位;为保证皮片、皮瓣完全愈合,拆线时间一般在术后12d左右。

(3) 术后活动:术后避免患者早期剧烈活动,以防切口缝线断裂造成不必要的麻烦,一般术后24h可轻微活动,以后视情况逐渐增加运动量。

(4) 疼痛的护理:了解疼痛的性质、持续时间,按医嘱准确进行疼痛处理;同情关心病人并进行心理护理,减轻疼痛。

(5) 防止并发症的发生及促进伤口愈合:加强营养,保证有效地制动,保持伤口敷料干燥,防止伤口出血、感染,以利伤口愈合。

**5.** 健康教育是有计划、有目的、有评价的教育运动,通过系统教育使人们自觉地采用有利于健康的行为,同时要针对受术者的文化程度、社会背景、接受能力,采用不同的语言方式。

(医疗部分:钟爱姗 顾劲松;护理部分:史静娴)

# 参考文献


蔡景龙．2009. 现代瘢痕学．第2版．北京:人民卫生出版社

曹志明,秦志华．2011. 医学美学与美容外科设计．北京:清华大学出版社

陈刚．2006. 数码医学摄影与传统医学摄影的区别．信息记录材料,3 (7):61～64

陈光中．2013. 证据法学．北京:法律出版社

陈敏,刘 琚,孔令占．2007. 论数码相机成像品质及其对医学摄影的影响．信息记录材料,2(8):62～64

陈孝平,陈义发．2002. 外科手术基本操作．北京:人民卫生出版社

陈育哲,余力．2011. 内镜整形手术学．北京:人民军医出版社

陈志华．2010. 医疗损害责任深度释解与实务指南．北京:法律出版社

丁世凯．2008. 内窥镜下面部除皱术．重庆医学,37(15):1672

樊东力．2008. 整形美容外科医师的素质及技能培养．西部医学,20(1):215～216

方彰林,姜世正．2000. 人体美学．北京:北京出版社

高景恒．2012. 美容外科学．第2版．北京:科学技术出版社

郭树忠．2002. 整形美容外科的特点与年轻医生的培养．中国美容医学,11(2):174～176

哈伯(Haber,R. S. 美),斯托(Stough,D. B. 美)主编．范卫新主译．2010. 毛发移植-实用皮肤美容外科技术．北京:人民军医出版社

何伦．2004. 美容医学心理咨询学科专科建设与人才培养增设美容心理专科医师系列势在必行．中华医学美学美容杂志,10(5):302～303

何伦．2011. 美容临床心理学．北京:人民卫生出版社

何伦,王向义．2012. 美容医学基础．北京:人民卫生出版社

洪光祥,王炜．2004. 手部先天性畸形．北京:人民卫生出版社

侯在恩．2002. 手术美容学．北京:科学出版社

怀特(美)编著,车雅敏,刘全三译．2001. 皮肤病学诊断彩色图谱．天津:天津科技出版翻译公司

黄国锋,夏照帆．2011. 瘢痕防治的临床方案及国际推荐意见．中华烧伤杂志,27(3):240～242

江智霞,王万玲,张咏梅．2011. 护理技能实训与综合性设计性实验．北京:人民军医出版社

黎冻．2010. 美容外科学概论．北京:人民卫生出版社

李世荣．2009. 整形外科学．北京:人民卫生出版社

李世荣,姜世正．2004. 除脂塑身整形外科．成都:四川科学技术出版社

李薇薇,刘志飞,崔雅宁等．2010. 探讨腋臭治疗三种方法效果比较,中华整形外科杂志,26(5):348～349

李小寒,尚少梅．2013. 基础护理学．第5版．北京:人民卫生出版社

刘林嶓．2011. 美容外科学．第二版．北京:人民卫生出版社

刘鑫．2010. 侵权责任法"医疗损害责任"条纹深度解读与案例剖析．北京:人民军医出版社

鲁开化．2005. 常用美容手术及并发症修复．上海:第二军医大学出版社

陆洁,何梅,苏怡帆等．2013. 强脉冲光联合曲安奈德皮损内封闭及外用疤克软膏治疗增生性瘢痕疗效观察．中国美容医学,20(1):86～87

穆大力,栾杰,穆兰花等．2013. 组织外扩张自体脂肪颗粒注射移植隆乳术,中国医学美学美容杂志,19(5):323～325

戚可名等．2004. 整形外科特色治疗技术．北京:科学技术文献出版社

齐向东,王炜,高景恒．2013. 微创美容外科学．杭州:浙江科学技术出版社

裘名宜．2010. 医疗美容技术．北京:人民卫生出版社

石悦．2011．医疗侵权法．北京:北京师范大学出版社
宋儒耀,方彰林．2002．美容整形外科学．第3版．北京:北京出版社
王萃．2008．面中下部除皱术的进展．中华整形外科杂志,24(2):170～172
王德宏,杨思奋,罗谦等．2013．以皮肤软组织扩张术为主的综合疗法治疗胸部瘢痕疙瘩．中国美容医学,22(9):895～899.
王光超．2002．皮肤病及性病学．北京:科学出版社
王晓艳,刘颖．2006．医学摄影中数码相机的使用技巧．医学信息,10(19): 1718～1719
王志军,张晨．2008．面部提升术．北京:人民军医出版社
韦加宁．2003．手外科手术图谱．第2版．北京:人民卫生出版社
魏奉才．2002．美容整形外科．北京:人民卫生出版社
吴孟超,高也陶．2002．临床医学与人文素质．医学与哲学,(9):1～4
吴卓桐,张灵,周继涛等．2013．强脉冲光联合维拉帕米治疗颜面外伤早期瘢痕的护理．护士进修杂志,28(15):1383～1384.
奚晓明．2012．医疗损害责任纠纷裁判精要与案例解读．北京:法律出版社
徐晓霞．2004．A型肉毒杆菌毒素在面部除皱中的应用．重庆医学学报,33(8):1271～1273
杨东运,李世荣．2013．瘢痕的手术治疗原则及术式选择．中华医学杂志,93(14):1044～1046
于江．2010．美容医学造型艺术．第2版．北京:人民卫生出版社
张涤生．2011．整形外科基础与临床．上海:上海交通大学出版社
张菊芳．2012．毛发整形美容学．杭州:浙江科学技术出版社
张渝成．2012．美容心理学．北京:人民卫生出版社
赵永耀,何论．2006．美容医学伦理学．北京:社会科学出版社
中华医学会．2004．临床技术操作规范·整形外科分册．北京:人民军医出版社
钟南山,程东海．2003．医学教育呼唤人文精神的回归—由与SARS抗争引发的思考．医学教育,(4):1～2
Beers,M. H主编,薛纯良主译．2000．默克诊疗手册．第3版．北京:人民卫生出版社
Jeffrey E. Janis. 2007. Essentials of Plastic Surgery. Quality Medical Publishing,Inc
Vincent D. 2014. Short scar rhytidectomy techniques. Atlas Oral Maxillofac Surg Clin North Am,22: 37～52